Zu diesem Buch

Die Homosexuellen in den KZ waren die «Männer mit dem Rosa Winkel». Nicht nur Juden sind in den KZ ermordet worden. Zigeuner und Homosexuelle warten zum Teil bis heute auf die öffentliche Anerkennung dieser verdrängten Verbrechen der Nazis. Seit Kriegsende lastet mit der Verdrängung auch Schuld auf der Bundesrepublik.

Seit einigen Jahren formiert sich eine selbstbewußte Schwulenbewegung, die sich neben der Wiedergutmachung auch für die ersatzlose Streichung des § 175 einsetzt. Es war dieser Paragraph, mit dem – nach einer vergessenen Phase der Liberalisierung in der Weimarer Republik – im Dritten Reich Tausende von Homosexuellen aus der «völkischen Gemeinschaft» ausgeschlossen und als «Männer mit dem Rosa Winkel» in die Konzentrationslager eingeliefert wurden. Die meisten von ihnen kamen dort um.

Die Gesetzgebung der Bundesrepublik knüpfte nach 1945 nicht an die liberale Tradition Weimars an. Sie übernahm nationalsozialistische Rechtsauffassung und legitimierte so die Verfolgung mit der «Rechtmäßigkeit» der faschistischen Fassung des § 175. Erst 1969 wurde dieser Paragraph reformiert. Aber auch heute noch besteht er als Sondergesetz fort und diskriminiert zwei bis drei Millionen Bundesbürger.

Hans-Georg Stümke und Rudi Finkler zeigen, wie die Verfolgung Homosexueller zu allen Zeiten dem Staat zur Durchsetzung bevölkerungspolitischer Ziele diente. «Gesundes Volksempfinden», das auch in unseren Tagen so gern gegen Minderheiten mobilisiert wird, kommt nicht von ungefähr, sondern ist Ergebnis staatlicher Einmischung in die private Sphäre des Einzelnen.

Wie im Falle der Sinti und Roma, muß sich auch am Schicksal der «Männer mit dem rosa Winkel» zeigen, wie ernst es unserer Gesellschaft, Bürgern wie Parteien, mit der Bewältigung der Vergangenheit ist.

Hans-Georg Stümke, geb. 1941, studierte Mittlere und Neuere Geschichte, Soziologie, Erziehungswissenschaften und Wirtschafts- und Sozialgeschichte in Hamburg, bis 1978 Studienrat, seitdem als freier Autor tätig.

Rudi Finkler, geb. 1955, Journalist
Zunächst nebenberufliche journalistische Tätigkeit bei Zeitungen und Zeitschriften, seit 1979 hauptberuflich freier Rundfunkjournalist, Hamburg/Saarbrücken

Hans-Georg Stümke/Rudi Finkler

Rosa Winkel, Rosa Listen

Homosexuelle und
«Gesundes Volksempfinden»
von Auschwitz bis heute

rororo

Rowohlt

rororo aktuell – Herausgegeben von Freimut Duve

Originalausgabe

Redaktion Klaus Humann

Veröffentlicht im Rowohlt Taschenbuch Verlag GmbH,
Reinbek bei Hamburg, November 1981

Umschlagentwurf: Werner Rebhuhn (Foto: Kaspar Seiffert)
Satz Times (Lasercomp) LibroSatz, Kriftel
Gesamtherstellung Clausen & Bosse, Leck
Printed in Germany
1280 – ISBN 3 499 14827 7

Inhalt

Bundesrepublik

Anhang

Den Opfern des Nationalsozialismus gewidmet

«Wenn man im Gespräch mit einem Deutschen, der zwei Weltkriege und eine totale Niederlage seines Vaterlandes erlebt hat, das Problem der Konzentrationslager streift, ist man betroffen von der geringen Resonanz, die dieses Thema findet, und erschüttert von der Verhärtung, die sich in seinem Gesicht widerspiegelt, das eben noch freundlich lächelte. Warum mag das so sein? Nun, der Hauptgrund dafür ist der, daß der Deutsche im allgemeinen dazu neigt, den ehemaligen Insassen eines Konzentrationslagers für moralisch und sittlich minderwertig zu halten, denn, so sagt er, sonst hätte man ihn ja nicht eingesperrt. Und es ist doch klar, daß man mit einem Verbrecher kein Mitgefühl haben darf!

‹Und die Politischen?› fragte ich, ‹waren sie auch Verbrecher?›

‹Nein›, lautete die Antwort – ‹nicht gerade das, aber immerhin verweigerten sie dem Vaterlande ihren Dienst, und gegen Dienstverweigerer ist eine harte Strafe gerechtfertigt.›

‹Auch wenn der Dienst am Volk und am Vaterland auf die Vollendung eines nationalen Unglücks oder noch Schlimmeres hinausgeht?›

‹Auch dann! Befehl ist Befehl!›

Und damit sind wir am nervus rerum unserer Misere angekommen.»

L. D. Classen von Neudegg: «Aus meinem Tagebuch 1939–1945: KZ Oranienburg» (1954)

Einleitung

Als der amtliche Rechtsausschuß dem Deutschen Reichstag im Jahre 1929 empfahl, den seit 1871 bestehenden § 175 abzuschaffen, kündigte die Parteizeitung der NSDAP, der *Völkische Beobachter,* Gegenmaßnahmen an: «Glauben Sie ja nicht, daß wir *Deutschen* solche Gesetze auch nur einen Tag gelten lassen, wenn wir an die Macht gelangt sein werden.» Was mit den Homosexuellen nach der Machtübernahme geschehen sollte, wurde ebenfalls öffentlich verkündet: Da in der Homosexualität «alle boshaften Triebe der Judenseele» vereinigt seien, müsse man sie «als das kennzeichnen, was sie sind, als ganz gemeine Abirrungen von Syriern, als allerschwerste, mit Strang oder Ausweisung zu ahndende Verbrechen». Wenige Jahre später wurde dieses Programm in die Tat umgesetzt, der § 175 im Sinne der nationalsozialistischen Bevölkerungspolitik gleichgeschaltet und die «Reichszentrale zur Bekämpfung der Homosexualität und der Abtreibung» eingerichtet, die mit Hilfe der Geheimen Staatspolizei die Ausweisung der Homosexuellen aus der «völkischen Gemeinschaft» der Deutschen vornahm.

Die Verurteilungsziffern des § 175 stiegen nach 1935 drastisch in die Höhe, und mit fortschreitender Durchsetzung der nationalsozialistischen Herrschaft wurden immer mehr Homosexuelle nach Verbüßung ihrer Haft mit dem Rosa Winkel versehen und in die Konzentrationslager eingeliefert, wo sie fast alle zugrunde gingen.

War in der Weimarer Republik eine breite Bürgerrechtsbewegung entstanden, die wesentliche Erfolge im Kampf um die Emanzipation und gesellschaftliche Gleichstellung der Homosexuellen erringen konnte, so rottete der Nationalsozialismus diese Ansätze vollkommen aus und legitimierte dies mit rassenhygienischen und rassenpolitischen Ideologien.

Die Bundesrepublik knüpfte nicht an die liberale Weimarer Tradition an, sondern übernahm die nationalsozialistische Rechtsauffassung und legitimierte die Verfolgung u. a. mit der «Rechtmäßigkeit» der faschistischen Fassung des § 175. Juristisch ging für die Homosexuellen daher der Nationalsozialismus erst 1969 zu Ende, als der § 175 erstmalig nach 1935 reformiert wurde. Die Zeit zwischen 1933 und 1969 umfaßt die bisher schwersten Homosexuellen-Verfolgungen in der neueren deutschen Geschichte. Eine Wiedergutmachung für erlittenes NS-Unrecht wurde Homosexuellen nach 1945 nicht zugestanden. Auch heute noch besteht der § 175 als Sondergesetz fort und diskriminiert auf diese Weise 2 bis 3 Millionen Bundesbürger. Ihre rechtliche und gesellschaftliche Gleichstellung mit dem heterosexuell empfindenden Teil der Bevölkerung wird zur Zeit von der FDP sowie den Grünen, Bunten und Alternativen gefordert.

Die zeitgenössische Sexualwissenschaft sieht, soweit sie sich von sexistischen und biologistischen Anschauungen freigemacht hat, in der Homosexualität eine sexuelle Verhaltensform, die latent in *jedem* Menschen angelegt ist. Die beiden größten sexualwissenschaftlichen deutschen Vereinigungen haben die im Bundestag vertretenen Parteien aufgefordert, den § 175 ersatzlos zu streichen. In ihrem Appell heißt es u. a.: «Der strafrechtlichen Sonderbehandlung der männlichen Homosexualität liegen sexualwissenschaftlich nicht begründbare Werthaltungen zugrunde. Nach dem gesicherten Erkenntnisstand der Sexualforschung muß Homosexualität als eine der Heterosexualität gleichrangige Ausdrucksmöglichkeit der menschlichen Sexualität angesehen werden.» Ob der Gesetzgeber an den «sexualwissenschaftlich nicht begründbaren Werthaltungen» festhält (wie z. B. der Gesetzgeber von 1871), wird die Zukunft zeigen. Die gesellschaftliche Emanzipation der Homosexuellen ist kein biologisches, medizinisches oder psychotherapeutisches Problem, sondern einzig ein Problem der Demokratie.

Die Verfolgung und Diskriminierung der Homosexualität wird vor dem Hintergrund eines Sexualitätsverständnisses deutlich, wonach Sexualität einen rationalen und ausschließlichen Zweck hat: Die Fortpflanzung der Gattung Mensch.

Die mittelalterliche Moraltheologie hatte «die Anerkennung des Primats der Jungfräulichkeit über die Ehe, die Verurteilung des Geschlechtsverkehrs, der nicht der Fortpflanzung dient, die Ablehnung der Körperlichkeit und der Lust, die geringere Einschätzung der Frau ... und eine ausschließlich androzentrische (männerzentrierte) Haltung» (v. Ussel) mit der «göttlichen Schöpfungsordnung» legitimiert. Das Zeitalter der Aufklärung verweltlichte dieses Sexualitätsverständnis, indem es die Fortpflanzungsmoral naturphilosophisch und naturwissenschaftlich absicherte und damit die Grundlage für die Sexualmoral bis weit ins 20. Jahrhundert hinein festlegte.

Homosexualität verstößt vor jenem Hintergrund gegen das «göttliche Schöpfungsgebot» oder wird als biologisch und sozial zwecklos und als «widernatürlich» verfolgt, da sie ausschließlich der Lust der Beteiligten dient und damit den extremsten Bruch mit der herrschenden sexuellen Fortpflanzungsmoral zum Ausdruck bringt.

Hatte das Mittelalter nicht zwischen Abweichungen von der Religion und abweichendem Sexualverhalten unterschieden und religiöse Dissidenten, Hexen und Homosexuelle als Ketzer und Sünder verbrannt, so waren die aufgeklärten Fachwissenschaften bemüht, die staatliche Verfolgung der Homosexuellen abzumildern. Nicht weil diese Form der Sexualität toleriert, sondern weil sie als Krankheit verstanden wurde. Wenn es den Juristen, Medizinern und Sexualpatheologen nicht gelang, den Gesetzgeber zur Entkriminalisierung der männlichen Homosexualität zu bewegen (die weibliche blieb straflos), so waren auf staatlicher Seite primär bevölkerungspolitische Entscheidungen für die Verfolgung der Homosexualität ausschlaggebend gewesen.

«Die erste Pflicht der Polizey geht auf die Erhaltung und Vermehrung der Bürger selbsten», vermerkt ein staatswissenschaftliches Standardwerk des ausgehenden 18. Jahrhunderts, und der Begründer des modernen deutschen Strafrechts, J. P. A. Feuerbach, hielt die Bestrafung der Homosexualität für notwendig, wegen der ihr innewohnenden «Verachtung der Ehe, welche Entvölkerung, Schwächung und schließlich sogar Auflösung des Staates zur Folge haben könnte». Auch der Strafrechtsentwurf von 1962 bediente sich einer ähnlichen Argumentation und brachte damit die jahrhundertelange Kontinuität im Sexualstrafrecht zum Ausdruck. Das «gesunde Volksempfinden» ist kein zufälliges und kein natürliches Produkt, sondern Ergebnis und Konsequenz einer durch vielschichtige Herrschaftsinteressen bestimmten Politik.

Die unmittelbare, direkte und offene Mobilisierung des «gesunden Volksempfindens» hat eine Tradition, die bereits im Kaiserreich ausgebildet ist und sich über die Weimarer Republik und das Dritte Reich in die Bundesrepublik fortsetzt. Die vorliegende Darstellung, die ihren Schwerpunkt im Aufstieg des Nationalsozialismus und den Jahren 1933 bis 1945 hat, konnte daher die Zeit vor 1933 und nach 1945 nicht unberücksichtigt lassen.

Als äußerst schwierig gestaltete sich die Materialbeschaffung. In der bisherigen Literatur zum Dritten Reich ist das Schicksal der Homosexuellen weitgehend «vergessen» worden. Die wenigen Überlebenden mit dem Rosa Winkel galten nach 1945 weiter als Vorbestrafte und schwiegen aus Furcht vor neuen Verfolgungen. Die Akten der «Reichszentrale zur Bekämpfung der Homosexualität und der Abtreibung» liegen in DDR-Archiven und sind bisher nicht allgemein zugänglich. Erst im Jahre 1977 erschien eine erste wissenschaftliche Abhandlung über den Rosa Winkel in den nationalsozialistischen Konzentrationslagern (Lautmann/Grikschat/Schmidt). Die vorliegende Untersuchung versteht sich daher auch als Anregung, weitere Forschungen vorzunehmen. Insbesondere soll sie mit dazu beitragen, den überlebenden homosexuellen Opfern des Nationalsozialismus Mut zu machen, ihr Schicksal nicht länger als «privat» anzusehen, sondern die nachfolgenden Generationen darüber zu informieren, was geschehen ist.

Wir danken allen, die uns mit Informationen, Rat und Tat unterstützt haben, insbesondere Hermann Vinke für die Hinweise über die Situation in den Moorlagern des Emslandes, Claus Brandt für die

Unterstützung bei der Beschaffung juristischen Materials sowie Barbara Retzlaff und Michael Lindner.

Rudi Finkler stellte das politische Erpressertum mit dem § 175 vor dem Ersten Weltkrieg dar, untersuchte die Lage des «gewöhnlichen Homosexuellen» und den «Kulturkampf des ‹Dritten Geschlechts›» im Kaiserreich und in Weimar, fertigte die Augenzeugenberichte an und schrieb das Kapitel über die Lage des Homosexuellen in der Bundesrepublik.

Hamburg, September 1981 Hans-Georg Stümke

Kaiserreich
und
Weimarer Republik

1. Der Aufbruch als «Drittes Geschlecht»

Hetze gegen Homosexuelle und politisches Erpressertum im Kaiserreich

Vorurteile entstehen nicht zufällig. Nur da, wo niemand etwas genaues weiß, kann jedermann alles behaupten. Das mächtige Tabu, mit dem gleichgeschlechtliches Verhalten von Männern und Frauen seit Jahrhunderten belegt ist, bewirkte auch um die Jahrhundertwende, daß sich in den Köpfen der breiten Masse des Volkes ein Zerrbild homosexueller Wirklichkeit einnisten konnte, das nie korrigiert werden mußte. Statt dessen wurde es ständig durch neue Variationen bereichert: Der Homosexuelle als Schreckgespenst einer «entarteten» Welt, dem man jede erdenkliche Schlechtigkeit ungestraft nachsagen durfte.

Wer hätte schon gewagt, solche «Verbrecher» in Schutz zu nehmen? Am ehesten noch die Betroffenen selbst. Vom Gesetzgeber mit Kerker, von der Kirche mit den ewigen Qualen der Hölle bedroht, waren die meisten jedoch gezwungen, sich so gut wie möglich zu tarnen und zu verstecken. Dennoch begannen einige wenige streitbare Homosexuelle wie der Sexualwissenschaftler Dr. Magnus Hirschfeld und der Verleger Adolf Brand in dieser Zeit mit ihrer emanzipatorischen Arbeit. Nach zwei Jahrzehnten unermüdlichen Kampfes entstand in der Weimarer Republik eine breite, demokratisch-humanistisch gesinnte Bürgerrechtsbewegung, die einen «Kulturkampf» (Hirschfeld) für die Gleichberechtigung des «Dritten Geschlechts», als welches sich die Mehrzahl der Homosexuellen verstand, führte.

Bevor wir uns jedoch mit ihrem Leben und Kampf beschäftigen, zunächst ein kurzer Blick auf die antihomosexuelle Hetze im Kaiserreich, die bei dem «einfachen Mann aus dem Volke» den Eindruck erwecken mußte, «gleichgeschlechtliche Unzucht» sei nichts anderes als ein übles Laster der dekadenten Bourgoisie und des Adels.

Seit 1871 gab es im Deutschen Kaiserreich den § 175, der die «widernatürliche Unzucht» mit Strafe bedrohte. Zahlreiche Homosexuelle waren seitdem hilflos Erpressern ausgesetzt, die sich hemmungslos an ihnen bereicherten. Was im privaten Bereich Grund genug für Erpressung war, taugte auch im politischen Bereich. Zu Beginn des Jahrhunderts (später natürlich auch) war es ein durchaus beliebtes Mittel skrupelloser Politiker fast aller Richtungen, ihre Gegner durch den Vorwurf der Homosexualität zu diffamieren und schließlich unschädlich zu machen.

Prominentes Opfer einer solchen politischen Intrige wurde Friedrich Krupp, schwerreicher Stahlbaron aus Essen und des Kaisers wichtigster Waffenhersteller (Kanonenkönig). Am 15. November 1902 «enthüllte» der sozialdemokratische *Vorwärts* das «verderbte Treiben» jenes Mannes. In der italienischen Presse waren kurz zuvor Fotos aufgetaucht, die das Liebesleben Krupps mit Jünglingen auf der Mittelmeerinsel Capri dokumentierten. Der *Vorwärts*-Artikel gipfelte in der Forderung: «Nachdem die perversen Gewohnheiten zu einem offenen Skandal geführt haben, ist es Pflicht der Staatsanwaltschaft, gesetzliche Schritte einzuleiten» (Manchester 1968, S. 232).

Der Angriff der Sozialdemokraten richtete sich in erster Linie gegen die gefährliche Rüstungspolitik des Kaisers. Durch Beseitigung Krupps hoffte man, die Pläne des «Allerhöchsten» empfindlich stören zu können. Friedrich Krupp sah keine andere Lösung, aus dem Dilemma zu entkommen, als den *Vorwärts* zu verklagen. Nach wenigen Tagen schien er jedoch eingesehen zu haben, daß gerade die gerichtliche Klärung der Angelegenheit dem *Vorwärts* eher nützen würde. Der eigentliche Kampf würde nun erst beginnen und die Sozialdemokraten die Chance haben, Beweismaterial vorzulegen, dem er nichts entgegenzusetzen hatte. Am 22. November beging er in seiner Villa Hügel in Essen Selbstmord.

Nun wußte erst recht alle Welt Bescheid: Ein Unhold hatte sich selbst gerichtet. Die armselige Absicht des *Vorwärts,* den politischen Gegner mit Hilfe der im Volke tiefverwurzelten Vorurteile gegen Homosexuelle zu erledigen, war geglückt, die eigentlich notwendige Aufgabe jedoch, die Politik des Kaisers zu verhindern, noch lange nicht. Die rechten politischen Freunde Krupps waren zutiefst empört über das «Barbarentum» der Linken, die Krupp zum «gejagten Tier» gemacht und zur Strecke gebracht hatten. Ihr Wutgeheul entsprang jedoch nicht der Einsicht, daß der § 175 dieses Barbarentum überhaupt erst ermöglicht hatte, sondern dem Ärger, daß es ausgerechnet einen der ihren getroffen hatte. Der Paragraph sollte keineswegs beseitigt werden, schließlich wollte man bei günstiger Gelegenheit gleichfalls auf den hervorragenden Selbstbedienungsladen «gesundes Volksempfinden» zurückgreifen können.

Die Gelegenheit dazu ergab sich schon wenige Jahre später. Zielscheibe war diesmal der engste Freund und Berater Wilhelms, Fürst Phillip zu Eulenburg. Seine Politik war nicht nur Linken, sondern gleichermaßen vielen Liberalen und Konservativen verhaßt. Im Oktober 1906 begann der Chefredakteur der sich als liberal und fortschrittlich verstehenden Wochenzeitschrift *Die Zukunft,* Maximilian Harden, seinen Enthüllungskreuzzug gegen die sogenannten «Kamarilla», die führende Generals- und Beraterclique um Wilhelm (Ebermayer, 1967, S. 125). Dabei wurde er sowohl vom alten verbitterten Bismarck als auch von Reichskanzler Bülow und dem Grafen Holstein, beides rechte Gegenspieler Eulenburgs, unterstützt. Die Beschuldigungen lauteten, Fürst Eulenburg habe ein Verhältnis mit dem Stadtkommandanten von Berlin, Graf Kuno v. Moltke, gehabt. Andere Generale und Grafen seien ebenfalls homosexuell. Harden sah darin eine gefährliche staatszersetzende Gefahr: Entscheidungen würden nicht mehr nach Gesichtspunkten politischer Notwendigkeiten und Einsichten getroffen, sondern nach den sexuellen Bedürfnissen dieser Herren.

Der Kaiser war verwirrt und entfernte hektisch alle Bezichtigten aus ihren Ämtern. Um vor aller Welt beweisen zu können, daß die wilden Gerüchte Hardens nichts anderes als üble Verleumdungen wären, setzte er den Grafen Moltke so lange unter Druck, bis dieser am 6. Juni 1907 Anzeige gegen den Chefredakteur der *Zukunft* erstattete. Genau darauf hatte Harden lange gewartet. Nun konnte er endlich gerichtlich klären lassen, wie es um die kaiserlichen Ratgeber bestellt war. Es folgten eine Reihe von Prozessen, in denen schließlich der eigentliche Gegner, Fürst Eulenburg, des Meineides überführt werden konnte und nunmehr am 29. Juni 1908 selbst vor Gericht erscheinen mußte. Bevor es jedoch zur Urteilsverkündung kommen konnte, überfiel Eulenberg eine heimtückische «Krankheit», die ihn bis zu seinem Tode, dreizehn Jahre später, verhandlungsunfähig machte.

Damit hatten Harden und Reichskanzler Bülow zwar einen politischen Feind unschädlich gemacht, aber ebensowenig wie einige Jahre zuvor der *Vorwärts* ihre politischen Ziele erreicht. Wilhelm war tief verbittert, Bülows Erfolg nur von kurzer Dauer. Ein halbes Jahr später mußte er sein Amt als Kanzler räumen.

Entrüstet über die Heuchelei, die hinter der «Fiktion Hardens von der Staatsgefährlichkeit der Homosexualität des Fürsten Eulenberg» steckte, bezichtigte der streitbare homosexuelle Verleger Adolf Brand den Gegenspieler Eulenburgs, Reichskanzler Bülow, ebenfalls der Homosexualität. Er sei ein ganz gerissener «homosexueller Intrigant», der die «Kontrainstinkte der breiten Masse» gegen Eulenburg gelenkt habe, nur um von der eigenen Homosexualität abzulenken. Dies habe er, Adolf Brand, von dem Berliner Kriminalkommissar v. Tresckow erfahren, der schon seit Jahren ausführliche Akten über das «abartige Triebleben» führender Persönlichkeiten des Reiches angelegt hatte (v. Tresckow 1922). Bülow erstattete Anzeige. Brand konnte seine Behauptungen nicht beweisen und verschwand kurzerhand für eineinhalb Jahre hinter Gittern. Diese Schmach konnte er Bülow nie vergessen. Noch im Mai 1931 warf er im Leitartikel seines Homosexuellen-

Magazins *Eros* Bülow vor, er habe bei dem Prozeß 1907 das Wort «Hundeliebe» für Homosexualität aus «pöbelhafter Gesinnung... weibischer Rachsucht und Schwäche» gebraucht.

Die beiden ins uferlose aufgebauschten Skandale um Krupp und Eulenburg blieben nicht die einzigen. Der König von Württemberg sollte angeblich einen einfachen Handwerker geliebt haben, der König von Bayern einen ganz gewöhnlichen Kutscher, der Bruder des österreichischen Kaisers, Erzherzog Ludwig-Viktor, seinen Masseur. Offiziere des kaiserlichen Garderegimentes in Berlin hätten mit ihren Burschen Orgien gefeiert und selbst Wilhelm II. soll auf derart «dekadenten Parties» der damaligen High-Society zugegen gewesen sein (Tuchmann 1969, S. 393). Der Skandalpresse der damaligen Zeit war alles Recht. Homosexualität gewöhnlicher Menschen fand für sie nicht statt, höchstens die Ausnutzung und Verführung armer und abhängiger Proletarier durch das «verkommene Gesindel» aus der herrschenden Klasse.

Mit der tatsächlichen Lebenswirklichkeit von Homosexuellen hatte diese Flut von publizistischem Dreck nichts zu tun. Adolf Brand gestand 1931 ein, er habe einen Fehler gemacht, als er die Behauptungen des Kriminalkommissars v. Tresckow veröffentlicht habe. Viel wichtiger als solche Intrigen sei vielmehr der Kampf gegen den schändlichen § 175, weil erst durch ihn «ein weit schlimmeres Erpressertum als das der Strichjungen, nämlich das politische Erpressertum großgezüchtet» würde (*Eros*, 1931).

Leben und Kampf der Homosexuellen in Weimar

Der gewöhnliche Homosexuelle und die «Stätten des Lasters und der Orgien»

Das Leben des gewöhnlichen Homosexuellen in der Weimarer Republik, seine Ängste und Sorgen, Schwierigkeiten mit sich und der Umwelt, schwankend zwischen totaler Anpassung und vorsichtigem Widerstand, unterscheidet sich zumindest in den Großstädten prinzipiell nur wenig von dem Leben der Homosexuellen in der heutigen Bundesrepublik. Wer das Pech hatte, auf dem Lande mit katholisch- oder evangelisch-konservativ geprägten Bevölkerung aufzuwachsen, dem blieb nur die Wahl zwischen völliger Entsagung oder Flucht in die

Großstadt. Die Intoleranz bigotter Spießer auf dem Lande gegen den «Invertierten» oder «Urning», wie sich die Homosexuellen auch nannten, war zweifellos noch wesentlich stärker als heute.

Die Anonymität der Großstädte, allen voran Berlin, bot dem Homosexuellen gleichermaßen Schutz und durch den höheren Anteil von «Gleichgesinnten» an der Gesamtbevölkerung günstige Voraussetzungen, einen Partner zu finden. Der Schriftsteller Peter Lampel beschrieb 1929 mit knappen Worten das Leben einiger gewöhnlicher Homosexueller, fern von Skandalen und Sensationen:

> «Ich kannte vor Jahren einen Maler. Er kam aus Italien. Er hauste primitiv und ärmlich in einem Atelier, sämtliche Hausarbeit und alle Kocherei – sie fiel spärlich genug aus – betreute ihm ein Junge, den er auf der Straße gefunden hatte. Als Anhängsel der beiden kam ein feiner blasser Bengel, adelig, Sohn eines verstorbenen Gesandten, Syphilitiker und Morphinist, ein Junge mit Kultur, bescheiden, taktvoll, traurig . . . Ein Direktor und ein Bankprokurist, beide sind mittlerweile fast vergangene Generation geworden. Nach außen hin: harmloser Haushalt zweier. Da sie vermögend sind: hochangesehener und wie man meint, vermutlich verwandter Junggesellen . . . Ein Architekt haust lange Jahre schon mit einem Kaufmann zusammen. Zunächst waren die Widerstände der Eltern noch schwierig. Die beiden kamen gegenseitig wechselnd in Bedrängnis, saßen ohne Beschäftigung da, suchten vergeblich nach Verdienst, halfen sich, kitteten zusammen und kamen über alle Widerwärtigkeiten. Sie leben heute eine sicher fundierte, solide und bewährte alte ‹Ehe› . . . Ein Oberlehrer, den man aus seinem Amt entfernt hat, verzieht nach Berlin und eröffnet ein Lokal. Unter den Gästen, die sich einfinden (sie schwärmen wie Fliegen nach den neuen Dielen), bildet sich dank der Persönlichkeit des Wirtes ein geistig interessanter, seriöser Kreis. Diese Diele des ausgestoßenen Pädagogen wurde längst zu einer Sehenswürdigkeit. Mit einem unter den jungen Leuten, die ihm begegnet sind, lebt er seit Jahren eng liiert. Jener ist wie ein Sohn, die zuverlässige Stütze des Geschäfts» (Linsert 1929, S. 100).

In der Tat schwärmten die Homosexuellen im Berlin der «goldenen zwanziger Jahre» wie «die Fliegen nach den Dielen», von denen es schon damals Hunderte gab. Berlin war der unbestreitbare Mittelpunkt des subkulturellen homosexuellen Lebens, der billigen und teuren Vergnügungen, der rauschenden Bälle und Kostümfeste, aber auch der Literatur, des Films und des Theaters. Vom vornehm feinen Klub-Lokal für die besseren Herrn der Gesellschaft bis zur ärmlichsten Stricherkneipe und dem Lokal «nur für die Frau» waren sämtliche

Anzeigenseite aus DIE FREUNDSCHAFT, *Nr. 19, 1919*

Typen von Gaststätten zu finden, wie es sie auch im heterosexuellen Milieu gab.

«In nicht unterrichteten Kreisen begegnet man immer wieder der Auffassung, daß es sich hierbei um ‹Stätten des Lasters und der Orgien› handle, immer wieder begegnet man dem Vergleich mit Lokalen, wo Nachtbetrieb oder Nackttanz offeriert werden.

Wo verkehren Sie?
Sind Sie zufrieden?
Wenn nicht, dann besuchen Sie das bekannte
CAFÉ HOHENZOLLERN
Bülowstrasse 101
Tel.: Lützow 5548
Direktion: D. Grünbaum.

„Rhenania-Hotel" Direkt am Potsdamer Platz
Tel. Kurfürst 3054
Köthener Strasse 47
Tel. Kurfurst 3054
Elegante einfache Zimmer
Solide Preise
Vollständig renoviert!

Anzeigenseite aus DIE INSEL, *März 1927*

Menschen mit solchen Vorurteilen sind dann meist überrascht, wie dezent es in diesen Lokalen zugeht und mit welcher Geschicklichkeit der Wirt oder Leiter der Diele den manchmal prekären Situationen zu begegnen weiß» (Hirschfeld 1927, S. 312).

Diese Einschätzung Hirschfelds traf sicherlich für den größten Teil der Lokale zu, die, um der unliebsamen Kontrolle durch Mitbürger und Polizei zu entgehen, häufig noch biederer waren als vergleichbare heterosexuelle Lokale. In dezenter Weise, nur den «Eingeweihten» verständlich, machten die Lokale nebst Anzeigen in Homosexuellen-Magazinen häufig mit Einladungskarten Werbung: «Höfliche Einladung zur Namenstagsfeier am Donnerstag, dem 27. Januar 1927.»

Die Not der Bevölkerung nach dem Ende des Ersten Weltkrieges brachte ein rapides Anschwellen der weiblichen und männlichen Prostitution mit sich. Für Hirschfeld «eine Erscheinung, die sich aus der sozialen Lage der werktätigen Bevölkerung in der Nachkriegszeit leicht erklären läßt». Nach seinen Angaben lag das Durchschnittsalter der männlichen Prostituierten bei siebzehn bis achtzehn Jahren. Nicht selten gingen jedoch schon Vierzehnjährige auf den Strich (Linsert 1929, S. 25). Der heute in London lebende Schriftsteller Bruno Vogel schrieb damals: «Wen treibt die wirtschaftliche Not auf den Strich? Generaldirektoren? Ministerialräte? Oberkonsistorialräte? – Nein: arbeitslose Proletarier!» (Linsert 1929, S. 5).

Sammelbecken für die männlichen Prostituierten waren die Großstädte. In Berlin soll es mehr als hundert entsprechende Lokale gegeben haben. Einen eindrucksvollen Bericht über eine Strichjungenkneipe in Berlin schrieb 1927 Peter Lampel:

> «Hübsche Burschen, brutale Burschen, verwegene Burschen sitzen am Tisch, drücken sich in die Ecke, lümmeln sich ... Möchten gern alle ein Glas Bier und eine Zigarette ... Diese jungen Leute haben sämtlich beträchtliche Schöpfe, prächtig dick, braune, schwarze und hellblonde, manchmal verdächtig nach Wasserstoffsuperoxyd aussehend ... der Strichjunge gibt nicht zu, daß er Verächtliches täte. Er spricht sachlich und mit wenig Begeisterung von dem harten Handwerk, das er treibt. Gern tut er's nicht, und gerade appetitlich wird es auch nicht immer sein – aber was soll man machen? Junge Menschen, denen Not und Hunger an der Stirn steht, ein paar weibische Bengels, doch meistens sind es resolute ehrliche Gesichter. Ungeschminkte Natürlichkeit: ‹Ick mechte wej vom Strich, hast de nich Arbeet for mir?›» (Linsert 1929, S. 95).

Obwohl nach § 297 des Reichsstrafgesetzbuches die männliche Prostitution strafbar war, duldete die Berliner Polizei solche Lokale, weil sie eine bequeme Kontrolle der Szene ermöglichten. Ganz anders zum Beispiel die Münchner Polizei, die ständig Razzien veranstaltete. Als Folge davon nahm nicht die Prostitution ab, sondern die Zahl der Gewalttätigkeiten und Erpressungen zu, weil sich der Strich nunmehr auf versteckten Plätzen, in Parks und Toiletten abspielen mußte.

Es gab kaum Opfer, die es wagten, zur Polizei zu gehen und Anzeige zu erstatten. Schließlich mußten sie befürchten, selbst der Verfolgung durch die Behörden ausgesetzt zu werden.

Die Ursachen für die hohe Anfälligkeit der Homosexuellen für den geschlechtlichen Umgang mit männlichen Prostituierten sah Hirschfeld in der «starken Verpönung des mannmännlichen Verkehrs». Der Homosexuelle versuche seine körperlichen Bedürfnisse «im geheimen und unerkannt» zu befriedigen, weil er sie nicht offen auszuleben wage.

Zentren des subkulturellen Lebens der Homosexuellen waren neben Berlin und München die Großstädte Hamburg, Dresden, Leipzig, Breslau und Köln. Abgesehen von München verhielt sich die Polizei im allgemeinen ziemlich tolerant, nicht etwa, weil sie den «Urningen das harmlose Vergnügen ihrer Unterhaltung gönnen», wie Hirschfeld meinte, sondern «in der richtigen Voraussicht, daß diese Sammelplätze die Übersicht über die Homosexuellen und diejenigen Elemente wesentlich erleichtern, die sich durch Erpressung und Diebstahl an ihnen zu bereichern versuchen». In der Tat erleichterten die rosa Listen und Karteien und alle an diesen Sammelplätzen gewonnenen Daten einige Jahre später den Nazis nicht nur die Übersicht, sondern die Ausrottung der «Entarteten».

«Kulturkampf des dritten Geschlechts»

Die Beseitigung der Monarchie und die Proklamation einer demokratischen Republik gab auch der homosexuellen Bürgerrechtsbewegung neuen Auftrieb. Um die Jahrhundertwende noch eine Kuriosität, schossen seit 1919 in allen großen Städten Deutschlands Verbände und Clubs «gleichgesinnter Freunde und Freundinnen» wie Pilze aus dem Boden. Ermutigt durch die unermüdliche Arbeit von Homosexuellen wie Magnus Hirschfeld und Adolf Brand, wuchs das Selbstbewußtsein der «Uranier». Eine ständig wachsende Zahl von ihnen stritten erbittert für ihre Gleichberechtigung. Der Kampf gegen die «Schmach des Jahrhunderts» (Hiller 1922), den § 175, war jedoch so ziemlich das einzigste, was dabei alle «Invertierten» des breiten Spektrums dieser Bewegung miteinander verband. Mitglieder aller Parteien von der KPD und SPD bis hin zum Zentrum und vereinzelt Deutschnationale waren an dem Kampf beteiligt. Hirschfeld bedauerte zutiefst den «für diesen Kulturkampf typisch gewordenen inneren Zwist und Hader zwischen den einzelnen Gruppen und Richtungen» (Hirschfeld 1927, S. 310).

Bevor wir uns mit der Arbeit des 1897 von Hirschfeld gegründeten «Wissenschaftlich-Humanitären Komitees, WHK, der wichtigsten Organisation der damaligen Homosexuellen-Bewegung befassen, zunächst ein Einblick in die ungeheure Vielfalt homosexueller Gruppen, Verlage und Publikationen der Weimarer Republik. Während sie großen Einfluß auf das wachsende Selbstbewußtsein der Homosexuellen ausübten, war ihr tatsächlicher politischer Einfluß im Gegensatz zu dem des WHK gering. Was blieb den Homosexuellen jedoch anderes übrig, als mit oft geringen finanziellen Mitteln eigene Publikationen zu drucken und zu verbreiten? Die Massenblätter jener Zeit nahmen ebensowenig Notiz von ihnen wie die heutigen Massenmedien in der Bundesrepublik.

In der homosexuellen Publizistik der Weimarer Zeit spiegeln sich nicht nur die vielschichtigen Absichten und Ziele der einzelnen Gruppen wieder, sondern ebenso ihr «Zwist und Hader» untereinander. Lebenslanges Anliegen des Verlegers Adolf Brand, der seit 1897 die erste deutschsprachige Homosexuellen-Zeitschrift *Der Eigene* herausgab, war der Glaube an die «Schaffenskraft des mannmännlichen Eros». Für Brand und seine Mitstreiter in der 1902 gegründeten «Gemeinschaft der Eigenen» brachte diese Schaffenskraft die tiefsten, liebevollsten zwischenmenschlichen Beziehungen zustande und die wertvollsten kulturellen Leistungen. An Hand der Lebensgeschichten berühmter Männer wie Michelangelo, Isaak Newton, Friedrich II. von Preußen, Caesar, Sokrates und Oscar Wilde wollte er beweisen, zu welchen großen sittlichen, künstlerischen, wissenschaftlichen und politischen Leistungen die «Homoeroten» fähig waren.

Im Leitartikel des wöchentlich erscheinenden *Eigenen* vom 29. Oktober 1920 vertrat Brand die Ansicht, daß die Abschaffung des § 175 keineswegs eine Angelegenheit wäre, die nur die Interessen der Homosexuellen beträfe, sondern «eine ernste Lebensnotwendigkeit unseres ganzen Volkes . . . Was für ein Skandal aber würde über Deutschland heraufbeschworen werden, wenn alle diese sogenannten normalen Männer an den Pranger der Öffentlichkeit kämen oder gar ins Gefängnis wandern müßten, die sich nach dieser Richtung hin schwer ver-

Verleger Adolf Brand und Friedrich Radszuweit

schuldet haben.» Die Parteien des Reichstages müßten sich doch darüber im klaren sein, «daß keine einzige davor sicher sei, daß Homosexuelle oder Bisexuelle in ihren eigenen Reihen sitzen und daß der Riesen-Skandal, der damals gegen das Zentrum gerichtet war [gemeint ist der Eulenburg-Skandal; Anm. d. Verf.], morgen ebenso gut und leicht die Deutschnationalen oder die Sozialdemokratie treffen kann, solange der leidige § 175 noch besteht». Gleichzeitig richtete Brand heftige und berechtigte Angriffe gegen die preußische Justiz, die er eindeutig als Klassenjustiz bezeichnete. Angehörige der herrschenden Schicht würden niemals in dem Maße zur Rechenschaft herangezogen werden wie einfache Proletarier. Beispiel sei Fürst Eulenburg, der nun schon seit Jahren durch eine «Arterienverkalkung» und ein «schlimmes Herzleiden» verhandlungsunfähig sei.

Adolf Brand wehrte sich nicht nur entschieden gegen privates und politisches Erpressertum, sondern forderte von den Homosexuellen, sich fest zusammenzuschließen, um alles Übel, daß durch den § 175 entstanden sei, wirksam zu bekämpfen. Unter der Parole: «Uranier aller Länder vereinigt euch!» rief er sie am 14. August 1920 in seinem seit 1916 monatlich erschienenen *Nachrichten und Werbeblatt* der «Gemeinschaft der Eigenen» zu gemeinsamem Handeln auf.

In der gleichen Ausgabe des Blattes wurde jedoch der «innere Zwist und Hader» der Homosexuellenbewegung, wie ihn Hirschfeld für typisch hielt, besonders deutlich, als Brand heftige Angriffe gegen die Arbeit des Wissenschaftlich-Humanitären Komitees richtete. «Mehr als wissenschaftliche Lehren kann uns die eigene Kraft und der eigene Wert in der Gesellschaft der Menschen nützen.» Das Ziel des WHK sei nur die Gleichberechtigung von Homosexuellen. Dies sei viel zuwenig. Man müsse vielmehr das Unmögliche verlangen, um das mögliche zu erreichen. «Die Heiligsprechung der himmlischen Liebe sei unser Ziel» und in Anspielung auf das alte Griechenland: «Hat es nicht Zeiten gegeben, wo sie heilig war?»

Derart übersteigerte Forderungen von Homoeroten, denen die alten griechischen Schönheitsideale von Jünglingen und Männern im Kopf herumspukten, führten konsequenterweise zu einem gewissen Tuntenhaß. Feminin wirkende Männer waren Zielscheiben ihres Spotts und ihrer Verachtung. Sie wären «weibisch» und damit schwächlich, lebensuntüchtig und krankhaft. Nichts anderes als die entarteten Exemplare des «Dritten Geschlechts». Diese weitverbreitete Form von Rassismus bei den «normalen» Invertierten hatte ihre Ursache im ständigen Anpassungsdruck, den die heterosexuell strukturierte Gesellschaft auf ihn ausübte. Man wollte auf keinen Fall in der Öffentlichkeit mit «solchen Kreaturen» verwechselt werden. Der Tuntenhaß schlug sich auch in der Auswahl von Aktfotos nieder, die in den Heften Brands, vor allem dem ab 1930 erschienenen schnulzigen Monatsmagazin *Eros,* abgedruckt wurden. Jünglinge und Männer mit feingeschnittenen, ernsten Gesichtern und betont männlichem, wenn auch bisweilen knabenhaftem Körperbau in kitschigen und dramatischen Posen füllten die Seiten des Magazins «für Freundschaft und Freiheit, Liebe und Lebenskunst». Pädophile und ephebophile Liebe hatten ihren besonderen Platz, Tunten waren Tabu.

Dennoch enthielt vor allem die Zeitschrift *Der Eigene* wichtige Informationen aus Kultur und Politik, die Hirschfeld veranlaßten, ihm «hohes Niveau» zu bescheinigen (Hirschfeld 1927, S. 310).

Die «Gemeinschaft der Eigenen» und alle Produkte aus dem Verlag Adolf Brand wurden sofort nach der Machtergreifung der Nationalsozialisten verboten. Einer der engsten Mitarbeiter Brands, der Regisseur Karl Meier, setzte die Arbeit des Verlages in bescheidenem Maße in der Schweiz fort. In Zürich übernahm er 1934 die kleine Zeitschrift *Schweizerisches Freundschaftsbanner,* das er 1939 in *Menschenrecht* umbenannte. Als *Der Kreis* überstand das Blatt als einzige deutschsprachige homosexuelle Zeitschrift den Faschismus. Karl Meier schrieb nach dem Krieg über Adolf Brand:

DER EIGENE, *Nr. 5, 1924*

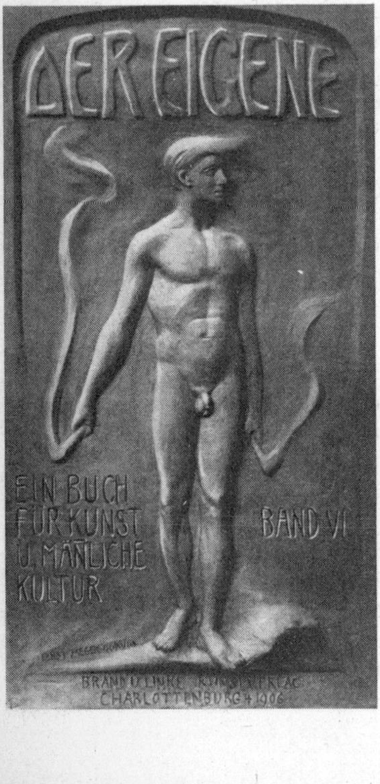

DER EIGENE, *Band VI, 1906*

«Adolf Brand verdient, daß wir seiner ehrend gedenken. Er war sicher einer der tapfersten Kämpfer im vorhitlerischen Deutschland gegen die Bevormundung des Staates, für die freie Liebesäußerung unserer Neigung, sofern sie keine wirklichen Rechte verletzt. Er hat in zahllosen Eingaben und öffentlichen Briefen an maßgebliche Vertreter der Kunst und Wissenschaft, der kirchlichen und weltlichen Behörden für die Freiheit der Liebe zum Freunde gekämpft, oft sehr angriffslustig und gegen die äußersten femininen Exponenten des Gleichgeschlechtlichen temperamentvoll bis zur brüsken Ablehnung, aber immer ehrlich und mit offenem Visier» (Hohmann 1979, S. 254).

Neben der «Gemeinschaft der Eigenen», über deren Mitgliederzahl und Stärke wir nichts wissen, gab es den «Bund für Menschenrecht e. V.», BfM, der einige tausend Mitglieder umfaßte. Führender Kopf des Bundes war der Verleger Friedrich Radszuweit, der nach dem Ersten Weltkrieg nach Berlin gekommen war und dort seinen Verlag gegründet hatte. Neben einer Vielzahl von Büchern gab er hier Zeitschriften für homosexuelle Männer und Frauen heraus: Ab 1923 monatlich die *Blätter für Menschenrechte* und wöchentlich *Das Freundschaftsblatt* («Zentralorgan der homoerotischen Bewegung Deutschlands»). Drei Jahre später folgten monatlich *Die Insel* und zweiwöchentlich *Die Freundin.* Da Radszuweit nicht unvermögend war, konnte er seine Zeitschriften in hoher Auflage verbreiten. *Die Insel* erreichte 1930 eine Rekordauflage von 150 000 Exemplaren.

Radszuweit brachte als erster auch eine Schallplatte mit schwulem Text heraus: «Bubi, laß uns Freunde sein . . .» Mitte der zwanziger Jahre eröffnete er schließlich unweit seines Geschäfts ein Lokal mit dem Namen «Freundschaftslokal».

Wichtigstes Forum des «Bundes für Menschenrecht» waren ohne Zweifel die kämpferischen *Blätter für Menschenrechte.* Neben kulturellen Informationen boten sie ihrer schwulen Leserschaft Beiträge aus Wissenschaft und Politik. Der Bund hatte Ortsgruppen und ausländische Stützpunkte in Buenos Aires, Zürich und Wien.

Daß in der Weimarer Homosexuellen-Bewegung Frauen und Männer zusammenarbeiteten, bewies das von Elsbeth Killmer redigierte Blatt *Die Freundin.* Neben den üblichen kulturpolitischen Informationen enthielt das Blatt immer wieder Berichte über berühmte lesbische Frauen aus der Geschichte. Die Identifikation mit den Leistungen dieser Frauen sollten das Selbstwertgefühl der homosexuellen Leser steigern helfen. (Der Herausgeber einer weiteren Lesbenzeitschrift mit dem Namen *Frauenliebe* ist uns unbekannt.)

Mit dem wöchentlich erschienenen *Freundschaftsblatt,* das von dem Adoptivsohn des Verlegers Martin Butzko-Radszuweit herausgege-

Friedrich Radszuweit Verlag und Geschäftsstelle

ben wurde, hatte der Radzuweit-Verlag zum erstenmal die Möglichkeit, aktuelle Informationen aus Politik und Kultur zu verbreiten.

Auf den letzten Seiten des *Freundschaftsblattes* erfuhr der Leser das neueste aus der Subkultur. In Berlins Herren-Tanzpalast «Florida» würde am Sonnabend ein «Ball nur für Herren» stattfinden. In Dresden ein «Großes Dalienfest» in den Annensälen. Der «Club Kameradschaft» in Köln würde in «Köhlers» Festsaal einen großen Tanzbetrieb jeden Donnerstag, Sonnabend und Sonntag veranstalten und im Westen Berlins gäb's was «Neues», nämlich die «Pension Ramona» mit den schönsten Tageszimmern. Neben den geschäftlichen Annoncen gab es Hunderte von Kontaktanzeigen homosexueller Männer. Hier suchte ein «vereinsamt auf dem Lande lebender Beamter einen Briefwechsel», dort ersehnte ein «jüdischer Herr» aus Hamburg «Gedankenaustausch mit unauffälligem, einfachem Menschen» und im Harz wünscht sich ein «Kraftfahrer für einige Ferientage Pension mit gesellschaftlichem Anschluß».

Der Friedrich Radszuweit-Verlag entwickelt sich zum größten kom-

Homosexuellen-Blätter aus den zwanziger Jahren

merziellen Homosexuellen-Verlag der Weimarer Republik. Nicht zuletzt durch *Die Insel,* das «Magazin der Einsamen», deren hohe Auflage auch nach dem Zweiten Weltkrieg von keiner Schwulenzeitschrift mehr erreicht werden konnte. *Die Insel* war überladen mit tragischen Geschichten, die sich meistens um holde Jünglinge mit «wunderbaren Märchenaugen, die so endlos viel Seele spiegeln konnten», rankten. Dabei handelte es sich nur um Söhne von namhaften Ärzten, Herzögen oder Kammergerichtspräsidenten. Es wäre der Dramaturgie solcher Geschichten schlecht bekommen, wenn sich ihr Held als Schusterlehrling sein täglich Brot hätte verdienen müssen. Die «Märchenaugen» besagter edler Jünglinge waren trotzdem zuweilen «Kinderaugen, besudelt noch mit dem Brandmal *seiner* Schlangenküsse», die des elenden Rivalen natürlich, der ihm den Liebhaber ausgespannt hatte. Und wie es die Gerechtigkeit wollte, brach das Bild des reines Geliebten höheren Standes restlos zusammen und der «Heilge seiner tiefen Sehnsucht» war «nichts Besseres, als eine feile Kokotte» (Januar 1928).

Solche Geschichten, angesiedelt zwischen Schmerz, Träumerei, Wahnsinn, Heldentum und endloser Sehnsuchtsgelüste, waren allemal was fürs leidende homosexuelle Gemüt. Ebenso wie die Aktaufnahmen sizilianischer Jünglinge des Barons von Gloeden und anderer Hobbyfotografen aus allen Teilen der Republik die Sinneslust erregten. Es gab dabei den schon bei Adolf Brands *Eros* beschriebenen «Typ der Zeit» mit scharfen, strengen Zügen. Die Tunte, die das Bild der «Homoeroten» in der Öffentlichkeit angeblich völlig entstellte, kam auch in der *Insel* nicht vor. In Radszuweits *Blättern für Menschenrechte* war im Mai 1926 sogar zu lesen:

> «Wenn alle ‹Feminierlichen›, die sich auf der Straße und in Gesellschaft so absonderlich gebärden (vielleicht ahnen sie ihre Lächerlichkeit gar nicht), sehen könnten, wie abstoßend ihr Betragen wirkt, dann würden sie sich vielleicht in ihrem Getue etwas zusammennehmen, damit sie den anderen nicht auf die Nerven fallen, und die homosexuelle Bewegung, die der Bund für Menschenrecht E. V. fast zu einer Volksbewegung gemacht hat, nicht in Gefahr bringen.»

Schließlich forderte der Schreiber des Artikels alle Mitglieder des Bundes auf, den Kampf gegen diese «Degenerierten» aufzunehmen.

Neben den schon damals belächelten schwülstigen Geschichten enthielt Radszuweits *Insel* seitenweise Kontaktanzeigen und Werbung für Lokale und Dienstleistungen aller Art. Das Heft entsprach den Bedürfnissen des konsumfreudigen, meist unpolitischen Durchschnittshomoeroten der zwanziger Jahre, der zufrieden war, wenn man ihn in seinem schwulen Getto in Ruhe ließ. Radszuweit blieb deshalb, obwohl seine anderen Hefte durchaus anspruchsvoll waren, vor allem von politisch engagierten Homosexuellen nicht unangefeindet. Kurt Hiller, führendes Mitglied des WHK, nannte ihn «einen üblen Geldraffer», was zumindest im Zusammenhang mit der *Insel* nicht gänzlich von der Hand zu weisen ist (Hohmann 1979, S. 255).

Schon während der Weimarer Zeit weigerten sich Zeitschriftenhändler, Radszuweits Erzeugnisse zu verkaufen, weil sie sich häufigen polizeilichen Kontrollen ausgesetzt sahen. Schlägertrupps der Nationalsozialisten überfielen und verwüsteten mehrmals Radszuweits Verlag und Geschäft in der Neuen Jakobstraße in Berlin. Weder er noch sein Adoptivsohn ließen sich jedoch einschüchtern. Martin Butzko-Radszuweit wurde im März 1933 von einem Rollkommando der SA festgenommen und in ein KZ geschafft, nachdem man ihn zuvor halbtot geschlagen hatte. Friedrich Radszuweit fiel seinen Gegnern nicht mehr in die Hände. Er starb kurz vor der Machtergreifung am 15. März 1932 an Tuberkulose.

Eine Reihe kleiner Verbände wie der «Freundschaftsbund Berlin», der sich später den Namen «Club der Freunde und Freundinnen» gab, und der «Hamburger Freundschaftsbund» schlossen sich 1919 zum «Deutschen Freundschaftsverband» zusammen und gaben eine gemeinsame Wochenzeitschrift heraus: die *Freundschaft*. In einer Reihe von Artikeln forderten die Clubs und Verbände «den Zusammenschluß aller anständigen, gebildeten Invertierten zwecks Veredelung und Vervollkommnung wahrer Freundschaft . . . Außerdem soll eine Werbetätigkeit eingesetzt werden, zur Aufhebung des § 175 St.G.B.». Ziel der Verbandsarbeit war eine «Weltorganisation» aller Invertierten:

> «Die einzelnen Vereine sind zu einer Bedeutungslosigkeit verurteilt, weil es ihnen nicht möglich ist, bedeutendes zu leisten und von den ‹Normalen› als Auswüchse unserer Freiheit betrachtet werden; aber wenn sich Vereine zu einem großen Bund, Zentralverband oder wie er sich immer nennen mag, zusammenschließen, dann wird man wohl oder übel uns Beachtung schenken müssen . . . Wollen wir etwas oder alles erreichen, dann müssen wir jenen Weg beschreiten, der wohl mühselig, aber am Ende uns mit der Verwirklichung unserer Bestrebungen lohnt. Er heißt: Vom Klub – zur Weltorganisation» (Freundschaft 1920).

Immerhin konnte der «Freundschaftsverband» nach Ansicht Hirschfelds «durch eine gewisse kulturkämpferische Linie in den Jahren 1921–23 eine zeitweise starke Aktivierung der homosexuellen Masse erreichen» (M. Hirschfeld). Schon 1920 hatte die *Freundschaft* durch die Aufstellung von zehn Geboten deutlich gemacht, worauf der «anständige, gebildete Invertierte» zu achten habe.

«Unsere Zehn Gebote

1. Laß Dir Deine Veranlagung nie zur Hauptsache werden!
2. Widme Dich mit großem Eifer Deinem Berufe, lies gute Bücher, treibe Sport und Kunst (Theater und Musik) und Du bist glücklich und kommst leichter über kummervolle Stunden weg, die keinem von uns erspart bleiben.
3. Suche Dir einen Freund, der Dich liebt, Dir innerlich nahe steht, steh nicht in erster Linie auf Schönheit, denn schöne Menschen, sind viel begehrt und neigen daher auch mehr als andere zur Abwechselung.
4. Hast Du einen solchen Freund gefunden, so halte ihn fest, bleibe ihm treu, verlange dasselbe auch von ihm.
5. Laß Dir bei deinem Freunde nicht das körperliche zur Hauptsache werden. Sei ihm im wahrsten Sinne des Wortes Freund, Helfer in allen Lebenslagen. Genieß mit ihm gemeinschaftlich Deine freien Stunden, besuche mit ihm die Stätten der Kunst, nimm ihn hinaus in die schöne Natur zu Spaziergängen und größeren Wanderungen.
6. Ueberlege Dir sehr, ehe Du mit Deinem Freunde zusammenziehst. Fortgesetzt häusliche Gemeinschaft führt leichter zum Bruch als häufiges Getrenntsein.
7. Denke stets an Deinen Freund und vermeide das ständige Suchen nach etwas Neuem. – Dieses fortgesetzte Umherirren, der immerwährende Drang nach Abwechslung wird leicht zu Deinem moralischen und körperlichen Ruin, bringt Dir fortgesetzte Gefahren und macht Dich unglücklich. Umgehe, wenn Du fürchtest, schwach zu werden, die Stellen, an denen sich Gleichgesinnte treffen.
8. Sei zufrieden mit Deinem Freunde, auch wenn er nicht in allem Dein Ideal ist. – Einen Menschen, der Dir in allem voll und ganz entspricht, der auch in Dir die Erfüllung seiner höchsten Wünsche sieht, zu finden, ist kaum möglich, Bedenke, daß das Suchen nach Deinem völligen Ideal Dir fortgesetzte Enttäuschungen bringen und Dich leicht zum schlechten Menschen machen kann.
9. Stelle Dich mit Deinen Angehörigen, Verwandten, Bekannten, vor allem Berufskollegen stets gut, tu' immer in vollstem Maße Deine Pflicht, dann läßt man Dich nicht fallen,

wenn Deine Veranlagung erkannt wird. Menschen, die man gerne hat, sagt man auch ungern etwas Schlechtes nach.

10. Betrachte Deine Veranlagung nie als etwas Unrechtes, Krankhaftes, denn was Du tust ist Deine Natur. – Die Nichterfüllung Deines Naturgesetzes kann nur ein Mensch von Dir verlangen, der unserer Sache aus Mangel an naturwissenschaftlichen Kenntnissen und falschem Moralgefühl verständnislos gegenübersteht. – Die Hauptsache muß Dir sein, daß du das, was Du tust, vor Gott und Dir selbst verantworten kannst!

Von einem Stuttgarter Freund»

Bleibt zu erwähnen, daß auch in diesem biederen Freundschaftsverband die Tunten keinen Platz hatten. «Fort mit den Tanten», forderte 1920 energisch ein Schreiber der *Freundschaft*:

«Das größte Hindernis bei der Beseitigung des tief eingewurzelten Vorurteils wider uns sind nächst den Kreisen, die unter die Bezeichnung ‹männliche Prostitution› fallen, jene widerwärtigen Menschen, die wir mit dem Spitznamen ‹Tanten› benennen.»

Es bestünden keinerlei Chancen für eine Streichung des § 175, wenn sich die Invertierten nicht völlig von diesen «Halbidioten» trennen würden, die mit ihrem «abstoßendem Treiben» wie eine «männliche Vogelscheuche» aufgeputzt seien.

Neben solchen unsachlichen Artikeln enthielt die Freundschaft jedoch viele wichtige Informationen aus Kultur, Politik und Wissenschaft. Gegen Ende der zwanziger Jahre entwickelt sie sich mehr und mehr zu einem relativ unpolitischen Literatur-Blatt. Ihre frühere Aufgabe als «Organ des Deutschen Freundschafts-Verbandes» übernahm 1928 die *Neue Freundschaft*. 1933 endet die Geschichte des Verbandes.

Fast zur gleichen Zeit mit der Entstehung des Freundschaftsverbandes gab Professor Ferdinand Karsch-Haack ein Jahr lang vierzehntägig den *Uranos*, «Blätter für ungeschmälertes Menschentum», heraus. Hirschfeld bedauerte ausdrücklich, daß der kulturhistorisch bedeutsame *Uranos*, «der sich besonders durch hohes literarisches Niveau auszeichnete», schon 1922 wieder eingegangen sei (Hirschfeld 1927, S. 310).

In keinster Weise kulturhistorisch oder sonstwie bedeutsam war *Die Fanfare* «für freies Menschentum», das «Magazin des Junggesellen». Es erschien ab 1924 alle vierzehn Tage und beglückte seine Leser mit Sportartikeln und Aktstudien kerngesunder Jungen und Männer. Gleichgesinnte aus der ganzen Republik, «Vortruppler, Heimatwanderer, Bodenreformer und Schulreformer» sollten nach Ansicht dieses «offiziellen Organs des Kultur-Cartells» unbedingt Fühlung miteinander aufnehmen. Nach den zahlreichen Anzeigenseiten des Blattes zu urteilen, bestand wohl eines der Hauptvergnügungen von Schwulen der zwanziger Jahre in dem Besuch von Bällen. Der «Internationale Freundbund» in Berlin feierte in den «Luthersälen», nachdem er dem «Luisenstadt Kasino» untreu geworden war, Bayrische Bockbierfeste, große Maskenbälle, Film-Bälle, Lila-Nächte und sogar einen «Zille-Ball» für Freunde von Karikaturen. Ein heute in Hamburg lebender Homosexueller, der solche Festivitäten schon in den zwanziger Jahren mitgemacht hatte, schwört, daß es bei Bällen keine Seltenheit gewesen sei, wenn reich gekleidete Herren auf lebenden Elefanten in die Ballsäle und Festzelte eingeritten seien.

Literatur

Schon um die Jahrhundertwende war der Name Sagitta in homosexuellen Kreisen ein Begriff. John Henry Mackay, der sich hinter diesem Pseudonym versteckte, veröffentlichte Romane und Gedichte über pädophile Liebe. Ende der zwanziger Jahre erschien sein bekanntester Roman, das «siebente Buch der namenlosen Liebe» mit dem Titel *‹Der Puppenjunge›*, die Geschichte eines jungen Strichers in Berlin. Sagitta stellte sich mit seinem rückhaltlosen Plädoyer für die Straffreiheit der Liebe «des Mannes zum Knaben» und des «Knaben zum Manne» gegen die führenden Männern der damaligen Schwulenbewegung. Ihr Kampf galt einzig der Straffreiheit gleichgeschlechtlichen Verhaltens zwischen Erwachsenen. 1924 schrieb Mackay:

> «Die sogenannte wissenschaftliche Forschung hat an die Stelle der absoluten Unkenntnis jene halben und schiefen Wahrheiten gesetzt, unter deren entsetzlicher Verwirrung wir heute schlimmer leiden, als früher unter jener» (Hohmann 1979, S. 265).

Außer Mackay hat eigentlich nur der Schriftsteller Hans Siemsen die schwerwiegenden Fehler der damaligen wissenschaftlichen Forschung nach dem «Dritten Geschlecht» erkannt. Er hielt diese Forschung für minderwertig, weil die Theorien, auf denen sie basierten, in keinster Weise bewiesen wären. Es sei unsinnig, daß Homosexuelle ihre Existenzberechtigung aus der angeblichen Tatsache herleiten müßten, ein naturgewolltes Zwischengeschlecht zu sein. Man solle vielmehr verlangen, daß der Staat und die Gesellschaft in die freie Entfaltung der individuellen Persönlichkeit des Menschen nicht hineinzureden hätten, solange niemandem Schaden zugefügt werde. Der § 175 sei «nur ein Glied in der Kette der Moralparagraphen, von denen zum Beispiel der Abtreibungsparagraph noch viel gefährlicher und hassenswerter» sei.

«Der Kampf gegen ihn (den § 175) kann nur ein Teil des großen Aufklärungskampfes sein, dessen Ziel es ist, an die Stelle der verlogenen, ungesunden und schmutzigen Moral, die im heutigen Strafgesetz ihren Ausdruck findet, eine gesündere, vernünftigere und menschenwürdigere Auffassung zu setzen und jeden Eingriff des Staates in das Sexual- und Liebesleben des einzelnen als eine unerträgliche, unverschämte und unmoralische Anmaßung zu brandmarken.»

Mit ungewöhnlicher Klarheit stellte Siemsen fest, daß

«das Leben (auch das Liebesleben) der Homoeroten sich fast in nichts von dem der normalen Menschen unterscheidet. Jede Freude, jedes Glück, jeden Kummer, jede Tragik, jedes Schicksal gibt es hier wie dort. Jede Eigenschaft, gute und schlechte, jeden Charakter, jede Begabung, jedes Laster, jede Tugend, jede Anomalie – hier wie dort.»

Wenn also Homosexualität trotzdem ein Problem sei, dann nur deshalb, weil der Staat sie verbiete:

«Dieser Paragraph bringt Jahr für Jahr Hunderte von Menschen ins Gefängnis, er stößt Tausende in Unglück, Not und Schande, er zwingt Hunderttausende, ein Leben der Lüge und Heuchelei zu führen, und er treibt Jahr für Jahr Dutzende in den Tod, das heißt zum Selbstmord . . . Dieser Paragraph rückt die ganze Frage ins Kriminelle und Pathologische. Wohin sie keineswegs gehört» (Hohmann 1979, S. 274 f).

Über die Folgen antihomosexueller Gesetzgebung war sich auch Hirschfeld durchaus im klaren, keineswegs jedoch darüber, daß sich das Leben der Homosexuellen in nichts von dem der Heterosexuellen unterscheidet, wenn man von der Diskriminierung einmal absieht. Hirschfeld bedauerte es zeitlebens, daß es «kaum eine zweite Menschenrasse gibt, die sich in so geringem Grade zur Wahrnehmung gemeinsamer Rechts- und Lebensinteressen zu organisieren verstanden hat», wie die Homosexuellen (Hirschfeld 1927, S. 309).

Der einzige heute noch lebende und fast vergessene Schriftsteller aus der Schwulenbewegung der Weimarer Republik ist Bruno Vogel. In seinen Romanen und Erzählungen richtete er immer wieder heftige Angriffe gegen «kleinbürgerlich vermufftes Elternhaus, verstockte Schule, Religion und Spießermoral» (Hohmann 1979, S. 277). Nach mehreren gesellschaftskritischen Veröffentlichungen, die dem Pazifisten Vogel unter anderem 1925 einen Prozeß wegen Gotteslästerung eingebracht hatten, veröffentlichte er 1929 seinen Roman *‹Alf›*, die Geschichte einer tragisch endenden Freundschaft: Der Schüler Felix wird von argen Gewissensnöten geplagt, weil er mit seinem Schulfreund Alf intim befreundet ist.

Als der Erste Weltkrieg ausbricht, meldet er sich freiwillig und fällt. Sein Freund Alf wird zum entschiedenen Kriegsgegner und Feind aller ungerechtfertigten moralischen Bevormundung.

Bruno Vogel hatte bereits 1922 in Berlin eine homosexuelle Emanzipationsgruppe mit dem Namen «WIR» gegründet. 1929 wurde er in den Vorstand des WHK gewählt. Bereits 1931 emigrierte er nach Österreich, später in die Schweiz und lebt heute in London.

Neben diesen drei Schriftstellern gab es noch viele mehr oder weniger talentierte homosexuelle Schreiber, deren Zahl mit der aufkeimenden Schwulenbewegung ständig wuchs. Hirschfeld meinte sogar:

> «Es sind keineswegs nur Urninge, die in Gedichten, Dramen und Romanen ihr Fühlen und Denken schildern, sondern als eine besonders typische Folge der dreißigjährigen wissenschaftlichen Aufklärungsarbeit muß die Tatsache verzeichnet werden, daß Dichter und Schriftsteller von Rang und Namen sich in neuester Zeit ganz besonders mit dem Problem der Gleichgeschlechtlichkeit beschäftigen. Fast möchte man sagen, daß die Darstellung homosexueller Verhältnisse in der modernen Belletristik ‹hoffähig› geworden ist.»

In diese Kategorie gehörten für ihn z. B. Thomas Mann mit seinem *‹Tod in Venedig›*, Klaus Mann mit *‹Frommer Tanz›*, Stefan Zweig mit *‹Die Verwirrung der Gefühle›* (Hirschfeld 1927, S. 317).

Film

1919 entstand der erste Spielfilm mit homosexueller Thematik. Titel: *‹Anders als die Anderen›*. Unter der Regie von Richard Oswald spielten u. a. Conradt Veidt, Anita Berber, Fritz Schulz und Magnus Hirschfeld (Hohmann 1977, S. 41). Die Handlung war in emanzipatorischer Hinsicht motivierend: Ein junger, über die Maßen begabter Violinspieler begeht aus Verzweiflung über Erpressung Selbstmord. Sein Geliebter wird von einem klugen Arzt, Hirschfeld, davon abgehalten, dem Freund in den Tod zu folgen. Statt dessen findet er eine neue Identität und kämpft in Zukunft für menschenwürdigere Zustände, die Selbstmorde aus solchen Motiven irgendwann einmal überflüssig machen.

Auch Hirschfeld selbst drehte mit Mitarbeitern des 1919 von ihm gegründeten «Instituts für Sexualwissenschaft» in Zusammenarbeit mit der Berliner Humboldt-Filmgesellschaft einen «Kultur- und Spielfilm» mit dem Titel *‹Gesetze der Liebe›*. Laut Hirschfeld sollten dem Zuschauer die «großen Zusammenhänge der Gesetze der Geschlechts-

und Mutterliebe im gesamten Naturreich vom einfachsten Lebewesen bis hinauf zum Menschen», nahegebracht werden. Wichtigste Aussage des Films sei jedoch «die grundlose Ächtung des Dritten Geschlechts».

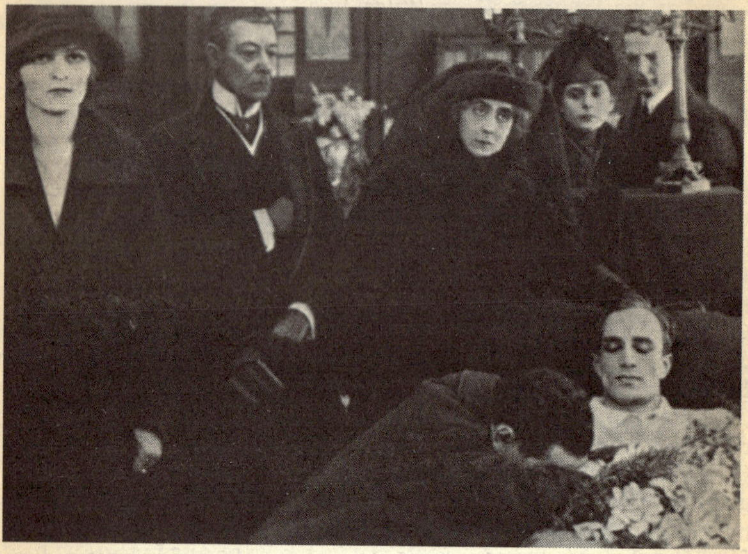

Szenenfotos aus dem Film ANDERS ALS DIE ANDERN

Mit dem Film habe er die Absicht, «in breiten Kreisen das Verständnis für das große Gebiet der Sexualwissenschaft und seiner Forderungen bei der Neugestaltung des deutschen Strafrechts» zu wecken und zu vertiefen (Hirschfeld/Beck 1927, S. 3 f).

Die russische Emigrantin Jelena Nagrodskaya veröffentlichte 1919 den Roman ‹*Die bronzene Tür*›, ein Appell für die Gleichberechtigung gleichgeschlechtlicher Liebe. Neun Jahre später wurde das Buch, das sich inzwischen zum einschlägigen Bestseller entwickelt hatte, von dem Wiener Regisseur Effenberger verfilmt (Hohmann 1979, S. 272).

Die Novelle ‹*Der Geiger des Herzogs von Aosta*› des Schriftstellers Eugen-Ludwig Gattermann, 1924 veröffentlicht, wurde von der UFA verfilmt. Die rührselige Story handelte von einem Herzog, der sich unsterblich in einen jungen Geiger verliebt. Sein heimtückischer Kanzler läßt den Geiger jedoch ermorden. Der verzweifelte Herzog nimmt blutige Rache. Dieser UFA-Film soll ein großer Kassenschlager gewesen und monatelang im ausverkauften Berliner «Admirals-Palast» aufgeführt worden sein (Hohmann 1979, S. 260).

Auch das Theater der zwanziger Jahre nahm sich der Homosexuellen-Thematik an. Hirschfeld schrieb 1927:

> «Auch die dramatische Bearbeitung tritt von Jahr zu Jahr mehr in Erscheinung. Wir erinnern an die Aufführung von ‹*Eduard II.*› von Marlow in der Bearbeitung von Brecht, an Janckes ‹*Antonius*› und an die Tragödie ‹*Oscar Wilde*› von Carl Sternheim, die zum erstenmal den Konflikt eines Homosexuellen mit Gesellschaft und Gesetz in seiner ganzen Tragik auf die Bühne brachte. Bourdets ‹*Gefangene*›, ein lesbisches Schauspiel, wurde monatelang in Berlin gespielt» (Hirschfeld 1927, S. 318).

Das «Wissenschaftlich-Humanitäre Komitee» Organisierter Kampf gegen den § 175 auf naturwissenschaftlicher Grundlage

Der § 175 und die «Diktatur der Normalitat»

Die, verglichen mit bundesdeutschen Verhältnissen, ungeheure Breite und Vielfältigkeit des schwulen Lebens, besonders in den Zeiten der Weimarer Republik, war trotz des seit 1871 bestehenden § 175 möglich. Im Kaiserreich und in Weimar galt ein Paragraph, der zwar generell «widernatürliche Unzucht zwischen Männern» unter Strafe stellte, jedoch in der praktischen Anwendung lediglich bestimmte sexuelle Praktiken kriminalisierte. Dementsprechend waren die Verurteilungsziffern verhältnismäßig niedrig (vgl. Statistik im Anhang). Aber nicht allein die spezifisch eingeschränkte juristische Interpretation dessen, was unter den § 175 fiel, war für diese historische Epoche kennzeichnend, sondern auch – und vor allem – die auch für Homosexuelle geltende Koalitions- und Versammlungsfreiheit, die Freiheit der Meinungsäußerung sowie die Freiheit der Presse. Im Besitz dieser unverzichtbaren demokratischen Rechte, hatten Schwule und Lesben damit beginnen können, sich einen Freiraum in der bestehenden Gesellschaft zu erkämpfen, der die Voraussetzungen für eine kollektive Emanzipation der Homosexualität von dumpfen Vorurteilen, Willkür, Unterdrückung, Gewalt und Verfolgung schaffen konnte. Für die Homosexuellen war die Republik von Weimar, trotz § 175, der freiheitlichste Staat, der je auf deutschem Boden existierte.

In der Bundesrepublik wurden diese Weimarer demokratischen Freiheiten bis 1969 nicht zugestanden. Die zweite deutsche Republik knüpfte an die faschistischen Traditionen an und behielt nicht nur den für die Zwecke nationalsozialistischer Herrschaft verschärften § 175 bis 1969 unverändert bei, sondern gestand den Schwulen bis zu diesem Zeitpunkt auch die unverzichtbaren demokratischen Rechte nicht zu.

Der in Weimar gültige § 175 stammte aus der Zeit, in der das Deutsche Reich mit Blut und Eisen geeint worden war. Preußen, jener Teilstaat des Deutschen Bundes, der mit seinen spezifischen Tugenden und einer Reihe von Kriegen die Reichseinigung vorangetrieben hatte, vermachte dem zweiten Deutschen Reich auch sein juristisches Verständnis von «Widernatur». In einem amtlichen Kommentar aus dem Jahre 1870 über die Motive für die Aufrechterhaltung des § 175 heißt es:

> «Denn selbst, wenn man den Wegfall dieser Strafbestimmung vom Standpunkte der Medizin, die durch manche der gewissen Theorien des Strafrechts entnommenen Gründe rechtfertigen könnte; das Rechtsbewußtsein im Volke beurteilt diese Handlungen nicht bloß als Laster, sondern als Verbrechen, und der Gesetzgeber wird billig Gedanken tragen müssen, diesen Rechtsanschauungen entgegen Handlungen für straffrei zu erklären, die in der öffentlichen Meinung als strafwürdige gelten. Die Beurteilung solcher Personen, welche in dieser Weise gegen das Naturgesetz gesündigt, dem bürgerlichen Strafgesetze zu entziehen und dem Moralgesetz anheimzugeben, würde als ein gesetzgeberischer Mißgriff getadelt werden» (Entwurf für ein Strafgesetzbuch des Norddeutschen Bundes).

Dieser ausgiebige Bezug auf das gesunde Volksempfinden bzw. auf das «Rechtsbewußtsein im Volke» und das «Naturgesetz» kam nicht von ungefähr, denn es war dem Gestzgeber keineswegs verborgen geblieben, daß eine erhebliche Anzahl namhafter Wissenschaftler für die Straflosigkeit der Homosexualität eintrat. Die Legitimationslücke für die Aufrechterhaltung des § 175 war offensichtlich, daher blieb nur der Rekurs auf das Volk und sein Empfinden übrig, um einen Tatbestand zu kriminalisieren, der seit dem ausgehenden 18. Jahrhundert immer weniger als Verbrechen angesehen wurde. Im Gefolge der Aufklärung hatte sich zunehmend eine liberale Tendenz gegenüber der Homosexualität durchgesetzt und dazu geführt, daß in einer Reihe deutscher Staaten die entsprechenden Gesetze abgeschafft worden waren.

> «Es ist also gar nicht so, wie vielfach behauptet wird, daß sich die deutsche Strafrechtswissenschaft einmütig oder auch nur überwiegend für die Strafbarkeit ausgesprochen hätte. Man war im Gegenteil viel fortschrittlicher und moderner, als gemeinhin vermutet wird» (Baumann 1968, S. 32).

Dieser Umstand war Ergebnis des im Verlauf vor allem des 18. Jahrhunderts wesentlich zurückgedrängten religiösen Denkens in der Erklärung der Welt und ihrer Ordnung. Hatten die mittelalterlichen Gesetze Homosexuelle als Sünder gegen die göttliche Schöpfungsordnung, als Ketzer zusammen mit den Hexen auf den Scheiterhaufen verbrannt, so waren diese barbarischen Strafen im Zuge der Entwicklung aufklärerischen Geistes allmählich abgeschwächt und schließlich aufgehoben worden. Beim Übergang vom religiösen Weltbild zu einem diesseitigen, auf Vernunft, Rationalität und Empirie gegründeten Gesellschaftsbild haben besonders Juristen einen bedeutsamen Beitrag geleistet. Freilich waren sie «der Meinung, sie würden nur die ewigen Grundsätze eines von den Auswüchsen der barbarischen Zeit befreiten Naturrechts wiederherstellen» (Bernal 1978, Bd. 4, S. 968), als sie die Neuformulierung eines von Staat und Kirche unabhängigen Rechts propagierten und dabei das Naturrecht aus der menschlichen Natur herleiteten und dieses als der menschlichen Vernunft stets *erkennbares* Recht ansahen, das jederzeit und überall, unabhängig von Ort, Zeit und Bedingungen Geltung habe. Das Naturrecht wurde somit als das Recht schlechthin verabsolutiert. Menschen, die gegen dieses Recht verstießen, handelten – so die Aufklärer – unvernünftig und somit wider die Natur.

Die Herrschaft der Vernunft und des natürlichen Menschenrechts wurde, wie es Immanuel Kant in einer geschichtsphilosophischen Schrift unter dem Titel ‹*Was ist Aufklärung?*› formulieren sollte, als «Ausgang des Menschen aus seiner selbstverschuldeten Unmündigkeit» begriffen, und «Aufklärung» wurde zum Losungswort für alle bürgerlichen Reformbestrebungen in Wissenschaft und Gesellschaft. Ein auf naturphilosophischen Gedankengängen basierendes Gesellschaftsbild und die entstehenden «exakten» Naturwissenschaften prägten zunehmend das Bild eines als «vernünftig» empfundenen Zeitalters. Die Aufklärung diente der Herausbildung einer politischen und wirtschaftlich gefestigten Sozialordnung des aufstrebenden Bürgertums und trug entscheidend dazu bei, die sozialen und geistigen Fesseln der feudalen Ordnung und ihres ideologischen Bollwerks, der Kirche, zu sprengen.

Im deutschsprachigen Raum war es vor allem die Übersetzung von Cesare Beccarias revolutionärem Buch *‹Dei delitti e delle pene›* (1764), worin, wie Gisela Bleibtreu-Ehrenberg mitteilt, «erstmals in der jursitischen Literatur homosexuelles Verhalten aus soziologischen Ursachen abgeleitet (wurde)» (1978, S. 315). In Abgrenzung zum mittelalterlichen, religiös geprägten «Gesetz des Feuers» hieß es bei Beccaria:

> «Die Knabenliebe und andere unordentliche Vermischungen des Fleisches, worauf die Gesetze das Feuer gesetzt, und um derentwillen der Richter mit Freuden zur Marter eilet, nimmt ihren Ursprung in den Leidenschaften der sklavisch und in enge Gesellschaft vereinigten Menschen, nämlich nicht sowohl aus ekelhafter Sättigung an gewöhnlichen Ergötzlichkeiten, als vielmehr aus der fehlerhaften Erziehung, welche die Menschen, um sie anderen nützlich zu machen, sich selber unnütz macht» (zit. nach Bleibtreu-Ehrenberg 1978, S. 315 f).

Im übrigen war Beccaria der Meinung, daß Homosexualität kein Verbrechen und daher zu entkriminalisieren sei, «weil es niemandem das Seinige entzieht und nicht aus betrügerischem, boshaften Herzen entspringet, noch die bürgerliche Ordnung zerrüttet» (zit. nach Baumann 1968, S. 30). Karl Ferdinand von Hommel, der «deutsche Beccaria» formulierte 1765, daß «Mensch, Bürger und Christ drei unterschiedliche Begriffe» seien. Er stellte fest, daß «der größte Teil unserer Polizeiverordnungen aus Predigten entstanden» seien, und bezweifelte entschieden, «daß Gott durch Hängen und Köpfen sich versöhnen lasse und daran gefallen trage, daß Ketzerey bestraft werden müsse, daß unordentliche Vermischung des Fleisches ein weit größeres Verbrechen sey, als Straßenraub und Gift» (zit. nach Bleibtreu-Ehrenberg 1978, S. 316). Diese aufgeklärten, an diesseitigen Vorstellungen orientierten Gedanken erhielten vor allem aus Frankreich Unterstützung, nachdem die napoleonische Administration in den besetzten Gebieten des zerschlagenen «Heiligen Römischen Reiches Deutscher Nation» Einzug gehalten hatte.

So war im bayrischen Strafgesetzbuch von 1813 die Homosexualität für straffrei erklärt worden, und zwar mit der Begründung, «daß hier nur Gebote der Moral überschritten würden, jedoch nicht Rechte Dritter verletzt seien». Strafe wurde lediglich für «Mißbrauch» und «Verführung von Jugendlichen unter zwölf Jahren» angedroht. Einen Antrag der Regierung im Jahre 1855 auf Einführung der Strafbarkeit lehnte das bayrische Parlament ab. Im «Strafgesetzbuch für das Königreich Württemberg von 1839» war eine Verfolgung nur im Falle einer Klage des «Beleidigten, seines Ehegatten oder seiner Eltern» vorgesehen, ähnlich handhabte auch das «Criminalgesetzbuch» des Herzogtums Braunschweig die Homosexualität. Im Königreich Hannover wurden lediglich qualifizierte Fälle bestraft und in Baden wurde die Strafverfolgung von der «Erregung öffentlichen Ärgernisses» und vom öffentlichen Bekanntwerden abhängig gemacht.

Andere Staaten, darunter Preußen, hatten sich nicht zur Entkriminalisierung entschließen können, obwohl auch hier deutliche Tendenzen zu einem «aufgeklärten» Verhalten festzustellen waren. So setzte sich noch der 1. und 5. Entwurf des «Criminalgesetzbuchs» für die Preußischen Staaten von 1827 bis 1829 bzw. 1838 für die Straflosigkeit der einfachen Homosexualität ein. Der § 143 des Preußischen Gesetzbuches vom 14. 4. 1851 enthielt dann jenen Tatbestand, der über das Strafgesetzbuch des Norddeutschen Bundes von 1870 schließlich in das Reichsstrafgesetzbuch von 1871 Eingang fand und bis 1935 gültig war. Dieser § 175 lautete:

> «Die widernatürliche Unzucht, welche zwischen Personen männlichen Geschlechts oder von Menschen mit Tieren begangen wird, ist mit Gefängnis zu bestrafen; auch kann auf Verlust der bürgerlichen Ehrenrechte erkannt werden.»

Bei der Formulierung dieses Textes hatte der kirchlich geprägte, mittelalterliche Sodomiebegriff Pate gestanden, wonach prinzipiell alles als Unzucht begriffen wurde, was einer an der Fortpflanzung der Gattung Mensch orientierten Sexualität entgegenstand. Neben der «natürlichen Unzucht» stand die «widernatürliche», die per se keine Möglichkeit der Fortpflanzung bot und daher bestraft wurde.

War die Legitimation des § 175 bereits unter vielen Juristen umstritten, so äußerten auch führende Mediziner massive Vorbehalte. Gegen die Bestrafung setze sich u. a. die «Königlich-wissenschaftliche Deputation für das Medizinalwesen» ein, die unter der Federführung von Rudolf Virchow (1821–1902) und Bernhard von Langenbeck (1810–1887) ein Gutachten anfertigten, das viele führende deutsche Ärzte unterstützten. Die Ablehnung einer Kriminalisierung der Homosexualität ergab sich zwingend aus dem naturwissenschaftlich geprägten Weltbild, das sich mit der Säkularisierung der Wissenschaften durchgesetzt hatte. Waren die aufgeklärten Juristen bemüht gewesen, die gleichgeschlechtliche Liebe zu entpönalisieren, so hatten sie jedoch keineswegs eine Gleichstellung der Homosexualität mit der Heterosexualität beabsichtigt, sondern vielmehr den Wunsch zum Ausdruck gebracht, «daß es der medizinischen Wissenschaft dereinst möglich sein werde, dort Hilfe zu bringen, wo der Strafgesetzgeber versagen muß». (Diese hier zitierte Formulierung benutzte noch im Jahre 1968 der liberale Jurist Jürgen Baumann in seiner Untersuchung zum § 175, die seinerzeit darauf abzielte, eine Reform des Paragraphen im Bundestag zu unterstützen.) Die Mediziner, Pathologen und Irrenärzte sahen sich jetzt verstärkt veranlaßt, auf naturwissenschaftlicher Grundlage nach Ursachen der Homosexualität zu suchen und die «Krankheit» zu heilen:

> «In der Mitte des letzten Jahrhunderts entwickelte das medizinische Krankheitsmodell, also die Rückführung aller Krankheiten auf organische Ursachen, nicht nur in der Allgemeinmedizin eine Monopolstellung, auch in der Psychiatrie setzte sich die naturwissenschaftliche Richtung durch. Alle psychischen Erkrankungen wurden auf eine organo-pathologische Ätiologie [Ursachenlehre; Anm. d. Verf.], auf eine biologische Dimension und Prozeßhaftigkeit reduziert» (Parchazina/Albrecht-Desirat 1977, S. 107).

Aus den mittelalterlichen Sündern gegen eine göttliche Weltordnung waren jetzt bedauernswerte Kranke geworden, denen eine «natürliche» Befriedigung ihres Geschlechtstriebs nicht möglich war. Weil man Kranke aus naheliegenden Gründen nicht bestrafen konnte, nahmen Mediziner, Pathologen und Irrenärzte konsequenterweise gegen eine staatliche Verfolgung der Homosexuellen Stellung. Da alle Krankheiten bekanntlich eine Ursache haben, wurde von der modernen Wissenschaft mit schier unerschöpflicher Flexibilität und grenzenlosem Einfallsreichtum nach Gründen für die Entstehung der Homosexualität gesucht. Freilich erfolgte diese Suche nach dem Krankheitserreger nicht wildwüchsig, sondern bewegte sich jeweils in den Bahnen des zeitgenössischen Denkens der beteiligten wissenschaftlichen Disziplinen. Bis weit ins 20. Jahrhundert hinein wurde das medizinische Denken ausschließlich von biologischen Vorstellungen über die Krankheitsursachen dominiert.

Die Petitionen von Medizinern blieben jedoch, wie 1870/71 die Initiative Virchows und Langenbecks, zwecklos, denn das «gesunde Empfinden» des Volkes bedeutete dem Gesetzgeber offensichtlich mehr als das Urteil der Wissenschaftler.

Gisela Bleibtreu-Ehrenberg, die die Verfolgung der Homosexuellen als auf einem Vorurteil gründend darstellt, kommt im Hinblick auf den Wandel dieses Vorurteils zu folgendem Ergebnis:

«Die während des gesamten Mittelalters immer wieder neu belebte Ächtung und Verfolgung der Juden als ‹Gottesmörder› hatte sich im Zuge der Aufklärung zum rassistischen Vorurteil umgewandelt. Genau derselbe Vorgang läßt sich im gleichen Zeitraum beim Vorurteil gegenüber der Sodomie bzw. Homosexualität beobachten; auch dies unterliegt einer durchgehenden Säkularisation, und auch hier bedeutet Säkularisierung keineswegs Abmilderung» (1978, S. 322).

Das mittelalterliche «Vorurteil» drückte sich in seiner neuzeitlichen Form u. a. in einer Vielzahl medizinischer «Heilungsversuche» an Homosexuellen aus. Einschlägige Fachbücher nennen z. B. folgende Methoden: Medikamentöse Behandlung, Irrenanstaltsbehandlung, Hypnose, Psychoanalyse, Autosuggestion, Röntgenbestrahlungen, operative Eingriffe und Elektroschockbehandlungen.

Bei der Begründung der Kriminalisierung der Homosexualität blieben staats-, bevölkerungs- und familienpolitische Argumente und damit der Zugriff des Staates auf die Sexualität seiner Untertanen stets ausschlaggebend. Bereits Anselm Feuerbach (1775–1833), der Begründer des modernen deutschen Strafrechts, hatte eine in der Homosexualität liegende «Verachtung der Ehe» gesehen, «welche Entvölkerung, Schwächung und schließlich sogar Auflösung des Staates» zur Folge haben könne. Vor diesem Hintergrund mußte ein Volk, das Homosexualität für ein kriminelles Laster hielt und dessen Sexualität durch staatliche Gesetze und moralische Gebote ausschließlich auf die Ehe gelenkt und dort als «Produktivkraft» verwaltet wurde, als gesund bezeichnet werden. Eine Gefährdung dieser sozial und staatlich gebundenen und in diesem Sinne unfreien Sexualität, durch andere Formen von Sexualität (z. B. Sexualität außerhalb und vor der Ehe, «wilde Ehe», Homosexualität usw.) lag nicht im Interesse des Staates. Daß Sexualität daher keine Privatsache, sondern eine Angelegenheit massiven staatlichen Interesses war, brachte beispielsweise der Vertreter der Deutschnationalen Volkspartei (DNVP) während der Debatte zur Reform des § 175 im Jahre 1929 klar zum Ausdruck, als er laut Protokoll äußerte:

«Sexualität sei aber nicht Privatsache, weil auf ihrer Betätigung der Fortbestand der Gesellschaft beruhe. Wer den Standpunkt vertrete, daß Sexualität Privatsache sei, bekunde damit atavistische Rechte eines soziologischen Manchestertums» (zit. nach Mitteilungen WHK Nr. 24, S. 12).

Diese zynische Reduzierung der Sexualität auf ihren Fortpflanzungsaspekt bedeutete gleichzeitig einen staatlich erzwungenen Verzicht der Bürger auf jenen anderen Aspekt der Sexualität: auf die Lust.

Die Last mit der zu verdrängenden Lust drückte sich in der bürgerlichen Gesellschaft sowohl in einer penetranten Doppelmoral als auch in einer entlarvenden Zotenreißerei aus und spiegelte sich in der Tatsache wider, daß außer dem klinischen und nach Gerichtssaal riechenden Terminus «Geschlechtsverkehr» oder dem Gossenausdruck «Ficken» kein Wort vorhanden ist, das sexuelle Lust in verbal adäquater Weise ausdrücken kann.

Die Verdrängung der Lust zugunsten des Primats der Fortpflanzungssexualität schlug sich auch in der Entsexualisierung der Frauen nieder, deren Sexualität sich im «Mutterinstinkt» oder dem «Muttertrieb» zu äußern hatte. In zeitgenössischen medizinischen Fachzeitschriften wurden Frauen, die dennoch einen Orgasmus erlebten, zum Objekt ärztlicher Wissenschaft, wußte man doch,

> «daß nicht eine von hundert Bräuten, die als wohlerzogene, vornehme und empfindliche Frauen gelten mögen, in die Ehe aus sexuellen Bedürfnissen heraus eingewilligt hat. Wenn Frauen überhaupt daran denken, so nur mit Schaudern, wenn nicht gar mit Schrecken; auf keinen Fall verspüren sie aber ein Bedürfnis nach Sexualität» (zit. nach Masters/Johnson 1979, S. 7).

Der Primat der Fortpflanzungssexualität reproduzierte sich ebenso in einer gewaltsamen Polarisierung und Überzeichnung der Geschlechtsrollen und des Prinzips «maskulin-feminin» wie in einer überstarken Betonung des genital-sexuellen Bereichs und einer entsprechenden Verkümmerung der übrigen erogenen Zonen des menschlichen Körpers.

Homosexualität war also, wie heute noch für viele Bürger in diesem Lande, «das letzte», provozierte als «Widernatur» eines biologischen Weltbildes den Vorwurf der Nutzlosigkeit und der Minderwertigkeit; sie stellte, da eine Befruchtung biologisch ausgeschlossen war, die «reine» Form der Genußsexualität dar und mußte, da sie das «Opfer» der unter dem Aspekt der Fortpflanzung erzwungenen lebenslänglichen Bindung an eine Person des anderen Geschlechts nicht brachte, den Haß frustrierter, aber staatstreuer Spießer auf sich ziehen. In der Diskussion um die Streichung des § 175 im 19. Jahrhundert konkretisierte sich in den Argumenten mancher Gegner einer Entkriminalisierung das, was in der Schwulen- und Lesbenbewegung der siebziger Jahre des 20. Jahrhunderts als das «Hetero-Elend» tituliert werden sollte. So hieß es in einem Glanzstück der damals üblichen Polemik gegen die Streichung des § 175 über die Homosexuellen, die «fatalen Ritter der Perversität»:

> «Die Gesellschaft fordert für ihre Allgemeininteressen ganz andere, bedeutendere Opfer, von ganz anderen, vollwertigeren (!) und zahlreicheren Leuten, als es diese parfümierten Träger beson-

derer Geschlechtsgenüsse sind. Was sind diese verlotterten, widerlichen Gestalten, diese süßlichen Heuchler der Wohlanständigkeit nach außen gegenüber Millionen, die den harten Kampf ums Dasein führen (!) und zeitlebens erlaubter (!) Lebensgenüsse entbehren, auch zum großen Teile des erlaubten Geschlechtsgenusses entraten müssen.»

Die Konsequenz, die dieser Kämpfer ums Dasein an der Fortpflanzungsfront zieht, ergibt sich logisch aus dem eigenen sexuellen Elend und gipfelt in der Forderung an die Wissenschaft:

> «Man beweise, daß diese Verkehrten krank sind, und wir werden sie als gemeingefährlich in die Irrenhäuser stecken, aber sie frank und frei ihrer ekelhaften Genüsse ins Volk tragen zu lassen, wäre Verblendung» (zit. nach Baumann 1968, S. 83).

Das Bewußtsein der Höherwertigkeit, das hier zum Ausdruck gebracht wurde, resultierte auch aus dem Bewußtsein der generativen Leistung für das Allgemeininteresse. Der Homosexuelle, der dieses «Opfer» nicht brachte, mußte als undiszipliniert und triebhaft, als liderlich, faul und egoistisch gelten. «Die meisten Homosexuellen», so wußte ein anderer Befürworter des § 175 zu behaupten, seien «über Liderlichkeit, Ausschweifung usw. bis zum Überdruß mit Weibern zur Homosexualität gelangt» (zit. nach ebd.).

Das als gesund ausgegebene Empfinden des Volkes ist ein Kontinuum in der Argumentation des Gesetzgebers zur Aufrechterhaltung des § 175. Es hat sich von der Begründung des Strafgesetzbuches des Norddeutschen Bundes über das Zweite Deutsche Reich und das Nazireich bis in die Bundesrepublik erhalten. Der Strafrechtsentwurf E-1962 stellte nochmals einen Höhepunkt dieser Rechtsbegründung dar, nachdem der Nationalsozialismus das «Gesunde» wieder kräftig gefördert hatte.

Als weiteres Argument wurde die Abwehr von «Schaden für Gesundheit und Reinheit unseres Volkslebens» angeführt (E-1925, E-1927, E-1962), und an dritter Stelle tauchte als immer wiederkehrende Begründung für den § 175 der Schutz gegen die «Entartung des Volkes und der Verfall seiner Kräfte» auf. Völlig zu Recht vermutet daher Jürgen Baumann in seiner Darstellung der Geschichte des § 175, daß hier

> «Gedanken vom Untergang Roms Pate gestanden und die Furcht, das Volk würde, entartet, zum Spielball seiner feindlichen Nachbarn. Während die ‹Gesundheit und Reinheit des Volkslebens› gewissermaßen die innenpolitische Argumentation für die Beibehaltung der Strafbarkeit war, findet sich hier eine außenpolitische bzw. militärpolitische» (ebd., S. 100 f).

Bei den Nationalsozialisten sollte das militär- und außenpolitische Argument vom Verfall der Kräfte des Volkes durch die bevölkerungspolitisch nutzlose Homosexualität einen wichtigen und angesichts der bereits in ‹*Mein Kampf*› angekündigten Expansionspolitik sogar zentralen Stellenwert erhalten.

Der «Schutz der allgemeinen Sittlichkeit», der sowohl im Kaiserreich als auch in der Weimarer Republik für die Beibehaltung des § 175 angegeben wurde, hatte für die jeweils Herrschenden immer die Funktion, den Rahmen für die kulturell vorherrschende Form der Heterosexualität abzusichern: für eine Sexualität, die zum Zweck der Fortpflanzung der Gattung «deutscher Mensch» ausschließlich an die Familie gebunden und außerhalb dieses staatstragenden Ortes nicht geduldet werden sollte: Der Prostitution hing der Makel des Verbrechens und der Geschlechtskrankheiten an. Sie wurde in eine Subkultur gedrängt, in der sich dann beides prompt einstellte. Ehebruch wurde bestraft, fast immer nur bei der Frau. «Wilde Ehen» unterlagen der gesellschaftlichen Ächtung. Jugendliche hatten zu warten, bis sie für den Stand der Ehe und damit auch für den «sexuellen Verkehr» reif und finanziell in der Lage waren, selbst Kinder zu ernähren. Der Zugang zur Sexualität sollte nur über die Ehe möglich sein. Sexualität hatte, entsprechend der bürgerlichen Ideologie des Rationalismus, eine rationale Funktion. Der Lustaspekt wurde selbst in Form der Onanie liquidiert. Rückenmarksschwindsucht, Eiweißverlust und – selbstverständlich – «Verfall der Kräfte» wurden als Folge dieses «geheimen Lasters» angesehen. Der Schutz der allgemeinen Sittlichkeit galt der Absicherung dieser lustfeindlichen Verhältnisse. Die staatliche Unterdrückung der Homosexualität stellte sich als Ausdruck der allgemeinen sexuellen Unterdrückung dar. Homosexualität, so wurde in einem der vielen Begründungszusammenhänge für den § 175 behauptet, sei eine «Verirrung», die dazu geeignet sei, den «Charakter zu zerrütten» und das «sittliche Gefühl» zu zerstören (E-1909, E-1925, E-1927, E-1962).

K. H. Ulrichs und die Geburt des «Dritten Geschlechts»

Soweit die Betroffenen nicht selbst der gegen sie gerichteten Propaganda glaubten und sich, leidend an der sie bedrohenden Umwelt, einem Arzt «zur Heilung» anvertrauten oder einen Priester für sich beten ließen, versuchten sie bereits um die Mitte des 19. Jahrhunderts, sich gegen die ihnen angetane Gewalt zu organisieren. Freilich war dies nicht einfach, da die staatlichen und gesellschaftlichen Unterdrückungsmechanismen so wirkten, daß ein sich selbst als «Urning»

Institut für Sexualwissenschaft, Berlin

Begreifender den Eindruck haben mußte, es gebe nur eine Handvoll weiterer auf deutschem Boden. Einer der ersten schwulen Aktivisten, der Jurist Karl Heinrich Ulrichs berechnete in einer kämpferischen Schrift aus dem Jahre 1864, daß es in jeder Stadt mit etwa 100 000 Einwohnern mindestens 50 erwachsene «Urninge» geben müßte, allein in Berlin mit seiner halben Million Bewohnern «mehr als 250» und im ganzen Deutschen Reich 30 000 bis 35 000. Bis zur Entdeckung durch Kinsey oder Masters/Johnson, daß «Millionen Männer und Frauen sexuelle Beziehungen zu gleichgeschlechtlichen Partnern unterhalten» und den gewaltigen Demonstrationen amerikanischer Homosexueller in den siebziger Jahren des 20. Jahrhunderts sollte es noch ein weiter Weg sein. Die *allgemeine* sexuelle Unterdrückung, die groteske Unkenntnis über sexuelle Dinge und die bigotte Prüderie des 19. Jahrhunderts bewirkten, daß die Masse der Homosexuellen ihre «eigene Natur» nicht wahrzunehmen wagte.

«Daß unsere Liebesacte zur Fortpflanzung nicht tauglich sind», schrieb Ulrichs, berechtige nicht, den «Urning» in «das Bett der ihm fremden Dionings-Natur» zu zwängen (Dioning = Heterosexueller). «*Nach unserer eigenen Natur verlangen wir nun aber auch beurteilt zu werden*. Wir protestieren gegen jeden Versuch, Regeln uns aufzuzwängen, welche lediglich Consequenzen eurer weiberliebenden Natur sind» (Ulrichs 1864, S. 8). Die «weiberliebende» und die «männerliebende» Natur, die urningsche und die dioningsche Liebe, die hetero- und homosexuelle Natur, stellte Ulrichs gegeneinander und forderte eine friedliche Koexistenz dieser Naturen.

> «Wer, frage ich, gibt euch das Recht, uns hineinzuzwängen in euren Modus der Befriedigung des geschlechtlichen Naturbedürfnisses? Laut protestieren wir gegen den Mißbrauch, den bisher die Dionings-Majorität, mit ihrer Übermacht gegen uns getrieben hat. Das Lebensglück vieler unter uns hat sie vergiftet durch namenlose Mißhandlung und Verfolgung und durch Beschimpfung ihrer Ehre. Die Rosen der Liebe hat sie uns allen zertreten» (ebd., S. 11, 13).

Obwohl es den Anschein hat, daß Ulrichs die Unterdrückung der Homosexualität im Wesen der Heterosexualität sah und vor diesem Hintergrund die Minderheits-Mehrheits-Argumentation führte, geriet ihm jedoch die Tatsache, daß jede Sexualität durch staatlichen und kirchlichen Zwang an die Ehe gebunden und daher die Verfolgung aller anderen Formen von Sexualität als Unzucht denunziert wurde, keineswegs aus dem Blickfeld.

> «Alle Liebesacte, welche außerhalb der Ehe erfolgen, insonderheit auch die unsrigen, pflegt ihr aus dem Gesichtspunkte der *Unzucht* aufzufassen. Dieser Gesichtspunkt für außerordentliche Liebesacte ist durchaus ungenügend.»

Die durch den Staat und die Kirchen erzwungene Monopolisierung der Sexualität auf die Ehe lehnte Ulrichs kategorisch ab:

> «Das positive Institut der *Ehe* ist kein Institut für uns. Weder einen Priester gibt es, noch einen Zivilstandsbeamten, der ein Eheband knüpfe zwischen uns und unseren Geliebten. Für uns existiert also der rein menschliche Naturzustand: wie die Vögel unter dem Himmel und die Thiere auf dem Felde (was freilich nur unter Beschränkungen zu verstehen ist). D. i. für uns kann die Ehe *nicht* die Vorbedingung sein des moralischen Erlaubtseins der Liebesbefriedigung» (ebd., S. 12).

Zweifellos waren diese Forderungen kulturrevolutionär. Enthielten sie doch zumindest für die Homosexuellen das Recht auf freie Liebe, das Recht auf «Liebesbefriedigung» ohne Trauschein. Diese Forderungen waren selbstverständlich keine genuin homosexuellen, wurden sie doch bereits traditionell von jenen (heterosexuellen) Gruppen gelebt, die sich in Versuchen zur Überwindung der bürgerlichen Gesellschaft bewußt oder unbewußt um Keimformen alternativer Verkehrs- und Umgangsformen bemühten.

Dies muß auch Ulrichs dunkel gespürt haben, wandte er sich doch im Juni 1869, exakt 100 Jahre vor Stonewall* an Karl Marx, um bei der Arbeiterbewegung Unterstützungen für seine Forderungen zu erhalten. Die Reaktion war beschämend. Marx sandte den Brief an Engels, und dieser schrieb an seinen «lieben Mohr» wieder zurück:

> «Das ist ja ein ganz kurioser ‹Urning›, den du mir da geschickt hast. Das sind ja äußerst widernatürliche Enthüllungen. Die Päderasten fangen an sich zu zählen, und finden, daß sie eine Macht im Staate bilden ... ‹Guerre aux cons, paix aux trouse – de culs› [‹Krieg den vorderen – Friede den hinteren Leibesöffnungen› – Originalton DDR-Übersetzung in MEW!; Anm. d. Verf.] wird es heißen ... Nur ein Glück, daß wir persönlich zu alt sind, als daß wir noch beim Sieg dieser Partei befürchten müßten, den Siegern körperlich Tribut zahlen zu müssen» (MEW, Band 32, S. 324 f).

Über eine homophobe «persönliche Betroffenheit» gelangte der Mitbegründer des wissenschaftlichen Sozialismus also nicht hinaus. «Natur» und «Widernatur», sonst Gegenstand genialer Überlegungen, stellten sich für ihn in der Sexualität als Gegensätze dar. Dabei war es gerade Engels, der in seiner revolutionären Schrift vom *‹Ursprung der Familie, des Privateigentums und des Staates›* 1884 das Sexmonopol in der Ehe radikal in Frage stellen sollte, «kein anderes Motiv mehr als die gegenseitige Zuneigung» für die Gattenwahl gelten lassen wollte und aus der Beschaffenheit der Liebe die Abschaffung der Ehe folgerte:

> «Ist nur die auf Liebe begründete Ehe sittlich, so auch nur die, worin die Liebe fortbesteht. Die Dauer des Anfalls der individuellen Geschlechtsliebe ist aber nach den Individuen sehr verschieden, namentlich bei den Männern, und ein positives Aufhören der Zuneigung oder ihre Verdrängung durch eine neue leidenschaftliche Liebe macht die Scheidung für beide Teile wie für die Gesellschaft zur Wohltat. Nur wird man den Leuten ersparen, durch den nutzlosen Schmutz eines Scheidungsprozesses zu waten» (MEW, Band 21, S. 83).

Die freie Liebe, wie sie hier als konkrete Utopie gesehen wurde, war freilich bei den Homosexuellen bereits Praxis. Der Unterschied zwischen einer heterosexuellen und der real existierenden homosexuellen freien Liebe besteht ausschließlich in der Tatsache, daß aus der heterosexuellen Beziehung Nachwuchs entstehen kann. Der scheinbare und künstlich errichtete Gegensatz «Heterosexualität–Homosexuali-

* Ende Juni 1969 kam es nach einer Polizeirazzia in dem New Yorker Homosexuellenlokal «Stonewall-Inn» zu großen Demonstrationen, die heute als Beginn der modernen Schwulen- und Lesbenbewegung angesehen werden.

tät» freilich löst sich erst dann, wenn die staatlichen und gesellschaftlichen Bewertungsmaßstäbe für Sexualität nicht mehr an die Produktion von Kindern gekoppelt werden, sondern die Entscheidung «Kinder oder keine» ohne staatliche Gewalt und ohne gesellschaftliche Zwangsmoral frei in die Entscheidung der Individuen gestellt wird. Die sexuellen Rechte des homosexuellen Individuums gegen den Machtanspruch des Staates auf die Sexualität seiner Untertanen durchzusetzen, war Karl Heinrich Ulrichs angetreten. In zahlreichen Schriften forderte er immer wieder aufs neue:

> «Auch wir haben das Recht, der Liebe Seligkeit zu schmecken; auch wir haben das Recht, unseren Liebestrieb und unser geschlechtliches Naturbedürfnis zu befriedigen; auch wir haben das Recht, es auf dem Weg zu tun, den die eigene Natur uns lehrt, nicht eine fremde» (ebd., S. 13).

Die «eigene» Natur gegen die «fremde», d. h. die Zwangs- bzw. die Gewaltnatur zu setzen, bedeutete für Ulrichs, das Recht auf sich selbst, das Recht, die eigene Sexualität zu erkämpfen.

Statt nun aber die Unterdrückung der Homosexualität als Ausdruck der allgemeinen Sexualunterdrückung, also auch der sexuellen Unterdrückung der Heterosexuellen zu begreifen, statt generell die herrschende Natur als Zwangsnatur in Frage zu stellen, begriff er sie als immerwährende, überzeitliche und damit als Natur schlechthin. Die herrschende Zwangsmoral, die sich mit einer biologischen Ideologie rechtfertigte, ihren Natürlichkeitsanspruch aus dem Tierreich bezog und die menschliche Sexualität auf einen «Fortpflanzungstrieb» und den «Paarungsakt» zur Fortpflanzung der Gattung reduzierte, blieb in Ulrichs Gedanken unangetastet. Statt dessen wurde zur Erklärung der Existenz von Homosexualität eine gedankliche Konstruktion herangezogen, die ebenfalls dem Bereich der Natur entnommen war:

> «Wir Urninge bilden eine *zwitterähnliche* besondere geschlechtliche Menschenclasse, ein eigenes Geschlecht, dem Geschlecht der Männer und dem der Weiber als *drittes Geschlecht* coordiniert» (ebd., S. 5).

Das dritte Geschlecht war geboren und damit eine biologisch-dynamische Kampfideologie, die Homosexualität als angeboren, als zusätzliche Dimension der Natur begriff und mutig zur Sammlungsbewegung aufrief:

> «Stark genug möchte schon jetzt die Classe der Urninge sein, um ihre Ebenbürtigkeit und Gleichberechtigung geltend zu machen. Freilich gehört ein wenig Kühnheit dazu. Gestützt auf den Schild der Gerechtigkeit unserer Sache muß sie es wagen, aus ihrer

bisherigen Zurückhaltung und Vereinzelung muthig hervorzutreten. So sei hiermit das Eis gebrochen» (ebd., S. 5).

Die Ideologie vom «Dritten Geschlecht» sollte in der Bürgerrechtsbewegung der Homosexuellen bis 1933 (und vereinzelt auch danach), eine zentrale Rolle spielen. Daher lohnt es sich, die Geschichte des «Dritten Geschlechts» kurz näher zu beleuchten.

Hirschfeld und seine wissenschaftlichen Freunde in und außerhalb des Wissenschaftlich-Humanitären Komitees übernahmen, soweit bisher festzustellen ist, von Ulrichs Gedanken lediglich den kollektiven Aspekt (eben den des «Dritten Geschlechts») und versuchten, durch anatomische Messungen kollektive Eigenschaften der Homosexuellen herauszufinden, um auf diese Weise die Theorie vom «Dritten Geschlecht» naturwissenschaftlich zu beweisen. Mit dieser Vorgehensweise wurden jedoch wesentliche Teile der Ulrichsschen Überlegungen liquidiert. Ulrichs' Intentionen basierten zwar ebenfalls auf der Interpretation der Natur, wiesen jedoch erkenntnistheoretisch insofern in eine andere Richtung, als das Individuum eine zentrale Rolle einnahm.

So fragte Ulrichs, «was ist *naturgemäß* und was *naturwidrig*?» und folgerte, daß «für kein Individuum eine ihm fremde Natur maßgebend ist», sondern daß für jedes Individuum eine «eigene Natur» bestimmend ist. Die *politische* Stoßrichtung *seiner* Naturwissenschaft zielte auf die Lösung des permanenten Konflikts Individuum–Staat an der sexuellen Frage ab. Ausgehend vom Individuum als zentraler Kategorie seiner Überlegungen stellte er fest: «Für jedes Individuum ist seine *eigene* Natur maßgebend . . .» Für Ulrichs existieren daher so viele Naturen, wie es Menschen gab. Jeder Mensch bildete hiernach einen eigenen Kosmos mit einer eigenen Natur, die selbstverständlich auch und gerade in der Sexualität ihre Eigenart, ihre individuelle Ausprägung erfuhr. Nicht ein abweichendes Gebiß oder das Verhältnis Rumpf–Gliedmaßen oder andere «sichtbare anatomische Eigentümlichkeiten» (Gegenentwurf 1927) waren für Ulrichs bestimmend in seinem Kampf gegen den § 175, sondern die Rechte des Individuums. Da die Menschen nach Millionen zählten, mußte es von Natur aus Millionen unterschiedlicher Eigenarten in der Sexualität geben können.

Eine Trennung in Minderheiten und Mehrheiten erübrigte sich daher von selbst, da keinem Individuum durch «fremde Natur» Gewalt angetan werden durfte.

Diese Logik führte Ulrichs jedoch nicht weiter aus. Vielmehr ist dort ein Bruch in seiner Argumentation festzustellen, wo er individuelle und kollektive Ordnungskategorien miteinander vermengt. So stellt Ulrichs fest:

> «Für jedes (Individuum) ist seine eigene Natur maßgebend bzw. die Natur des Geschlechtes (sic!) dem dasselbe angehört, natura

sua et sui generes: Es mag nun Dioning, Weib oder Urning sein. Rücksichtlich jener Frage [sie lautete: ‹Was ist naturgemäß und was ist naturwidrig›?; Anm. d. Verf.] ist jedes Individuum lediglich ex natura sua et sui generes zu beurtheilen» (ebd., S. 7).

Während hier einerseits noch die Rechte des Individuums auf sich selbst aus der individuellen Natur entwickelt werden, taucht mit der Wendung «Geschlecht» als kollektiver Kategorie bereits jene biologische Terminologie auf, die im folgenden weiter ausgeführt und begründet wurde:

«Der Fisch ist rücksichtlich jener Frage nicht nach der Natur der Vögel zu beurteilen. Der Vogel nicht nach der der Fische; die *eine* Unterart der Fische und Vögel nicht nach der Natur einer anderen Unterart, der Hecht nicht nach der des Aals, die Henne nicht nach der der Ente; der Dioning nicht nach der der Weiber und das Weib nicht nach der der Dioninge. Ebenso kann, rücksichtlich jener Frage, auch für uns Urninge lediglich *unsere eigene* Natur (Unterart) maßgebend sein . . .» (ebd., S. 7).

Die aus dem Tierreich gezogenen Ordnungskategorien definierten also nicht nur eine Natur «der Männer» (Dioning) und eine «der Frauen», sondern auch «die Unternatur» «der männlichen Homosexuellen». Diese «Unternatur» versah Hirschfeld später mit kollektiven körperlichen und biologischen Eigenschaften des «Dritten Geschlechts». Die herrschende «Diktatur der Normalität», d. h. die ausschließliche Orientierung aller Sexualität an der Fortpflanzung der Gattung Mensch (in der Ehe) wurde damit nicht mehr hinterfragt, sondern als ewiges Naturgesetz akzeptiert.

Magnus Hirschfeld und der Aufklärungskampf des «Dritten Geschlechts»

Am 15. 5. 1897 gelang es, eine Organisation zu bilden, die eine systematische Politik gegen die Kriminalisierung der Homosexualität aufnahm: An diesem Tag entstand das Wissenschaftlich-Humanitäre Komitee. Sein Gründer war der Sanitätsrat Dr. Magnus Hirschfeld (1868–1935) und einige seiner Freunde. Sie trieben mit unermüdlicher Energie den Aufbau dieser Organisation voran und entwickelten gleichzeitig die wissenschaftliche Forschung auf der biologischen Basis des «Dritten Geschlechts» weiter. Der ideologische Kampf gegen den Primat der Ehe wurde allerdings fallengelassen. Bereits 1898 hatte Magnus Hirschfeld eine Petition an den Deutschen Reichstag zur Abschaffung des § 175 verfaßt, in der u. a. gefordert wurde, «daß sexuelle Akte zwischen Personen desselben Geschlechts, ebenso wie solche zwischen Personen verschiedenen Geschlechts (Homosexuelle wie Heterosexuelle) nur dann bestraft sind, wenn sie unter Anwendung von Gewalt, wenn sie an Personen unter sechzehn Jahren, oder wenn sie in einer, ‹öffentliches Ärgernis› erregenden Weise (d. h. verstoßend gegen den § 183 des Reichsstrafgesetzbuches) vollzogen werden» (zit. nach Hohmann 1977, S. 241).

Versehen mit Unterschriften von mehr als 3000 Ärzten, 750 Direktoren und Lehrern höherer Lehranstalten, von vielen Juristen, Dichtern und Schriftstellern, zahlreichen hohen Staatsbeamten, Militärs und Journalisten wurde diese Petition dem Reichstag übergeben, wo sie am 13. Januar 1898 von August Bebel begründet wurde. Die Petition wurde abgelehnt, das WHK richtete sich auf einen langen Kampf für die Abschaffung des Paragraphen ein.

1899 gab das Komitee erstmalig das *Jahrbuch für sexuelle Zwischenstufen* heraus, das bis 1923 erschien und worin Forschungsergebnisse zur Homosexualität gesammelt und der Öffentlichkeit zugänglich gemacht wurden. Auch die Werke von Karl Heinrich Ulrichs wurden wieder verlegt und verbreitet.

Im Jahre 1901 wurde die erste Aufklärungsschrift des WHK unter dem Titel *‹Was soll das Volk vom dritten Geschlecht wissen?›* in großer Auflage herausgegeben. Vier Jahre später zählte das WHK bereits 5000 männliche und weibliche Mitglieder.

Im Juli 1908 trat Dr. Kurt Hiller, Jurist und Linkssozialist und später Mitarbeiter an der von Ossietzky herausgegebenen *Weltbühne,* dem WHK bei, nachdem seine Schrift *‹Das Recht über sich selbst›* (Heidelberg 1908) das Interesse Hirschfelds und seines Kreises fand.

1912 verhinderte der Einsatz des WHK, daß der § 175 auch auf Frauen ausgedehnt wurde.

Nach dem Ersten Weltkrieg und der Proklamation der ersten deutschen Republik hat sich die Arbeit dieser Vereinigung enorm verbreitert. Von der großen Anzahl der sich nach 1918 entfaltenden homosexuellen Vereinigungen, Clubs und Zusammenschlüssen grenzte sich das WHK durch klar definierte Inhalte ab:

«... Es war berühmt und verschrien, weil es in der Hauptsache den Kampf führte (keinen vulgär-verschwommen-sentimentalen, sondern einen präzisen, auf Naturforschung und Denken beruhenden, ernsthaft fundierten) gegen das bösartige Vorurteil unserer Gesellschaft und Gesetzgebung, gegen den zugleich lächerlichsten und brutalsten Paragraphen unseres Gesetzbuches» (Hiller 1973, S. 90).

Dieses Selbstverständnis spiegelte sich auch in der Aufnahmepolitik wider. So beschreibt Hiller, wie auf einem großen Schwulentreffen im Jahre 1922 Richard Linsert (KPD) für das Komitee gewonnen wurde. Es hatte in München «ein riesiges Rendezvous stattgefunden»:

«Mit natürlich richtiger Kerntendenz, aber einem Übermaß von Dilettantismus, volkstümlicher Ahnungsarmut, Matschreden, Quatschreden, gutgemeinten doch Schlechtgekonntem – wie es eben einer ‹Bewegung› entsprach, die sich auf Massen stützen wollte, statt auf Biologen, Ethnologen, Psychologen, Juristen, Philosophen, Literaturkundigen, Literaten. Oft sei es wirklich Askese gewesen, zuzuhören» (Hiller 1973, S. 87).

Die Ausnahme war Richard Linsert, dessen Beiträge erheblich über dem Niveau des Kongresses lagen. Auf Grund seiner Qualifikationen wurde er sofort nach Berlin eingeladen und ab August 1923 mit wesentlichen organisatorischen und politischen Aufgaben im WHK betraut. Allein die Tatsache, daß jemand schwul war, reichte zur Mitgliedschaft im WHK nicht aus, vielmehr war man im Interesse eines «qualifizierten» Kampfes daran interessiert, Personen mit entsprechenden wissenschaftlichen Voraussetzungen für die Mitarbeit zu gewinnen. Auch Leute mit Geld waren sehr gern gesehen. Dieses Vorgehen ergab sich zwingend aus dem Gesamtkonzept des WHK:

«Es setzte sich zur Aufgabe, auf Grund sichergestellter Forschungsergebnisse und der Selbsterfahrung vieler Tausender endlich Klarheit darüber zu verschaffen, daß es sich bei der Liebe zwischen Personen gleichen Geschlechts, der sogenannten Homosexualität, um kein Laster oder Verbrechen, sondern um eine von Natur tief in einer Anzahl von Menschen wurzelnden Gefühlsrichtung handelt» (WHK 1924, S. 1).

Die Maßnahmen zur Erreichung dieser Ziele bestanden zum einen in der Forschungsarbeit selbst, zum anderen in der Verbreitung ihrer Ergebnisse in der Öffentlichkeit. Von daher stützte sich das WHK nicht auf «Massen», sondern auf Personen, die diesem Zweck dienen konnten: Biologen, Ethnologen, Juristen usw. Der Erforschung der Homosexualität in all ihren Aspekten durch Mitglieder oder enge Sympathisanten des WHK haben wir grundlegende Werke zu verdanken. Von Hirschfelds ‹*Die Homosexualität des Mannes und des Weibes*› und Ferdinand Karsch-Haacks ‹*Das gleichgeschlechtliche Leben der Naturvölker*› bis zu den Beiträgen in den Jahrbüchern und den Kampfschriften gegen den § 175 und andere die Sexualität betreffenden Gesetze. In einer seit der Zerschlagung des WHKs nie wieder erreichten Fülle und Vielfältigkeit wurde die Homosexualität in Geschichte und Gegenwart erforscht, untersucht und beschrieben. Es gab nichts

Homosexuelles, was dem Forscherdrang der WHK-Leute entgehen konnte. Die Liebe, die ihren Namen nicht nennen darf – die namenlose Liebe –, hier wurde sie benannt und vieles von dem, was die etablierte Forschung aus einem durchsichtigen Herrschaftsinteresse heraus verschwieg, an das helle Licht des Tages gezogen. Gleichzeitig gab das Komitee wichtige staatliche Enqueten, eigene Umfragen und grundlegende Forschungen über das Wesen und die Verbreitung der Homosexualität bekannt.

«Auf seine Veranlassung und Kosten wurden biologische, historische, ethnographische, biographische und bibliographische Untersuchungen angestellt und Arbeiten geliefert, welche das homosexuelle Problem psychologisch und soziologisch wesentlich vertieften» (ebd., S. 3).

Diese Forschungen und Untersuchungen waren im Buchhandel zu erwerben und wurden auch vom WHK selbst vertrieben.

Gleichzeitig arbeitete das WHK Denkschriften aus, die ausführlich die Motive beleuchteten und widerlegten, die in den jeweiligen staatlichen Vorentwürfen für Strafrechtsreformen angeführt wurden. Auch wurde zu «falschen oder übertriebenen Nachrichten der Presse über homosexuelle Vorgänge» öffentlich Stellung genommen.

Da Homosexuelle in einer Subkultur leben und außerhalb dieser Subkultur kaum ein Mensch über Homosexualität informiert war, sondern die skurrilsten Phantasien über diese Form der Sexualität kursierten, versandte das WHK gezielt Aufklärungsschriften. So hieß es hierzu:

«Aufklärungsschriften sind an sämtliche deutsche Justizministerien, Staatsanwälte, Richter, Anwaltskammern, Rechtsanwälte, Ärzte, Universitätsprofessoren und viele Geistliche und Lehrer . . . versandt worden» (ebd.).

Diese Vorgehensweise machte deutlich, worauf die Arbeit des WHK ihren Schwerpunkt legte: auf die Information von sogenannten Multiplikatoren, d. h. jener Personen, die Meinungen machten, das Volk unmittelbar oder mittelbar beeinflußten (Geistliche, Lehrer, Professoren), im Namen des Volkes regierten oder Recht sprachen (Justizministerien, Staatsanwälte, Richter) oder dem Volk erzählten, was krank oder gesund ist (Ärzte, Geistliche). Durch die Konzentration auf die gebildeten Stände konnte zweifellos ein Höchstmaß aufklärerischer Wirkung erreicht werden, denn diese Gruppen (vorwiegend im Mittelstand sozial beheimatet) hatten prinzipiell die Funktion, Ideologien im Volke zu verankern.

«Das Komitee hat sich mündlich mit vielen Abgeordneten und

einflußreichen Persönlichkeiten in Verbindung gesetzt, um sie über die homosexuelle Frage aufzuklären und ihnen Gelegenheit zu geben, persönlich Homosexuelle von Bildung, Stellung und Charakter kennenzulernen, die ihnen die Kämpfe und Schicksale ihres Lebens schilderten» (ebd., S. 5).

Solange freilich das Volk selbst, d. h. die Masse derer, die regiert, beeinflußt und verwaltet waren, nicht aufgeklärt wurde, konnte eben diese Masse unter dem Einfluß reaktionärer Gegenaufklärung stets für eine Politik gegen eine reale Minderheit gewonnen werden. Die demokratischen Traditionen der Deutschen blieben spärlich, mager und verheerend schwach. Die fleißige unermüdliche und bewunderungswürdige Aufklärungsarbeit des WHK versickerte nach 1933 ebenso schnell wie das Werk aller jener politischen Kräfte, die im Reich für Demokratie und Fortschritt kämpften. Mit ihrem Schicksal, dem Schicksal des besseren Deutschland der linken und fortschrittlichen Parteien und Gruppierungen, war die Emanzipation der Homosexuellen aufs engste verknüpft. Mit der Niederlage dieser politischen Kräfte im Jahre 1933 war auch der Untergang der ersten deutschen homosexuellen Bürgerrechtsbewegung besiegelt. Die massenmobilisierende Kraft und die politische Potenz aller dieser Parteien, Gruppen und Verbände reichte nicht aus, die Katastrophe, den «Rutsch des Reiches in den Dreck», wie es Hiller plastisch ausdrückte, zu verhindern. Ein Überleben der Schwulenbewegung war nur an der Seite jener Kräfte möglich.

Es ist nicht daran zu zweifeln, daß führende Kräfte des WHK persönlich nach diesen Erkenntnissen handelten. Zu fragen bliebe aber, ob neben der Aufklärung der Öffentlichkeit auch eine massive Mobilisierung der Masse der Homosexuellen für ein politisches Engagement in diesem Sinne stattgefunden hat. Zwar gaben alle Homosexuellenverbände Wahlempfehlungen über jene Parteien ab, die ihre Forderungen unterstützten, aber es liegen kaum Informationen darüber vor, daß das WHK die Masse der Homosexuellen dazu aufrief, sich nicht nur auf die Wahl dieser Parteien zu beschränken, sondern sich massenweise in ihnen zu engagieren, um nicht nur von außen her alle Mitglieder der Parteien über die Homosexuellenfrage aufzuklären, sondern z. B. auch in der Parteipresse den Kampf durch eine regelmäßige Berichterstattung voranzubringen.

Ebenfalls liegen bisher keine Informationen darüber vor, ob das WHK nach dem Vorbild jener Organisationen, die gegen den § 218 kämpften, dazu aufrief, öffentlich gegen den § 175 zu protestieren und auf diese Weise die Masse der durch die entfaltete Kulturbewegung recht selbstbewußt gewordenen Weimarer Schwulen sichtbar zu mobilisieren.

Man wird dem WHK jedoch nicht nachsagen können, daß Aufklärung nicht nach «allen Seiten» hin gefördert wurde. Die Jahrbücher fanden weit über Deutschland hinaus Beachtung. Verbreitet wurden fernerhin bis 1924 etwa eine halbe Million Volksschriften, «die in allgemein verständlicher Weise das Wesen der Homosexualität und verwandter Naturerscheinungen» klarlegten (WHK 1924, S. 2). Stolz über die geleistete Arbeit verkündete das WHK, «daß kein sozialwissenschaftliches Werk mehr an dem homosexuellen Teil der Menschheit vorübergeht» und daß das Komitee durch seine Arbeiten «auch auf die Erforschung des menschlichen Sexuallebens im allgemeinen sehr befruchtend und fördernd eingewirkt hat». Dies war vor allem dem «Institut für Sexualforschung» zu verdanken, das eng mit dem WHK verbunden, eine mit seinem Archiv und seiner Bibliothek weltweit bekannte Institution geworden war. Dem Einfluß des WHK war es zuzuschreiben, daß der Homosexualitäts-Paragraph sowohl in Norwegen als auch unmittelbar nach der Oktoberrevolution in der Sowjetunion abgeschafft wurde.

Über die Anzahl der Mitglieder zur Zeit der Weimarer Republik liegen uns keine Informationen vor. Nach § 3 der Satzung konnte jeder «Volljährige ohne Unterschied des Geschlechts Mitglied werden». Organe des Komitees waren der Vorstand, die Obmannschaft und die Mitgliederversammlung. Die Obmänner, die den Vorstand wählten, wurden auf Vorschlag des Vorstands und der bereits vorhandenen Obmänner gewählt. Es sollten mindestens 28 und nicht mehr als 70 sein. Jährlich einmal fanden die Mitgliederversammlungen statt.

Neben der Zentrale in Berlin bestanden Ortsgruppen in Frankfurt am Main und Königsberg (Ostpreußen) sowie Parallelorganisationen in London, Den Haag, Wien und Prag. Das Komitee besaß gleichzeitig «Vertrauensmänner» in vielen Staaten Europas sowie in Amerika und Japan.

Die gesamte Organisation arbeitete mit dem Einsatz aller ihrer Kräfte konzentriert an der Aufklärung über Homosexualität nach allen Seiten. Damit scheint das WHK einem Wort des Chefs des Reichsjustizamtes, Staatssekretär Nieberding, gefolgt zu sein. Er empfing Hirschfeld nach der Überreichung der Petition im Jahre 1898 und gab ihm folgenden Rat:

> «Bevor das Volk nicht weiß, daß es sich hier um eine *ethische* Forderung handelt, nicht um eine sexuelle oder wissenschaftliche Marotte, kann die Regierung nichts in dieser Sache tun. Klären sie die öffentliche Meinung auf, damit man weiß, worum es sich handelt, wenn die Regierung auf diesen Paragraphen verzichtet» (zit. nach Hirschfeld 1914, S. 974).

Betrachtet man die schier unermüdliche Aufklärungsarbeit des

WHK, dann muß er diesen Worten unmittelbar gefolgt sein. Was blieb ihm wohl auch anderes übrig, wenn ein höchster Beamter des Justizamtes frank und frei erklärte, daß «die Regierung nichts in dieser Sache tun könne», solange das Volk nichts über Homosexualität wußte? Die Haltung, die hier zum Ausdruck kam, war zynisch. An wem anders sollte es liegen, wenn «das Volk nichts weiß», als an den Regierungen, die sich auf eben diese Unwissenheit berief, um den § 175 im Strafgesetzbuch zu legitimieren. Es mochte durchaus möglich sein, daß «das Rechtsbewußtsein im Volke diese Handlung nicht bloß als Laster, sondern als Verbrechen beurteilt» (so das Regierungsmotiv für die Beibehaltung des § 175). Aber angesichts der Tatsache, daß die Regierung sonst keineswegs zimperlich war, sich über das Rechtsbewußtsein im Volk hinwegzusetzen (z. B. beim Drei-Klassen-Wahlrecht), dürfte jene Argumentation gegenüber den Homosexuellen eine der wenigen tatsächlich demokratischen Legitimationen gewesen sein, die der kaiserliche deutsche Obrigkeitsstaat überhaupt besaß. Die Unwissenheit des Volkes war eine tragende Säule des Systems. Daher konnte «die Regierung nichts in dieser Sache tun».

Nachdem das Kaiserreich zusammengebrochen war, kamen auch die Fronten im Sexualstrafrecht wieder in Bewegung:

> «Im Jahre 1925 kam der amtliche Entwurf eines neuen Strafgesetzbuches heraus, der, zumindest im Sexualteil, von einer Rückständigkeit war, daß der Leser seinen Augen nicht traute ... offiziell als im Staatsrechtssinn verantwortlich, hat nach wie vor der deutschnationale Reichsjustizminister Hergst zu gelten, einer der ausgeprägtesten Nichtköpfe, die jemals in Deutschland einen Ministerthron zierten» (Hiller 1973, S. 96).

Auf Initiative von Hiller, Hirschfeld und Linsert machte man sich im WHK sofort an die Aufgabe, einen Gegenentwurf zum Regierungsentwurf zu erarbeiten und gleichzeitig «eine Anzahl humanistisch-reformatorischer Bünde» (Hiller) für die Mitarbeit zu gewinnen. Noch im Jahre 1925 schlossen sich die «Abteilung für Sexualreform am Institut für Sexualwissenschaften in Berlin», «Der Bund für Mutterschutz und Sexualreform» (Helene Stöcker), «Die Deutsche Liga für Menschenrechte», «Die Gesellschaft für Geschlechtskunde», «Die Gesellschaft für Sexualreform», «Der Verband Eherechtsreform» und das WHK zum «Kartell für Reform des Sexualstrafrechts» zusammen. Die neunköpfige Redaktion (darunter Helene Stöcker, Hirschfeld, Hiller, Linsert und Felix Halle) konzentrierte sich auf den Stoff, der im Zusammenhang mit der «Sexusseite des Lebens» (Hiller) relevant war, d. h. auch auf den § 218. Die Redaktion arbeitete zwei Jahre und legte den Gegenentwurf 1927 vor. Dieser Entwurf lehnte die strafrechtliche Verfolgung von homosexuellen Handlungen unter Männern ab. Die

Ablehnung wird vor allem damit begründet, daß es sich bei der Homosexualität ihrem Wesen nach um die Äußerung einer tiefinnerlichen konstitutionellen Anlage handelt, daß die Aufhebung ähnlicher Strafbestimmungen in anderen Staaten keinen entsittlichenden Einfluß oder sonst ungünstige Folgen gezeitigt hat. Daß derartige Handlungen, solange damit keine Verletzung der Rechte des Staates oder eines Privaten verbunden sind, außer der Sphäre eines Strafgesetzbuches liegen und sich als Folge einer solchen Strafandrohung ein ausgedehntes Erpressertum gebildet habe.

Im einzelnen argumentierten die Redakteure des Gegenentwurfs, z. B. in bezug auf das «Rechtsbewußtsein des Volkes», das als Motiv für den § 175 herhalten mußte:

> «Wir leugnen nicht, daß das Rechtsbewußtsein des Volkes die Bestrafung der Gleichgeschlechtlichen fordere, aber wäre dem so, dann bliebe doch zu bedenken, daß die Verpflichtung des Gesetzgebers, sich dem Rechtsbewußtsein des Volkes zu beugen, nur eine sehr bedingte sein kann. Die Hexenverbrenner durften sich ebenfalls auf das Rechtsbewußtsein des Volkes berufen. Überall dort, wo das Rechtsbewußtsein des Volkes offenkundig irrt, hat aber der Gesetzgeber – neben anderen Faktoren der Gesellschaft – die Aufgabe, es im Sinne der fortgeschrittenen wissenschaftlichen Erkenntnis zu beeinflussen und zu ändern» (Gegenentwurf, S. 45).

Darüber hinaus argumentierte das «Kartell», daß der Gesetzgeber, «als er homosexuelle Handlungen mit Strafe bedrohte, in einem *naturwissenschaftlichen Irrtum* begriffen (war), der für ihn die wesentliche Veranlassung zur Strafandrohung wurde . . .», denn die Homosexualität sei «konstitutionell» bedingt und damit biologisch natürlich. Bekanntlich ging das Strafrecht 1871 davon aus, «daß der deutschen Auffassung die geschlechtliche Beziehung von Mann zu Mann als eine Verirrung erscheint, die geeignet ist, den Charakter zu zerrütten und das sittliche Gefühl zu zerstören»:

> «Wenn diese Veranlagung ‹Verirrung› genannt wird, so legt das die Frage nahe, wer es denn sei, der sich da ‹verirrt› habe. Der Mensch, dem diese Veranlagung eignet? Aber er *konnte* keinen anderen Weg gehen als den, den sein eingewurzelter Trieb ihm vorschrieb. Also muß sich schon *die Natur selber* ‹verirrt› haben, indem sie eine Anzahl Menschen, die im übrigen durchaus gesund und leistungsfähig sind, diesen seltsamen von der Regel abweichenden Trieb ins Blut legte. Sie tat das nachweislich zu allen Zeiten, bei allen Völkern. Welche Anmaßung, einen seit Menschengedenken und überall beobachteten Akt der Natur, nur weil er unvollständig er-

scheint, als ‹Verirrung› zu bezeichnen! Die ‹deutsche Auffassung› will es besser wissen als die Natur selbst!» (ebd., S. 46)

Daß sich die Natur nicht irren könne, und die Homosexuellen quasi bewußt als «Drittes Geschlecht» hervorgebracht hätte, sollte durch die angeblich festgestellten körperlichen Anomalien bewiesen werden. Mit dieser Theorie wurden Homosexuelle von der körperlich normalen Bevölkerung ausgegliedert. So hieß es im Gegenentwurf:

> «Wir verweisen in diesem Zusammenhang auf die Forschungen über die Drüsen mit innerer Sekretion . . . auf den Nachweis einer spezifischen physischen Konstitution der Homosexuellen (Längenverhältnisse der Gliedmaßen zum Rumpf). Die Tatsache, daß sich Homosexualität nicht nur durch eine mehr oder weniger überprüfbare psychologische Exploration nachweisen läßt, sondern auch durch zahlreiche *sichtbare* anatomische Eigentümlichkeiten des homosexuellen Individuums. Diese Tatsache, die z. B. durch Gebißuntersuchungen homosexueller Männer und Frauen im vollen Umfange bestätigt wird, liefert den schlagenden Beweis, daß es sich bei der *echten* Homosexualität *in allen Fällen* um eine tiefinnerliche konstitutionelle Anlage handelt» (ebd., S. 49).

Diese Forschungen, die allesamt darauf hinausliefen, auf naturwis-

Karl Heinrich Ulrichs
Zeichnung aus
JAHRBUCH FÜR SEXUELLE ZWISCHENSTUFEN,
1899

Richard Linsert,
führender Mitarbeiter im WHK

Magnus Hirschfeld,
Begründer des WHK

senschaftlicher Grundlage ein «Drittes Geschlecht» zu konstruieren, lagen erkenntnistheoretisch und erkenntnismethodisch völlig im Rahmen jener Zeit (bekanntlich wurde auch Diebstahl konstitutionell bedingt erklärt). Hirschfeld und andere glaubten, damit den Gesetzgeber auf dem Boden seiner eigenen Theorie, des Biologismus, schlagen zu können.

Am 16. Oktober 1929 beschloß der Strafrechtsausschuß des Reichstages in seiner 85. Sitzung die Streichung des § 296 aus der Regierungsvorlage (E 1927) zur strafrechtlichen Behandlung der Homosexualität. Dieser § 296 des E 1927 lautete: «Ein Mann, der mit einem anderen Manne eine beischlafähnliche Handlung vornimmt, wird mit Gefängnis bestraft.» Für diese Streichung hatten fünfzehn Mitglieder, dagegen dreizehn gestimmt. Für die Streichung waren Deutsche Volkspartei (einer), Demokratische Partei (zwei), Sozialdemokraten (neun), Kommunisten (drei); dagegen Deutschnationale Volkspartei (fünf), Deutsche Volkspartei (zwei), Volkspartei (einer) sowie die drei Vertreter des Zentrums und die beiden Abgeordneten der Wirtschaftspartei. Damit konnte dem Reichstag die generelle Entkriminalisierung der Homosexualität unter erwachsenen Männern vorgeschlagen werden. Der § 297 des E 1927 sah jedoch unter der Überschrift «Schwere Unzucht zwischen Männern» drakonische Strafen bis zu zehn Jahren vor. Am 17. Oktober 1929 stand auch dieser Paragraph zur Abstimmung. Das Kartell hatte in seinem Gegenentwurf die Streichung ebenfalls empfohlen, «da diese Tatbestände durch andere Vorschriften des Gegenentwurfs abgedeckt sind».

Das «Kartell» konnte sich hier nicht durchsetzen. Es wurde jedoch ein Kompromiß erreicht, der diesen Paragraphen im E 1927 wesentlich milderte. Es sollte jetzt eine Schutzaltersgrenze von 21 Jahren (Volljährigkeit) gelten. Eine generelle Kriminalisierung der Homosexualität sollte nicht mehr vorgesehen sein.

«Der Abstimmungssieg wurde in Magnus Hirschfelds weitestem Kreise mit Recht gefeiert» (Hiller 1973, S. 100).

Jedoch gelangte die Gesetzesvorlage nicht mehr in den Reichstag zur Abstimmung. Während die Kommission getagt hatte, ging die erste deutsche Republik bereits ihrem Ende entgegen. Draußen marschierten die Nazis in ihren braunen Uniformen, hetzten gegen die liberale Demokratie als «Judenrepublik» und forderten ein Regiment der Rasse in einem Dritten Reich. Ihre Ideologien von Führer, Volk, Blut, Boden und Rasse wurden auch im Deutschen Reichstag immer

Kurt Hiller, führender Mitarbeiter im WHK

lauter gebrüllt. Der wachsende Einfluß der NSDAP auf das Parlament verhinderte die Behandlung der Gesetzesvorlage.

Magnus Hirschfeld, der fast sein ganzes Leben tapfer und mit dem Einsatz aller Kräfte gegen den § 175 gekämpft hatte, nahm das Ergebnis der Abstimmung im Ausschuß zum Anlaß, nach all den Jahren harter Arbeit an sich zu denken und einen längeren Urlaub, eine Weltreise, zu machen. Wahrscheinlich rettete sie ihm das Leben. Am 24. November 1929 trat er von dem Vorsitz des WHK zurück und übergab ihn an Dr. Otto Juliusberger. In einer Dankesrede an den scheidenden Hirschfeld würdigte Juliusberger nochmals dessen Verdienste als Sexualforscher und Kämpfer für die Rechte der Homosexuellen:

> «In seinem wertvollen Buche: ‹*Gehirn und Veranlagung des Verbrechers*› hat jüngst Professor Max Flesch Magnus Hirschfeld als ‹einen Vorkämpfer der modernen Sexualforschung› genannt. Die Grundlage dieser Wissenschaft wird und muß die gesamte Biologie bleiben, und da muß nachdrücklich gesagt werden, daß es Hirschfelds großes Verdienst ist, gerade den Ausschreitungen der Psychoanalyse und Individualpsychologie gegenüber immer wieder die grundlegende Bedeutung der Biologie betont zu haben» (Mitteilungen Nr. 25, S. 197 f).

Die Biologie als Teil der Naturwissenschaften sollte also auch weiterhin die Grundlage der Sexualforschung im WHK bleiben. Als Leitfigur dieser Wissenschaft wurde Ernst Haeckel (1834–1919) angesehen, der als Professor für Zoologie besonders die niederen Meerestiere erforschte, für Darwins Abstammungslehre gekämpft hatte und als Begründer des «Monismus» die Lehre vertrat, daß das Ganze der Welt, also auch die menschliche Gesellschaft, aus einem einheitlichen naturwissenschaftlichen Prinzip zu erklären sei. Eine Sozialwissenschaft als eine der wesentlichsten Wissenschaften zur Erklärung des menschlichen Zusammenlebens existierte in jenem biologistischen Weltbild noch nicht. Haeckel hatte den Satz geprägt, dem sich auch Hirschfeld und Juliusberger als Richtschnur ihrer Tätigkeit als Sexualwissenschaftler verpflichtet fühlten: «Alle wahre Naturwissenschaft ist Philosophie, und alle wahre Philosophie ist Naturwissenschaft. Alle wahre Wissenschaft ist Naturphilosophie» (ebd., S. 198). Damit war die Philosophie der führenden Gruppe des WHK umrissen. Ihre Anwendung in der Sexualwissenschaft durch Hirschfeld hatte ein «Drittes Geschlecht» geboren und die Abweichung des Homosexuellen vom «Normalen» wissenschaftlich «nachgewiesen».

Die Theorie vom «Dritten Geschlecht» war zwar fortschrittlicher als die bisherige Wissenschaft, die Homosexualität als krank oder kriminell ablehnte, aber sie vertrat den gleichen allgemeinen biologistischen

Ansatz, der dazu führte, daß soziale Erscheinungen als biologisch determinierte angesehen wurden. Ebenso wie Hirschfeld Homosexuelle «vermaß», um die «Abweichung» von der herrschenden Diktatur der Normalität biologisch zu begründen, glaubte der bekannte Kriminalbiologe Cesare Lombroso durch Körpermessungen nachweisen zu können, daß es «geborene Verbrecher» gebe.

> «So wie die Lombroso-Schüler Ferri und Garofalo Parteijünger des italienischen Faschismus wurden, lieferte Hirschfeld den deutschen Faschisten quasi das Material, ohne jemals daran zu denken, daß seine Theorie *gegen* ihn und die Homosexuellen insgesamt gewendet werden könnte. Mit seiner Theorie der angeborenen Homosexualität legitimierte er den Faschisten die radikale Ausmerzung jeglicher Variante von Homosexualität, genauso wie die Ausrottung von Juden, Zigeunern und auch Kriminellen, die aus dem ‹hehren, reinen Geschlecht› ausgesondert werden mußten» (Ahrens u. a. 1975, S. 20).

Der Rassismus der Nationalsozialisten konnte auf einer langen Tradition biologistischer Wissenschaft aufbauen. Die vulgarisierten und «volksfreundlich» aufbereiteten «naturwissenschaftlichen» Behauptungen Hitlers waren dem arischen Menschen unmittelbar eingängig. Abweichungen von der staatlich verordneten Normalität wurden *nicht mehr* zugelassen.

2. Nationalsozialismus und Homosexualität in Weimar

Rassismus

«Herdeninstinkt des arischen Menschen» Rassismus als Integrationsideologie

In der nationalsozialistischen Ideologie nahm die «Rassenfrage» einen zentralen Stellenwert ein. Eine umfangreiche Darlegung dessen, was der deutsche Faschismus unter dieser «Rassenfrage» verstand, befindet sich in Adolf Hitlers zweibändigem Werk *‹Mein Kampf›**. Mit dieser Schrift legte Hitler die Ziele der faschistischen Bewegung seinen Anhängern und der Öffentlichkeit dar. Der Rassenfrage hätte sich – so kündigte der zukünftige Führer des Deutschen Reiches an – alles unterzuordnen. Der Staat sei der «lebendige Organismus zur Erhaltung und Vermehrung der Rasse» (331), die Geschichte der Menschheit als Aneinanderreihung von Rassenkämpfen, als Auf- und Absteigen höher- und minderwertiger Rassen zu verstehen. Nur die «höchststehendste Rasse» könne in diesem Kampf um das Überleben siegreich sein, und dieses «eherne Gesetz» der Naturgeschichte sei es, dem sich ein faschistischer Staat und eine faschistisch gleichgeschaltete Gesellschaft zu unterwerfen habe. Freilich sollte diese Unterwerfung nicht blind erfolgen, sondern in Kenntnis und Anwendung «natürlicher Gesetze». Zweck und Sinn eines nationalsozialistischen Staates sei «die Organisation einer Gemeinschaft physisch und seelisch gleicher Lebewesen zur besseren Ermöglichung der Forterhaltung dieser Art sowie der Erreichung des dieser von der Vorsehung vorgezeichneten Ziels ihres Dasein» (164). Das Deutsche Reich in ein Freiluftgehege zur Forterhaltung der Rasse umzuwandeln bedeutete, lediglich die «wertvollsten Bestände» der Rasse zur Zucht freizugeben. Hitler in *‹Mein Kampf›*:

> «Das Deutsche Reich soll als Staat alle Deutschen umschließen mit der Aufgabe, aus diesem Volke die wertvollsten Bestände an

* Alle Zitate aus: *‹Mein Kampf›*. Zwei Bände in einem Band, ungekürzte Ausgabe, Zentralverlag der NSDAP, München 1941. Die Zahlenangaben hinter den Zitaten beziehen sich auf die Seiten dieser Ausgabe).

rassischen Urelementen nicht nur zu sammeln und zu erhalten, sondern langsam und sicher zur beherrschenden Stellung emporzuführen» (439).

Diese Sammlung und Erhaltung setzten eine Selektion des Zuchtmaterials voraus, das ausschließlich die «unverletzt gebliebenen, edelsten Bestandteile» des Volkes umfassen sollte. Die «blutsmäßigen Vergiftungen» des deutschen Volkskörpers seien, so Hitler, bereits weit vorangeschritten, so daß das «deutsche Volkstum leider nicht mehr auf einer einheitlichen Rasse beruht» (436). Die Verschmelzung unterschiedlicher rassischer Elemente durch «Zufluß fremden Blutes ins Innere des Reiches» hat nach dieser Logik zu einem Verlust an Instinkt geführt, genauer, zu einem Verlust an «Herdeninstinkt», denn «es fehlt dem deutschen Volk jener sichere Herdeninstinkt, der in der Einsicht des Blutes begründet liegt und besonders in gefahrdrohenden Momenten Nationen vor dem Untergang bewahrt . . .» Dieser Mangel an «Herdeninstinkt» habe «dem deutschen Volk aber das Herrenrecht entzogen». Die nationalsozialistische Bewegung sah ihre Aufgabe darin, die Deutschen wieder zu einem «Herrenvolk» zu entwickeln und es auf diese Weise nicht nur vor dem Untergang zu bewahren, sondern ihm sogar eine weltbeherrschende Stellung zu verschaffen. Daß gerade der deutsche «Volkskörper» zu dieser Leistung fähig sein würde, ergab sich für Hitler aus dem «blutsmäßigen» Erbgut der arischen Rasse germanischer Ausprägung.

Die Rassenideologie des deutschen Faschismus basierte auf «ewigen Naturgesetzen», die bei der Paarung der Lebewesen bereits zu beobachten wären. Auch «die Menschen wandern ausnahmslos im Garten der Natur umher» und jede «Sünde wider die Natur» würde sich an der Rasse rächen. Die Tiere selbst, so Hitler, lebten den Menschen die natürliche Natur vor:

> «Schon die oberflächlichste Betrachtung zeigt als nahezu ehernes Grundgesetz all der unzähligen Ausdrucksformen des Lebenswillens der Natur ihre in sich begrenzte Form der Fortpflanzung und Vermehrung. Jedes Tier paart sich mit einem Genossen der gleichen Art. Meise geht zu Meise, Fink zu Fink, der Storch zur Störchin, Feldmaus zu Feldmaus, Hausmaus zu Hausmaus, der Wolf zur Wölfin usw.» (311).

Das «eherne Grundgesetz» galt nach faschistischer Auffassung uneingeschränkt für Mensch und Tier.

Diese «oberflächliche Betrachtung» erlaubte es, Meerschweinchen, transkaukasische Wüstenrennmäuse, australische Beuteltiere, Uhus, Rüsselkäfer und Menschen über einen Leisten zu schlagen. Ebensowenig wie bei der Paarung eines Mäuseweibchens mit einem Rattenmännchen nach faschistischer Auffassung etwas «Höherwertiges» entstehen konnte, so war auch aus der «Paarung» z. B. einer Zigeunerin mit einem germanischen «Urelement» männlichen Geschlechts nichts «Höherwertiges» zu erwarten. Im Gegenteil:

«Jede Kreuzung zweier nicht ganz gleich hoher Wesen gibt als Produkt ein Mittelding zwischen der Höhe der beiden Eltern. Das heißt also: das Junge wird wohl höherstehen als die rassisch niedrigere Hälfte des Elternpaares, allein nicht so hoch wie die höhere. Folglich wird es im Kampf gegen diese höhere später unterliegen. Solche Paarung widerspricht aber dem Willen der Natur zur Höherzüchtung des Lebens überhaupt ... Der Stärkere hat zu herrschen und sich nicht mit dem Schwächeren zu verschmelzen, um so die eigene Größe zu opfern. Nur der geborene Schwächling kann dies als grausam empfinden, dafür aber ist er auch nur ein schwacher und beschränkter Mensch ...» (312).

Das biologistische Weltbild des Faschismus zeichnete ein Bild von den Menschen, als ob diese just zum Zeitpunkt, zu dem Adolf Hitler mit der Niederschrift von *‹Mein Kampf›* beschäftigt war, von den Bäumen gestiegen wären, um sich vom Affen zu emanzipieren.

Der Zynismus der nationalsozialistischen Rassenhysterie beanspruchte auch keineswegs Wissenschaftlichkeit. Die «oberflächliche Betrachtung» genügte, wenn sie nur als «Kraftäußerung» in den «breiten Massen eines Volkes» verstanden würde.

«Die breite Masse eines Volkes besteht weder aus Professoren noch aus Diplomaten. Das geringe abstrakte Wissen, das sie besitzt, weist ihre Empfindungen mehr in die Welt des Gefühls. Dort ruht ihre entweder positive oder negative Einstellung. Sie ist nur empfänglich für eine Kraftäußerung in einer dieser beiden Richtungen und niemals für eine zwischen beiden schwebende Halbkraft ... und die Triebkraft zu den gewaltigsten Umwälzungen auf dieser Erde lag zu allen Zeiten weniger in einer die Masse beherrschenden wissenschaftlichen Erkenntnis als in einem sie beseelenden Fanatismus und manchmal in einer sie vorwärtsjagenden Hysterie» (371).

Die Irrationalität der Rassenlehre Hitlers war zugleich bewußtes politisches Kalkül, eine Herrschafts- und Integrationsideologie zur Schaffung einer «Volksgemeinschaft» jenseits aller wirtschaftlichen und sozialen Interessengegensätze, jenseits von Arm und Reich. Die Bildung einer «Volksgemeinschaft» sollte auch dem ärmsten «Volksgenossen» das Gefühl vermitteln, einer durch «den Willen des ewigen Schöpfers» ausgezeichneten Rasse anzugehören.

So unterscheide sich der Arier germanischer Art von anderen Rassen durch seinen kolossalen «Aufopferungswillen». «Bei den niedrigsten Menschen dieser Erde» sei dieser Wille

«nur in sehr geringem Umfang vorhanden ... jedoch am stärksten beim Arier ausgebildet ... Der Selbsterhaltungstrieb hat bei ihm die edelste Form erreicht, indem er das eigene Ich dem Leben der Gesamtheit willig unterordnet, wenn die Stunde es erfordert auch zum Opfer bringt» (326).

Und weiter:

«In der Hingabe des eigenen Lebens für die Existenz der Gemeinschaft liegt die Krönung alles Opfersinns» (327).

Diese behauptete Eigenschaft des Ariers habe ihn über alle anderen Rassen hoch erhoben:

«Was wir heute an menschlicher Kultur an Ergebnissen von Kunst, Wissenschaft und Technik vor uns sehen, ist nahezu ausschließlich schöpferisches Produkt des Ariers. Gerade diese Tatsache aber läßt den nicht unbegründeten Rückschluß zu, daß er allein der Begründer höheren Menschentums überhaupt war, mithin den Urtyp dessen darstellt, was wir unter dem Worte ‹Mensch› verstehen. Er ist der Prometheus der Menschheit, aus dessen lichter Stirn der göttliche Funke des Genies ... usw. (317).

Das krasse Gegenteil dieser göttlich befunkten Genierasse stellte in der faschistischen Naturideologie das jüdische Volk dar. Waren die Germanen trotz aller bedrohlichen Zersetzungserscheinungen ihres Blutes immerhin noch *die* Rasse mit dem genialen «Herdeninstinkt», so waren die Juden nur mit einem «sehr primitiven Herdeninstinkt» ausgestattet. Waren die Hitler-Germanen mit einem selbstmörderisch-masochistischen «Aufopferungswillen» für die «Volksgemeinschaft» ausgestattet, so ging jener beim Juden nicht über den «nackten Selbsterhaltungstrieb» hinaus, und ihr «Herdentrieb» führe

«stets nur so lange zu gegenseitiger Unterstützung, als eine gemeinsame Gefahr dies zweckmäßig und unvermeidlich erscheinen läßt. Das gleiche Rudel Wölfe, das soeben noch gemeinsam seinen Raub überfällt, löst sich bei nachlassendem Hunger wieder in seine einzelnen Tiere auf. Das gleiche gilt vom Pferd ...» (330).

Was der zukünftige Reichskanzler und Führer der Germanen hier von Wölfen und vom Pferd erzählte, war nichts anderes, als eine Kampfansage an jeden Individualismus, eine Ächtung und Verachtung jeder Form individueller Lebensgestaltung, die Gleichschaltung und Auflösung des Individuums in einer rassischen Kampfgemeinschaft. Dem Kollektiv-Germanen wurde das jüdische Volk als eine «sich blutig bekämpfende Rotte von Ratten» (331) gegenübergestellt. Der Jude, «ohne kulturbildende Kraft», sei ein «Parasit im Körper anderer Völker», «ein Schmarotzer, der wie ein schädlicher Bazillus sich immer wieder ausbreitet, so wie nur ein günstiger Nährboden dazu einlädt». Der Jude stelle «den gewaltigsten Gegensatz zum Arier» dar und schrecke

> «vor gar nichts zurück und wird in seiner Gemeinheit so riesengroß, daß sich niemand zu wundern braucht, wenn in unserem Volke die Personifikation des Teufels als Sinnbild alles Bösen die leibhaftige Gestalt des Juden annimmt» (355).

Der Jude als Sinnbild des «Bösen» sei im Besitz einer langfristigen Strategie zur Erringung der Weltherrschaft und zur «Zerstörung der arischen Menschheit». In jahrhundertelanger Anwendung dieser Strategie habe er sich schon im Zeitalter des Feudalismus den absoluten Fürsten unentbehrlich gemacht und seine Emanzipation aus dem Getto betrieben. Als die Macht der Fürsten langsam ins Wanken geriet, blieb «der Jude nach wie vor in der Umgebung der hohen Herren, ja, er sucht sich eher noch mehr in deren Kreis hineinzuschieben; allein zu gleicher Zeit bildet sich ein anderer Teil seiner Rasse an das liebe Volk an» und stelle sich als «Freund der Menschen» dar. Diese neue Maske, wer ahnt es nicht schon, soll sich der Jude als notwendige Anpassungsstrategie an die im Gefolge der Industrialisierung und der durch sie bedingten wirtschaftlichen und gesellschaftlichen Umwälzungsprozesse angelegt haben. Auf die Anforderungen des industriellen Zeitalters reagierend, werde er «langsam zum Wortführer einer neuen Zeit». In einer Art strategischer Zangenbewegung spalte sich «der ewige Jude» nun auf,

> «indem er auf der einen Seite die kapitalistischen Methoden der Menschenausbeutung bis zur letzten Konsequenz organisiert, macht er sich an die Opfer seines Geistes und Waltens selber heran» (349).

Mit anderen Worten ausgedrückt: Die durch die Industrialisierung bedingte Aufspaltung der Gesellschaft in Besitzer von Produktionsmitteln (Kapitalisten) und besitzlose Arbeiter (Proletarier) verlange eine besondere taktische Finesse jener «minderwertigen Rasse». Während der eine Teil des jüdischen Volkes als Kapitalisten die Proletarier ausbeutet, organisiert der andere Teil die proletarische Revolution gegen eben diese Ausbeutung, d. h., der proletarisch-revolutionäre Flügel des «internationalen Judentums» «wird in kurzer Zeit schon der Führer ihres Kampfes gegen sich selbst». Die Demagogie dieser Behauptungen lag darin, daß das antisemitische Vorurteil auf diese Weise in allen Schichten und Klassen der Bevölkerung verbreitet werden konnte. Juden gab es in allen Schichten und Klassen, ebenso wie es Homosexuelle in allen sozialen Zusammenhängen gibt. Ebenso wie Juden für die Sache der Proletarier Partei ergriffen (z. B. Karl Marx), kämpften auch Homosexuelle auf seiten der Arbeiter (z. B. Richard Linsert, Mitglied der KPD und des WHK), ebenso wie es andererseits Homosexuelle und Juden gab, die kapitalistische Interessen vertraten. Tatsächlich bildete nicht die Zugehörigkeit zu einer sexuellen oder ethnischen Minderheit die Grundlage für die gesellschaftliche Stellung, sondern Besitz oder Macht.

Der Jude als steuerndes Prinzip der faschistischen Geschichtsauffassung habe

> «erst das Bürgertum als Sturmblock gegen die feudale Welt (benutzt), nun den Arbeiter gegen die bürgerliche. Wußte er aber einst im Schatten des Bürgertums sich die bürgerlichen Rechte zu erschleichen, so hofft er nun, im Kampf des Arbeiters ums Dasein den Weg zur eigenen Herrschaft zu finden» (350).

In der Ideologie des Faschismus war der Jude sowohl der «Erfinder» des Kapitalismus als auch des Kommunismus.

> «Über den Umweg der Aktie schiebt er sich in den Kreislauf der nationalen Produktion ein, macht diese zum käuflichen, besser handelbaren Schacherobjekt und raubt damit den Betrieben die Grundlagen einer persönlichen Besitzerschaft. Damit erst tritt zwischen Arbeitgeber und Arbeitnehmer jene innere Entfremdung ein, die zur späteren politischen Klassenspaltung überleitet» (344).

Schließlich sei über die Börse die jüdische Einflußnahme «unheimlich schnell» angewachsen und wäre der Jude «zum Besitzer oder doch zum Kontrolleur der nationalen Arbeitskraft geworden» (345). Während also dieser Teil des jüdischen Volkes, vornehmlich repräsentiert durch die «internationale jüdische Weltfinanz», die deutsche Herrenrasse bis aufs Blut aussauge, ziele der marxistische Teil durch die «Zerstörung der Persönlichkeit und der Rasse» auf «die Versklavung und damit auf die Vernichtung der nichtjüdischen Völker ab». Ebenso wie «eine reine Handarbeiterbewegung unter jüdischer Führung» entstanden sei, hätten sich jüdische Elemente «allmählich zum Führer der Gewerkschaftsbewegung» aufgeschwungen. Da der Jude «nicht die Erhaltung einer unabhängigen nationalen Wirtschaft, sondern deren Vernichtung» wolle, seien die Gewerkschaften als Vertretung des millionenfachen Heers der Arbeiterschaft eine äußerst gefährliche Waffe in der Hand «der Minderwertigen – das aber ist der Jude». Als Führungsgruppe innerhalb der Gewerkschaften gehe es dem Juden

> «nicht um eine wirkliche Behebung sozialer Schäden im ehrlichen

Sinne ... sondern nur um die Herausbildung einer ihm blind ergebenen wirtschaftlichen Kampftruppe zur Zertrümmerung der nationalen wirtschaftlichen Unabhängigkeit».

Da er diese angeblich beabsichtigte, könnten

«ihn keinerlei Gewissensbisse davor bewahren, als Führer der Gewerkschaftsbewegung Forderungen zu stellen, die nicht nur über das Ziel hinausschießen, sondern deren Erfüllung praktisch entweder unmöglich ist oder den Ruin der nationalen Wirtschaft bedeutet» (353).

Schließlich habe sich der Jude die Gewerkschaftspresse unterjocht, durch die

«die politischen und gewerkschaftlichen Organisationen endlich die aufpeitschendste Wirkung erhält, durch welche die untersten Schichten zu den verwegensten Taten reif gemacht werden» (355).

Jene «verwegendsten Taten der untersten Schichten», worin konnten sie bestehen, wenn nicht darin, die «obersten Schichten» der Nation, gleich ob sie sich als arisch oder jüdisch verstanden, ihrer Privilegien zu entheben. Von der Möglichkeit, die Herrschaft der «obersten Schichten» zu stürzen, fühlten sich auch die Angehörigen der «mittleren Schichten» bedroht, denn was diese mit den «obersten» verband, war Besitz. Zwar in der Regel nur kleiner Besitz, aber immerhin hatten sie, im Gegensatz zu den «untersten Schichten der Nation» etwas zu verlieren.

«Verwegene Taten der untersten Schichten» hatte es in jenen Jahren häufig gegeben, sie waren fast an der Tagesordnung. Im Oktober 1917, ganze acht Jahre bevor Hitler während seiner Festungshaft mit der Niederschrift des ersten Bandes von ‹*Mein Kampf*› beschäftigt war, kam es in Rußland zu einer ungeheueren Erschütterung der sozialen Verhältnisse, in deren Verlauf nicht nur der Zar samt Rasputin, sondern die gesamte «oberste Schicht» weggepustet worden war. Gebannt schauten die großen Führer der Revolution, der Arier Lenin und der Jude Trotzki, nach Mitteleuropa. Sie hofften, daß die Revolution auch auf das Deutsche Reich überspringen werde. Und tatsächlich hatte es im November 1918 hier eine revolutionäre Situation gegeben, bildeten sich an vielen Orten des Reiches nach sowjetischem Vorbild Arbeiter- und Soldatenräte. Karl Liebknecht hatte vom Balkon des Berliner Schlosses die «freie sozialistische Republik Deutschland» ausgerufen. Die Hohenzollern-Monarchie und die kaiserliche Regierung waren gestürzt worden, das allgemeine Wahlrecht für Frauen war ebenso wie die Koalitions-, Versammlungs- und Pressefreiheit erkämpft worden, der Acht-Stunden-Tag gesetzlich verankert. Im Frühjahr 1919 hatten sich in München und anderen bayrischen Städten Arbeiter-, Betriebs- und Soldatenräte gebildet, die Bayern als Räterepublik ausriefen und in diesem Land, wie Hitler es nannte, eine «vorübergehende Judenherrschaft» ausübten. Die bewaffneten Erhebungen der Hamburger Arbeiter im Oktober 1923 bildeten das Ende jener revolutionären Nachkriegskrise. Für Adolf Hitler standen hinter diesen sozialen Bewegungen selbstverständlich die Juden, d. h. jener marxistische Flügel der strategischen Zangenbewegung des internationalen Judentums:

> «Der wirkliche Organisator der Revolution und ihre Drahtzieher, der internationale Jude, hatte damals die Situation richtig eingeschätzt. Das deutsche Volk war noch nicht reif, um in den bolschewistischen Blutsumpf hineingezerrt werden zu können, wie dies in Rußland gelang. Es lag dies zum größten Teil an der rassisch immer noch größeren Einheit zwischen deutscher Intelligenz und deutschem Handwerk!» (585 f).

Um diese angebliche Einheit ging es Hitler, denn auch von der anderen Seite griff der Jude an, in seiner kapitalistischen Verkleidung:

> «Das Finanzjudentum wünscht nicht nur die restlose wirtschaftliche Vernichtung Deutschlands, sondern auch die vollkommene politische Versklavung» (702).

Speziell das «jüdische Börsen- und Finanzkapital» sowie die «internationale jüdische Weltfinanz» waren hier die vermeintlich aktivsten Elemente im Kampf für die Vernichtung der arischen Rasse.

Die Rassenlehre des Nationalsozialismus wies starke Züge von Verfolgungswahn, Tod und Untergang auf. Diese auf das jüdische Volk projizierten Ängste hatten zunächst ihre soziale Basis in den wirtschaftlichen und gesellschaftlichen Interessen der «mittleren Schichten»: Die Handwerker, Gewerbetreibenden und Einzelhändler fürchteten das große Kapital, weil es im großen Stil produzierte und absetzte, somit tendenziell die wirtschaftliche Grundlage der Mittelschichten zerstörte und sie zu lohnabhängigen Arbeitern absteigen ließ. Besitz allerdings unterschied alle diese kleinen Handwerker, Gewerbetreibenden und Kleinunternehmer von den Arbeitern, die lediglich ihre Arbeitskraft zu verkaufen hatten und sich in den Gewerkschaften, der Sozialdemokratischen Partei (SPD) und der Kommunistischen Partei (KPD) einflußreiche Interessenorganisationen geschaffen hatten, um mit Hilfe dieser Organisationen in gemäßigter oder radikaler Form eine Veränderung der bestehenden Zustände anzustreben. Hier das große Kapital, das sich immer stärker konzentrierte und sich immer stärker international zu organisieren begann und sowohl durch den Einsatz verfeinerter und rationalisierter Technik, als auch durch den Großabsatz billiger Produkte in großen Kaufhäusern den

Kleinproduzenten beutelte; dort die organisierte Arbeiterschaft, deren Sehnsucht nach einem menschenwürdigen Dasein sich in finanziellen und sozialen Forderungen an die Unternehmer, auch die Kleinunternehmer, niederschlug. Der produzierende und gewerbetreibende Mittelstand sah sich bereits traditionell als Opfer dieser «Zangenbewegung»: Von oben das große Kapital, von unten «der Bolschewismus», mittendrin das Kleinbürgertum, der Mittelstand, die mittleren Schichten, die stärkste Ängste hatten, bei diesem Aneinanderreiben der großen Blöcke zermahlen zu werden. Alle diese Mittelschichten hatten unter den Auswirkungen der katastrophalen Inflation, die Ende 1923 ihren Höhepunkt erreicht hatte, stark zu leiden und mußten miterleben, wie sich Teile des großen Kapitals die Inflation zunutze gemacht hatten. Einem Stinnes z. B. war es gelungen, sein Vermögen von 900 Millionen Mark vor dem Ersten Weltkrieg durch die Inflation auf 3 Milliarden Goldmark zu erhöhen, während größte Teile des Mittelstandes nicht einmal die Kriegsanleihen zurückerhalten hatten, die sie für des Reiches «Griff nach der Weltmacht» gezeichnet hatten. Der «Bund freier selbständiger Gewerbetreibender» in München ließ verlauten, das Kleingewerbe stehe «vor seinem Ruin, vor seiner gesellschaftlichen Auflösung!»* Das Berliner «Kartell des selbständigen Mittelstandes» beschuldigte die Regierung, sie wolle «dem gewerblichen Mittelstande den Todesstoß . . . versetzen». Der «Landesausschuß des sächsischen Handwerks» befand, es sei ihm fortan unmöglich gemacht, den «Puffer zwischen der diktatorischen Abwälzung der Geldentwertung durch seine Vorlieferanten und der Abwehr der großen Verbraucherschaft abzugeben». In Karlsruhe hatte die dortige Handwerkskammer eine Statistik erstellt, aus der hervorging, daß die Zahl der Handwerksbetriebe ihres Bezirkes von Januar bis Ende Juli 1932 sich um rund 100 Betriebe verringert habe und von Ende Juli bis Ende September nochmals um 163 gesunken sei. In 111 dieser Fälle wurde als Grund der Auflösung die wirtschaftliche Not angeführt, die den Handwerksmeister zwinge, als Arbeitnehmer in die Fabrik zu gehen oder seine Betriebssubstanz, Maschinen und Werkzeuge, um der Erhaltung seiner Familie willen zu veräußern. Die Breslauer Handwerkskammer richtete im November 1923

> «in letzter Stunde an alle berufenen Stellen den Appell, die Not der Handwerker und des kleingewerblichen Mittelstandes zu steuern. Sonst müßten wir die Worte der Verfassung, nach denen der Mittelstand zu erhalten und vor Aufsaugung zu schützen ist, als Gerede bezeichnen, das das Papier nicht wert ist, auf dem es gedruckt ist.»

* Die folgenden Quellenzitate wurden zum größten Teil aus H. A. Winklers Untersuchung «Mittelstand, Demokratie und Nationalsozialismus», Köln 1972, entnommen.

Die Katastrophenstimmung im Mittelstand war unübersehbar. Sie machte sich in einer Flut von Protesten Luft. Bereits zehn Jahre vor der nationalsozialistischen Machtergreifung und wenige Jahre nach dem Zusammenbruch der monarchistischen Regierung waren aus dem Mittelstand verbitterte und laute Stimmen zu hören, die sich über eine mangelnde Berücksichtigung ihrer Interessen unter der neuen Regierungsform beklagten. In München sah sich das Kleingewerbe von allen Berufen als «das am meisten bedrängteste und von den Parteien in seiner Interessenvertretung vernachlässigste». Von den Parteien werde es lediglich als «Stimmvieh» benutzt. In Hannover beklagte sich im Oktober 1923 der Kreishandwerkerbund, daß die politischen Parteien anscheinend den Belangen des Handwerks gegenüber denen «anderer Stände» als gar nicht mehr berücksichtigenswert ansähen.

> «Von allen Seiten kam zum Ausdruck, daß in allen Kreisen des Handwerks die Mißstimmung gegenüber den Parteien und gegenüber dem Parlamentarismus überhaupt eine derart große sei, daß der Ruf nach einer eigenen Partei bzw. nach einer Umänderung der Verfassung im berufsständischen Sinne und der Bildung einer Ersten Kammer durch Zusammenlegung von Reichsrat und Reichswirtschaftsrat unter schärfster Beschränkung und Verringerung des Reichstages eine dementsprechende Einstellung der Führer erfordere.»

Die Wahlversprechen der Parteien hätten sich als «blauer Dunst» erwiesen. Die Vernachlässigung des Handwerks, schrieb der *Hannoversche Anzeiger* vom 29. 10. 1923, ginge auf das Schuldkonto der politischen Parteien, «in deren Reihen Großkapital und Gewerkschaften allmächtig zu sein scheinen». Der Landesausschuß des sächsischen Handwerks brachte die Ängste des Mittelstandes ebenfalls in aller Deutlichkeit zum Ausdruck:

> «Die Lebensinteressen des Handwerks wurden zugunsten der wirtschaftlich Starken einerseits und der Arbeiterschaft andererseits vernachlässigt, ja teilweise verleugnet ... Der für unser Staats- und Kulturleben so wichtige Handwerkerstand ist zum größten Teil vollständig ruiniert.»

Mochten diese Klagen auch übertrieben sein, die «Panik im Mittelstand» artikulierte sich in immer neuen Resolutionen, Eingaben und Erklärungen im Reichstag und den Parteien. «Daß in Deutschland die schwerindustriellen und anderen großkapitalistischen Kreise mächtiger sind denn je», stellte im September 1923 die *Norddeutsche Handwerker Zeitung* fest, und der parlamentarische Einfluß dieser Gruppierungen sei «geradezu ins Ungeheuerliche gewachsen». In dieser Bedrängnis liebäugelten mittelständische Interessenvertreter in jener Zeitung auch schon einmal damit, ins andere große Lager überzulaufen, wenn in einem Artikel festgestellt wurde, «daß die Frontstellung mit den ‹Unternehmern› gegen die Arbeiterschaft verkehrt sei» und daß vom Handwerk, über den Einzelhandel und die Verbraucher bis hin zur Arbeiterschaft eine «Einheitsfront gegen Industrie und Großhandel» gebildet werden müßte, denn

> «die wahren Expropriateure säßen nicht in den Reihen der ‹Marxisten›, sondern die Beherrscher der Rohstoffe seien es in Wirklichkeit, welche die Prophezeiungen von Marx über die Expropriateure der Erfüllung entgegen führten, nicht aber die Sozialisten» (*Norddeutsche Handwerker Zeitung,* 15. 11. 1923).

Mag eine solche Annäherung des eher rechts stehenden Mittelstandes an die linken Parteien auch in Wirklichkeit nur als eine Drohgebärde zu verstehen gewesen sein, als Drohung «plötzlich geschlossen dahin abzumarschieren, wo es den Regierenden nicht gerade angenehm ist» (*Norddeutsche Handwerker Zeitung*), so war dies immerhin ein händeringender Appell an die reiche Verwandtschaft, die große Industrie. Hier freilich wußte man, daß die Vernachlässigung des Mittelstandes sich gegen die eigenen Interessen auswirken konnte. Clemens Lammers, Vorstandsmitglied des «Reichsverbandes der Deutschen Industrie» war die Funktion eines «gesunden Mittelstandes» durchaus klar, wenn er im März 1924 auf der deutschen Industrietagung erklärte:

> «Vom soziologischen Standpunkt aus haben unsere großen Wirtschaftsorganisationen ... praktische Mittelstandspolitik betrieben, in der Erkenntnis, daß ohne die Erhaltung eines gesunden Mittelstandes die Verschärfung der Klassengegensätze zu großen kulturellen Schäden für das Volk führen muß.»

Der Mittelstand als soziale Knautschzone zwischen organisierter Arbeiterschaft und großem Kapital hatte freilich von dieser Politik vom «soziologischen Standpunkt» aus wenig gehabt.

«Der Mittelstand und mit ihm die geistigen Arbeiter blieben auf der Strecke, da sie nicht genügend Ellenbogenfreiheit besaßen, um den Kampf, der mit rücksichtslosesten Mitteln geführt wurde, zu führen», schrieb die *Badische Presse* (25. 9. 1923), und verdrossen sinnierten die *Nordwestdeutschen Handwerker Zeitung*:

> «Und wäre die Unternehmerfront heute notwendiger denn je, um endlich mit den ‹Errungenschaften der Revolution› auf arbeitsrechtlichem und wirtschaftlichem Gebiet gründlich aufzuräumen» (Schlußbilanz 1923).

Große Teile des Mittelstandes, vom Pleitegeier bedroht und durch die Inflation zusätzlich geschüttelt, verstanden ihren Überlebenskampf zugleich als Kampf für den Bestand des deutschen Volkes. Die Gruppe der Handwerkerbünde im «Reichsverband des deutschen Handwerks» erklärte, «daß sein eigener Existenzkampf der Existenzkampf der ganzen Nation und insbesondere ihrer ethischen, kulturellen und wirtschaftlichen Werte bedeutet». Zugleich warnte der Reichsverband «vor der Überschätzung und Überbewertung der parteipolitischen Konstellationen, die das Volksbürgertum zermürben und zerfressen» werde. Der nationalkonservative Publizist Albrecht Erich Günther faßte die Stimmung großer Teile des Mittelstandes in der Formel zusammen: «Der schwerste Verlust aber ist, daß wir das Vertrauen zum Staat verloren haben» (*Hamburger Nachrichten*, 10. 12. 1923). Sehr deutlich ließ sich der Unmut über die neue Regierungsform, die seit 1918 im Deutschen Reich bestehende Demokratie, vernehmen sowie der Ruf nach einem starken Mann, der über den verschiedenen antagonistischen Interessen stehen und das Volk aus der Krise führen sollte:

> «Wenn wir nicht endlich aus den ewigen Regierungskrisen herauskommen, wenn nicht endlich ein starker Mann kommt, der sich den Teufel um Vertrauen oder Nichtvertrauen der Parteien kümmert und endlich gründlich aufräumt, dann können wir in Deutschland getrost einpacken.»

Das war der Schrei nach einer Diktatur. Das «Führer-befiehl-wir-folgen», die Bereitschaft zur Unterwerfung, artikulierte sich hier durchaus eindeutig bereits zehn Jahre vor der Katastrophe. Die Führer der NSDAP hatten die Gunst der Stunde wohl bemerkt. In einem Anfall von Größenwahn putschten Hitler und seine Anhängerschaft am Abend des 8. November 1923 in München, erklärten die Regierungen von Bayern und des Reiches für abgesetzt und riefen eine Gegenregierung aus, der Hitler, Ludendorff und andere rechtsextreme Figuren angehören sollten. Der Putsch brach innerhalb weniger Stunden zusammen. Die NSDAP wurde unmittelbar nach der «Erhebung» für kurze Zeit verboten, Hitler ins Gefängnis gesteckt, doch bereits am 27. Februar 1925 wurde die Partei von der bayrischen Landesregierung wieder zugelassen. Fast mit prophetischer Sicht ausgestattet war der Syndikus der Kieler Handwerkskammer Köhler, als er einige Wochen nach dem Hitler-Putsch öffentlich äußerte:

> «Die Gefahr, daß aus Enttäuschungen oder Verbitterungen neue Arten von Vertretungen politischer Ideen entstehen können, ist größer denn je. Wenn heute einer die Parole ausgäbe: her zu mir alle, die ihr nichts mehr von den Parteien wissen wollt, sondern in der Erkenntnis der Notgemeinschaft sachliche und schnelle Ar-

beit leisten wollt, er würde unabsehbare Mengen Deutscher aus allen Schichten und nicht zuletzt aus den Reihen des Handwerks um sich sammeln können» (6. 12. 1923).

Wenn eine derartige «Notgemeinschaft» auch im Jahre 1923 noch nicht zustande kam, so sollten allerdings die politischen Konstellationen, die eine solche «Gemeinschaft» als Ausweg aus der Krise postulierten, fortbestehen bleiben, auch wenn sich zunächst eine Periode der Stabilisierung in den Jahren 1924 bis 1929 bemerkbar machte.

Die nationalsozialistische Weltanschauung, speziell ihre antisemitische Ausprägung in der Parole von der arischen «Volksgemeinschaft», lieferte die ideologische Grundlage für eine Zusammenfassung der «Deutschen aus allen Schichten». Ihre soziale Basis hatte diese Ideologie allerdings in den mittleren Schichten, auf diese war sie zugeschnitten. Hier, in der «goldenen Mitte», wo sich die großen sozialen Gegensätze brachen und wo man sich nach sozialer Harmonie und Abbau der sozialen Spannungen sehnte, fanden «Gemeinschafts»-Ideologien einen fruchtbaren Boden. Der Mittelstand als Ort einer sozialen Idylle beanspruchte den Ausgleich zwischen arm und reich, groß und klein, zwischen oben und unten. So äußerte sich der Generalsekretär des «Reichsverbandes des deutschen Handwerks», Hermann, im August 1929 ganz in diesem Sinne, wenn er von der «großen geschichtlichen Aufgabe des Mittelstandes» sprach, «Aussöhner und Mittler zwischen Kapital und Arbeit zu sein». Die Sehnsucht nach sozialem Frieden, nach Überschaubarkeit eines gemäßigten Daseins und nach Aufhebung der Konkurrenz als wirtschaftlichem Grundprinzip, welches sich ihm als «Kampf aller gegen alle» darstellte, bestimmte das Weltbild großer Teile des «goldenen Mittelstandes».

> «Indem der Kampf aller gegen alle aufgehoben und an seine Stelle die Hilfe aller für alle gesetzt wird, so bereiten sie damit sich selbst und ihrem Volke den goldenen Boden, auf dem allein Deutschlands Wiederaufbau sich fest und stark erheben kann, unberührt von allen inneren und äußeren Stürmen. Erneuerung des Handwerks heißt Erneuerung des Meistertums, Erneuerung des Meistertums in der Arbeit und im Denken, Erneuerung des Meistertums im Streben zur Persönlichkeit. Und ein Volk, das ein Volk der Meister ist, das seine Meister ehrt und sich selbst ehrt in seinen Meistern, wird werden und bleiben ein Meistervolk unter den Völkern» (*Nordwestdeutsche Handwerker Zeitung*, 5. 7. 1923).

Der mittelständische Meistergesang enthielt die Sehnsucht nach einer «Volksgemeinschaft» und im «Meistervolk» des Mittelstandes sollte sich der individuelle Wunsch nach kollektiver Anerkennung widerspiegeln. «Werden und Bleiben», darin lag der Wunsch und das soziale Ziel einer durch den Kapitalismus zutiefst verunsicherten Schicht. Mit sozialen Harmonievorstellungen für die Zukunft korrespondierten uneigennützige Vorstellungen über die gegenwärtige wirtschaftliche Praxis der Kleinbetriebe: «Dem Handwerk liegt . . . kein egoistisches, sondern ein altruistisches Wirtschaftsprinzip zugrunde. Seine Aufgabe ist Dienst an der Allgemeinheit.» Und aus diesem eigentümlichen Drang zum Dienst an der Gemeinschaft, der zweifellos mit dem von Hitler in *‹Mein Kampf›* festgestellten «Aufopferungswillen» der germanischen Rasse korrespondierte, entsprang auch das Bewußtsein, dem Volk die Führer zu gebären: «Deutsches Bürgertum in Stadt und Land», verkündete der Anwalt des Deutschen Genossenschaftsverbandes Stein auf der Gründungsversammlung des Reichsausschusses der deutschen Mittelschichten im Februar 1927, «die Mittelschichten unseres Volkes sind der Mutterboden, aus dem durch die Jahrhunderte die Führer unseres Volkes in Wirtschaft und Geistesleben emporgestiegen sind.» Aufstieg war es, der auch dem Generalsekretär des Nordwestdeutschen Handwerkerbundes vorschwebte, als er im Juni 1926 auf dem Handwerkertag in Kiel feststellte, es ginge darum, «ob deutsches Volkstum und deutsche Kultur weiterleben und weiterblühen sollten oder ob das deutsche Volk sich den sterbenden Völkern zugesellen sollte». So stehe das «deutsche Handwerk, dieser bodenständige, in der Scholle und im tiefsten Volkswesen wurzelnde, aus urwüchsigem Volkstum schöpfende Stand, als Vorkämpfer im Kampf gegen den Untergang des Abendlandes». Als Fußtruppen in diesem Kampf um das Abendland brachte sich auch der Sprecher des «Schutzkartells der deutschen Geistesarbeiter» Everling auf einer Rede vor dem «Reichsausschuß der deutschen Mittelschichten» ein:

> «Mehr als Einsicht, mehr als Erkenntnis ist der Wille, mehr als Intellekt – das sage ich als Vertreter der Intellektuellen – ist Charakter, und Charakter finden wir gottlob in allen Schichten des deutschen Mittelstandes. Uns verbindet der starke Wille, bei allen Parteiverschiedenheiten eine nationale Kerntruppe unseres Volkes zu sein (Zwischenrufe: Bravo!); die gefühlsmäßige Abneigung gegen gewaltsamen Umsturz und ein traditionelles Verständnis für Staatsautorität (lebhafter Beifall).»

Politisch gesehen war die «gefühlsmäßige Abneigung» gegen Umsturz durchaus einseitig, denn gefürchtet wurde fast ausschließlich der Umsturz von links, auf dem rechten Auge war auch der Mittelstand merkwürdig blind, wenn auch rein formal mit der Formel argumentiert wurde, daß sowohl ein linker wie ein rechter Umsturz von Übel sei. Der Vorsitzende des «Zentralverbandes deutscher Haus- und Grundbesitzervereine» brachte 1927 das Selbstverständnis großer Teile des Mittelstandes zum Ausdruck, wenn er feststellte, daß sich der Mittelstand als antisozialistisches Bollwerk verstand, denn

> «hätten wir nicht diese starke Schicht des Mittelstandes und hätte nicht dieser Mittelstand, wenn auch unter unmenschlichen Opfern, die stärksten Stürme von links nach rechts nicht siegreich überstanden, so wäre schon die rote Flut des Sozialismus über das deutsche Volk hereingebrochen».

Die Gefahr einer «braunen Flut» freilich wurde hier kaum gesehen – im Gegenteil. Wer sich in der Mitte wähnte, konnte per se leicht mit einer «links-rechts»-gestrickten Schablone argumentieren, auch wenn sich zur Rechten nur eine Wand befand. Auf der Linken allerdings hatte man den politisch ambivalenten Charakter der Mittelschichten bereits seit langem erkannt, denn ihr Schicksal wurde durch ihre Stellung im Produktionsprozeß bestimmt:

> «Die bisherigen kleinen Mittelstände, die kleinen Industriellen, Kaufleute und Rentiers, die Handwerker und Bauern, alle diese Klassen fallen ins Proletariat hinab, teils dadurch, daß ihr kleines Kapital für den Betrieb der großen Industrie nicht ausreicht und der Konkurrenz mit dem größeren Kapital unterliegt, teils dadurch, daß ihre Geschicklichkeit von neuen Produktionsweisen entwertet wird».

Dies hatte Karl Marx bereits 75 Jahre zuvor diagnostiziert und daraus gefolgert, daß sich diese «kleinen Mittelstände» politisch reaktionär verhalten würden, indem sie zwar gegen «die Bourgeoisie kämpfen, um ihre Existenz als Mittelstände vor dem Untergang zu sichern», sich jedoch «nicht revolutionär, sondern konservativ» verhielten. «Noch mehr, sie sind reaktionär, denn sie suchen das Rad der Geschichte zurückzudrehn» (Kommunistisches Manifest). Diese Anfälligkeit für reaktionäre Ideologien entsprang unmittelbar den realen wirtschaftlichen Existenzängsten dieser Schichten. Überaus deutlich wurde dies im Kleinhandelsbereich sichtbar. Die Existenz der großen Warenhäuser, zum Teil im Besitz jüdischer Großunternehmer, wirkte sich lebensbedrohend für die kleinen Einzelhändler aus. Der Haß auf die Warenhäuser hatte im Jahre 1929 sogar einen «Reichsverband zur Bekämpfung der Warenhäuser» entstehen lassen, der allen Ernstes die Aussetzung von Ratten und Mäusen in den großen Warenhäusern empfahl, «um den Hausfrauen Angst zu machen und sie dadurch von mittelstandsschädigenden Einkäufen abzuhalten». Dies berichtet H. A. Winkler in seiner materialreichen wissenschaftlichen Studie *‹Mittelstand, Demokratie und Nationalsozialismus›*, in welcher er die politische Entwicklung von Handwerk und Kleinhandel in der Weimarer Republik untersucht. «Am leichtesten», so stellt Winkler fest, «hatte es die NSDAP mit den Kleinhändlern. In dieser Schicht waren antisemitische Ressentiments besonders verbreitet; ihr Haß auf die großkapitalistischen Warenhäuser bot einen willkommenen Anlaß für die Parolen der Nationalsozialisten» (165).

Die hier deutlich werdende weite Integrationskraft der nationalsozialistischen Ideologie strebte eine innenpolitische Gleichschaltung zum Zweck der außenpolitischen Revision der deutschen Niederlage von 1918 an.

«Das Herrenrecht des Daseins»

Der neue Lebensraum im Osten

«Die Natur kennt keine politischen Grenzen. Sie setzt die Lebewesen zunächst auf diesen Erdball und sieht dem freien Spiel der Kräfte zu. Der stärkste an Mut und Fleiß erhält dann als ihr liebstes Kind das Herrenrecht des Daseins zugesprochen» (*‹Mein Kampf›*). Die Menschen, das hatten wir bereits gesehen, «wandern ausnahmslos im Garten der Natur umher», unterlagen wie Nebelkrähen und Känguruhs dem «aristokratischen Prinzip der Natur». Das deutsche Volk, hatte Hitler festgestellt, «hat eine jährliche Bevölkerungszunahme von nahezu neunhunderttausend Seelen» und somit stelle sich «die Schwierigkeit der Ernährung dieser Armee von neuen Staatsbürgern». Eine künstliche Geburtenbeschränkung, sei es durch die Freigabe der Abtreibung (also der Aufhebung des § 218) oder durch Anwendung von Verhütungsmitteln in großem Stil entsprach in der NS-Ideologie nicht dem Wollen der Natur, weil diese Maßnahmen angeblich auf eine Schwächung der Rasse hinausliefen.

> «Denn sowie erst einmal die Zeugung als solche eingeschränkt und die Zahl der Geburten vermindert wird, tritt an Stelle des natürlichen Kampfes um das Dasein, der nur den Allerstärksten und Gesündesten am Leben läßt, die selbstverständliche Sucht, auch das Schwächlichste, ja Krankhafteste um jeden Preis zu ‹retten›, womit der Keim zu einer Nachkommenschaft gelegt wird, die immer jämmerlicher werden muß, je länger diese Verhöhnung der Natur und ihres Willens anhält ... Wer also dem deutschen Volk das Dasein sichern will auf dem Wege einer Selbstbeschränkung seiner Vermehrung, raubt ihm damit seine Zukunft» (145).

Hinter dem rassenbiologischen Schleier verbarg sich allerdings ein kaum zu übersehendes politisches Kalkül. Mit der bereits vorhandenen Bevölkerungszunahme, die noch um eine Einschränkung der Verhütungsmittel und um den verschärft angewendeten § 218 in ihrer Wirkung verstärkt werden sollte, wurde ein Menschenexport über die Grenzen des Reiches vorbereitet.

Die aktive Bevölkerungspolitik der Nationalsozialisten, die sich hinter jener rassistischen Phraseologie verbarg, sollte den Schrei nach neuem Lebensraum verstärken, der sich bereits in solchen völkischen Standardwerken wie dem vielgelesenen *‹Volk ohne Raum›* von Hans Grimm artikulierte. Eine starke Bevölkerungszunahme sollte zu einem Aktivposten expansionistischer Pläne werden, mit dem ein Drang über die Grenzen des Reiches politisch begründet werden sollte. «Denn die Dinge liegen doch so», bemerkte Hitler in *‹Mein Kampf›*, «daß auf dieser Erde noch immer Boden in ganz ungeheuren Flächen ungenützt vorhanden ist, und nur des Bebauers harrt. Ebenso aber ist es auch richtig, daß dieser Boden nicht von der Natur an und für sich einer bestimmten Nation oder Rasse als Reservatfläche für die Zukunft aufgehoben wurde, sondern er ist Land und Boden für das Volk, das die Kraft besitzt, ihn zu nehmen, und den Fleiß, ihn zu bebauen» (147).

In den Überlegungen zu den «Vier Wegen deutscher Politik» kommt Hitler zu dem Ergebnis, daß «entweder Boden- oder Kolonial- und Handelspolitik» getrieben werden müsse, wobei die «Bodenpolitik» jene mit Zukunft sei:

> «Die Erwerbung von neuem Grund und Boden zur Ansiedlung der überlaufenden Volkszahl besitzt unendlich viel Vorzüge, besonders wenn man nicht die Gegenwart, sondern die Zukunft ins Auge faßt» (151).

Eine «Blut- und Boden»-Ideologie, die in «der Erhaltung eines gesunden Bauernstandes als Fundament der gesamten Nation» ihre materialisierte Ausprägung erhielt, sah im Bauernstand das Hauptreservoir zur Besiedelung der in Zukunft zu erobernden Gebiete. «Ein fester Stock kleiner und mittlerer Bauern» sollte auch in den zukünftig zu besiedelnden neuen Lebensräumen das Fundament bilden. Daß dieses Bauernparadies nicht im Kamerun oder sonstwo im Dschungel liegen sollte, ergab sich aus der Absage an die «Kolonial- und Handelspolitik». Die Geschichte selbst, bemerkte Hitler, habe den Weg nach Osten gezeigt.

> «Der natürlichen Entschlossenheit zum Kampf für das eigene Dasein verdanken wir die beiden Ostmarken des Reiches und damit jene innere Stärke und Größe unseres Staats- und Volksgebietes, die überhaupt allein uns bis heute bestehen ließ» (152).

Schon in der Vergangenheit hatte der Osten als Selbstbedienungsladen für die überschüssigen Massen des mittleren Europa dienen müssen – und so sollte es auch in Zukunft bleiben.

«Wollte man in Europa Grund und Boden, dann konnte dies im großen und ganzen nur auf Kosten Rußlands geschehen, dann mußte sich das neue Reich wieder auf die Straße der einstigen Ordensritter in Marsch setzen, um mit dem deutschen Schwert dem deutschen Pflug die Scholle, der Nation aber das tägliche Brot zu geben» (154).

Tatsächlich begab sich denn im Jahre 1939 bzw. 1941 das Deutsche Reich wieder auf die Straße nach Osten. Dies bereitete Hitler im Jahre 1927 bereits propagandistisch vor, indem er seine Anhänger und Leser seines Buches mit beispielloser Hetze gegen die gerade zehn Jahre bestehende Sowjetunion aufstachelte:

«Man vergesse doch nie, daß die Regenten des heutigen Rußlands blutbefleckte gemeine Verbrecher sind, daß es sich hier um einen Abschaum der Menschheit handelt ... Man vergesse nicht, daß der internationale Jude (es ist), der heute Rußland völlig beherrscht ... Im russischen Bolschewismus haben wir den im zwanzigsten Jahrhundert unternommenen Versuch des Judentums zu erblicken, sich die Weltherrschaft anzueignen ... Der Kampf gegen die jüdische Weltbolschewisierung erfordert eine klare Einstellung zu Sowjet-Rußland» (752).

Der «oberste Gesichtspunkt jeder Außenpolitik», teilte Hitler mit, sei es, «den Boden in Einklang zu bringen mit der Volkszahl» und daher müsse «die nationalsozialistische Bewegung versuchen, das Mißverhältnis zwischen unserer Volkszahl und unserer Bodenfläche, diese als Nährquelle sowohl wie auch als machtpolitischer Stützpunkt angesehen, zwischen unserer historischen Vergangenheit und der Aussichtslosigkeit unserer Ohmmacht in der Gegenwart beseitigen» (732). Die politische Formel «Blut- und Boden», d. h. die Züchtung von Rasse und der Erwerb von Boden, beinhaltete eine programmatische Aussage, die den Überfall auf die Sowjetunion bereits deutlich werden ließ:

«Wenn die nationalsozialistische Bewegung wirklich die Weihe einer großen Mission für unser Volk vor der Geschichte erhalten will, muß sie ... ohne Rücksicht auf ‹Traditionen› und Vorurteile den Mut finden, unser Volk und seine Kraft zu sammeln zum Vormarsch auf jener Straße, die aus der heutigen Beengtheit des Lebensraumes dieses Volk hinausführt, zu neuem Grund und Boden ...» (731).

Die «Hinausführung zu neuem Grund und Boden» konnte auf Traditionen allerdings nicht verzichten, und so flossen denn jene Werthaltungen in den faschistischen Expansionismus ein, die zu jeder Eroberungspolitik notwendig sind: Die Traditionen des preußischen Militärstaates. «Die Bildung des preußischen Staates und der durch ihn herbeigeführten Züchtung eines besonderen Staatsgedankens», erklärte Hitler, «sowie des der modernen Welt angepaßten, in organisierte Form gebrachten Selbsterhaltungs- und Selbstverteidigungstriebes des deutschen Heeres» (734). Von den Trieben getrieben, sei «die Umstellung des Wehrgedankens des einzelnen zur Wehrpflicht der Nation diesem Staatsgebilde und seiner Staatsauffassung entsprossen. Die Bedeutung dieses Vorganges kann gar nicht überschätzt werden.» Womit Hitler zweifellos recht hatte. Der preußische Militarismus konnte unmittelbare Dienste leisten. Seine Traditionen trugen dazu bei, die Kontinuität in der deutschen Geschichte zu wahren. Der Anspruch auf die Eroberung neuen Lebensraums wurde zehn Jahre nach Beendigung des Ersten Weltkrieges von dem zukünftigen Reichskanzler klar formuliert:

> «Grund und Boden als Ziel unserer Außenpolitik und ein neues, weltanschaulich gefestigtes, einheitliches Fundament als Ziel politischen Handelns im Inneren» (735).

Ein weiterer Krieg war programmiert.

«Nicht Hunde, Pferde oder Katzen züchten, sondern Menschen» Von der Zucht zur Züchtung

Voraussetzung einer solchen Politik war die Ankurbelung der Menschenproduktion im Deutschen Reich, aus dem schließlich jene Horden von Herrenmenschen in die eroberten Gebiete quellen sollten, die die geraubte Erde zu bebauen und dauerhaft zu besiedeln hatten. Die Produktion der Herrenmenschen war in der NS-Ideologie eine Frage des Blutes und der Rasse. So sei es notwendig,

> «daß das deutsche Volk rassisch zur Besinnung gelangt und sich außer der Zucht von Hunden, Pferden und Katzen auch des *eigenen* Blutes erbarmt» (732).

Falls der einzelne Mensch die Stimme des Blutes nicht mehr aus sich selbst heraus deutlich sprechen hörte, so sollte der «völkische Staat» nachhelfen.

> «Der völkischen Weltanschauung muß es im völkischen Staat endlich gelingen, jenes edle Zeitalter herbeizuführen, in dem die

Menschen ihre Sorge nicht mehr in der Höherzüchtung von Hunden, Pferden und Katzen erblicken, sondern im Emporheben der Menschen selbst, ein Zeitalter, in dem der eine erkennend schweigend verzichtet, der andere freudig opfert und gibt» (449).

Menschenproduktion sollte im faschistischen Staat oberstes Gebot sein. Freilich durfte diese Vermehrung nicht wildwüchsig, etwa nach dem Motto «Jeder-mit-jedem-Hauptsache-es-kommt-was-dabei-Raus» vor sich gehen, sondern Zuchtgebote mußten eingehalten werden: Erste Aufgabe des Staates sollte es sein, auf «die Erhaltung, Pflege und Entwicklung der besten rassischen Elemente» streng zu achten. Die Menschenproduktion des deutschen Volkes sollte unter einem Primat der Rassenpflege Kinder hervorbringen, die heldische Eigenschaften aufwiesen und die würdig waren, die «Weihe vor der Geschichte» zu empfangen. Der deutsche Mensch sollte reinrassig sein, denn die Natur

> «liebt die Bastarde nur wenig. Besonders die ersten Produkte solcher Kreuzungen etwa im dritten, vierten, fünften Glied, haben bitter zu leiden ... es fehlt ihnen in der mangelnden Blutseinheit auch die Einheit der Willens- und Entschlußkraft zum Leben überhaupt ... In zahllosen Fällen, in denen die Rasse standhält, bricht der Bastard zusammen. Darin ist die Korrektur der Natur zu sehen. Sie geht aber häufig noch weiter. Sie schränkt die Möglichkeit der Fortpflanzung ein. Dadurch verhindert sie die Fruchtbarkeit weitergehender Kreuzungen überhaupt und bringt sie so zum Aussterben.»

Was für die Hunde und die Katzen galt, das mußte auch für eine unter dem Primat der Rassenzüchtung durchgeführte Menschenproduktion gültig sein.

Das politische Instrumentarium, das in *‹Mein Kampf›* zur Durchsetzung dieser Menschenproduktion vorgesehen war, stellte durchaus kein bevölkerungspolitisches Novum dar. Vielmehr knüpfte es weitgehend an die traditionellen staatlichen und gesellschaftspolitischen Maßnahmen an, die in der Ehe die billigste Institution zur Zeugung und Aufzucht von Kindern ansahen. In *‹Mein Kampf›* hieß es:

> «Auch die Ehe kann nicht Selbstzweck sein, sondern muß dem einen größeren Ziel, der Vermehrung und Erhaltung der Art und Rasse dienen. Nur das ist ihr Sinn und ihre Aufgabe» (276).

Die «Vermehrung und Erhaltung der Art» gehörte allerdings spätestens seit der Herausbildung der absolutistischen Staaten mit ihrer merkantilistischen Lehre vom «Staatswohlstand» zum ökonomischen Profitkalkül der souveränen Monarchen, die in einer größeren Bevölkerungszahl auch großen Reichtum sahen und daher die Sexualität ihrer Untertanen durch Zwangsmaßnahmen auf die Ehe und die Fortpflanzung konzentrierten. An diese Tradition knüpfte die faschistische Bevölkerungspolitik wieder an, wobei die Rassenzüchtung die spezifisch nationalsozialistische Zugabe darstellte. Auch im «völkischen Staat» sollte jede Sexualität auf die Ehe konzentriert werden, damit ihre Ausnutzung unter dem Primat der Fortpflanzung sichergestellt werden konnte. Der konzipierte nationalsozialistische Staat brauchte zur Durchsetzung seiner innen- und außenpolitischen Ziele Menschen, Menschen und abermals Menschen. Da der Mensch sich über die Sexualität vermehren kann – dies jedoch nicht notwendig braucht –, mußte die Sexualität den nationalsozialistischen Zielen entsprechend gleichgeschaltet werden:

«Vermehrung der Art und Rasse» war oberstes Ziel. Der Ehe kam dabei grundlegende Bedeutung zu. Ihre Aufgabe war es, möglichst viel, möglichst reinrassigen und möglichst «gesunden» Nachwuchs zu produzieren. Der «völkische Staat» hatte diese Ziele mit allen Mitteln zu unterstützen:

> «Er hat die Rasse in den Mittelpunkt des allgemeinen Lebens zu setzen. Er hat für ihre Reinerhaltung zu sorgen. Er hat das Kind zum kostbarsten Gut eines Volkes zu erklären. Er muß dafür Sorge tragen, daß nur, wer gesund ist, Kinder zeugt» (446).

Nur in der Ehe waren die Ziele konsequent zu kontrollieren. Die Mittel, um diese Kontrolle durchzuführen, waren vielfältig: Einschränkung des Angebots von Verhütungsmitteln, Kampf gegen die Prostitution, Ausnutzung der Angst vor Geschlechtskrankheiten, terroristische Anwendung der §§ 218 und 175.

In *‹Mein Kampf›* stellte Hitler die in der Weimarer Republik herrschende Moral als verkommen und «verseucht» dar. Vor allem der «Paarungstrieb» hätte gelitten. Schuld an dieser «sittlichen und moralischen Verseuchung des Volkes» sei «die Halbheit und Schwäche in den wichtigsten Lebensfragen», welche bereits im Vorkriegsdeutschland eingerissen wären:

> «Diese Verjudung unseres Seelenlebens und die Mammonisierung unseres Paarungstriebes werden früher oder später unseren gesamten Nachwuchs verderben, denn an die Stelle kraftvoller Kinder eines natürlichen Gefühls werden nur mehr die Jammererscheinungen finanzieller Zweckmäßigkeit treten. Denn diese wird immer mehr die Grundlage und einzige Voraussetzung unserer Ehen. Die Liebe tobt sich woanders aus» (270).

In den Großstädten tobte sie – im Gegensatz zum Land, von wo die moralische Erneuerung des Reiches ausgehen sollte – nach Hitlers

Anschauung besonders exzessiv «woanders»; hier war die Fortpflanzungsmoral am wenigsten entwickelt, hatte eine Lustmoral die angeblich «natürlichen Voraussetzungen der Ehe» am weitesten in Frage gestellt und war die Syphilis am weitesten vorangeschritten. Die Schürung der Angst vor dieser «Lustseuche» nahm in *‹Mein Kampf›* einen breiten Raum ein. Dies geschah nicht ohne besondere Absicht: Den besten und sichersten Schutz vor Geschlechtskrankheiten stellt immer noch die strenge Monogamie dar. Wer sein Leben lang mit dem gleichen Partner verkehrt, braucht sich um Ansteckung keine Sorge zu machen. Erst die Promiskuität sorgt für die Verbreitung venerischer Krankheiten und mit der Furcht vor diesen Krankheiten, denen traditionell der Geruch von «Lotterleben», Sünde, Strafe Gottes usw. für erlebte Geschlechtslust außerhalb der Ordnung anhaftet, läßt sich Politik machen, den Zwang zur Monogamie steigern. Hitler machte davon ausgiebig Gebrauch und leitete in *‹Mein Kampf›* seine Ansichten zur Ehe mit einem Kapitel über Syphilis ein, die «besonders in den Großstädten» immer mehr grassiere und die Qualität des Nachwuchses unterminiere.

Es erübrigt sich fast festzustellen, daß der zukünftige Reichsführer die Maßnahmen der jetzigen «Volks- und Reichsleitung» im Kampf gegen die Syphilis als «vollkommene Kapitulation» bezeichnete und ankündigte, das Übel bei der Wurzel zu packen:

> «Die Ursache aber liegt in erster Linie in unserer Prostituierung der Liebe. Auch wenn ihr Ergebnis nicht diese fürchterliche Seuche wäre, wäre sie dennoch von tiefstem Schaden für das Volk, denn es genügen schon die moralischen Verheerungen, die diese Entartung mit sich bringt, um ein Volk langsam, aber sicher zugrunde zu richten» (270).

Unter «Prostituierung der Liebe» wurde in *‹Mein Kampf›* alles das verstanden, was sich außerhalb der Ehe abspielte und selbstverständlich auch das, was vor der Ehe zustande kam. «Syphilitische Seuche» und «Prostituierung der Liebe» verschmolzen zur «Sünde wider Blut und Rasse»:

> . . . die Tatsache, daß unsere großstädtische Bevölkerung immer mehr in ihrem Liebesleben prostituiert wird und gerade dadurch in immer weiteren Kreisen der syphilitischen Seuche anheimfällt, kann nicht einfach geleugnet werden, sondern sie ist da» (271).

Diese «Massenverseuchung» zeige sich an den Kindern, «diese sind das traurige Elendserzeugnis der unaufhaltsam fortschreitenden Verpestung unseres Sexuallebens, in den Krankheiten der Kinder offenbaren sich die Laster der Eltern» (271). Was für «Laster», welche «Krankheiten» hier gemeint waren, das blieb im dunkeln und Objekt von Ängsten, die sich auf dem Boden der sexuellen Unaufgeklärtheit des arischen Menschen entwickeln konnten. Es gelte, «die Aufmerksamkeit der gesamten Nation auf die entsetzliche Gefahr zu konzentrieren», die aus der «Verjudung unseres Seelenlebens» drohe, wobei sich Judentum, Dekadenz, Entartung, Sünde wider Blut und Rasse zu einem venerischen Brei vermengten, der dem zukünftigen Herrenvolk als Mahlzeit serviert wurde: So müsse man «unter Anwendung aller propagandistischen Hilfsmittel die Frage der Bekämpfung der Syphilis als die Aufgabe der Nation erscheinen lassen» und gleichzeitig einen «Kampf gegen die Prostitution» führen. Die Prostitution als «Schmach der Menschheit» könne allerdings nicht durch «moralische Vorlesungen, frommes Wollen usw.» beseitigt werden, sondern durch «die Schaffung der Möglichkeit einer der menschlichen Natur entsprechenden frühzeitigen Heirat vor allem des Mannes, denn die Frau ist ja ohnehin nur der passive Teil» (275). Folgerichtig wendete sich Hitler in seinem Kampf zur Stärkung der Monogamie in der Ehe auch gegen die im Volk verbreitete Meinung, wonach der Mann sich vor der Ehe «die Hörner bereits abgestoßen haben muß». Im faschistischen Drang zur Ehe mußte dies «Abstoßen» die Syphilis begünstigen und sich zersetzend auf den Nachwuchs auswirken. Daher sollte auch das voreheliche Sexualleben des Mannes (ein traditionelles patriarchalisches Privileg) den Notwendigkeiten der Bevölkerungsproduktion untergeordnet werden, denn das nach dem sexuellen Lustprinzip ausgestoßene Sperma galt als Verlust von Zeugungsmasse:

> «Wenn man bedenkt, daß außerdem noch eine große Einschränkung der Zeugung an sich erfolgt, so daß der Natur jede Auslese unterbunden wird . . . so bleibt wirklich nur die Frage, warum eine solche Institution [das ‹Hörner-Abstoßen› vor der Ehe; Anm. d. Verf.] überhaupt noch besteht und welchen Zweck sie haben soll. Ist es dann nicht genau dasselbe wie die Prostitution an sich?» (275).

Unter dem Gesichtspunkt der konsequenten Ausbeutung der Sexualität für eine Bevölkerungsproduktion war der Vergleich mit der Prostitution durchaus folgerichtig: Da sich eine «anständige» Frau aus Gründen ihres «unbescholtenen» Rufes zum vorehelichen Beischlaf nicht hingeben konnte, blieb dem Mann (dem durch die traditionellen sozialen Erziehungsmuster die Rolle des sexuell Aktiven andressiert wurde) nur der Gang in den Puff oder der Versuch, ein sonst «unbescholtenes» Mädchen zu verführen. Die Verführte unterlag jedoch der gesellschaftlichen Stigmatisierung und geriet in den Verdacht, ein «leichtes Mädchen», eine Nutte, zu sein. Voreheliche Sexualität und Prostitution wurden auf diese Weise auswechselbare Begriffe und der Kampf gegen die «Entartungserscheinung» Prostitution wurde mit dem Kampf gegen Syphilis begründet. Was unter dem Strich dabei herauskam, war die ausschließliche Hinlenkung jeglicher Sexualität auf die Ehe unter einem Primat der Fortpflanzung rassereiner Arier.

Um diesen Kampf freilich erfolgreich führen zu können, bedurfte es «einschneidender Maßnahmen in sozialer Hinsicht» (276), d. h. nicht nur eine «Lösung der Wohnungsfrage», sondern auch eine «Änderung der Gehaltseinteilung» sollte als Anreiz zur frühen Heirat vorgenommen werden:

> «Es kann also an eine wirkliche Bekämpfung der Prostitution nur herangetreten werden, wenn durch eine grundlegende Änderung der sozialen Verhältnisse eine frühere Verheiratung, als sie jetzt im allgemeinen stattfinden kann, ermöglicht wird. Das ist die allererste Voraussetzung zu einer Lösung dieser Frage» (276).

Flankierende Maßnahmen hatten in der «Jugenderziehung» stattzufinden, um durch «Erziehung und Ausbildung eine ganze Reihe von Schäden auszumerzen», die sich allesamt durch eine zu frühe Erregung des «Fortpflanzungstriebes» ergeben haben sollten. Schuld daran sei u. a. die «einseitige Ausbildung des ‹Geistes›» – eine «Judenkrankheit» – sowie Vernachlässigung des Körpers: «Die übermäßige Betonung des rein geistigen Unterrichts und die Vernachlässigung der körperlichen Ausbildung fördern aber auch in viel zu früher Jugend die Entstehung sexueller Vorstellungen» (277). Als Gegenmittel wurde «eiserne Abhärtung» der Jungen durch Sport und Turnen propagiert, was auch dazu führe, «daß die Erwartungen des gesunden jungen Mannes von der Frau andere sein werden als die eines vorzeitig verdorbenen Schwächlings» (277). Schließlich habe neben der «Erziehung des Körpers» auch «der Kampf gegen die Vergiftung der Seele einzusetzen» (278). Dies war ein weites Feld: «Unser gesamtes öffentliches Leben gleicht heute einem Treibhaus sexueller Vorstellungen und Reize» und daher solle ein «Reinemachen unserer Kultur» stattfinden, das darauf abziele, jegliche öffentliche Äußerung von nichtarischer Sexualität zu liquidieren: «Theater, Kunst, Literatur, Kino, Presse, Plakat, Auslagen sind von den Erscheinungen einer verfaulenden Welt zu säubern und in den Dienst einer sittlichen Staats- und Kulturidee zu stellen.»

Der faschistische Staat beanspruchte eine totale Kontrolle über die Sexualität der zukünftigen Volksgenossen. Verweigerung der Fortpflanzung war eine Verletzung der «Pflicht zur Erhaltung der Rasse». Das Kind galt als das kostbarste Gut des völkischen Staates und stellte die wesentlichste Investition bei der rassischen Aufforstung des arischen Grundbestands dar:

> «Ein völkischer Staat wird damit in erster Linie die Ehe aus dem Niveau einer dauerhaften Rassenschande herauszuheben haben,

um ihr die Weihe jener Institution zu geben, die berufen ist, Ebenbilder des Herrn zu zeugen und nicht Mißgeburten zwischen Mensch und Affe» (444).

Um den nordischen Menschen, das Ebenbild des Herrn, massenhaft zu züchten, mußte neben der ausschließlichen Kinderproduktion in der *Ehe* auch dafür Sorge getragen werden, daß diese Produktion tatsächlich auch massenhaft anlief und wirklich nur «die rassisch wertvollsten Elemente» in den Produktionsprozeß einbezogen wurden. Letzterem stand die Tatsache entgegen, daß «in jeder Drogerie und sogar bei Straßenhändlern die Hilfsmittel zur Verhinderung von Geburten» (445), also Verhütungsmittel, vor allem Präservative, jedermann zur Verfügung standen, gleich ob «rassisch wertvoll» oder von «minderwertiger Qualität». Eine «Verhinderung der Geburten bei selbst gesündesten Eltern» konnte selbstverständlich nicht im Interesse der Rasseproduktion liegen, vielmehr mußten gerade sie verstärkt in die Kinderproduktion einbezogen werden, indem ihnen der Zugang zu Verhütungsmitteln erschwert wurde. Demgegenüber stand die «Verhinderung der Zeugungsfähigkeit bei Syphilitikern, Tuberkulösen, erblich Belasteten, Krüppeln und Kretins» (445). Kurz: Die «Sterilisation Unheilbarer».

«Die Forderung, daß defekten Menschen die Zeugung ebenso defekter Nachkommen unmöglich gemacht wird, ist eine Forderung klarer Vernunft und bedeutet in ihrer planmäßigen Durchführung die humanste Tat der Menschheit» (279).

Der zukünftige «völkische Staat», wie ihn Hitler in ‹*Mein Kampf*› in den Jahren 1925 und 1927 der Öffentlichkeit vorstellte, hatte dafür zu sorgen, daß «es als verwerflich gelten (muß), gesunde Kinder der Nation vorzuenthalten» und daß

«die Fruchtbarkeit des gesunden Weibes nicht beschränkt wird durch die finanzielle Luderwirtschaft eines Staatsregiments, das den Kindersegen zu einem Fluch für die Eltern gestaltet ... Der Staat muß dabei als Wahrer einer tausendjährigen Zukunft auftreten, der gegenüber der Wunsch und die Eigensucht des einzelnen als nichts erscheinen und sich zu beugen haben (444, 447).

Aufgabe der politischen Führung hatte es zu sein, «gerade den rassisch wertvollsten Kern des Volkes und gerade seine Fruchtbarkeit zu steigern ...» (448). Pflicht der Frauen mußte es sein, zu gebären, zu gebären und abermals zu gebären, «um endlich das gesamte Volkstum des Segens eines hochgezüchteten Rassengutes teilhaftig werden zu lassen» (448). Durch die Beibehaltung des traditionellen Abtreibungsverbots (§ 218) und seine terroristische Anwendung einerseits und die

Sterilisation «defekter Menschen» andererseits sowie die Einschränkung des Angebots an Verhütungsmitteln gerade für «die rassisch wertvollsten Bestände» wurde der Weg dazu freigemacht, «daß ein Staat die Besiedelung gewonnener Neuländer nicht dem Zufall überläßt, sondern besonderen Normen unterwirft» (448).

Die «besondere Norm» bei der Besiedelung von «Neuländern» sollte der arische Mensch nordischen Typs sein. Die Mittel zu seiner Produktion waren dem herkömmlichen, wenn auch speziell verschärften bevölkerungspolitischen Instrumentarium entnommen: Der Ehe und Familie als bester und billigster Institution zur Zeugung und zur Aufzucht von Kindern sollte konzentrierte Aufmerksamkeit zuteil werden, vor- und außereheliche Sexualität durch moralischen Druck, erzieherische Maßnahmen und die Schürung der Angst vor Geschlechtskrankheiten zu unterbinden versucht und jede Form von sexuell stimulierenden Darstellungen in der Öffentlichkeit sanktioniert werden. Wenn auch dieses bevölkerungspolitische Programm erst den realpolitischen Erfordernissen nach der Machtübernahme angepaßt werden mußte und diese Anpassung an die Praxis durchaus Akzentverschiebungen beinhalten konnte, so war in *‹Mein Kampf›* doch in aller wünschenswerten Deutlichkeit der Rahmen für eine Politik abgesteckt, die nach der faschistischen Machtergreifung in die Realität umgesetzt werden sollte. Während die NSDAP beim Erscheinen des ersten Bandes (1925) noch eine Splitterpartei war und über relativ geringen parlamentarischen Einfluß verfügte, so war im Jahre 1930 eine katastrophale Wende eingetreten: Im 5. Deutschen Reichstag (14. 9. 1930) war fast jeder fünfte Stuhl von einem Nazi besetzt. Der Faschismus hatte sich die parlamentarische Bühne erobert; wer hören wollte, was die NSDAP plante, dem konnte das «Erneuerungs»-Gebrüll der braunen Abgeordneten nicht verborgen bleiben. Im Jahre 1927 war auch der zweite Band von *‹Mein Kampf›* erschienen, in dem Adolf Hitler die Ideen des ersten Bandes vertiefte und ausweitete. Seine Anhänger im Reichstag sorgten dafür, daß diese Vorstellungen vom «völkischen Staat» auch unter das Volk gelangte. Wer lesen *wollte,* der konnte sich authentisch informieren: *‹Mein Kampf›* war überall zu erhalten.

«Homosexuelle sind bevölkerungspolitische Blindgänger» Warum die Nationalsozialisten Homosexualität bekämpfen

Das bevölkerungs- und rassepolitische Programm des deutschen Faschismus war so eindeutig auf eine eheliche Fortpflanzungssexualität unter rassehygienischen Prämissen ausgerichtet und jeder Sperma-Ausstoß so eindeutig auf die politischen Machtinteressen des zukünftigen «völkischen» Staates orientiert, daß eine besondere Erwähnung der Homosexualität schlichtweg überflüssig war. Da Homosexualität, ähnlich wie die Prostitution eine reine Lustsexualität war und zur Vermehrung des Volksbestandes nichts beitrug, konnte sie kommentarlos durch die Maschen des rassenpolitischen Fortpflanzungsnetzes fallen und wortlos übergangen werden.

Politisch denkende Homosexuellen-Organisationen, die gegen den § 175 kämpften und vor den Wahlen zum 4. Deutschen Reichstag die Parteien um Auskunft über ihre Stellung zum § 175 befragten, erhielten denn auch von der NSDAP noch rechtzeitig vor der Stimmabgabe am 14. Mai 1928 eine Antwort, die an Deutlichkeit nichts zu wünschen übrig ließ:

> «Suprema les salus populi!
> Gemeinnutz vor Eigennutz!
> Nicht nötig ist es, daß Du und ich leben, aber nötig ist es, daß das deutsche Volk lebt. Und leben kann es nur, wenn es kämpfen will, denn leben heißt kämpfen. Und kämpfen kann es nur, wenn es sich mannbar hält. Mannbar ist es aber nur, wenn es Zucht übt, vor allem in der Liebe. Unzüchtig ist: Freie Liebe und zügellos. Darum lehnen wir sie ab, wie wir alles ablehnen, was zum Schaden des Volkes ist.
>
> Wer gar an Mann-männliche oder Weib-weibliche Liebe denkt, ist unser Feind. Alles, was unser Volk entmannt, zum Spielball seiner Feinde macht, lehnen wir ab, denn wir wissen, daß Leben Kampf ist und Wahnsinn zu denken, die Menschen lägen sich einst brüderlich in den Armen. Die Naturgeschichte lehrt uns anderes. Der Stärkere hat Recht. Und der Stärkere wird immer sich gegen den Schwächeren durchsetzen. Heute sind wir die Schwächeren. Sehen wir zu, daß wir wieder die Stärkeren werden! Das können wir nur, wenn wir Zucht üben. Wir verwerfen darum jede Unzucht, vor allem die Mann-männliche Liebe, weil sie uns der letzten Möglichkeit raubt, jemals unser Volk von den Sklavenketten zu befreien, unter denen es jetzt frohnt» (zit. nach Klare, 1935, S. 149).

Diese Stellungnahme der NSDAP brachte hauptsächlich die allgemein herrschen Vorurteile gegen Homosexualität im Rahmen einer eher generell vorhandenen Sexualfeindschaft zum Ausdruck und erreichte keineswegs die bevölkerungspolitische Klarheit, wie sie in *‹Mein Kampf›* dargestellt worden war: Indem Homosexualität als «Eigennutz«, also als eine egoistische Form der Sexualität begriffen wurde, die dem «Gemeinnutz» entgegenstand, wurde sie als Schwächung der Kampfkraft des deutschen Volkes angesehen, als Hindernis beim Abschütteln der «Sklavenketten». Krieg und homosexuelle Liebe schlossen sich hiernach aus.

Viel bezeichnender für das Sexualitätsverständnis der Verfasser erscheint uns die Passage über sexuelle Zucht und Unzucht des Volkes: «Mannbar ist es nur, wenn es Zucht übt, vor allem (!) in der Liebe. Unzüchtig ist: Freie Liebe und zügellos.» Sexuelle «Zucht» und «Unzucht» bzw. «Freie Liebe» bildeten hiernach ein Gegensatzpaar, in dem sich Forpflanzungs- und Lustsexualität gegenübertraten. Im strafrechtlichen Sinne wurden unter Unzucht alle Handlungen verstanden, die das Scham- und Sittlichkeitsgefühl in geschlechtlicher Beziehung verletzen und einer «wollüstigen» Absicht entspringen. Und dieser Tatbestand der «Wollüstigkeit» traf bei weitem nicht nur auf die Homosexualität zu, sondern auf alle sexuellen Handlungen, die außerhalb der Ehe stattfanden, in diesem Sinne also einer ungebundenen, freien Sexualität entsprachen. Darunter fiel nicht nur der Ehebruch, der in aller Regel auf reine Lustbefriedigung und nicht auf Zeugung abzielte, sondern auch der Bordell-Besuch des Mannes und die «Hingabe» eines «unbescholtenen» Mädchens, das nach dem Bürgerlichen Gesetzbuch vom Mann immerhin ein «Kranzgeld» fordern konnte, wenn die Verlobung platzte und sie «ihrem Verlobten die Beiwohnung gestattet» (§ 1300 BGB) hatte. Die Homosexualität nahm in dieser «unzüchtigen» Skala lediglich die extremste Position ein, weil schließlich in einem homosexuellen Verkehr die Zeugung von den biologischen Voraussetzungen her unmöglich war und ihr daher jeder «natürliche» Zweck abgesprochen wurde. Die Zwecklosigkeit der Homosexualität im generativen Verhalten des Volkes bestimmte ihre Verfolgung.

Die erste Stellungnahme der NSDAP zur Homosexualität spiegelte das Denken in Kategorien von Stärke und Schwäche wider: Stark konnte nur werden, wer auf «Unzucht» und damit auf Lust bzw. Genuß verzichtete und sich damit einer Zucht unterwarf, die offensichtlich als nicht teilbar gedacht werden konnte: Sie umfaßte alle Bereiche menschlicher Tüchtigkeit. Nachdem den nationalistischen Kräften des Deutschen Reiches in den Jahren 1914 bis 1918 der «Griff nach der Weltmacht» (Fritz Fischer) nicht gelungen war, hatten sie nun – nachdem sie «schwach» geworden waren – wieder klein anfangen müssen, um das «Recht des Stärkeren» zukünftig wieder zur Geltung zu bringen. Bei der hierzu notwendigen Anstrengung aller körperlichen und geistigen Kräfte konnte man sich die Sexualität nicht als Ausnahme vorstellen. Zucht war unteilbar: «Wir verwerfen daher *jede* Unzucht ...» Daß sich traditionelles Unzuchtsverständnis und nationalsozialistische Bewegung in der praktischen Wirklichkeit nicht ausschließen mußte, dafür waren der offen homosexuell auftretende Ernst Röhm und seine Clique durchaus ein anschauliches Beispiel: Schließlich stellte die von Röhm geführte SA eine tragende Säule der Bewegung dar, die skrupellos und mit aller Macht daran arbeitete, «daß wir wieder die Stärkeren werden». Wenn seine Form der Sexualität, also die erwähnte «mann-männliche Liebe», dennoch als Schwächung des Kampfes dargestellt wurde, als etwas, «was unser Volk entmannt, zum Spielball seiner Feinde macht», dann lag darin ein offener Widerspruch. Objektiv stärkte die weitgehend von Röhm aufgebaute SA-Truppe die NSDAP und damit den kommenden Faschismus und entsprach damit exakt den Forderungen, die in der NSDAP-Antwort auf die Frage jener Homosexuellen-Organisation enthalten war. Mochte Röhms Abweichung von der in der NSDAP herrschenden speziellen «Diktatur der Normalität» im Jahre 1928 auch noch nicht jedem NSDAP-Parteigenossen bekannt gewesen sein, zumal Röhm schon seit einiger Zeit im Ausland tätig war, so löste sich dieser Widerspruch zwischen seiner unbestreitbaren «Aufbauleistung» für die kommende Barbarisierung des Reiches und seiner als volksschwächend dargestellten Sexualität in dem Dogma auf, das die herrschende Sexualmoral bestimmte und das Interesse von Staat und Kirche an der Kriminalisierung der Homosexualität durch den § 175 begründete: Im Primat der Arterhaltung.

Wenn es in der NSDAP-Antwort auf die Frage der Homosexuellengruppe hieß: «Suprema lex salus populi! Gemeinnutz geht vor Eigennutz!» oder mit anderen Worten ausgedrückt «Deutschland muß leben, auch wenn wir sterben müssen» (vgl. die Inschrift auf dem NS-Kriegerdenkmal, das heute noch in der Nähe des Hamburger Dammtor-Bahnhofs steht), dann wurde in diesen Phrasen deutlich, wo die Prioritäten lagen: Die Menschenproduktion als «suprema lex» rangierte weit über dem Recht auf individuelle Entfaltung der persönlichen Sexualbedürfnisse. Eine Privatsphäre für Homosexuelle gab es nicht. Schon der Verdacht der Homosexualität mußte die staatliche Verfolgungsmaschinerie in Bewegung setzen.

Eine weitere Äußerung aus NSDAP-Kreisen zur Homosexualität stammt aus dem Jahre 1930. Sie war im *Völkischen Beobachter* (2. 8. 1930), dem parteioffiziellen Organ des deutschen Faschismus, als Reaktion auf die Ergebnisse der Verhandlungen im Strafrechtsausschuß des Deutschen Reichstages vom Oktober 1929 entstanden. Diese Stellungnahme schäumte über vor Verachtung und Haß und stellte eine unzweideutige Aussage zur Homosexualität dar, die sich in ihrer tödlichen Konsequenz wesentlich von jenem Statement aus dem Jahre 1928 abhob. Ihr Verfasser, so vermutet Kurt Hiller, war Alfred Rosenberg (1893–1946). Rosenberg gehörte zu den ersten und persönlich ergebensten Anhängern Hitlers und hatte 1923 die Chefredaktion des *Völkischen Beobachters* übernommen. Obwohl sein weitverbreitetes Buch *‹Der Mythos des zwanzigsten Jahrhunderts›* nicht als offizielles Parteibekenntnis galt, gehörte Rosenberg doch zum Kreis der führenden Theoretiker des Nationalsozialismus und seiner Rassenlehre. Eine Aussage im *Völkischen Beobachter* hatte, etwa im Vergleich zur Stellungnahme aus dem Jahre 1928, eine wesentlich höhere Verbreitung in der Öffentlichkeit. Während die ältere Antwort allenfalls eine Verbreitung in der Homosexuellen-Presse fand, war der *Völkische Beobachter* wesentlich publikumswirksamer: Er war das propagandistische Sprachrohr der NSDAP schlechthin, und eben deswegen war die Chefredaktion einem verläßlichen Parteimitglied übertragen worden. Was im *Völkischen Beobachter* zu lesen war, stellte NS-Ideologie in Reinkultur dar, war Programm. Und dieses Programm sah die Vernichtung der Homosexuellen in einer solchen Deutlichkeit vor, daß selbst die Todesart bereits bekanntgegeben wurde: Tod durch Strang. Auch wenn die Weimarer Parteien den § 175 tatsächlich reformiert hätten – immerhin war ihnen bis 1933 noch eine Frist von vier Jahren gegeben –, dann wäre allerdings die Reform vom «völkischen Staat» nicht respektiert, sondern rückgängig gemacht worden. Die Entkriminalisierung der einvernehmlichen Homosexualität war mit dem rassepolitischen Züchtungsprogramm der NSDAP unvereinbar. Mit unverhohlener Abneigung und tiefverwurzeltem Haß schrieb der *Völkische Beobachter* zur geplanten Reform des § 175:

> «Wir gratulieren zu diesem Erfolg, Herr Kahl und Herr Hirschfeld! Aber glauben Sie ja nicht, daß wir Deutschen solche Gesetze auch nur einen Tag gelten lassen, wenn wir zur Macht gelangt sein werden . . . Alle boshaften Triebe der Judenseele, den göttlichen Schöpfungsgedanken durch körperliche Beziehungen zu Tieren, Geschwistern und Gleichgeschlechtlichen zu durchkreuzen, werden wir in Kürze als das gesetzlich kennzeichnen, was sie sind, als ganz gemeine Abirrungen von Syriern, als allerschwerste, mit Strang oder Ausweisung zu ahndende Verbrechen» (*Völkischer Beobachter*, 2. 8. 1930).

Man wird nicht umhinkommen, diesen explosiven Ausstoß von Pathologie mehrere Male zu lesen, um überhaupt zu verstehen, daß hier von männlicher Homosexualität die Rede ist, also von der Liebe zwischen Männern. Für den *Völkischen Beobachter* stellte sich diese klarumrissene Form der Sexualität als Inbegriff «aller boshaften Triebe» dar – eine in der Tat fabelhafte Wortkreation, die jeden Anspruch auf Rationalität aufgab. Die Duldung der Homosexualität wurde mit dem Zusammenbruch der herrschenden sexuellen Zwangsmoral schlechthin gleichgesetzt; sie umfaßte in der Darstellung des *Völkischen Beobachters* alles das, wozu der «Untermensch», die Inkarnation des Bösen und des Teufels, des Anti-Begriffs des «Deutschen», überhaupt fähig sein konnte; umfaßte das sexuelle Chaos als Vorstellung einer sexuellen Anarchie, die alle für heilig gehaltenen «deutschen» Werte zersetzte. Entsprungen sollte die «Boshaftigkeit» der «Judenseele» sein, also des Anti-Menschen der nationalsozialistischen Propaganda. War das «Deutsche» gut, so stellte das «Jüdische» das Gegenteil davon dar; war «das Deutsche» blauäugig, blond, hell, lichtdurchflutet und strahlend, hehr und klar, so stellte «das Jüdische» die Finsternis dar, jene Dunkelheit, aus der in nächtlicher Alptraumhaftigkeit alles das herausquellen sollte, was die arische Seele ängstigte. Die nationalsozialistische Propaganda brauchte, um auf massenpsychologischer Ebene erfolgreich sein zu können, die polarisierende Verkleisterung der Wirklichkeit, brauchte die grelle Unterscheidung in gut und böse, schwarz und weiß, in deutsch und undeutsch als territorialem Ausdruck der Begrenzung des Bösen. War der Jude vernichtet und endgültig vom deutschen Boden vertrieben, liquidiert und «ausgemerzt», dann sollte das Gute sich zu tausendjährigem Glanz entfalten können. Aus dem faltigen Rock des Erzfeindes der «deutschen Herrenrasse» sollte in der NS-Propaganda alles das hervorquellen, was der traditionellen Ordnung zuwiderlief und nun in einem gigantischen Kampf zwischen hell und dunkel endgültig und für immer zerschlagen werden sollte. Dem Juden als Hauptfeind des «Herrenmenschen» wurde auch die Entstehung der Homosexualität untergeschoben. Auch die «Abirrungen von Syriern» waren seiner «boshaften Seele» entsprungen. Mit ihrer «Ausmerzung» sollte auch der «deutschen Moral» zum Endsieg verholfen werden.

Es darf jedoch nicht unerwähnt bleiben, daß die NS-Ideologie sich in Sachen Homosexualität auch aus der christlichen Gedankenwelt speiste und damit ein Moment der Tradition verkörperte. Hatten beide christlichen Kirchen die Homosexualität als Sünde gegen das «göttliche Schöpfungsgebot» verfolgt oder «abgekanzelt», so berief sich auch der *Völkische Beobachter* auf Gott bzw. seinen «göttlichen Schöpfungsgedanken». War es bei den Christen der Teufel, der die Sünde hervorbrachte, so entstand sie in der Rassenideologie des Faschismus aus den «boshaften Trieben der Judenseele», jenes irdischen Teufels, der in der NS-Propaganda die Gedanken des Schöpfers durchkreuzte. Erst der «völkische Staat» sollte den «göttlichen

Schöpfungsgedanken» wieder in solcher Reinheit sichtbar erscheinen lassen, daß die göttliche Idee zur irdischen Wirklichkeit werden konnte.

Der offene Widerspruch: Homosexuelle Nationalsozialisten

«. . . sind wir noch lange keine Verdränger!»

Nationalsozialistische Rassenlehre als faschistische Form der Bevölkerungspolitik und Homosexualität schlossen sich aus. Ohne die Gruppe der Homosexuellen oder die Homosexualität als häufigste Form der Abweichung von der herrschenden Sexualmoral zu erwähnen, hatte Adolf Hitler in *‹Mein Kampf›* den Rahmen abgesteckt, in welchem sich das deutsche Volk zu vermehren hatte. Daß «Sittlichkeitsverbrecher» in jenem Rahmen ein warmes Plätzchen reserviert bekommen sollten, damit hätten selbst naivste Gemüter nicht rechnen dürfen.

In einer der letzten *Mitteilungen des Wissenschaftlich-Humanitären Komitees* (WHK), der Nr. 32 (Januar/März 1932), meldete sich ein homosexueller Faschist zu Wort, der nach eigenen Angaben «seit Jahren von der Pike auf in der SA gearbeitet hat». Richard Linsert, der als Schriftleiter der *Mitteilungen* für das Vorwort verantwortlich war, bemerkte hierin, daß «es sich seit Erscheinen dieser *Mitteilungen* zum erstenmal ereignet, daß ein Nationalsozialist in ihnen das Wort erhält». Unseres Wissens ist dieser Artikel auch die bisher einzige bekannt gewordene Quelle, in der sich ein homosexueller Nazi im politischen Kontext zum Thema Homosexualität äußert. Die Beziehungen zwischen der Homosexuellen-Bewegung und dem Nationalsozialismus in Weimar waren nicht nur als gespannt, sondern sogar als feindlich zu bezeichnen, wenn Linsert unzweideutig betonte, daß für das WHK eine «solche Diskussion keine Änderung der Gesinnung bedeuten kann». Diese Feststellung wog um so schwerer, als Linsert in anderen Stellen des Vorworts unmißverständlich auf den Ausnahmefall jenes Nazi-Beitrags hinwies und feststellte:

> «Das Wissenschaftlich-Humanitäre Komitee repräsentiert zusammen mit den ihm befreundeten Organisationen seit über einem Menschenalter die führende Organisation und Zentral-

stelle im Kampf gegen die gesellschaftliche Verfemung und gesetzliche Verfolgung der gleichgeschlechtlich empfindenden Menschen. Das Komitee und seine Freunde *allein* sind berechtigt, namens der homosexuellen Minderheit in Deutschland zu sprechen.»

Zu diesen Freunden des Komitees gehörten die Nationalsozialisten nicht, und wenn die Spalten der *Mitteilungen* sich ausnahmsweise für einen SA-Mann geöffnet hatten, so lag der Grund darin, daß die NSDAP besonders in den letzten beiden Jahren wesentlich an Stärke zugenommen hatte. Am 15. 9. 1931 war in Braunschweig eine erste Länderregierung unter Beteiligung der Nazis gebildet worden und bis Ende Juni 1932 gelang der Partei in Oldenburg, Mecklenburg, Anhalt und Thüringen sogar, die Landesregierung selbst zu stellen. Die Reichstagswahlen vom 31. 7. 1932 bestätigten diese katastrophale Rechtsentwicklung, so daß die NSDAP nun 230 (37,8 %) der insgesamt 608 Sitze im Reichstag stellte und damit zu einem wesentlichen Machtfaktor in der politischen Landschaft der untergehenden ersten deutschen Republik geworden war. Diese Entwicklung reflektierte auch Linsert, um den Lesern der *Mitteilungen* zu erläutern, weshalb der SA-Vertreter das Wort erhielt:

> «Ihm ist es gewährt worden, weil sowohl die demokratische Verfassung unseres Vereinslebens, wie auch die Tatsache das fordert, daß die Nationalsozialisten auf Grund ihrer numerischen Stärke in den gesetzgebenden Körperschaften (!) auf die Verwirklichung unserer Forderungen maßgebenden Einfluß erhalten können. Eine sachliche Erörterung des beidseitigen Standpunktes schien daher unerläßlich.»

In der Tat zeigte sich in den Ausführungen des SA-Mannes recht deutlich, wie in diesen Kreisen über die Verwirklichung der Forderungen des WHK gedacht wurde. Eine Reform oder gar eine Streichung des § 175 wurde hier nicht ins Auge gefaßt, vielmehr drückte sich in den Zeilen des Artikels das gesamte Sexualitätsverständnis eines subalternen homophilen SA-Schwulen aus, der zwischen seiner eigenen Sexualität und ihren politischen Implikationen einerseits und seinem Anspruch auf die Mitgliedschaft in der «nationalen Bewegung» andererseits hin und her gerissen wurde.

So grenzte sich der SA-Mensch zunächst von der «Weltanschauung» des WHK ab, die er als «Liberalismus und Marxismus» charakterisierte, was «unserer Stammesart nicht entspricht». Letzteren Satz hatte er gesperrt drucken lassen, offenbar deswegen, weil er durch die Betonung der unterschiedlichen politischen Weltanschauungen seine politische Identität als «Deutscher» hervorkehren wollte, zu dessen

«Stammeseigenart» die Weltanschauungen des Liberalismus und Marxismus angeblich im Widerspruch stehen sollten. Der deutschen «Stammeseigenart», so wie sie sich in der Bewegung der Nationalsozialisten ausdrückte, schien offensichtlich viel eher das eigenartig gespaltene Verhältnis zur Sexualität zu entsprechen, das sich bereits in der Erklärung der NSDAP auf die Anfrage einer Homosexuellen-Vereinigung vom Jahre 1928 artikuliert hatte. Auch hier wurde Sexualität als etwas Bedrohliches empfunden, als etwas, was es zu zähmen galt. Der «Geschlechtstrieb», der immerhin als «elementar» festgestellt wurde, sollte – teilweise zumindest – in Leistung «sublimiert» werden, wenn auch nicht ganz. Im einzelnen stellte sich dieser Sachverhalt folgendermaßen dar:

> «Wir lieben den schaffenden Eros; für den koitierenden Eros führen wir keinen Kampf, ohne ihn deshalb etwa zu verachten. Weil wir den Geschlechtstrieb als elementar empfinden, glauben wir, daß ein Teil seiner Kraft getrost sublimiert werden kann. Darum sind wir noch lange keine Verdränger. Im Gegenteil.»

Wenn der Verfasser von «wir» sprach, dann meinte er die nationalsozialistische Bewegung, als deren Teil er sich verstand. Freilich hatte der SA-Mann gründlich mißverstanden, welche Konsequenzen eine auf rassistischer Grundlage basierende Bevölkerungspolitik für die Homosexuellen hatte. Tatsächlich führte gerade die NS-Bewegung den Kampf für den «koitierenden Eros», denn die im Mittelpunkt des Nationalsozialismus stehende Rassenlehre forderte immer wieder, daß sich die rassisch «wertvollsten Bestandteile» des Volkes so natürlich wie die Kaninchen vermehren sollten, und dies war ohne Koitus wohl kaum möglich, es sei denn, der Führer hätte die unbefleckte Empfängnis an den «wertvollsten Bestandteilen» selbst vorgenommen. Aus den Worten des SA-Mannes ließ sich auch das traditionelle Sexualitätsverständnis vernehmen, wonach ein positives Verhältnis zur Sexualität außerhalb der Vorstellungsmöglichkeiten lag. Das Sexualtabu der «christlich-abendländischen» Gesellschaften beruhte ganz wesentlich auf der Tabuisierung der sexuellen Lust, die als «Wollust» stigmatisiert wurde und nicht nur wesentliche Ursache für die bestehende Doppelmoral war, sondern auch im wissenschaftlichen Gewand allerlei «Sublimierungstheorien» anbot, um dem Verdrängen einen Sinn zu geben. So war auch die These vom «schaffenden Eros», die jener homophile SA-Mann von sich gab, Teil eines solchen Theoriengebäudes. Der «schaffende Eros» stand als Synonym für Verdrängung, während der «koitierende Eros» als fleischgewordener Trieb nichts war, wofür es sich zu kämpfen lohnte. Die vergeistigte Sexualität, die Zügelung der Triebe, sollte den Menschen vom Tier unterscheiden, wobei vergessen wurde, daß der Mensch als Gattung eine eigene, spezifische Ausformung der Sexualität hatte und eben deswegen nicht mit den Affen oder Meerschweinchen zu vergleichen war. Auch einen wissenschaftlichen Kronzeugen für die Notwendigkeit zur Verdrängung der Lust führte der Verfasser an:

> «Nach der Definition des verstorbenen Leipziger Philosophen Wundt sind die Triebe die Grundphänomene, von denen alles geistige Geschehen ausgeht; sie sind die Triebfedern, die das ganze menschliche Handeln beeinflussen. Was den Menschen aber hierbei von dem Tiere unterscheidet, ist die Fähigkeit, die Triebe mit Hilfe höherer geistiger Funktionen umzuleiten, zu sublimieren, sie aus der ursprünglich rein körperlichen Betätigung in vergeistigte Rahmen zu lenken.»

Quintessenz derartiger Ideologien war die subjektive Überzeugung ihrer geistigen Urheber, daß sämtliche Kultur und sämtliche Errungenschaften der Zivilisation in sich zusammenbrechen könnten, wenn sich die Sexual-«Triebe» eines Tages nicht mehr «vergeistigen» ließen und angeblich in animalischer Zerstörungswut über alles menschlich Erschaffene herfielen: In einer entsublimierten Sexualität des Menschen sollte sich nach dieser Vorstellung das Tier wieder melden, das wie ein King-Kong-Ungeheuer nur noch seinen Trieben fröhnte.

Entspringen konnten derartige Theorien nur dem Boden einer gigantischen Sexophobie. Je mehr vergeistigt wurde, desto furchtbarer drohte das King-Kong-Wesen. Dieser Spirale sexueller Verklemmung, nämlich «die Triebe mit Hilfe höherer geistiger Funktionen umzuleiten», waren Homosexuelle in einem besonderen Maße ausgesetzt, galt ihre Form der Sexualität doch als besonders «abartig» und «widernatürlich», wobei die Homosexuellen selbst als «haltlos» und «triebhaft» klassifiziert wurden. In der antihomosexuellen Propaganda wurde der «Schwule» demnach auch als ein Wesen dargestellt, das seinen Trieben vollkommen ausgeliefert und nur auf der Jagd nach reinem Sexualgenuß war. Bei dieser Stigmatisierung spielten Projektionen der «Normalen» eine Rolle, deren Lustaspekte in der Sexualität ständig zugunsten der staatlich und gesellschaftlich erzwungenen Fortpflanzungssexualität verdrängt wurden. Auf den Homosexuellen, der schließlich eine reine Lust-, d. h. eine «zwecklose» Sexualität praktizierte, forderte man daher auch einen Verzicht auf seine Sexualität, um den Primat der Fortpflanzung ungebrochen aufrechterhalten zu können. Auch die These vom «kranken» Homosexuellen stützte diese Herrschaftsideologien ab. Wurde ein Homosexueller als solcher einmal in der Öffentlichkeit «überführt», dann traten bei der Beurteilung seiner Persönlichkeit alle seine sonstigen Eigenschaften in den Hintergrund und seine Form der Sexualität galt als Charakterisierung schlechthin. Homosexuelle galten daher auch als subversiv und kulturzersetzend. Nach Hitlers

Auffassung hatten Homosexuelle «das alte Griechenland zugrunde gerichtet» und nach ebenfalls verbreiteten Meinungen auch den Untergang Roms verschuldet. Homosexualität wurde als Triebhaftigkeit an sich angesehen, und was lag vor diesem Hintergrund für die Betroffenen selbst näher, als sich angesichts dieses gewaltigen gesellschaftlichen Drucks in eine Welt der vergeistigten Träumereien und eines spezifischen, unkörperlichen «homophilen Eros» zu flüchten, um jenes Image, zumindest vor sich selbst, zu unterlaufen? In einer Bewegung wie der nationalsozialistischen mußte sich dieser Druck besonders bemerkbar machen und so durfte es nicht wundern, daß jenem SA-Menschen die gesamte politische Richtung des WHK nicht paßte, das mit seinem Kampf gegen den § 175 die Entkriminalisierung der konkreten, körperlichen Form der Sexualität unter Männern forderte und seine Aufgabe selbstverständlich nicht darin sehen konnte, «die Triebe mit Hilfe höherer, geistiger Funktionen umzuleiten» oder in «vergeistigte Bahnen» zu lenken. Dafür sorgten Staat, Kirche und Gesellschaft bereits genug. Weil das WHK dies nicht tat, griff jenes homophile SA-Mitglied diese Organisation an:

> «Wo aber ist vom WHK oder irgendeiner anderen Instanz der von ihm geführten Bewegung je der Versuch gemacht worden, in dieser Richtung zu wirken? Liegt etwa ein normales Liebespaar den lieben langen Tag dem Zeugungsgeschäfte ob? Nein! Überlegt vielleicht der Invertierte [dies war ein zeitgenössischer Ausdruck für Homosexuelle; Anm. d. Verf.] den lieben langen Tag, was ihm der Katalog der Reichsgerichtsentscheidungen an Pikanterien zu bieten vermag? Nein! Und doch läßt die Riesenarbeit des Komitees keine andere Auffassung zu, als anzunehmen, es gehe einzig und allein um das Leben im Bett.»

Worum es dem WHK ging, machte Kurt Hiller in seiner Antwort an die Nationalsozialisten unmißverständlich klar, als er – wenn auch nicht ohne (zeitgenössische) Verbeugung vor dem «schaffenden Eros» der Sublimation – entgegnete:

> «Gleichwohl hat die Bewegung [der Homosexuellen; Anm. d. Verf.] recht, in der strafrechtspolitischen Agitation das Grobe, das Geschlechtliche zu isolieren und zu akzentuieren. Denn nur das Grobe, das Geschlechtliche wird vom Strafgesetz getroffen. Die Sublimationen sind straffrei und waren es immer. In den Sexus selber, nur in ihn schlägt die Pranke des Paragraphen. Ein Kampf bloß gegen die ‹Verfemung›, der absähe vom Paragraphen, wäre vag, weichlich und wirkungslos. Man muß die Opfer zeigen, die schuldlos fallen; sie fallen um grober, einfacher, unschädigender Geschlechtlichkeiten willen. Gewiß, der ‹schaffende

Eros› ist das Hohe, nicht der ‹koitierende Eros›; dennoch müssen wir um den *koitierenden* Eros den Kampf führen, weil die verfluchte mosaisch-paulinische Anschauung ihn verteufelt, unser Strafrecht *ihn* bei entehrender Strafe verbietet.»

Diese klare Einschätzung der Problematik um den § 175 bildete die Grundlage für die Arbeit des WHK: Nicht die Homosexuellen waren Schuld an ihrem «koitierenden Image», sondern die «verfluchte mosaisch-paulinische Anschauung», die im § 175 ein staatliches Instrument zur Verfügung stehen hatte, um überall dort eingreifen zu können, wo die Sublimierung der Homosexualität nicht gelang, sondern sich in Körperlichkeit niederschlug. Diesen Kampf gegen die staatliche Repression lehnte jener SA-Mann ab, wobei er als Betroffener die innere Logik jenes vom WHK favorisierten Vorgehens entweder nicht erkannte oder nicht erkennen wollte. Letzteres mußte allerdings vermutet werden, wenn man die weiteren Ausführungen zum Thema «Nationalsozialismus und Inversion» liest, in denen scharf gegen diese Linie des WHK polemisiert wurde.

Die Konzentration auf den Kampf gegen den § 175 war es daher auch, die homosexuelle Nazis Abstand zu der größten Homosexuellen-Organisation der Weimarer-Republik nehmen ließ:

> «Was mich und meine Kameraden von der vom WHK geführten Bewegung in erster Linie getrennt hat, ist die Grundeinstellung zu dem Problem. Das Komitee sah nur den Paragraphen, nur die von ihm bedrohten Geschlechtshandlungen. Als ob der wesentlichste Inhalt einer gleichgeschlechtlichen Liebesbeziehung der coitus per anum, per os oder inter femora sei! [Diese Arten der Durchführung der Homosexualität waren es, die als beischlafähnliche Handlungen vom Gesetzgeber nach § 175 kriminalisiert wurden; Anm. d. Verf.]
> Man stelle sich ein normales Liebespaar vor. Müßte man sich nicht mit Recht über den wundern, der behaupten würde, daß die geschlechtliche Umarmung das wichtigste sei? Ist nicht an jeder erotischen Bindung das wertvollste die Gemeinsamkeit des Lebens, des Erlebens, des Schaffens? Es ist ein taktischer Kardinalfehler des WHK von Anbeginn gewesen, daß Grobsinnliche in den Vordergrund gestellt zu haben, während man an der schöpferischen Bedeutung des männlichen Eros vorbeisah. Dabei hat das Komitee in seinen Publikationen immer wieder darauf hingewiesen, daß diese Handlung in acht von hundert Fällen, jene in zwanzig von hundert Fällen vorkomme. Das Komitee mußte selbst die relative Bedeutungslosigkeit der Paragraphenmaxime zugeben, immer wieder darauf hinweisen, wie niedrig die Ziffer der Bestraften im Vergleich zu den «Strafwürdigen» sei. Seine

größte agitatorische Aktion, die Petition an den Deutschen Reichstag, hat nur diesen Inhalt: Mund, Schenkel und Popo des Invertierten zu befreien. Im Kampf um die erogenen Zonen wurden Hirn, Seele, der ganze menschliche Leib einfach vergessen. In der Öffentlichkeit entstand zwangsläufig der Eindruck, als gehe es nur um den Sexualakt. *Natürlich ist das falsch.* Aber durch die unglücklich angelegte Argumentation für das Nebensächliche wurde bei dem neutralen Beobachter unbewußt der Abwehrinstinkt gegen den von ihm als ekelhaft empfundenen Sexualakt wachgerufen. Kein Wunder, daß der Appell an die Vernunft in vielen Fällen einfach verpuffte. Es gibt nun einmal viele Menschen, die sich mehr vom Gefühl als vom Verstand leiten lassen. Die Folge davon ist, daß selbst im Falle einer Beseitigung des Paragraphen die ›Verfehmung‹ bleibt.»

Wie der homosexuelle Nazi weiter ausführte, sollte sich aus dem Kampf gegen die «Verfehmung» dann ergeben, daß «die Strafrechtsreform *nebenbei* erledigt worden wäre».

Diese Widersinnigkeit stellte nicht nur eine taktische Differenz dar, sondern eine grundsätzliche. Sie ergab sich aus der weltfremden Sexualideologie der homosexuellen Nationalsozialisten selbst, die bezüglich der gesellschaftlichen Situation ihrer von der herrschenden Normalität abweichenden Form der Sexualität völlig irrationale Vorstellungen besaßen. Sie vertraten die Auffassung, daß – analog dem heterosexuellen Verkehr – auch der homosexuelle reine Privatangelegenheit sei. Gegen diese Auffassung wäre selbstverständlich nichts einzuwenden, wenn es nicht erst darum gehen mußte, diese schöne Utopie in die politische Realität umzusetzen, die eben anders war: Homosexualität war ein kriminelles Delikt, eine Straftat, die verfolgt werden mußte, wenn eine Anzeige erfolgte. Die pragmatische Behauptung des Verfassers, «was zwei im Heim oder auf dem Heuboden machen, geht uns einen Dreck an», postulierte einen Zustand, der mit der Wirklichkeit keineswegs übereinstimmte, auch nicht bei den Nationalsozialisten, denn der SA-Mann sprach in diesem Beitrag von «wir», also von der NSDAP. Gerade seine Partei war diejenige, die nach dem «Strang» für Homosexuelle rief. Angesichts der Tatsache, daß das Heim oder der Heuboden in jenem Moment in das öffentliche Interesse rückten, wenn dort ein Akt nach § 175 stattfand, blieben auch solche Äußerungen, wie die folgende, rein moralische Appelle, wenn nicht sogar bewußte politische Demagogie: «Nur was im Biwak vor sich geht, interessiert uns nicht so, als daß wir es an die große Glocke hängen müßten.» Auch hier offenbarte sich in aller Deutlichkeit der grundsätzliche Widerspruch des SA-Mannes zum WHK, denn die Homosexuellen-Organisation tat genau dies: Sie hängte die Homosexualität an die «große Glocke», um nicht nur auf das Unrecht hinzuweisen, welches durch den § 175 hervorgerufen wurde, sondern gleichzeitig auf dem politischen Wege Abhilfe zu schaffen. Jener homosexuelle Nazi, der in den *Mitteilungen des WHK* einen Disput über die Emanzipation der Homosexuellen führte, lebte in einer verkehrten Welt, in der sich Ursache und Wirkung der herrschenden Homophobie spezifisch verdrehten. Nicht die antihomosexuellen gesellschaftlichen Kräfte und das bestehende staatliche Gesetz verursachten die Diskriminierung der Homosexuellen, sondern die Homosexuellen selbst trugen seiner Meinung nach die Hauptschuld an ihrer Stigmatisierung. Diese Sicht der Dinge ließ sich auf die prägnante Formel bringen: Homosexuelle versteckt euch, fallt nicht als solche auf, haltet eure Sexualität verborgen und achtet in der Öffentlichkeit peinlich darauf, daß man euch für Heterosexuelle hält, dann ist eure Befreiung vollendet! Selbstverständlich wurde auf diese Weise nur das zementiert, was bereits Wirklichkeit war, d. h. die weitestgehende Unterdrückung der Homosexualität, der Zwang zur Heimlichkeit, zum Doppelleben und zur Anpassung an jene vorgegebene Diktatur der Normalität, der die Homosexuellen ihr ganzes Unglück zu verdanken hatten. Wie der heterosexuelle Akt, so konnte zwar auch der homosexuelle im «Heim» oder auf dem «Heuboden» stattfinden und auf diese Weise privat bleiben, nicht jedoch die an die Sexualität gebundenen unterschiedlichen Lebensstile. Heterosexualität stellte sich öffentlich dar, wo ein Mann und eine Frau z. B. Hand in Hand durch die Stadt flanierten, zusammen eine Wohnung unterhielten oder gemeinsam am Betriebsausflug teilnahmen, um einige Beispiele zu nennen. Wollte ein Homosexueller mit seinem Freund die gleichen Rechte wahrnehmen, dann nur um den Preis, seine Sexualität öffentlich zu machen. Dies freilich mußte gründlich überlegt werden, denn die Konsequenzen konnten der Verlust der Arbeitsstelle oder der Wohnung sein, also eine Vernichtung der Existenzgrundlagen, wenn man von den psychischen Folgen eines derartigen öffentlichen Spießrutenlaufens einmal absehen wollte. Die Formel von der Privatheit des Heims oder des Heubodens betraf also nur den sexuellen Akt selbst und ließ die sozialen Probleme der Homosexuellen-Unterdrückung außer acht. Es versteht sich, daß eine solche Haltung, wie sie bei jenem SA-Menschen zum Vorschein kam, verbunden war mit einer strikten Ablehnung aller jener Homosexuellen, denen man ihr «Sosein» in der Öffentlichkeit unmittelbar ansah: Den effeminierten, «weibisch» wirkenden Homosexuellen. Für sie hatte der gewöhnliche, der angepaßte Homosexuelle ein ganzes Arsenal von abfälligen Worten parat, die seine Distanz zu dieser öffentlichen Homosexualität darstellte. Die «Tunten, Tanten, Trinen, Huschen, Puschen» usw. stellten die unterste Kaste innerhalb der homosexuellen Minderheit dar. Eine Minderheit in der Minderheit, die zweifellos dazu beitrug, das Image der Homosexuellen in der Öffentlichkeit zu bestimmen. Dies war jedoch nur so lange möglich, wie sich die Masse der «gewöhnlichen Homosexuellen» ängstlich verborgen hielten und immer wieder neue Ausreden erfand, um den organisierten Schritt in die Öffentlichkeit nicht zu vollziehen. Dieser antiemanzipativen Rechtfertigungsideologie war auch die Kritik jenes SA-Mannes an der Politik des WHK entsprungen, die sich seiner Meinung nach zu wenig vom «Transvestitismus und Feminismus» und «von den fleischgewordenen Karikaturen des ‹Homo sapiens›» distanzierte.

> «Hätte man der Öffentlichkeit gesagt, was der Invertierte geleistet hat und leisten kann und nicht immer wieder Hinz und Kunz mit der Nase darauf gestoßen, was in 8 oder 20 von hundert Fällen allenfalls im Bett passiert, hätte man gesunde, gerade Kerle, Jungens aus der Wandervogelbewegung, Offiziere oder Sportler vorgewiesen, anstatt die Theorie an den extremen Fällen des Transvestitismus und Feminismus abzuwandeln – wir hätten heute nicht die affektbetonte Abneigung gegen die Invertierten. Es war ein gottverlassener Einfall, die Ausnahmen die Regel bestätigen zu lassen, fleischgewordene Karikaturen des Homo sapiens in einer Aufmachung und in einem Gehaben für eine Idee werben zu lassen, für die man jeden gewinnen kann, wenn man auf ihn und nicht auf die Exhibitionen der eignen Truppe Rücksicht nimmt. Aus dieser vom Komitee inaugurierten und durch die Jahre hindurch fortgesetzten Taktik mußten sich immer neue Unzulänglichkeiten ergeben. Das ‹Dritte Geschlecht› wurde geschaffen, *bildlich* dargestellt an einem Transvestiten und einem *Verbrecher* («Was soll das Volk vom Dritten Geschlecht wissen?»). Hat sich denn niemand im Komitee überlegt, wie das auf einen gänzlich unbeeindruckten Menschen wirken muß?»

Auch wenn diese Kritik einer grundsätzlichen Opposition gegen die «liberale und marxistische Weltanschauung» des WHK entsprungen war, so war in ihr, wenn auch völlig unbeabsichtigt, ein wahrer Kern enthalten. Die Hirschfeldsche Theorie vom «Dritten Geschlecht» begünstigte in der Tat eine Minderheit im breiten Spektrum der äußerlichen homosexuellen Erscheinungformen, alle diejenigen, die besonders augenfällig die als normal geltenden Geschlechtsrollen verletzten.

Die ideologisierte Hervorhebung und Betonung von Minderheiten in der Minderheit war nicht dazu geeignet, die Masse der Homosexuellen selbst anzusprechen und ihnen Mut zum politischen «Coming out» zu machen. Wollte man gegen das traditionell bestehende Klischeebild vom Homosexuellen Front machen, dann mußte es gelingen, die gesamte Bandbreite homosexueller Erscheinungsformen darzustellen. Diese reichten allerdings vom «Vollmann» bis zur «Vollfrau», vom Familienvater bis zur «Galatunte» und vom Preisboxer bis zum blendenden Damenimitator, vom «kessen Vater» und «Bartweib» bis zur Familienmutter. Freilich war zu berücksichtigen, daß eine «Befreiungsaktion» der Homosexuellen zunächst einmal nur dort beginnen konnte, wo Homosexuelle bereit waren, sich für den Kampf um ihre Rechte zu engagieren. Darum ging auch in diesem Punkt die Kritik des SA-Mannes am WHK daneben, wenn er im Konjunktiv weise Ratschläge von sich gab, was das WHK hätte tun sollen, um den durch die «Effeminierten» in der Öffentlichkeit entstandenen angeblich abträglichen Eindruck durch das Vorzeigen von «gesunden, geraden Kerlen» zu korrigieren. Was diese «Kerle» betraf, die sicher nicht nur der SA-Mann als Prototyp des Homosexuellen in der Öffentlichkeit dargestellt wissen wollte, hätte er sich die notwendige Frage stellen müssen, warum denn diese Musterknaben sich nicht öffentlich präsentierten, um jener «affektbetonten Abneigung» Einhalt zu gebieten. Er hätte sich ebenfalls fragen müssen, woran es lag, daß die Homosexuellen, die «etwas geleistet hatten», kaum an die Öffentlichkeit traten. Daß dies nicht in dem gewünschten Ausmaß geschah, hing zweifellos damit zusammen, daß diese Gruppe der Homosexuellen am meisten zu verlieren hatte, wenn sie sich öffentlich als «175er» zu erkennen gaben. Im Gegensatz zu den vielgeschmähten «Tunten», denen man die Abweichung von der herrschenden «Diktatur der Normalität» häufig schon auf den ersten Blick ansah und denen damit die Möglichkeiten und Chancen der «Leistung» ganz erheblich beschnitten waren, entsprachen jene «gesunden, geraden Kerle» dem herrschenden Männlichkeitsbild. Sie konnten daher auf den Privilegien aufbauen, die ihnen die gelungene Anpassung an die herrschende Geschlechtsrollen-Normalität ermöglichten. Freilich hatten auch sie ihren Preis zu bezahlen: Das Versteckspiel, der Zwang zur Rolle und die häufige Flucht in eine «Alibi-Ehe» rief auch bei ihnen einen Leidensdruck hervor, der nach Abbau drängte. Ihr Haß auf die «Effeminierten», auf die «Tunten» und «Trinen» erklärte sich auch aus jener Spannung, die sich aus dem Zwang zur Aufrechterhaltung der heterosexuellen Charaktermaske und der relativen Offenheit ergab, mit der die «Tunte» ihre Umgebung beglückte. Die «Tunte», die in aller Regel ihre Wirkung in der Öffentlichkeit kannte, mußte stets ein paar passende Sätze aus dem Täschchen zaubern, wenn ihr jemand zu verstehen gab, daß sie ja wohl doch «irgendwie» nicht normal sei. Die «Tunte» hatte mit derlei Attacken ständig zu rechnen. Für den «gesunden, geraden Kerl» dagegen, dem man «es» ja nicht ansehen konnte, bedeutete eine solche Attacke eine Entlarvung seines Versteckspiels sowie die Feststellung, daß er – trotz aller Anpassung – letztendlich doch kein «richtiger

Mann» sei, sondern einer von «denen», deren Gruppen-Image eben von der «Tunte» wesentlich bestimmt wurde. Mit der «Tunte» allerdings wollte der «Kerl» unter keinen Umständen in einen Topf geworfen werden, aber statt nun selbst den Weg in die Öffentlichkeit zu nehmen oder, was näher lag, zumindest in einer Interessenorganisation zielstrebig mitzuarbeiten, diente ihm die «Tunte» als Begründung für die eigene Untätigkeit. Nach dem Motto: «Solange die Tunten sich nicht zurückhalten, mach ich keinen Handschlag für ‹die Schwulen›», bauten sich diese Homosexuellen ihr Getto immer wieder neu. Diesem sozialen Mechanismus dürfte auch jener SA-Mann aufgesessen sein, zumal aus seinem Beitrag zu entnehmen war, daß er die Diskriminierung der Homosexuellen nicht als eine politisch verursachte, durch konkrete Herrschaftsinteressen hervorgerufene Form der Unterdrückung begriff, sondern vielmehr als ein «irgendwie» entstandenes Vorurteil, dem man am besten dadurch begegnete, indem man sich durch öffentlich anerkannte Leistung Respekt verschaffte und sich im privaten Bereich so verhielt, daß man möglichst nicht auffiel.

Befreiung durch Leistung, dieses Modell projizierte er auch auf seine nationalsozialistische Umgebung, wenn er im Hinblick auf seine Tätigkeit in der SA feststellte:

> «Bei uns entscheidet die Leistung. Wer, wie der Schreiber dieser Zeilen, seit Jahren von der Pike auf in der SA gearbeitet hat, seinen Kameraden Kamerad ist, ihr Vertrauen besitzt, die Sorgen des Alltags brüderlich mit ihnen teilt, im großen wie im kleinen, keine Scheuklappen trägt und eine Hand hat, die dreinschlagen, aber auch streicheln kann, für den ist das alles kein Problem mehr. Ich kenne eine Menge Kameraden, von denen ‹man es weiß›. Hauptsache ist, sie tun ihre Pflicht, was zwei im Heim oder auf dem Heuboden machen, geht uns einen Dreck an.»

Bezeichnend für seine Ignoranz gegenüber den politischen Ursachen der Homophobie als Mittel der politischen Herrschaft war besonders jene Passage seiner Zeilen, in der er seine private Lösung, sein scheinbares Glück zwischen «dreinschlagen» und «streicheln», zwischen «Heim» und «Heuboden», Homo- und Heterokamerad als politische Lösung der Homosexuellen-Unterdrückung anbot und allen Ernstes behauptete, wer diese Lösung praktiziere, «für den ist das alles kein Problem mehr». Die Tatsache, daß es in der SA Leute gab, von denen «man es wußte» und die trotzdem nicht der Polizei ausgeliefert wurden, genügte ihm als Beleg dafür, daß eine Integration der Homosexuellen problemlos möglich sein konnte. Einem organisierten Kampf, wie ihn das WHK durchführte, war damit jede Notwendigkeit abgesprochen worden. Statt dessen wurde eine «alternative Idylle» entworfen, die einem naiven «Basismodell» entsprach und nach folgendem Muster funktionieren sollte: Wenn jeder Homosexuelle sich «anständig» verhält, seinen Job zur Zufriedenheit seines Chefs und der Kollegen ausübt, dann kann er sich auf diese Weise Toleranz erkaufen und die heterosexuelle Umgebung allmählich davon überzeugen, daß die Homosexuellen besser sind als ihr Ruf und weder Kinder verführen noch alle «weibisch» sind, noch jedem Mann triebhaft in die Hose greifen, sondern so leben wie du und ich. Massenhaft angewendet, sollte dies Verfahren den § 175 automatisch zu Fall bringen.

Da der Verfasser in seiner Polemik gegen das WHK erstens nicht begriffen hatte, daß die Anti-Homosexualität in den Köpfen und im Verhalten einer sich als «normal» empfindenden Mehrheit nicht urwüchsig (biologisch dynamisch) entstanden war und er zweitens die ausschließlich für die Heterosexuellen geltende Vorschrift, wonach der sexuelle Akt eine private Angelegenheit sein sollte, unkritisch auch auf die Homosexuellen übertrug, saß er einem folgenschweren Mißverständnis auf. Zwar konnte ein offenes Auftreten als einzelner Homosexueller durchaus dazu beitragen, im kleinen Kreis Vorurteile abzubauen, keinesfalls reichte dies Verfahren jedoch dazu aus, um die Quellen der Homphobie zu verstopfen. Dazu war allein ein ogranisierter Kampf in der Lage, der sich gegen die politischen Zentren der Anti-Homosexualität richtete.

In den folgenden Passagen seines Beitrags glaubte der in einer homophilen Traumwelt lebende Verfasser seine Auffassung sogar von der gesamten Partei und dem Führer selbst getragen:

> «Das ist nicht nur meine persönliche Ansicht, sondern die Meinung aller Parteiinstanzen bis hinauf zum Führer. Nur zwei Beispiele. Als in einem Umschla-Verfahren [Umschla = Untersuchungs- und Schlichtungsausschuß, eine Art Parteigericht der NSDAP; Anm. d. Schriftleitung] ein Kamerad gegen den anderen die Feststellung auszuspielen versuchte: ‹Der Junge ist ja schwul!›, erhielt er von dem Vorsitzenden des Umschla, einem alten Offizier, prompt die Antwort: ‹Na, und wenn schon!› Allgemein bekannt ist das zweite Beispiel: Adolf Hitler verbot im vorigen Jahr grundsätzlich, über das Privatleben von Parteigenossen oder Kameraden Beschwerde zu führen. Das ist der von links so heftig befehdete ‹rauhe Kämpfer-Erlaß›, in dem es wörtlich hieß, daß der Führer ‹rauhe Kämpfer› haben wolle und wisse, daß die SA nicht aus ‹höheren Töchtern› bestünde. Der Führer weiß besser als alle anderen, daß die Battaillone der Braunhemden heute die Macht der Partei und morgen die Macht des Staates verkörpern werden. Der materialistischen Unsitte, Bettlakengeschichten breitzutreten, trat er energisch

entgegen. Den Spaltpilz des inneren Haders hat er mit Stumpf und Stil ausgerottet. Der Mann und seine *Leistung* gilt. Alles andere ist Nebensache.»

Daß sich Hitler angesichts der öffentlichen Enthüllungen über Röhms Homosexualität vor die SA stellte (wir kommen darauf zurück), entsprach einer politischen Opportunität und durfte keinesfalls als eine Aussage mißverstanden werden, die Homosexualität auch nur im entferntesten billigte. Der Führer hatte lediglich in allgemeinster Form auf die bisher überall in der bürgerlichen Gesellschaft anerkannte Übereinkunft verwiesen, wonach Privatleben nicht in der Öffentlichkeit breitgetreten werden sollte. Angesichts der Machtposition, die Röhm und seine SA zu dieser Zeit noch innehatten, war Hitler auch nichts anderes übriggeblieben, als die Angriffe aus dem Lager der linken Parteien, vor allem der SPD, zurückzuweisen. Der schwule Teil der SA interpretierte dies jedoch als Absolution, und der Verfasser des Artikels *‹Nationalsozialismus und Inversion›* fühlte sich in seinem grundsätzlichen Mißverständnis über den politischen Charakter der Homosexuellen-Unterdrückung auch noch bestärkt.

Im folgenden Teil versuchte er denn auch intensiv, alle antihomosexuellen Äußerungen, die aus der NSDAP und ihrer Presse an die Öffentlichkeit gedrungen waren, systematisch zu entkräften und in ihr Gegenteil zu verdrehen. So hatte es eine Rede des Parteigenossen Dr. Frick gegeben, der sich «gegen den homosexuellen Betrieb, gegen die ‹Bewegung› (verwahrte), deren Tummelplatz einzig und allein das Bett ist». Diese Distanzierung von den homosexuellen Lokalen und Treffpunkten, von den gemeinsamen Unternehmungen der «Gleichgesinnten», findet sich auch in jenem Artikel des SA-Mannes wieder, wenn er schreibt:

«Es entstanden die Tanzvereine, in denen der Tanz die einzige ‹Bewegung› verriet, für die man Interesse hatte; es entstand eine Presse, deren Niveau einen (es gibt auch Ausnahmen, die ich nicht erst aufzählen brauche) zu Verbalinjurien verleiten könnte; es entstand der ‹homosexuelle Betrieb› vom ‹Lila Lied› bis zur ‹Mondscheinfahrt›.»

Weiterhin hatte es im *Völkischen Beobachter* einen Artikel gegeben, der die Zwangssterilisation für Homosexuelle forderte. Auch hier entschärfte der SA-Mann die Aussage und stellte fest: «Die Zwangssterilisation ... hat sich aber niemals gegen den erwachsenen Mann, sondern stets gegen die Kinderschänder gerichtet.» Als Beleg für seine Interpretation verwies er auf eine uns nicht vorliegende Broschüre der NSDAP mit dem Titel *‹Schutz der Kinder vor Sexualverbrechern›*. Dort wäre tatsächlich ausschließlich die Sterilisation von Pädophilen gefordert worden ...!

Zusammenfassend wird festgestellt:

> «Es gibt keine parteioffizielle Kundgebung der NSDAP, die Bestrafung erwachsener Invertierter fordert, und wenn man nicht böswillig der Öffentlichkeit ein X für ein U vormachen will, dann muß man zugeben, daß die NSDAP in den Beratungen des Strafrechtsausschusses des Deutschen Reichstages vom 16. und 17. Oktober 1929 mit keinem Wort die Bestrafung invers empfindender Menschen gefordert hat.»

An dieser Feststellung war alles erlogen. Die Forderung nach Bestrafung der Homosexualität brauchte die NSDAP nun wirklich nicht erst zu erheben, denn dies geschah bereits durch den § 175, um dessen Abschaffung es bekanntlich ging.

«Ich weiß», fuhr der SA-Mann fort, «daß ich weder Vollmacht noch Neigung habe, hier eine programmatische Erklärung abzugeben. Ich meine aber, daß jeder, der einigermaßen politisches Fingerspitzengefühl hat, aus meinen Ausführungen entnehmen wird, wie etwa die Führung der NSDAP über die hier angeschnittenen Fragen denken könnte. Ich möchte aber auch nicht unterlassen, der Genugtuung Ausdruck zu geben, gerade in diesen Blättern den nationalsozialistischen Standpunkt vertreten zu können.»

Von einem positiven nationalsozialistischen Standpunkt zur Homosexualität, das mußte der Verfasser selbst zugeben, konnte er an keiner Stelle seines Artikels berichten, vielmehr war er ausschließlich auf Spekulationen angewiesen, die einer Überprüfung nicht standhalten konnten. Dieses Manko mußte ihm auch selbst aufgefallen sein, wenn er fortfuhr:

> «Wenn bis heute eine parteioffizielle Kundgebung nicht erfolgt ist, so kann man sich doch nur an die *praktischen* Tatsachen halten. Was sie lehren, habe ich aber oben eindeutig ausgeführt. Im übrigen erscheint es mir taktisch unklug, fünf Minuten vor der Machtübernahme zu einer kulturpolitisch umstrittenen Frage Stellung zu nehmen, die heute ein Teil der Anhängerschaft noch nicht ‹mit ausreichender Sachkenntnis› diskutieren kann ... Auch scheint mir, daß es Knoten gibt, die man besser mit dem Schwert durchschlägt, anstatt dreißig Jahre daran herumzuzausen. Haben wir erst die Macht, so haben wir auch das Recht. Wie das geschriebene Recht aussehen wird, daß werden *wir* bestimmen. Es wird sich darunter besser leben lassen als heute. Dafür lege ich meine Hand ins Feuer.»

Dem Mann ist sicher nicht nur die Hand verbrannt.

Kurt Hiller, Vorstandsmitglied des WHK und Verfasser der Antwort an jenen SA-Mann, jedenfalls wurde am 7. März 1933, ganze zwölf Monate nach Erscheinen seiner Antwort, in das KZ Oranienburg verschleppt. «Haben wir erst die Macht, so haben wir auch das Recht . . .!» Kurt Hiller hatte angesichts der im *Völkischen Beobachter* vom 2. August 1930 geäußerten Morddrohungen gegen Homosexuelle als einer der ersten die Brutalität des neuen Systems erfahren müssen. Hatte der *Völkische Beobachter* spätestens «fünf Minuten vor der Machtübernahme» keinen Zweifel daran gelassen, was mit den Homosexuellen geschehen sollte, «wenn wir zur Macht gelangt sein werden» und die gleichgeschlechtliche Liebe «als ganz gemeine Abirrungen von Syriern, als allerschwerste, mit Strang oder Ausweisung zu ahndende Verbrechen» bezeichnet, so machte sich der radikale Sozialist Kurt Hiller keinerlei Illusionen darüber, daß diese Morddrohungen nach der Machtergreifung auch in die Tat umgesetzt würden. Dem homophilen SA-Mann, dessen politische Blindheit gegenüber den tatsächlichen Zielen seiner Partei groteske Züge trug, hatte er geantwortet:

«Ich weiß nicht, ob der Hauptschriftleiter und vermutliche Verfasser dieser Sätze, Herr Alfred Rosenberg, den Strang für die Syrier in der Reichsleitung der NSDAP inzwischen schon besorgt und eingeseift hat. Was ich weiß, ist, daß jene skandalöse Proklamation von keiner offiziellen oder halboffiziellen Stelle Ihrer Partei bis heute widerrufen worden ist. Demnach sind wir einstweilen berechtigt zu behaupten, daß Ihre Partei in puncto Inversion genauso erzreaktionär ist, wie in anderer Beziehung. Lieber Herr, Ihr Hinweis auf die Tatsache, daß ‹die NSDAP in den Beratungen des Strafrechtsausschusses des Deutschen Reichstages vom 15. und 17. Oktober 1929 mit keinem Wort die Bestrafung invers empfindender Menschen gefordert hat›, macht Ihrer Kennerschaft wenig Ehre, denn die NSDAP, welche im Reichstag damals noch keine Fraktionsstärke besaß, hat dem Strafrechtsausschuß überhaupt nicht angehört!! Die ‹praktischen Tatsachen› wiederum, die Sie erwähnen, beweisen nur die zum Himmel stinkende Heuchelei Ihrer Partei, die den Homosexualismus in ihren eigenen Reihen insgeheim duldet, während sie ihn vor der Öffentlichkeit als syrisches Laster für todeswürdig erklärt. Ich zweifle nicht, daß es zahlreiche Nationalsozialisten gibt, die solche Tartüfferie ankotzt; vielleicht gehört Hitler selber zu ihnen. Solange sie aber darauf verzichten, einen Patron wie diesen Rosenberg zur Ordnung zu rufen, gilt uns als Standpunkt ihrer Partei, was in den Organen Ihrer Partei zu lesen steht – nicht das Gegenteil. Gegenteilige Meinungsäußerungen, wie die Ihrige, haben für uns günstigenfalls symptomatischen Wert; es sind reine Privatgedanken.

Wenn Sie ein Mann sind, geehrter Herr, dann *kämpfen* Sie in

Ihrer Partei für Ihre, für unsere Auffassung vom mann-männlichen Eros; dann setzen Sie durch, daß diese Auffassung dort nicht bloß für Partei-*Interna,* sondern auch für die nach außen getragene Politik, für die *Gesetzgebungspolitik* geltend wird. *Alles andere sind Ausflüchte.*»

«Sturmabteilungen»: Röhms Hausmacht

Ernst Röhm (1887–1937) war am 1. Januar 1931 zum Stabschef der Sturmabteilungen (SA) der NSDAP ernannt worden. Den Oberbefehl über diese Terror-Truppe, die Ende 1931 über ca. 250 000 Mann verfügte, hatte sich Adolf Hitler nicht aus der Hand nehmen lassen. Das Amt eines «Stabschef SA» war eigens für Röhm geschaffen worden, während Hitler sich als Oberbefehlshaber die letzten Entscheidungen vorbehielt. Diese Versicherung im Umgang mit der parteieigenen Truppe resultierte ganz offensichtlich aus den Differenzen, die es seit 1925 zwischen Hitler und Röhm gegeben hatte, war also eine Vorsichtsmaßnahme von seiten Hitlers.

Röhm und der «Führer» kannten sich aus den Anfängen der Bewegung. Während Hitlers «Münchner Jahren» waren sie sich innerhalb der nationalistischen und völkischen Anfang der zwanziger Jahre über den Weg gelaufen. Röhm schrieb in seinen Memoiren: «Von Kindheit an hatte ich nur einen Wunsch – Soldat zu sein.» So war er zur Reichswehr gegangen, hatte es bis zum Hauptmann gebracht. Im Herbst 1922 hörte er Hitler auf einer Veranstaltung sprechen, entschloß sich, der «Bewegung» beizutreten und quittierte 1923 seinen Dienst bei der Reichswehr, um bald darauf den Befehl über die SA zu übernehmen. Die Sturmabteilungen (SA) waren im Oktober 1921 organisiert worden, zunächst als «Turn- und Sportabteilungen» der Partei, mit dem Ziel, «die jungen Parteimitglieder in einer mächtigen Organisation zusammenzufassen, damit ihre Kraft den offensiven Zielen der Bewegung dienstbar gemacht werden könne» (Bullock, Hitler, I, 68). In Wirklichkeit handelte es sich bei jener «Turn- und Sportabteilung» um eine der vielen militärischen Tarnorganisationen, die entstanden waren, nachdem die Reichsregierung auf Druck der Siegermächte die Auflösung der berüchtigten Freikorps und Wehrverbände verfügt hatte. Ultrarechts und völkisch waren alle diese Vereine, die die Niederlage von 1918 als die «größte Schmach des Jahrhunderts», das eben begonnen hatte, ansahen. Vereint in der Ablehnung der Republik und des «Schandvertrages von Versailles», einig gegen jeden gesellschaftlichen Fortschritt und Haß gegen Liberale, Sozialisten und Kommunisten, darin bestand ihre Gemeinsamkeit. Die SA setzte sich aus solchen Freikorpsleuten zusammen, darunter ehemalige

Mitglieder der Brigade Ehrhardt (Mord an Rosa Luxemburg und Karl Liebknecht) und der Organisation Konsul, die den Mord an dem Zentrums-Führer Matthias Erzberger (1875–1921) verübt hatte. Hauptsächliches Ziel der SA war die Terrorisierung politischer Gegner. Deutlich wurde dies bereits im Oktober 1922, als die SA – trotz Polizeiverbots – mit acht Hundertschaften durch die Stadt Coburg marschierte, um eine Kundgebung der Sozialisten und Kommunisten zu zerschlagen.

Teilgenommen hatten Röhm und die SA auch am sogenannten «Hitler-Putsch» in München (8. 11. 1923), in dessen Verlauf die Reichsregierung für abgesetzt erklärt und eine neue Regierung proklamiert wurde, der Adolf Hitler, General Ludendorff und andere Ultrarechte angehören sollten. Geplant war die Errichtung einer reaktionären Militärdiktatur. Der Putsch scheiterte jedoch schon am nächsten Tag.

Hitler wurde zu einer fünfjährigen Festungshaft verurteilt, jedoch schon nach neun Monaten wieder entlassen.

In jenen Monaten war in ihm die Überzeugung gereift, daß er den Schwerpunkt seiner politischen Tätigkeit in Zukunft auf eine *legale* Übernahme der Macht legen mußte.

Auch Röhm war wegen Hochverrat angeklagt, aber schon am Tage der Urteilsverkündung freigelassen worden. Und diese Freiheit nutzte er, um die versprengten Kräfte der SA im «Frontbann», wie das Unternehmen jetzt hieß, zusammenzuschweißen. Röhm, der ausgezeichnete Organisator, reiste in allen Teilen des Reiches umher, um die NSDAP-Terror-Truppe wiederaufzubauen, die Scharte von München auszuwetzen. Dabei kamen ihm seine Kontakte zur Reichswehr und den Desperados der illegalen Freikorps und Wehrverbände wieder sehr zugute – in kurzer Zeit war die SA zu einer kampfstarken Truppe angewachsen. Dies allerdings machte den in Landsberg einsitzenden Hitler mißtrauisch. Mit der Entstehung einer starken SA schaffte sich ein Rivale eine Machtbasis im politischen Geschäft der NSDAP. Außerdem gefährdeten Röhms Aktivitäten Hitlers Aussichten auf Entlassung, denn die bayrische Regierung hatte diverse Unterführer des «Frontbanners» (SA) festnehmen lassen. Hitler und einige andere NS-Führer, schrieb Ernst Röhm später in seinen Memoiren, «konnten sich in ihren Zellen nicht vorstellen, was auf dem Spiel stand. Sie sahen ihre Freilassung gefährdet und schoben die Schuld nicht dem Feind in die Schuhe, sondern den Freunden, die für sie kämpften.»

Grundlegende Meinungsverschiedenheiten zwischen Hitler und Röhm taten sich jedoch an der wichtigen Frage auf, welchen Charakter die neue Organisation haben sollte. Beide haben sich in diesem Punkt nie einigen können. Hitlers Absicht war es, mit der SA eine schlagkräftige Truppe zu schaffen, die *ausschließlich* der Partei untergeordnet sein und damit einem absoluten Primat der Politik unterliegen sollte.

Röhm dagegen forderte einen Dualismus der politischen und militärischen Führung. In einem Brief vom 15. 10. 1924 teilte er General Ludendorff, dem Führer des völkischen Blocks im Reichstag, seine Vorstellungen mit:

> «Die politischen und militärischen Bewegungen sind völlig unabhängig voneinander ... Als gegenwärtiger Führer der militärischen Bewegung fordere ich, daß den Wehrverbänden eine eigene Vertretung innerhalb der parlamentarischen Gruppe gegeben wird und daß man sie nicht an ihrer besonderen Arbeit hindert ... Die nationalsozialistische Bewegung ist eine Kampfbewegung. Deutschlands Freiheit – sowohl draußen, wie drinnen – wird nicht durch Reden und Verhandlungen gesichert; sie muß erkämpft werden» (Memoiren, S. 156).

Mit dieser unabhängigen Form der Zusammenarbeit zwischen politischer und militärischer Führung innerhalb der NSDAP konnte Hitler keineswegs einverstanden sein. Die Anwendung dieses Konzeptes hätte bedeutet, daß der Führer der Partei ein wesentliches Machtinstrument zur Durchsetzung *seiner* Politik aus der Hand gab. Als im Dezember 1924 ein neuer Reichstag gewählt wurde, stand Röhm nicht mehr auf der Kandidatenliste der NSDAP.

Das Ergebnis der Wahlen brachte einen erfreulichen Rückgang der Nazi-Stimmen um mehr als 50 %. Die Partei selbst war heillos zerstritten. Hitler, am 20. Dezember 1924 aus der Haft entlassen, machte sich unverzüglich an ihre Reorganisation. Seine Stellung in der Partei war während seines Haftaufenthaltes eher noch gestärkt worden, hatte sich doch während seiner Abwesenheit kein gleichwertiger Führer eingefunden. Der Konflikt mit Röhm fand eine baldige Klärung. Hitler lehnte am 7. 5. 1925 definitiv die Röhmsche Forderung ab: Es sei ihm lieber, den «Frontbann» (SA) aufzulösen und die SA von Grund auf neu zu organisieren. Schon am nächsten Tag legte Röhm schriftlich die Führung nieder. Am 31. April erschien im *Völkischen Beobachter* eine kurze Notiz, in der Röhm seinen Rücktritt von seinen Ämtern und seinen Rückzug aus dem politischen Leben bekanntgab. Der Reichswehrhauptmann a. D. ging als Militärberater nach Bolivien.

Im Herbst 1926 wurde die Leitung der SA einem neuen Reichswehrhauptmann a. D. übergeben, Salomon von Pfeffer. Der war in der völkischen Szene auch kein unbeschriebenes Blatt mehr und in verschiedenen Freikorps- und Femeaktivitäten verwickelt. Er sollte die Aufgabe nach Hitlers Wünschen lösen: Die Umsetzung der faschistischen Idee, so wie sie von Hitler entwickelt worden war, in die militärische Kampfkraft einer – freilich noch unbewaffneten – Bürgerkriegsarmee. «Die Ausbildung der SA», legte Hitler in einem Schreiben an v. Pfeffer fest, «hat nicht nach militärischen Gesichtspunkten, sondern nach Parteizweckmäßigkeiten zu erfolgen.» Der Kampf müsse «aus der Atmosphäre kleiner Rache- und Verschwörungsaktionen herausgehoben (werden) zur Größe eines weltanschaulichen Vernichtungskrieges gegen den Marximus, seine Gebilde und Drahtzieher ... Nicht in geheimen Konventikeln soll gearbeitet werden, sondern in gewaltigen Massenaufzügen, und nicht durch Dolch und Gift oder Pistole kann der Bewegung die Bahn freigemacht werden, sondern durch die Eroberung der Straße.»

Der Versuch, die SA zu einer unbewaffneten Propagandatruppe in brauner Uniform zu entwickeln, gelang allerdings nicht in dem gewünschten Ausmaß. Die Kluft zwischen «politischer und militärischer Bewegung» bestand fort. Die SA verstand sich auch weiterhin als «militärische Bewegung», in deren Reihen die «politische Organisation» (PO) nicht frei von militärischen Standesdünkeln als «P-Null» bezeichnet wurde. Man verstand sich als militär und damit moralisch überlegen, einem Ethos verpflichtet und in Werten lebend, die den niederen Ebenen der Tagespolitik entrückt waren. Mit der Reichswehr verstand man sich von Militär zu Militär besser. Für den Landes- und Grenzschutz war die SA vor allem in Ostpreußen, Hinterpommern und Schlesien bereits herangezogen worden, und ab 1930 begann sich auch die Führung der Reichswehr für die Nazi-Truppe, die mittlerweile auf eine Stärke von etwa 100 000 angewachsen war, als Rekrutierungsfeld für den eigenen Bedarf zu interessieren. Auch zwischen v. Pfeffer und Hitler traten bald Konflikte auf, die sich nicht mehr vertuschen ließen. Als es im Sommer 1929 in den Reihen der Berliner SA zu einer offenen Revolte gegen die «PO» kam, in deren Verlauf blutige Schlägereien zwischen SA und der zu dieser Zeit noch recht unterentwickelten SS stattfanden, bedeutete das Ende der Rebellion zugleich das Ausscheiden v. Pfeffers. Er hatte mit zunehmender Resignation den ständigen Machtzuwachs der «PO» und den spürbar nachlassenden Einfluß der SA auf die Organisation beobachten müssen. Aus Bolivien wurde jetzt Ernst Röhm zurückgerufen und mit der Führung der SA betraut. Freilich bestanden seine Differenzen zu Hitler, was das Selbstverständnis der SA betraf, fort. Adolf Hitler, der in der Zwischenzeit seine Position als Führer der Partei wesentlich gestärkt hatte, bestand darauf, das Amt des Oberbefehlshabers der «Sturmabteilungen» selbst zu übernehmen. Röhm wurde «Stabschef SA».

Die Weltwirtschaftskrise und ihr nach Millionen zählendes Heer von Arbeitslosen trieb ihrem Höhepunkt zu und die Reichstagswahlen vom 14. September 1930 hatten der NSDAP einen starken Stimmenanteil (18,5 %) gebracht, als Röhm wieder damit begann, die SA an militärischen Vorbildern zu organisieren. Seinen Anstrengungen wurde ein durchschlagender Erfolg zuteil. Bis Ende 1932 war die Mitgliederzahl der SA auf 500 000 angewachsen. Und auch Geld war vorhanden – mitten in der Weltwirtschaftskrise. Von den SA-Heimen und SA-Küchen angezogen, strömten den braunen Bataillonen unzählige hungrige und arbeitslose Bewerber zu, dankbar für ein Dach über dem Kopf oder einen gesättigten Magen. Das Geld für diese Wohltaten war freilich nicht irgendwie vom Himmel gefallen, sondern stammte aus den Schatullen des großen Kapitals, zu dem Hitler in der letzten Zeit zunehmend bessere Beziehungen hatte entwickeln können. Im Herbst 1931 hatte der zukünftige Führer und Kanzler des Deutschen Reiches zusammen mit Hugenberg (einem Ex-Krupp-Direktor, der während der Inflation ein riesiges Vermögen hatte machen können), Seldte («Stahlhelm»), Schacht (Bankpräsident) und diversen Ruhr-Industriellen die «Harzburger Front», jene «Rechtskoalition zur Zerstörung der Weimarer Republik» (Charles Bloch) geschaffen. Ende 1931 war der Großindustrielle Fritz Thyssen der NSDAP beigetreten, der nicht mit «Spenden» geizte und Hitler auch in den feinen Düsseldorfer «Industriellen Klub» einführte, wo dieser am 27. Januar 1932 seine «positive» Einstellung zu Privateigentum und freier Unternehmer-Initiative erneut betonte und versprach, den Marxismus mit Stumpf und Stil «auszurotten». So was hörte man hier selbstverständlich gern. Hitler erntete Applaus und vor allem Subsidien in Höhe von vielen Millionen Reichsmark. Freilich blieben derlei Transaktionen der Öffentlichkeit verborgen. Auch die Mehrheit der SA-Mitglieder, unter denen – wenn auch recht vage und kleinbürgerlich verquaast – antikapitalistische und antibürgerliche Ansichten herrschten, wäre wohl auch wenig begeistert gewesen, wenn sie derlei Einzelheiten erfahren hätten. Ebensowenig dürfte Hitlers zunehmend freundschaftliche Verbindung zum großen Kapital bei den Massen von Arbeitslosen Anklang gefunden haben, die aus schierer Verzweiflung zu den Nazis getrieben worden waren. Hitlers scheinbarer Balanceakt zwischen Kapital und Arbeit war eine Folge der äußerst vielschichtigen Zusammensetzung seiner nun nach Millionen zählenden Anhängerschaft. Es war klar, daß er eines Tages auch *offen* die Wahl treffen mußte. Diese Entscheidung allerdings war schon vorprogrammiert. Bereits im Frühjahr 1930 hatte es Krach mit dem «linken» Flügel der NSDAP um Otto Strasser gegeben, der von Hitler eindeutigere Aussagen zur «Lösung des Kapital-Arbeit-Problems» forderte. Hitler hatte damals mit einem geheuchelten Seufzer geantwortet:

«Das ist gerade der Punkt, in dem unsere Ansichten grundsätzlich auseinandergehen. Die Beteiligung der Arbeiter am Kapital der Unternehmungen und das Mitbestimmungsrecht – das sind die

Grundlagen des Marxismus. Ich vertrete die Ansicht, daß das Recht der Einflußnahme nur dem von einer höheren Schicht geleiteten Staat zugestanden werden kann» (Otto Strasser, Hitler und ich, S. 137).

Zu einer höheren Schicht sollten nach einer Machtergreifung der Nazis natürlich die Massen der Proletarier nicht gehören, auch wenn sie sonst höchsten rassischen Zuchtvorstellungen entsprachen.

Kein Zweifel war möglich: Die NSDAP befand sich auf dem Vormarsch. Und dies trotz aller internen Differenzen, Rivalitäten und Gegensätze, die sich zwangsläufig in einer Bewegung einstellen mußten, die derartig rasch emporgewachsen war. Diese inneren Zwistigkeiten boten allerdings den politischen Gegnern der NSDAP günstige Ansatzpunkte, um die Partei zu schwächen. Was lag in diesem Zusammenhang näher, als den Hebel an einem Punkt anzusetzen, der traditionell mit ungeheuren Emotionen belastet war? Das Thema «Homosexualität und Nationalsozialismus» wurde für die Politik entdeckt.

3. «Ein Stabschef darf nicht Homo sein!»

Die SPD entdeckt Röhms Homosexualität

Die sozialdemokratische Zeitung *Münchner Post* begann am 14. April 1931, ein Vierteljahr nach Röhms Amtsantritt, eine Kampagne gegen die NSDAP, in deren Mittelpunkt die Homosexualität verschiedener prominenter SA- und NSDAP-Mitglieder stand. Der SPD war durch einen ehemaligen Nationalsozialisten Material zugespielt worden, worin die Tatsache, daß Röhm und andere Nazis «175er» waren, eine zentrale Rolle spielte. Die erste Enthüllung unter der Überschrift «Stammtisch 175» war ein Brief, den ein «früherer Hakenkreuzler» an einen «ehemaligen Kameraden» geschrieben hatte und der, so die *Münchner Post*, «auch einige für die Öffentlichkeit bemerkenswerte Stellen enthält». Diese Stellen, das wurde durch die Wahl der Artikel-Überschrift schon sehr deutlich, bezogen sich ausschließlich auf die Homosexualität Röhms, Heines' und Zentners. Letztere waren seit langem Mitkämpfer Röhms, und besonders Edmund Heines galt als militante Figur der extremen Rechten. Er hatte an einem Fememord teilgenommen und «ist heute Reichstagsabgeordneter», wie die *Münchner Post* meldete. Aber nicht die Tatsache, daß ein Fememörder Reichstagsabgeordneter war, stellte in diesem Artikel den Skandal dar, sondern seine Homosexualität. Durch die öffentliche Enthüllung der Homosexualität jener SA-Leute erhoffte sich die Zeitung eine entsprechende Schädigung des politischen Gegners.

Ob dieser Brief, den wir in vollem Wortlaut wiedergeben, tatsächlich authentisch ist, dafür gibt es keine Belege.

Ziel der Veröffentlichung war die Diffamierung der NSDAP mit den gegen Homosexuelle bestehenden Vorurteilen. Der Verfasser des Schreibens, ein Ex-«Hakenkreuzler», war froh, sich aus dem homosexuellen «Laden», in dem sich Hitler «dreht und wendet», zurückgezogen zu haben, und dieser Rückzug sollte zum Nachahmen auffordern:

Stammtisch 175

«Ein früherer Hakenkreuzler hat an einen ehemaligen Kameraden einen Brief geschrieben, der auch einige für die Öffentlichkeit bemerkenswerte Stellen enthält. Der Mann schreibt:

Was sagst Du nun zu den Nationalsozialisten? Kannst Du Dich erinnern an den Tag, wo wir mit Hitler zu der SA-Versammlung in den Hirschbräukeller mußten, weil drei Stürme gemeutert hatten. Der Hauptmeuterer war Heines, der Hitler vorgeworfen hatte, er wäre nicht aktiv genug, deshalb mache er nicht mehr mit.

Nach ein paar Jahren war Heines als Fememörder verherrlicht worden und ist heute Reichstagsabgeordneter. Ebenso sein Freund Röhm Stabschef.

Es ist dies allerhand, wie Hitler sich gedreht hat.

Du kannst Dich doch erinnern, wie er in seiner Rede im Hirschbräukeller in Pfeffers Anwesenheit Heines aus der Partei ausgeschlossen hat und sagte:

‹Dieser junge unerfahrene Bursche wirft mir vor, ich hätte zu wenig Aktivismus. Ich habe schon 1914 das Gewehr auf der Schulter gehabt und bin mit dem List-Regiment ausgerückt, als Heines noch die Schulbank drückte.

Die Clique vom Bratwurstglöckl sind alle 175iger: Heines, Röhm, Zentner und wie sie alle heißen. Und von solchen Leuten soll ich mir etwas vorwerfen lassen!›

Du siehst also, wie Hitler sich drehen und wenden kann.

Ich bin froh, daß wir beide den Laden bald genug heraus hatten und uns zurückgezogen haben.

Nun, die werden sich ihr Grab selbst schaufeln, denn soviel ich weiß, schreitet auch in der Partei, trotz der Treuekundgebungen und großen Aufmachungen im Zirkus, die Zersetzung fort.

Hitler aber fordert heute Arm in Arm mit den ‹175igern› das Jahrhundert in die Schranken.»

Auf diesen Artikel war aus den Reihen der NSDAP keinerlei Reaktionen zu vernehmen. Auch die drei namentlich genannten Nazis enthielten sich jeder Stellungnahme.

Zu fragen bliebe jedoch, welcher Art ihre Stellungnahmen wohl hätten sein können. Eine, wenn auch nur theoretische Möglichkeit, hätte darin bestehen können, sich als «175er» erkennen zu geben und ebenfalls öffentlich für das Recht auf Homosexualität einzutreten. Für dieses Recht war bekanntlich auch die SPD im Reichsrechtsausschuß eingetreten. Freilich blieb diese Möglichkeit den homosexuellen Nazis verschlossen, denn ihre Partei hatte bis zum 14. 4. 1931, also bis zum Erscheinen des SPD-Artikels, ausnahmslos negative Stellungnahmen zur Homosexualität abgegeben. Jetzt, als offenbar wurde, daß die «Heimlichkeit» keine mehr war, sondern Gegenstand eines öffentlichen Skandals, blieb ihnen keine andere Möglichkeit, als zu schweigen oder, und hiervon wurde recht bald ausgiebig Gebrauch gemacht, mit wüsten Beschimpfungen auf die «marxistischen

Verleumder» zu reagieren. Ihr Schweigen war um so beredter, als ein öffentliches Bekenntnis zur Homosexualität auch ihre Position innerhalb der NSDAP erheblich geschwächt hätte. Durch Schweigen gegenüber den Enthüllungen konnte immerhin versucht werden, den Status quo zu erhalten und auf bessere Zeiten zu hoffen. Die jedoch kamen nicht. Vielmehr hatte sich die SPD-Zeitung auf eine längere Kampagne eingerichtet und entsprechendes Material in der Hinterhand, das je nach politischer Opportunität an die Öffentlichkeit gebracht werden konnte.

Am 23. 4. 1931 erfolgte ein zweiter Schuß, eine «weitere Publikation, die zwar keinen Namen nennt, mit der aber der Hauptmann a. D. Röhm zweifelsfrei gemeint ist», wie das WHK in seiner Dokumentation feststellt. Der neue Artikel handelte von einem Erlebnis in einem «Absteigequartier», wo es zu einer Begegnung zwischen Röhm und einem männlichen Prostituierten gekommen sein sollte. Überschrieben war diese Veröffentlichung mit den bezeichnenden Worten «Rassehochzüchter», worin zweifellos eine massive Anspielung auf den eklatanten Widerspruch zwischen Homosexualität als einer bevölkerungspolitisch nutzlosen Sexualität und den nationalsozialistischen Rassezuchtprogrammen zum Ausdruck gebracht wurde.

«Nicht weit vom braunen Palazzo lag das Absteigequartier.

Der Junge – wir lieben das Wort Strichjunge – SJ. – nicht – verstand die Augensprache des vom Frühling besessenen ‹Animators›!

Und er kam. Der ‹Freund› hatte alles in Szene gesetzt, das männliche Boudoir lockte, er selbst zeigte sich in adamitischer Bekleidung und zog alle Register einer männlichen Kokotte. Schmuste und schmarotzte und gab sich . . . na ja.

Viel kosten darf solche Liebe nicht. Und darüber – über dem Strumpfgeld – kam es zu Differenzen . . . weil er, der ‹Freund›, wie er es als Offizier gewöhnt war, auch hier ‹nach dem Fest› kommandierte.

Und im Krach ging der Junge aus dem Boudoir.

In einer recht nüchternen Umgebung, in einem Bierkeller, zwischen Maßkrügen und Zigarrendampf, sah er ‹ihn› wieder.

Sah ihn auf dem Podium als leidenschaftlichen Künder des Dritten ‹Röhmischen› Reiches.

Und wußte, wessen Freund er in jenen verschwiegenen Stunden gewesen.

Im braunen Palazzo . . . so können wir die Erzählung fortsetzen.»

Die Erzählung wurde zunächst jedoch nicht fortgesetzt. Wer mit dem Artikel gemeint war, ging aus dem «Röhmischen Reich» deutlich hervor. Der Stabschef und seine Freunde in der NSDAP schwiegen weiter. «Die Denunziation», so bemerkte der Kommentator der WHK-Dokumentation, «hat sehr viel Ähnlichkeit mit jenen Veröffentlichungen in der *Zukunft*, mit der Weiland Maximilian Harden die Moltke-Eulenburg-Skandale einleitete».

Am 22. Juni 1931 holte die SPD-Zeitung zum großen Schlag gegen einzelne Führer der NSDAP-Reichsleitung aus. In einer riesigen, die ganze erste Seite überziehenden Schlagzeile schrieb die *Münchner Post*: «Warme Brüderschaft im braunen Haus. Das Sexualleben im Dritten Reich». Gleich zu Beginn des Artikels wurde ein Zitat aus dem *Völkischen Beobachter* vorgeschaltet. Es lautete:

> «Der große Staatsrechtslehrer Dr. Kahl von der Deutschen Volkspartei kämpft zusammen mit Marxisten aller Schattierungen von Dietrich bis Thälmann mit Riesenkraft und nicht geringem Erfolg dafür, daß zur Erringung der deutschen Freiheit der § 175 fällt und daß zur endlichen Verwirklichung von Schönheit und Würde als dem Versprechen eines Prominenten die widernatürliche Unzucht straffrei bleibt.»

In Verbindung mit dem nachfolgenden sozialdemokratischen Artikel konnte dieses Zitat nur den Eindruck hinterlassen, daß sich Nationalsozialisten und Sozialdemokraten die Homosexualität wie heiße Pellkartoffeln über die Klassenkampfgräben hinweg zuwarfen, um sich gegenseitig das gesunde Volksempfinden abspenstig zu machen. Die Nationalsozialisten hatten, so das Zitat aus dem *Völkischen Beobachter,* ihren Lesern mitteilen lassen, daß «Marxisten aller Schattierungen» für die Straffreiheit der «widernatürlichen Unzucht» kämpfen, und die Sozialdemokraten konterten, daß die Nazis doch wohl überhaupt keinen Anlaß hätten, für sich den Kampf gegen die Homosexualität zu pachten, weil die NSDAP, wie der nachfolgende SPD-Artikel enthüllen sollte, völlig von der «widernatürlichen Unzucht» durchsetzt sei. Diese Tatsache, so die Logik der SPD-Zeitung, sei angesichts des zukünftigen «Sexuallebens im Dritten Reich» nunmehr keine Frage einer einzelnen Partei, sondern eine Angelegenheit geworden, die alle Parteien zu einem Kampfbund zur Rettung der «deutschen Jugend» vereinigen sollte: «Hier steht», so die *Münchner Post,* «unbeschadet jeder (!) Parteirichtung, die moralische und körperliche Gesundheit der deutschen Jugend auf dem Spiel. Was sich in den Reihen der den Lüsten Röhms ausgelieferten nationalsozialistischen Jugend tut, das geht das ganze deutsche Volk an.»

Die politische Stoßrichtung dieser denunziatorischen Kampagne war klar. Sie zielte auf die Spaltung und Isolierung der NSDAP und setzte als Mittel hierzu die nicht nur im gesamten Volk, sondern auch in der NSDAP bestehenden Vorurteile gegen Homosexuelle ein. «Wir wissen», fuhr die Zeitung fort, «daß das Treiben Röhms und seiner Jünger in weiten Kreisen der Nationalsozialisten Entrüstung und Empörung ausgelöst hat. Wir wissen, daß sich bei Adolf Hitler die Beschwerdeschreiben zu Bergen häufen.»

Hier zeigte sich, was die SPD-Zeitung meinte, wenn sie schrieb, daß «unbeschadet jeder Parteirichtung» angesichts «des Treiben Röhms» ein Eingreifen des Volkes nötig sei. Die beabsichtigte Spaltung sollte entlang der traditionellen Bruchlinie innerhalb der NSDAP erfolgen, zwischen politischer und militärischer Bewegung. Verpackt wurde diese Absicht hinter einer Art «Solidarität des gesunden Volksempfindens», die die SPD-Zeitung dem Hitler-Flügel der NSDAP als gemeinsame Plattform anbot. Diese Plattform sollte nach dem Willen der SPD-Zeitung alle Parteien verbinden, bis auf jenen Flügel innerhalb der NSDAP, wo die Solidarität des gesunden Volksempfindens nicht durch eine x-beliebige «Unzucht», sondern durch eine «widernatürliche» verletzt worden war.

Der Artikel, den wir im folgenden ungekürzt wiedergeben, war als Appell an Adolf Hitler zu verstehen, gegen diese «empörenden Vorgänge» vorzugehen. Die Aufforderung mußte den «Führer» um so mehr in Verlegenheit bringen, als die SPD-Zeitung geschickt daran anknüpfte, daß die NSDAP und ihre Organe zwar eindeutig negative Stellungnahmen gegen die «widernatürliche Unzucht» abgegeben hatte, keineswegs jedoch Anstalten machte, gegen Röhm und andere offen Homosexuelle in der eigenen Partei vorzugehen. So hatte die *Münchner Post* auf diese Weise noch ein zusätzliches Argument in der Hand: Die «widerliche Heuchelei» der Nazi-Partei, die nach außen und innen mit zweierlei Ellen maß. Die NSDAP, so hoffte die Münchner Zeitung, mußte auf diese Weise in eine Legitimationskrise geraten, zumal das Material, das als authentisch vorgelegt wurde, eine derartige Fülle von Einzelheiten enthielt, die durchaus dazu geeignet waren, beim Leser einen glaubwürdigen Eindruck zu hinterlassen.

Nachdem unter der Überschrift «Warme Brüderschaft ...» jenes oben wiedergegebene Zitat aus dem *Völkischen Beobachter* folgte, begann der eigentliche Artikel der *Münchner Post*:

> «So schreibt ironisch einer der Führer der Nazipartei und will die Leute glauben machen, daß die Erneuerer vom Hakenkreuz einen Kampf gegen die widernatürliche Unzucht, die Homosexualität, führen. Dabei weiß jeder Eingeweihte, und Herr Gregor Straßer weiß es ganz genau, daß sich in den Organisationen der Hitlerpartei die haarsträubendste Hurerei im Sinne des § 175 breit macht.
>
> Wenn Herr Adolf Hitler den Bock zum Gärtner, d. h. den bolivanischen Oberstleutnant und deutschen Hauptmann a. D. Ernst Röhm als Stabschef der Sturmabteilungen und Schutzstaf-

feln zum obersten Reichsleiter der Jugendorganisationen macht, dann darf sich niemand wundern über die Zustände, die seit der Ernennung Röhms zum militärischen Befehlshaber der Hitlerpartei in geradezu gemeingefährlicher Weise eingerissen sind. Hier steht, unbeschadet jeder Parteirichtung, die moralische und körperliche Gesundheit der deutschen Jugend auf dem Spiel. Was sich in den Reihen der den Lüsten Röhms ausgelieferten nationalsozialistischen Jugend tut, das geht das ganze deutsche Volk an. Wir wissen, daß das Treiben Röhms und seiner Jünger in weiten Kreisen der Nationalsozialisten Entrüstung und Empörung ausgelöst hat. Wir wissen, daß sich bei Adolf Hitler die Beschwerdeschreiben zu Bergen häufen. Aber der Führer der deutschen ‹Erneuerungspartei›, der Schwärmer für ‹rauhe Kämpfer› hält seinen Stabschef trotz aller Klagen.

Angesichts der widerlichen Heucheleien, die die Nazipartei auch auf diesem Gebiet treibt – nach außen sittliche Entrüstung, in den eigenen Reihen schamlosester Betrieb der widernatürlichen Unzucht – sehen wir uns veranlaßt, der Allgemeinheit dokumentarisch Einblick zu geben in die empörenden Vorgänge bei der Hitlerpartei. Wir geben hiermit der Öffentlichkeit Kenntnis von einem Bericht, den ein Nachrichtenoffizier der Hakenkreuzler, Dr. Naier* in Regensburg, unter dem 22. Mai 1931 auftragsgemäß an Röhm nach München gesandt hat. Dieser Bericht ist ein Bestätigungsschreiben, gleichzeitig aber auch ein Droh- und Erpressungsbrief an die Adresse des Stabschefs, dem zu verstehen gegeben wird, was man aus seinem eigenen Mund über sein strafbares Treiben weiß, um weiterhin und bevorzugt innerhalb der Partei Verwendung zu finden.»

Am Ende dieses Artikels wird deutlich, daß die Münchner SPD keinerlei Skrupel hatte, aus einer «Droh- und Erpresser-Affäre» politisches Kapital zu schlagen. War bei den Verhandlungen im Rechtsausschuß des Reichstages u. a. auch das Argument zur Entkriminalisierung der Homosexualität angeführt worden, daß der bestehende § 175 Erpressungen jeglicher Art Tor und Tür öffnet, so machte ganze zwei Jahre später eine Partei, die diesen Argumentationsstrang für richtig hielt, eben davon Gebrauch. Der von Dr. Meyer angefertigte Bericht stellte zweifellos eine Erpressung dar. Dies war auch der *Münchner Post* klar, wenn sie, den Bericht interpretierend, feststellte, daß Dr. Meyer sein Schreiben in Kenntnis des angeblich «strafbaren Treibens» Röhms abgefaßt hatte, «um weiterhin und bevorzugt innerhalb der Partei Verwendung zu finden».

* Naier und Meyer sind im folgenden identische Personen. Die unterschiedliche Schreibweise beruht, wie die *Münchner Post* später vermerkt, auf einem «Übermittlungsfehler».

Neben der Verbreitung moralischer Empörung sollte dieser Bericht aber auch noch eine andere Wirkung haben, nämlich auf eine angebliche «homosexuelle Cliquen-Wirtschaft» in der NSDAP oder zumindest in der SA aufmerksam zu machen. Inwieweit Röhm wirklich unter seinen engeren Mitarbeitern Homosexuelle «bevorzugt» verwendete, läßt sich ohne weitgreifende Spekulationen heute nicht mehr rekonstruieren.

Unter den Gegnern der NSDAP und speziell der SA ist diese «Cliquenwirtschaft» immer wieder behauptet worden, wobei der Zweck dieser Behauptungen auf durchsichtigen politischen Motiven basierte. Sie zielten auf eine Mobilisierung des gesunden Volksempfindens ab, wobei Unwissenheit und Vorurteile gegen Homosexualität und Homosexuelle entsprechende Hilfe leisteten. Allein die Behauptung der Cliquen-Wirtschaft genügte im Falle der Homosexualität, um im Rahmen der allgemein verbreiteten Homophobie in allen Teilen der Gesellschaft Irrationalismen wachzurufen, freizusetzen und politisch zu verwenden.

So schreibt Joachim C. Fest in seinem *‹Hitler›*, daß sich Röhm nach seinem Amtsantritt «unverzüglich daran (machte), die SA-Führungsränge in einem umfassenden Personalschub von von Pfeffers Offizieren zu säubern und statt dessen mit seinen homosexuellen Freunden zu besetzen. Hinter ihnen her zog eine breite, anrüchige Kumpanei. Röhm baue, so hieß es bald, eine ‹Privatarmee in der Privatarmee› auf» (S. 409). Während Fest noch im selben Satz zu erkennen gab, daß von Pfeffer Führungspositionen in der SA mit *seinen* Offizieren besetzt hatte, wird aus der Tatsache, daß ein Amtsnachfolger diese Positionen nun mit Offizieren seines Vertrauens besetzt, eine «breite, anrüchige Kumpanei». Der völlig normale Vorgang, daß führende Funktionsträger in allen möglichen Institutionen sich ihren Mitarbeiterstab nach Gesichtspunkten der Arbeitseffektivität selbst auswählen, wird hier Opfer der herrschenden Homophobie. Es entbehrt nicht einer bitteren historischen Ironie, daß jene «anrüchige Privatarmee in der Privatarmee» leider äußerst effektiv war, was die Durchsetzung der angestrebten Ziele anbetraf.

Ausgerechnet in der Nummer 175 des *Völkischen Beobachters* (24. Juni 1931) gaben die Nazis erstmalig eine öffentliche Stellungnahme zu den Enthüllungen der *Münchner Post* ab, und zwar unter den Schlagzeilen: «Der marxistische Verläumdersumpf in München», «Erbärmliche Verläumdungshetze der *Münchner Post* gegen nationalsozialistische Führer», «Stabschef Röhm gegen die Sudelei der *Münchner Post*. Der rote Pressesumpf». Nach diesen vier Schlagzeilen eine fünfte: «Bestellte Arbeit der sozialdemokratischen Spitzelzentrale».

Nach diesem Aufmacher folgte ein Text, in dem sich die Beschimpfungen überschlugen. Da war von «verlumpter Gesinnung der roten

Novemberpresse» von «ordinärer Hetze ... gegen die nationalsozialistische Bewegung» von «katastrophalem Bankrott des sozialdemokratischen Schwindelunternehmens» die Rede:

> «In der hilflosen Verzweiflung über die unvermeidliche Entlarvung des marxistischen Volksbetruges und über die zunehmende Wirkungslosigkeit der internationalen Agitationsphrasen auf die anständige deutsche Jugend sehen die roten Schmierfinken ihre letzte Rettung nunmehr in einer gemeinen und erbärmlichen persönlichen Verleumdungshetze, die in ihrer Schamlosigkeit und Niedrigkeit beispiellos ist ... Wenn die Herren Auer [Herausgeber der *Münchner Post* und Vizepräsident des Bayrischen Landtages; Anm. d. Verf.] und Genossen glauben, mit solchen Revolvermethoden gegen die NSDAP und ihrer Führer ihre verlorene Sache retten zu müssen, dann beweist das nur, daß ihr politischer Zusammenbruch größer ist, als selbst wir es für möglich gehalten hätten.»

In der Sache selbst wurde keine Aussage gemacht, sondern lediglich einige allgemeine Passagen über die Herkunft der Informationen zum besten gegeben:

> «Wir sind über seine trüben Quellen und über die Kreaturen, deren er sich bedient, genau unterrichtet. Ebenso genau wie über die bestellte Arbeit, die von den bezahlten Burschen geleistet wird. Wir werden, falls diese persönliche Diffamierungshetze nicht aufhört, genötigt sein, in den Sumpf der marxistischen Verleumder- und Spitzelzentrale hineinzuleuchten, daß den scheinheiligen, Moral vorheuchelnden Genossen Hören und Sehen vergeht.»

Bei diesen Drohungen handelte es sich um nichts anderes, als ein bombastisches Wortgeklimper. Tatsächlich hatte die NSDAP keinerlei Mittel in der Hand, den «Verleumdungen» entgegenzutreten. Blieb ihr nur ein möglichst forsches und wortgewaltiges Auftreten, um die Wirkungen der sozialdemokratischen Enthüllungen abzufangen. So schlug die Partei denn auch einen Kurs ein, der Geschlossenheit demonstrierte, Ehrenerklärungen für Röhm abgab und sich zur Sache selbst nicht äußerte. In der Nr. 175 des *Völkischen Beobachters* finden wir eine solche Präsentation nationalsozialistischer Geschlossenheit gegenüber einem Parteimitglied, dessen sexuelle Orientierung in scharfem Widerspruch zu den rassenpolitischen Zielen der Partei stand. Die Erklärung hatte folgenden Wortlaut:

> Seit dem Tag seines Dienstantritts als Stabschef der SA und SS ist Herr Oberstleutnant Röhm das Ziel gemeiner persönlicher Angriffe der *Münchner Post* und ähnlicher Judenblätter, die in ihrer Niedrigkeit und Unanständigkeit ihresgleichen suchen.

Der Zweck dieser Angriffe ist, den Stabschef Röhm, der den Juden und ihren Knechten seit Bestehen der Partei der unangenehmste und gefürchteste Führer der SA und SS ist, in seiner Stellung zu erschüttern.

Die SA und SS erklärt, daß sie die verlogenen Angriffe der Marxisten und ihrer Führer vom Schlage des Konjunktur-Renegaten, Major Meyer, gegen die Ehre des Stabschefs Röhm als Angriff gegen die SA und SS selbst ansieht; einer der treuesten Führer und verlässigsten Mitarbeiter Adolf Hitlers soll erledigt werden.

Wer unsere Führer angreift, greift die Partei an.

Wer Röhm angreift, hat die SA und SS angegriffen.

SA- und SS-Kameraden, klärt die Verbreiter der Lügen auf und gebt den Verleumdern die richtige Antwort!

Die in München anwesenden SA- und SS-Führer:
Der Reichsführer SS gez. Himmler.
SA-Oberführer München-Oberbayern gez. Kallenbach.
SS-Oberführer Süd gez. Dietrich.

Auch Röhm gab eine Stellungnahme ab, in der er vor allem zu der Entstehung des Berichts von Dr. Meyer erklärte:

In der systematischen Verleumdungshetze gegen den Nationalsozialismus und seine Führer bedient sich die marxistische Novemberpresse nunmehr der niedrigsten Mittel des persönlichen Kampfes. Die rote *Münchner Post* veröffentlicht neuerdings den angeblichen Bericht eines angeblichen «Nachrichtenoffiziers der Hakenkreuzler», Dr. Meyer aus Regensburg, an mich. Dazu stelle ich fest:

1. Jawohl, Dr. Meyer hat sich mir als Nachrichten-Agent angeboten. Die von ihm ohne Auftrag entwickelte Tätigkeit veranlaßte mich, unverzüglich alle Beziehungen mit ihm abzulehnen.
2. Der von der *Münchner Post* veröffentlichte Brief ist nie in meine Hand gelangt. Ich habe niemals von Dr. Meyer einen Bericht eingefordert.
3. Am Vormittag des 20. Juni wurde mir ein ähnlicher Bericht zum Kauf angeboten, mit dem Bemerken, daß der Bericht auf Anfordern sozialdemokratischer Kreise zum Zwecke der Veröffentlichung fabriziert wurde. Ich habe die Erwerbung des Briefes selbstverständlich abgelehnt mit der Erklärung, daß es mir gänzlich gleichgültig ist, was in der roten Novemberpresse über mich geschrieben wird. Ich nehme an, daß dieser Artikel der *Münchner Post* 600 Mark kostete, nachdem er mir zum gleichen Preis angeboten wurde.
4. Der Inhalt des Berichts ist unwahr. Ich lehne es ab, auf den offensichtlichen Unsinn des «Berichts» zu antworten.

5. Der Verfasser des Berichts hat heute meinem Vertreter das Angebot gemacht, ihn von sich aus zu widerrufen. Was den Wert des «Berichts» wohl zur Genüge kennzeichnet.

6. Im übrigen empfehle ich dem Sozialdemokratischen Nachrichtendienst, sich fähigere Mitarbeiter zu suchen.

München, 22. Juni 1931. gez.: Ernst Röhm

Auf diese immerhin sehr eindeutige Erklärung, in der die Punkte 3 und 5 so wichtig sind, daß man hätte annehmen dürfen, die *Münchner Post* nehme dazu Stellung, erfolgte in der Nummer 143 dieser Zeitung (25. Juni 1931) lediglich eine kurze Notiz, die mit «§ 175» überschrieben war. Sie lautete: «Wir erhalten folgende Zuschrift: Es ist zum Lachen, daß die wachsweichen Erklärungen des Hauptmann Röhm ausgerechnet in Nr. 175 des *Völkischen Beobachters* erschien. Heul.»

Dafür aber nahm der *Völkische Beobachter* in seiner Nummer 177 vom 26. Juni 1931 in einer zweiten Erklärung zu der Erklärung der *Münchner Post* vom 24. Juni Stellung. Wiederum in großer Aufmachung auf der ersten Seite: «Die Fälscherwerkstätte der *Münchner Post* entlarvt», «Die versumpften marxistischen Ehrabschneider benutzen einen verlogenen ‹Bericht› zu ihrer Hetze», «Die Lumpen gestellt», «Einstweilige Verfügung gegen das rote Lügenorgan», «Die unerhörten Fälschungen schon festgestellt», «Die *Münchner Post* verklagt!»

Während der erste Teil des Artikels lediglich die schon in der Nummer 175 des *Völkischen Beobachters* erhobenen Drohungen wiederholte, war darin doch ein erwähnenswerter Abschnitt enthalten:

> «Nebenbei bemerkt, ist die SPD jene Partei, die sich seit Jahrzehnten mit größter und erfolgreichster Energie für den Sexualjuden Magnus Hirschfeld und für die Aufhebung des § 175 einsetzt. Ausgerechnet die Presse dieser roten Vorkämpfer für alles und jedes, was Moral, Anstand und Sittlichkeit im Volk zu zerstören vermag, wirft sich zum scheinheiligen und heuchlerischen Ankläger gegen die Lebensführung nationalsozialistischer Führer auf.»

Denkt man sich die typische NS-Phraseologie («Sexualjude» etc.) weg, dann steckte hinter diesen Sätzen ein wahrer Kern. In der Tat stand die SPD hier in einem eklatanten Widerspruch, denn sie hatte seinerzeit im Reichsrechtsausschuß für die Streichung des § 175 gestimmt. Jetzt hatte sie ihre Reformgedanken der politischen Opportunität geopfert und machte einem politischen Gegner einen Tatbestand zum Vorwurf, den es in einer sozialdemokratisch geführten Gesellschaft gar nicht geben sollte.

In der gleichen Nummer des *Völkischen Beobachters* wurden, wie aus den Überschriften bereits zu erkennen war, die ersten rechtlichen Schritte angekündigt.

Auf diesen Sachverhalt hin profilierte sich die *Münchner Post* am 26. Juni unter der sinnigen Überschrift «Schwulitäten» als Bollwerk der bürgerlichen Sittlichkeit: «Weder Beschimpfungen noch Bedrohungen werden uns abhalten, den Kampf gegen die als ‹sittlichen Erneuerer› sich aufspielenden Jugendverderber zu führen.» Gleichzeitig erfolgte die Zuspitzung auf die Frage, ob ein Mitglied der NSDAP namens Schulz von der Homosexualität Röhms wisse oder nicht und ob er wegen dieser Sache bei Hitler vorstellig geworden sei:

> «Herr Schulz will demnach nicht wahrhaben, daß er bei seinem Herrn und Meister Hitler wegen des unsauberen Treibens seines Kameraden Röhms vorstellig geworden ist. Wir gestatten uns, dazu die einzige Frage zu stellen: Ist Herr Schulz in der Lage, eidesstattlich zu versichern, daß er von dem unsauberen Treiben Röhms keine Kenntnis hat? Erst wenn diese Frage eindeutig beantwortet ist, werden wir mit Herrn Schulz über den Fall weiterreden.»

Wahrscheinlich wollte die SPD-Zeitung mit dieser Wendung auf die Verpflichtung Schulz' aufmerksam machen, falls er von dem «unsauberen Treiben» wußte, Anzeige gegen Röhm wegen § 175 zu erstatten. Dies war mit Sicherheit nicht zu erwarten, und somit mußte der Dialog zwischen beiden Parteien auf dieser Ebene zwangsläufig enden. Eine Anzeige war zu diesem Zeitpunkt vielmehr bereits von der Staatsanwaltschaft München gestellt worden, denn in der gleichen Ausgabe berichtete die SPD-Zeitung:

> «Wie aus dem Justizministerium verlautet, hat die Staatsanwaltschaft gegen den Stabschef Hitlers, den Hauptmann a. D. Ernst Röhm, ein Verfahren wegen Vergehens gegen den § 175 des Reichsstrafgesetzbuches eingeleitet. Das Verfahren war schon vor den Veröffentlichungen der *Münchner Post* im Gange, wird aber jetzt auf die Tatbestände ausgedehnt, die aus diesem Bericht bekanntgeworden sind.»

Von nationalsozialistischer Seite hörte man nichts, was diese Meldung bestätigte oder widerrief.

Drei Tage später, am 30. Juni, setzte die *Münchner Post* ihre Kampagne mit der Veröffentlichung eines Gerichtsprotokolls aus dem Jahre 1925 fort. Aus diesem ging hervor, daß Röhm von einem homosexuellen Prostituierten (Strichjungen) bestohlen worden war.

Mit den Anzeigen gegen Röhm war die Affäre nun in ein Stadium eingetreten, die die Ergebnisse der Klagen abwarten mußte, ehe es politisch lohnte, die Kampagne fortzusetzen. Folglich beschränkte sich die *Münchner Post* auf kürzere Hinweise darüber, wie viele Anzeigen gegen den Stabschef der SA mittlerweile vorlagen. So meldete die Zeitung am 10. Juli 1931 unter der Überschrift «Zum Fall Röhm»:

«Wir haben Anlaß zu folgender Bemerkung: Gegen den Hitlerschen Stabschef Ernst Röhm, Hauptmann a. D., liegen wie in einem uns zugestellten Gerichtsbeschluß erwähnt ist, fünf Strafanzeigen wegen Vergehens wider die Sittlichkeit (§ 175 RStGB) vor. Wir geben der bestimmten Erwartung Ausdruck, daß von keiner Seite auch nur versucht wird, auf die Staatsanwaltschaft in gesetzwidriger Weise einzuwirken, dieses Strafverfahren im Sande laufen zu lassen. Wir sind auch überzeugt, daß die Staatsanwaltschaft einem derartigen Versuch pflichtgemäß wiederstehen würde. Die Öffentlichkeit wird auf das genaueste darüber wachen, daß dieses Strafverfahren einen ordnungs- und gesetzmäßigen Verlauf nimmt.»

Dieser Appell an die Unabhängigkeit der Gerichte in einem Fall, wo es um die Anwendung eines äußerst umstrittenen Paragraphen ging, mußte die Reformabsichten der SPD im Reichsrechtsausschuß von 1929 in einem recht zweifelhaften Licht erscheinen lassen. Auch wenn man annimmt, daß, wie die SPD-Zeitung vermutet, von «völkischer Seite» Pressionen auf die Entscheidung der Gerichte erfolgen könnten, so hätten sich auch die im Sinne der SPD-Zeitung handelnden Kläger ausrechnen können, daß eine tatsächliche Verurteilung auf Grund des bestehenden § 175 kaum zu erwarten war, denn hier mußten «beischlafähnliche Handlungen» nachgewiesen werden, die die Betroffenen in aller Regel wohl kaum dem Gericht anvertrauten, sofern die Vereinigung in beiderseitigem Einvernehmen vor sich gegangen war. Weil eben diese Fassung des § 175 sich kaum dazu eignete, als politisches Instrument benutzt werden zu können, nahmen die Nationalsozialisten im Jahre 1935 jene spezifische Verschärfung des § 175 vor, die eine politisch effektive Handhabung gewährleisten sollte.

Hatte die *Münchner Post* die Hauptlast des «Enthüllungs-Kampfes» gegen Röhm und die NSDAP getragen, so war das Duell um das gesunde Volksempfinden jedoch nicht ohne Auswirkungen auf andere sozialdemokratische Blätter geblieben. Einem Brief des «Bundes für Menschenrecht» war zu entnehmen, daß «in allen Parteiblättern» der SPD diskriminierende Artikel gegen Homosexuelle, einschließlich entsprechender Karikaturen, gelesen werden konnten (Eissler 1980, S. 121). Das WHK, dessen Dokumentation *‹Homosexualität und Nationalsozialismus›* wir den größten Teil der Zeitungsmeldungen entnommen haben, bemerkte in einem Schlußwort, das wohl Ende Dezember 1931 verfaßt wurde,

«daß unseres Wissens weder die Strafverfahren noch die Beleidigungsprozesse bisher durchgeführt worden sind. Ebenso ist keines der von der *Münchner Post* mit sehr viel detailliertem Material beschuldigten Mitglieder der Reichsleitung der NSDAP von seinem Posten zurückgetreten. Sowohl der Stabschef, Hauptmann a. D. Röhm, wie auch andere durch die *Münchner Post* mehr oder weniger belasteten Persönlichkeiten haben nach wie vor ihre Parteiämter inne» (S. 368).

Doch die Auseinandersetzungen sollten recht schnell in eine zweite Phase eintreten. Für den 13. März 1932 waren Reichspräsidentenwahlen angesetzt und nach den spektakulären Erfolgen der Nazis bei den Reichstagswahlen vom September 1930 war zu erwarten, daß ihr Führer Adolf Hitler als Kandidat für das höchste Staatsamt eine beachtliche Stimmenzahl auf sich vereinigen konnte. Wie bekannt ist, mußten damals zwei Wahlgänge durchgeführt werden, weil im ersten keiner der Kandidaten die erforderliche absolute Stimmenmehrheit erhielt (Hindenburg 18,65 Millionen Stimmen, Hitler 11,34 [!], Ernst Thälmann 4,98, zwei weitere Kandidaten zusammen 2,67). Erst in einem zweiten Wahlgang erhielt Hindenburg mit 19,36 Millionen Stimmen die absolute Mehrheit. Immerhin hatte Hitler 13,42 Millionen Wähler für sich gewonnen, was als eine Fortsetzung der bisherigen Wahlerfolge der NSDAP zu verstehen war. Überhaupt war das Jahr 1932 für die NSDAP von Erfolg gekrönt. Dies zeigte sich deutlich in den Ergebnissen der Länderwahlen. In Preußen, Bayern, Württemberg, Hamburg und Anhalt gewannen die Nazis im April 1932 erheblich. Im Herzogtum Oldenburg stellte die NSDAP ab 16. 6. 1932 sogar die Regierung, ebenso in Mecklenburg (13. 7. 32) und Thüringen (26. 7. 1932). In Anhalt war dies schon ab 21. 5. 1932 geschehen, und im September 1932 setzte sich die Partei auch in Braunschweig durch. Nicht umsonst versprach sich die SPD in diesem Wahljahr von ihrer Anti-Homo-Kampagne gegen die NSDAP eine besonders effektive Wirkung. In der zweiten Phase der Enthüllungen sollten persönliche Briefe Röhms an einen ebenfalls Homosexuellen das entsprechende Entrüstungspotential mobilisieren. So verbreitete der *Sozialdemokratische Pressedienst* ab 7. 3. 1932 Privatbriefe Röhms, in denen er recht offen seine sexuellen (Phantasie-)Wünsche zum besten gab. Bei der Lancierung der Briefe in die Öffentlichkeit spielte ein gewisser Dr. Helmut Klotz eine besondere Rolle. Klotz war Reichstagsabgeordneter der SPD und hatte zuvor der NSDAP angehört. Nach Harry Wilde (‹*Das Schicksal der Verfemten*›) soll Klotz die Briefe zunächst der KPD zur Veröffentlichung angeboten haben, diese lehnte jedoch das Ansinnen ab. Das sozialdemokratische Zentralorgan *Vorwärts* dagegen kommentierte in ihrer Ausgabe vom 8. 3. 1932 die Briefe als «negatives Zeitdokument».

Der Stabschef leugnete zwar nicht, daß diese Dokumente von ihm stammten, versicherte jedoch in einer eidesstattlichen Erklärung, sich nie im Sinne des § 175 schuldig gemacht zu haben.

In der Öffentlichkeit allerdings versprachen sich die SPD und in einem gewissen Umfang auch die KPD durch die Betonung der «Jugendverführung» Erfolge im Kampf gegen die NSDAP. Nach dem Motto «Aggressiver Homosexueller Röhm verseucht ungehindert deutsche Jugend» (Eissler 1980, S. 109) hoffte vor allem die sozialdemokratische Presse, der NSDAP Wählerstimmen abzunehmen. Unter Verwendung der Aussage Röhms, daß jene vom sozialdemokratischen Pressedienst verbreiteten Briefe von ihm stammten, orientierte der *Vorwärts* vornehmlich auf die Ängste der Eltern von SA-Mitgliedern, wenn in der Ausgabe vom 10. 3. 1932 festgestellt wurde, daß

> «der Präsidentschaftskandidat der NSDAP bisher nichts unternommen (hat), um die SA-Jugend aus den Klauen des Herrn Röhm zu befreien. Das beweist einmal, wie abgrundtief die Verlogenheit der Nazipresse ist, und daß diese Presse vor keiner Gemeinheit, keiner Lüge und Verleumdung zurückschreckt, zugleich aber auch, wie versippt das Nazi-Bonzentum ist. *Ihr System* ist wieder einmal entlarvt. Es ist das röhmische System, das vor nichts zurückschreckt und sich vor nichts ekelt.»

In einer späteren Ausgabe des *Vorwärts* (4. 4. 1932) deckte sich kurioserweise die Argumentation dieses SPD-Blattes mit jenen Forderungen, die auch innerhalb der NSDAP durch Oberleutnant Schulz an den «Führer» gestellt worden waren, nämlich die sofortige Entfernung Röhms, weil er homosexuell war. Im *Vorwärts* las sich dies so:

> «Festzustellen ist: Röhm, der die Jugend von der *Schwarzen Reichswehr* als seine sexuelle *Leckerspeise* rühmt, kann und darf bei solcher Veranlagung Oberster *Führer der ähnlich gearteten Hitlerarmee bleiben. Nicht gegen ihn* wird von den ‹Erneuerern der deutschen Sittlichkeit› etwas unternommen, sondern man sucht durch Drohungen . . . die *Presse* einzuschüchtern, damit sie über diesen Skandal nichts bringt! So sieht die Moral im Hitlerlager aus! An den Anschlagsäulen aber prangt seit gestern ein *Plakat der Nazis,* darauf als Text steht: *Rettet die deutsche Familie!*»

Wie sehr das Zentralorgan der SPD mit dem Argument der Jugendverführung hantierte, zeigte sich besonders auch in jener Passage, in der die «ähnlich geartete Hitlerarmee» in der Öffentlichkeit als zumindest tendenziell ebenfalls homosexuell präsentiert wurde. Die Gefühle, an die hier appelliert wurde, sollten eine Schreckensvision entfachen: Falls die Wehrpflicht in der «Hitlerarmee» bestünde, so gäbe es hier auch eine Pflicht zur Homosexualität . . .

Doch noch ein weiteres Moment der Doppelmoral in der NSDAP

meinte die SPD-Zeitung festgestellt zu haben. Der homosexuelle Röhm war für sie ein Beleg dafür, daß die NSDAP auch in ihrer Familienpolitik heuchelte. Diese Ausdehnung des Vorwurfs der Doppelmoral war durchaus konsequent, wenn man einen Widerspruch zwischen Familie und Homosexualität sah, wie es die SPD offensichtlich tat. Da mit Sicherheit anzunehmen war, daß auch die Redakteure des *Vorwärts* den Bestseller der nationalsozialistischen Bewegung ‹*Mein Kampf*› gelesen hatten, mußte ihnen allerdings unmißverständlich klar sein, daß die traditionellen bürgerlichen Familienbande in einem kommenden faschistischen Staat keineswegs gelockert, sondern im Rahmen der nationalsozialistischen Rassenpolitik wesentlich verschärft werden sollten. Die NS-Parole «Rettet die deutsche Familie» entsprang also keineswegs einer grundsätzlichen Doppelmoral des deutschen Faschismus, sondern entsprach unmittelbaren Interessen einer spezifischen Bevölkerungspolitik, die mit den §§ 175 und 218 als wesentlichem Instrumentarium hantieren sollte. Wenn die SPD-Zeitungen am Beispiel Ernst Röhm eine Doppelmoral in jener Partei anprangerten, dann griffen sie einen Zustand noch nicht vollzogener Gleichschaltung an. Im Sinne der formulierten Rassen- und Familienpolitik der NSDAP stellte ein frei umherspringender Ernst Röhm tatsächlich einen tiefen Bruch dar, einen Widerspruch, der nach «Ausmerzung» förmlich schrie. Freilich war dieser Widerspruch auch den Nationalsozialisten klar und unterstützt von den sozialdemokratischen Enthüllungen bemühte man sich auch, jene Gleichschaltung zu vollziehen. Schließlich war es gerade der sozialdemokratischen Presse vorbehalten, die Versuche zur Eliminierung des Widerspruchs in ihren Blättern ausführlich zu dokumentieren, um diesen Prozeß zu beschleunigen.

Zurückhaltender dagegen äußerte sich die KPD in ihrem Zentralorgan *Rote Fahne*. W. U. Eissler kommt in seiner Untersuchung ‹*Arbeiterparteien und Homosexuellenfrage*› zu dem Ergebnis, daß

> «in den Monaten März und April 1932 die *Rote Fahne* nur zwei Artikel (brachte), die sich mit dem Fall Röhm befaßten. Dabei wurde seine Triebrichtung nur am Rande erwähnt, das kommunistische Zentralorgan versuchte in erster Linie, das NSDAP-interne Intrigantentum aufzuzeigen» (S. 112).

Andere kommunistische Zeitungen nahmen sich der Affäre jedoch ausführlicher an. So brachte die *Welt am Abend* einen Artikel unter dem Titel «Der braune Sumpf der Nazihauptquartiere. Korruption, Intrigen und Sexualheuchelei um den § 175 in der Hedemannstraße [Berliner NSDAP-Zentrale; Anm. d. Verf.]. Hauptmann Röhm mißbraucht erwerbslose Jungarbeiter». Wie aus der letzten Schlagzeile hervorging, war dieses Blatt über die § 175-Verhandlungen und die

Tatsache, daß Röhm mit männlichen Prostituierten sexuellen Umgang hatte, informiert. Daß die kommunistische Zeitung die Interessen der «erwerbslosen Jungarbeiter» vertrat, dürfte sicher nicht erstaunen, daß jedoch ein Unterschied zwischen der Prostitution von Jungarbeitern und Jungarbeiterinnen gemacht wurde, deutet darauf hin, daß in dieser Partei auch mit bürgerlichem Wasser gekocht wurde: Berichte in großer Aufmachung über den «Mißbrauch» von Jungarbeiterinnen durch bourgeoise Freier sind uns nicht bekannt.

Zwischen Arbeitslosigkeit und Prostitution gibt es bekanntlich einen kausalen Zusammenhang insofern, als besonders proletarische Jugendliche in Ermangelung sonstiger Erwerbsmöglichkeiten (Wirtschaftskrise!) gezwungen waren, ihren Körper auf dem Strich anzubieten. Hier gab es keinen prinzipiellen Unterschied zwischen homo- und heterosexueller Prostitution: Hunger blieb Hunger und Geld blieb Geld. Beide Kategorien ließen keinen Unterschied zwischen homo- und heterosexuell zu, sondern wurden durch Angebot und Nachfrage gesteuert. Das monetäre Prinzip zersetzte eben auch jene Hemmungen, die eine repressive Moral als unabdingbar «natürlich» propagierte. Dem Klassengegner das Etikett der sexuellen Perversion anzuheften, davon versprach man sich offenbar auch in der KPD eine Festigung des proletarischen Klassenbewußtseins in den eigenen Reihen. So teilte die *Welt am Abend* (KPD) in jenem oben erwähnten Artikel ihren Lesern mit: «Die Hitlerkamarilla ist auf dem Boden homosexueller Veranlagung und Heuchelei gewachsen.» Sinn solcher Behauptungen war es, ähnlich wie bei der SPD, das gesunde Volksempfinden zu mobilisieren und gegen den politischen Feind zu wenden. Ein weiteres Motiv solcher Aussagen dürfte bei der KPD aber auch darin gelegen haben, den Klassenfeind mit den eigenen Gesetzen zu verletzen. Dies freilich mußte dazu führen, daß sexuelle Abweichungen von der herrschenden «Diktatur der Normalität» als lediglich beschränkt auf die herrschende Klasse selbst angesehen wurden. Das Proletariat, die unterdrückte Klasse, konnte auf diese Weise als verführt dargestellt werden, bar jeder eigenen sexuellen «Widernatürlichkeit».

«Die Bourgeoisie stellt eine Moral auf, an die sie sich selbst nicht hält», dies war die Grundlage, auf der nicht unwesentliche Teile der KPD den Kampf gegen die herrschende Moral führte.

> «Die Neigung, alle möglichen Übel auf einfache Art und Weise dem politischen Gegner in die Schuhe zu schieben, war stets ein guter Nährboden für den Versuch, ihm auch sexuelle Verkommenheit anzudichten» (Eissler 1980).

Weitgehend unterentwickelt waren in der Weimarer KPD dagegen noch Fragestellungen, die nach den Gründen für die Diskriminierung und Kriminalisierung der Homosexualität forschten und damit versuchten, die Grundlagen der bürgerlichen Sexualmoral aufzudecken. Ansätze hierzu waren allerdings gemacht worden. Zu nennen ist vor allem Felix Halle, der in seiner im Jahre 1931 erschienenen Publikation *‹Geschlechtsleben und Strafrecht›* die Verfolgung der Homosexualität auf ihre fehlende Zeugungsmöglichkeit zurückführte:

> «Die Bestrafung der beischlafähnlichen Handlungen [zwischen Männern; Anm. d. Verf.] als Ausübung einer dem natürlichen Geschlechtsakt ähnlichen Handlung wurde und wird in der bürgerlichen wissenschaftlichen Literatur sowohl theologisch, philosophisch und juristisch damit begründet, daß die fehlende Zeugungsmöglichkeit den Akt eines ‹natürlichen› Charakters beraubt. Mit dem Fehlen der Zeugungsmöglichkeit mangelt dem Akt nach der kirchlichen und konservativen bürgerlichen Auffassung jede sittliche Berichtigung. Der ausschließliche Zweck der Befriedigung des Geschlechtsdrangs des einen oder der beiden Partner wird von diesem Standpunkt als ‹niedrige Befriedigung der Sinneslust› und damit als grob unsittlich und strafbar verworfen» (zit. nach ebd., S. 90)

Hier hatte Felix Halle eine Aussage getroffen, die nicht nur einen wesentlichen Zugang zur Erklärung der Homosexuellen-Verfolgung darstellt, sondern gleichzeitig auch Ansätze zu einer Erklärung der spezifischen bürgerlichen Sexualmoral aufzeigt: Die «Natürlichkeit» einer sexuellen Handlung wurde dieser Moral entsprechend an ihrer Zeugungsmöglichkeit gemessen. Die bürgerliche Sexualmoral wird damit zu einer Fortpflanzungsmoral, die sich als prinzipiell lustfeindlich darstellt. In einer anderen Veröffentlichung hatte Felix Halle schon im Jahre 1926 festgestellt:

> «Das werktätige Volk erblickt in dem geltenden Recht und seiner Handhabung durch die gerichtliche Praxis ... den untauglichen Versuch der herrschenden Klasse, die einzelnen Individuen zwangsweise zu einer Zeugung anhalten zu wollen, um sich billige Arbeitskräfte und Rekruten für imperialistische Kriege zeugen und gebähren zu lassen» (*‹Die Internationale›*, 1926 III, S. 667).

Hier wird die gesellschaftliche Verwertung des «Gezeugten» deutlich angesprochen. Das staatlich-politische Instrumentarium zur Steuerung der Menschenproduktion im Rahmen einer Bevölkerungspolitik wird damit zur übergeordneten polit-ökonomischen Kategorie in der Erklärung der herrschenden Sexualmoral, wobei die Familie als Aufzuchts- und Sozialisationsinstanz des Nachwuchses einen besonderen Schutz erhielt. Der fortbestehende § 175 wurde somit zu einem Familienschutzparagraphen. Hierzu schrieb Felix Halle:

> «Die Bourgeoisie, insbesondere ihr offen reaktionärer Flügel, wünscht derartige Strafbestimmungen aufrecht zu erhalten, weil er befürchtet, durch ein Nachgeben an diesen Fragen die bürgerliche Familie weniger als bisher zu schützen, obwohl die bürgerliche Ehe von der sozialen Entwicklung auf das schärfste bedroht erscheint» (*‹Geschlechtsleben und Strafrecht›*, S. 66 nach Eissler 1980).

Die Bedrohung der bürgerlichen Ehe erfolgte zweifellos nicht hauptseitig durch die Homosexualität, sondern durch Faktoren, die im wirtschaftlichen und sozialen System des Kapitalismus selbst lagen.

Wenn Felix Halle feststellte, daß das «werktätige Volk» in dem geltenden Sexualstrafrecht (§ 175) den Versuch zu einer zwangsweisen Zeugung von Nachwuchs «erblickte», dann kann hier nur festgestellt werden, daß nicht einmal die Mehrheit der KPD Halles Thesen zur Kenntnis genommen hatte. Dies lag zu einem überwiegenden Teil daran, daß sich Überlegungen, wie sie Halle angestellt hatte, erst in einem Stadium der Entwicklung und Verbreitung befanden. *‹Geschlechtsleben und Strafrecht›* war zwei Jahre vor der faschistischen Machtergreifung veröffentlicht worden und gehörte, dies läßt sich mit einiger Sicherheit annehmen, wenige Jahre später bereits zu den verbrannten Büchern.

Immerhin waren in der kommunistischen Zeitung *Welt am Abend* auch Standpunkte wie der folgende zu lesen:

> «Wir lehnen es entschieden ab, selbst einem Gegner gegenüber, von unserer grundsätzlichen Haltung im Kampf gegen den § 175 abzuweichen. Aus der Veranlagung werden wir nie und nimmer jemandem einen Vorwurf machen, aber wir werden uns nicht hindern lassen, die abgrundtiefe Heuchelei dieser korrumpierten Kreise aufzuzeigen, die den Kampf gegen den Paragraphen als ‹marxistische Schweinerei› bezeichnen, für sich selbst aber von diesem Kampf zu profitieren suchen . . .» (zit. nach ebd., S. 113).

Diese Aussage entsprach einer Feststellung von Kurt Hiller, «daß in den Reichstagsausschußverhandlungen über das Sexualstrafrecht, Oktober 1929, gerade die KPD (nur sie!) sich ganz auf den Standpunkt unseres Komitees gestellt hat» (Hiller 1973, S. 111). Mit solchen Aussagen, wie sie in jener von Willi Münzenberg herausgegebenen Zeitung *Welt am Abend* gemacht wurden, ließ sich eine Glaubwürdigkeit erreichen, die im Lager der Homosexuellen-Organisationen überzeugend wirken konnte. Die in dem Artikel benannte «abgrundtiefe Heuchelei» wurde, wie aus einem Brief des «Wissenschaftlich-Humanitären Komitees» an die SPD hervorging, auch auf seiten der Homosexuellen verurteilt. So war in diesem Brief des WHK an den Parteivorstand der

SPD von «Moral mit doppeltem Boden» die Rede, doch drängt sich beim Lesen des Textes der Eindruck auf, daß das WHK diese Doppelmoral auch bei der SPD sah. In dem längeren Brief heißt es:

> «. . . wir glauben, in zahlreichen Publikationen der sozialdemokratischen Presse feststellen zu müssen, daß der *berechtigte* Kampf gegen eine Moral mit doppeltem Boden, wie sie durch die Reichsleitung der NSDAP bislang vertreten wird, immer mehr durch die Meinung verdrängt wird, die Homosexualität an sich sei ein Charaktermanko, ein sittlicher Defekt von mehr oder minder schwerer Bedeutung . . . Zum Schluß bitten wir sie noch, uns freundlichst mitteilen zu wollen, ob wir uns nach wie vor der Unterstützung der sozialdemokratischen Reichstagsfraktion bei Propagierung unserer Forderungen auf Streichung des § 175 RStGB versichert halten dürfen; d. h. wir gestatten uns zu fragen, ob die SPD nicht nur der gesetzlichen Verfolgung, sondern auch der gesellschaftlichen Verfemung der gleichgeschlechtlichen Menschen entgegentreten wird» (zit. nach Eissler 1980, S. 111).

Angesichts der Veröffentlichungen in der sozialdemokratischen Presse erschien diese Frage nur zu berechtigt, denn allzu deutlich sprach aus vielen jener Artikel eine grundsätzliche Diskriminierung der Homosexualität schlechthin. Der Antwortbrief der SPD auf jene Äußerung des WHK macht den sozialdemokratischen Standpunkt zur Homosexualität denn auch auf eine besondere Weise deutlich:

> «Die Sozialdemokratische Partei hat ihre Auffassung gegenüber der homosexuellen Veranlagung nicht geändert, wie sich schon daraus ergibt, daß sie im Strafrechtsausschuß die Beseitigung des bisherigen § 175 StGB erreicht hat. Sie wird auf ihrem die Strafbarkeit der homosexuellen Betätigung ablehnenden Standpunkt verharren. Den Fall Röhm hat die sozialdemokratische Presse nur deshalb ausgenutzt, weil die Nationalsozialisten Anhänger der Strafbestimmungen gegen die Homosexuellen sind und weil sie auch an diesem Fall die Heuchelei einer Partei beleuchten wollte, die die Homosexuellen zu Verbrechern stempeln will und einen von ihnen in maßgeblicher Stelle beläßt . . . An den Anschlagsäulen sich als die Retter der deutschen Familie bezeichnen und gleichzeitig einen Mann an der Spitze dulden, der durch seine Veranlagung dadurch abgehalten wird, eine Familie zu gründen, ist ein Widerspruch in sich selbst, auf den hinzuweisen die sozialdemokratische Presse berechtigt gewesen ist. Die Partei denkt nicht daran, die Homosexuellen verächtlich zu machen und zu verunglimpfen. Mit den Vertretern unserer Parteipresse werden wir bei sich bietender Gelegenheit die Angelegenheit besprechen» (zit. nach ebd., S. 112).

Diese Antwort konnte vor dem Hintergrund der durchgeführten Kampagne nur als eine weitere Verhöhnung der Homosexuellen verstanden werden. Im Hinblick auf die Haltung der SPD kommt Eissler daher zu der Einsicht:

> «Indes hatte die Partei tatsächlich ‹ihre Auffassung gegenüber der homosexuellen Veranlagung nicht geändert›, sie hatte stets den Paragraphen ebenso abgelehnt wie die gleichgeschlechtliche Zuneigung» (ebd., S. 112).

In der Tat: Gegenüber den Homosexuellen hatte die SPD die Quadratur des Kreises vollbracht.

Inwieweit sich die Haltungen der Parteien in der Röhm-Affäre auch in den Wahlempfehlungen der Homosexuellen-Organisationen niederschlugen, läßt sich im einzelnen nur schwer feststellen. Uns liegt ein Artikel der Homosexuellen-Organisation «Bund für Menschenrecht» vor, der unter der Überschrift «Was sollen wir wählen?» die Äußerungen der Parteien zur Abschaffung des § 175 aufführte und auf dieser Grundlage eine Art «Wahlhilfe» anbot. «Eine bestimmte Wahlparole, nur diese oder jene Partei zu wählen», gab der Bund nicht ab, sondern bat seine Mitglieder, sowie

> «unsere Anhänger, auch diesmal an der Wahl teilzunehmen und daß jeder, der es mit seinen persönlichen und wirtschaftlichen Interessen vereinbaren kann und will, nur eine der Parteien wählt, die auch für die Gleichberechtigung der homosexuellen Menschen und für die Abschaffung des Schmachparagraphen 175 eintritt» (*Das Freundschaftsblatt*, 10. Jg., Nr. 44 v. 3. 11. 1932).

Gleichzeitig deutete Paul Weber, Verfasser des Artikels und 1. Vorsitzender des Bundes an, «daß der Reichstag, zu dessen Wahl wir in dieser Woche schreiten, nicht von langer Dauer sein wird». Diese «Möglichkeit», so fuhr er fort, «dürfte lediglich mehr oder weniger später der Anlaß zu eventuellen ernsteren politischen Auseinandersetzungen werden, ob Demokratie oder Diktatur».

Tatsächlich waren diese Wahlen die letzten freien vor der Machtergreifung.

«Bis jetzt», schrieb Weber,

> «hat jeder Deutsche noch das Recht, durch seine Stimme zu entscheiden, wie der Reichstag zusammengesetzt werden soll und nach meiner Meinung ist es Pflicht jedes Staatsbürgers, diesem wichtigen Akt nachzukommen, wenn ihn nicht innere Zweifelsgründe an der Entscheidung, welcher Partei er seine Stimme geben soll, hindern.»

Drei Monate vor der Machtergreifung des Nationalsozialismus las sich der Artikel Webers wie ein Appell an seine Leser, durch die Wahlbeteiligung den Faschismus zu verhindern. Als hätte er das Schicksal der «Männer mit dem Rosa Winkel» bereits vorausgeahnt, schrieb er in fast beschwörenden Worten an seine Leser:

«Die Wahl am kommenden Sonntag ist von eminenter Wichtigkeit, denn an diesem Tage wird die Entscheidung fallen, ob mit oder ohne Parlament das deutsche Volk regiert werden darf.»

Als mobilisierendes Wahlmotiv der vierten Reichstagswahlen des Jahres 1932 führte Weber seinen Lesern noch einmal ihre ureigensten Interessen, die Streichung des § 175, vor Augen und stellte fest:

«Es ist daher unbedingt wichtig, auch vor dieser Reichstagswahl nochmals aus dem Archiv des Bundes für Menschenrecht e. V. das Material bekanntzugeben, das zum Teil bereits schon bei anderen Wahlen vorlag und zu ergänzen, wie sich die einzelnen politischen Parteien zur Aufhebung des mittelalterlichen § 175 verhalten, und ob sie die Gleichberechtigung der Homosexuellen anerkennen oder ablehnen.»

Es folgte eine Auflistung der Parteienaussagen zum § 175, in der Reihenfolge von links nach rechts. Obwohl Weber explizit äußerte, daß eine Wahlempfehlung für eine bestimmte Partei nicht gegeben werde, stellte diese Zusammenfassung durch ihre Sachaussage dennoch eine Wahlempfehlung dar, und zwar für die KPD:

«Die Kommunistische Partei (Stimmzettel Nr. 3) tritt vorbehaltslos für die Gleichberechtigung der homosexuellen Menschen ein. Die Forderungen der KPD für ein neuzeitliches Reichsstrafgesetzbuch sind zum Teil noch weitgehender als die Forderungen des Bundes für Menschenrecht e. V.»

Obwohl die SPD, ihre Aussage folgte als nächste, im Strafrechtsausschuß ebenfalls für die Streichung des § 175 eingetreten war, hatte gerade die antihomosexuelle Röhm-Kampagne daran zweifeln lassen, ob die Sozialdemokraten ihre Aussage überhaupt ernsthaft gemeint hatten. In Webers Artikel tauchte daher auch eine Wortwahl auf, die deren distanziertere Haltung zu den Homosexuellen-Forderungen deutlich machte:

«Von der Sozialdemokratischen Partei Deutschlands liegt eine Sympathieerklärung vor, daß diese Partei (Stimmzettel Nr. 2) die Forderungen des Bundes für Menschenrecht e. V. anerkennt und für die Annahme dieser Wünsche im Ausschuß und im Plenum derzeit eintreten wird.»

Allerdings entsprach eine «Sympathieerklärung» keineswegs einer «vorbehaltslosen Unterstützung», wenn auch nicht daran gezweifelt werden konnte, daß die SPD zur Abschaffung des § 175 auch weiterhin bereit war. Freilich hatte das Verhalten dieser Partei in der Röhm-Affäre gezeigt, daß sie noch nicht weit über jenen Standpunkt hinausgekommen war, wie ihn der Reichstagsabgeordnete Rosenfeld auf dem Kieler Parteitag der SPD im Jahre 1927 formuliert hatte:

> «Die krankhaften Geschlechtsbeziehungen sollten endlich der geradezu mittelalterlichen anmutenden Behandlung durch das Strafgesetz entzogen werden. Selbstverständlich Schutz der Jugend, Schutz vor Mißbrauch in sozialen Abhängigkeitsverhältnissen. Aber die Homosexualität kann durch Strafgesetze nicht ausgerottet werden. Sie hat zu allen Zeiten bestanden, auch trotz § 175, und sie wird trotz aller Strafe weiter bestehen. Wir halten es nicht für richtig, Krankheiten mit dem Strafgesetz zu bekämpfen» (zit. nach Eissler 1980, S. 57 f).

Der § 175 war also lediglich kein geeignetes Mittel, die «Krankheit» Homosexualität zu bekämpfen.

Noch eine dritte Partei, liberal, stand den Forderungen des «Bundes für Menschenrecht» aufgeschlossen gegenüber:

> «Die Demokratische Partei, jetzt Deutsche Staatspartei, hat sich ebenfalls für die Bestrebungen des Bundes ausgesprochen, jedoch dürfte es zweifelhaft sein, ob gerade diese Partei nochmals Fraktionsstärke erlangen wird, um im Strafrechtsausschuß wenigstens durch einen Abgeordneten vertreten zu sein.»

Mit diesen drei Parteien hatte sich das Potential erschöpft, das für die Streichung des § 175 einzutreten bereit war. (Sie repräsentierten im 5. Reichstag 240 von 577 Abgeordneten, im 6. 226 von 608 und im 7. Reichstag 223 von 584 Abgeordneten.) Jetzt folgten in der Weberschen Auflistung die Mitte- und Rechtsparteien:

> «Für das Zentrum, die Deutsche Volkspartei sowie die Deutschnationale Volkspartei einschließlich der Wirtschaftspartei gilt zusammengefaßt das, was die Deutschnationalen frei und offen in einem Brief an den Bund für Menschenrecht e. V. zugegeben haben, daß sie niemals für die Abschaffung des § 175 eintreten und die Gleichberechtigung der andersgearteten Menschen anerkennen werden.»

Das Schlußlicht bildete die NSDAP, deren Haltung von Weber als «bisher unklar» charakterisiert wurde:

> «Unklar war bisher immer noch die Haltung der Nationalsozialistischen Deutschen Arbeiterpartei, die in ihren Reihen und an führender Stelle wohl gleichgeschlechtlich liebende Menschen

duldet, es bisher aber immer abgelehnt hat, sich öffentlich für die Abschaffung des mittelalterlichen § 175 einzusetzen. Der Hauptvorstand des Bundes für Menschenrecht e. V. hat wiederholt versucht, eine derartige Stellungnahme der Parteileitung zu erreichen, doch bisher leider vergeblich. Auch lange vor dieser Reichstagswahl ... hat der Hauptvorstand die verschiedensten Wege beschritten, um den Mitgliedern und Anhängern endlich einmal sagen zu können, die NSDAP tritt für die Beibehaltung oder Abschaffung des § 175 ein. Unsere wiederholten Anfragen an die Parteileitung sind trotz Rückporto unbeantwortet geblieben, offiziell weicht man also einer klaren Entscheidung aus.»

Es war durchaus möglich, daß diese Ausweichtaktik durch Röhms Einfluß in der NSDAP bedingt war, es gibt dafür jedoch keine eindeutigen Hinweise. Vielleicht könnte eine Stelle in den Memoiren des späteren Gestapo-Chefs Rudolf Diels hierüber Auskunft geben, denn Diels berichtet, daß sich Röhm im Sommer 1933 bei Hitler darüber beschwert haben soll, daß die Berliner Homosexuellen-Lokale auf Anordnung des deutschnationalen Polizeichefs Levetzow geschlossen worden waren. Hitler soll sich darauf für die Wiedereröffnung der Lokale eingesetzt haben (Wilde, S. 11). Trifft diese Darstellung Diels' zu, dann würde dies in der Tat darauf hindeuten, daß Röhm als Homosexueller innerhalb der NSDAP seine Interessen wahrnahm. Immerhin hatte auch Röhm ein grundlegendes Interesse an einer Abschaffung des § 175 und an der Aufrechterhaltung der homosexuellen Subkultur. Nach den uns vorliegenden Quellen ist Röhm jedoch niemals öffentlich für homosexuelle Rechte eingetreten, und wie aus jenem Artikel des anonymen SA-Mitgliedes in den Mitteilungen des WHK hervorgeht, widersprach eine solche Haltung auch grundsätzlich der Auffassung homosexueller Faschisten. Die vom «Bund für Menschenrecht» jetzt veröffentlichte Stellungnahme der NSDAP-Reichstagsfraktion war wiederum ausweichend, dennoch wird sie «für viele schon aufschlußreich genug sein», wie P. Weber bemerkte. Sie lautete:

«Auf Ihre Zuschrift vom 14. ds. Mts. erwidern wir, daß uns die Materie, mit der Sie sich beschäftigen, gerade herausgesagt, im höchsten Grade unsympathisch ist. Da Sie sich, wie Sie angeben, gleichzeitig an unsere Parteileitung gewendet haben, erübrigt sich für uns eine Stellungnahme zu Ihren Forderungen. Wir werden uns zu gegebener Zeit nach den Anweisungen richten, die wir von der Parteileitung erhalten. Hochachtungsvoll Nationalsozialistische Deutsche Arbeiterpartei, Reichstagsfraktion, gez. Stöhr, M.d.R.»

Auch hier wurde, trotz eindeutiger Wertung, wiederum jenes ausweichende Moment deutlich. Deutlich wurde auch, daß man die Angelegenheit nur zu gerne nach «oben» weiterschob, an die Parteileitung. Sie sollte in einer Sache entscheiden, die die Reichstagsfraktion als «unsympathisch» qualifizierte. In diesem Gremium der Partei saß Röhm, und es war anzunehmen, daß er bei einer Debatte um die Stellung seiner Partei zur besagten Frage mitreden würde. Ein Konflikt wäre also unausweichlich gewesen, sofern die Angelegenheit überhaupt zur Sprache gekommen wäre. Die Reichsleitung allerdings klammerte das Thema offensichtlich weiter aus, jedenfalls drang nichts nach außen, was auf eine Debatte um diesen Punkt hindeutete. Und warum sollte die Leitung der NSDAP drei Monate vor der Machtübernahme diesen offenen Widerspruch in den eigenen Reihen überhaupt klären? War es nicht eine Tatsache, daß trotz massiver Kampagnen gegen die Doppelmoral die Stärke der Partei stets gewachsen war? Die politische Karte «gesundes Volksempfinden» hatte nicht den Erfolg gehabt, den sich die Gegner der NSDAP davon versprochen hatten. Was lag für diese Partei näher, als den Konflikt weiter hinauszuzögern, um ihn zu einem Zeitpunkt zu lösen, der für die innere Struktur der Partei weniger Gefahren mit sich brachte. Für die SPD hatte sich die Anti-Homo-Kampagne nicht ausgezahlt. Die letzten Wahlen vor Beginn des «Tausendjährigen Reiches» brachten ihr einen weiteren Stimmenverlust. Seit 1930 war die Zahl der SPD-Sitze im Reichstag kontinuierlich zurückgegangen: Von 24,8 % (14. 9. 1930) über 21,9 % (31. 7. 1932) auf 20,7 % im November 1932. Verloren hatte auch die NSDAP. Dennoch blieb sie mit 196 Abgeordneten die stärkste Partei und meldete immer drängender ihren Willen zur «Mitverantwortung» an. Zugenommen dagegen hatten die Stimmen für die KPD. Sie verfügte jetzt über genau 100 Sitze und hatte sich seit den letzten Wahlen um elf Abgeordnete verbessert. Damit hatte die Polarisierung der Wählerschaft in rechte und linke Kräfte des politischen Spektrums im Jahre 1932 einen neuen Höhepunkt erreicht. KPD und NSDAP zusammen verfügten über mehr als 50 % der Mandate im Reichstag.

Wie diese überzogene Pressekampagne der SPD auf fortschrittliche Gruppen in der Republik wirkte, zeigt ein Artikel der *Weltbühne* (Nr. 17/1932), in dem Kurt Tucholsky Stellung bezog:

> «(...) Röhm ist homosexuell. Das Treiben gegen ihn nimmt seinen Ausgang von Veröffentlichungen der *Münchner Post*, die diese Tatsache enthüllt.
>
> Da ist ferner ein Brief veröffentlicht worden, den Röhm über seine Veranlagung an einen Freund geschrieben hat – das Dokument könnte gerade so gut in jeder Psychopathia sexualis stehn, und der Brief war nicht einmal unsympathisch. Ich halte diese Angriffe gegen den Mann nicht für sauber. Gegen Hitler und seine

Leute ist jedes Mittel gut genug. Wer so schonungslos mit anderen umgeht, hat keinen Anspruch auf Schonung – immer gib ihm! Ich schreckte in diesem Fall auch nicht vor dem Privatleben der Beteiligten zurück – immer feste! Aber das da geht zu weit. Zunächst soll man einen Gegner nicht im Bett aufsuchen.

Das einzige, was erlaubt wäre, ist: auf jene Auslassungen der Nazis hinzuweisen, in denen sie sich mit den ‹orientalischen Lastern› der Nachkriegszeit befassen, als seien Homosexualität, Tribadie und ähnliches von den Russen erfunden worden, die es in das edle, unverdorbene, reine deutsche Volk eingeschleppt haben. Sagt ein Nazi so etwas, dann, aber nur dann, darf man sagen: Ihr habt in eurer Bewegung Homosexuelle, die sich zu ihrer Veranlagung bekennen, sie sind sogar noch stolz darauf – also haltet den Mund.

Doch wollen mir die Witze über Röhm nicht gut schmecken. Seine Veranlagung widerlegt den Mann gar nicht. Er kann durchaus anständig sein, solange er nicht seine Stellung dazu mißbraucht, von ihm abhängige Menschen aufs Sofa zu ziehen, und dafür liegt auch nicht der kleinste Beweis vor. Wir bekämpfen den schändlichen Paragraphen Hundertfünfundsiebzig, wo wir nur können; also dürfen wir auch nicht in den Chor jener miteinstimmen, die einen Mann deshalb ächten wollen, weil er homosexuell ist. Hat Röhm öffentliches Ärgernis erregt? Nein. Hat er sich an kleinen Jungen vergriffen? Nein. Hat er bewußt Geschlechtskrankheiten übertragen? Nein. Das und nur das unterliegt der öffentlichen Kritik – alles andere ist seine Sache . . . Kreischt Goebbels oder donnert Hitler etwas über die Sittenverderbnis der neuen Zeit, so halte man ihnen vor, daß selbstverständlich unter den Nazitruppen Homosexuelle stecken. Im übrigen aber ist das Empfindungsleben Röhms uns genauso gleichgültig wie der Patriotismus Hitlers.»

Zwar war durch die SPD-Enthüllungen ein «Sumpf» von Intrigen und Rivalitäten in der NSDAP an die Oberfläche gespült worden, jedoch war es den Sozialdemokraten nicht gelungen, diese Umstände im Rahmen einer breitangelegten antifaschistischen Politik zu einer nachhaltigen Schwächung des politischen Gegners zu nutzen. Im Gegenteil: Namhafte SA- und NSDAP-Führer hatten sich in öffentlichen Erklärungen mit Röhm notgedrungen solidarisiert, um nach außen ein Bild der Geschlossenheit zu demonstrieren, das in Wirklichkeit aus vielerlei Gründen nicht existierte. «Die Partei des exzessiven Barbarentums», wie Kurt Hiller die NSDAP nannte, drängte auf eine legale Machtübernahme.

Im Herbst 1932 begannen sich die Ereignisse zu überschlagen. Am 17. November trat das bisherige Kabinett v. Papen zurück. Es folgten ergebnislose Verhandlungen mit Adolf Hitler und dem Zentrumspolitiker Kaas um die Regierungsbildung. Anfang Dezember fiel dann dem General v. Schleicher, einem politischen Exponenten der Reichswehrführung, die Reichskanzlerschaft zu. Sein Plan, durch Verbindung mit Gregor Strasser, dem «Reichsorganisationsleiter» der NSDAP, eine Spaltung der Nationalsozialisten herbeizuführen, um nach Neuwahlen unter Einbeziehung des Strasser-Flügels der NSDAP eine neue Regierung zu bilden, scheiterte. Es gelang Hitler mit Hilfe Goebbel's, Strasser in der Nazi-Partei zu isolieren. Auch eine «Front der Gewerkschaften», die durch Verbindungen mit rechten Führern des «Allgemeinen Deutschen Gewerkschaftsbundes» und christlichen Gewerkschaften geschaffen werden sollte, kam nicht zustande. Wenn v. Schleicher zunächst noch im Amt bleiben konnte, so deshalb, weil hinter den Kulissen das neue Kabinett noch nicht ausgehandelt war. Doch daran wurde gearbeitet. Schon zwei Wochen nach v. Schleichers Regierungsantritt hatte der Ex-Reichskanzler v. Papen dem Kölner Bankier v. Schroeder, einem Spitzenvertreter des deutschen Großunternehmertums, sein Interesse an einem Zusammentreffen mit Hitler bekundet. Am 4. Januar 1933 kam dieses Gespräch zustande, freilich unter strengster Geheimhaltung. Es ging um die zukünftige Kanzlerschaft Adolf Hitlers, und dieser forderte alles:

> «... er könne, falls er zum Kanzler ernannt werde, nicht davon abgehen, allein an der Spitze der Regierung zu stehen. Immerhin könnten Papens Leute als Minister in seine Regierung eintreten, sofern sie sich bereit zeigten, eine Politik mitzumachen, die vieles ändern würde. Zu den Änderungen, die er andeutete, zählten die Entfernung der Sozialdemokraten, Kommunisten und Juden aus den führenden Stellungen in Deutschland und die Wiederherstellung der Ordnung im öffentlichen Leben. Papen und Hitler einigten sich grundsätzlich» (zit. nach Fest 1973, S. 497).

So die Aussage des Bankiers v. Schroeder vor dem Kriegsverbrechertribunal in Nürnberg am 3. 11. 1945. Bei diesem Gespräch erhielt Hitler ebenfalls die überaus wertvolle Information, das v. Schleicher keine Ermächtigung hatte, den Reichstag aufzulösen und die NSDAP infolgedessen vorerst keine Neuwahlen zu befürchten hatte, nachdem die letzten Wahlen bekanntlich einen Stimmenrückgang gebracht hatten.

Die Stunden der ersten deutschen Republik waren gezählt, der Countdown zum Abstieg in das «Tausendjährige Reich» hatte begonnen. Mußte noch wenige Tage zuvor ein Steuerberater der NSDAP bei einem Berliner Finanzamt zu Protokoll geben, daß die Partei lediglich unter Aufgabe ihrer «Unabhängigkeit» zur Steuerzahlung fähig sei, so notierte Goebbels jetzt, daß die NSDAP «wieder hoch im Kurs» stehe.

Das Kölner Treffen hatte Selbstvertrauen, Siegeserwartung und Kreditfähigkeit wiederhergestellt. Jetzt galt es, der Öffentlichkeit bei irgendeiner Provinzwahl vorzugaukeln, daß es hier um das entscheidende Ereignis im Kampf um die Herrschaft über das gesamte Deutsche Reich ginge. Die Gelegenheit bot sich am 15. 1. 1933 in dem Zwergstaat Lippe. Die NSDAP mobilisierte alles an die Wahlfront, was sie an Prominenz und Finanzen aufbringen konnte. Der Erfolg trat allerdings nicht in dem erwarteten Ausmaß ein. Mit 35,9 % waren frühere Stimmergebnisse nicht erreicht worden. Der propagandistische Effekt jedoch war erreicht: Die NSDAP konnte im ganzen Reich neue Stärke demonstrieren, Schleichers Plan, den Staatsnotstand auszurufen und ein Verbot der NSDAP und der KPD durchzusetzen, scheiterte am Widerspruch des Reichspräsidenten v. Hindenburg. Durch Indiskretionen geriet der Plan an die Öffentlichkeit. Die Empörung war groß, und am 28. Januar wurde v. Schleicher gezwungen, seinen Rücktritt zu melden. Zwei Tage später, am 30. Januar 1933, ernannte der Reichspräsident Adolf Hitler zum Reichskanzler.

Nationalsozialismus

1. Homosexuellen-Hetze als Mittel der Politik

«Eitler, ruhmsüchtiger Homo steckt Reichstag an» Minderheitenhetze von links als Antwort auf NS-Terror

«Die polizeilichen Untersuchungen haben ergeben, daß im gesamten Reichstagsgebäude vom Erdgeschoß bis zur Kuppel Brandherde angelegt waren. Es liegt zweifellos die schwerste bisher in Deutschland erlebte Brandstiftung vor.» Diese Meldung verbreitete der amtliche *Preußische Pressedienst* am 28. Februar 1933 frühmorgens.

Was war geschehen? Eine ungeheuerliche Provokation. Am Abend des 27. Februar 1933 brannte in Berlin das Gebäude des Deutschen Parlaments, vier Wochen nach der Ernennung Hitlers zum Reichskanzler, drei Wochen, nachdem der Reichspräsident den Deutschen Reichstag aufgelöst hatte und eine Woche vor den am 5. März angesetzten Neuwahlen. Der Brand war kaum ausgebrochen, da erschienen Hitler, Göring, Goebbels und andere NS-Gestalten an der Brandstätte, und ihr Führer verkündete: «Das ist ein von Gott gegebenes Zeichen, niemand wird uns daran hindern, die Kommunisten mit eiserner Faust zu vernichten.»

Damit war das Zeichen gesetzt: Die Vernichtung der radikalen Opposition. Der Reichstagsbrand wurde zum Anlaß genommen, eine bisher für unvorstellbar gehaltene Terrorwelle gegen die gesamte politische Linke durchzuführen. Noch schwelte das Feuer im Reichstagsgebäude, noch standen Tausende von Menschen vor der Brandstätte, da waren die Polizeiautos, die Motorräder, die SA-Kolonnen schon unterwegs. Bereits um Mitternacht wurden die ersten verhaftet, und am Morgen saßen Hunderte in den Gängen des Berliner Polizeipräsidiums und sahen einem ungewissen Schicksal entgegen. Seit dem 27. Februar 1933 wütete der offene Terror. Die Nazis «rechneten ab». Systematisch wurden im gesamten Reich Tausende von politischen Gegnern verhaftet und in wachsender Zahl in Gefängnisse und Konzentrationslager verschleppt.

Die Mittagsblätter meldeten die ersten Namen der Verhafteten.

Unter ihnen auch Dr. Max Hodann und Professor Felix Halle. Max Hodann, Arzt und Mitarbeiter von Magnus Hirschfeld, hatte am «Institut für Sexualwissenschaft» Kurse, Frageabende und Aufklärungsveranstaltungen durchgeführt, gehörte zu den Autoren, die in den *Jahrbüchern* und anderen Publikationen des Wissenschaftlich-Humanitären Komitees veröffentlicht hatten.

Felix Halle (1884–1937), Mitverfasser des Gegenentwurfs zum äußerst rückschrittlichen amtlichen Entwurf des neuen Strafgesetzbuches von 1925, war als juristischer Experte der KPD tätig, leitete vor 1933 die juristische Zentralstelle beim Zentralkomitee der KPD und arbeitete nicht nur mit dem WHK zusammen, sondern ebenfalls in der «Weltliga für Sexualreform». Beide, Max Hodann und Felix Halle, überlebten die Verhaftung.

Wahrscheinlich fanden zu diesem Zeitpunkt auch schon die ersten Aktionen der Nazis gegen die homosexuelle Presse statt. So berichtet G. Rotheisen in einem Beitrag über die Zeitschrift *Die Insel,* daß der Radszuweit-Verlag in «der Nacht der langen Messer» (so die NS-Terminologie für die Nacht des Reichstagsbrandes) von der SA überfallen, geplündert und verwüstet worden ist.

Die kommunistische und sozialdemokratische Presse erschien bereits am 28. Februar nicht mehr. Ihre Redaktionen wurden noch in der Nacht besetzt und die Auslieferung der Morgenausgaben verhindert. Die *Rote Fahne,* Zentralorgan der KPD, war bereits vor dem Brand verboten worden. Während sich die linken Medien öffentlich nicht mehr äußern konnten, begann auf der Rechten eine beispiellose Hetze gegen die Opposition: In Extrablättern, in Ministerreden, im Rundfunk, auf Plakaten und in der Tagespresse wurde verkündet: Die Kommunisten haben den Reichstag angesteckt! Dem Reichstagsbrand sollten Aufstand und Bürgerkrieg folgen! Die Linken wollen eure Frauen schänden, eure Kinder ermorden, das Wasser der Brunnen, die Speisen in den Restaurants vergiften ... Die politische Tat nützte den Nazis und es war durchaus möglich, daß der Reichstag von den Nazis selbst angezündet worden war, um ihre Macht zu konsolidieren. Am Tatort wurde ein dreiundzwanzigjähriger Holländer verhaftet, Marinus van der Lubbe, Mitglied der holländischen Kommunistischen Partei, wie von den Nazis prompt behauptet wurde. Weitere Brandstifter fand man nicht.

Der *Preußische Pressedienst* teilte am 1. März jedoch folgende interessante Neuigkeit mit: «Die bisherige amtliche Untersuchung ... hat ergeben, daß allein zur Herbeischaffung des Zündmaterials mindestens sieben Personen notwendig gewesen sind, während die Verteilung der Brandherde und ihre gleichzeitige Entzündung in dem riesigen Haus mindestens zehn Personen erfordert haben muß.» Also van der Lubbe doch nicht der Alleintäter? Der Verdacht freilich wurde jetzt auf die kommunistischen Reichstagsabgeordneten Torgler und Koenen gelenkt. Damit erhielt die Pogromstimmung gegen Kommunisten und andere Linke weitere Nahrung. Kurze Zeit später wurden drei bulgarische Emigranten verhaftet, ebenfalls Kommunisten.

Bis auf Koenen wurde allen der Prozeß gemacht, freilich war niemandem etwas nachzuweisen, weil es nichts nachzuweisen gab. Van der Lubbe allerdings, der im Reichstagsgebäude verhaftet worden war, wurde wegen «Hochverrats in Tateinheit mit aufrührerischer Brandstiftung und versuchter einfacher Brandstiftung zum Tode und dauerndem Verlust der bürgerlichen Ehrenrechte» verurteilt, am 10. Januar 1934 hingerichtet.

Hatte der «wirre Sozialanarchist» bzw. «der halbverrückte anarchistische Pyromane aus Holland», so Kurt Hiller über den Fall van der Lubbe, also tatsächlich den Reichstag allein angezündet?

Das glaubte bereits in jenen Tagen nur der, der es glauben wollte, und der «richtige» Glaube wiederum war, wie aus dem angeblich unabhängigen Urteilsspruch vom 23. Dezember 1933 hervorging, eine Sache des «Vertrauens». In der amtlichen Urteilsbegründung hieß es: «Am 30. Januar 1933 war durch das Vertrauen des Reichspräsidenten Adolf Hitler, dem Führer der Nationalsozialistischen Deutschen Arbeiterpartei (NSDAP) das Amt des Reichskanzlers übertragen und unter seiner Führung eine Regierung aus Männern dieser Partei und der nationalen Rechten gebildet. Damit war die Bahn freigemacht für die Errichtung des Dritten Reiches und für eine Erneuerung der politischen Zustände von innen heraus unter Überwindung der von linksradikaler Seite künstlich in das Volk hineingetragenen Klassengegensätze. Die letzte Stunde der Parteien, die das deutsche Volk zum Spielball ihrer Klassenkampfparole gemacht hatten, der Marxisten und Kommunisten, hatte geschlagen. Eine Welle des Vertrauens schlug dem Führer Adolf Hitler entgegen und gab die Gewähr, daß die für den 5. März angesetzten Neuwahlen für den Reichstag einen überwältigenden Erfolg für die NSDAP bedeuten würde.» Das «unabhängige» Reichsgericht sah also als Objekt des Angriffs van der Lubbes die nationalsozialistische Machtergreifung.

Der zügige Ausbau der nationalsozialistischen Diktatur war aber in jenen beginnenden Märztagen des Jahres 1933 gar nicht mit solcher Sicherheit zu erwarten, wie es die Richter des Reichsgerichts in ihrem Urteilsspruch darstellten, denn zur weiteren Errichtung des «Tausendjährigen Reiches» mußte Hitler für das «Ermächtigungsgesetz» eine Zwei-Drittel-Mehrheit finden. Ein den Kommunisten in die Schuhe geschobener Reichstagsbrand allerdings konnte den nationalsozialistischen Führern hierbei wertvolle Dienste leisten, denn es war klar, daß nicht nur die Kommunisten, sondern auch die Sozialdemokraten gegen jenes Gesetz stimmen würde, das dem braunen Kanzler für alle Zeiten einen Freibrief geben würden.

Die Wahlen am 5. März 1933 brachten bei 647 Mandaten insgesamt für die NSDAP 288 Sitze, für die Deutschnationalen 52, die Bayrische Volkspartei 19, rechte Splitterparteien und Rechtsliberale 9, zusammen erhielt der «Rechtsblock» also 367 Mandate. Ein «Mittelblock», bestehend aus 73 Zentrumsabgeordneten (Katholiken) und 5 Abgeordneten der Deutschen Staatspartei, erhielt 78 Sitze. Sozialdemokraten (120) und Kommunisten (81) zusammen ergaben einen «Linksblock» von 201 Stimmen. Von 647 Mandaten ein Drittel ist 216. Stimmten Sozialdemokraten und Kommunisten sowie ganze 15 Abgeordnete aus dem «Mittelblock» gegen das «Ermächtigungsgesetz», würde es, hier lag das Risiko Hitlers, abgelehnt werden. Der «Rutsch des Reiches in den Dreck» (Hiller) wäre, wenn nicht aufgehalten, so doch zumindest verzögert worden. Aber diese Rechnung war falsch. Zwar war das Feuer im Reichstag noch in der Brandnacht gelöscht worden, aber schon wenige Stunden danach unterschrieb der Reichspräsident von Hindenburg die «Notverordnung zum Schutz von Volk und Staat», die zur «Abwehr kommunistischer staatsgefährdender Gewaltakte» grundlegende demokratische Rechte außer Kraft setzte:

> «Es sind daher Beschränkungen der persönlichen Freiheit, des Rechts der freien Meinungsäußerung einschließlich der Pressefreiheit, des Vereins- und Versammlungsrechtes, Eingriffe in das Brief-, Post-, Telegrafen- und Fernsprechgeheimnis, Anordnungen von Haussuchungen und von Beschlagnahme sowie Beschränkungen des Eigentums auch außerhalb der sonst hierfür bestimmten gesetzlichen Grenzen zulässig.»

Auf Grund dieser Verordnung wurde es möglich, nicht nur die KPD nach der Wahl zu verbieten, sondern die gesamte Linke entscheidend zu schwächen. Am 9. März, vier Tage nach der Wahl, wurden die Mandate der KPD für ungültig erklärt und Haftbefehle gegen alle Abgeordneten dieser Partei erlassen. Die Gesamtzahl der Reichstagsmandate sank damit auf 566, das «Sperr-Drittel» auf 189. Als die Abstimmung über das zur Diktatur ermächtigende Gesetz am 23. März 1933 erfolgte, ging es mit *riesiger* Mehrheit durch. Einzig die Sozialdemokratie stimmte dagegen, deren Fraktion allerdings durch Flucht und Verhaftung von Abgeordneten bereits geschwächt war.

Kurt Hiller, der an eben jenem 23. März 1933 im Rahmen der Maßnahmen «zum Schutz von Volk und Staat» verhaftet wurde, schrieb 1969 voller Erbitterung in seinen Erinnerungen:

> «Ich will hier Tote aus dem Spiel lassen. Einige der Schuldigen leben aber noch, während ich dies schreibe, und sie leben nicht, ohne trotz ihres verächtlichen Verhaltens von 1933 nach 1945 Minister, Senator, in einem Fall sogar Ministerpräsident eines

deutschen Landes geworden zu sein ... ein Umstand, durch den die junge Zweite Republik sich aufs häßlichste befleckt hat ... Ich kenne unter den lebenden Deutschen niemand, dem ich ein gleiches Maß an Verachtung entgegenbringe ...»

(Es handelte sich um Dr. Reinhold Maier, FDP, Ministerpräsident von Baden-Württemberg, Heinrich Landahl, SPD-Senator in Hamburg, Ernst Lemmer, CDU-Vorsitzender in Berlin und Bundesminister Krone, CDU.)

Auch Theodor Heuss («Deutsche Staatspartei»), Mitbegründer der FDP, und deutscher Bundespräsident von 1949 bis 1959, hatte für das Ermächtigungsgesetz gestimmt und erklärte am 5. Dezember 1947 in einem Brief an Kurt Hiller über die damalige Diskussion in der als liberal geltenden «Deutschen Staatspartei»,

«daß vor allem die Beamten der verschiedenen Kategorien ... die Abgeordneten beschworen, ja zu sagen. Sie fürchteten ... zu dem der Verfolgung am meisten ausgesetzten Menschenkreis zu gehören, wobei Verfolgung, Pensionierung mit geringen Bezügen, Strafversetzung, Nichtbeförderung usf. hieß».

Die Annahme des «Ermächtigungsgesetzes» berechtigte Hitler, der sein Programm acht bzw. sechs Jahre zuvor in *‹Mein Kampf›* dargelegt hatte, in Zukunft ohne die Mitwirkung des gewählten gesetzlichen Parlaments Verordnungen mit Gesetzeskraft bzw. Gesetze aller Art, auch verfassungsändernden Charakters, zu erlassen. Daß die Nazis dieses diktatorische Instrument jemals wieder aus der Hand geben würden, durfte von einer Partei nicht im Ernst angenommen werden, die bereits einen mißlungenen Putschversuch (1923) hinter sich und deren Führer anschließend immer wieder öffentlich betont hatte, daß die «Machtergreifung» nur und ausschließlich auf legalem Wege erfolgen sollte. Dieses Ziel war nun erreicht worden.

Wer war Marinus van der Lubbe, dessen Name am 28. Februar 1933 zum erstenmal in allen deutschen Zeitungen auftauchte? Der Mann, der kurz nach 21 Uhr in der Wandelhalle des Reichstagsgebäudes entdeckt, dort von Beamten nach erheblichem Widerstand überwältigt wurde und kurze Zeit später gestand, den Reichstag allein angesteckt zu haben, obwohl die Nachforschungen später ergaben, daß mindestens sieben bis zehn Personen daran beteiligt gewesen sein mußten. Wo waren diese sieben bis zehn Personen geblieben? Warum haben sie van der Lubbe beim Verlassen des Gebäudes nicht mitgenommen? Dazu schrieb ein *‹Braunbuch›*, das im August 1933 erschien und innerhalb kurzer Zeit eine weltweite Verbreitung erfuhr (Übersetzung in siebzehn Sprachen) folgendes:

«Es wäre ein leichtes für sie gewesen, van der Lubbe mitzunehmen und zu ‹retten›. Aber van der Lubbe *durfte nicht ‹gerettet› werden.* Van der Lubbe ist für die Tat von den homosexuellen SA-Führern, die in der Brandstifterkolonne mitmarschierten, als Werkzeug empfohlen worden. Durch seine Person sollte bei der Brandstiftung der Kommunismus dargestellt werden. Diesem eitlen, ruhmsüchtigen, halbblinden Werkzeug klarzumachen, daß er für eine ‹große Rolle› ausersehen sei, war leicht. Van der Lubbe mußte in dem brennenden Reichstag zurückgelassen werden, und wurde zurückgelassen, weil er *das* Beweismittel gegen die Kommunisten war» (Braunbuch über Reichstagsbrand und Hitlerterror, Basel 1933, S. 125).

Danach waren also die Brandstifter homosexuelle SA-Führer. Und das «eitle, ruhmsüchtige Werkzeug» van der Lubbe? Selbstverständlich auch Homosexueller. So jedenfalls wurde es im *‹Braunbuch›* dargestellt, das von führenden Mitgliedern der KPD herausgegeben wurde. Der Reichstagsbrand, das Signal zum Untergang der ersten deutschen Republik, der Auftakt zur verschärften Gleichschaltung des Reiches durch die Nationalsozialisten, ein Werk von Homosexuellen?

Wir können die im *‹Braunbuch›* aufgestellten Behauptungen weder bestätigen noch das Gegenteil behaupten. Eins läßt sich jedoch festhalten: Es war möglicherweise eine Tat, an der homosexuelle *Nationalsozialisten* beteiligt gewesen sind, denn wie die gesamte deutsche Nation, waren auch die Homosexuellen gespalten. In solche, die zusammen mit dem «braunen Biest» und seinen Bataillonen den «Rutsch des Reiches in den Dreck» (Kurt Hiller) organisierten, und solche, die das «bessere» Deutschland repräsentierten. Und was geschah mit der Masse der Homosexuellen? Mit jenen, die sich politisch nicht engagierten und wie die meisten im Volk masochistisch-abstinent der Dinge harrten, die von «oben» diktiert wurden? Die in ihren subkulturellen Lokalen und Treffpunkten als «Minderheit» isoliert für ein warmes Überlebensplätzchen in einer sie diskriminierenden gesellschaftlichen Umwelt dankbar waren? Was geschah mit ihnen? Als das *‹Braunbuch›* geschrieben wurde, hatten auch sie bereits den ersten Schlag des nationalsozialitischen Systems hinnehmen müssen: Die Homosexuellen-Lokale Berlins waren geschlossen worden. Diese Anordnung war vom Berliner deutschnationalen Polizeipräsidenten im Rahmen der Pogrome gegen die Linke ergangen und hatte jene Masse der Homosexuellen an einer empfindlichen Stelle getroffen. Sie waren ihrer offenen Treffpunkte beraubt und hatten einen Vorgeschmack auf die kommende Realität des Dritten Reiches erhalten. Homosexuelle sind, wenn sie nicht in Zweierbeziehungen leben, auf «ihre» Lokale angewiesen, wollen sie nicht zufällig Gleichgesinnte auf der Straße treffen oder sich an jenen Orten begegnen, an denen eine Anzeige wegen

Der Hauptangeklagte des Reichstagsbrandprozesses Marinus van der Lubbe (stehend) (Foto: Süddeutscher Verlag)

Erregung öffentlichen Ärgernisses drohte. Die Schließung der Homosexuellen-Lokale Berlins soll, wie der erste Berliner Gestapo-Chef Rudolf Diels mitteilte, auf Intervention Röhms bei Hitler für einige Monate wieder rückgängig gemacht worden sein.

Im *‹Braunbuch›* war allerdings von den «gewöhnlichen» Homosexuellen und ihrem Schicksal nicht die Rede. Vielmehr wurde hier auf 18 Seiten ein «Psychogramm» des «Werkzeugs» van der Lubbe gezeichnet, das auf den gängigen Klischees eines «gesunden Volksempfindens» aufbaue. Mit van der Lubbe wurde jener Typ «Homo» gezeichnet, der sich in den Köpfen einer sich als «normal» und gesund empfindenden Mehrheit festgesetzt hatte und daher immer neu reproduziert wurde. Diesen kollektiven «Homo» hat der Sexualwissenschaftler Gunter Schmidt 1967 an Hand eines Polaritätsprofils in einer Studie über *‹Homosexualität und Vorurteile›* untersucht. Im Vergleich zu einem heterosexuellen bzw. «normalen» Mann wurde der Homosexuelle unter anderem wie folgt erfaßt: «Weich, verschwommen, krank, modern, schwach, passiv, verschlossen, triebhaft, gefühlvoll, nachgiebig, ekelhaft, leise, unsympathisch, unterwürfig, ängstlich, unausgeglichen, schwankend.» Dies waren die Eigenschaften, die eine nachfaschistische deutsche Bevölkerung beim Stichwort «homosexuell» assoziierte. Wenig nur unterschied sich dieses Bild von jener Darstellung van der Lubbes, wie sie im *‹Braunbuch›* gegeben wurde. So heißt es dort: «Die Aufgabe, die diesem Buch gestellt ist, verlangt, daß van der Lubbes Leben bis in die letzte (!) Einzelheit beleuchtet wird. Die Homosexualität van der Lubbes hat neben seinem Geltungstrieb sein Leben entscheidend beeinflußt. Deshalb ist die Frage hier mehr als Privatsache» (S. 53).

Und so wurde denn beleuchtet. Marinus stammte aus armen Verhältnissen. Seine Mutter, in erster Ehe verwitwet, heiratete den Hausierer van der Lubbe, dem sie zu ihren bereits vorhandenen vier Kindern weitere drei gebar. Die Ehe war nicht glücklich. Der Vater soff, die Mutter mußte sehen, wie sie die Familie am Leben erhielt. «Der Hunger treibt die jungen van der Lubbes in die Arme des Proletariats. Sie tauchen unter im Heer der Hunderttausend, die in Holland die Fabriken und als Landarbeiter die Bauernhöfe bevölkern.» Im April 1921, Marinus war jetzt zwölf Jahre alt, starb die Mutter. Ein Teil der Kinder, darunter der spätere Brandstifter, wurde in das Haus der Wäschereiarbeiter-Familie Snardijns gegeben. Schon damals, so berichteten von den *‹Braunbuch›*-Autoren befragte Mitschüler, war «er von dem Bestreben besessen, sich hervorzutun». Im Hause des Snardijns war es leicht, unter den Kindern, deren Ältestes fünf, sechs Jahre alt war, der erste zu sein: «Vier Zauberkunststücke genügen, um die Herrschaft zu sichern. Marinus übt sie drakonisch aus.» Der spätere Weg als «Werkzeug der Faschisten» war offenbar vorgezeichnet . . .! Zudem hatte die Mutter auf dem Totenbett, so recherchierten die *‹Braunbuch›*-Autoren, darum gebeten, daß Marinus zur Frömmigkeit erzogen würde:

> «Die Schwester erzählt, daß er damals ein frommer, gottesfürchtiger Junge gewesen sei. War es wirklich nur Gottesfurcht, die ihn sonntags in die Kirche führte? Fühlte er sich vielleicht magisch angezogen von der Macht, die der Pater in der Gemeinde hatte? In jener Zeit wuchs in ihm der Gedanke, Geistlicher zu werden, Führer einer Gemeinde, die ihm bedingungslos folgte. Als zwölfjähriger Junge spricht er oft und ausführlich von der kirchlichen Laufbahn, die er einschlagen will.»

Da der Junge nicht, wie die Psychologen des *‹Braunbuches›* wohl spekulierten, «Führer» einer Lokomotive werden wollte, sondern «Führer» einer Gemeinde, züngelten auch hier bereits die Flammen des späteren Brandes. Und die Flamme züngelte um so mehr, als der Knabe nach dem Schulabschluß überlegte, welchen Beruf er ergreifen sollte. «Ein Blumengeschäft einrichten – eine Weltreise machen – so weit spannt sich der Bogen seiner Träume.» Aber Träume sind Schäume, wie der Volksmund sagt und Marinus wurde Maurer. «Der sechzehnjährige Marinus van der Lubbe ist ein untersetzter, gedrungener Junge von so kräftigem Körperbau, daß ihn seine Kameraden ‹Dempsey› [nach einem damaligen Boxweltmeister; Anm. d. Verf.] nennen. Er demonstriert seine Kräfte bei jeder Gelegenheit. Um so unerklärlicher ist den Maurergesellen, mit denen er jetzt zusammenarbeitet, daß er eine solche Scheu vor Frauen hat.» «Kräftiger Körperbau» und «Scheu vor Frauen» stellten offensichtlich nicht nur für die Maurergesellen (in der Darstellung des *‹Braunbuches›* versteht sich), sondern auch für die «beleuchtenden» Psychologen einen Widerspruch dar: Hatten sie doch durch die Anschauung der Natur (zum Beispiel auf einem Hühnerhof, einer Kuhweide oder im zoologischen Garten) durchaus die Feststellung machen können, daß das stärkste Männchen auch die Herrschaft über die meisten Weibchen errangen. Nach dieser Logik hatte eben ein starker Hahn per Naturgesetz bzw. per Hahn Anspruch auf einen Hennenharem, und wenn er dieses Recht des Stärkeren nicht einlöste, dann mußte mit ihm etwas nicht stimmen. Was die *‹Braunbuch›*-Autoren hier zum Ausdruck bringen wollten, war die unterschwellig vermittelte Vermutung, daß van der Lubbe bereits zu diesem Zeitpunkt schwul war, sonst hätte er kraft kräftigen Körperbaus ein sauberes Mädel* genommen.

Die von den Autoren des *‹Braunbuches›* befragten Maurergesellen jedenfalls erzählten «alle vom Drang des Marinus van der Lubbe, sich hervorzutun, abzustechen von den anderen. Sie sprechen von seinem fanatischen Streben, etwas ‹Besonderes› zu sein . . . der junge Marinus van der Lubbe war von Eitelkeit und Ruhmsucht besessen.» Das freilich war unproletarisch, zumindest dem Verständnis der *‹Braunbuch›*-Psychologen von Klassenmoral nicht entsprechend. Für sie war proletarisches Klassenbewußtsein und Maurertätigkeit ein und dasselbe, als ob subjektives Bewußtsein und objektive Klassenlage mechanisch zu ergänzen wären. Die Maurer-Kollegen jedenfalls, auf die Marinus nach dem Schulabschluß «stößt», sprachen «nicht von Gott, um so mehr von den Lohnverhältnissen». Die bestehende Ordnung wäre «nicht selbstverständlich und nicht ewig. Sie zu stürzen eine Notwendigkeit.» Der Knabe Marinus van der Lubbe muß, wollte man jenem Psychodrama glauben, total geschockt gewesen sein ob solcher Reden. Warum allerdings die Maurergesellen zu jenen revolutionären Einsichten gekommen waren und nicht auch van der Lubbe, teilten die Autoren des Buches nicht mit. Sie waren ihnen offenbar genauso

* *‹Saubere Mädel – starke Genossen›*, so der Titel der Untersuchung von Michael Rohrwasser, der einzigen über das Verständnis der Geschlechtsrollen in revolutionären Trivialromanen der Weimarer Republik.

angeboren, wie der kräftige Körperbau dem Marinus oder genauso natürlich über sie gekommen, wie der Hahn über die Henne. Rückblickend jedenfalls stellten die Psychologen fest, daß «die tägliche Berührung mit einem neuen Menschenschlag» (gemeint waren die Maurerkollegen), den Marinus nicht von einer kleinbürgerlich-eitlen Karriere abhalten konnte. Psycho-Resümee: Der aus proletarischen Verhältnissen stammende Jung-Homo «wird Arbeiter, aber er bleibt Kleinbürger». Schuld an diesem unproletarischen und damit klassenverräterischen Drang soll seine Herkunft gewesen sein. Sein Vater war eben ein «Hausierer», und dieses Händlerblut hatte er – glaubt man der Logik des *‹Braunbuches›* – offensichtlich auch seinem Sohn mitgegeben, der als Maurer zwar Arbeiter wurde, aber Kleinbürger blieb –, irgendwie also der Stimme des Blutes folgte. Der «Kleinbürger» erlitt im weiteren einen schweren Unfall, der seine kleinbürgerlichen Verhaltensweisen verstärkte. Dieser Unfall, so die Autoren des Psychodramas, verstärkte «die Sucht, von sich reden zu machen», ins «Beherrschende». Spätestens hier mußte den Lesern klarwerden, daß Lubbes Drang zum Reichstagsanzünden übermächtig geworden war.

Aber sein Weg, der vorgezeichnete, hätte noch eine Wendung nehmen können. Er trat während seiner Maurerzeit dem kommunistischen holländischen Jugendverband bei, was für den Hintergrund des «beleuchteten» Psychomaterials aus dem *‹Braunbuch›* nur als vorübergehender Durchbruch der Einsicht in die objektive Klassenlage zu interpretieren war.

Der «Kleinbürger» glaubte, «schnell aufzusteigen» und sah in der Organisation nichts anderes «als ein Versuchsfeld für seine ehrgeizigen Wünsche». Der karrieristische Kleinbürger setzte sich bei dem gewaltigen Ringen in Lubbes Brust wieder durch, und statt sich mit dem Proletarierdasein abzufinden, versuchte er sich in verschiedenen Berufen, «zwischendurch betätigt er sich als Händler», versuchte den Ärmelkanal zu durchschwimmen, aus «Ruhmsucht» selbstverständlich, denn Marinus wurde immer hemmungsloser. In der kommunistischen Jugendorganisation «wird (er) immer mehr als fremdes Element empfunden und alles weist darauf hin, daß sein endgültiges Ausscheiden aus der Organisation in kürzester Zeit erfolgen muß».

Das Unheil nahte, als van der Lubbe das Haus Nr. 56 in der Leidener Uiterste-Gracht betreten hatte: «Äußerlich», so steht es im *‹Braunbuch›*, unterschied sich dieses Haus in nichts von den typischen anderen holländischen Häusern, «aber wenn du mit einem Leidener über dieses Haus sprichst, dann merkst du, das es ein besonderes Haus ist, ein Haus, in dem merkwürdige Menschen hausen und merkwürdige Dinge geschehen.» Spukte es dort etwa? Wurden dort in mitternächtlichen Seancen Tische gerückt? Wurde der Teufel angebetet? Nein! Dort fand schlimmeres statt: «Es gibt Leidener Bürger, die dieses

Haus für eine Lasterhöhle halten!» Jetzt war es raus! Wer diese Leidener Bürger waren? Im *‹Braunbuch›* steht's nicht drin. Vielleicht waren es der Pfarrer und seine Frau, der Kirchenchor oder der Küster der örtlichen Gemeinde? Jedenfalls wußten diese «Bürger» (immerhin waren es keine «Kleinbürger»), daß in jenem Haus Homosexuelle verkehrten, und nun konnten die Psychologen messerscharf schließen: «Van der Lubbe ist seinem ganzen Wesen nach homosexuell. Seine Art ist weibisch, seine Zurückhaltung und Scheu Frauen gegenüber ist durch viele Aussagen erhärtet, sein Anlehnungs- und Zärtlichkeitsbedürfnis Männern gegenüber notorisch.» Notorisch! Das bedeutete nach der damaligen Psycho-Weisheit: Geburtshomo, nicht erworben! Nun war dem Leser auch klargeworden, warum Lubbe die Jugendorganisation verlassen hatte und dort als «fremdes Element» empfunden wurde, denn Homosexualität, das hatte zum Beispiel auch die *Rote Fahne* (Zentralorgan der KPD) am 28. Oktober 1927 geschrieben, gelte «allgemein als unproletarisch». Anfang April 1931 wurde van der Lubbe aus dem kommunistischen Jugendverband «ausgeschieden». «Das fremde Element» kehrte, so das *‹Braunbuch›*, «heim» ins Kleinbürgertum. Neben einer «merkwürdigen Weichheit, wie sie bei Homosexuellen oft zu finden ist», soll jenes unproletarische Element auch noch «ein Hang zu lügen und zu übertreiben» ausgezeichnet haben.

Die weitere Entwicklung ergab sich, zumindest in jener Darstellung, automatisch: Der Homo griff die KP auf Veranstaltungen an, wurde zum Antikommunisten. In Wirklichkeit hatte van der Lubbe damit begonnen, sich an einer anderen linken Strömung zu orientieren, dem «Rätekommunismus».

Für die Konstrukteure des *‹Braunbuches›* ergab sich über Lubbes Homosexualität eine direkte Verbindung zu dem Nationalsozialisten, zum Klassenfeind.

Ideologisch war in der KPD der Boden für die Verbindung von Homosexualität und Nationalsozialismus schon durch die erste Röhm-Affäre bereitet worden, hatte doch die *Rote Fahne* in ihrer Ausgabe vom 11. März 1932 geschrieben, daß «die Hitlerkamarilla auf dem Boden homosexueller Veranlagung und Heuchelei gewachsen (ist)». Mochten derlei Sichtweisen zu diesem Zeitpunkt in der KPD auch noch von einer Minderheit vertreten worden sein, durch die Darstellung van der Lubbes im *‹Braunbuch›* mußten diese Ansichten verstärkt, wenn nicht sogar vorherrschende Meinung geworden sein. Getreu der Parole, daß Homosexualität eine «unproletarische Erscheinung» sei, hatten die Verfasser des «Psychogramms» die soziale Herkunft Lubbes als «kleinbürgerlich» dargestellt. Wenn auch diese angeblichen kleinbürgerlichen Verhältnisse in der konkreten Realität an keiner Stelle des *‹Braunbuches›* nachgewiesen werden konnten, so mußten sie zumindest in den Köpfen der Familienmitglieder dingfest gemacht werden: «Noch heute stößt man, wenn man mit einem der Brüder oder Halbbrüder des Marinus van der Lubbe spricht, auf eine Wand von kleinbürgerlichen Illusionen» (S. 45).

Zwar tauchten die van der Lubbes im Heer der Land- und Fabrikarbeiter unter, wie zu lesen war, «aber sie assimilierten sich nicht».

Die gesamte Argumentation zielte zwar darauf ab, Kommunisten von dem völlig unberechtigten Vorwurf der Brandstiftung reinzuwaschen, doch wurde gleichzeitig das ganze Ausmaß kommunistischer Hilflosigkeit beim Umgang mit dem Phänomen «Homosexualität» sichtbar. Angenommen, van der Lubbe wäre tatsächlich homosexuell gewesen, dann hätte er vor dem Hintergrund der im ‹*Braunbuch*› vorgenommenen Darstellungen allein deswegen keinen Platz in dieser Partei gehabt. Als Kleinbürger charakterisiert, wurde er als Homosexueller aus der Partei «ausgebürgert».

Da jene Dokumentation vorwiegend von deutschen Kommunisten erstellt wurde, drängt sich die Frage auf, in welchem Verhältnis die KPD zu diesem Zeitpunkt tatsächlich zu den Homosexuellen stand. Zwar hatte sie die Forderungen nach Abschaffung des § 175 unterstützt, «nur sie», wie Hiller schrieb, zwar waren im WHK und in anderen Interessenvertretungen homosexuelle Kommunisten tätig, zwar verhielt sich die KPD in der ersten Röhm-Affäre relativ zurückhaltend und war nicht oder zumindest nur sehr leise mit in den sozialdemokratischen Chor des «gesunden Volksempfindens» eingestimmt, doch hatte es jetzt den Anschein, daß diese Haltung der Vergangenheit angehörte. Jene Kräfte in der KPD, die Homosexualität dem Klassengegner öffentlich ans Revers hefteten, schienen sich durchgesetzt zu haben: Mit keinem Wort wurde im ‹*Braunbuch*› erwähnt, daß im Rahmen der Pogrome gegen die Linke alle Homosexuellen-Lokale geschlossen worden waren und politisch exponierte Homosexuelle brutal verfolgt wurden. Obwohl das Sexualwissenschaftliche Institut von den Nazis geplündert worden war und dies im ‹*Braunbuch*› ebenso erwähnt wurde wie die Tätigkeit Hirschfelds und Max Hodanns, wurde doch an keiner Stelle auf die zu dieser Zeit ebenfalls beginnende terroristische Verfolgung der Homosexuellen-Bewegung eingegangen. Im ‹*Braunbuch*› wurde Homosexualität implizit als faschistisches Laster dargestellt.

Inwieweit diese Wendung bereits eine in der Sowjetunion sich abzeichnende Entwicklung antizipierte, kann freilich hier nicht untersucht werden. Auffällig jedoch, daß nach der faschistischen Machtübernahme der 1917 in der Sowjetunion abgeschaffte Homosexuellen-Paragraph wieder eingeführt wurde. Dies geschah im März 1934 und bildete den Auftakt zu einer rigiden Homosexuellen-Verfolgung. Wilhelm Reich sah diese Maßnahmen in einem nicht näher erläuterten «Zusammenhang mit dem Vorgehen anläßlich der Röhm-Affäre

1932–1933». Die Sowjetpresse jedenfalls startete im Frühjahr 1934 einen Verleumdungsfeldzug gegen Homosexualität als «Entartungserscheinung der faschistischen Bourgeoisie». So verfaßte der bekannte Sowjetjournalist Kolzow eine Artikelserie, in der er von den «warmen Brüdern des Propagandaministeriums Goebbels» und von den «sexuellen Orgien in den faschistischen Ländern» sprach. In einem Artikel des Dichters Maxim Gorki, der ausgerechnet unter der verrückten Überschrift «Proletarischer Humanismus» in der *Prawda* und der *Izvestija* vom 23. Mai 1934 erschien, pervertierte der proletarische Humanismus zu einer pathologischen Homophobie: «Das Gedächtnis sträubt sich dagegen», schrieb Gorki, «auch nur jener Abscheulichkeiten zu gedenken, die der Faschismus so üppig produziert.» Gemeint war auch Homosexualität. Weiter hieß es dann wörtlich:

> «Während in den Ländern des Faschismus die Homosexualität, die die Jugend verdirbt, ungestraft agiert, ist sie im Lande, wo das Proletariat kühn und mannhaft die Staatsmacht erobert hat, als ein soziales Verbrechen erklärt und wird streng bestraft. In Deutschland ist schon ein geflügeltes Wort entstanden: Rottet die Homosexuellen aus und der Faschismus ist verschwunden.»

An diesem krankhaften Ausfluß stimmte fast nichts: Weder war Homosexualität im Deutschen Reich «ungestraft» noch wurde in der Sowjetunion nach der «mannhaften» Eroberung der Staatsmacht durch das Proletariat Homosexualität als «soziales Verbrechen» erklärt, sondern der zaristische Paragraph war abgeschafft worden. Seine Wiedereinführung 1934 war eine «neusowjetische» Errungenschaft, die auch auf diesem Gebiet zeigte, wie weit die stalinistische Bürokratie die revolutionären Ideale der frühen Sowjetunion korrumpiert hatte. Selbst vor derartigen Geschichtsfälschungen schreckte man nicht zurück. Schließlich war auch der Faschismus nicht durch die Ausrottung der Homosexuellen zum Verschwinden zu bringen, denn, wie sich noch zeigen wird, rotteten die deutschen Faschisten die «Entarteten» selbst aus, ohne das ihr System deswegen verschwand.

Da in der Sowjetunion zu dieser Zeit nicht nur der Homosexuellen-Paragraph, sondern auch das Abtreibungsverbot wieder eingeführt und die Ehescheidung erschwert wurde, dürfen diese Maßnahmen nicht isoliert voneinander betrachtet werden. Sie stellen das klassische bürgerliche Instrumentarium zur Regulierung einer zwangsweisen Menschenproduktion dar und unterscheiden sich daher auch nicht prinzipiell von jenen Maßnahmen, die im Deutschen Reich angewendet wurden. Daß die Sowjetunion dabei möglicherweise auf die politischen Tatsachen reagierte, die im Deutschen Reich durch die Machtergreifung des Faschismus geschaffen waren, mag durchaus zutreffen, hatte doch Hitler in ‹*Mein Kampf*› sein Programm eines Krieges gegen die Sowjetunion bereits der Öffentlichkeit vorgestellt und sich mittlerweile auch beeilt, den Generalen der Reichswehr sein «Lebensraum-Programm» vorzustellen. Dies geschah schon wenige Tage nach seinem Amtsantritt als Reichskanzler am 3. Februar 1933 (vgl. Fest 1973, S. 535 f).

Die Darstellung der Homosexualität im ‹*Braunbuch*› deutete darauf hin, daß den Autoren dieser Zusammenhang zumindest nicht vollständig fremd war und sie mit dazu beitrugen, die politische Kampagne gegen diese bevölkerungspolitisch nutzlose Sexualität dadurch abzusichern halfen, indem sie Homosexualität implizit als Entartungserscheinung der faschistischen Bourgeoisie darstellten. Die von den ‹*Braunbuch*›-Psychologen entworfene Lebensgeschichte des Brandstifters war so angelegt, daß der «kleinbürgerliche» van der Lubbe bald in die Fänge der «SA-Homosexuellen» geriet, nachdem er die Grenze von Holland nach Deutschland überschritten hatte. Laut ‹*Braunbuch*› lernte er einen Dr. Bell kennen, der ihn angeblich «in nationalsozialistische Kreise» einführte.

> «Bell war Zutreiber Röhms. Er wußte um viele Beziehungen Röhms zu jungen Männern, weil er ihm die meisten selbst zugeführt hatte. Bell führte eine genaue Liste über alle Jünglinge, die er Röhm zugetrieben hatte. Bell sah voraus, daß es zwischen ihm und den nationalsozialistischen Führern über kurz oder lang zu Differenzen kommen würde . . . Diese Liste sollte eine Waffe sein, mit der er Röhm immer bedrohen konnte. Die Liste existiert heute nicht mehr» (S. 57).

An anderer Stelle hieß es: «Es kann kein Zweifel bestehen, daß van der Lubbe, jedenfalls in den letzten Monaten 1932, den nationalsozialistischen Lockungen erlegen war. Der enttäuschte Kleinbürger hatte ‹heimgefunden›» (S. 61).

Damit war angeblich bewiesen, daß jeder Homosexuelle, auch wenn er aus noch so proletarischen Verhältnissen stammte, irgendwann in Widersprüche zu der politischen «Klassenorganisation des Proletariats», der KP, geriet und dann unweigerlich zum Klassenfeind überlief. Nach der Logik jenes Psychodrames müßte der Reichstag wohl in Permanenz gebrannt haben: Ganze Warteschlagen «heimfindender» Homos hätten sich vor dem Gebäude einfinden müssen, um von den «homosexuellen SA-Führern» (‹*Braunbuch*›) die Brandfackeln im Akkord in die Hände gedrückt zu bekommen. Wahrscheinlich hätte man dann in einem ‹*Braunbuch*› lesen können: Die homosexuellen SA-Führer sind dazu übergegangen, den Reichstag und andere öffentliche Gebäude planmäßig anzustecken. Kokelwerkzeug wird täglich zwischen 9 und 12 Uhr an «heimfindende» Homos ausgeteilt.

Horst Karasek hat im Jahre 1980 unter dem Titel ‹*Der Brandstifter,*

Lehr- und Wanderjahre des Maurergesellen Marinus van der Lubbe, der 1933 auszog, den Reichstag anzuzünden›, eine Biographie des angeblichen «Werkzeuges» veröffentlicht, in der es heißt:

> «Über keinen Zeitgenossen sind so viele Unwahrheiten verbraten worden – wie über den Brandstifter. Keinem Täter hat man seine Tat so streitig gemacht – wie dem niederländischen Rätekommunisten. Kein Revolutionär ist so übereinstimmend von rechts und links in den Dreck gezogen worden – wie dieser Widerstandskämpfer. Kein Rufmord hat so zäh überlebt – wie der an Marinus van der Lubbe.»

Der Brandstifter war nach Karasek weder homosexuell noch hatte er jemals Kontakt mit einem Dr. Bell oder anderen Nationalsozialisten und schon gar nichts hatte er mit der Idee des Nationalsozialismus zu tun. Der Bruder Marinus van der Lubbes kämpfte jahrelang um seine Rehabilitierung. Nachdem alle seine Anträge abgelehnt worden waren, hat nun, 47 Jahre nach der Hinrichtung des Marinus die 10. Strafkammer des Landgerichts Berlin beschlossen, das Urteil des Reichsgerichts vom 23. Dezember 1933 «unter Freisprechung des Marinus van der Lubbe» aufzuheben, weil dabei «nationalsozialistische Gedankengänge wirksam geworden sind». Mitte April 1981 hob das Berliner Kammergericht diese Entscheidung wieder auf, nachdem die Staatsanwaltschaft Beschwerde gegen den Freispruch eingelegt hatte.

Der Röderberg-Verlag brachte 1978 einen Faksimile-Nachdruck der Originalausgabe des «legendären *‹Braunbuchs›*» heraus und betont in einem Vorwort, das mit «Röderberg-Verlag» unterzeichnet ist, «die schlüssige Darstellung der Vorgänge um den Reichstagsbrand». Der Verlag wird sich den Vorwurf gefallen lassen müssen, Unwahrheiten zu verbreiten und noch heute dazu beizutragen, infame Vorurteile gegen Homosexuelle zu schüren.

Exil, Tod, KZ: Zum Schicksal führender Mitarbeiter des WHK und des Sexualforschungsinstituts nach der Machtergreifung

Nur über sehr wenige Mitglieder des WHK oder anderer Homosexuellen-Organisationen liegen uns heute Informationen vor, wie ihr Schicksal nach der Machtübernahme des Faschismus verlief.

Magnus Hirschfeld zum Beispiel war bereits 1930 zu einer lange vorbereiteten Weltreise aufgebrochen. Die Meldung von der Kanzlerschaft Hitlers erreichte ihn in Paris. Freunde rieten ihm, nicht nach Berlin zurückzukehren, weil sein Leben als «Oberbonze der Perversen», wie die Nazis ihn genannt hatten, in Gefahr war. Bereits im Jahre 1920 hatte Hirschfeld nach einem Vortrag in München erleben müssen, wie verhetzte rechte Studenten auf seine Tätigkeit reagierten: Sie lauerten ihm nach der Rede auf und schlugen ihn brutal zusammen.

Er blieb in der französischen Hauptstadt und mußte von dort aus miterleben, wie die Nazis das «Institut für Sexualwissenschaft» plünderten, beraubten und sein Lebenswerk zerstörten. Die einzigartige und weltberühmte Bibliothek des Instituts wurde ein Opfer jener berüchtigten Bücherverbrennungsaktion, die der «Nationalsozialistische Studentenbund» im Mai 1933 in Berlin durchführte. Dieser «Aktion wider den undeutschen Geist», so das nationalsozialistische Selbstverständnis dieses Vandalismus, fielen nicht nur die Bücher des Sexualinstituts zum Opfer, sondern auch der Mensch Magnus Hirschfeld wurde hier symbolisch verbrannt: Seine aus dem Institut geraubte Bronzebüste wurde von der johlenden Menge ins Feuer geworfen.

Wie Hirschfelds Sexualwissenschaftliches Institut demoliert und vernichtet wurde

Ein zuverlässiger Augen- und Ohrenzeuge, der ohne selbst dem Institut anzugehören, die Vorgänge genau verfolgen konnte, hat über die ungeheuerliche Zerstörung dieser weltbekannten wissenschaftlichen Forschungs-, Lehr- und Heilstätte in Berlin folgendes Protokoll aufgenommen:

«Am Morgen des 6. Mai 1933 brachte der *Berliner Lokalanzeiger* die Nachricht, daß die Säuberungsaktion der Berliner Bibliotheken von Büchern undeutschen Geistes am Vormittag dieses Tages einsetzen würde und daß die Studenten der Hochschule für Leibesübungen diese Aktion im Institut für Sexualwissenschaft einleiten wollten. Dieses Institut war 1918 in dem früheren Hause des Fürsten Hatzfeld von Dr. Magnus Hirschfeld begründet worden und wurde kurz darauf von der preußischen Regierung als *gemeinnützige Stiftung* übernommen. Es genoß wegen der einzigdastehenden Sammlungen und Forschungen, seines Archivs und seiner Bibliothek einen internationalen Ruf und Zuspruch. Vor allem kamen viele ausländische Gelehrte, Ärzte und Schriftsteller nach Berlin, um dort zu arbeiten.

Auf die erwähnte Zeitungsnotiz hin wurde der Versuch unternommen, noch einige besonders kostbare Privatbücher und Manuskripte in Sicherheit zu bringen; es wurde dies aber unmöglich gemacht, indem der junge Mann mit diesen Büchern von einer Bewachung, die offenbar bereits während der Nacht das Institut umstellt hatte, festgenommen und seiner Habe beraubt wurde. Am 6. Mai um 9 Uhr 30 erschienen vor dem Institut einige Lastautos mit ca. hundert Studenten und einer Kapelle mit Blasinstrumenten. Sie nahmen vor dem Hause militärische Aufstellung und drangen dann unter Musik in das Haus ein. Da das Büro noch geschlossen war, befand sich kein eigentlicher Vertreter des Hauses dort; nur einige Frauen vom Hauspersonal sowie ein dem Haus nahestehender Herr waren anwesend. Die Studenten begehrten Einlaß in sämtliche Räume; soweit diese verschlossen waren, wie die bereits seit einiger Zeit stillgelegten Repräsentationsräume im Parterre sowie das frühere und jetzige Büro der Weltliga für Sexualreform, schlugen sie die Türen ein. Nachdem ihnen die unteren Räume nicht viel boten, begaben sie sich in das erste Stockwerk, wo sie in den Empfangsräumen des Instituts die Tintenfässer über Schriftstücke und Teppiche ausleerten und sich dann an Privatbücherschränke machten. Sie nahmen mit, was ihnen nicht einwandfrei erschien, wobei sie wohl im wesentlichen sich an die sogenannte ‹schwarze Liste› hielten. Darüber hinaus ließen sie aber auch andere Bücher mitgehen, so aus der Privatbibliothek des Sekretärs Giese beispielsweise ein großes Tutankamon-Werk sowie viele Kunstzeitschriften. Aus dem Archiv entfernten sie dann die großen Wandtafeln mit den Darstellungen intersexueller Fälle, die seinerzeit für die Ausstellung des Internationalen Ärzte-Kongresses im Londoner Kensington-Museum im Jahre 1913 angefertigt waren. Sie warfen diese Tafeln zum großen Teil aus dem Fenster ihren vor dem Hause stehenden Kameraden zu.

Die meisten der anderen Bilder, Fotografien wichtiger Typen, nahmen sie von den Wänden und spielten mit ihnen Fußball, so daß große Haufen zertrümmerter Bilder und Glasscherben zurückblieben. Auf die Einwände eines Studenten, daß es sich um *medizinisches* Material handle, antwortete ein anderer, darauf käme es nicht an, es wäre ihnen nicht um die Beschlagnahme von ein paar Büchern und Bildern zu tun, sondern um die *Vernichtung des Instituts.* Unter einer längeren Ansprache wurde dann ein lebensgroßes Modell, das den Vorgang der inneren Sekretion darstellte, aus dem Fenster geworfen und zertrümmert. In einem Sprechzimmer schlugen sie einen Pantostaten, der der Behandlung von Patienten diente, mit einem Schrubber ein. Ferner raubten sie eine Bronzebüste von Dr. Hirschfeld. Auch sonst wurden viele Kunstwerke mitgenommen. Aus der Institutsbibliothek nahmen sie zunächst nur einige hundert Bücher mit.

Während der ganzen Zeit wurde das Personal bewacht, und immer wieder spielte die Musik, so daß sich große Scharen von Neugierigen vor dem Hause ansammelten. Um 12 Uhr hielt der Führer eine größere Schlußansprache, und unter Absingen eines besonderen Schmutz- und Schundliedes sowie des Horst-Wessel-Liedes zog der Trupp ab.

Die Bewohner des Instituts hatten angenommen, daß es mit dieser Plünderung sein Bewenden haben würde, aber um 3 Uhr nachmittags erschienen abermals mehrere Lastautos mit SA-Leuten und erklärten, daß sie die Beschlagnahme fortsetzen müßten, da der Trupp am Morgen nicht genügend Zeit gehabt hätte, um gründlich auszuräumen. Dieser zweite Trupp nahm dann nochmals eine gründliche Durchsuchung aller Räume vor und schleppte in vielen Körben alles mit, was an Büchern und Manuskripten von Wert war, im ganzen zwei große Lastwagen voll. Aus den Schimpfworten ging hervor, daß die Namen der in der Spezialbibliothek vertretenen Autoren den Studenten zum großen Teil wohlvertraut waren. Nicht nur Sigmund Freud, dessen Bild sie aus dem Treppenhaus entfernten und mitschleppten, erhielt die Bezeichnung ‹der Saujude Freud›, sondern auch Havelock Ellis wurde als ‹das Schwein Havelock Ellis› bezeichnet. Von englischen Autoren hatten sie es außer auf Havelock Ellis besonders auf die Werke von Oscar Wilde, Edward Carpenter und Norman Hair abgesehen, von amerikanischen Schriftstellern auf die Bücher von dem Jugendrichter Lindsey, Margaret Sanger und George Silvester Viereck, von französischen Werken auf die von André Gide, Marcel Proust, Pierre Loti, Zola etc. Auch die Bücher Van de Veldes und des dänischen Arztes Dr. Leunbach gaben den Studenten Anlaß, die Verfasser mit Schimpfworten zu belegen. Auch ganze Jahrgänge von Zeitschriften, namentlich die 24 Bände der Jahrbücher für sexuelle Zwischenstufen, wurden mitgenommen. Man wollte auch die ausgefüllten Fragebogen fortschleppen (mehrere Tausend) und nur der ausdrückliche Hinweis, daß es sich um Krankengeschichten handle, ließ die Studenten davon Abstand nehmen. Dagegen war es nicht möglich zu verhindern, daß das Material der Weltliga für Sexualreform, die gesamte vorhandene Auflage der Zeitschrift *Sexus* sowie die Kartothek mitgenommen wurde. Auch zahlreiche, zum Teil bisher noch nicht veröffentlichte Handschriften und Manuskripte (u. a. von Krafft-Ebing und Karl Heinrich Ulrichs) fielen den Eindringlingen zum Opfer.

Immer wieder fragten sie nach der *Rückkehr* Dr. Hirschfelds. Sie wollten, wie sie sich ausdrückten, einen ‹Tip› haben, wann er wohl zurückkomme. Schon vor der Plünderung des Instituts waren verschiedene Male SA-Männer im Institut gewesen und hatten nach Dr. Hirschfeld gefragt. Als sie die Antwort erhielten, daß er sich wegen einer Erkrankung an Malaria im Auslande befinde, erwiderten sie: *‹Na, dann krepiert er hoffentlich auch ohne uns; dann brauchen wir ihn ja nicht erst aufhängen oder totschlagen.›*

Als am 7. Mai die Berliner und auswärtige Presse von der Aktion gegen das Institut für Sexualwissenschaft berichtete, wurde von dem Präsidium der Weltliga ein telegrafischer Protest eingelegt, in dem darauf hingewiesen wurde, daß sich unter dem gesammelten Material viel *ausländisches Eigentum* befände, und man daher doch von der angekündigten Verbrennung absehen solle. Diese an den Kultusminister gerichtete Depesche fand keine Beachtung, vielmehr wurden sämtliche Werke und Bilder drei Tage später auf dem Opernplatz zusammen mit vielen anderen Werken verbrannt. Die Zahl der aus der Spezialbibliothek des Instituts vernichteten Bände betrug über hunderttausend. Im Fackelzug trugen die Studenten die Büste von Dr. Magnus Hirschfeld, die sie auf den Scheiterhaufen warfen.»

In den Berichten der Nazis wird diese «Kulturtat» folgendermaßen geschildert:

«Energischer Griff in eine Giftküche»
Deutsche Studenten räuchern
das «Institut für Sexualforschung» aus

Der Kreis X der Deutschen Studentenschaft besetzte gestern das «Institut für Sexualforschung», das von dem Juden Magnus Hirschfeld geleitet worden war. Dieses Institut, das sich ein wissenschaftliches Mäntelchen umzuhängen versucht hatte und während der vierzehnjährigen marxistischen Herrschaft von den damaligen Machthabern immer protegiert worden ist, war, wie die Haussuchungen jetzt einwandfrei ergeben haben, eine einzige Brutstätte von Schmutz und Sudelei gewesen. Ein ganzer Lastwagen voll pornographischer Bilder und Schriften sowie Akten und Kartotheken sind beschlagnahmt worden . . . Mit einem Teil des vorgefundenen Materials wird sich die Kriminalpolizei befassen müssen, einen anderen Teil wird die Kundgebung öffentlich verbrennen.»

(*Angriff*, vom 6. Mai 1933)

(aus: Braunbuch über Reichstagsbrand und Hitler-Terror, Basel, 1933)

An eine Rückkehr nach Berlin war nicht zu denken. Hirschfeld starb am 15. Mai 1935 in der Emigration. Sein letztes Werk erschien im Jahre 1933 unter dem Titel *‹Die Weltreise eines Sexualforschers›*. Es ist weithin unbekannt geblieben, da es im Ausland verlegt werden mußte. Hiller schrieb später in seinen Lebenserinnerungen, daß es in «einem obskuren Schweizer Verlag» erschienen ist, «der bestimmt längst nicht mehr besteht; es muß als verschollen gelten». Im April 1938 veröffentlichten Schüler Hirschfelds und Mitarbeiter des Instituts für Sexualwissenschaft im Londoner Exil unter dem Titel *‹Geschlechtsverirrungen›* Schriften aus Hirschfelds Nachlaß und gaben in einem Vorwort der Hoffnung Ausdruck, «daß sie durch ihre anonyme Mitarbeit an diesem letzten Werk Hirschfelds dazu beigetragen haben, daß das Lebenswerk ihres großen Lehrers der Nachwelt nicht vorenthalten wird» (Hiller 1969, S. 74).

Richard Linsert, seit 1931 Stellvertreter Hirschfelds im WHK, starb am 3. Februar 1933. Ende Januar hatte ihn eine Grippe befallen, «keine ganz leichte, erst recht keine besonders schwere», aber er fieberte noch, als Hitler am 30. Januar zum Reichskanzler ernannt wurde: «Die Kommunistische Partei lud sofort eine Anzahl Führender ihres Lagers zu einer Besprechung ein, darunter Linsert. Es herrschte Matschwetter. Sein Freund Peter L. (1941 oder 1942 in Rußland gefallen) riet ihm leidenschaftlich, der Einladung nicht zu folgen, eben des Fiebers halber; aber Richard ließ sich nicht abhalten ... Daß Richard hinging, trotz Fieber und Matsch, war grundverkehrt ... und bewunderungswürdig. Ich erfuhr es erst nachträglich durch Peter. Ich erfuhr gleichzeitig, daß die voraussehbare Folge eingetreten war, nämlich Rückfall. Mit erhöhtem Fieber, mit Lungenentzündung, beiderseitiger, mit Überführung ins Krankenhaus. Am dritten Februar starb er dort, 33 Jahre und ein paar Wochen alt.»

Hiller schreibt hierzu weiter:

> «Denkt man sich Linserts Lungenentzündung weg, dann würde er gewiß, zusammen mit *Kippenberger* [letzterer hielt die Totenrede, Reichstagsabgeordneter der KPD und Chef der NS-Abwehr; Anm. d. Verf.), in der Sowjetunion sein Asyl gesucht haben und hätte mit Sicherheit dort den Tod gefunden, den jener fand. Wäre er in Deutschland geblieben, dann würde ihm von dem braunen Geschmeiß ein noch fürchterlicheres Schicksal bereitet worden sein – gestreckte Hinrichtung über Jahre. Ich habe mehr als einmal sagen hören, daß sein früher und schmerzloser Krankenhaustod, wie die Dinge lagen, eine Gnade war. Ich konnte nicht widersprechen; einen Trost bot dieser Gedanke mir nicht» (Hiller 1973, S. 10).

Zusammen mit Hiller arbeitete Arthur Kronfeld im «Institut für

Sexualwissenschaft» und im WHK, «er als Psychologe, ich als Rechtsberater» (Hiller). Kronfeld, außerordentlicher Professor an der Universität von Berlin, hatte 1932 eine Berufung als Ordinarius an die Moskauer Universität angenommen. Wie Hiller mitteilt, hat Kronfeld 1942 in Moskau Selbstmord begangen, «aus Angst vor Hitler», wie es hieß . . . Bruno Vogel, über Jahre im Vorstand des WHK, gelang die Flucht. Er lebt heute noch in London.

Am 7. März 1933 plünderten und demolierten SA- oder SS-Mitglieder Hillers Wohnung und schleppten körbeweise Schriften und sogenanntes «belastendes» Material fort. Rückfragen bei der Berliner Polizei ergaben, daß gegen ihn ein Schutzhaftbefehl beantragt, jedoch von der Staatsanwaltschaft abgelehnt worden war. Schutzhaft bedeutete Konzentrationslager, und wenn der Antrag jetzt auch noch abgelehnt wurde, so hatte sich Hiller ausrechnen können, daß er täglich neu gestellt werden konnte. Wer konnte erwarten, daß er nicht doch befürwortet wurde?

Am 10. März 1933 verläßt Kurt Hiller seine Berliner Wohnung, um bei einem befreundeten Ehepaar in Frankfurt am Main unterzutauchen. Sein Aufenthaltsort ist nur verläßlichen Freunden bekannt. Korrespondenzen werden ausschließlich unter streng konspirativen Notwendigkeiten vorgenommen. Denunziert von einer Hausangestellten jenes Frankfurter Ehepaares wird Hiller am 23. März 1933, mittags «von der Suppe weg», verhaftet und ohne Bekanntgabe des Verhaftungsgrundes und ohne Verhöhr in ein Gefängnis verschleppt. Am fünften Tag wird er informiert, daß der Berliner Polizeipräsident seine Entlassung verfügt hat. Vom Gefängnis ins Frankfurter Polizeipräsidium gefahren, eröffnet man ihm hier, daß er «frei» sei, um ihm bei der Verabschiedung mitzuteilen, daß eben ein Telegramm aus Berlin eingetroffen sei, das seine sofortige Einweisung in ein KZ fordere. Schließlich läßt man ihn doch frei, «weil das ominöse Telegramm zwar später eingetroffen, doch eher aufgegeben sei als der Funkspruch», der seine Freilassung verfügte. Hiller selbst beurteilt dieses Hin und Her wie folgt: «Es sieht so aus, als ob meine Freiheit Schacherobjekt ist zwischen einer Nazi-Clique dort und einer noch halbwegs mitbestimmenden Deutschnationalen.»

Er entschließt sich, nach Berlin zurückzufahren. «Kluge Kritiker haben mir später kopfschüttelnd und händeringend vorgeworfen», teilt er in seinen Erinnerungen mit, «daß ich damals nicht unverzüglich Deutschland verlassen habe, nachdem ich so töricht gewesen sei, dies nicht bereits nach Hitlers Ernennung oder gleich nach dem Reichstagsbrand zu tun.» Er bleibt jedoch in Deutschland, um bereits am 2. April 1933 wieder verhaftet zu werden. Im «Alex», dem Berliner Polizeipräsidium, kommt er in eine Gemeinschaftszelle, um später in einen Trakt für Schutzhäftlinge im Strafgefängnis Berlin-Spandau eingewiesen zu werden. In dem Gefängnis befinden sich um diese Zeit fast ausschließlich «Politische», das heißt vorwiegend Kommunisten, aber auch Sozialdemokraten. Am 9. Mai erfolgt die erneute Entlassung.

Auch jetzt bleibt Hiller in Berlin, meint, das Schlimmste wäre überstanden und die Nazis imstande, «nach Ablauf einer brutalen Anfangsphase die Diktatur zu mildern, zu lockern, mit einem Tropfen liberalen Öls zu salben». Doch er täuscht sich. Das neue Regime zieht es vor, ein Katz- und Mausspiel mit ihm zu treiben. Am 14. Juli 1933 erfolgt die dritte Verhaftung. Schon im Auto, das ihn in die neu eingerichtete Zentrale der «Geheimen Staatspolizei» (Gestapo) fährt, wird er von SS-Chergen blutig zusammengeschlagen. Im Gebäude der Gestapo angekommen,

> «stößt man mich die Treppe hinauf, zuletzt in ein Zimmer, wo ein SS-Mann . . . thront; ich muß mich dicht an die Wand stellen, mit dem Gesicht zur Wand. Nach einer Weile werde ich angeherrscht. Die Personalien. ‹An welchen Blättern haben sie geschrieben?!› Ich nenne ein paar linksbürgerliche, an vierter oder fünfter Stelle die *Weltbühne*. ‹Also auch an der *Weltbühne*? Ich bestreite es nicht. Schneidend: ‹Das genügt mir!› Mein Schicksal ist besiegelt. Als Anlaß der Festnahme stellt sich heraus, daß ich einem jungen Mann (Erich N.), der den Kommunisten nahestand, vielleicht auch näher als nahe, ich weiß es nicht, durch Fürsprache bei einem gutsituierten gemeinsamen Bekannten fünfzig Mark für eine Fahrkarte nach Paris habe beschaffen wollen; der Junge fühlte sich von einer SA-Clique bedroht, plante zu fliehen, besaß Paß, hatte angeblich das Visum sicher, war aber als lange Arbeitsloser ohne Geld. Ich, das wußte er, konnte es ihm nicht spenden; er beschwor mich, bei dem vermögenden Herrn H. für ihn zu intervenieren. Ich tat's, sehr eindringlich, doch ohne Erfolg. Der unter dem Vorwand der Vorsicht geizige Gauch entschädigte uns durch saudumme Geschwätzigkeit. Er erzählte die Sache, ohne Nennung von Namen, einer kleinen Caféhausrunde, zu der auch ein SA-Mann gehörte. Die schon damals landesübliche Denunziation folgte auf dem Fuße, und der Gauch, ins Gestapa (Geheimes Staatspolizeiamt) gerufen, sagte mit vollen Hosen aus. Neben dem Unumgänglichen schlotternd das Überflüssige, beispielsweise, daß Erich mit einem britischen Journalisten in Paris gut bekannt sei (es war eine total unpolitische Bekanntschaft). Der Schlotterer und ich werden konfrontiert; er . . . darf nach Hause, ich dagegen erst nach neuneinhalb Monaten. Es konnten durchaus neuneinhalb Jahre sein» (Hiller, 1969, S. 250 f).

Zusammen mit anderen politischen Gefangenen wird Hiller noch am gleichen Tage in ein Gefängnis der SS eingeliefert, wieder zusammengeschlagen und blutbesudelt in eine Zelle gestoßen:

«Noch ehe ich recht zur Besinnung komme, holt man mich wieder heraus und hetzt mich in ein geräumiges Zimmer. Seine Wände sind mit Peitschen und Geißeln drapiert, sonst kahl; die Mitte des Raumes nimmt ein großer viereckiger blankgescheuerter Tisch ein; rings um ihn sitzen und stehen zwanzig SS-Leute, einer mit nacktem Oberkörper, offenbar ein professioneller Athlet. Die Gesichter der Männer: nicht höhnisch, eher ruhig gespannt, wie im Zirkus vor Beginn der Vorstellung. Das Kommando führt ein dicklicher bierblonder Patron, Mitte Dreißig, über den ich später erfahre, daß er Lipke oder so ähnlich heißt. Ich muß mich über den Tisch legen; vier Kerle pressen mir die Hände an die Tischkanten und halten meine Füße fest. Hinter mich tritt der Entblößte, mit riesiger Peitsche (ich sehe sie nicht, aber ein paar Tage später zeigt sie mir in meiner Zelle grinsend der Boxer, sie ist zwei bis drei Meter lang und aus weich-breitem gelbem Leder). Fünfundzwanzig Hiebe, mit herkulischer Kraft verabreicht. Nach dem fünften, sechsten glaube ich: das ist nicht überlebbar, und beginne zu schreien. Das stachelt die Leute; spöttische Zurufe. Nach dem vielleicht zwanzigsten Hieb brülle ich, ich würde ohnmächtig. Ich werde es nicht. Nach dem fünfundzwanzigsten tritt eine Pause ein. Ich falle zu Boden, man reißt mich auf. Man befiehlt mir, Hose und Unterhose runterzulassen, und ich muß mit dem Bauch von neuem über den Tisch. Man umklammert mir die Gelenke, drückt meinen Kopf mit einer Wucht auf die gescheuerte Platte, als wäre er auf der Gesichtsseite selber platt, hebt mir das Hemd hoch, und nun folgen abermals fünfundzwanzig. Durch die Gewöhnung und bei sich verminderndem Bewußtsein werden sie um den Schatten einer Spur weniger unerträglich als die ersten.

Nach der Exekution bin ich nicht viel lebendiger als eine Leiche. Auf der Tischplatte, dort wo mein Kopf lag, liegt eine große Lache Blut. ‹Blutverlust: gering!› höhnt Lipke. Dann fragt er mich: ‹Na, is dir eena abjejangen?› Die Frage verrät den Frager und das Rudel» (ebd., S. 252).

Hiller überlebt die «Exekution»: «Ich bin zum Glück nicht ‹windelweich›, sondern steinhart geschlagen worden . . .» Er wird in eine Einzelzelle gesperrt: «Sooft sich die Zellentür öffnet, erwartet mich eine neue Peinigung oder Erniedrigung; Drohungen, Schläge, Schmähungen, man hat einen einzigen Wunsch: allein zu bleiben, ungestört, die schwarze Kanaille nicht zu sehen.»

Nach vier Tagen beginnt das «Exerzieren», stumpfsinniges Marschieren auf dem Gefängnishof, dazu befohlener Gesang *‹Das Wandern ist des Müllers Lust . . .›*, Dauerlaufen mit Sprung über ein Stöckchen, Kniebeugen, Liegestütze, beinahe bis zur Bewußtlosigkeit: «Hinlegen! Auf! Marsch! Hinlegen!»

Man hat unter den in Hillers Haus beschlagnahmten Papieren ein Flugblatt der «Gruppe revolutionärer Pazifisten» gefunden. Das hat sich bis in das Gefängnis rumgesprochen. Vor der Front der Mitgefangenen wird er nun von einem Bewacher angekreischt: «Seht euch diesen Lumpen an! Wißt ihr, was er ist? Kriegsdienstverweigerer ist der! KriegsDienstVerWeiGeRer!!!

Merkt euch dieses Gesicht für ewige Zeiten! Der Schuft ist ein noch größeres Schwein als ihr, der ist von euch allen der gemeinste Verbrecher!» In der folgenden Nacht läßt ihm der Zellenaufseher Handschellen anlegen. Wegen Selbstmordgefahr. Psychisch und physisch am Ende, erhält er in der Zelle zwei Tage «Bettruhe», welche ihm mehrfach den Besuch von SS-Typen einbringt, «die mir, einem Haufen Unglück, Spott zurülpsen: ‹Du Aas, verrecke da nur in deiner Ecke! Glaubst du vielleicht, daß du jemals lebendig hier rauskommst? Wir schmeißen dich in eine Grube auf dem Hof, Scheiße drauf und zuschütten – da findet dich keiner von deinen Freunden.›»

An dieser Stelle seiner Erinnerungen fragt sich Hiller, wie er jene körperlichen und psychischen Torturen überhaupt ertragen konnte und bemerkt hierzu unmittelbar anschließend an jene Auslassungen der SS-Bewacher:

> «Man sieht im Libidinösen dieser Bemerkungen deutlich das vorgebildet, was ein knappes Jahrzehnt später wahrhaftig geschah, angerichtet vom gleichen oder von gleichartigem Geschmeiß. Was ich heute kaum begreife, ist: daß ich mich damals durch die Apercus des Raubzeugs nicht im geringsten bedroht gefühlt habe; ich habe sie tatsächlich nicht ernst genommen. Das war objektiv falsch; subjektiv hat es mich vielleicht vor einer unheilbaren Psychose gerettet; gerettet, zumal ich in den kommenden Haftmonaten stets analog reagierte; ich habe diesen Pöbel für would-be-Mörder gehalten, nicht für Mörder» (ebd., S. 256 f).

Nach einiger Zeit werden große Verhöre angestellt, bei denen man auch versucht, näheres über Hillers Homosexualität zu erfahren:

> «Man dichtet mir Sexualakte an, vor denen mir ekelt, über deren Vorkommen mich als kritischer Jurist zu entrüsten ich freilich einen wissenschaftlichen Grund nie sah und deren Amateure verächtlich zu machen Nazis zuallerletzt befugt waren. Nachdem die Platte abgespielt ist, vergnügt man sich damit, mir Schändungen dreizehnjähriger, dann gar dreijähriger Mädchen vorzuwerfen; ja, auch Morde soll ich auf dem Gewissen haben» (ebd., S. 258).

Eines Tages fragte man ihn über seine Beziehungen zu André Gide aus, nachdem man in der bei der Verhaftung einbehaltenen Brieftasche Hillers einen Postabschnitt über einen Geldbetrag gefunden hat, den Gide ihm nach der Entlassung aus der ersten Gefangenschaft geschickt hatte, um ihm während der Erwerbslosigkeit finanziell unter die Arme zu greifen.

Im August 1933 ist Hillers Einzelhaft beendet. Er wird zusammen mit zwei Sozialdemokraten in eine Zelle gesperrt. Es herrschen katastrophale sanitäre Verhältnisse, ein Wunder fast, daß Epedimien offenbar nicht auftreten. Zwangsarbeit bis zum Umfallen, Mißhandlungen und Schikanen, Hunger und Krankheit wechseln einander in den folgenden Monaten ab. Dazu immer wieder Gewalt und nochmals Gewalt. Eine gefundene Rasierklinge wird zur übermächtigen Versuchung: «Erst nach Stunden unsäglicher Gewissensqual ist der Entschluß reif, die Klinge nicht zu benutzen . . .» (ebd., S. 269).

Erfolglos versucht man, ihm einen Prozeß wegen des Postabschnitts von André Gide zu machen. Fünfzehn Wochen bleibt er in jener «Blut- und Kothölle», dann wird er ins Konzentrationslager Brandenburg abgeschoben, wo die ersten Wochen das Grauen der bisherigen Haftanstalten noch übertreffen: dauernd Schläge, Exerzieren, entwürdigende Arbeiten. «Kein Schluck Wasser zum Trinken, kein Tropfen Wasser zum Waschen – wirklich eine Woche lang» (ebd., S. 275). Mitgefangene beteiligen sich an den Schikanen gegen ihn und andere Häftlinge. Am 2. Februar 1934 wird das KZ Brandenburg aufgelöst. Hiller und andere werden in das von der SA geleitete KZ Oranienburg überführt:

> «Die Überführung geschieht bei etwa fünf Grad Kälte in offenen Lastautos; wir stehen gepfercht, drei Stunden lang so eng, wie Sardinen in der Büchse. Der Wind pfeift durch die paar losen Zeltbahnen, nicht die bescheidenste Bewegung ist uns möglich» (ebd., S. 279).

Am nächsten Tag im KZ Oranienburg erfolgt die obligatorische «Begrüßung»: Zusammenschlagen mit Gummiknüppeln. Im Fachjargon der SA-Schläger «Fertigmachen». Die Juden werden hier bereits ausnahmslos einer «Sonderbehandlung» durch «Fertigmachen» unterzogen. Der gelbe Stern fehlt noch, aber eine weiße Armbinde sondert sie von ihren Leidensgenossen ab.

Am Sonntag, dem 4. Februar 1934, erhält Hiller den Befehl, sich zur erkennungsdienstlichen Behandlung im SA-Zimmer einzufinden. An diesem Sonntag nimmt nicht ein SA-Büttel diese Aufgabe vor, sondern ein Mithäftling, der dreiundzwanzigjährige Walter D. Schultz aus Hamburg, ein Linker wie Hiller. Bei der Aufnahme der Personalien erkennt Walter, ein regelmäßiger Leser der *Weltbühne*, wem er gegenübersteht. Von den Autoren der *Weltbühne* waren es Tucholsky und Hiller, für deren Meinungen er sich immer besonders interessiert hat: «Das hätte ich mir nie träumen lassen, daß ich dir im Leben noch mal begegnen würde», äußert Walter. Hiller: «Man begreift, wie mich das ergriff ... Diese Begegnung war ein Same, dem der gewaltige Baum einer dreißigjährigen Freundschaft entwuchs, der großartigsten meines Lebens» (ebd., S. 281). An jenem Sonntag beschlossen sie, die tägliche Freistunde nach dem Mittagessen zu einem gemeinsamen Spaziergang im Hof des Konzentrationslagers zu benutzen. Die täglichen Diskussionen ergaben eine breite Übereinstimmung.

> «Hinzu kam der Zauber seiner Erscheinung. Ich sage: ‹hinzu›, denn das Primäre war sie nicht. Das für mich Primäre war das frische, klare seiner Geistigkeit, seine Gradheit, das Vornehme, Tieftreue seines Charakters. All dies gelangte in seinen blauen Augen, seinem Gesichtsschnitt seiner Haltung zum Ausdruck; er gehörte zu den Menschen, die sich selber ähnlich sehen» (1973, S. 124 f).

Die sich anbahnende Beziehung mußte jedoch unterbrochen werden. Hiller, auf 53 Kilogramm heruntergeschwächt, erkrankt ernstlich: Der Transport im offenen Wagen bei fünf Grad minus hat eine leichte Erkältung verhärtet, sie weitet sich zur beidseitigen Lungenentzündung aus. Er wird ins Staatskrankenhaus Berlin, Scharnhorststraße, transportiert, das für erkrankte Polizeibeamte bestimmt ist und jetzt auch Gefangene aufnimmt. Es wird noch «sachlich-medizinal» geleitet, obwohl es in den letzten Monaten immer mehr von Patienten übervölkert wird, die in den umliegenden Gefängnissen und Konzentrationslagern von der SA und der SS mißhandelt und verletzt worden sind. Hiller erholt sich in einem siebenwöchigen Aufenthalt, wird am 24. März 1934 wieder an das KZ Oranienburg abgegeben, wo Gerüchte kursieren, daß eine baldige Entlassung bevorstehen könnte. Ein Monat vergeht, ohne daß das ersehnte Ereignis eintritt, doch am 25. April 1934 kommt tatsächlich ein Brief der Gestapo, ihn «sofort» zu entlassen, was drei Tage später endlich geschieht. Walter bleibt in Oranienburg.

Zurück in Berlin stellt Hiller fest, daß Gestapo oder SS seine Wohnung nochmals geplündert haben.

Wie alle linken und oppositionellen Zeitungen ist auch die *Weltbühne* in der Zwischenzeit verboten worden. Es ist unmöglich, durch Schreiben Geld zu verdienen. Die Frage der materiellen Existenz wird übermächtig, nachdem die letzten Rücklagen aufgebraucht sind.

> «Ich bettelte mit heftigem innerem Widerstand eine mir verschwägerte Persönlichkeit an, einen kleinen Generaldirektor, der auf

sechzigtausend Mark Einkommen geschätzt wurde und auf ein Vermögen von annähernd einer Million. Es war der entsetzlichste aller Besuche, die ich im Leben gemacht habe. Was offerierte der Mann mir? Monatlich zwanzig Mark. Ich mußte sie annehmen, weil zwanzig Mark mehr waren als Null Mark» (1969, S. 295).

Allmählich reifte der Entschluß, Deutschland zu verlassen, ins Exil zu gehen. Auslösendes Moment ist eine neuerliche Vorladung zur Gestapo. Mittlerweile ist auch Walter aus dem Konzentrationslager entlassen worden. Beide treffen sich am 24. September 1934 auf halbem Weg zwischen Berlin und Hamburg in Wittenberge, beschließen dort, gemeinsam in die Emigration nach Prag zu gehen, Kurt Hiller bereits wenige Tage nach dieser Zusammenkunft, Walter kann erst später folgen.

Am 28. September 1934 verläßt Hiller Berlin

«in vollem Bewußtsein, daß ich Ur-Berliner meine Heimatstadt, ja Deutschland vielleicht niemals wiedersehen werde . . . Ich kam mir vor, wie ein graues Gehäuse ohne Leben. Auch ohne Tränen war ich. Zunächst auch ohne Hoffnung. Das, was vis vitalis heißt, fehlte mir völlig» (ebd., S. 297).

Einziges Gepäckstück: Eine Aktentasche. Eingenäht in den Mantelkragen sechshundert Reichsmark, die den Start in Prag erleichtern sollen. Zwei Tage hält er sich in der Wohnung eines Freundes in Dresden versteckt, um dann, als Sonntagstourist getarnt, in die Tschechoslowakei einzureisen. Alles klappt wie geplant, «. . . und unbeschreiblich war die Seligkeit des Aufatmens. Ich war . . . dem Hyänenstall entronnen; ich sonnte mich erlöst in der europäischen Freiheit» (ebd., S. 298). Am 1. November trifft auch Walter in Prag ein. Die nachrückenden Truppen des Faschismus zwingen beide jedoch zur weiteren Flucht, zunächst nach Paris, später nach London. Am 15. August 1955 kehrt Hiller nach Deutschland zurück. Er stirbt 1973 in Hamburg, nachdem er in den sechziger Jahren erfolglos versuchte, das «Wissenschaftlich-Humanitäre Komitee» wieder ins Leben zu rufen.

Der geschlossene Widerspruch: Die Ausschaltung Ernst Röhms und die Mobilisierung des gesunden Volksempfindens

«Keine zweite Revolution!» Intrigen und Kampf um die Macht hinter den Kulissen

Am 31. Dezember 1933 schrieb Adolf Hitler an Ernst Röhm einen herzlich gefaßten Brief folgenden Wortlauts:

> «Mein lieber Stabschef! Der Kampf der nationalsozialistischen Bewegung und die nationalsozialistische Revolution wurden nur ermöglicht durch das konsequente Niederwerfen des marxistischen Terrors durch die SA.
>
> Wenn das Heer den Schutz der Nation nach außen garantiert hat, dann ist es die Aufgabe der SA, den Sieg der nationalsozialistischen Revolution, den Bestand des nationalsozialistischen Staates und unsere Volksgemeinschaft im Innern zu sichern.
>
> Als ich Dich, mein lieber Stabschef, in Deine heutige Stellung berief, durchlebte die SA eine schwere Krise. Es ist in erster Linie Dein Verdienst, wenn schon nach wenigen Jahren dieses politische Instrument jene Kraft entfalten konnte, die es mir ermöglichte, den Kampf um die Macht durch die Niederringung des marxistischen Gegners endgültig zu bestehen.
>
> Am Abschluß des Jahres der nationalsozialistischen Revolution drängt es mich daher, Dir, mein lieber Ernst Röhm, für die unvergänglichen Dienste zu danken, die Du der nationalsozialistischen Bewegung und dem deutschen Volke geleistet hast, und Dir zu versichern, wie sehr ich dem Schicksal dankbar bin, solche Männer wie Du als meine Freunde und Kampfgenossen bezeichnen zu dürfen.
>
> In herzlicher Freundschaft und dankbarer Würdigung, Dein Adolf Hitler.»

Nicht nur an Röhm hatte Hitler am Ende des Jahres der Machtergreifung einen Dankesbrief geschrieben, sondern an alle seine engeren Mitarbeiter. Einen so herzlich gefaßten freilich erhielt nur Röhm. Auch das vertraute «Du» fehlte in allen anderen Briefen. Röhm konnte sich durchaus als der treueste Freund des Führers betrachten, am 31. Dezember 1933. Fast auf den Tag genau sechs Monate später war der liebe Stabschef, Freund und Kampfgefährte tot. Hitler hatte ihn erschießen lassen.

Der Brief war nicht ernst gemeint. Er sollte den Führer der SA in Sicherheit wiegen. Neben den Freundlichkeiten enthielt dieses Neujahrsschreiben eine Reihe wichtiger Hinweise, die die Differenzen zwischen Hitler und Röhm wiedergaben. Was die Reichswehr und eine eventuelle zweite Revolution anbetraf, so hatte Hitler andere Vorstellungen als sein SA-Stabschef. Für Hitler war die nationalsozialistische Revolution abgeschlossen. Für Röhm und weite Teile seiner Terrortruppe war dies allerdings nicht der Fall und auch die Abgrenzung der Aufgaben zwischen Reichswehr und SA entsprach keineswegs den Vorstellungen Röhms. Er hatte mit dem innenpolitischen Machtinstrument SA seine eigenen Pläne, die die inneren Widersprüche in der NSDAP deutlich werden ließen.

Hitler hatte den traditionellen politischen Rechtskräften seinen Amtsantritt zu verdanken. Er hatte sich mit führenden Repräsentanten der deutschen Wirtschaft zusammengetan, die ihn erst finanzierten und schließlich seine Kanzlerschaft unterstützten. Für diese Kreise war mit dem Machtantritt des «Führers» die Revolution abgeschlossen. Für sie genügte das, was in den ersten Monaten nach dem Wechsel als «nationale» Revolution gefeiert wurde, eine «sozialistische» – was man auch immer darunter verstehen mochte – stand nicht mehr zur Diskussion. Millionen Menschen hatten jedoch die NSDAP auch wegen ihrer angeblichen «sozialistischen» Programmatik gewählt, die in verschwommenen Phrasen im Parteiprogramm vom 25. Februar 1920 angedeutet waren, wie zum Beispiel die Abschaffung «des arbeits- und mühelosen Einkommens», «Brechung der Zinsknechtschaft», Einziehung der Kriegsgewinne, Verstaatlichung aller bereits vergesellschafteten Betriebe, Gewinnbeteiligung an den Großbetrieben, Ausbau der Altersversorgung, Verhinderung der Bodenspekulation, die sofortige Kommunalisierung der Groß-Warenhäuser und ihre Vermietung zu billigen Preisen an kleine Gewerbetreibende usw. Solche Forderungen hatten das Lockmittel für solche Wählerschichten dargestellt, die antikapitalistisch eingestellt waren, jetzt jedoch auf die Einlösung dieser Forderungen warteten und die Einleitung einer entsprechenden Politik forderten. Am stärksten waren derartige Tendenzen in der SA festzustellen, die nach der Machtübernahme rapide angewachsen war: Ihre Mitgliederzahl betrug jetzt zwei bis zweieinhalb Millionen. Hinzu kamen ein bis eineinhalb Millionen Mitglieder des Stahlhelm, die im September 1933 zwangsweise der SA einverleibt worden waren. In den Reihen der SA machte sich vor jenem Hintergrund eine steigende Mißstimmung bemerkbar. Über diesen «Herd antikapitalistischer Tendenzen» innerhalb der nationalsozialistischen Bewegung schrieb Ernst Niekisch:

> «Gewiß waren sie alle ohne alle marxistische Entschiedenheit, sie waren kleinbürgerlich gemäßigt, romantisch vieldeutig, utopisch

verschwommen und mit starken Ressentiments gegen die reichen Leute geladen. Die Träger solcher Tendenzen verstanden sich als berufene Organe, die mit dem nationalsozialistischen Programm Ernst machen wollten, sie betrachteten sich als den wahren Kern der nationalsozialistischen Bewegung» (Niekisch 1953).

Zwar hatte Hitler in *‹Mein Kampf›* derlei Maßnahmen in Aussicht gestellt, denn ohne eine solche soziale Tendenz schien es ihm nicht möglich, jene gewaltigen Wählermassen an die Partei zu binden. Ginge es nach ihm, so sollten jetzt die sozialen Bestandteile des Programms unter den Tisch fallen. Widerstand gegen solche Pläne konzentrierten sich vor allem in der SA, über die Ernst Niekisch weiter schreibt:

«Die SA hatte Hauptarbeit geleistet; sie hatte am derbsten zugepackt, als dem Marxismus der Garaus gemacht worden war. Sie hatte den marxistischen Sozialismus abgewürgt, um für den nationalen Sozialismus Raum zu schaffen . . . Die SA-Männer waren zum größten Teil arme Teufel, die dem Kapitalismus keineswegs grün waren; sie hatten nicht beabsichtigt, den Marxismus zu erledigen, um dafür die kapitalistische Restauration einzutauschen. Nachdem der Marxismus stumm gemacht worden war, wollten die dem Kapitalismus auf den Mund schlagen; sie waren ruppig und zu jeder wilden Aktion gegen Bürger zu haben, die sich bereits allzu unvorsichtig und herausfordernd auf das hohe kapitalistische Roß setzten, das Hitler ihnen gesattelt hatte. Die SA hatte ihre eigene Revolution von Grund auf mißverstanden; sie träumte noch von sozialistischen Luftschlössern, als der Monopolkapitalismus sich schon längst in höchst massiven Trutzburgen eingerichtet hatte. Die SA-Männer fühlten sich als Soldaten der Revolution, die ihr den Sinn zu geben hatten» (ebd., S. 158 f).

Röhm stand diesen Stimmungen keineswegs ablehnend gegenüber. Bei allen möglichen Gelegenheiten verwendete der Stabschef das Schlagwort von der «zweiten Revolution», deren Einlösung er immer heftiger forderte. Schon in einer Proklamation vom Juni 1933 hatte er gegen die gepoltert, die «sich hurtig und beflissen in die Sessel des neuen Deutschlands gesetzt haben oder von früher darin sitzen geblieben sind, und die nun meinen, es sei doch alles in schönster Ordnung und mit der Revolution müsse jetzt endlich einmal Ruhe sein . . .» Die SA und die SS dürfen nicht dulden, rief er aus, «daß die deutsche Revolution einschläft oder auf halbem Weg von den Nicht-Kämpfern verraten wird! Nicht um ihret, sondern um Deutschlands Willen. Denn die braune Armee ist das letzte Aufgebot der Nation, das letzte Bollwerk gegen den Kommunismus.» Und weiter:

«Es ist in der Tat hohe Zeit, daß die nationale Revolution aufhört und das daraus die nationalsozialistische wird. Ob es ihnen paßt oder nicht – wir werden unseren Kampf weiterführen. Wenn sie endlich begreifen, um was es geht: *mit* ihnen! Wenn sie nicht wollen: *ohne* sie! Und wenn es sein muß: *gegen* sie . . .!» (Röhm 1934)»

Das waren starke Worte, die ihre Wirkung nicht verfehlten. Schon kurz darauf hatte Hitler geantwortet, daß «die Revolution kein permanenter Zustand» sei und daß sie sich nicht zu einem Dauerzustand ausbilden dürfe. Auch andere NSDAP-Größen, wie Frick, Göring, Heß und Goebbels äußerten sich in diesem Sinne. Zu diesem Zeitpunkt allerdings taten noch viele NS-Größen so, als säßen sie alle in einem Boot, denn noch war die gemeinsam errungene Macht nicht so gefestigt, daß es ratsam schien, sich in offenen Flügelkämpfen zu schwächen. Aber Material für die bevorstehenden Kämpfe wurde bereits gesammelt. So beauftragte Hitler Anfang 1934, kurze Zeit nachdem die Neujahrspost an seine Vertrauten abgegangen war, den Chef der preußischen Gestapo, Diels, Röhm und einige andere SA-Führer zu überwachen und Material über deren Privatleben vorzulegen. Wie Diels, eine durchaus zwielichtige Person, es in seinen Memoiren darstellt, hatte Göring dabei eine durchaus initiierende Rolle gespielt, indem er dem «Führer» im Beisein des Gestapo-Chefs einen Bericht über «Verfehlungen» in der Hitlerjugend (HJ) vorlegte und in diesem Zusammenhang das Gespräch nicht zufällig auch auf Homosexualität gekommen sein soll. Hitler laut Diels: «Die SA ist es; sie ist der Schrittmacher für diesen Unflat. Dort sollten Sie einmal schärfer hinsehen. *Das* würde mich interessieren!» Zu Göring gewandt, soll Hitler weiter ausgeführt haben:

«Dann möchte ich einmal eine solche Denkschrift sehen, die sich mit den Zuständen in der SA befaßt; aber ich interessiere mich nicht nur für das, was die SA im Lande treibt, sondern für Herrn Röhm und seine Freundschaften.»

Tatsächlich sollte Hitler in seinen ersten Presseerklärungen nach dem Massaker vom 30. Juni vollkommen auf «Röhm und seine Freundschaften» abstellen, dessen «Veranlagung», wie es hieß, auslösendes Moment eines Putsches gewesen sei, den der «Führer» durch persönliches Eingreifen gerade noch zu verhindern in der Lage war. Bei jenem Gespräch zwischen Göring, Diels und Hitler soll Göring dem Diels zu verstehen gegeben haben, «sofort an die Arbeit zu gehen» und auch Polizeiakten aus der Weimarer Republik zu Hilfe nehmen. Diels, der sich in seinen Memoiren als Schwacher zwischen Mächtigen lavierend darstellt, überkamen nach eigenen Angaben Ängste. Was würde geschehen, wenn nicht die Röhm-Gegner, sondern der Stabschef und seine Anhänger aus diesem Intrigenspiel siegreich hervorgingen? Göring, demgegenüber er diese Ängste äußerte, schlug daraus sofort politisches Kapital und schleppte den Gestapo-Chef gleich wieder in das Zimmer von Hitler und zwang ihn, seine Aussage vor dem «Führer» zu wiederholen. Diels zu Hitler:

> «Ich habe bemerkt, daß mir dieser Auftrag den Kopf kosten wird. Wir haben eine Anzahl Beweise dafür, daß die Clique um Röhm in diesem Punkt empfindlich ist. Am Walchensee wurden neulich die Leichen von zwei SA-Führern gefunden, die sich irgendwo vor Jahren gegen das Treiben der Röhm-Clique ausgelassen hatten. Herr v. Flotow ist aus demselben Grunde vor einigen Wochen während der Jagd in Mecklenburg auf seinem Hochsitz ermordet worden. Der Landrat und SA-Oberführer Graf v. Wedel hat neulich um meinen Schutz nachgesucht, weil er sich wegen seiner Angriffe gegen die homosexuelle Clique bedroht fühlt. Auch der Oberpräsident und SA-Gruppenführer soll sich seines Lebens nicht mehr sicher fühlen, seit er angeblich vor Ihnen, mein Führer, Klagen über dieses Treiben geführt hat. Vor einigen Tagen tauchten bei Herrn Heß zwei Breslauer Bürger auf, die er zu mir weiterschickte, damit sie über die unvorstellbaren Exzesse des Gruppenführers und Polizeipräsidenten Heines in Breslau Mitteilung machen sollten. Sie berichteten über Ausschweifungen dieser Art im Hotel Savoy in Breslau, die dort allgemein bekannt sind, die aber niemand zu rügen wage. Ich mußte den beiden Männern helfen, sich unter unbekanntem Namen die nächste Zeit in Berlin aufzuhalten, weil sie für ihr Leben fürchteten und die Rückkehr nach Breslau nicht anzutreten wagten» (Diels 1950, S. 380).

Nun wäre von einem demokratischen und rückblickenden Standpunkt aus betrachtet durchaus nichts dagegen einzuwenden, wenn sich führende nationalsozialistische Funktionäre über die Frage homosexueller «Exzesse» und ihrer Vertuschung gegenseitig ausgerottet hätten, doch dürften die politischen Intrigen, die hier in Form von Räuberpistolen geschmiedet wurden, leider überwogen haben. Die Perfidie solcher Intrigen lag in der Tatsache, daß ein Beschuldigter niemals zu ihnen Stellung beziehen konnte, sondern die einmal bekannt gewordene Homosexualität für jede Form von Verbrechen herhalten konnte. In derartigen politischen Intrigen wurden bewußt und wider besseres Wissen zwei Ebenen miteinander verwoben: Die private und die öffentliche, politische. Nirgendwo denunziert sich die bürgerliche Privatheit mehr, als am Beispiel der Sexualität im allgemeinen und der Homosexualität im besonderen. Solange die Verfolgung und Diskriminierung der Homosexualität und der Homosexuellen zur Absicherung der sexuellen Fortpflanzungsideologie benutzt wird, greifen derlei Intrigen stets an tiefsitzende Ängste einer beherrschten Mehrheit, deren sexuelle Identität schwankend und beeinflußbar ist. Homosexualität führe zum Verbrechen, daß ist eine der häufigst angewendeten Maßnahmen zur Diskriminierung der Homosexuellen. Göring und seinem Werkzeug Diels ging es um nichts anderes, als dem «Führer» eine Koalition von Röhm-Gegnern zu präsentieren und Hitler gleichzeitig den Hebel zur Ausschaltung des SA-Stabschefs in die Hand zu geben: Die «Schutzsuchenden», die Diels in politisch kalkulierter Absicht in seinen Gesprächen mit dem «Führer» erwähnte, dürften allesamt Röhm-Gegner gewesen sein – und falls sie es nicht waren, wurden sie dazu gemacht.

Den aggressiven, mordlüsternen und persönlich verkommenen Charakter der «homosexuellen SA-Clique» weiter betonend, verwies Diels auf die (spekulativen) Untersuchungen des auch heute in Homophilen Kreisen noch viel gelesenen Hans Blüher. Blüher, selbst homosexuell und von S. Freud inspiriert, hatte in seinen Büchern *‹Die Rolle der Erotik in der männlichen Gesellschaft›* und *‹Der Wandervogel als erotisches Phänomen›* die (latente) Homosexualität in Männergesellschaften dargestellt und die verrückte These aufgestellt, wonach die Staatenbildung der Menschen ihren letzten Ursprung im «mann-männlichen Eros» habe. In den absurden und sexistischen Spekulationen Blühers spielte der Homosexuelle, der «Invertierte», eine besondere Rolle:

Rudolf Diels (links) 1933 bei einer Ansprache im KZ Börgermoor-Esterwege im Emsland (Foto: Süddeutscher Verlag)

«Dem von Natur aus voll Invertierten, dem ‹typus inversus›, falle als Träger der Männerbünde eine enorm wichtige Aufgabe zu. Frauen billigte Blüher als bloß ‹empfangend› und ‹reproduktiv› keine schöpferischen Fähigkeiten zu» (Eissler 1980, S. 24).

Diese Theorie, die Teile der heutigen feministischen Bewegung in ihrer Antihomosexualität (soweit es ihre männliche Erscheinungsform betrifft) beeinflußt hat, schreckte auch die Faschisten. Der «mann-männliche Eros», so Blüher, verhindere, «daß das menschliche Geschlecht sich, den Raubtieren gleich, in Familien verzettelt». Solche Aussagen kamen einer Tempelschändung gleich, besonders in einem faschistischen Staat, der alle Maßnahmen zur Ankurbelung der Menschenproduktion zu ergreifen im Begriff war. Diels zum Führer:

«Ich erzählte ihm dann einiges über den aus der Literatur bekannten besonderen Charakter solcher ‹Männerbünde›, wie ihn Hans Blüher einmal treffend beschrieben hat, und daß es hier in der Tat nur ein ganz oder gar nicht gäbe. Das seien wirklich verschworene Gemeinschaften. Die Päderastie sei eine Stärke atavistischer Verbände» (Diels 1950, S. 381).

Auch Hitler wollte, was Informationen über Homosexualität betraf, nicht nachstehen und gab nun ebenfalls «eine Lektion über die Rolle der Homosexualität in Geschichte und Politik». Diese Lektion muß auf Diels einen derartig starken Eindruck gemacht haben, daß ihm die «Vermutung» kam, daß «auch Hitler homosexuelle Neigungen habe». Es versteht sich von selbst, daß Diels diese «Vermutungen» über den «Führer» erst 1950 veröffentlichte, als die Kontinuität der Antihomosexualität wieder neue Posten erhoffen ließ. Einstweilen versorgte Diels, der preußische Gestapo-Chef, Hitler mit politisch gezielten Informationen über die tatsächliche oder behauptete Homosexualität gemeinsamer politischer Gegner und inspirierte den «Führer» seinerseits zu weitgehenden Äußerungen über Sexualität im allgemeinen und im besonderen. Originalton «Führer»:

«Sehen Sie, die Sexualität ist der stärkste Trieb des Menschen. Unter ihrer Herrschaft ... schweigt die Vernunft auch bei den wichtigsten Entscheidungen ... Sehen Sie, wenn ich die Wahl habe zwischen einer schönen, aber unfähigen Sekretärin und einer, die tüchtig ist, aber häßlich ist, so entscheide ich mich doch allzu leicht für die Schöne unfähige.»

Eine hübsche und tüchtige Sekretärin war in dieser sexistischen Weltsicht nicht vorstellbar, weil faschistischer Moral entsprechend eine attraktive Frau gar nicht darauf angewiesen sei, Geld zu verdienen, denn ihrer harrte mit Sicherheit ein Mann, der sie «heimführte» und zu ihrer «natürlichen» Karriere verhalf: Zum Kinderkriegen und zum Dienst in der Familie.

Sollte man ein solches Wesen wider Erwarten dennoch in einem Vorzimmer der diversen nationalsozialistischen «Führer» antreffen, so war bei ihm mit Sicherheit der «Trieb» durchgebrochen. Aber auch hier, so Hitler, «reguliere» die Natur in wunderbarer Weise, denn «darin läge die große Weisheit der Natur, daß sie normalerweise diesen Sinn auf das andere Geschlecht gerichtet habe, das im Staatsleben nichts zu sagen habe. Die männliche Begierde werde so in ungefährliche und für die Erhaltung des Ganzen nützliche Regionen geleitet.» So waren heterosexuelle Männer auf wunderbare und natürliche Weise davor geschützt, den Staat durch ihren Sextrieb zu korrumpieren, denn Sekretärinnen standen bekanntlich außerhalb jenes «inner circle», wo die Entscheidungen getroffen wurden. Anders dagegen beim homosexuellen Mann. Häufig nicht von anderen Männern zu unterscheiden, konnte er in führende Positionen aufsteigen und seine Sexobjekte auch dort finden, wo sich die Macht staatstragend konzentrierte: «Ihre ansteckende Wirkung erstrecke sich», so Hitler, «mit (der) Sicherheit eines Naturgesetzes auf die besten und männlichsten Charaktere, wenn sie einmal grassiere; sie schalte schließlich gerade diejenigen von der Fortpflanzung aus, auf deren Nachkommen ein Volk angewiesen sei. Die unmittelbare Folge des Lasters sei aber, daß die widernatürliche Passion alsbald in den Staatsgeschäften dominiere ...» Die Erhaltung der Fortpflanzungsfähigkeit jener «männlichsten Charaktere» war für den Nationalsozialismus eine Frage des Rassenkampfes, der bekanntlich als Movens der Geschichte angesehen wurde.

Eine Schlüsselrolle bei den beginnenden Auseinandersetzungen um Röhm und die SA spielte die Reichswehr. Auf welche Seite würde sich dieser Machtblock schlagen? Auf die Seite Hitlers oder vielleicht doch der SA? Oder würde sie gar eigene Interessen verfolgen und sich zum Beispiel mit den rührigen Strömungen der Monarchisten gegen die NSDAP stellen? Röhm allerdings hatte klare Vorstellungen davon, was mit ihr geschehen sollte: «Der graue Fels [die Reichswehr] muß in der braunen Flut [der SA] untergehen», äußerte er und machte keinen Hehl daraus, daß die SA das neue große Heer sein soll. Mitte Januar 1934 äußerte er in privatem Kreise, er wolle Kriegsminister werden und Hitler von den «ihm feindlichen Elementen» trennen. Eine in der SA aufgegangene Reichswehr sollte seine Machtbasis werden, von der die «zweite Revolution» ausgehen sollte. In Kreisen der mittleren und oberen Führung der SA gab man sich selbstbewußt und gegenüber den Offizieren der Reichswehr nicht selten «respektlos». Dies mochte hier gegen die NSDAP bestehende Ressentiments verstärken, hatte doch General von Hammerstein als Befehlshaber der Reichswehr schon kurz nach der Machtergreifung zu verstehen gegeben, er werde keine militärische Formation außerhalb der Reichswehr zulassen. Das war speziell gegen die SA gemeint, richtete sich aber auch gleichzeitig gegen die gesamte NSDAP. Anders dagegen dachte der neu ernannte Reichswehrminister von Blomberg, der sich – zunächst noch mit einigen Reserven – zur Zusammenarbeit mit den Nazis bereit erklärte. Diese Haltung kam Hitler entgegen, der sich schon wenige Tage nach der Machtergreifung um ein gutes Verhältnis zur Reichswehrführung bemüht hatte und in einer geheimen Besprechung mit ihren Befehlshabern seine politischen Ziele auseinandergesetzt hatte: Vernichtung des Marxismus und Beseitigung der Demokratie im Innern, Kampf gegen den Versailler Vertrag, Eroberung neuen Lebensraums im Osten, rücksichtslose Germanisierung.

In den ersten Monaten des Jahres 1934 begann sich in der Reichswehr ein nazifeindlicher Kurs durchzusetzen, wozu auch einige Umbesetzungen in ihrer Führung beigetragen hatten. Der zurückhaltende General von Hammerstein war am 1. Februar 1934 durch General von Fritsch ersetzt worden, der bis zu seiner spektakulären Absetzung (wir kommen darauf zurück) am 4. Februar 1938 durchaus loyal mit dem neuen Regime zusammenarbeitete. In der Reichswehr wandte man sich gegen alle Übergriffe von seiten der SA, und auf einer Kommandeursbesprechung im Januar 1934 wurde das gegenseitige Verhältnis ausgiebig problematisiert und festgestellt:

> «Leider ist das Verhältnis zwischen SA und Heer in einzelnen Teilen des Reiches mehr oder weniger getrübt. Überheblichkeit seitens der mittleren Führung der SA, einzelne Entgleisungen und grobe Verstöße hier und dort, haben zu einer unerfreulichen Spannung . . . geführt» (Bloch 1970, S. 73).

Der spätere Oberbefehlshaber der Wehrmacht im Krieg, General von Brauchitsch, äußerte sich bei einer anderen Gelegenheit abfällig über die «Spekulateure, Trunkenbolde und Homosexuellen» in der SA, denen man eine so schwere und ernste Aufgabe wie der Wiederaufrüstung nicht überlassen könne. Auch die Monarchisten, die in der Reichswehr noch über eine nicht unerhebliche Anhängerschaft verfügten, witterten Morgenluft. Insgeheim kam Anfang 1934 Hermine, die zweite Frau Wilhelms II., nach Berlin, um hinsichtlich der Restauration der Hohenzollern vorzufühlen. Der Ex-Kronprinz hatte auf Hitler, seinen Bruder August-Wilhelm auf Röhm gesetzt.

In der SA allerdings hatte man mit den Monarchisten wenig im Sinne und sprengte Ende Januar 1934 kurzerhand ein Geburtstagsfest zu Ehren des Ex-Kaisers. Der Hitlerflügel der NSDAP ging da wesentlich geschickter vor. Wenn man auch hier an eine Restauration der Monarchie keineswegs dachte, so bemühte man sich doch geschickt, unnötige Konflikte mit der Reichswehr zu vermeiden. Freilich dachte Hitler keineswegs daran, sich völlig in die Hände der Reichswehr zu begeben. Er machte, umgekehrt allerdings, die gleiche Rechnung wie führende Generale der Armee: Er wollte die Militärs zu seinen Zwecken benutzen, um sie später zu unterwerfen. Dazu glaubte er, die SA, die ihm zu diesem Zeitpunkt noch völlig ergeben war, als Gegengewicht zu benötigen. Ein offener Konflikt zwischen SA und Reichswehr lag keineswegs in seinem Interesse, und so rief er am 28. Februar 1934 die Befehlshaber der Reichswehr und führende Vertreter der SA und SS zusammen. Als Ergebnis dieser Aussprache wurde ein Abkommen zwischen Röhm und von Blomberg unterzeichnet,

> «demzufolge die Reichswehr allein für die Organisierung der Landesverteidigung verantwortlich sei. Der SA wurden wiederum nur Hilfsdienste zugewiesen, ähnlich wie schon im Sommer 1933, allerdings mit einigen Erweiterungen. Röhm fügte sich, wenngleich widerwillig. Noch am selben Tag gab er unvorsichtigerweise seiner Erbitterung Ausdruck. Seine Worte wurden durch den SA-Führer Lutze – der als Rivale Röhms aufzutreten begann – Hitler hinterbracht. Dieser wußte also, daß der Gehorsam seines Stabschefs zweifelhaft war» (Bloch 1970, S. 78).

Auch in der Reichswehr gab man sich keinen Illusionen hin, daß Röhm diese Niederlage akzeptieren würde und sah einen Konflikt zwischen den beiden politischen Kräften als unvermeidlich an. Die Spannungen nahmen zu, als Röhm sich im April 1934 weigerte, einer Anordnung des Innenministeriums zu folgen und die SA von «kriminellen Elementen» zu säubern. «Das Spießertum», so der Stabschef in einer Stellungnahme dazu,

> «wird freilich nie begreifen, daß solche ‹Elemente› in der SA verbleiben und daß man ihm womöglich einen dienstlichen Verkehr mit Vorbestraften zumutet. Diesen Herrschaften fiel es aber auch nicht ein, in den Kampfjahren in die SA einzutreten und ihr Leben wie diese ‹Vorbestraften› täglich aufs Spiel zu setzen. Oft spielen sich neu hinzugekommene SA-Führer, die selbst nicht einen Tag SA-Kampf hinter sich haben, als die Moralisten der SA auf, die sich durch Ausschlüsse der alten unbequem gewordenen Kämpfer entledigen, um freies Feld für ‹ihre› Erneuerungen zu haben» (zit. nach ebd., S. 79 f).

Am 18. April 1934 griff Röhm vor dem diplomatischen Korps und der Auslandspresse in Berlin die «Reaktion» öffentlich an. Die «zweite Revolution» gärte in den Köpfen der enttäuschten Kleinbürger, als deren Sprachrohr sich der SA-Chef sah: «Wir haben keine nationale, sondern eine nationalsozialistische Revolution gemacht, wobei wir besonderes Gewicht auf das Wort ‹sozialistisch› legen!» erklärte er und fuhr fort:

«In einer unbegreiflichen Milde hat das neue Regiment in Deutschland bei der Machtübernahme mit den Trägern und Handlangern des alten und noch älteren Systems nicht rücksichtslos aufgeräumt. Heute noch sitzen in beamteten Stellen Menschen, die des Geistes der nationalsozialistischen Revolution noch keinen Hauch verspürt haben» (zit. nach ebd., S. 80).

Solche, zudem noch öffentlich geäußerten Ansichten, mußten eben jene Kräfte in Schrecken versetzen, die hauptsächlich auf Adolf Hitler gesetzt hatten und nun selbstverständlich eine ruhige Entwicklung ihrer Interessen für die Zukunft erwarteten. Gegen sie redete Röhm, wenn er die SA «als unerschütterliches Bollwerk gegen Reaktion, Spießer- und Muckertum» anpries und in ihr das verkörpert sah, «was den Begriff der Revolution ausmacht».

In privaten Unterhaltungen ging der Stabschef noch weiter:

«Die Partei ist eine Versorgungsanstalt geworden, aber kein politischer Faktor mehr. Diese Leute waren notwendig, um die Entscheidung herbeizuführen, jetzt sind sie eine Belastung. Wir müssen sie bald loswerden. Erst dann wird die richtige Revolution losgehen» (zit. nach ebd., S. 81).

Enttäuscht äußerte er sich in einem solchen Gespräch auch über Hitler: «Er verrät uns alle. Er geht nur noch mit Reaktionären um . . . Adolf wird ein feiner Gent.» Doch Röhms Verhältnis zu Hitler war durchaus ambivalent: Am 20. April, dem Geburtstag des «Führers», sandte er ihm einen überschwenglichen Treueschwur.

Mit jedem Monat des neuen Jahres wurde jedoch deutlicher, daß sich eine breite Front gegen die SA und ihre Führung zu formieren begann. Zu Göring, der es als Ministerpräsident von Preußen verstanden hatte, seine Macht beständig auszubauen, bestand eine schon fast traditionelle Feindschaft. Zudem vertrat Göring ganz offen die Interessen der besitzenden Klasse, und zusammen mit ihnen hegte er ein tiefes Mißtrauen gegen Röhm und seine millionenstarke SA, aus der der zunehmend laute Ruf nach einer «zweiten Revolution» zu vernehmen war. Einen wichtigen Bundesgenossen fand Göring in Himmler. Dieser hatte zusammen mit Heydrich Anfang 1933 die Gestapo zuerst in Bayern und dann in ganz Süddeutschland in die Hand genommen. Am 20. April 1934 wurden beide von Göring in die Leitung der Gestapo in Preußen berufen. Praktisch kontrollierten sie jetzt die gesamte Polizei im Reich, womit auch dieser Machtfaktor in den Händen der Gegner der SA war. Ferner wandte sich die traditionelle Bürokratie, an deren Spitze Reichsinnenminister Frick und der Chef der Reichskanzlei, Hans Lammers, standen, gegen Röhm und die SA. Auch Lutze, später Nachfolger Röhms in der SA und scharfer Gegner jener Träume von einer «zweiten Revolution», biederte sich sowohl Hitler als auch der Reichswehr an. Der Ring um Röhm begann sich zu schließen. Alle diese Personen und die von ihnen verkörperten Dienststellen sammelten in ihrer «Revolutionsabwehr» Material gegen Röhm und die SA, um es Hitler vorzulegen. Dem Ziel, eine Große Koalition gegen die SA zustande zu bringen, diente auch ein fingierter Rundbrief, der dem Auswärtigen Amt von der deutschen Gesandtschaft in Brüssel übermittelt wurde und alle Anzeichen einer Fälschung trug: Man wollte Röhm der Zusammenarbeit mit der (Exil-)KPD überführen. Auf diese Weise konnte die SA als «kommunistisch zersetzt» dargestellt werden.

Anfang Juni 1934 hatte Hitler eine lange Unterredung mit Röhm. Um ihn zu einem Kompromiß zu bewegen, wie es später in einer «Führer-Rede» im Reichstag hieß. In Wirklichkeit hatte er sich für die politische Liquidierung des SA-Stabschefs schon entschieden. Die Unterredung sollte Röhm in Sicherheit wiegen. Tatsächlich witterte Röhm, trotz arischen Naturtriebs, so wenig Gefahr, daß er wenige Tage später beschloß, die SA für einen Monat in Urlaub zu schicken.

In der zweiten Juni-Hälfte begannen sich die Ereignisse zu überschlagen. In der Reichswehr waren hohe Offiziere immer mehr davon «überzeugt», daß ein angeblicher Putsch der SA unmittelbar bevorstehe. Zwischen SA und Mitgliedern des zwangsweise in die Röhm-Organisation eingegliederten Stahlhelms fanden blutige Zusammenstöße statt, worauf die Reichswehr in Alarmzustand versetzt wurde. Einer ihrer Generale stand in ständigem Kontakt zu Himmler und zu Röhms Rivalen und späterem Nachfolger Lutze. Hitler, der dem greisen Reichskanzler Hindenburg einen Informationsbesuch abstattete, erfuhr bei dieser Gelegenheit, daß Hindenburg «jetzt ebenfalls auf der Liquidierung Röhms (bestand)» (Bloch). Reichswehrminister Blomberg – er hatte Hindenburg bearbeitet – verlangte ebenfalls, daß mit der SA unverzüglich «aufgeräumt» werden müsse.

Am 24. Juni 1934 waren die Würfel gefallen. An diesem Tag versammelten Himmler und Heydrich die höheren SS-Führer aus dem gesamten Reich und eröffneten ihnen, daß sie eine unmittelbar bevorstehende Revolte der SA niederwerfen und zu diesem Zweck mit der Reichswehr zusammenarbeiten müßten. Wem diese plötzliche Revolte zuwenig glaubhaft erschien, der konnte sich «überzeugen» lassen: Man hatte für Ungläubige gefälschte Listen bereit, aus denen zu ersehen war, wer bei diesem Putsch erschossen werden sollte.

In einer Rundfunkrede bereitete des «Führers» Stellvertreter Heß die Öffentlichkeit verdeckt und psychologisch auf die angeblich bevorstehende Aktion vor: «Adolf Hitler ist Revolutionär großen Stils. Er

SA-Stabschef Ernst Röhm zwischen seinem Vertreter und Nachfolger, Viktor Lutze (links), und Hermann Göring. Dahinter Adolf Hitler. (Foto: Süddeutscher Verlag)

braucht keine Krücken», teilte der spätere Häftling von Spandau unter Anspielung auf Röhms «zweite Revolution» mit. Hitler sagte in einem Zeitungsinterview, er müsse gegebenenfalls auch Freunde der ersten Stunde opfern. Aber alle diese Hinweise waren vage, unterschiedlich zu interpretieren, hatten lediglich die Funktion, den Boden für die Erklärungen nach dem kommenden Massaker im Sinne der Anti-Röhm-Koalition zu bereiten. Röhm wiegte sich weiter in Sicherheit, als sich am 28. Juni die Schlinge zu schließen begann: In Begleitung von Göring, Goebbels und Lutze fuhr Hitler nach Essen – zu einer Hochzeitsfeier – um von dort aus einen Befehl an die wichtigsten SA-Führer zu erlassen: Am 30. Juni 1934 solle man ihn im Hotel Hanselbauer im Bad Wiessee erwarten. Göring flog am 29. Juni wieder zurück nach Berlin, um dort die Aktionen zu leiten. Am 30. Juni, 2 Uhr nachts, fuhr Hitler zum Flugplatz Bonn-Hangelar, um mit kleiner Besetzung nach München zu fliegen, wo er gegen 4 Uhr 30 ankam und eine Stunde später mit einer Fahrzeugkolonne nach Bad Wiessee aufbrach, nachdem er von dort die telefonische Mitteilung erhalten hatte, daß die Luft rein sei und noch alles schliefe.

Im Hotel angekommen, ließ Hitler einen Kriminalbeamten an Röhms Schlafzimmer klopfen. Ein Augenzeuge:

> «Mit der Peitsche in der Hand betrat Hitler allein das Schlafzimmer Röhms, hinter sich zwei Kriminalbeamte mit entsicherter Pistole. Er stieß die Worte hervor: ‹Röhm, du bist verhaftet!› Verschlafen blickte Röhm aus den Kissen und stammelte: ‹Heil, mein Führer!› – ‹Du bist verhaftet!› brüllte Hitler zum zweitenmal, wandte sich um und ging aus dem Zimmer . . .»

Aus dem gegenüberliegenden Raum, in dem Heines (Polizeipräsident in Breslau) schlief, kamen, wie der Augenzeuge weiter berichtet, zwei Kriminalbeamte.

> «Einer von ihnen erstattet Meldung: ‹Mein Führer . . . der Polizeipräsident von Breslau weigert sich, sich anzuziehen.› Ohne mich zu beachten, tritt Hitler in das Zimmer, wo SA-Gruppenführer Heines wohnt. Ich höre ihn schreien: ‹Heines, wenn Sie nicht in fünf Minuten angezogen sind, lasse ich Sie an Ort und Stelle erschießen!› Ich trete ein paar Schritte zurück, und ein Polizeibeamter flüstert mir zu, daß Heines mit einem achtzehnjährigen SA-Obertruppführer im Bett gelegen habe. Endlich kommt Heines aus dem Zimmer, und vor ihm tänzelt ein achtzehnjähriger blonder Bengel» (Domarus 1960, Bd. 1, S. 395 ff).

Wieso in der Hektik des Augenblicks per Augenschein festgestellt werden konnte, das es sich (wie gleich zweimal betont wurde) um einen «Achtzehnjährigen» handelte, wird eines jener Geheimnisse bleiben, die überall dort auftauchten, wo von Homosexualität in der SA die Rede war. Dieser «Achtzehnjährige» vervielfachte sich in den folgenden Presseerklärungen und Propaganda-Mitteilungen zu einem ganzen Regiment von «Lustknaben». Unfaßlich für den Mordtrupp die folgende Szene:

> «Aus einem Zimmer tritt Röhms Leibarzt . . . und zu unser allgemeinen Überraschung befindet sich an seiner Seite eine Frau. Nachdem jemand bei Hitler ein gutes Wort für ihn einlegt, tritt Hitler auf ihn zu, begrüßt ihn, drückt die Hand seiner Frau und bittet sie, das Hotel zu verlassen . . .» (ebd.).

Röhm kam inzwischen

> «in einem blauen Straßenanzug und mit der Zigarre im Mundwinkel aus seinem Zimmer heraus. Hitler blickte ihn verbissen an, sagte aber kein Wort. Zwei Kriminalbeamte bringen Röhm ins Vestibül des Hotels hinab, wo er sich in einen Lehnsessel wirft und beim Wirt Kaffee bestellt» (ebd.).

In kürzester Zeit wurden alle anwesenden SA-Führer verhaftet, in die Waschküche des Hotels gesperrt und nach einiger Zeit in ein Münchner Gefängnis überführt. Die gesamte Aktion verlief ohne Schußwechsel, kein Widerstand regte sich. Noch in der Gefängniszelle war Röhm völlig verwirrt. Am nächsten Tag wurde er, nachdem er sich geweigert hatte, Selbstmord zu begehen, vom späteren Generalinspekteur aller Konzentrationslager, dem SS-Führer Theodor Eicke, erschossen.

Auch in anderen Städten fanden ähnliche Aktionen statt, wobei die Opfer zum Teil gar nicht begriffen hatten, warum sie füseliert wurden. Sie glaubten zumeist, ein Opfer der Reichswehr zu sein und starben fast alle mit einem «Heil Hitler» auf den Lippen. Die Anzahl der Erschossenen beim sogenannten «Röhm-Putsch» ist nie genau festgestellt worden. Hitler sprach von siebenundsiebzig Toten. Die neuesten Schätzungen belaufen sich auf hundertfünfzig bis zweihundert Opfer. Fast nirgendwo setzte sich die SA zur Wehr. Jener Truppe, die in den vergangenen Jahren in wildem Terror gegen alles, was sich dem NS-System in den Weg gestellt hatte blindwütig, vorgegangen war (und weiter vorgehen sollte), war in einem Überraschungscoup nun das politische Haupt abgeschlagen worden.

Dennoch blieb die Liquidierung der SA-Führung ein politischer Mord. Das Deutsche Reich hatte in diesen Tagen endgültig aufgehört, sich den Anschein eines Rechtsstaates zu geben. Der Wille Hitlers war von jetzt an das Gesetz. Zahlreich entboten die Vasallen dem «Führer» ihre Devotionen: So erklärte der Reichsjustizminister, der konservative Dr. Gürtler, daß dieses Führergesetz «kein neues Recht schaffe, sondern lediglich gültiges Recht bestätige». Danach waren jene Morde «gültiges Recht». Carl Schmitt, Kronjurist des Dritten Reiches, äußerte sich noch weitgehender und kommentierte öffentlich:

> «Der wahre Führer ist auch immer Richter. Aus dem Führertum fließt das Richtertum. Wer beides voneinander trennen oder gar entgegensetzen will, macht den Richter entweder zum Gegenführer oder zum Werkzeug eines Gegenführers und sucht den Staat mit Hilfe der Justiz aus den Angeln zu heben» (ebd.).

Göring: «Wir sehen das Recht nicht als etwas Primäres an, sondern das Primäre ist und bleibt das Volk ... Das Recht und der Wille des Führers sind eins.»

Gab es im Reich Empörung über diese Vorgänge, erhob sich Kritik oder eine Stimme des Protests? Dazu Charles Bloch:

> «Die höchsten Staatsautoritäten, der Reichspräsident und die Heeresleitung, billigten die Verletzung der elementarsten Rechtsbegriffe. Aber auch in den Kreisen, die eigentlich dazu berufen waren, Recht und Menschenwürde zu verteidigen: die Juristen, kirchlichen Würdenträger, Lehrer, Wissenschaftler und Künstler (soweit sie nicht vorher emigriert waren), fand sich keine öffentliche Proteststimme. Ganz wenige, höchst schüchterne und streng geheime Bemühungen einzelner Geistlicher und Militärs um die Rehabilitierung einiger Opfer des Massakers ändern nichts an dieser Tatsache» (alle Zitate Bloch 1970, S. 110 f).

Nachdem in den vergangenen Monaten bereits die Linke ausgeschaltet worden war, war es Hitler nun mit einem Schlag gelungen, seine Macht weiter zu festigen. Der 30. Juni 1934, der als «Röhm-Putsch» in eine tausendjährige Geschichte eingehen sollte und in Wirklichkeit ein Putsch gegen Röhm war, stellte für die NSDAP unter Hitlers Führung die «ersehnte Gelegenheit» dar, «den Durchbruch zur Errichtung des SS-Staates zu vollziehen» (Eugen Kogon). Für die Homosexuellen bedeutete dieses Datum den Beginn einer hemmungslosen Verfolgung.

Exklusiv für das Volk: Hitler entdeckt die Homosexualität Röhms

In einer ersten «Erklärung der Reichspressestelle der NSDAP», die Hitler am 30. 6. 1934 selbst verfaßt hatte, nahm die «Veranlagung» der «bestimmt eingestellten Clique», wie es in einem ersten Abschnitt hieß, einen breiten Raum ein. Fast die Hälfte des Textes drehte sich in dieser oder jener Form offen oder in Andeutungen um die Homosexualität des Stabschefs und seiner engeren Umgebung, wobei der Terminus «Homosexualität» selbst nicht gebraucht, sondern Umschreibungen gewählt wurden, die der Phantasie der Leser einen möglichst weiten Spielraum ließen. So hieß es:

«Seit vielen Monaten wurde von einzelnen Elementen versucht, zwischen SA und Partei sowohl wie zwischen SA und Staat Keile zu treiben und Gegensätze zu erzeugen. Der Verdacht, daß diese Versuche beschränkten, bestimmt eingestellten Clique zuzuschreiben sind, wurde mehr und mehr bestätigt.

Stabschef Röhm, der vom Führer mit seltenem Vertrauen ausgestattet worden war, trat diesen Erscheinungen nicht nur entgegen, sondern förderte sie unzweifelhaft. Seine bekannte unglückliche Veranlagung führte allmählich zu so unerträglichen Belastungen, daß der Führer der Bewegung und Oberste Führer der SA selbst in schwerste Gewissenskonflikte getrieben wurde» (Domarus 1965, Bd. 1, S. 398).

Nach einer knappen Darstellung der angeblichen Putschvorbereitungen beschrieb Hitler im folgenden sein Eingreifen gegen jene «Elemente»:

«Der Führer begab sich mit wenigen Begleitern persönlich nach Wiessee, um dort jeden Versuch eines Widerstands im Keim zu ersticken. Die Durchführung der Verhaftung zeigte moralisch so traurige Bilder, daß jede Spur von Mitleid schwinden mußte. Ein SA-Führer hatte sich Lustknaben mitgenommen. Einer wurde in der ekelhaftesten Situation aufgeschreckt und verhaftet . . .» (ebd.)

Diese Darstellung stimmte nicht. Die «moralisch so traurigen Bilder» waren eine Propagandalüge, eine bewußte Fälschung der tatsächlichen Vorfälle. In allen direkten Augenzeugenberichten (die freilich erst nach 1945 veröffentlich wurden) ist lediglich davon die Rede, daß im Schlafzimmer von Heines ein Mann angetroffen wurde. Auch dies kann eine Propagandalüge gewesen sein, denn als Zeugen dieser Behauptung traten lediglich die von Hitler gedungenen Mörder auf. Die Presseerklärung unterstellte, daß einer beim Verkehr «aufgeschreckt» wurde. Auch davon sagt keine Quelle etwas aus.

Weiter hieß es:

«Der Führer gab den Befehl zur rücksichtslosen Aufräumung dieser Pestbeule. Er will in Zukunft nicht mehr dulden, daß Millionen anständiger Menschen durch einzelne krankhaft veranlagte Personen belastet und kompromittiert werden» (ebd. S. 399).

Auch hier wurde wieder versucht, den Eindruck zu erwecken, daß es sich im Grunde um eine Säuberungsaktion wegen § 175 handelte. Der Führer profilierte sich als Sittenwächter, als moralisches Gewissen der Nation, der eigenhändig zur Tat schritt, wenn das Wohl des Staates es erforderlich mache.

Auch die in der Presseerklärung erwähnte Ansprache Hitlers an die in München versammelten höheren SS-Führer war so abgefaßt, als ob er eigens nach Bad Wiessee gefahren sei, um die Homosexualität in der SA-Führung zu bekämpfen:

> «Mittags 12 Uhr hielt der Führer von den in München zusammengekommenen höheren SA-Führern eine Ansprache, in der er seine unerschütterliche Verbundenheit mit der SA betonte, zugleich jedoch den Entschluß verkündete, disziplinlose und ungehorsame Subjekte sowie asoziale und krankhafte Elemente von jetzt ab unbarmherzig auszurotten und zu vernichten. Er wies darauf hin, daß der Dienst in der SA Ehrendienst sei, für den zehntausend bravster SA-Männer die schwersten Opfer gebracht hätten. Er erwarte von dem Führer jeder SA-Einheit, daß er sich dieser Opfer selber würdig erweise und in seinem Verband als Vorbild lebe. Er wies weiter darauf hin, daß er jahrelang Stabschef Röhm vor schwersten Angriffen gedeckt habe, daß aber die letzte Entwicklung ihn zwinge, über jedes persönliche Empfinden das Wohl der Bewegung und damit das des Staates zu stellen, daß er vor allem jeden Versuch, in lächerlichen Zirkeln ehrgeiziger Naturen eine neue Umwälzung zu propagieren, im Keime ersticken und ausrotten wird» (ebd.).

Auch in einer zweiten Pressemitteilung, die am 30. Juni in Form eines Augenzeugenberichts herausgegeben wurde, erfuhr der «Jüngling» wieder eine besondere Hervorhebung:

> «Der Führer betrat mit seinen Begleitern das Haus. Röhm wurde in seinem Schlafzimmer vom Führer persönlich verhaftet. Röhm fügte sich wortlos und ohne Widerstand der Haft.
>
> In dem unmittelbar gegenüberliegenden Zimmer von Heines bot sich den Eintretenden ein schamloses Bild. Heines befand sich bei einem Jüngling.
>
> Die widerliche Szene, die sich daran bei der Verhaftung Heines und seines Genossen abspielte, ist nicht zu beschreiben. Sie wirft schlaglichtartig ein Licht auf die Zustände in der Umgebung des bisherigen Stabschefs, deren Beseitigung dem entschlossenen, tapferen und unerschrockenen Handeln des Führers zu verdanken ist» (ebd., S. 400).

Auch in einem 12 Punkte umfassenden Tagesbefehl vom 30. 6. 1934 an den neu ernannten Stabschef SA, Lutze, wurden die neuen Aufgaben des Röhm-Nachfolgers dahingehend festgelegt, daß er auf «Sauberkeit» in der SA zu achten habe:

«7. Ich erwarte von allen SA-Führern, daß sie helfen, die SA als reinliche und saubere Institution zu erhalten und zu festigen. Ich möchte insbesondere, daß jede Mutter ihren Sohn in SA, Partei und HJ geben kann, ohne Furcht, er könne dort sittlich oder moralisch verdorben werden. Ich wünsche daher, daß alle SA-Führer peinlichst darüber wachen, daß Verfehlungen nach § 175 mit dem sofortigen Ausschluß des Schuldigen aus SA und Partei beantwortet werden. Ich will Männer als SA-Führer sehen und keine lächerlichen Affen» (ebd., S. 401).

Daß Hitler neben der Wiedergabe des Hergangs der Verhaftungen kaum auf die relevanten politischen Hintergründe einging, lag schlichtweg daran, daß er zunächst einmal Zeit gewinnen mußte, um sich eine halbwegs glaubwürdige Erklärung über die Vorgänge zu entwerfen. Erst am 13. Juli, abends 20 Uhr, erfuhr die Öffentlichkeit in einer Reichstagsrede eine erste zusammenhängende Darstellung der Hintergründe. Einziger Punkt der Tagesordnung war die Entgegennahme einer Erklärung der Reichsregierung zu den Vorfällen.

In der Presse wurde, anknüpfend an die Verlautbarungen des Führers, in den ersten Tagen nach der Affäre die sittlich-moralische Argumentation ausgewalzt. Ein Extrablatt des *Völkischen Beobachters* vom 30. 6. hielt sich weitgehend an die erste Presseerklärung Hitlers, in der die «Lustknaben»-Version verbreitet wurde. Auch in den ersten Reden von Goebbels und Göring wurde eine politische Auseinandersetzung weitgehend zurückgestellt und die Homosexualität als Empörungsmaterial unter das Volk gebracht. In einer im *Völkischen Beobachter* vom 2. 7. 1934 wiedergegebenen Rundfunkrede Goebbels' «an das deutsche Volk» äußerte der Reichspropagandaminister seinen «Zorn» über die «homosexuell verseuchte SA» und stellte fest:

«Sie haben die Ehre und das Ansehen unserer SA durch ein Lotterleben ohne gleichen in Verruf und Mißkredit gebracht . . . *Sie waren im Begriff, die ganze Führung der Partei in den Verdacht einer schimpflichen, ekelerregenden sexuellen Abnormität zu bringen.*»

In dieser Rundfunkrede forderte der Minister das gesamte Volk auf, die Partei zu unterstützen:

«Wir wünschen die Mitarbeit des ganzen Volkes, von arm und reich, von hoch und niedrig; wer aber den Führer und die Nation in ihrer Arbeit für Deutschlands Zukunft zu stören versucht, der wird zu Boden geschlagen. Und Pestbeulen, Korruptionsherde, Krankheitssymptome moralischer Verwilderung, die sich im öffentlichen Leben zeigen, werden ausgebrannt, und zwar bis aufs Fleisch.»

Wozu die Duldung von homosexuellen Personen im öffentlichen Leben nach nationalsozialistischer Anschauung führen könne, teilte Göring in einer Rede vom gleichen Tage mit, in der er Röhm als Beispiel anführte:

«Vielleicht gerade durch seine Veranlagung umgab er sich in seinem ganzen Stab und den führenden Stellen der SA mit solchen Männern, die nun ihrerseits in ihm den Gedanken weckten, daß er der starke Mann Deutschlands wäre. So kam es, *daß von seiten der obersten SA-Führung Pläne geschmiedet wurden, die Bewegung zu schädigen, den Staat zu stürzen* und einen Staat aufzurichten, der dann ein Staat dieser krankhaften Individuen geworden wäre» (*Völkischer Beobachter*, 2. 7. 1934).

In einer Rede während der Kabinettssitzung vom 3. Juli 1934 stellte Hitler ebenfalls einen solchen Zusammenhang her:

«Aus der unglücklichen Veranlagung des ehemaligen Stabschefs sei die minderwertige Besetzung der SA-Führerstellen zu erklären, ebenso aber auch sein bewußt geführter Kampf gegen die Wehrmacht ... Für das deutsche Volk wäre es ein unfaßbares Unglück gewesen, wenn diese Männer zur Regierung gekommen wären» (*‹Ursachen und Folgen›*, Bd. 10, S. 196).

Die sexuelle Orientierung wurde als Motiv für alle Handlungen Röhms und anderer SA-Führer herausgestellt. Von dieser Plattform ausgehend wurden alle politischen Differenzen, die sich zwischen «national» und «sozialistisch» in der NSDAP und im Reich aufgetan hatten, als Folgeerscheinung der Homosexualität einer handvoll SA-Führer interpretiert. Diese Taktik Hitlers wurde weitgehend auch dadurch bestimmt, daß er auf einer Sitzung die Zustimmung des Kabinetts zu dem von ihm vorgelegten Gesetz über Maßnahmen der Staatsnotwehr erreichen wollte, durch das die Ausschaltung der SA-Führung im nachhinein gerechtfertigt werden sollte. Dieses Gesetz, es bestand aus einem Satz, wurde einstimmig angenommen: «Die zur Niederschlagung hoch- und landesverräterischer Angriffe am 30. Juni, 1. und 2. Juli 1934 vollzogenen Maßnahmen sind als Staatsnotwehr rechtens.»

Damit war die traditionelle Justiz ausgeschaltet, die Handlungen des Führers sumprema lex. Der konservative, exdeutschnationale Reichsjustizminister Dr. Gürtler stellte in einer Erwiderung auf die

Hitlerrede sogar fest, «daß die vor dem unmittelbaren Ausbruch einer landesverräterischen Aktion ergriffenen Notwehrmaßnahmen nicht nur als Recht, sondern als staatsmännische Pflicht zu gelten haben». Was nichts anderes bedeutete, daß die traditionelle Justiz in allen derartigen Fällen ihr Placet geben würde, wenn es galt, im nachhinein entsprechende Handlungen rechtens zu erklären.

Wenn in verschiedenen Darstellungen der Röhm-Affäre angenommen wird, daß Hitler zuvor Röhms Homosexualität «tolerierte» und, wie z. B. Harry Wilde vermerkt, «schon im Herst 1933» auf Grund eines «kommunistischen Propagandaeinfalls» seine Haltung änderte, dann wird hier der politische Charakter der Homosexuellenverfolgung vollkommen verkannt. Vor 1933 mußte Hitler Röhms Homosexualität tolerieren, denn er hatte den «bolivianischen Oberstleutnant» nicht deswegen heim ins Reich geholt, weil er persönlich Röhm so sympathisch fand, sondern weil unter den gegebenen Umständen nur Röhm in der Lage war, die SA zu *dem* Instrument auszubauen, welches die Machtergreifung sichern sollte. Dies Ziel und die dazu geeigneten Qualitäten des Stabschefs wogen eindeutig mehr, als was Röhm im Bett oder im «Kleist-Kasino» machte. Für Röhm waren andererseits auch seine von Hitler abweichenden Vorstellungen über die Rolle des Staates bei der Regulierung der «menschlichen Triebe» durchaus kein Grund, den ihm angebotenen Job als Stabschef auszuschlagen. So schrieb Röhm in seinen 1934 veröffentlichten Memoiren, daß der Staat die «menschlichen Triebe» nicht durch Gesetze regeln solle. Es hieß hier:

> «Nimmt gar der Staat für sich das Recht in Anspruch und glaubt, durch Gesetze menschliche Triebe regeln oder in andere Bahnen lenken zu können, so scheint mir das so laienhaft und vernunftswidrig, daß ich mich wundern müßte, wenn eben nicht die Gesetzgeber dieses Staates die Hüter dieser Gesellschaftsordnung wären. Denn daß durch staatliche Eingriffe in die Bestimmung des Menschen die Familie geschützt oder mehr Kinder erzeugt werden, ist doch eine Annahme, die selbst die Nachtwächter dieses sonderbaren ‹Freistaates› sich nicht zu eigen machen werden» (Röhm 1934, S. 273).

Gerade diese Haltung, das hatte Hitler bereits in *‹Mein Kampf›* deutlich gemacht, hatte sich der Nationalsozialismus in übersteigerter Form zu eigen gemacht. Freilich hatte dies Röhm wohl nicht sonderlich gestört oder er glaubte tatsächlich, für sich und seine Freunde «Sonderregelungen» durchzusetzen. (Solche gab es ja bekanntlich für diesen oder jenen Mephisto.) Der Konflikt zwischen Röhm und Hitler entzündete sich allerdings nicht an der Frage der Homosexualität, wie es der «Führer» jetzt darstellte, sondern an der Frage der «zweiten

Revolution» und dem Selbstverständnis der SA als politischem Machtfaktor im Reich.

«Die große Masse des Volkes ist tatsächlich so idiotisch», oder: «Das hat doch die SPD seit fünf Jahren gesagt»

Wie wurde in der breiten Masse der Bevölkerung die Darstellung der Ereignisse des 30. Juni 1934 und der folgenden Tage aufgenommen? Um eine Antwort auf diese Frage zu geben, haben wir die *Deutschland-Berichte der Sozialdemokratischen Partei Deutschlands (Sopade)* durchgesehen. Diese Berichte wurden von konspirativ arbeitenden Vertrauenspersonen der SPD im Deutschen Reich verfaßt und an die Exil-SPD nach Prag geschickt, wo sie zu umfangreichen Übersichten über die Lage im Reich zusammengefaßt wurden.

Bei diesen äußerst informativen Berichten ist zu berücksichtigen, daß sie die Stimmungen und Ansichten in einem Lande wiedergaben, in dem es außerhalb der NSDAP-amtlichen Propagandainformationen keinerlei Möglichkeiten für die Bevölkerung gab, sich ein Bild über die wirklichen Hintergründe des Massakers zu machen. So schrieb ein Berichterstatter, daß «die große Masse des deutschen Volkes» Mitte Juli 1934 immer noch nicht wußte, was eigentlich am 30. Juni vorgegangen ist. Dies war kaum verwunderlich, denn Hitler und seine NSDAP-Presse hatten bewußt eine Informationspolitik betrieben, die die angeblichen «Laster» und «Ausschweifungen» Röhms und einiger anderer SA-Führer in den Vordergrund stellte. Das politische Kalkül einer solchen «volksnahen» Politik lag auf der Hand: Es wurde von dem tatsächlichen Hintergrund der Geschehnisse abgelenkt und ein Propagandapopanz aufgebaut, über den die Masse sich empören konnte, ohne den wirklichen Sinn der Ereignisse zu erkennen. Während man im Volk über Laster, Lustknaben und Orgien diskutierte, veränderten sich die politischen Strukturen des Reiches weiter ins Totalitäre. Während das gesunde Volksempfinden einem «beherzten Führer» Beifall zollte, wurde der Mann auf der Straße und die Frau an Heim und Herd Opfer jenes klassischen Sündenbocks, der mit lautem Gemecker über den plötzlich entdeckten «Abgrund von Sittenverderbnis» sprang, in den die aufgeputschte Masse denn auch prompt hineinfiel.

«Die große Masse des Volkes», schrieb einer der sozialdemokratischen Berichterstatter in jenen Tagen, «ist tatsächlich so idiotisch, daß sie sagt: ‹Hitler ist doch ein ganzer Kerl, der durchgreift.›» Und ein anderer teilte mit, daß man «sich immer wieder vor Augen halten muß, daß die Masse des Volkes nicht politisch denkt und nicht geübt ist, den Sinn des Geschehens hinter den äußeren Vorgängen zu sehen» (Sopade 1934, S. 250). Freilich gab er mit diesen Worten nur das wieder, was für Hitler und seine Unterführer grundlegende Einsicht ihres politischen Handelns war. In *‹Mein Kampf›* hatte Hitler bereits Jahre zuvor geschrieben:

> «Die Aufnahmefähigkeit der großen Masse ist nur sehr beschränkt, das Verständnis klein, dafür jedoch die Vergeßlichkeit groß. Aus diesen Tatsachen heraus hat sich jede wirkungsvolle Propaganda auf nur sehr wenige Punkte zu beschränken und die schlagwortartig so lange zu verwerten, bis auch bestimmt der letzte unter einem solchen Worte das Gewollte sich vorzustellen vermag . . . Wer die breite Masse gewinnen will, muß den Schlüssel kennen, der das Tor zu ihren Herzen öffnet. Er heißt nicht Objektivität, also Schwäche, sondern Wille und Kraft . . .» (ebd.).

Eine Probe dieser politischen Maxime wurde im sogenannten «Röhm-Putsch» zum besten gegeben und jene Berichte aus dem Reich bestätigten, daß die beabsichtigte Propaganda durchaus die berechnete Wirkung zeitigte.

Ein sozialdemokratischer Berichterstatter meldete über die ersten Eindrücke auf den sogenannten «Röhm-Putsch» aus Berlin:

> «Berlin, 30. Juni: Heute nachmittag die erste Nachtausgabe: ‹Röhm aus Partei und SA ausgestoßen›. Schlag auf Schlag folgte zweite und dritte Ausgabe, die bereits die phantastische Erklärung der Parteinachrichtenstelle bringt. Noch unterschlägt man übrigens in dem sittenstrengen Scherl-Organ den Satz: ‹Einige dieser SA-Führer hatten sich Lustknaben mitgenommen.› Das kurz darauf herauskommende Extrablatt der *B. Z.* enthält den Satz, das Extrablatt wird kostenlos verteilt und ebenso wie die anderen Zeitungen den Verteilern aus den Händen gerissen. Alles bleibt auf den Straßen stehen, diskutiert, grinst, grinst» (ebd., S. 191).

Aus Baden wurde u. a. berichtet:

> «Die Diffamierung der Ermordeten durch Hitler mit der Homosexualität und den 30 000-Mark-Essen wurde zunächst als Heldentat Hitlers gewertet. Nur langsam setzte sich dann in den ersten Juli-Tagen eine etwas andere Betrachtung der Vorgänge durch» (ebd., S. 198).

Aus Schlesien:

«Unsere Genossen berichten, daß Hitler bei dem Teil der Bevölkerung, der seine Hoffnungen immer noch auf ihn setzt, stark an Vertrauen und Sympathie gewonnen hat. Sein Vorgehen ist diesen Leuten Beweis, daß er Ordnung und Sauberkeit wolle» (ebd., S. 198).

In einem Bericht aus Westsachsen heißt es:

«Oft ist zu hören, daß es eine große Schuftigkeit ist, den Gemordeten ihre anormale Veranlagung vorzuwerfen, obwohl diese gemeine Sauerei schon jahrelang bekannt war und selbst mitgemacht wurde. Ein kleinerer Vorfall sei noch vermerkt: In der Königstr. standen am 30. 6. abends mehrere Leute, die man als sogenanntes besseres Publikum bezeichnen kann. Sie unterhielten sich über ein soeben erschienenes Flugblatt. Der eine äußerte: ‹Da hatte die ‚Volksstimme' doch recht, als sie bereits vor Jahren die Röhmbriefe veröffentlichte.› Ähnliche Äußerungen sind jetzt sehr viel zu hören» (*Volksstimme*, eine der SPD nahestehende Zeitung, Anm. d. Verf.).

Aus Bayern wurde gemeldet:

«Hitler hat durch das Abschlachten seiner ‹besten Freunde› zunächst bei den Volksmassen gar nichts an Ansehen eingebüßt, eher gewonnen. Aus verschiedenen Teilen Bayerns wird übereinstimmend berichtet, daß die Leute ihre Befriedigung äußern, weil Hitler so durchgegriffen habe. Damit habe er erneut den Beweis erbracht, daß er nur das Beste will, daß er eine saubere Umgebung haben wolle.»

Der Berichterstatter meldete darüber hinaus:

«Die große Masse des deutschen Volkes, die hermetisch von allen Auslandsnachrichten abgeschlossen nur der Goebbelspropaganda ausgesetzt ist, wußte und weiß heute (Mitte Juli) noch nicht, was eigentlich am 30. Juni vorgegangen ist» (ebd., S. 199).

Ein Berichterstatter aus Pommern schreibt:

«. . . Aber die große Masse des Volkes ist tatsächlich so idiotisch, daß sie sagt: ‹Hitler ist doch ein Kerl, der durchgreift›, und sie ist zugleich so demoralisiert, daß sie kein Gefühl für den moralischen Sumpf hat, den die Aktion bloßgelegt hat. Es gibt Leute, die in anerkennendem Ton sagen: Das hätte doch früher nie ein Reichskanzler zu tun gewagt. Es gibt allerdings auch andere, die sich daran erinnern, daß schon früher die Sozialdemokraten dieselben

Vorwürfe erhoben haben. Gerade aber auch bei den Arbeitern hat das Prestige Hitlers durch die Aktion nicht gelitten, im Gegenteil» (ebd., S. 200).

In einem weiteren Bericht aus Berlin heißt es:

«. . . Irgendwo fällt plötzlich das Wort: ‹Das hat doch die SPD seit fünf Jahren gesagt›, bei vielen jedoch ist die Achtung vor dem Führer ins Ungeheuerliche gestiegen. Es ist ihnen Bestätigung ihrer Überzeugung, daß der Führer schon durchgreift, wenn er Kenntnis von Mißständen erhält» (ebd., S. 201).

Weiter heißt es aus Berlin:

«Die Wirkung der Reinigungsaktion ist in den weitesten Kreisen der Nationalsozialisten für Hitler äußerst günstig. Man findet sein Vorgehen schneidig und großartig. Er habe mit starker Hand die drohende Gefahr erfolgreich abgewendet und gleichzeitig auch eine sittliche Erneuerung angebahnt. Das ist auch die Ansicht der meisten Frauen» (ebd., S. 201).

Die Sündenbock-Taktik bewährte sich. Man diskutierte auf den Straßen und «grinste, grinste». Der Führer hatte eine «Heldentat» vollbracht, sich mutig und kompromißlos im Kampf für «Ordnung und Sauberkeit» profiliert. So etwas imponierte der Masse, die «Tore zu ihren Herzen» hatten sich weit geöffnet, das «gesunde Empfinden» sah sich bestätigt. Der «Führer» hatte eine Tat vollbracht, die von großen Teilen der Bevölkerung nachempfunden werden konnte.

Nicht zu übersehen freilich war die Tatsache, daß Hitler einer Aufforderung nachgekommen war, die aus sozialdemokratischen Kreisen schon 1929 und 1930 erhoben worden war: «Das hat doch die SPD seit fünf Jahren gesagt», hieß es jetzt, und prinzipiell hatten die verwirrten Stimmen durchaus recht. Die SPD hatte, wie gezeigt, seinerzeit massiv auf der Tastatur des gesunden Volksempfindens geklimpert, um die NSDAP in den Gefühlen der «Gesunden» zu schwächen. NSDAP und SPD schöpften hier aus den gleichen trüben Quellen. Wie sehr die Stimmung im Volk zugunsten derer umschlagen konnte, die sich jenes Verfahrens bedienten, zeigt ein Bericht, der nach der Rede Hitlers angefertigt wurde, in der er sein Vorgehen öffentlich begründet hatte:

«Ostsachsen: Übereinstimmend wird zweitens berichtet, daß die Hitlerrede das Ansehen Hitlers gesteigert hat und eine Stärkung des Regimes in Deutschland brachte. Ein Betriebsarbeiter berichtet: In unserem Betrieb (250 Beschäftigte, davon 15 in der NSDAP und 30 in der NSBO (= Nationalsozialistische Betriebszellen Organisation) wurde am Tage nach der Hitlerrede zwar gemeckert, und über Röhm wurden neue Witze gerissen (Röhm sei verbrannt worden, weil er schon warm war usw.) aber selbst frühere SPD-Genossen und -Funktionäre äußerten sich dahin, daß Hitler energisch durchgreife, wenn ihm Schweinereien bekannt würden. Erstaunlich ist, wie schnell selbst Arbeiter vergessen haben, daß Hitler nicht nur alles gewußt, sondern durch die sozialdemokratische Propaganda der letzten Jahre auf diesen Sumpf aufmerksam gemacht wurde» (ebd., S. 210).

Wie zu erkennen ist, waren selbst «frühere SPD-Genossen und -Funktionäre» in diesem Punkt anfällig für die NS-Propaganda und bewunderten Hitlers «energisches» Durchgreifen. (Wozu die Leitung der eignen Partei freilich seinerzeit nicht in der Lage war.) Doch es gibt auch Reaktionen wie diese:

«München: 1. Juli. Telegrammtafel in der Trappentreustraße. Ein Arbeiter mit einem 10jährigen Kind steht vor der Tafel und liest für sich die Meldung. Halblaut sagt er vor sich hin: ‹Wenn der Hitler eine solche Umgebung gehabt hat, dann wird er schon selber nicht besser sein.› Ein SA-Mann (Kögel sein Name) hört diese Bemerkung, holte 3 SS-Leute herbei, die den Arbeiter sofort niederschlugen, daß er bewußtlos liegen blieb. Es sammelten sich eine Menge Menschen an, die sich jedoch jeder Äußerung enthielten. Das Kind stand schreiend daneben. Der Arbeiter wurde mit dem Auto abtransportiert. Die Menge lief auseinander, und niemand hat zu dem Vorfall hörbar Stellung genommen» (ebd., S. 203 f).

Der geäußerte Verdacht der Homosexualität und seine blutige und freiheitsberaubende Konsequenz offenbaren, wie schwer der Angriff empfunden wurde. Wer immer mit der tiefsitzenden Homophobie hantierte, der konnte sich der Mobilisierung von Aggressionen sicher sein. Jener bedauernswerte Arbeiter, der sicherlich an die Berechtigung seiner Vermutung glaubte, war sowohl Opfer und Träger des gesunden Volksempfindens in einem.

Der Vorwurf der Homosexualität als Mittel der Politik gegen Kirche und Militär

Katholische Kirche: «Ort sittlicher Verderbnis»

Die christliche Kirche hat bei der Herausbildung und in der traditionellen Ausformung der «abendländischen Sexualmoral» eine dominierende Rolle gespielt. Nach der Übernahme des Christentums als Staatsreligion im untergehenden Römischen Reich wurde Homosexualität «hier also – und erstmalig – als eine Gefahr für die gesamte Menschheit definiert, gegen die der Staat gleichsam im Sinne eines präventiven Bevölkerungsschutzes vorgehen müsse» (Bleibtreu-Ehrenberg 1977, S. 73). Die Verfolgung der Homosexualität im Sinne eines «präventiven Bevölkerungsschutzes» stellt ein Kontinuum der christlich geprägten Staaten Europas dar. Sie setzte sich über die christlich motivierten Homosexuellenpogrome der Spätantike und die Hexen-, Sodomie- und Inquisitionsprozesse des ausgehenden Mittelalters bis in die christianisierten Kolonien der heutigen «Dritten Welt» durch.

Nach herrschender christlicher Lehre verstößt Homosexualität gegen das «göttliche Schöpfungsgebot», daher wurde im Laufe christlicher Geschichte versucht, Homosexuelle als «Ketzer», «Frevler» und «Sünder» durch Ertränken, Enthaupten und Verbrennen auszumerzen. Erst in den letzten Jahrhunderten herrschte eine mildere Form der Durchsetzung christlich begründeter Fortpflanzungssexualität vor, wobei jedoch streng von den Kanzeln herab auch heute noch darauf geachtet wird, daß Sexualität sich ausschließlich in ehelichen Bahnen bewegt und ihren einzigen Sinn in der Fortpflanzung der Gattung hat. Homosexualität ist also weiterhin Gegenstand der Verfolgung.

Was sich im «christlichen Abendland» als von der Kirche immer wieder berufenes «moralisch-sexuelles Empfinden» entwickelt hat, greift der Nationalsozialismus auf, um es als «gesundes Volksempfinden» seiner rassisch begründeten Bevölkerungspolitik einzuverleiben. Homosexualität wurde weiter verfolgt. Das traditionelle moralisch-sexuelle Empfinden des Volkes, auf das der Nationalsozialismus seine rassisch begründete Bevölkerungspolitik aufpropfte, konnte nach 1933 zum «gesunden Volksempfinden» entarten.

Das Verhältnis der Nationalsozialisten zu den beiden christlichen Kirchen war taktischer Natur. Zwar wurde im Parteiprogramm der NSDAP die Freiheit der Religionsbekenntnisse verkündet, doch hatte es einen bezeichnenden Nachsatz gegeben:

«Soweit sie nicht den Bestand des Staates gefährden oder gegen das Sittlichkeits- oder Moralgefühl der germanischen Rasse verstoßen» (Hofer 1980, S. 120).

Nach der Machtergreifung waren wieder andere Töne zu hören:

«Die nationalsozialistische Regierung sieht in den beiden christlichen Konfessionen die wichtigsten Faktoren der Erhaltung unseres Volkstums. (Sie sind) die unerschütterlichen Fundamente des sittlichen und moralischen Lebens unseres Volkes» (ebd.).

Der vorprogrammierte Konflikt zwischen NSDAP und Kirchen erreichte 1937 seinen Höhepunkt. Im protestantischen Sektor schlug er sich in Kollektenverboten für die bekennende Kirche, Schließung freier theologischer Hochschulen, Verhaftungen von Pfarrern und Kirchenjuristen wegen Ungehorsams gegen die Staatsgesetze nieder.

Die katholische Kirche hatte mit dem nationalsozialistischen Staat am 20. 7. 1933 ein Konkordat abgeschlossen, das ab 1935 von nationalsozialistischer Seite laufend verletzt wurde. Das katholische Schul- und Ordnungswesen wurde eingeschränkt und behindert, die katholischen Jugend- und Arbeiterverbände 1936 verboten. Klöster und Kirchen wurden wegen angeblicher Devisenvergehen beschuldigt, was die Gestapo dazu veranlaßte, kirchliches Eigentum zu beschlagnahmen und Priester willkürlich zu verhaften. Trotz dieser zahlreichen Übergriffe versuchte die katholische Kirche, den Kampf zu vermeiden. Zum offenen Bruch führte erst die Veröffentlichung des päpstlichen Rundschreibens *‹Mit brennender Sorge›* vom 4. 3. 1937, in welchem dem Regime die zahllosen Vertragsverletzungen nachgewiesen und eine Kritik an den nationalsozialistischen Grundwerten Rasse, Volk und Staat vorgenommen wurde. Der nationalsozialistische Apparat versuchte jetzt nicht nur die Verbreitung dieses Rundschreibens zu verhindern, sondern startete gleichzeitig eine Propagandaoffensive gegen die katholische Kirche, in deren Mittelpunkt «sittliche Verfehlungen» im allgemeinen und Homosexualität im besonderen standen.

Durch diese Offensive gegen einzelne Priester und Mönche hofften die Nationalsozialisten zum einen, den Widerstand der Kirche zu schwächen oder gar brechen zu können. Zum anderen sollte die Aufdeckung von «Sittenskandalen» dazu beitragen, den Glauben der katholischen Bevölkerung an ihre Kirche zu unterminieren und auf diese Weise zu einer Isolierung des Klerus beizutragen. Die nationalsozialistische Propaganda versuchte dabei an vorhandenes Mißtrauen in der Bevölkerung anzuknüpfen, das bereits traditionell wegen der völligen sexuellen Enthaltsamkeit der Priester, Mönche und Nonnen vorhanden war.

Die «Sittlichkeits»-Kampagne gegen die katholische Kirche war bereits seit Monaten, wenn nicht sogar seit Jahren geplant. Offenbar wartete die NSDAP-Führung lediglich den geeigneten Zeitpunkt ab, zu dem sie effektiv losschlagen konnte. So hieß es in einem Erlaß des Reichsjustizministeriums vom 9. 4. 1937:

«Durch eine Rundverfügung des Herrn Ministers der Justiz werden in kurzer Frist die im vorigen Jahr zurückgestellten Prozesse gegen katholische Geistliche und Ordensangehörige wegen sittlicher Verfehlungen nunmehr durchgeführt . . . Da über sämtliche Strafverfahren gegen katholische Geistliche von der Staatsanwaltschaft dem Herrn R(eichs-)Minister der Justiz berichtet werden muß, ist (dieser) in der Lage, die besonders schweren Fälle, die sich für die Berichterstattung im ganzen Reich eignen, auszuwählen und dem R(eichs-)Propagandaministerium zur Freigabe vorzuschlagen . . .» (Wilde 1969, S. 37).

Bereits Ende 1936 und in den ersten Monaten des Jahres 1937 waren vorwiegend in katholischen Landesteilen Broschüren mit Enthüllungen über «Sittlichkeitsverbrechen» verkauft worden. Eines von diesen, in einer Auflage von 100 000 Exemplaren gedruckten und zum Preis von 65 Pfennigen angebotenen Pamphleten trug den Titel *‹An ihren Taten sollt ihr sie erkennen›* und bot u. a. folgende Inhalte dar:

«Sittliche Verfehlungen eines Geistlichen / Ein katholischer Pfarrer als Kinderschänder / Über 200 Franziskaner vor Gericht: Schwere sittliche Verfehlungen der Angehörigen des Franziskaner-Bruder-Ordens / Die Seuche in den Klöstern / Ordensschwester verurteilt: Wegen Unzucht mit einem Dreizehnjährigen / Sittlicher und menschlicher Tiefstand» usw.

Politisch diffamierenden Charakter hatte zum Beispiel auch ein Gespräch, das am 5. 12. 1936 in der *Augsburger Nationalzeitung* unter der Überschrift «So sieht es in Dachau aus» und «Ich bin ein Pfarrer» von einem Dr. Seewald wiedergegeben wurde:

«Warum sind Sie hier?
Wegen widernatürlicher Unzucht.
Pfui Teufel! – Was sind Sie von Beruf?
Katholischer Pfarrer.
Alle Achtung! – Wo haben Sie studiert?
In Innsbruck, bei den Jesuiten.
Wo waren Sie sonst noch?
In Rom. Ich war Verbindungsmann zwischen Moskau und Vatikan.
Mir verschlug es die Stimme! Der Lagerkommandant, der dabeistand, nickte mit dem Kopf: Ja, so ist es, der Mann sagt die

Wahrheit. Den letzten Satz bitte ich besonders zu beachten» (Sopade 1937, S. 418).

Der beabsichtigte Propagandaeffekt einer solchen Zeitungsmeldung lag auf der Hand: Widernatürliche Unzucht als verbindende Klammer zwischen Moskau und dem Vatikan sollte den «gesunden» Volksgenoss/inn/en das Gruseln lehren.

Von seiten des katholischen Klerus bemühte man sich nun nachzuweisen, daß der als homosexuell ausgegebene gar kein Pfarrer war. Im *Klerusblatt* (Nr. 51/1936) wurde berichtet: «Zu diesem Zeitungsbericht, der auch schon in Versammlungen [der NSDAP; Anm. d. Verf.] verwertet wurde, wird aus Dachau berichtet, daß dort im Lager kein Geistlicher ist.» Diese Information hatte der Dachauer Stadtpfarrer am 14. 12. 1936 an das erzbischöfliche Ordinariat nach München gegeben, nachdem ihm «der Standartenführer Baranovski in Dachau zweimal erklärte ... daß kein katholischer Priester sich im Lager befinde». Nachdem diese Darstellung von allen Kanzeln verlesen worden war, sah sich jener Dr. Seewald veranlaßt, im KZ Dachau die Akte des betreffenden Häftlings prüfen zu lassen und das Ergebnis wiederum in der *Augsburger Nationalzeitung* (27. 1. 1937) zu veröffentlichen:

> «Die Nachprüfung hat ergeben, daß es sich um einen Häftling handelt, der im Ausland Theologie studierte, seine Studien aber infolge schwerer sittlicher Verfehlungen nicht zu Ende führen konnte. Er gibt sich aber sowohl den übrigen Schutzhäftlingen als auch der Kommandantur gegenüber als bereits fertiger Theologe aus, obwohl er in Wirklichkeit erst Alumnus ist. Das ist der Sachverhalt, gegen den nichts einzuwenden ist ...» (Sopade 1937, S. 419).

Der Häftling hatte dieser Darstellung zufolge sein Theologiestudium nicht beenden können. Daher traf die von katholischer Seite gegebene Richtigstellung zu, «daß kein Geistlicher im Lager ist».

Auch im Falle des neunzehnjährigen Hans Schülle, den die Nationalsozialisten «wegen schwerer Sittlichkeitsverbrechen» in Schutzhaft genommen hatten, erklärte das Erzbischöfliche Ordinariat, «daß es für ihn mit Priesterwerden ein für allemal aus sei ...» (vgl. Dokumentation im Anhang, S. 479).

Hatte die Rundverfügung des Justizministeriums vom 9. 4. 1937 angekündigt, daß die «besonders schweren Fälle» an das Reichspropagandaministerium weiterzuleiten seien, so wurden unter Anleitung der NS-Behörden weitere Broschüren dieser Art erstellt und unter das Volk gebracht. Gleichzeitig wurden die «zurückgestellten Prozesse» mit Eile vorangetrieben, um daraus das Material für die Pamphlete zu destillieren. Hauptvorwurf der Schriften: Verführung der Jugend zur Homosexualität. In einer Dokumentation *‹Mönche vor Gericht›* fütterte man die Leser mit Schilderungen über «perverse Unzuchtsakte» in Sakristeien, Beichtstühlen, Klöstern und Kirchen. Dazu einige Beispiele:

> «Der Franziskanerbruder Linus zum Beispiel machte auf mich den Eindruck eines typischen Untermenschen! Verlebte Hautfarbe, entsprechend grobe Züge. Sein Organ ist unsympathisch, der Tonfall ausgesprochen frech. Der Bruder Linus, der sich schwerster homosexueller Verfehlungen schuldig gemacht hat, lebte nur der Gier! Er verführte, wie er zum Teil selbst und die gesamten Zeugen bestätigen, wahllos Brüder, Zöglinge, Pfleglinge; er stürzte sich wie eine Bestie über seine Opfer, die mit ihm moralisch ins Bodenlose herabsanken.» (Rose 1939, zit. bei Geißler 1968, S. 48).

Über einen anderen Priester wurde folgendes berichtet:

> «Als . . . Angelinus zum erstenmal zu Leogivil zur Beichte kam, forderte dieser ihn lachend auf, sich auszuziehen, da er ihn nackt fotografieren wollte. Als der Junge sich natürlicherweise sträubte, erklärte der Pater, daß er sich unter gar keinen Umständen gegen seine Befehle auflehnen dürfe und daß im übrigen andere Männer sich noch ganz anders fotografieren ließen, worauf er ihm im Beichtstuhl (!) ein Paket pornographischer Lichtbilder zur Ansicht überreichte» (ebd.).

Selbst von Priestern, die «homosexuelle Weihen» spendeten, war die Rede.

Während die Prozeßwelle lief, setzten die Nationalsozialisten selbstverständlich alle Medien ein, um eine effektive Verbreitung der von vornherein feststehenden Ergebnisse zu erreichen. Die NS-Parteipresse, das verstand sich von selbst, berichtete in riesengroßer Aufmachung, der *Völkische Beobachter* sprach von über 1000 Angeklagten, und der Reichspropagandaminister geißelte in einer mehrstündigen Hetzrede in der Berliner Deutschlandhalle die Kirche als «Ort sittlicher Verderbnis» und gelobte

> «. . . daß diese Sexualpest mit Stumpf und Stil ausgerottet werden muß und wird . . . Dieser Morast ist so abgrundtief, daß jeden Menschen, der die Möglichkeit hatte, auch nur einen dieser Prozesse in seinen Einzelheiten kennenzulernen, eine maßlose Wut und ein heiliger Zorn befallen muß . . .», kreischte von «planmäßiger sittlicher Vernichtung Tausender von Kindern und Kranken» und heuchelte im Namen von «Millionen deutscher Eltern,

die es nicht wünschen und die nur mit Angst und Abscheu daran denken, daß ihre unschuldigen Kinder einmal von gewissenlosen Verführern derartig seelisch und körperlich mißbraucht werden könnten ... ich spreche hier als deutscher Nationalsozialist, als Familienvater.»

Unumwunden erklärte Goebbels auch, daß die Erfahrungen der Röhm-Affäre bei dieser Aktion Pate gestanden hätten:

«Die Partei hat hier ein klares und deutliches Beispiel gegeben. 1934 wurden über 60 Personen, die in der Partei – gerade wie dies in den Klöstern und in der Geistlichkeit geschieht – diese Laster zu züchten versuchten, kurzerhand erschossen.» Mit den Worten: «Wie dankbar können wir dem Führer sein, daß er diese Pest ausrottet», schloß er seine Heuchelarie.

Die Massen in der Halle tobten vor Begeisterung, und ihr Jubel wurde in den Wochenschauen und Radiosendungen bis in die letzten Provinznester des Reiches übertragen.

Da es Homosexuelle in allen gesellschaftlichen und sozialen Zusammenhängen gab und auch weiterhin gibt, könnte ein solches Verfahren jederzeit gegen alle möglichen Gegner eingesetzt werden. Wären Schrebergartenvereine oder Kegelclubs Vereinigungen von bedeutender und oppositioneller politischer Relevanz gewesen, so hätte man auch ihnen gegenüber Anklagen solcher Art konstruieren können. Die herrschende Homophobie ließ und läßt sich gegen alles mobilisieren, was einer Gruppe geschickter politischer Agitatoren im Wege steht.

Als Wirkung dieser Propaganda war der nationalsozialistische Mob gegen die Kultstätten der Katholiken mobilisert worden. Beichtstühle wurden in Brand gesetzt, Altäre und Kirchen mit menschlichen Exkrementen beschmiert, Verhaftungen wegen «homosexueller Umtriebe» durchgeführt. Aus München berichtete man an die Exil-SPD über diese Exzesse des gesunden Volksempfindens:

«In der Jugend, sowohl in der HJ wie in der Schule, macht man starke Propaganda gegen die Kirche. Die Sittlichkeitsvergehen von Geistlichen werden dort besprochen, und es wird vor den Schwarzröcken gewarnt. In einer Schulklasse hat der Lehrer seinen Kindern erklärt, daß die Ordensbrüder anormale Menschen seien und man sich vor ihnen hüten müsse, weil sie hinter ihrer scheinheiligen Maske die Laster zu verbergen wissen. Die meisten Ordensgeistlichen gingen nur deshalb ins Kloster, weil sie dort ihren Lüsten leben können. Früher habe man das nicht gewußt, weil sich niemand darum gekümmert habe. Aber jetzt, seit die Nationalsozialisten die Macht hätten, habe man entdeckt, daß die Klöster lauter Lasterhöhlen sind, die ausgehoben werden müssen ... Es kommt immer mehr dazu, daß die Kinder in jedem Geistlichen einen Menschen sehen, der geheime Laster hat» (Sopade 1937, S. 1181).

Die NS-Propaganda schien sich hier einem beabsichtigten Effekt genähert zu haben, wonach nämlich der politische Gegner pauschal als homosexuell begriffen wurde.

Über einen weiteren Vorfall schrieben die Deutschland-Berichte der SPD:

> «Als die Schüler des Klerikalseminars in ihren langen Kutten von einem Spaziergang im Englischen Garten heimkehrend in die Veterinärstraße einbogen, begegneten sie dort einer Gruppe Hitler-Jugend in Uniform. Diese begannen sich sofort über die Schwarzröcke lustig zu machen. Da schrie einer das Wort: ‹Onanistenclub!› und alles brach in ein helles Gelächter aus. Das Schimpfwort wurde noch öfter gerufen. Einer rief den Klerikern nach: Hoch 175! Diese zogen ernst ihres Weges weiter, als ob man sie nicht beachtet hätte. Ein älterer, gutgekleideter Herr trat auf die HJ-Jungen zu und wies sie zurecht. Darauf zerstreuten sie sich» (ebd., S. 1181).

Bezeichnenderweise hatten sich die NS-Strategen bei der Kommentierung der laufenden Prozesse speziell an die Eltern gewendet und an deren «Verantwortungsbewußtsein» appelliert, ihre Kinder nicht den «verdorbenen» Priestern und damit der Homosexualität auszuliefern, die «wie eine ansteckende Krankheit» um sich greife.

Die Propagandaoffensive war allerdings derartig überzogen, daß durch sie in weiten Teilen des Reiches eine gegenteilige Wirkung erreicht wurde. Ihr demagogischer Charakter war allzu offensichtlich, da man sich im Propagandaministerium päpstlicher als der Papst gab. Mit der «Sittlichkeits»-Kampagne versucht man, eine Institution auf ihrem ureigensten Terrain zu schlagen: Die katholische Kirche verkörperte traditionell in sittlichen Fragen ein Monopol, auf dessen Einhaltung man nicht nur in den eigenen Reihen peinlichst achtete, sondern das auch das öffentliche Leben weitestgehend mitgestaltete.

Die Kampagne erreichte daher einen gegenteiligen Effekt. So konnte man vielerorts feststellen, daß

> «die Rede von Goebbels über die Sittlichkeitsprozesse außerordentlich aufrüttelnd auf die Katholiken gewirkt (hat). Die Prozessionen sind in diesem Jahr zu wahren Demonstrationen geworden. Überall kommt dabei die Gegnerschaft gegen das Regime zum Ausdruck» (ebd., S. 1169).

Goebbels erschien vielen gläubigen Katholiken als der Antichrist schlechthin. Kirchliche Feiertage gestalteten sich als Reaktion auf die

Kampagne zu Kristallisationspunkten antifaschistischer Kundgebungen. Im schlesischen Wallfahrtsort St. Annaberg beispielsweise weitete sich eine religiöse Versammlung zu einer Massendemonstration gegen das Regime aus, an der zwischen 150 000 und 170 000 Männer und Frauen teilnahmen, darunter zahlreiche Bergwerksarbeiter, Kommunisten, Sozialisten, Bibelforscher und Juden.

Als durchaus nicht unrepräsentativ für die Haltung außerhalb der katholischen Bevölkerung dürfte allerdings ein Bericht angesehen werden, der aus politisch bewußten Arbeiterkreisen stammte. Hier hieß es:

> «Es fehlt nicht an Stimmen innerhalb der Arbeiterschaft, die sagen, es schadet den Schwarzen nichts, daß sie eine solche Lektion erhalten haben, denn in der Republik haben sie jeden Fortschritt sabotiert, und Brüning [Ex-Reichskanzler und führender Vertreter der katholischen Zentrumspartei; Anm. d. Verf.] und Kaas [ebenfalls Zentrumspartei; Anm. d. Verf.] haben ja Hitler die Steigbügel gehalten. Allerdings glaubt niemand, daß der Sittenverfall in der katholischen Kirche den von den Nazis behaupteten Umfang angenommen hat, und man wertet eben diese Rede als einen Teil Propaganda, die das System benötigt, um sich am Ruder zu halten» (ebd., S. 1178).

Tatsächlich war der «Sittenverfall» in der katholischen Kirche durchaus nicht in dem Maße eingetreten, den die Nazis glauben machen wollten. Wie H. G. Hockerts ermittelt hat, sind von 21 000 weltlichen Priestern 57, von 4000 Ordensbrüdern sieben und von 3000 Laienbrüdern 170 verurteilt worden.

Wehrmacht: Der Fall Generaloberst Fritsch

Bereits in *‹Mein Kampf›* hatte Hitler umfangreiche Überlegungen über den neuen «Lebensraum im Osten» angestellt und die geplante Expansionspolitik begründet. Viereinhalb Jahre nach der Machtübernahme waren diese Pläne in ein konkretes Stadium eingetreten, so daß er eine kleine Gruppe führender Vertreter der Wehrmacht sowie den Kriegs- und den Außenminister zu einem Geheimtreffen empfing, um ihnen seine Gedanken zu erläutern.

Zu den führenden Militärs gehörte auch der Oberbefehlshaber des Heeres, Generaloberst Werner Freiherr von Fritsch, der vor wenigen Jahren tatkräftig daran mitgewirkt hatte, Röhm und die SA aus dem politischen Kräftespiel auszuschalten. Jetzt sollte er ausgeschaltet werden, weil er militärtechnische Einwände gegen das Eroberungsprogramm Hitlers erhob. Diese Unbotmäßigkeit des Oberbefehlshabers des Heeres war der Tropfen, der das Faß zum Überlaufen brachte.

Schon 1936 hatte v. Fritsch gegen die damals von Hitler geplante Besetzung des Rheinlandes protestiert. Hitler hatte das nicht vergessen, zumal die Ereignisse später ihm und nicht den Militärs recht gaben.

Überhaupt hatten sich zwischen Reichswehr und NSDAP die seit der Röhm-Affäre bestehenden Spannungen verschärft, was allerdings kaum mit der seit 1933 vorgenommenen verstärkten Aufrüstung zu tun hatte, als vielmehr mit ihrer Qualität. Auch was die Bündnispolitik betraf, waren die Beziehungen zwischen Reichswehr und Partei nicht ohne Belastungen. Der Mann, von dem sich die Armee die Verteidigung ihrer Interessen versprach, war nicht Kriegsminister v. Blomberg, sondern Generaloberst v. Fritsch, der es bis dahin verhältnismäßig geschickt verstanden hatte, der Wehrmacht die NSDAP unmittelbar vom Leibe zu halten. Der nazifreundliche v. Blomberg dagegen besaß wenig Rückhalt in der Armee, wo man ihn, wegen seiner überaus elastischen Fähigkeiten, den Spitznamen «Gummilöwe» gegeben hatte, ihn auch bei Gelegenheit «Hitlerjunge Quecks» nannte und auf seine Absetzung drängte. Unterstützt von Göring hatte v. Fritsch im Frühjahr 1937 bei Hitler offen die Absetzung v. Blombergs gefordert, und eine spezielle Intrigenmaschinerie war in Gang gesetzt worden. Der Anlaß hierzu war eine «sittliche» Angelegenheit: Der Kriegsminister hatte eine Frau mit «Vergangenheit» geheiratet, genauer – eine Dame aus dem horizontalen Gewerbe. Natürlich war die Akte, in der die Gattin des Ministers als Prostituierte geführt wurde, erst nach der Hochzeit gefunden worden. Für die standesbewußte Wehrmacht waren die v. Blombergs nicht tragbar. Zusammen mit Göring erreichte v. Fritsch die Zustimmung Hitlers für die Verabschiedung des Ministers. Zu bemerken bleibt, daß Göring v. Blomberg zu jener Heirat ständig ermutigt hatte ... Jetzt erhob sich die Frage der Nachfolge. Als Kandidat von seiten der Wehrmacht kam nur v. Fritsch in Frage. In der NSDAP jedoch war dieser General zunehmend in Ungnade gefallen. Nicht nur Hitler war gegen ihn, sondern auch Himmler trug dem Generaloberst nach, daß alle Versuche, den Einfluß der SS auf die Wehrmacht auszudehnen, nicht den gewünschten Erfolg gezeitigt hatten. Und Göring, bereits Oberbefehlshaber der Luftwaffe, hatte den Ehrgeiz, selbst die Stelle v. Blombergs einzunehmen.

Die Lösung des Konflikts nahte wieder mit Hilfe einer Akte. Sie stammte aus den Dossiers der «Reichszentrale zur Bekämpfung der Homosexualität und der Abtreibung» und wurde jetzt auf den Schlammplatz des Intrigenkampfes geworfen. Es ist anzunehmen, das Himmler und Göring in der Durchführung dieser Angelegenheit zusammenarbeiteten und den Leiter der «Reichszentrale zur Bekämpfung der Homosexualität und Abtreibung», Kriminalrat und SS-Obersturmbannführer Meisinger auf v. Fritsch angesetzt hatten. Die umfangreichen Register dieses Mannes, den man nach dem Krieg in Polen aufhängte, wurden offenbar bei Intrigenkämpfen dieser Art stets zuvor um Auskunft gebeten.

Die Akte, die Meisinger produzierte, lautete allerdings nicht auf den Namen v. Fritsch, sondern auf den des pensionierten Kavallerieoffiziers v. Frisch. Der Unterschied fiel bezeichnenderweise im Eifer des Gefechts nicht weiter auf. Am 26. 1. 1938 bestellte Hitler den Oberkommandierenden des Heeres zu sich, um ihn wegen der in der Akte enthaltenen Beschuldigungen zur Rede zu stellen. Zu diesem Treffen hatten allerdings auch Himmler und Göring mobilisiert. Als Vertreter ihrer Interessen erschien ein gewisser Hans Schmidt, «der davon lebte, wohlhabenden Homosexuellen aufzulauern und sie zu erpressen» (Bullock 1964, Bd. 2, S. 448). Dieser gewöhnliche Kriminelle identifizierte v. Fritsch als einen jener, denen er wegen Homosexualität Geld abgepreßt hatte. Selbstverständlich log dieser Schmidt, aber blieb dem präparierten Denunzianten etwas anderes übrig, um seinen Kopf zu retten? Wie sich später herausstellte, war er von der Gestapo unter Druck gesetzt worden. Dies gab er bei einer von seiten der Wehrmacht angestrebten Gerichtsverhandlung auch offen zu, worauf er prompt hingerichtet wurde. Der Gestapo war von Anfang an bekannt gewesen, daß der Vorwurf der Homosexualität gegen v. Fritsch grundlos war. Dies zu verschleiern, hatte man eigens den pensionierten Kavallerieoffizier v. Frisch aufgespürt und verhaften lassen, um ihn als Zeugen auszuschalten.

Obwohl v. Fritsch von einem Militärgericht, das zur Untersuchung dieser Angelegenheit eingesetzt worden war, freigesprochen wurde, konnte seine von der Wehrmacht angestrebte völlige Rehabilitierung nicht durchgesetzt werden. Die Machtprobe zwischen NSDAP und Wehrmacht war zugunsten der Nationalsozialisten ausgegangen. Die Besetzung der Positionen erfolgte unmittelbar: Zum Nachfolger v. Blombergs ernannte Hitler weder v. Fritsch noch Göring, sondern besetzte das Amt selbst. War er seit Hindenburgs Tod bereits Oberster Befehlshaber der Wehrmacht (dies Amt hatte das Staatsoberhaupt automatisch inne), so eignete er sich nun ebenfalls die Stelle des ehemaligen Kriegsministers an, in dem er diesen Posten liquidierte und statt dessen ein besonderes «Oberkommando der Wehrmacht» (OKW) einrichtete, das in Wirklichkeit dann Hitlers Stab wurde. An die Spitze dieses OKW wurde eine absolute Vertrauensperson der NSDAP gesetzt: General Wilhelm Keitel. Der Posten des Oberbefehlshabers des Heeres ging an General v. Brauchitsch, der seine Loyalität gegenüber Hitler bereits bei der Vorbereitung der Röhm-Affäre bewiesen hatte. Gleichzeitig wurde, nachdem v. Fritsch als Schlüsselfigur des Konflikts zwischen Reichswehr und NSDAP entfernt worden war, eine größere «Säuberung» im Generalstab durchgeführt: Sechzehn ältere Generale wurden pensioniert, vierundvierzig andere auf neue Kommandostellen versetzt.

Auswirkungen hatte die Ausschaltung v. Fritschs über den Kreis der Wehrmacht hinaus. Das Außenministerium wurde neu besetzt, die Botschafter in den bündnispolitisch wichtigen Ländern Österreich, Italien und Japan ausgewechselt. Dem nationalsozialistischen Expansionsprogramm stand der Weg frei.

2. «Homosexualität ist ein Angriff auf die völkische Sittenordnung»

Die Gleichschaltung des § 175 im Jahre 1935

«Der neue Staat, der ein an Zahl und Kraft starkes, sittlich gesundes Volk anstrebt, muß allem widernatürlichem Treiben mit Nachdruck begegnen. Die gleichgeschlechtliche Unzucht zwischen Männern muß er besonders scharf bekämpfen, weil sie erfahrungsgemäß die Neigung zu seuchenartiger Ausbreitung hat und einen verderblichen Einfluß auf das ganze Denken und Fühlen der betroffenen Kreise ausübt. Für die bevorstehende Erneuerung des Strafrechts war deshalb ein Ausbau der unzulänglichen Vorschrift des geltenden Strafgesetzbuches nach mehrfacher Richtung vorgesehen. Im Interesse der sittlichen Gesunderhaltung des Volkes schien es angezeigt, die geplanten Neuerungen alsbald in Kraft zu setzen» (Schäfer/Lehmann/Dörffler 1936, S. 31).

Mit diesen Worten wurde die von den Nationalsozialisten vorgenommene Neufassung des § 175 begründet. Das Gesetz trat am 1. September 1935 in Kraft, nachdem die Änderung am 28. Juni 1935 beschlossen worden war. Eine andere Juristenkommission, der auch Freisler angehörte, hatte vergeblich davor gewarnt, auf einem Gebiet «zu scharf» vorzugehen, «auf dem schon umfangreiche Untersuchungen viel Schaden stiften können» (zit. bei Wilde 1969, S. 130).

Bereits der erste Satz jener Begründung machte deutlich, worauf es den NS-Ideologen ankam: Die Fortpflanzungsmoral durch juristische Maßnahmen zu stärken. Ziel dieser von einer Arbeitsgruppe im Reichsjustizministerium (Schäfer/Lehmann/Dörffler) formulierten und in den «Novellen zum Strafrecht und Strafverfahren von 1935» nebst «Ausführungsvorschriften» veröffentlichten Gesetzesvorschriften war es, ein «starkes» und «sittlich gesundes» Volk zu schaffen. Stark, was seine Zahl betraf, und stark, was seine Kraft anbelangte.

In einem *‹Bericht über die Arbeit der amtlichen Strafrechtskommission›* (Verfasser: Gleispach) äußerten sich die Teilnehmer über die leitenden Motive für «Das kommende deutsche Strafrecht» weiter:

«Starker Schutz der geschlechtlichen Sittlichkeit und Gesundung des geschlechtlichen Verkehrs durch Gestaltung der Tatbestände und die der Strafandrohung muß das Ziel sein, denn die Sittlichkeit gehört zu den Grundlagen gedeihlichen Volkslebens.»

Hinter derartigen Formulierungen verbarg sich das Vertrauen auf die sittenbildende Kraft des Gesetzes. Was unter einer gesunden «Sittlichkeit» zu verstehen war, hatte Adolf Hitler bereits Jahre zuvor in ‹*Mein Kampf*› formuliert. Jetzt ging es um die Durchsetzung dieser Vorstellungen, indem die «Tatbestände» und «Strafandrohungen» den neuen politischen Gegebenheiten angepaßt wurden. Das neue Reich schaltete das Sexualstrafrecht für die Bedürfnisse einer konsequenten Menschenproduktion gleich. Prinzipiell betrafen die Motive des neuen deutschen Strafrechts alle sexuellen Praktiken, bei denen eine Befruchtung individuell verhindert wurde oder unerwünscht war. Zwar konnten unfruchtbare sexuelle Praktiken in der Ehe kaum kontrolliert werden, aber sobald in der Öffentlichkeit etwas «Unzüchtiges» ruchbar wurde, hatte der Gesetzgeber Möglichkeiten zu einem verschärften Eingreifen geschaffen.

Das neue juristische Instrumentarium mußte besonders die Homosexuellen und die, die man dafür hielt, treffen. Grundsätzlich konnte allerdings jeder unverheiratete Mann (bzw. jeder als «bevölkerungspolitischer Blindgänger» denunzierte) in den Geruch der Homosexualität kommen. Homosexualität stellte in einem Staat, der die Sexualität seiner Untertanen mit terroristischen Mitteln auf ihren Fortpflanzungsaspekt reduzierte, einen Angriff auf die zu schützende «geschlechtliche Sittlichkeit» dar. Konsequent formulierte daher der ‹*Bericht der amtlichen Strafrechtskommission*› weiter:

«Viele der hier zu behandelnden Tatbestände enthalten zunächst Angriffe gegen einzelne Personen. Das wichtigste aber ist bei diesen Tatbeständen der Angriff auf die völkische Sittenordnung, die Gefährdung der richtigen sittlichen Haltung des Volkes.»

Als Musterbeispiel einer zur «Verwilderung» der Sitten führenden Staatsform wurde selbstverständlich die Weimarer Republik angesehen. In bewußter Abgrenzung zu dieser Epoche formulierte die Kommission das neue sittliche Selbstverständnis:

«Der sittlichen Verwilderung, die bis vor kurzem ins deutsche Volk hineingetragen wurde und sich namentlich in den Großstädten öffentlich breitmachte, ist durch das geltende Recht damals nur wenig gesteuert worden; aber nur zum geringeren Teil deshalb, weil es dazu unzureichend ist, sondern weil es nicht angewendet wurde. Die Bestrebungen, den strafrechtlichen Schutz der Sittlichkeit abzubauen, haben wohl Berge von Schriften und Bücher erzeugt, aber nicht gesetzgeberische Erfolge erzielt. Die nationalsozialistische Revolution schuf gründlichst Wandel; als Wiedergeburt des deutschen Volkes verhilft sie auch der gesunden sittlichen Haltung zum Durchbruch, zu Kraft und Verbreitung; mit dem Antritt der neuen Regierung räumt sie ohne wesentliche Änderung strafrechtlicher Vorschriften in kürzester Zeit mit der ständigen Vergiftung der sittlichen Atmosphäre mit Pornographie und Verwandtem in Presse, Schrifttum, Kunst und öffentlichen Darbietungen auf. Die Rechtsprechung, insbesondere die Strafbemessung, zeigt voll Verständnis für ihre Aufgabe.»

Freilich enthielten derlei Formulierungen in bezug auf den § 175 glatte Untertreibungen. Tatsächlich war er in seiner alten Fassung deswegen «unzureichend», weil er den nationalsozialistischen Anforderungen nicht entsprach. Der Weimarer § 175 wurde durchaus angewendet, aber sein Wirkungskreis genügte den neuen politischen Zielvorstellungen nicht. Daher wurde er im Sinne des Nationalsozialismus so gefaßt, daß jede Form von Homosexualität rabiat bekämpft werden konnte. Den Anspruch hatte der § 175 in seiner alten Fassung überhaupt nicht. Diesen Sachverhalt brachte ein nationalsozialistischer Rechtsexperte deutlich zum Ausdruck, wenn er schrieb:

«Üble Erfahrungen der letzten Zeit [wahrscheinlich wird hier auf die Röhm-Affäre angespielt; Anm. d. Verf.] haben es angezeigt erscheinen lassen, die für die allgemeine Erneuerung des Strafrechts in Aussicht genommenen Verschärfungen der Vorschriften gegen die gleichgeschlechtliche Unzucht zwischen Männern vorweg in Kraft zu setzen. Der wesentliche Mangel des bisherigen § 175 StGB bestand darin, daß – wenigstens nach der bisherigen Rechtsprechung – nur beischlafähnliche Handlungen getroffen wurden, so daß Staatsanwaltschaft und Polizei gegen offensichtlichen gleichgeschlechtlichen Liebesverkehr zwischen Männern nur einschreiten konnten, wenn sie nicht solche Handlungen nachweisen konnten. Diese Lücke ist jetzt ausgefüllt, indem jede Unzucht zwischen Männern unter Strafe gestellt wird» (Schäfer, ‹*Die Einzelheiten der Strafrechtsnovelle vom 28. Juni 1935*›. In: *Deutsche Justiz* 35, S. 994).

Das typisch Nationalsozialistische an der Neufassung des § 175 bestand also darin, alle Formen der Homosexualität als «Unzucht» zu kriminalisieren. Was ab jetzt «Unzucht» war, erläuterte eine ausführliche Fußnote zum § 174, die ausdrücklich auch für den § 175 Geltung hatte. Darunter fielen alle Handlungen,

«die objektiv nach gesunder Volksanschauung das Scham- und Sittlichkeitsgefühl in geschlechtlicher Beziehung verletzen und objektiv in wollüstiger Absicht vorgenommen werden. Die objektive oder die subjektive Seite genügt für sich alleine nicht; maßgebend ist vielmehr der Eindruck, den ein Beobachter hätte, ‹dem die Handlung in ihrer ganzen Bedeutung, sowohl das körperliche Tun als auch die Gesinnung und Willensrichtung des Täters bekannt ist.› ... Die wollüstige Absicht gehört bereits zum Begriff der Unzucht, nicht erst zum subjektiven Tatbestand ...» (Schönke 1944, 2. Aufl.).

Zu welchen enormen Rechtsunsicherheiten eine solche Strafgesetzgebung führen konnte, lag auf der Hand. Um einer völligen Verunsicherung der «gesund» Empfindenden vorzubeugen, lieferten die nationalsozialistischen Kommentatoren auch gleich das mit, was *nicht* unter «Unzucht» zu verstehen war:

«Nicht jede, selbst unbedeutend auf Sinnenlust beruhende oder darauf abzielende Berührung oder handgreifliche Zudringlichkeit fällt unter den Begriff der unzüchtigen Handlung ... Eine unangebrachte, geschmacklose, selbst widerwärtige Liebkosung braucht noch nicht eine unzüchtige Handlung zu sein.»

Bemessungsgrundlage für den Tatbestand stellte das gesunde Volksempfinden dar bzw. wie es im folgenden hieß, die «gesunde Volksanschauung». In der Praxis öffneten derlei Formulierungen einer Sexualdenunziation Tor und Tür. So hieß es in der Definition der «Unzucht» weiter:

«Es kommen nur Handlungen in Betracht, die *objektiv* nach gesunder Volksanschauung das Scham- und Sittlichkeitsgefühl in geschlechtlicher Weise verletzen. Maßgebend ist nicht das Gefühl des einzelnen oder einzelner Volkskreise, sondern die gesunde Volksanschauung, d. h. die Ansicht des sittlich empfindenden deutschen Menschen ... Das übertriebene oder das abgestumpfte Gefühl einzelner muß außer Betracht bleiben. Die gesunde Volksanschauung wird bei der Wertung von Vorgängen nicht unberücksichtigt lassen, in welcher Umgebung die Handlungen vorgekommen sind und wie die Sitten und Gebräuche der Volkskreise sind, in denen sich die Vorgänge abspielen ... Die Umstände und Verhältnisse des einzelnen Falles sind vielfach von entscheidender Bedeutung, z. B. ob die Handlung öffentlich oder im Verborgenen geschehen ist ... Es ist nicht erforderlich, daß jemand tatsächlich Anstoß nimmt, es genügt, daß die Handlung geeignet ist, Anstoß zu erregen.

Die Handlung muß subjekt in wollüstiger Absicht vorgenommen werden. Dies ist dann der Fall, wenn sie auf Befriedigung oder Erregung eigener oder fremder Geschlechtslust gerichtet ist. Eine in anderer Absicht vorgenommene Handlung ist auch dann keine unzüchtige, wenn sie objektiv das Scham- und Sittlichkeitsgefühl in geschlechtlicher Beziehung verletzt, so z. B. nicht eine in Wut vorgenommene Züchtigung auf dem bloßen Körper unter Enthüllung der Schamteile des Mißhandelten, weiter auch nicht stets ein derber Scherz . . .

Als unzüchtig wird bei den bezeichneten Verhältnissen . . . stets der Beischlaf anzusehen sein, meist ferner das Betasten der Brust oder anderer Körperteile aus Geschlechtslust, weiter etwa der Zungenkuß unter Männern . . . Ob der bloße Kuß, das Streicheln oder das Umarmen eines Kindes unzüchtig ist, hängt von den äußeren Umständen und von der Absicht des Handelnden ab» (ebd.).

Die Absicht des Handelnden wurde durch den Eindruck festgelegt, den ein Beobachter hatte, der die «gesunde Volksanschauung» verkörperte, der «sittlich empfindende deutsche Mensch».

In den Erläuterungen zum § 175 hieß es speziell zur «Unzucht» unter Männern:

«Unzucht *mit* einem anderen treibt, wer den Körper des anderen Mannes als Mittel für die Erregung oder Befriedigung der Geschlechtslust benutzt. Es ist nicht notwendig, daß eine körperliche Berührung stattgefunden hat oder auch nur beabsichtigt gewesen ist» (ebd., S. 392).

Hiermit wurde der «ideelle Koitus», wie ihn einer der nationalsozialistischen Juristen nannte, eingeführt: Das bloße Anschauen eines Mannes wurde in dem Moment strafbar, wo der Betrachtete oder ein Beobachter in diesem Blick eine «wollüstige Absicht» entdeckte.

Dieser gesamte juristische Aufwand wurde betrieben, um eine optimale Ausnutzung der «Zeugungskraft» des männlichen Teils der Bevölkerung zu gewährleisten. Nachsichtiger verfuhr man mit der weiblichen Homosexualität. Hier wurde eine Einschränkung der Fortpflanzung nicht bzw. weniger befürchtet, denn die «gesunde Volksanschauung» nahm lesbische Frauen weniger ernst. So hieß es in jenem Bericht über die Arbeit der amtlichen Strafrechtskommission hierzu:

«Bei Männern wird Zeugungskraft vergeudet, sie scheiden zumeist aus der Fortpflanzung aus, bei Frauen ist das nicht oder zumindest nicht im gleichen Maß der Fall. Das Laster ist unter Männern stärker verbreitet als unter Frauen (abgesehen von Dirnenkreisen), entzieht sich auch bei Frauen viel mehr der Beobachtung, ist unauffälliger, die Gefahr der Verderbnis durch Beispiel also geringer. Die innigeren Formen freundschaftlichen Verkehrs zwischen Frauen würden die hier zumeist bestehenden Schwierigkeiten der Feststellung des Tatbestandes und die Gefahr unbegründeter Anzeigen und Untersuchungen außerordentlich erhöhen» (ebd.).

Zweifellos hätte es eine von den Nationalsozialisten nicht beabsichtigte Aufwertung der Sexualität der Frau bedeutet, wäre weibliche Homosexualität ebenfalls bestraft worden. Das nationalsozialistische Weib, die deutsche Frau, hatte außer dem Mutterinstinkt keine sexuellen Regungen zu spüren.

Dem neuformulierten § 175 wurde zusätzlich ein § 175 a beigefügt, der Zuchthausstrafen bis zu zehn Jahren für «schwere Unzucht» vorsah.

Die Ideologie der «Ausmerzung»

Heinrich Himmler: «Die Frage des richtig geleiteten Sexus ist die Lebensfrage jedes Volkes»

Wohl keiner der führenden NSDAP-Politiker hat die «Frage des Blutes» in einer derartig terroristischen Weise beantwortet, wie Heinrich Himmler (1900–45). Als «Reichsführer SS» war er gleichzeitig Chef der gesamten Polizei und sollte am 24. 8. 1943 auch das Amt des Innenministers antreten.

Die Züchtung des arischen Menschen, die massenhafte Produktion von Kindern unter rassenbiologischen Gesichtspunkten stellten für den ehemaligen Düngemittelvertreter und Diplom-Landwirt aus München eine der wichtigsten Fragen «des Zeitalters» dar. Die SS, die er als eine Elite-Organisation des Reiches verstand, war sein soziales und biologisches Experimentierfeld. In seinen Geheimreden vor den Mitgliedern des Führungsstabes dieser Truppe entrollte sich das ganze Ausmaß des bevölkerungspolitischen Terrors in Deutschland.

Im Jahre 1938 äußerte sich Himmler zur Geburtenfrage:

> «Wir haben immer noch ein Minus an Geburten, trotz aller steigenden Geburtenziffern. Es besteht die Gefahr, daß in der Folge dieses Zeitalters, das uns ein Adolf Hitler geboren hat, das Volk verwelken und verfallen will, weil wir zu wenig Kinder haben. Seien wir uns klar, mit Kinderzulage, Junggesellensteuer usw. werden wir keine dauerhaften Erfolge haben, notwendig ist eine seelische Umstellung. Die Dinge, die ich Ihnen eben nannte, sind eine gewisse ausgleichende Gerechtigkeit. Die Frage wird nur gelöst, wenn eine innere Umstellung erfolgt. Diese innere Umstellung allein wird nicht durch das Zureden dem einzelnen Mann

oder der einzelnen Frau gegenüber Erfolg haben, diese Umstellung ist nur möglich, wenn unser Volk einem Naturgesetz wieder angeschlossen ist (Himmler 1974, S. 85).

«Undankbarkeit gegen Volk und Führer» nannte der «Reichsführer SS» die Tatsache, daß in der SS (wie auch im Volk) immer noch nicht genügend Kinder produziert wurden.

Als Symptome «sterbender Völker» wurde neben Landflucht und Selbstmord das «Sinken der Kinderzahl» und die Homosexualität angesehen.

Sich auf Polizeistatistiken berufend, ging Himmler davon aus, daß im Deutschen Reich jährlich 600 000 bis 800 000 Abtreibungen vorgenommen werden. (Diese Zahlen dürften jedoch Propagandaziffern gewesen sein.) Die terroristische Anwendung des § 218 reichte offenbar immer noch nicht aus, um im Volk den Zwang zum Kind durchzusetzen. Tatsächlich hatten Verbote und polizeiliche Gewaltmaßnahmen dort ihre Grenzen, wo der Staat den direkten Befehl zum Geschlechtsverkehr nicht geben konnte. (Im Lebensborn e. V. war dies möglich.) Der Staat konnte zwar den Rahmen für die Kinderproduktion durch gesetzgeberische und ideologische Mittel erheblich beeinflussen, aber die «Feinsteuerung» (Heinsohn/Knieper/Steiger) konnte er nicht vornehmen. Weder war es möglich, dem Mann die Erektion zu befehlen, noch der Frau die Bereitschaft zur Empfängnis. Der «Egoismus» blieb, wie es Himmler nannte, entscheidend:

«... Für den einzelnen Menschen, der zufällig im Jahre 1936 lebt, ist es völlig gleichgültig, ob er Kinder hat oder nicht. Das ist eine Frage der Liebhaberei. Der eine hält sich einen Hund, der andere ein Kind. Oder man hält sich ein Kind, damit man jemanden hat, dem man etwas vererben kann, oder man will im Alter eine Pflege haben. Das sind alles egoistische Motive. Das wird immer so sein bei den atomisierten Menschen, bei den Einzelmenschen» (ebd., S. 92).

Kam es dennoch zu einer unerwünschten Schwangerschaft, so konnte, trotz staatlichen Terrors im geheimen, eine Abtreibung durchführt werden.

Durch «Verbote und polizeiliches Eingreifen» allein war die Abtreibung ebenso wie die Homosexualität nicht auszurotten. Das hatte auch Himmler erkannt, wenn er feststellte:

«Nun ist es von vornherein immer meine Ansicht gewesen: Durch Verbote und durch polizeiliches Eingreifen kann ich Ausnahmefälle asozialer Menschen beseitigen, kann ich Ausbrüche verletzter Menschen einmal dämpfen. Sehr große Bewegungen, sehr große Fragen, also die große Frage des Hungers bei einer nicht richtig geleiteten Wirtschaft, die große Frage einer irrgeleiteten Sexualität, die große Frage von – sagen wir – Massendesertationen, kann ich mit der Polizei nie regeln. Ich kann in Deutschland 100, 3000, 5000 Desertierte in den einzelnen Städten zusammenfangen. Das sind 5000 Einzelfälle. Ich kann, wenn es einmal 200 000 Deserteure gibt, diese eine Zeitlang mit Totenkopf-Bataillonen in Schach halten und zusammenschießen. Dann ist aber die Zeit gekommen, darüber nachzudenken, was fehlt hier grundsätzlich, was ist hier zu ändern, damit diese Mängel nicht mehr auftreten bei dem Volk, das an sich tapfer und anständig ist. Es muß also unbedingt führungsmäßig etwas falsch gemacht worden sein.

Genauso liegt es bei der Frage der Abtreibung. In dem Augenblick, in dem ich die Zahlen hörte, war ich mir darüber klar – wenn ich in Deutschland 800 000 Abtreibungen habe, dann ist damit gar nichts getan, daß ich die Abtreiber und die Frauen, die abgetrieben haben, dem Kadi überliefere, der dann ein Urteil über sie spricht; denn dann gehen sie mit dem Gefühl heraus: Diesmal hast du Pech gehabt, du bist erwischt worden. Beim nächstenmal bist du schlauer» (ebd.).

Durch die Maschen der NS-Gesetzgebung zu schlüpfen war zwar mit einem beachtlichen Risiko verbunden, aber dies wurde – wie die

Prototyp des SS-Freiwilligen, wie er 1938 in der deutschen Presse publiziert wurde (Foto: Süddeutscher Verlag)

Abtreibungsziffern belegten – in Kauf genommen, wenn das Kind nicht erwünscht war. Um den Betroffenen die Abtreibung als letzte Möglichkeit individueller Entscheidung aus den Händen zu winden, blieb noch die Möglichkeit, das Ansehen und die wirtschaftliche Lage der unverheirateten Mütter ganz wesentlich anzuheben, denn bei den Abtreibungen dürfte es sich hauptsächlich um außerehelich gezeugte Kinder gehandelt haben. Tatsächlich empfahl Himmler «Achtung vor der unehelichen Mutter, die den Mut zur Liebe und die Anständigkeit zum Natürlichen hat» (ebd., S. 90). Gleichzeitig konnte durch eine massive Gebärpropaganda dem gewünschten Ziel näher gekommen werden: Die Ehrung kinderreicher Mütter durch das «Mutterkreuz» gehört in diesen Rahmen. Ansonsten orientierte Himmler auf den Glauben an die «Wiedergeburt des Volkes»:

> «Und ich habe den festen Glauben, daß ein Volk die Frage, ob es genügend Kinder hat oder nicht, nur dann auf die Dauer ohne besondere soziale Maßnahmen lösen wird, wenn es seine Ahnen verehrt» (ebd., S. 85).

> «Ein Volk, das diesen Glauben an die Wiedergeburt hat und das seine Ahnen und damit sich selbst verehrt, hat immer Kinder, und dieses Volk hat das ewige Leben» (ebd., S. 93).

Dem Kampf gegen die Abtreibung entsprach der Kampf gegen die Homosexualität. Homosexuelle waren in der NS-Ideologie «bevölkerungspolitische Blindgänger», und ihr abstinentes Verhalten schlug im «Geschlechtshaushalt» des Reiches negativ zu Buche: Himmler:

> «Ich bitte Sie, sich das einmal zu vergegenwärtigen. Wir haben in Deutschland nach den neuesten Volkszählungen wohl 67 bis 68 Millionen Menschen, das bedeutet an Männern, wenn ich ganz rohe Zahlen nehme, rund 34 Millionen. Dann sind an geschlechtsfähigen Männern (also an Männern über 16 Jahren) ungefähr 20 Millionen vorhanden. Es kann hier eine Million fehlgegriffen sein, das spielt aber keine Rolle.
>
> Wenn ich ein bis zwei Millionen Homosexuelle annehme, so ergibt das, daß ungefähr 7, 8, 10 % der Männer in Deutschland homosexuell sind. Das bedeutet, wenn das so bleibt, daß unser Volk an dieser Seuche kaputtgeht. Ein Volk wird es auf die Dauer nicht aushalten, daß sein Geschlechtshaushalt und Gleichgewicht derartig gestört ist.
>
> Wenn Sie weiter die Tatsache noch mit in Rechnung stellen, die ich nicht in Rechnung gezogen habe, daß wir bei einer gleichbleibenden Zahl von Frauen rund zwei Millionen Männer zu wenig haben, die im Krieg gefallen sind, dann können Sie sich vorstellen, wie dieses Übergewicht von zwei Millionen Homosexuellen und

zwei Millionen Gefallenen, also rund vier Millionen fehlender geschlechtsfähiger Männer, den Geschlechtshaushalt Deutschlands in Unordnung bringt und zu einer Katastrophe wird» (ebd., S. 93 f).

Aus diesen bevölkerungspolitischen Überlegungen heraus und nicht, wie eine psychologisierende Geschichtsbetrachtung es mitunter glauben zu machen versucht, aus der homophoben Haltung eines «Männerstaates» resultierte die terroristische Verfolgung der Homosexualität und die Gleichschaltung des § 175. Die Liquidierung der Homosexualität wurde als eine «Überlebensfrage» des deutschen Volkes begriffen:

> «Wir müssen uns darüber klar sein, wenn wir dieses Laster weiter in Deutschland haben, ohne es bekämpfen zu können, dann ist das das Ende Deutschlands, das Ende der germanischen Welt. Wir haben es leider nicht mehr so einfach wie unsere Vorfahren. Bei denen waren diese einigen wenigen Einzelfälle so abnormer Art. Der Homosexuelle, den man Urning nannte, wurde im Sumpf versenkt. Die Herren Professoren, die diese Leichen im Moor finden, sind sich bestimmt nicht dessen bewußt, daß sie jeweils in neunzig von hundert Fällen einen Homosexuellen vor sich haben, der mit seinem Gewand und allem im Sumpf versenkt wurde. Das war nicht eine Strafe, sondern das war einfach das Auslöschen dieses anomalen Lebens. Das mußte entfernt werden, wie wir Brennesseln ausziehen, auf einen Haufen werfen und verbrennen. Das war kein Gefühl der Rache, sondern der Betreffende mußte weg.
>
> So war es bei unseren Vorfahren. Bei uns ist das leider, muß ich sagen, nicht mehr möglich» (ebd., S. 97. Vollständiger Text der Rede vgl. Anhang. Die bereits hier zitierten Stellen wurden nicht wieder abgedruckt.)

Was im Rahmen des Nationalsozialismus möglich war, um auf dem Boden rassenbiologischer Grundwerte die Ausrottung der Homosexualität wissenschaftlich zu legitimieren, zeigte die Arbeit von Dr. jur. Rudolf Klare ‹*Strafrecht und Homosexualität*›. Die Arbeit war ganz offensichtlich im Auftrag Himmlers entstanden und enthielt weitgehend dessen Gedanken zur Endlösung der Homosexuellen-Frage.

Rudolf Klare: «Die restlose Säuberung des Reiches von Homosexuellen»

Klare teilte seine Auftragsarbeit in drei Kapitel: «Volk, Staat und Homosexualität», «Rasse und Homosexualität» und «Die Unzulänglichkeit des geltenden Rechts und seine Reform».

In einer wissenschaftlich aufgemachten Einleitung wurde der Untersuchungsgegenstand damit begründet, daß «das Problem der strafrechtlichen Behandlung der Homosexualität in der unmittelbaren Gegenwart *erhöhte Bedeutung* gewonnen hat», denn, so stellte Klare weiter fest,

> «die Geschichte lehrt uns, daß ein Staat dem Niedergange geweiht ist, wenn er nicht dem Umsichgreifen des homosexuellen Verkehrs die entschiedensten Gegenmaßregeln entgegensetzt. Es ist eine der Grundthesen dieses Buches, daß die Einstellung zur Homosexualität rassisch bedingt ist . . . Es läßt sich auch nachweisen, daß der Widerstand im selben Maße schwindet, als das Rassebewußtsein der Völker nachläßt» (Klare 1935, S. 12).

Unmittelbarer Ausdruck hiervon sei die «Zersetzung der Moralbegriffe»:

> «Die starke Betonung der Erotik in der Kultur des Zwischenreichs [gemeint ist die historische Epoche vom Untergang des ‹Heiligen Römischen Reiches Deutscher Nation› bis zur Errichtung des nationalsozialistischen Staates; Anm. d. Verf.], die Zersetzung der Moralbegriffe in den Jahren nach dem Krieg hat die Bestrebungen, die auch eine Abschaffung des § 175 StGB gerichtet waren, ungeahnten Auftrieb gegeben und in die von Natur aus gesunde Auffassung weiter Kreise Unsicherheit und Zweifel hineingetragen» (ebd., S. 11).

Was sich hinter dem NS-Terminus «Kultur des Zwischenreichs» verbarg, war das Gedankengut und die Moral des Bürgertums, wie sie sich besonders nach dem Sieg der Französischen Revolution entwickelt und verbreitet hatten. Unter dem Einfluß der Aufklärung als Form einer liberalen Herrschaftsideologie des emporstrebenden Bürgertums, hatte sich im 18. und vor allem im 19. Jahrhundert eine deutliche Tendenz zur Entkriminalisierung homosexueller Liebe durchgesetzt, wie wir weiter oben schon ausgeführt haben. Nach nationalsozialistischer Anschauung war dies «die Zersetzung der Moralbegriffe in der liberalistisch-individualischen Epoche». Doch dieser Epoche sei eine andere vorangegangen, denn «zweimal in der deutschen Geschichte ist die nordisch-germanische Auffassung von der Homosexualität überfremdet worden: einmal durch die christliche Kirche und das zweite Mal durch die Gedanken der französischen Revolution» (ebd., S. 13).

Danach lieferte die christliche Kirche den ersten Akt der Überfremdung, da

«die Tötung der Homosexuellen ihr als *Ausrottung der Ketzer* zur höheren Ehre Gottes und nicht mehr als *Ausmerzung Entarteter zur Reinerhaltung der Rasse* (galt)» (ebd.).

Dieser feine Unterschied trennte die heidnischen, ursprünglichen, «natürlichen» Germanen von den christianisierten. Erstere hatten, zumindest in der Vorstellung der Nazis, «die von Natur aus gesunde Auffassung» und hier lag die Wiege der Erkenntnis, in die sich Hitlers Germanen nun wieder hineinlegen wollten. Der nationalsozialistische Sündenfall begann nicht bei Adam und Eva, sondern die Vertreibung aus dem Paradies erfolgte durch christliche Missionare. Mit Hilfe der Erkenntnisse des Dr. jur. Klare stand nun der Wiedererrichtung eines Paradieses für Germanen des 20. Jahrhunderts mit dem Naturgefühl derer des 2. oder 3. vorchristlichen Jahrhunderts nichts mehr im Wege. Rasse erkannt, Gefahr gebannt, lautete das Motto jenes Juristen, der nun im Kapitel «Rasse und Homosexualität» behauptete, daß bei den alten Germanen das instinktive Rassebewußtsein noch völlig intakt war: «Wie alle Völker des Nordens empfanden die Germanen die Homosexuellen als Entartete, die in der Gemeinschaft keinen Platz mehr hatten und töteten sie» (S. 45). Besonders imponierte dem NS-Juristen die Haltung der Isländer, die auch die weibliche Homosexualität bestraften:

«Den Isländern galten drei Schmähworte so schwer, daß der Beleidiger der unsühnbaren Friedlosigkeit verfiel und auf der Stelle erschlagen werden durfte: die Nachrede, jemand sei feige, er lasse sich geschlechtlich wie ein Weib gebrauchen oder er verkehre mit einem Mann wie ein Weib. Mit Verbannung wurden auch die Frauen bestraft, die in Mannskleidern einhergingen und sonst Mannsgewohnheiten annahmen; ebenso die Männer, die sich in dieser Hinsicht vergingen» (ebd., S. 46).

Wie noch zu zeigen sein wird, forderte Klare für die Germanen im Tausendjährigen Reich ebenfalls die Kriminalisierung der weiblichen Homosexualität, um den Rasseinstinkt durch juristische Maßnahmen wieder zum Durchbruch zu verhelfen.

Wie Klare ausdrücklich betont, wurde die Todesstrafe bei den Germanen keineswegs aus Vergeltung vorgenommen:

«Mit Vergeltung haben sie nichts zu schaffen, nichts auch mit Abschreckung, überhaupt nichts mit irgendeinem Zwecke, die moderne Philosophen der Strafe unterlegen. Durch die öffentliche Todesstrafe wollte die Gesellschaft so energisch wie möglich *ausmerzen, was aus ihrer Art geschlagen war. Die öffentliche Todesstrafe entsprang also dem Trieb zur Reinerhaltung der Rasse,* einem Trieb, der auch im Privatstrafrecht der Sippe zur Todesstrafe wegen Geschlechtsschimpfes geführt hatte» (ebd., S. 47).

Für den in den folgenden Jahrhunderten festgestellten Triebschwund machte Klare vorrangig das Christentum verantwortlich, das nur zur höheren Ehre Gottes umbrachte, nicht mehr aus Rasseinstinkt. Zwar hatten die geschriebenen Volksrechte der germanischen Stämme die Homosexualität noch für todeswürdig angesehen, aber schon Kaiser Karl (742–814) mußte sich «mit aller Schärfe gegen die gleichgeschlechtlichen Verbrechen (wehren), die vor allem bei den *missionierenden Mönchen* sehr in Übung standen» (ebd.).

Am Ende des «Heiligen Römischen Reiches Deutscher Nation» war trotz der Tatsache, daß das «Gemeine deutsche Recht» einen dauernden «Kampf gegen die Homosexuellen» geführt hatte, die «Zersetzung der Moral» weit vorangeschritten. Unter dem Einfluß der «westischen Ideen» der Französischen Revolution wurden dann in vielen deutschen Kleinstaaten homosexuelle Akte nur noch mit Gefängnisstrafe geahndet. Schuld daran waren (nach Klare) solche Philosophen wie Voltaire, mit dem diese zweite Überfremdung einsetzte und der sogar in einem Kommentar zu Beccaria *‹Dei de litti e delle pene›* die Forderung nach Straffreiheit erhob, da keine Rechtsverletzung vorläge. Deutsche Aufklärer wie zum Beispiel der Jurist Zeller hätten diesen «Zersetzungsangriff» auf die Moral bis in die Gesetzbücher des «Zwischenreichs» weitergetragen.

Zersetzung der Rasse betrieben auch die Naturwissenschaftler, Ärzte und Psychiater, die sich in der zweiten Hälfte des 19. Jahrhunderts mit der Frage der Entstehung der Homosexualität beschäftigten und damit, so unterstellt Klare, den Homosexuellen dazu verhalfen, sich zu organisieren und den Kampf gegen den § 175 selbst zu führen:

«Alle diese Veröffentlichungen und Ansichten gipfeln trotz der teilweise gegenteiligen Haltung zueinander bezeichnenderweise in der gleichen Forderung: *Fort mit den Strafbestimmungen gegen die Homosexuellen!* Mit dieser Gleichgerichtetheit eines großen Teils der Wissenschaft des ausgehenden neunzehnten Jahrhunderts zur Frage des gleichgeschlechtlichen Verkehrs war für die Invertierten der Zeitpunkt näher gerückt, ihre Ziele und Wünsche noch unverhohlener als bisher zu propagieren und zu hoffen, daß der ‹Urningsparagraph› bald fiele. Um alle diese ‹Befreiungsbestrebungen› organisatorisch zu erfassen, gründete der Jude Magnus Hirschfeld, von dem gerichtsnotorisch feststeht, daß er selbst homosexuell war, im Frühjahr 1897 das ‹Wissenschaftlich-Humanitäre Komitee›» (ebd., S. 27 f).

In Wirklichkeit, so hatte Klare erkannt, wollte das WHK «die Brechung des gesunden Widerwillens des Volkes gegen die Homosexuellen» durchführen. Denn: «Vor keinem Mittel schreckte Hirschfeld zurück, um die Beseitigung des § 175 StGB zu erreichen.» Selbst Zwang auf die Regierung habe er ausgeübt und Hunderttausende von «Aufklärungsschriften» verschickt, die «im Deutschland des Liberalismus ihre Wirkung nicht verfehlen konnten». Mehrere Seiten seines Buches widmete Klare der Bürgerrechtsbewegung der Homosexuellen, um daran aufzuzeigen, wie notwendig die Rettung der arischen Rasse durch den Nationalsozialismus geworden sei. Der Verlauf von Klares Geschichtsbetrachtung hatte somit eine unverkennbare Linie des Verfalls von Rasseinstinkt ergeben: Die Germanen verfolgten die Homosexuellen noch als «Rassenentartung», die Kirche nur noch als «Ketzer» und die folgende «liberalistisch-individualistische Epoche» habe sich sogar zu der Einsicht verstiegen, Homosexualität als «Naturgegebenheit» zu akzeptieren:

> «Die Homosexualität nun als eine Gegebenheit hinzustellen, mit der man sich abfinden müsse, da sie in der Geschichte der Menschheit stets zu verzeichnen gewesen ist, ist ebenso verfänglich wie irrig. Denn genau wie es seit Menschengedenken Diebstahl, Mord, Betrug gibt, es aber noch keinem vernünftigen Menschen in den Sinn gekommen ist, aus diesem Grund Straflosigkeit für diese Verbrechen zu fordern, genauso unhaltbar sind derartig begründete Forderungen auf Strafloserklärung des gleichgeschlechtlichen Verkehrs» (ebd., S. 112).

Da den Juristen des «Zwischenreichs» der Rasseinstinkt nach Klares Einschätzung daher schon weitgehend abhanden gekommen war, setzte er seine Hoffnung auf einen anderen Wissenschaftszweig, bei dem offenbar der Instinkt noch in Ansätzen vorhanden war: «Die Richtung, die am ehesten den Anschein erwecken könnte, das Wesen der Homosexualität erklärt zu haben . . . sind die *Psychiater und Mediziner*» (ebd.).

Doch konnte die Krankheitstheorie der Psychiater und Ärzte den nationalsozialistischen Juristen ebenfalls nicht restlos überzeugen, denn «grundlegend ist ihnen nicht gelungen, ein Ergebnis aufzustellen, das die bestehenden Strafvorschriften und Strafmaßnahmen als unberechtigt und unbegründet hinzustellen vermöchte». Daher machte der Jurist Klare den Versuch «einer kurzen Widerlegung» der bisherigen ärztlichen und psychoanalytischen Forschungsergebnisse. Dabei wurde unter Bezugnahme auf Alfred Rosenbergs *‹Mythos des 20. Jahrhunderts›* festgestellt:

«Da der aus dem christlich-kirchlichen Mitleidsempfinden entsprungene, freimaurerische *Humanitätsgedanke* unserer nationalsozialistischen Weltanschauung aufs schärfste entgegensteht, scheidet er von vornherein für uns zur Rechtfertigung der Straflosерklärung der Homosexualität aus» (ebd., S. 113).

Das Ende jeder Humanität war zu diesem Zeitpunkt, an dem Klare seine Erkenntnisse niederschrieb, bereits eingetreten. Seine Schrift hatte die ausschließliche Funktion, den herrschenden Terror in Deutschland wissenschaftlich zu legitimieren. Dabei verließ Klare an keiner Stelle seiner Überlegungen jenen ideologischen Rahmen, den Hitler in *‹Mein Kampf›* bereits vorgegeben hatte (siehe Anhang Nr. 4, S. 428).

Den Medizinern und Psychiatern wies er im Rahmen eines biologischen Weltbildes weitere Aufgaben zu: Sie sollten vor allem der «rassehygienischen Gesetzgebung» neue wissenschaftliche Begründungen liefern. Da derlei Forschungen noch nicht vorlagen, setzte er sich einstweilen kritisch mit der Neuorientierung der Rechtsprechung nach 1933, speziell mit der Verschärfung des § 175 im Jahre 1935 auseinander und forderte auch die Kriminalisierung der weiblichen Homosexualität.

«Wenn die Homosexualität an sich als rassische Entartung und *der Homosexuelle* als *Feind der völkischen Gemeinschaft* gewertet wird, dann entfällt *jegliche* Begründung der ‹lesbischen Liebe›. Daß aber die weiblichen Homosexuellen dieselben Entartungserscheinungen aufweisen wie die männlichen, daß ihre Abneigung gegen Ehe und Familie, z. B. genauso tief verwurzelt ist, wie beim homosexuellen Manne, ist unbestreitbar» (ebd., S. 120) (siehe Anhang, S. 430).

Klare kritisierte, daß in zwei Stellen der Gesetzesbegründung von «gleichgeschlechtlichem Liebesverkehr zwischen Männern» die Rede war. Da es erotische Emotionen unter Männern laut Gesetz nicht geben durfte, verbat sich Klare die «Phrase» von der Liebe:

«Nachdem von vielen Seiten die Hirschfeldsche Phrase von einer ‹mann-männlichen Liebe› als Parallelerscheinung zur Liebe zum anderen Geschlecht erschüttert war, kommt es am allerwenigsten dem deutschen Gesetzgeber der Gegenwart zu, dieser These neues Leben zu geben» (ebd., S. 124 f).

Homosexualität, das war nach nationalsozialistischer Auffassung stumpfes Abreagieren sexueller Bedürfnisse ohne emotionale Bezüge der Handelnden zueinander.

Da der Gesetzgeber durch seine regide Fassung des «Unzuchts»-Tatbestands traditionelle Umgangsformen zwischen Männern in den Verdacht unzüchtiger Handlungen setzte, hatte er sich gezwungen gesehen, einen besseren Passus in den Text aufzunehmen, wonach *«Freundschaft und Kameradschaft durch die Vorschrift* [des § 175; Anm. d. Verf.] *nicht bedroht (werden)»* (S. 124). Hier zeigte sich deutlich, welche Funktion die Kriminalisierung der Homosexualität im Hinblick auf die Reproduktion des männlichen Geschlechtsrollenverhaltens hatte: Ein zu freundschaftliches bzw. kameradschaftliches Verhalten unter Männern, das sich etwa auch in herzlichen körperlichen Berührungen ausdrückte, kann stets den Verdacht der Homosexualität provozieren. Der § 175 und das «Tabu Homosexualität» tragen also wesentlich dazu bei, die herkömmlichen Geschlechtsrollen zu stabilisieren. Auch Klare muß dies auf eine dunkle Art gespürt haben, wenn er an jener Formulierung Anstoß nahm und den deutlich werdenden Mechanismus durch ein Normenpostulat verkleisterte.

> «Für jeden nicht invertierten Menschen ist das [d. h. ‹Freundschaft und Kameradschaft werden durch die Vorschrift nicht bedroht›; Anm. d. Verf.] eine Selbstverständlichkeit. Eine wahre Freundschaft und Kameradschaft ist frei von jeglichem sexuellen Element . . . Für alle, die um Reinheit ihrer Gemeinschaften ringen, ist eine solche Auffassung des Gesetzgebers *sehr befremdend!*» (ebd., S. 125).

Vor allem stellte sich das Problem der konsequenten Erfassung der Homosexualität bei Jugendlichen, die, daran mußte auch Klare den gängigen Vorstellungen zustimmen, fast alle eine Phase durchmachten, in der das durch die Erziehung angestrebte Tabu noch nicht genügend Wirkung zeigte:

> «Es sind nun im homosexuellen Verkehr Fälle denkbar, die, objektiv betrachtet, völlig unbedenklich erscheinen. Sobald aber zu diesen äußeren Handlungen, die wegen ihrer harmlosen Erscheinungsform für sich allein nicht geeignet wären, das allgemeine Scham- und Sittlichkeitsgefühl zu verletzen, eine wollüstige Absicht hinzutritt, ist eine Verletzung gegeben. Wenn zwei Jungens sich aus Übermut umarmen und küssen, sich ‹balgen› oder auch zusammen in einem Bett schlafen, weil eben kein zweites vorhanden ist, so wird niemand dabei etwas finden. Wenn aber diese Handlungen wollustbedingt sind, wobei – das sei noch einmal hervorgehoben – die libidinöse Absicht nicht erkennbar hervorzutreten braucht, dann liegt *vollendete* Unzucht vor» (ebd., S. 134 f).

Diese Feststellung war durchaus in sich logisch. Wollte man die Homosexualität mit Stumpf und Stiel ausrotten (das war Anspruch der Nationalsozialisten), so mußte die objektive Erscheinungsebene durchdrungen und nach dem Verborgenen, Dahinterliegenden gefragt werden. Hinter einer objektiv «harmlosen» Handlung zwischen Jungen oder Männern konnte sich eine «wollüstige Absicht» verbergen, ein «subjektives Unrechtselement im Sinne der neueren strafrechtlichen Dogmatik», wie Klare feststellte. «Hier ist auf den Sinn abgestellt, den der Täter seinem Tun zugrunde legt, oder die seelische Einstellung, in der er die Handlung begeht» (ebd., S. 135).

Es versteht sich von selbst, daß jene Männer, bei denen Homosexualität bekannt war, hier anders behandelt wurden, als jene, deren «objektive» Handlung nichts Homosexuelles verraten hatte. Tatsächlich wurden in einem Konzentrationslager Homosexuelle z. B. als Zuschauer eines Fußballspiels nicht geduldet, weil durch ihr für jedermann als objektiv wahrnehmbares Zuschauen der Tatbestand der Unzucht erfüllt war (Heger: *‹Die Männer mit dem Rosa Winkel›*).

War die Homosexualität einmal festgestellt, so gelang es «dem allgemeinen Scham- und Sittlichkeitsgefühl» – hier vertreten durch das KZ-Aufsichtspersonal – mit den Augen eines Homosexuellen zu sehen, sich quasi in den Homosexuellen hineinzuversetzen, die Unzucht nachzuvollziehen und den juristischen Tatbestand wieder aufzudecken.

Mag diese Form nationalsozialistischer Verbrechenserfassung in jenen Fällen, in denen der «Täter» bereits als Homosexueller identifiziert worden war, verhältnismäßig einfach und unkompliziert gewesen sein, so mußte sich im Rahmen einer vorbeugenden Verbrechensbekämpfung primär die Frage nach Entscheidungskriterien für solche Fälle stellen, bei denen eine Homosexualität noch nicht diagnostiziert worden war, sondern im Sinne Klares lediglich Tatbestände vorhanden waren, die objektiv zwar das «allgemeine Scham- und Sittlichkeitsgefühl» bzw. das gesunde Volksempfinden *nicht* verletzten, jedoch auf der subjektiven Ebene den Tatbestand der Unzucht erfüllten. Der Anspruch auf die Lösung dieser Problematik ergab sich logisch aus der nationalsozialistischen Fragestellung, d. h. aus den Gründen der Reinerhaltung der Rasse, des «Bluthaft-Biologischen». Dazu Klare im Ringen um die Verschärfung des § 175:

> «Eine tragende Säule der nationalsozialistischen Weltanschauung ist die Rassenidee. Rasse ist für uns nicht die Überwindung der Gegensätze Blut–Geist, Leib–Seele, Natur–Übernatur. Entscheidend ist nicht Geist, Raum, Sprache, willensmäßig Zucht oder Tradition, sondern einzig und allein das Bluthaft-Biologische. Die unserer Rasse eigenen Werte gilt es um jeden Preis zu schützen, jeden Angriff auf sie abzuwehren» (ebd., S. 137).

Das «Bluthaft-Biologische», darunter wurde die reine Natur verstanden – ein natürlicher Zustand, in welchem Sexualität lediglich eine Funktion hatte: die Fortpflanzung der Gattung.

Die Erfassung auch der nach psychologischen Kategorien latenten, d. h. der verborgenen, dem Individuum teilweise gar nicht bewußten Homosexualität, wurde auf diese Weise zu einer Überlebensfrage der Rasse, der germanischen, die – nach Hitlers Worten – die Herrschaft über alle minderwertigen Rassen, also die Weltherrschaft beanspruchte.

Damit die Gleichschaltung der Sexualitätsnormen auch bis in die unterbewußten Sphären menschlicher Empfindungen und Emotionen kontrollierbar war, forderte Klare den «Umbau verfahrensrechtlicher Bestimmungen» bei der Verhandlung von Homosexualität vor Gericht, indem er im ganzen Deutschen Reich die Hinzuziehung von geschulten Sachverständigen verlangte:

> «Es erhebt sich daher die Frage, ob in jedem Fall homosexueller Verbrechen ein Sachverständiger zugezogen werden soll oder nicht. *Diese Frage muß grundsätzlich bejaht werden*. Bei der Wichtigkeit und Schwierigkeit dieser Fälle ist der allgmeine Gerichtssachverständige nicht ausreichend. Das Gutachten muß in die Hände eines *sexualpathologischen* Sachverständigen gelegt werden.»

Die Einbeziehung der Gutachter, so Klare,

> «gründet sich nicht auf das Gefühl einer möglichst *milden strafrechtlichen Behandlung* Invertierter, sondern zielt darauf ab, gegen sie unter Umständen in erweitertem Umfange *Sicherungsmaßnahmen* in Anwendung bringen zu können. Diese Maßnahmen sind oft wirkungsvoller als eine harte Strafe. Es sei hier besonders an die Entmannung erinnert» (ebd., S. 139).

Der Einsatz von sexualpathologischen Sachverständigen bereitete den Nationalsozialisten jedoch Schwierigkeiten, die Klare folgendermaßen ausdrückte:

> «Doch ist es eine Lebensnotwendigkeit für das Funktionieren dieser Einrichtung, daß nicht Männer zu diesen Aufgaben herangezogen werden, die noch *irgendwie* in der Gedankenwelt Hirschfelds und seines Kreises befangen sind. Leider gibt es heute nur sehr wenige, die sich davon freigemacht haben. Hier einen geeigneten Nachwuchs heranzubilden, ist eine dankbare Aufgabe» (ebd., S. 139).

Tatsächlich tat sich hier für die Nazis eine Legitimationslücke auf. Die meisten, und vor allem die führenden deutschen Sexualpathologen, hatten sich bekanntlich gegen den § 175 ausgesprochen, die Petition des WHK mitunterzeichnet und die Ansicht vertreten, daß Homosexualität eine «Krankheit» sei, die durch Gefängnisstrafe nicht zu heilen sei. Hirschfeld und die von ihm beeinflußten wissenschaftlichen Kreise hatten in der Homosexualität dagegen weder Krankheit noch Verbrechen gesehen. Diesen Unterschied jedoch nahm der Nationalsozialist Klare nicht zur Kenntnis, sondern für ihn stellte sich die gesamte Sexualpathologie als «irgendwie» von Hirschfeld, dem Juden, beeinflußt dar, so daß man zur Durchführung der Gutachterpläne auf die Ausbildung eigener Sexualpathologen angewiesen war, sofern es nicht gelang, größere Mengen bereits praktizierender Wissenschaftler dieser Fachdisziplin auf die Grundwerte des Nationalsozialismus festzulegen. Aus diesem Engpaß heraus sollten Psychologen an die nationalsozialistische Gutachterfront geschickt werden, um besonders in jenen Fällen zur Wahrheitsfindung beizutragen, bei denen das «Verbrechen» der Homosexualität objektiv nicht wahrnehmbar war, sondern sich auf einer subjektiven Ebene verborgen hielt, die durch «wollüstige Absichten» gekennzeichnet war. Besonders bei «gleichgeschlechtlichen Verbrechen» *Jugendlicher* wollte Klare Psychologen als Gutachter eingesetzt wissen, «da gleichgeschlechtliche Handlungen Jugendlicher oft nur Ausdruck der sich entwickelnden Sexualität sind» (ebd., S. 139).

Gerade weil sie als Ausdruck der sich entwickelnden Sexualität begriffen wurde, erhielt der Psychologe hier nicht nur im Rahmen einer vorbeugenden Verbrechensbekämpfung, sondern auch im Hinblick auf die Erfassung latenter Verbrechen eine wichtige Bedeutung, denn, so zitiert Klare den Autor eines *‹Handbuches für Geisteskrankheiten›*, «die jugendlichen Rechtsbrecher bilden gewissermaßen die Reservearmee, aus der sich das Heer der Verbrecherwelt ständig ergänzt» (ebd., S. 128).

Einige Psychologen versprachen Heilung der «Krankheit», und daher rückten sie in den kritischen Blickwinkel Klares. So zitierte er u. a. v. Schrenck-Notzing, der schon 1892 auf die Möglichkeit psychotherapeutischer Behandlung hingewiesen hatte, ebenso Dr. Max Serog, der zwar 1933 erkannt hatte, daß *die* Homosexuellen, «die die Homosexualität als etwas völlig Naturgemäßes und dadurch Adäquates empfänden, in der Regel als erfolgreiche Objekte psychischer Behandlung nicht in Betracht» kämen, der aber bei Homosexuellen, die (auf Grund der gesellschaftlichen Diskriminierung und Kriminalisierung ihrer Sexualität) an ihrer «Krankheit» litten, Heilungschancen sah. Sich weiter mit diesen Chancen auseinandersetzend, verwies Klare auf die Ergebnisse eines US-amerikanischen Fachmannes für «seelische Hygiene», der offensichtlich von Sigmund Freud inspiriert war:

«Auch der Amerikaner W. B. Wolfe, Leiter der der Community

> Kirche in New York angeschlossenen Klinik für seelische Hygiene, hält die Homosexualität, die er als eine *Neurose besonderer Art* ansieht, für heilbar. Bedingung sei allerdings, daß der Homosexuelle geheilt zu werden wünsche. Wie jeder andere Neurotiker, so ziehe es auch der Homosexuelle oft vor, seine Unheilbarkeit zu beweisen, statt sich der mühsamen *psychologischen Wiedererziehung* zu unterwerfen, die notwendig sei, um ihn zur ‹Normalität› zu bringen. Die menschliche Gesellschaft sei aber noch nicht an dem Punkte angelangt, wo sie den Neurotiker zwingen könnte, seine Neurose aufzugeben» (ebd., S. 126).

(Freud wird, weil er Jude war, von Klare selbstverständlich nicht im Original zitiert, auch im Literaturverzeichnis tauchen die Schriften Freuds nicht auf.)

Interessant und aufschlußreich ist in diesem Zusammenhang vor allem Klares Argumentation bei der Ablehnung von angebotenen «Heilverfahren» aus der psychologischen «Richtung»:

> «Die Richtung erscheint ziemlich unsicher und wenig erfolgversprechend. Sie hat die Tendenz, die Sexualität des Menschen als etwas Selbständiges herauszustellen und zieht nicht in Betracht, daß sie nur ein Teil eines Gesamtorganismus ist» (ebd., S. 126).

Gerade dieser Vorwurf war nicht stichhaltig. Auch die herrschende Psychologie und Psychiatrie waren Teil eines gesellschaftlichen Gesamtorganismus. Schließlich stellten auch sie, wie Klare eben durch die Zitate belegt hatte, Sexualität nicht «als etwas Selbständiges», also etwas Freies heraus, sondern unterwarfen sie ebenfalls einer spezifischen Diktatur der Normalität, die sich aus bestimmten weltanschaulichen Werthaltungen, bevölkerungspolitischen Zusammenhängen und historischen Abläufen entwickelt hatte. Gerade die von Klare vielgeschmähte Ideologie des «Zwischenreichs», die sich nach dem Sieg der Französischen Revolution verstärkt durchzusetzen begann, hatte hier diese spezifische Diktatur der Normalität geschaffen.

Hatte das kirchliche Zeitalter Homosexuelle aus religiösen Motiven verbrannt, so schaffte das «aufgeklärte» Bürgertum durch ein diesseitiges, rationales Rechtsverständnis die neue Norm, die Homosexuelle ausgrenzte. Indem sich unter dem Eindruck der Aufklärung der Ruf nach Straflosigkeit der Homosexualität entfaltete, entwickelten sich spezielle Wissenschaftsdisziplinen, die sich mit der sexuellen Frage beschäftigten: Sexualmedizin und Psychiatrie entstanden und orientierten sich an eben jenem rationalen Naturverständnis der Aufklärung.

Für die Homosexuellen freilich lag in dieser Ideologie ein Fortschritt: Waren sie doch dem Scheiterhaufen entkommen und durften als Kranke überleben. Da es keinesfalls rationaler Erkenntnis ent-

Foto: Süddeutscher Verlag

sprach, Kranke für ihre Krankheit zu bestrafen, sondern ihnen zu helfen, gesund zu werden, spezialisierten sich bestimmte Zweige der rationalen Wissenschaft auf die Erfindung von Therapien. Eine Sparte dieser Disziplinen wird durch Psychologie und Psychiatrie repräsentiert, die – wie W. B. Wolfe es ausdrückte – den Homosexuellen durch «mühsame psychologische Wiedererziehung» an die herrschende Diktatur der Normalität anzupassen versuchte.

Daß die Einsichten der Sexualmediziner («Sexualpathologen») und Psychiater/Psychologen nicht zu einer Entkriminalisierung der diagnostizierten «Krankheit» durch den staatlichen Gesetzgeber führte, sondern sich eine auffällige Diskrepanz zwischen wissenschaftlicher Erkenntnis und staatlicher Anwendung dieser Erkenntnis offenbarte, lag an den besonderen politischen Interessen und der spezifischen deutschen Entwicklung des historisch gewordenen Machtmonopols Staat.

Um die Schließung dieser offensichtlichen Diskrepanz ging es dem nationalsozialistischen Juristen Klare, wenn er den «liberalen» Wissenschaftlern vorwarf, «die Sexualität des Menschen als etwas Selbständiges herauszustellen». Klare, der diese Legitimationslücke im Interesse des NS-Staates zu schließen bemüht war, forderte daher eine gezielte NS-Forschung und verwarf alle bisherigen Erkenntnisse über Homosexualität als Ausgeburt «liberalistisch-individualistischen» Denkens und stellte sich auf den Standpunkt des nationalsozialistischen Gesetzgebers:

> «Für ihn bildet keine blasse Theorie, keine blutleere Annahme, sondern einzig und allein die Abwehr der Gefahren für die Volksgemeinschaft den Richtpunkt seiner Maßnahmen!» (ebd., S. 127).

Alle bisherigen Forschungen der Psychologie, Pädagogik und Medizin des liberalen Bürgertums wurden als Irrtümer entlarvt, weil sie das Individuum, den einzelnen, als Erkenntnisgegenstand in den Mittelpunkt ihrer Überlegungen gestellt hatten und nicht «die Gemeinschaft»:

> «Alle diese Ansichten haben einen gemeinsamen *Grundfehler*. Ihre Thesen stützen sich auf Beobachtungen an *einzelnen* Jugendlichen, die sie aus dem Rahmen ihrer Gemeinschaft herausnehmen, dann analysieren und aus mehreren Analysen ein Gesamturteil formen. Oft sind es jugendliche Einzelgänger oder Sonderlinge, die sie zum Objekt ihrer Untersuchungen gemacht haben. Ein richtiger handfester Junge schreibt zum Beispiel aus eigenem Antrieb kein Tagebuch. Er ist nach seiner Arbeit, dort, wo er hingehört, bei seinen Kameraden, bei Spiel und Sport. Heute mehr denn je. Ein Junge, der HJ oder dem DJ angehört, kann nur aus seiner *Gemeinschaft* heraus verstanden werden. Ohne sie ist er nichts oder ein sonderlicher Außenseiter. Wie für uns heute das Volk nicht die Summe der

in einem bestimmten Gebiet wohnenden Einzelmenschen ist, so kann der *Jugendliche nicht ohne die Gemeinschaft* betrachtet und gewertet werden, in der er steht» (ebd., S. 130 f).

Hier wurde das Individuum mit der Gemeinschaft totgeschlagen. Die Konsequenzen derartiger kollektivistischer Ideologien: «Dein Volk ist alles, du bist nichts» bzw. «Deutschland muß leben, auch wenn wir sterben müssen».

Vor diesem Hintergrund forderten nationalsozialistische Wissenschaftler die Gleichschaltung der Sexualität für die Ziele ihres Staates. Klare übernahm dabei die Aufgabe, die Endlösung der Homosexuellenfrage theoretisch zu fundieren.

Zu bemerken bliebe noch folgendes. In einem Vorwort zu seiner Arbeit schrieb Klare:

«Während all der Monate der Ausarbeitung war mir Herr Prof. Dr. Erich Schwinge in Marburg ein nimmermüder Betreuer. Es ist dies vornehmlich das Verdienst dieser wahrhaft kameradschaftlichen Zusammenarbeit zwischen Lehrer und Schüler, daß es gelang, die Arbeit so umfassend und in so kurzer Frist zum Abschluß zu bringen. Dafür schulde ich ihm herzlichsten Dank.»

Schwinge blieb auch nach 1945 Professor an der Marburger Universität und trug mit dazu bei, daß die Kontinuität in der deutschen Geschichte gewahrt blieb.

Die Verfolgung der Homosexuellen

«Nach 33 wurde es sehr gefährlich. Der Kontakt war immer so, daß man nicht wußte, wer dazu gehört. Da traf man sich denn meist privat, das durfte nicht einen zu großen Rahmen haben», berichtet ein Augenzeuge der damaligen Zeit, und ein anderer erinnert sich: «Unsere Gemeinschaften, die wir früher hatten, die Freundschaften, die Lokale – das alles war aus. Wie wenn man in einen Hühnerschwarm hineinstößt, auseinandergespritzt» (Lautmann 1980, S. 376).

Das Regime hatte sofort zugeschlagen. Bereits im März 1933 war das Institut für Sexualforschung vernichtet, führende Vertreter der Bürgerrechtsbewegung der Homosexuellen verhaftet und ins KZ eingeliefert worden. Das WHK hatte, wie alle Verbände dieser Art, aufgehört zu existieren. In Bremen hatte die örtliche Filiale der größten Massenorganisation Homosexueller vorgesorgt:

«Die Mitgliederlisten vom Bund für Menschenrechte hatten Haafs und Jansen rechtzeitig vernichtet. Vor '33 schon» (ebd., S. 372).

«Zusammen mit der Selbstorganisation erloschen sämtliche gesellschaftlichen Initiativen der Homosexuellen: Ihre Artikulation auf der politischen Szene, ihr soziales Sichtbarwerden . . .» (ebd., S. 378).

Das, was sich bis 1933 an kollektiver Identität der Homosexuellen entwickelt hatte, was sich in Erfolgen, z. B. der fast durchgesetzten Abschaffung des § 175, niedergeschlagen hatte, wurde ab 1933 systematisch vernichtet.

Über die Details der Zerschlagung der Weimarer Homosexuellenbewegung durch den Nationalsozialismus ist heute immer noch wenig bekannt, was nicht nur an ihrer terroristischen Verfolgung nach 1933 liegt, sondern auch in der Tatsache begründet ist, daß der § 175 in seiner faschistischen Fassung bis 1969 existierte.

Um eine Vorstellung davon zu bekommen, wie der Faschismus und hier speziell Röhms Sturmabteilungen (SA) in den ersten Monaten nach der Machtübernahme wüteten, hier eine Beschreibung der Situation aus dem Berlin der ersten Märzhälfte 1933, in der allein in Preußen 7784 Personen in Schutzhaft genommen wurden, darunter auch führende Vertreter der Homosexuellenbewegung:

«Jeder SA-Mann war in jenen Märztagen ‹dem Feind auf den Fersen›, jeder wußte, was er zu tun hatte. Die ‹Stürme› säuberten die Bezirke. Sie kannten nicht nur die Wohnungen, sondern sie hatten auch von langer Hand die Unterschlupfe und Treffpunkte ihrer Gegner ausgekundschaftet . . . Nicht nur die Kommunisten, sondern jeder, der sich einmal gegen Hitlers Bewegung ausgesprochen hatte, war gefährdet . . . SA-Männer zerstörten die Einrichtung der Wohnung des Sohnes des Reichspräsidenten Ebert. Sie drangen in die Wohnungen der Besitzer der Verlagshäuser Ullstein und Mosse ein. Von den Mitgliedern der *Weltbühne* und des *Tagebuchs* verschleppten sie, wessen sie habhaft werden konnten . . . SA-Führer gingen nicht mehr zu Fuß. Die heiter gestimmten Sieger brausten in eleganten Autos über den Kurfürstendamm und die Linden. Fabrikanten oder Kaufleute hatten ihnen die Wagen zur Verfügung gestellt oder geschenkt, um ihre Protektion zu gewinnen. Juden und Demokraten waren die Wagen einfach weggenommen worden . . .» (Diels 1950, S. 222 f).

Die Person, die diese Beschreibung abgab, war der damalige Chef der politischen Abteilung des Berliner Polizeipräsidiums, Rudolf Diels, Deutschnationaler und führendes Mitglied dieser ultrakonservativen «Volkspartei», die mit der NSDAP in den ersten Monaten nach der Machtübernahme koalierte. Später wurde er zu einem Gegner der Nazis. Aber in diesen ersten Tagen und Wochen des neuen Regimes vertrat er die Interessen der DNVP, die die angeblich «lockeren Sitten» in der ersten deutschen Republik kaum anders beurteilte, als die NSDAP-Führung. Aus diesem gemeinsamen Interesse heraus entstanden die ersten Regierungserlasse für die Aktion «Sauberes Reich»: Am 22. 2. 1933 wurde eine Anordnung gegen die Prostitution erlassen, am 23. 2. folgte ein Erlaß, der die Schließung aller Homosexuellen-Lokale und der «Stundenhotels» anordnete. Wenige Wochen später kam auch eine Verfügung heraus, die die in der Weimarer Republik recht weitverbreitete Nacktkulturbewegung bekämpfte. Auch ein Verbot «unzüchtiger Schriften, Abbildungen und Darstellungen» erfolgte fünf Wochen nach dem Machtwechsel. Begeistert von allen diesen Maßnahmen dürften nicht nur weite Teile der NSDAP-Anhängerschaft gewesen sein, sondern auch das Wählerpotential des NSDAP-Koalitionspartners, der DNVP. Hocherfreut äußerte sich ein Sprecher des mitgliederstarken und rührigen «Westdeutschen Sittlichkeitsvereins», ein streng protestantisch geführtes Unternehmen, über diese längst erwarteten Maßnahmen. Adolf Sellmann, Chronist des Vereins, schrieb 1935 rückblickend:

> «Mit einem Schlage wurde es anders in Deutschland. Aller Schmutz und Schund verschwand in der Öffentlichkeit. Die Straßen unserer Städte wurden wieder sauber. Die Prostitution, die sich so ungeniert in unseren Großstädten und auch in kleineren Orten breitmachen konnte, wurde verscheucht. Bevölkerungspolitik im besten Sinne des Wortes wurde seitens der Regierung betrieben» (zit. nach Bleuel 1972, S. 11 f).

Ein Verbot der Homosexuellen-Lokale, wie es in Berlin keine vier Wochen nach der Machtübernahme vorgenommen wurde, lag zumindest in dieser Stadt und zu diesem Zeitpunkt durchaus noch nicht im politischen Interessenfeld Hitlers. Sein homosexueller Stabschef schließlich war es, der in diesen Tagen und Wochen half, dem neuen Regime durch unvorstellbaren Terror den Weg zu ebnen. Nach Feierabend wollte er selbstverständlich auf den Besuch seiner Stammlokale, wie z. B. das «Kleist-Kasino» oder die «Silhouette» nicht verzichten, wenn er und seine Kumpane einen «Bummel durch die Gemeinde» machen wollten. Es ist also durchaus nachzuvollziehen, wenn Diels in seinen Memoiren schrieb, daß die Homosexuellen-Lokale nach einer Beschwerde Röhms bei Hitler wieder geöffnet wurden. Wenn Diels über das Wüten der SA sagte, daß diese Figuren die Treffpunkte ihrer Gegner kannten und jeder gefährdet war, «der sich einmal gegen Hitlers Bewegung ausgesprochen hatte», dann traf das selbstverständlich auch auf die homosexuelle Szene zu. Wir haben gesehen, wie homosexuelle Nazis beispielsweise das WHK beurteilten, wie homosexuelle Nazis den Radszuweit-Verlag zerschlugen und seinen Adoptivsohn im KZ Oranienburg umbrachten.

Die Stunde homosexueller Nazis war jetzt gekommen, nachdem bereits einer von ihnen in den Mitteilungen des WHK verkündet hatte, es sei «fünf Minuten vor der Machtergreifung» und «haben wir erst die Macht, dann haben wir auch das Recht». Dieses Recht galt jetzt, und selbstverständlich fühlten sich homosexuelle Nazis, besonders in «ihrer Szene», dazu berufen, die «jüdisch-liberalistisch-marxistische Weltanschauung» auszurotten und ihren Befehlsgebern die Erfolge ihrer Taten zu melden, um zu beweisen, daß auch sie «ganze Kerle» seien. Sie leisteten in ihrer Szene die Dreckarbeit der Nazis, um kurze Zeit später selbst in die Konzentrationslager eingeliefert zu werden.

H. L., der die damalige Zeit miterlebte, erzählte uns:

«Ich war im Sommer 1933 in Hamburg, und Bekannte aus Berlin erzählten mir, daß die SA in manchen Berliner Schwulenlokalen wie der Teufel gehaust hat, Gäste verprügelte und Einrichtungen demolierte. In Berlin soll es nach der Machtergreifung ziemlich schlimm gewesen sein. Das sprach sich natürlich überall in der Szene herum, wanderte als Gerücht von einer Stadt in die andere, einer erzählte es dem nächsten. Berlin war ja für uns damals eine Art Mekka. Nirgendswo konnte man so frei leben, war soviel los, wie dort. Wenn man in der Provinz wohnte und es sich leisten konnte, dann fuhr man immer mal nach Berlin, besuchte dort Freunde und die Subkultur, wie man das ja heute so nennt. Wenn in Berlin was passierte, sprach sich das recht schnell auch in anderen Städten rum, weil einer aus dem Bekanntenkreis immer gerade aus Berlin kam. Wenn ich mich richtig erinnere, dann war im Sommer 1933 schon die große Wende eingetreten. Man hatte in den Lokalen z. B. nicht mehr das Gefühl, sicher zu sein. Homophile Zeitungen erschienen nicht mehr, die normalen Tageszeitungen berichteten über Homosexuelle nur noch im Zusammenhang mit Mord, Totschlag und Krankheit. Man hatte das Gefühl, daß sich etwas Schreckliches zusammenbraut und mußte sich dementsprechend verhalten. Die Nazis beherrschten die Straßen, schüchterten alles und jeden ein, der ihnen im Wege stand. Als Homosexueller war man für die doch der letzte Dreck. Es ging alles so furchtbar schnell.»

He., der im linken politischen Spektrum aktiv war, ohne jedoch parteipolitisch gebunden zu sein, erzählt über das Jahr 1933:

«Dann kam der Paukenschlag, der 30. Januar 1933, und wir wußten, daß eine politische Klimaveränderung eingetreten war. Das, was wir zu verhindern versucht hatten, war passiert.

Mit den Jahren verschwanden immer mehr von meinen politischen Freunden, von meinen jüdischen und von meinen homosexuellen Freunden. Mit dem zunehmenden Gleichschaltungsdruck der Nazis erfaßte uns die Angst. Um Himmels willen, nur ja nicht auffallen, sich zurückhalten. Das Jahr 1933 war der Auslösungszeitpunkt für die Schwulenverfolgungen. Schon in diesem Jahr hörten wir von Razzien in den Homosexuellen-Lokalen und Treffpunkten. Mag der einzelne, politisch ungebildete und nur an die Befriedigung seiner unmittelbaren Bedürfnisse interessierte Homosexuelle nicht erkannt haben, was das Jahr 1933 bedeutete, für uns, die wir als Homosexuelle auch politisch tätig waren, uns für die Weimarer Republik eingesetzt hatten und die drohende Gefahr des Nazismus abzuwenden versucht hatten, bedeutete der 30. Januar 1933 zunächst eine Verstärkung unseres Widerstandes.

Um uns nicht in Gefahr zu bringen, beschlossen wir, uns gegenseitig nicht mehr zu kennen. Wenn wir uns auf der Straße begegneten, gingen wir aneinander vorbei, ohne uns zu sehen. Es blieben zwar Möglichkeiten, uns zu treffen, aber das geschah nie in der Öffentlichkeit.

Orte der homosexuellen Subkultur zu besuchen war gerade für einen politischen Homosexuellen mit einer zu großen Gefahr verbunden. Freunde erzählten mir, daß die Razzien in den Lokalen zugenommen hatten. Und an der Bahnunterführung der Hamburger S-Bahn zwischen Dammtor-Bahnhof und Hauptbahnhof – diese Gegend war auch schon damals ein bekannter Treffpunkt – hatte jemand an die Wand geschrieben: ‹Straße der Verlorenen›. Das war irgendein Buch- oder Filmtitel. Diese Wandschrift amüsierte uns doch recht, weil die meisten versuchten, mit den Dingen fertig zu werden, indem sie einen Galgenhumor entwickelten.»

Schon im Herbst 1933 wurde in mindestens einem der überall im Reich eingerichteten Konzentrationslager die besondere Kategorie «homosexuell» eingerichtet. Dies war im Konzentrationslager Hamburg-Fuhlsbüttel. Bei einer Präsidentenbesprechung der Hamburger Inneren Verwaltung am 13. 11. 1933 war die Polizeibehörde aufgefordert worden, auch auf «Transvestiten besonders zu achten und erforderlichenfalls in das Konzentrationslager zu überführen» (zit. nach Lautmann u. a. 1974, S. 328).

Eine Verschärfung der Verfolgung setzte nach der Röhm-Affäre ein. So ging am 24. Oktober 1934 bei allen deutschen Polizeidienststellen ein verschlüsseltes Rundtelegramm ein. Absender: Geheime Staatspolizei. Auftraggeber: «Der politische Polizeikommandeur». Verantwortlich für den Inhalt: Heinrich Himmler. Gegenstand des Telegramms: Auftrag zur Anfertigung «einer namentlichen Liste sämtlicher Personen, die sich irgendwie homosexuell betätigt haben (und) evtl. Abschrift der vorhandenen Karteien beim Geheimen Staatspolizeiamt, Berlin II, 1. Sonderdezernat, einzureichen». Eine Woche später, am 1. 11. 1934, folgte ein Zusatztelegramm, das den Auftrag spezifizierte:

> «. . . Sämtliche Personen (Männer), die sich irgendwie homosexuell betätigt haben, sind unter Voransetzung der politischen Organisation zu melden. Ferner ist, sobald als möglich anzugeben: . . . b) Beruf, Mitglied der NSDAP oder einer NS-Organisation, gegebenenfalls seit wann und welchen Dienstgrad hat die Person inne, c) ist die Person wegen homosexueller Betätigung gerichtlich bestraft oder sind Vorgänge vorhanden . . . müssen unter Hinweis . . . ebenfalls angeführt werden . . . soweit Sie Kenntnis von homosexuellen Verfehlungen, insbesondere von seiten politischer Persönlichkeiten, erhalten haben . . . Gestapo Berlin» (zit. bei Wilde 1969, S. 132).

Diese Anordnung löste die erste *zentrale* Erfassungsstelle für Homosexuelle aus, die spätestens Ende Oktober 1934 als «Sonderdezernat Homosexualität» in der Abteilung II («Amt Politische Polizei») beim Staatspolizeiamt Berlin ihre Arbeit aufnahm. Ganze vier Wochen nach der Gleichschaltung des § 175 für die politischen Zwecke des Nationalsozialismus war damit auch das verwaltungstechnische Instrument geschaffen worden, das aktiv damit begann, alle im Reich vorhandenen Daten über Homosexuelle zu sammeln und im «Sonderdezernat Homosexualität» zu zentralisieren.

Die Kenntnis eines Polizeibeamten von homosexuellen Verfehlungen sollte genügen, um an die Reichszentrale in Berlin Meldung zu machen. Und welcher nationalsozialistische Beamte verkehrte nicht gerne mit der Reichshauptstadt, wenn man ihm ein derartig lockeres Angebot machte? Er brauchte nur seine Ohren ein wenig zu spitzen. Was z. B. erzählte man sich in seinem Ort über den ehemaligen sozialdemokratischen Reichstagsabgeordneten, der sich auffällig häufig zu längeren Spaziergängen mit einem notorischen Liberalen zusammenfand? Was war über sie in Kenntnis zu bringen? Ein loyaler Polizist wußte alles, was in seinem Bereich passierte. Der Denunziation war Tor und Tür geöffnet.

Wie sich später zeigte, wurde hiervon ausgiebig Gebrauch gemacht. Vor allem hatte man es auf die «Politischen» abgesehen. Hier unterschied man zwei Kategorien. Die homosexuellen Nazis und die Homosexuellen, die in einer anderen, natürlich oppositionellen Gruppierung tätig gewesen waren. «Insbesondere», wie es hieß, von ihnen, wollte man im Sonderdezernat etwas Genaueres wissen. Das Ziel solcher Anfragen war eindeutig: Was sollte man sich z. B. mit einem ehemaligen Sozialdemokraten herumschlagen, wenn man ihn verhaften wollte? Der konnte womöglich noch zu einem Anwalt laufen und – da nach zwanzig Monaten die Gleichschaltung noch nicht überall vonstatten gegangen war – noch unnötigen Staub aufwirbeln, Ärger machen. Da war es schon vorteilhafter, ihm was im «Privaten» anzuhängen. Unnötige Solidarisierungen blieben auf diese Weise aus. Wer wollte schon mit einem «Schwulen» in einen Topf geschmissen werden? Die Behauptung, jemand sei homosexuell, wirkte isolierend. Das hatte das System bereits in der Röhm-Affäre festgestellt. Alles war blendend gelaufen, und selbst in Kreisen ehemaliger sozialdemokratischer Funktionäre hatte man Verständnis für die «beherzte» Tat des Führers aufgebracht.

Und die homosexuellen Faschisten selbst? Jene, die in den Kampfjahren – wie es jetzt hieß – für ein Tausendjähriges Reich mitgekämpft hatten? Oder jene, die einfach mitgelatscht waren, weil es in der NSDAP eine Person gab, die was zu sagen hatte und «die auch so war»? Was geschah mit ihnen? Das Rundschreiben hatte sich ihrer mit besonderen Zeilen angenommen. Punkt b) des Telegramms vom 1. 11. 1934 war besonders für sie formuliert worden: «Beruf, Mitglied der NSDAP oder einer NS-Organisation, gegebenenfalls seit wann und welchen Dienstgrad . . .» Die Führung in Berlin wollte es differenziert. Ein Vorwurf, aus welcher politischen Ecke auch immer, sollte die NSDAP nicht treffen: Die eigene Partei, das war schon aus «rassehygienischen» Überlegungen heraus wichtig, mußte rein gehalten werden, und schließlich wollte man den Emigranten in London, Paris, Prag, Moskau oder sonstwo das gesunde Empfinden nicht überlassen. Je reiner die eigene Partei, je kleiner der Splitter im eigenen Auge, desto größer der Balken im Auge des politischen Gegners. Der Vorwurf der Homosexualität griff ja so effektiv.

Die Ausbeute des Rundtelegramms war keineswegs zufriedenstellend, denn auf den Listen, die jetzt nach Berlin kamen,

«wurden vornehmlich Arbeiter und Handwerker, aber wenige

Angehörige sogenannter gehobener Berufe festgestellt, was darauf hindeutet, daß Betroffene mit besserer intellektueller Ausbildung auch im homosexuellen Bereich sich geschickter zu tarnen verstanden und daß die Mehrzahl der Verfolgten Schichten geringer sozialer Herkunft angehört haben dürften» (E. Wismar 1977, S. 318).

Hauptsächlich kleine Fische waren also im Netz der Gestapoaktion hängengeblieben, doch je mehr Erfahrungen diese NS-Stelle sammelte, desto perfekter funktionierte der Erfassungsapparat. He., der zu jener Zeit in einer Kleinstadt in der Nähe Hamburgs wohnte, erlebte im Jahre 1935 folgendes:

«Dann kam die Röhm-Affäre und die Verschärfung des § 175. Die Verfolgung verschärfte sich. In meinem Heimatort, heute fast mit Hamburg verbunden, wurden diese Verfolgungen offensichtlich besonders durchgezogen.

Eine der ersten Verhaftungen im Jahre 1935 traf meinen Chef. Ich war schon seit zwölf Jahren als kaufmännischer Angestellter in seiner Firma tätig. Ich hatte von kleinen Anfängen bis zum Aufschwung zu einem Betrieb mit weit über 200 Angestellten dort gearbeitet und verdiente ganz gut.

Wir wußten voneinander, daß wir schwul waren. Er spielte im öffentlichen Leben unseres Ortes eine sehr bekannte Rolle. Er war Ehrenmitglied im Frauenverein, Vorsitzender im Sportverein, sozial und menschlich engagiert. In seiner Firma wußte jeder, daß er schwul war.

Ich kam zu jenem Zeitpunkt von einer Reise nach Paris zurück, wohin ich mit ihm gefahren war, um Material einzukaufen. Wir kamen am Sonntag zurück und verabschiedeten uns bis zum Montagmorgen in der Firma. Als ich am Morgen dieses Montags dann in die Firma kam, sah ich, wie er verhaftet und von zwei Kriminalbeamten abgeführt wurde. Jedermann wunderte sich über seine Verhaftung. Niemand wagte, etwas zu sagen. Man wußte nicht weshalb, ob es politisch war, oder ob es möglicherweise wegen seiner Homosexualität war. Alle waren wie erstarrt von den Dingen, die einen überfielen, wo man nie wußte, was für eine Gefahr auf einen zukam. Dieser Druck in den folgenden Tagen und Wochen war wahnsinnig. Niemand wagte nachzufragen, alle stellten Vermutungen an, warum er verhaftet worden war. Ich brauchte nichts zu vermuten, weil ich wußte, was hier gespielt wurde. Was in der Untersuchungshaft passiert ist, weiß ich nicht. Vierzehn Tage war er in Haft. Während dieser Zeit wurde er fast jeden Tag in seine Privatwohnung geführt, wo man alles mit ihm zusammen durchstöberte. Man ließ verlauten, daß er als ‹Jugendverführer› keinen Betrieb mehr führen dürfe.

Diese Dinge, die da auf ihn eindrangen, sind wahrscheinlich so fürchterlich gewesen, daß er sich drei Wochen nach seiner Verhaftung im Gefängnis erhängt hat. Das war im Sommer 1935. In dieser Zeit wurden die Gefangenen noch nicht geschlagen und gefoltert, zumindest hier nicht, doch sie wurden seelisch fertiggemacht. Nach vierzehn Tagen wurde sein Leichnam zur Beerdigung freigegeben. Es durfte kein Pfarrer an seinem Grab sprechen und keine Todesanzeigen in den Zeitungen aufgegeben werden. Ein Mensch war ausgelöscht.

Mit einem Schlage setzte eine Verhaftungswelle von Homosexuellen in unserem Ort ein. Als nächster wurde mein Freund verhaftet, mit dem ich seit meinem 23. Lebensjahr befreundet war. Er war bis 1933 Leiter einer Mädchenrealschule in Hamburg, antifaschistisch eingestellt und hatte nach der Machtergreifung der NSDAP mit 42 Jahren seinen Dienst quittiert, weil er mit diesem Regime nichts zu tun haben wollte. Er hatte in unserem Ort eine kleine Wohnung bezogen, wo ich ihn oft besuchte. Er verweigerte sich dem System und fiel natürlich dadurch auf, wenn er an bestimmten Tagen keine Flagge aus dem Fenster hing oder bei Sammlungen des Winterhilfswerkes nichts spendete.

Eines Tages erschienen bei ihm Leute von der Gestapo und holten ihn ab. Sich zu erkundigen, wo er geblieben sein könnte, war zwecklos. Wenn das jemand getan hätte, dann hätte die Gefahr bestanden, daß man ihn auch gleich dabehielt, weil er ein Bekannter war, der auch verdächtigt worden wäre.

An der Schule, in der er unterrichtet hatte, war man entsetzt. Man kannte zwar seine politische Einstellung, aber niemand wußte, daß er homosexuell war, und ich konnte es ihnen nicht sagen. Nach seiner Verhaftung wurde seine Wohnung von Gestapo-Beamten durchsucht. Bücher wurden mitgenommen und besonders Notiz- und Adreßbücher beschlagnahmt, in der Nachbarschaft herumgefragt, und da hieß es: ‹Da kommen immer nur junge Leute hin.›

Die Notiz- und Adreßbücher waren das Schlimmste. Alle, die darin vorkamen oder mit ihm zu tun hatten, wurden festgenommen oder zur Gestapo zitiert. Ich auch. Ich bin ein ganzes Jahr lang mindestens alle vierzehn Tage bis drei Wochen auf die Gestapo gerufen und stundenlang verhört worden. Das hat dann mit der Verhaftung meines Chefs angefangen. Man hat gesagt: ‹Sie haben doch mit ihrem Chef ein Verhältnis gehabt. Das ist doch offensichtlich. Er ist homosexuell, und Sie sind es doch auch. Der hat doch alle diese Leute angezogen.› Meine vermutete Homosexualität wurde damit belegt, daß ich in einem Betrieb arbeitete, dessen Chef homosexuell war, und damit, daß ich in der Jugendbewegung tätig war seit den Anfangsjahren der Weimarer Republik.

Mir ist klargeworden: Angriff ist die beste Verteidigung. Nach diesem Motto bin ich vorgegangen und man hat mir nichts beweisen können.

Mein Freund wurde nach vier Wochen Untersuchungshaft wieder entlassen. Auch ihm konnten die Faschisten nichts nachweisen. Doch die Wirkung der Haft war erschreckend. Haare abgeschnitten, völlig verstört, er war nicht mehr das, was er vorher gewesen war. Er hat dann den Ort verlassen und ist nach Süddeutschland gezogen zu seiner Mutter. Zwei Drittel seiner Rente wurde konfisziert. Ich habe ihn die ganzen Jahre manchmal auch finanziell unterstützt. Er hatte nie darüber gesprochen, was mit ihm passiert war. Nach dem Krieg versuchten Freunde ein Rehabilitationsverfahren einzuleiten. Er lehnte jedoch ab.»

Zwei Jahre nach der Machtergreifung und kurz nach der Gleichschaltung des § 175 arbeitete die Gestapo systematisch mit diesem Paragraphen, wenn es darum ging, politische Gegner des Systems oder unliebsame Personen in öffentlichen Ämtern auszuschalten oder einzuschüchtern.

Aus dem Sonderdezernat «Homosexualität» wurde am 10. 10. 1936 die «Reichszentrale zur Bekämpfung der Homosexualität und Abtreibung». Geleitet von dem Kriminalrat und SS-Offizier Meisinger stellte sie ein wichtiges Instrument zur Durchsetzung der nationalsozialistischen Bevölkerungspolitik dar. Die organisatorische Zusammenlegung der Bekämpfung von Homosexualität und Abtreibung brachte den inneren Zusammenhang der §§ 175 und 218 deutlich zum Ausdruck.

Bereits ab Mai 1933 war auch die Abtreibung (§ 218) verschärften gesetzlichen Bestimmungen unterworfen worden. Hatten im Berlin der Weimarer Republik Personen, die eine Abtreibung vorgenommen hatten, mit Geldstrafen bis zu vierzig Reichsmark zu rechnen, so wurde jetzt die Abtreibung «als Sabotageakt gegen Deutschlands rassische Zukunft» verfolgt. Alle Kliniken für Geburtskontrolle waren geschlossen worden. Ärzte, die an Abtreibungen beteiligt waren, erhielten Gefängnisstrafen bis zu fünfzehn Jahren. Die Zahl der gerichtlichen Verfahren wegen Abtreibung stieg erheblich an.

Der Zwang zum Gebären wurde noch dadurch verschärft, daß das Angebot von Verhütungsmitteln drastisch eingeschränkt worden war.

Die «Reichszentrale zur Bekämpfung von Homosexualität und Abtreibung» ging im September 1939 in das Reichssicherheitshauptamt über, jene Mammutbehörde, in der alle Fäden des Polizei- und Bespitzelungsapparats der NSDAP zusammenliefen. Die enge Zusammenarbeit aller dieser unter einem Dache organisierten Behörden klappte immer reibungsloser. Heinrich Himmler, dem am 17. 6. 1936 durch Führererlaß neben der Gestapo auch die gesamte übrige Polizei unterstellt worden war, stand an der Spitze dieses Mordapparats.

Waren die Aufgabenbereiche zwischen Kriminalpolizei und Gestapo auch getrennt, so arbeiteten sie in der Praxis jedoch eng zusammen. In einem Mitteilungsblatt des «Reichskriminalhauptamtes» hieß es im April 1938, «daß engste Zusammenarbeit zwischen Kriminalpolizei und Geheimer Staatspolizei im Interesse der Bekämpfung des Verbrechertums unbedingt notwendig ist» und daß «gewisse Überschneidungen in den Zuständigkeitsbereichen unter keinen Umständen zu einer Ausschaltung der Geheimen Staatspolizei führen (dürfen)». Der Gestapo war somit eine übergeordnete Rolle zugewiesen.

Ein wesentliches Instrument zur Kontrolle und Erfassung aller «Volksschädlinge» wurde Ende 1935 durch die Maßnahmen zur «vorbeugenden Verbrechensbekämpfung durch die Polizei» geschaffen. In den Richtlinien hierzu hieß es:

> «Der Reichsführer SS und Chef der deutschen Polizei hat im Rahmen eines neu zu entwickelnden nationalsozialistischen Polizeirechts der Deutschen Polizei die Aufgabe gestellt, die vorbeugende Abwehr aller das Volk und den Staat gefährdenden Bestrebungen durchzuführen . . . Das bedeutet, daß der Kriminalpolizei eine größere Handlungsfreiheit gegeben ist und daß sie daher alle ihr bekannten Rechtsbrecher und alle asozialen Personen, welche die Gemeinschaft durch ihr Verhalten ständig gefährden, fortlaufend beobachten und unter Umständen, ohne daß es dazu noch eines besonderen Auftrages oder einer besonderen Vorschrift bedarf, alles tun soll, um sich ein genaues Bild von dem Leben und Treiben dieser Person zu verschaffen» (zit. nach Geißler 1968, S. 20 f).

Im Rahmen dieser vorbeugenden Verbrechensbekämpfung konnte die Polizeibehörde in eigener Zuständigkeit (und selbstverständlich ohne Kontrolle irgendeiner anderen Instanz) Vorbeugehaft gegen solche Personen verhängen, die als asozial oder gemeingefährlich verstanden wurden. Definiert wurden diese Begriffe wie folgt:

> «Bei den Gemeingefährlichen sind als schwere Straftaten im Hinblick auf den Wert, den der nationalsozialistische Staat auf die

Reinerhaltung der Jugend legen muß, insbesondere auch Angriffe auf die Sittlichkeit zu betrachten, welche die Jugend gefährden; als asozial gilt, wer durch gemeinschaftswidriges, wenn auch nicht verbrecherisches Verhalten, zeigt, daß er sich nicht in die Gemeinschaft einfügen will» (zit. nach ebd., S. 22).

Unter «Gemeingefährlichkeit» wurde selbstverständlich auch die Homosexualität eingestuft, und die Definition des «Asozialen» traf ebenfalls auf diese sexuelle Orientierung zu. Daneben wurden unter diesen Begriffen Bettler, Landstreicher, Zigeuner, Prostituierte, Geschlechtskranke und «Arbeitsscheue» subsummiert, also ein großer Teil der traditionellen sozialen Randgruppen. Für Homosexuelle be-

---

He., zur Möglichkeit homosexueller Kontakte in der Nazi-Zeit:

«Wie schon gesagt, wir mußten mit allen Kontakten sehr vorsichtig sein. Ich habe alle Beziehungen zu meinen Freunden und Bekannten abgebrochen. Wir gingen uns aus dem Wege, jedenfalls in der Öffentlichkeit, weil wir uns nicht gegenseitig in Gefahr bringen wollten.

Homosexuelle Treffpunkte gab es nicht mehr. Wenn ich Leute treffen wollte, fuhr ich nach Hamburg. Das war jedesmal ein konspiratives Unternehmen, denn ich mußte mich vergewissern, daß ich nicht bespitzelt wurde. So ging ich dann auf den Bahnsteig, wartete, bis der Zug kam und ließ ihn abfahren. Wenn ich sah, daß niemand zurückgeblieben war, bin ich dann mit dem nächsten Zug gefahren. Am Berliner Tor bin ich dann ausgestiegen, auf die Straßenbahninsel gegangen und wenn alle eingestiegen waren, bin ich schnell zur U-Bahn gerannt und bin weitergefahren. So lebte ich vier Jahre lang, von 1935 bis 1939.

Wenn ich dann jemand kennenlernte, war es nicht möglich, ihn mit in die Wohnung zu nehmen. Das Risiko war zu groß. Aber hier in der Gegend gibt es viele Wälder. Wir haben gelebt wie die Tiere auf freier Wildbahn, den Jäger immer gewittert.

Eine Sache, die einige Jahre später stattfand, war noch eine wirkliche Bedrohung, die jedoch abgewendet werden konnte. Ich hatte einen Mann kennengelernt, der im Staatsdienst beschäftigt war. Das muß 1938 gewesen sein. Wir hatten uns mehrere Male getroffen, und es hatte sich eine Beziehung entwickelt. Eines Tages kam er in meine Wohnung und sagte, er habe eine Vorladung zur Polizei bekommen. Dort habe man gefragt, woher er mich kennen würde. Er hat eine unverfängliche Antwort gegeben. Daraufhin machte ihm die Polizei ein Angebot: ‹Sie wollen es im

Staatsdienst doch sicher zu etwas bringen ... Der Mann ist homosexuell und wir sind ihm schon lange auf der Spur. Nicht nur ihm, sondern allen, die mit ihm zusammenhängen ... Sie werden es nicht bereuen.›

Er hat dieses Angebot natürlich nicht angenommen. Die Beziehung zu ihm hielt über die Kriegsjahre hinaus an. Aber die Gefahr hing über uns allen. Jeden Tag mußten wir damit rechnen, daß etwas passierte.»

---

deutete diese Kategorisierung, daß der § 175 auf sie erst gar nicht angewendet werden mußte, sondern ihre Gemeingefährlichkeit konnte sich per Augenschein ergeben: z. B. bei jenen, die in allzu krasser Weise die traditionellen Geschlechtsrollen verletzten, die «Effiminierten» («Tunten»). Sie konnten jederzeit im Rahmen jener vorbeugenden Verbrechensbekämpfung zum Schutz der Volksgemeinschaft in Vorbeugehaft genommen werden, über die es in einem Erlaß vom 4. 4. 1938 hieß:

> «Die polizeiliche Vorbeugungshaft wird bei Berufs- und Gewohnheitsverbrechern sowie bei gemeingefährlichen Asozialen, soweit das Reichskriminalpolizeiamt nicht anders entscheidet, in staatlichen Besserungs- und Arbeitslagern (Konzentrationslagern) vollstreckt. Die Dauer der polizeilichen Vorbeugungshaft ist zeitlich unbegrenzt ...» (zit. nach ebd., 1968, S. 71).

Zum Schutz der Volksgemeinschaft wurde auch das Moment der Erziehung durch Vorbeugehaft angewendet. Dem Schädling, so wurde angeführt, müsse zum Bewußtsein gebracht werden, daß der nationalsozialistische Staat keine wie auch immer geartete Gefährdung der Volksgemeinschaft duldet. Auch diese «Erziehungsverwahrung» fand in den Konzentrationslagern statt. Die Verfolgung der Homosexuellen konnte also von verschiedenen Ansatzpunkten her durchgeführt werden.

Ein äußerst wichtiges Instrument zur «Erfassung von Volksschädlingen» war der sogenannte Annahmeparagraph, eine Verordnung der nationalsozialistischen Bürokratie, die nicht nur auf Homosexuelle angewendet wurde, sondern so gefaßt war, daß generell alle irgendwie Verdächtigen in Schutzhaft genommen werden konnten.

Hermann R., der als Rosa Winkel-Träger das KZ überlebte, berichtet hierzu:

«Die Gesetze in der Nazi-Zeit sind für uns Schwule 1935 so geändert worden, daß man praktisch jeden ohne Gerichtsurteil einweisen konnte. Die sind ja so verschärft worden, daß man alles als unzüchtig auslegen konnte. Dann gab es auch noch den sogenannten ‹Annahmeparagraphen›, der es ohne jegliche rechtliche Grundlage, sogar vollkommen ohne den verschärften § 175 möglich machte, willkürlich Menschen zu verhaften, die man loswerden wollte. Wenn zum Beispiel zwei Männer irgendwo zusammen wohnten oder wenn irgend jemand die Vermutung hatte, daß ein Mann, der von seinem äußeren Erscheinungsbild her irgendwie schwul aussah, auch tatsächlich homosexuell wäre, hat man den Betreffenden einfach mit Hilfe dieses ‹Annahmeparagraphen› als Volksschädling, Gefahr für Jugend und Gesellschaft, für den ganzen Staat, unschädlich gemacht.

Damals sind auch viele Homosexuelle bei Razzien im Park oder in einschlägigen Bars erwischt worden. Trotzdem sind da viele von uns immer wieder hingegangen, wahrscheinlich weil sie sich auch gar keine Vorstellung von dem machen konnten, was auf sie zukommen konnte. Viele sind auch auf den Toiletten oder am Bahnhof abgeholt worden oder ganz einfach, weil irgendwelche Nachbarn sie angezeigt haben. Der ‹Annahmeparagraph› war eine Durchführungsverordnung Himmlers, glaube ich. Viele wurden einfach dann in ‹Schutzhaft› genommen und ohne Umschweife in Konzentrationslager geschafft.

Die andere Möglichkeit war ein Gerichtsverfahren. Da gab's dann doch große Unterschiede, wie die einzelnen dort behandelt wurden. Ich war ja noch sehr jung, habe aber doch einige wenige Verhaftungen in meinem Bekanntenkreis mitgekriegt. Da haben Leute zum Beispiel nur ein Jahr gekriegt. Das war dann ein Traumurteil. Andere sind verschwunden und nie wieder aufgetaucht. Meistens sind sie ja sowieso nach Verbüßung ihrer Haftstrafen in sogenannte ‹Schutzhaft› genommen, also ins KZ gebracht worden. Man nahm einfach an, daß sie auf jeden Fall wieder rückfällig werden würden.»

Hermann R. hat hier wohl die beiden häufigsten Möglichkeiten benannt, durch die ein Homosexueller in die Mühlen der Justiz und/oder Gestapo geraten konnte: Durch Annahme der Homosexualität und/oder durch unmittelbare Anzeige. Über die Annahme schreibt z. B. auch H. Heger in seinem KZ-Bericht *‹Die Männer mit dem Rosa Winkel›*:

«Um Mißliebige ins Verderben zu stürzen, genügte eine Denunziation beispielsweise bei Ehelosigkeit oder Kinderlosigkeit. Schon die Annahme, daß einer 175er sein könnte, konnte für eine Schutzhaft ausreichen» (Heger 1972, S. 6).

Diesem Annahmeparagraphen war auch er zum Opfer gefallen, als er, zweiundzwanzigjährig, im März 1939 in Wien verhaftet wurde. Die Annahme der Homosexualität erfolgte durch eine Fotografie, auf der Heger mit seinem zwei Jahre älteren Freund, die Arme freundschaftlich um die Schultern gelegt, zu sehen war. Auf der Rückseite des Fotos eine Widmung: «Meinem Freund in ewiger Liebe und ewiger Zuneigung.» Dieses Foto war, offensichtlich durch den Vater des Freundes, der Gestapo übergeben worden. Konkret konnte dem Beschuldigten nichts nachgewiesen werden, doch

«schon zwei Wochen später wurde mir der Prozeß gemacht ... Nach dem deutschen Annahmegesetz zum Paragraphen 175 wurde ich bei Annahme fortgesetzer gleichgeschlechtlicher Handlungen an einer Person von einem österreichischen Gericht zu sechs Monaten schweren Kerker (Zuchthaus) verurteilt, verschärft durch einen Fastentag monatlich» (ebd., S. 20).

(Die Anklage gegen seinen Freund wurde «wegen Sinnesverwirrung dieses Angeklagten» eingestellt. Sein Vater war ein hoher Nazibonze.) Nach Verbüßung der Haft wurde Heger 1940 mitgeteilt, daß er «vom Reichssicherheitshauptamt als Anhaltehäftling angefordert» worden sei. Noch am gleichen Tag wurde er wieder gefangengesetzt und kurze Zeit später in das KZ Sachsenhausen-Oranienburg eingeliefert. Allgemein bekannt ist, daß schon vor Beginn des Krieges

«die Korrektur gerichtlicher Urteile dadurch, daß der Verurteilte nach der Strafverbüßung, daß Angeschuldigte nach der Entlassung aus der Untersuchungshaft und daß Freigesprochene von der Gestapo anschließend in Schutzhaft genommen und in die Konzentrationslager gebracht wurden ... ungemein häufig (war)» (Hockerts 1971, S. 31).

Eine systematische Erfassung Homosexueller war vor allem an den Plätzen der Subkultur leicht möglich. Hier konnte die Gestapo oder die sonstige verfolgende Behörde von der Annahme ausgehen, daß sich an bestimmten Orten (mitunter nur zu bestimmten Zeiten) Homosexuelle aufhielten. Die Homosexuellen-Lokale, so erinnern sich Augenzeugen, waren nicht alle geschlossen worden. Vielmehr bestanden viele von ihnen fort und dienten der Gestapo als Auffangnetze. «Manche Schwule waren tatsächlich so naiv und gingen weiter in die ihnen bekannten Lokale», erzählte uns H. aus Hamburg und fuhr fort: «Die

Gestapo hatte doch ein Interesse an diesen Lokalen, konnte die Szene auf diese Weise beobachten und immer dann eine Razzia machen, wenn sich die Schwulen in Sicherheit wähnten.»

Im August 1936 fanden in mehreren deutschen Großstädten «Säuberungsaktionen gegen Volksschädlinge» in Form systematischer Razzien an den Treffpunkten Homosexueller statt.

Nationalzeitung Essen v. 28. 8. 1936

Säuberungsaktion gegen Volksschädlinge
(Drahtbericht unserer Berliner Schriftleitung)

Berlin, 28. August. Ein Sonderkommando der Geheimen Staatspolizei hat in Hamburg seine Tätigkeit aufgenommen, um hier eine großangelegte Säuberungsaktion gegen die homosexuellen Vergehen durchzuführen.

Die Zunahme derartiger Verfehlungen, die nach dem Weltkrieg durch Aufloderung der Sitten einsetzte, zwang bald nach der nationalsozialistischen Machtübernahme im Sommer 1934 zu einem energischen Vorgehen. Die durch Gesetz vom 28. Juni 1935 erfolgte Verschärfung der Strafbestimmungen für derartige Vergehen brachte in Gemeinschaft mit dem energischen Eingreifen der Polizei einen erheblichen Rückgang dieser Auswüchse. Ein Sonderkommando der Geheimen Staatspolizei wurde zu Säuberungsaktionen in Berlin und vielen anderen Städten angesetzt. Dieses Kommando hat seine Tätigkeit nun auch in Hamburg aufgenommen und innerhalb kürzester Zeit eine große Anzahl sogenannter Verkehrslokale ausgehoben. Es wurden dabei einige hundert Personen festgenommen. Weitere Festnahmen stehen bevor. Der Umfang der Aktion ist noch nicht zu übersehen.

Unter den bisher Festgenommenen befinden sich Angehörige fast aller Berufsgruppen und aller Bevölkerungsschichten. Ein Beweis, daß die weitverbreitete Meinung, diese Seuche sei ein Vorzugsdelikt sogenannter intellektueller Kreise, irrig ist. Der bedeutende Umfang der Fahndungsergebnisse der Geheimen Staatspolizei gebietet eine schnelle Aburteilung der Beschuldigten. In Hamburg wurde ein Sonderdezernat eingerichtet, das die Anklagen vor dem Schnellschöffengericht erhebt. Die Angeklagten wurden zu Strafen von einem Jahr bis zu einem Jahr acht Monaten Gefängnis verurteilt.

Nach einer Mitteilung der Justizpressestelle Bonn schweben zur Zeit auch bei der Staatsanwaltschaft Bonn 88 Verfahren gegen Personen aus Bonn und Umgebung wegen gleicher Vergehen und

Verbrechen. Die Strafverfahren richten sich auch hier gegen Personen aus allen Bevölkerungsschichten. Gegen zwanzig Personen wurde bereits vor dem Bonner Landgericht verhandelt und Gefängnisstrafen von einem bis eineinhalb Jahren erkannt.

Über Razzien im Hamburger Alsterpavillon berichtete Hermann aus Hamburg:

«Razzien wurden auch im Alsterpavillon durchgeführt. Dort gab es innerhalb des Pavillons eine Empore mit Tischen und Sesseln. Die ‹rote Plattform›. Dort existierte besonders am Samstag- und Sonntagnachmittag ein schwuler Treffpunkt. Das war allgemein bekannt. Der Alsterpavillon war den Faschisten sowieso ein Dorn im Auge, denn die Kapelle dort spielte zu gewagte Musik, also Boogie-Woogie und Jazz. Das war ja ‹jüdisch-bolschewistische›, artfremde Musik, nicht germanisch. Erst haben die Faschisten die Kapelle geschaßt und kurze Zeit später fingen die Razzien an. Da wurde dann mit einem Rollkommando die Empore umstellt und jeder verhaftet, der dort saß.

Da gingen auch eine ganze Menge Heterosexueller ins Untersuchungsgefängnis. Die ‹Einschlägigen› wurden recht schnell herausgefunden, und die haben dann Geständnisse abgelegt und Personen angegeben. Die wiederum wurden dann verhaftet, verhört, und auf diese Weise kam es dazu, daß die Gestapo genügend Adressen zusammen hatte, um ganze Betriebe von Homosexuellen zu säubern.»

Daß von seiten der Gestapo auch versucht wurde, eine systematische Entfernung Homosexueller aus Großbetrieben vorzunehmen, geht aus einer weiteren Aussage Hermanns (Hamburg) hervor.

«Die Gestapo ist dort offensichtlich nach einem genauen Plan vorgegangen. Zuerst haben sie einige aus den Betrieben verhaftet und dann unter Druck gesetzt und aus ihnen Geständnisse sowie die Namen weiterer Schwuler herausgepreßt. Wenn die Gestapo dann genügend Namen zusammen hatte, ist sie eines Morgens im Personalbüro erschienen, hat sich durch die einzelnen Abteilungen führen lassen und die entsprechenden Personen verhaftet.

Da sollen allein bei einer Razzia im Alsterhaus etwa fünfzig Schwule verhaftet worden sein.

Ähnlich in den Hamburger Elektrizitätswerken.

Dort gab es sogar einen Schriftwechsel zwischen Geschäftsleitung und den entsprechenden Gestapo-Behörden. Selbstverständlich wurden durch die Massenverhaftungen auch die Interessen der Geschäftsführung zumindest aktuell verletzt, denn da wurden ja immerhin auf einen Schlag eine ganze Reihe von Stellen unbesetzt.»

Über das Alsterhaus, ehemals als Kaufhaus Tietz in jüdischem Besitz, schreiben die *Deutschland-Berichte* der SPD im Jahre 1936: «Das Hamburger Warenhaus Tietz, jetzt Alsterhaus, hat kürzlich die letzten vierzig jüdischen Angestellten entlassen» (Sopade 1936, S. 36).

Ob die durch Razzien verhafteten Homosexuellen in ein Gefängnis eingeliefert wurden, mußte bezweifelt werden. Vielmehr ist anzunehmen, daß sie sofort in ein KZ überführt wurden. So geht aus einem Bericht aus dem KZ Dachau hervor, daß «an einem Tag im Jahre 1936» innerhalb des Lagers das Gerücht umging, in München sei eine große Razzia gegen Homosexuelle durchgeführt worden.

«Einige Tage später kamen einige Hundert dieser Unglücklichen zu uns ins Lager . . .» (Burkhard 1967, S. 68). Eine ähnliche Information liegt im Sommer 1936 auch für das KZ Fuhlsbüttel vor. Hier wurden eines Nachts «achtzig Homosexuelle auf einmal eingeliefert . . . Fast jeden Tag wurden welche eingeliefert» (Zylmann 1938, S. 24).

Versucht man, eine Systematik in diesen Informationen zu erkennen, dann ergibt sich folgendes Bild. Die Homosexuellen-Lokale wurden im Jahre 1936 verstärkt durch Razzien heimgesucht. Die Verhafteten wurden, weil sie sich an einem der Gestapo (oder einer sonstigen beobachtenden Behörde, z. B. Polizei) bekannten «einschlägigen Ort» aufhielten, für Homosexuelle gehalten und nach dem Annahmeparagraphen festgesetzt.

Grundsätzlich ließen sich nach der Erfassung zwei Instanzenketten voneinander unterscheiden: Kriminalpolizei – Staatsanwaltschaft – Strafjustiz – Gefängnis bzw. Gestapo – SS/KZ. Alle diese Instanzen standen jedoch in einem engen Kooperationsverhältnis und arbeiteten einander wechselseitig zu:

> «. . . Jede der Instanzen baut wechselseitig auf den Vorleistungen der anderen auf, der Einstieg in den Kontrollprozeß ist bei der einen wie bei der anderen möglich, in jedem Stadium des Verfahrens kann der Kontrollprozeß in den anderen Instanzenweg übergeleitet werden, und die Resultate beider Kontrollinien ähneln einander» (Lautmann u. a. 1977, S. 363).

Nicht auszuschließen ist, daß ein erheblicher Teil der durch Razzien erfaßten und abgeurteilten Homosexuellen in das Lager Neusustrum bei Papenburg/Ostfriesland eingeliefert wurden. Dieses Lager, offiziell nicht als KZ geführt, unterstand der Justizverwaltung und wurde von regulärem Justizpersonal geleitet. Auf Grund eines Berichts von C. M., der als Politischer von Februar bis Juni 1940 in Neusustrum «Lager 5», inhaftiert war, ergibt sich folgendes Bild:

«Das Lager 5 hatte zu dieser Zeit dreitausend bis viertausend Häftlinge, etwa die Hälfte davon Homosexuelle. Die meisten Häftlinge waren zu Gefängnisstrafen unter fünf Jahren verurteilt. Die Gefangenen trugen keine Markierung durch Winkel, so daß man nicht unmittelbar erkennen konnte, wer homosexuell war. Man bekam blaue Gefängniskleidung, und wenn keine da war, die Zivilkleidung von Verstorbenen, denn dort starben wegen der äußerst harten Arbeitsbedingungen und der schlechten Ernährung sehr viele. In meiner Baracke waren ca. dreihundert Menschen untergebracht, davon etwa die Hälfte homosexuell. Die Gefangenen kamen hauptsächlich aus Hamburg. Im Lager gab es keine SA oder SS, sondern Beamte der Hamburger Justizverwaltung besorgten das Aufsichtsgeschäft. Es war ein außerordentlich strenges und hartes Lager. Es sollte, nach allem, was ich gehört habe, das strengste Lager gewesen sein, daß es im Moor gab. Man bildete sich ja doch ein, daß durch eine scharfe Abschreckung die Menschen geheilt werden würden.»

Das Jahr 1936 scheint ein Höhepunkt bei der Verfolgung Homosexueller gewesen zu sein. Jene großangelegten Säuberungsaktionen gegen «Volksschädlinge» wurden unmittelbar nach Beendigung der Olympischen Spiele durchgeführt, die am 1. 8. 1936 in Berlin eröffnet worden waren. Während des Verlaufs dieser internationalen Sportwettkämpfe galt ein Sondergesetz für Homosexuelle, wenn sie Ausländer waren. Am 20. Juli 1936 erging folgender Erlaß Himmlers an die Gestapo:

> «Ich verbiete, in den nächsten Wochen gegen irgendeinen Ausländer wegen des § 175 ohne meine persönliche Genehmigung auch nur mit einer Vernehmung oder Vorladung vorzugehen» (zit. nach Hockerts 1971, S. 68 f).

Harry Wilde teilt mit, daß «für die Zeit der Olympiade homosexuelle Verkehrslokale erlaubt», das heißt geöffnet waren. Der Primat der Politik in der Art der Durchsetzung nationalsozialistischer Gesetze und Anordnungen machte sich auch in einem anderen Bereich bemerkbar. Bekanntlich heißt es, daß unter Künstlern der Anteil Homosexueller höher als in anderen Berufssparten sei. In diesem Bereich wurde die Homosexualität nicht selten eher als in anderen Berufsgruppen toleriert. Da viele bekannte und führende Künstler das Deutsche Reich nach der Machtübernahme verlassen hatten, brauchte das System jetzt Künstler. Während in den Gefängnissen und Konzentrationslagern bereits Tausende Homosexueller dahinvegetierten, behielten sich der Reichsführer SS und Chef der Deutschen Polizei im Reichsinnenministerium die Selektion für das System brauchbarer Homosexueller vor. So wurde am 29. 10. 1937 verordnet:

> «Der Reichsführer SS und Chef der Deutschen Polizei im Reichsministerium des Inneren hat angeordnet, daß jede Inhaftierung eines Schauspielers oder Künstlers wegen widernatürlicher Unzucht seiner vorherigen Genehmigung bedarf, es sei denn, daß einer der Genannten auf frischer Tat ertappt wird . . .» (zit. nach Wilde 1969, S. 35).

Harry Wilde vermutet in seiner Darstellung der Homosexuellenverfolgung wohl nicht zu unrecht, daß Hermann Göring bei diesem Erlaß mitgewirkt hatte, dessen Frau Emmi Sonnemann Theater spielte und – wie Klaus Mann in seinem Roman ‹*Mephisto*› beschreibt – ein Herz auch für schwule Künstler hatte. Diesem Einfluß ist es wohl zuzuschreiben, wenn die Reichszentrale zur Bekämpfung von Homosexualität und Abtreibung es sich nicht leisten konnte,

> «gegen einen sehr bekannten und beliebten Schauspieler mit irgenwelchen Untersuchungen vorzugehen, weil dieser eine der Säulen der preußischen Staatstheater war, die unter Görings Verwaltung standen» (ebd., S. 34).

Um diesen Erlaß zugunsten homosexueller Künstler muß es offenbar zu Differenzen zwischen Himmler und Göring gekommen sein, denn am 11. März 1937 war in dem SS-Organ *Das Schwarze Korps* ein Artikel unter der Überschrift «Homosexualität und Kunst» erschienen, der auch diesen Bereich von «Entarteten» gesäubert wissen wollte. Offenbar setzte sich dann später Göring durch. Es versteht sich, daß nur völlig unentbehrliche Kräfte unter diese Ausnahmeregelung fielen. Aus einem von der Exil-SPD 1938 veröffentlichten Bericht über die Moorlager des Emslandes geht hervor, daß dort auch homosexuelle Künstler inhaftiert waren. So hieß es hier:

«Zur Zeit befinden sich im Lager alle möglichen Strafgefangenen, ein Oberstaatsanwalt aus Köln, dann sonstige Staatsanwälte und Ärzte und besonders viele alte SA-Männer, die wegen Meckerei und Aufreizung bestraft worden sind. Ein großer Teil sind auch Homosexuelle, darunter des Rundfunkorchesters Winter vom Deutschen Rundfunk. Eine Besserung dieser Leute in diesem (sic!) Lager ist jedoch ausgeschlossen, im Gegenteil kann man direkt von einer Ausbreitung der männlichen Prostitution reden» (Sopade 1938, S. 875).

In *welchem* Lager der sozialdemokratische Berichterstatter allerdings eine «Besserung» dieser Leute erreichen wollte, geht aus dem Bericht nicht hervor. Jedoch gibt diese Stelle recht anschaulich das Bewußtsein eines «Politischen» wieder, der sich – ähnlich wie seine Verfolger – Gedanken darüber machte, wie Homosexuelle «wirksam» gebessert werden konnten. Bis zu den politischen Ursachen der Tatsache, daß er als Politischer neben Homosexuellen in einem KZ saß, ist er offensichtlich nicht vorgestoßen. Das nationalsozialistische «divide et impera» tat auch seine Wirkung noch in einem Konzentrationslager.

Eine Umerziehung bzw. eine «Besserung» versprach sich der Nationalsozialismus vor allem durch «systematische Arbeitsleistung», zu der Homosexuelle angehalten werden sollten. In einem Aufsatz der SS-Zeitung *Das Schwarze Korps* aus dem Jahre 1937 hieß es:

«Hält man sie dann zu systematischer Arbeitsleistung an – was den meisten unter ihnen zum erstenmal in ihrem Dasein widerfährt –, schließt man sie von dem ‹normalen› Menschen unter strenger Bewachung ab, hindert man sie daran, anderen die selbstgefällige Rolle ihres Krankseins vorzuspielen, zwingt man sie, im Mitgenossen stets den Spiegel der eigenen Unmöglichkeit zu sehen, so tritt mit erstaunlicher Pünktlichkeit die Wandlung ein. Der ‹Kranke› wird gesund. Der ‹Anomale› erweist sich als durchaus normal. Er macht lediglich eine Entwicklungsphase durch, die durchzumachen er in der Jugend versäumt hat, und übrig bleiben lediglich die zwei Prozent der wirklich Anomalen, die, ebenso wie sie draußen im Leben die Seuchenherde bildeten, nun zu Kristallisationspunkten des Ekels werden, der Spreu vom immer noch brauchbaren Weizen scheidet.»

Nach dem Erlaß des Reichsjustizminister vom 9. 4. 1937 kamen auch verstärkt homosexuelle oder der Homosexualität bezichtigte katholische Priester in die KZ. Über das Schicksal eines von ihnen schreibt ein ehemaliger Häftling mit dem Rosa Winkel:

«Es war ein junger gesunder Mensch ... Der erste Abendappell nach seiner Einlieferung in die Strafkompanie war sein letzter. Als er kam, ergriffen sie ihn und verhöhnten ihn, dann wurde er geschlagen, getreten ... und angespien. Er schwieg und litt einsam. Darauf stellten sie ihn unter die kalte Brause. Es war ein frostiger Winterabend. Eine lange bitterkalte Nacht stand er draußen vor der Baracke. Am Morgen röchelte er so laut, daß es über die Köpfe hinweg rasselte. Eine Broncho-Pneumonie wurde ... später als Todesursache angegeben. Bevor es soweit war, wurde er wieder geschlagen, getreten, an den Pfahl gebunden. Darauf ließ man ihn unter einem Lichtbügel schwitzen und stellte ihn anschließend wieder unter die kalte Brause. Gegen Abend starb er» (zit. nach Wilde 1969, S. 37).

Obwohl die Einweisung in ein KZ bereits seit Jahren der Praxis nationalsozialistischer Behörden entsprach, egal ob der Verurteilte mit einem oder mehreren Männern geschlafen hatte, erging am 12. 7. 1940 eine Anordnung Himmlers, die diese Praxis bestätigte, jedoch einen weiteren Aspekt der Homosexuellenverfolgung ansprach:

«Ich ersuche, in Zukunft alle Homosexuellen, die mehr als einen Partner verführt haben, nach ihrer Entlassung aus dem Gefängnis in polizeiliche Vorbeugehaft zu nehmen.»

In einem Zusatzbefehl erfolgte hierzu am 23. 7. 1940 eine erläuternde Erklärung vom Reichskriminalpolizeiamt:

«Von der Anordnung polizeilicher Vorbeugehaft gegenüber solchen Homosexuellen, die gemäß Erlaß vom 12. 7. 1940 mehr als einen Partner verführt haben, jedoch entmannt sind, ist abzusehen, wenn nach ärztlicher Begutachtung der Geschlechtstrieb bereits vollkommen abgeklungen und ein Rückfall in homosexuelle Verfehlungen nicht zu befürchten ist» (zit. nach Geißler 1968, S. 34).

Die Kastration bzw. «Entmannung gemeingefährlicher Sexualverbrecher» ging auf ein Gesetz aus dem Jahre 1933 zurück, das im Zusammenhang mit der «Verhütung erbkranken Nachwuchses» als Auftakt nationalsozialistischer Bevölkerungs- und Rassenpolitik angewendet wurde. Die Diskussion über «Vererbung und Fortpflanzung» sowie «Unfruchtbarmachung» bzw. Sterilisation stellte jedoch kein ausschließlich nationalsozialistisches Spezifikum dar, sondern konnte auf Weimarer Gesetzesanträge aufbauen. Bereits 1931 hatte sich der Reichstagsausschuß für die Strafrechtsreform mit Fragen des «Schutzes vor Verbrechen durch Sicherheitsverwahrung oder Sterilisation» beschäftigt, wobei «erbbiologische» Überlegungen eine wichtige Rolle spielten. Reichsjustizminister Koch nannte es «dankenswert, daß das Problem der Sterilisation hier zur Erörterung komme.

Aus dem Gesichtspunkt der Eugenik der Rassenlehre sei die Frage allgemein von großer Bedeutung . . .» und ein Abgeordneter der Deutschen Volkspartei wies darauf hin, «daß in Amerika bereits fünfundzwanzig Staaten gesetzliche Vorschriften hätten, die die Fortpflanzung von Menschen, die für die Gesellschaft schädlich seien, verhindern». Der sozialdemokratische Abgeordnete Dr. Moses, führte in dieser Debatte aus, «daß der Verbrecher trotz Sterilisation doch asozial bleibe. Trotzdem wollten die Sozialdemokraten dem Antrag zustimmen, um nach außen hin den Bestrebungen der Wissenschaft eine gewisse Berechtigung einzuräumen» (*Deutsche Volkszeitung*, Dortmund, 4. 11. 1931). Dieser «Wissenschaft» lagen sozialdarwinistische und biologistische Ideologien zugrunde, die nicht nur in den traditionell konservativen Parteien verbreitet waren, sondern auch eine Basis in den linken Parteien hatten. In einem Artikel des Reichstagsabgeordneten Dr. Hoegner (SPD) über *‹Die Unfruchtbarmachung›* aus dem Jahre 1931 wurden z. B. zwei Hauptursachen für

> «das Entstehen des Gewohnheitsverbrechertums unterschieden: eine *gesellschaftliche* und eine *individuelle*. Die *gesellschaftliche Ursache* liegt in schlechten sozialen Verhältnissen. In den letzten Jahrzehnten hat nun die Vererbungswissenschaft vermittelt, daß auch die individuelle *Veranlagung* des Täters, z. B. eine schlechte Erbmasse . . . von erheblichem Einfluß auf die Straffälligkeit sein kann. Gewöhnlich handelte es sich um erbliche Belastungen, die sich in einer Schwächung der Willens- und Geisteskräfte äußern . . . Daneben tritt oft eine ungewöhnliche Hemmungslosigkeit des *Trieblebens*, z. B. bei Sittlichkeitsverbrechern auf. Worin diese schlechten Erbanlagen wurzeln, ist noch umstritten. Vielfach werden Keimschädigungen durch Alkoholismus oder Syphilis der Vorfahren dafür verantwortlich gemacht» (vollständiger Text vgl. Anhang, S. 424).

In verschiedenen deutschen Ländern waren eigens «kriminalbiologische Forschungsstellen» eingerichtet worden, um diese Glaubensgrundsätze wissenschaftlich zu fundieren.

Bereits 1933 war ein Programm der «Rassenförderung durch Chirurgie» angelaufen. So verbreitete im Dezember 1933 ein Ministerialrat Dr. Gütt über alle deutschen Sender «amtliche Erläuterungen» des Gesetzes zur Verhütung erbkranken Nachwuchses. Er führte aus:

> «Die Unfruchtbarmachung ist keineswegs gleichbedeutend mit Kastration, sondern Kastration nennt man die Entfernung der Keimdrüsen selbst. Während die chirurgische Entfernung der Keimdrüsen eine körperliche und seelische Veränderung des operierten Menschen zur Folge hat, ist dies bei der Sterilisierung nicht der Fall.»

Bereits Ende 1934 konnte man über ein gewisses Maß an Erfahrung bei diesen Entmannungen zurückblicken (vgl. Anhang Nr 3, S. 426). Danach war die Entmannung ein Akt der «Sicherung und Besserung» und «keine Strafe, sondern eine Sicherheitsmaßregel für unser Volk und unsere Jugend, die diesen Sexualverbrechern verfallen könnte». Die Operation bestand in der Amputation beider Hoden, wobei anschließend «genaueste histologische Untersuchungen der entfernten Hoden durchgeführt werden». Offenbar glaubte man, den Grund für das abweichende Sexualverhalten aus der Struktur des Hodengewebes ablesen zu können. Die Sexualspannungen sollten auf diese Weise «bis zur völligen Neutralisierung» beeinflußt werden.

In späteren Jahren lagen Experimente von NS-Ärzten vor, die auch über Entmannungen an Schwulen berichteten. Ein Dr. Nikolaus Jensch z. B. veröffentlichte 1944 seine *‹Untersuchungen an entmannten Sittlichkeitsverbrechern›*, die auf der Auswertung von sechshundertdreiundneunzig Entmannungen basierten. Davon waren zweihundertfünfundsechzig nach § 175 verurteilt und während der Haft entmannt worden. Von der Gruppe der Homosexuellen wurde festgestellt, daß sie «ungleich häufiger als andere Entmannte einschlägig rückfällig (werden)», so daß «die Prognose der Entmannung am ungünstigsten bei Homosexuellen (ist)». Die Therapieresistenz wurde folgendermaßen erklärt:

> «Die Therapieresistenz der genuin Homosexuellen ist wohl in der Persönlichkeit verwurzelt [also doch nicht in den Hoden; Anm. d. Verf.]. Die treibenden Kräfte sind hier offenbar besonders tief, jedenfalls nicht in der Peripherie zu suchen» (Jensch 1944, S. 49).

Nach diesen, freilich zum Zeitpunkt der Himmler-Anordnung vom Jahre 1940 noch nicht vorliegenden Menschenversuchen, durften Homosexuelle kaum damit rechnen, trotz Entmannung das KZ verlassen zu können.

Aussage von E. (Köln): NS-Aufklärung über Homosexualität

Ich war in den ersten Kriegsjahren Student der Rechte an der Friedrich-Wilhelm-Univeristät in Berlin. Es war wohl 1941 oder ein Jahr darauf – leider sind meine Aufzeichnungen verlorengegangen, so daß ich weder genaue Daten, Namen etc. geben kann – als am «Schwarzen Brett» der juristischen Fakultät der Vortrag eines höheren Parteifunktionärs angekündigt wurde, der nähere Aufschlüsse über die Einstellung der Partei zu Fragen der Homosexualität und deren Bekämpfung zu geben versprach, wobei man auch in Aussicht stellte, einschlägige Personen vorzuführen.

Der Ort des Vortrages war nicht in der Universität, sondern in einem Parteigebäude, wo, weiß ich aber nicht mehr. Es waren circa fünfzig Studenten anwesend, denen erst einmal die bekannten Tiraden über den völkischen Unwert der Homosexuellen vorgesetzt wurde, wie entscheidend es für den Bestand der Nation sei, diese zumindest zu isolieren, um die gesunden Volksgenossen von der Gefahr einer Ansteckung zu schützen.

Interessant wurde der Vortrag erst dann, als man die Pläne für die Zukunft aufdeckte. So beabsichtigte man nach siegreicher Beendigung des Krieges, diese aus der Gemeinschaft abzusondern, ihnen aber in einem Freiraum die Möglichkeit zu lassen, unter sich nach ihrer Façon zu leben, wobei sie auch die Möglichkeit haben sollten, ihre beruflichen Fähigkeiten auszuüben. Hiermit war natürlich die Katze aus dem Sack gelassen, denn wohl jedem der Anwesenden war klar, daß man an die Schaffung eines großen KZ dachte.

Der Referent versuchte mit seinen Zuhörern einen Kontakt zu erlangen, deren Meinung über die zur Diskussion stehenden Fragen zu erfahren, aber interessanterweise gelang es ihm nicht. Niemand war bereit, sich zu melden, auch nicht z. B. zu seiner Frage: «Können Sie mir die Namen von bekannten Homosexuellen in der Literatur oder in der Geschichte nennen?» Doch alle schwiegen und heuchelten totale Unkenntnis in der Materie.

Am Schluß des Vortrages wurde ein sechzehnjähriger Jüngling – nach den Angaben ein Buchhändlerlehrling – in den Saal gerufen, von dem vorher berichtet wurde, daß er trotz seiner Jugend schon zahlreiche Kontakte mit anderen Männern hatte, unter anderem habe er sogar mit einem Minister geschlafen, wobei also seltsamerweise zugegeben wurde, daß ein so hoher Exponent des Dritten Reiches homosexuelle Neigungen gezeigt hatte. Niemand wagte aber nach dem Namen des Ministers zu fragen.

Nach wenigen, nicht sehr belangreichen Auskünften, wurde der junge Mann wieder entlassen, wobei er von dem Referenten mit Handschlag verabschiedet wurde. Anschließend wischte sich dieser die Hände an seiner Jacke ab und sagte: «Haben Sie bemerkt, meine Herren, wie dieser Typ versucht hat, mich durch gefühlvolle, intensive Blicke und durch langen, warmen Händedruck für ihn einzunehmen? Nur mit Rücksicht auf seine Jugend», so bemerkte er noch, habe man davon abgesehen, ihn festzusetzen, wobei aber nicht auszuschließen ist, daß man ihn vielleicht nur als Spitzel benutzte.

Bedeutete eine Einweisung ins KZ für die Mehrheit der Homosexuellen der sichere Tod, so waren offene Todesurteile bereits seit

1935 gefordert worden. Am 22. Mai 1935 hatte der SS-Untersturmführer Professor Eckardt in der SS-Zeitung *Das Schwarze Korps* einen Artikel unter der Überschrift ‹*Widernatürliche Unzucht ist todeswürdig*› veröffentlicht. Damit sollte offenbar die Haltung der SS zu der in Arbeit befindlichen Verschärfung des § 175 zum Ausdruck gebracht werden.

Himmler gab in seiner Geheimrede aus dem Jahre 1937 für homosexuelle SS-Mitglieder eine interne Anweisung heraus:

> «Nach Abbüßung der vor Gericht festgesetzten Strafe werden sie auf meine Anordnung in ein Konzentrationslager gebracht und werden im Konzentrationslager auf der Flucht erschossen. Das wird jeweils dem Truppenteil, dem der Betreffende angehört hat, von mir durch Befehl bekanntgegeben» (Himmler 1974, S. 97 f).

Diese Anordnung war lediglich von Himmler selbst abgedeckt worden. Am 15. November 1941 wurde jedoch ein «Erlaß des Führers zur Reinhaltung von SS und Polizei» herausgegeben, der die Todesstrafe anerkannte und gleichzeitig ausdehnte. Um diese Einheiten von «gleichgeschlechtlich veranlagten Schädlingen» reinzuhalten, ordnete der Erlaß an:

> «Für die Angehörigen der SS und Polizei tritt an die Stelle der §§ 175 und 175 a des Reichsstrafgesetzbuches folgende Strafbestimmung: Ein Angehöriger der SS und Polizei, der mit einem anderen Mann Unzucht treibt oder sich von ihm zur Unzucht mißbrauchen läßt, wird mit dem Tode bestraft» (zit. nach Bleuel 1972, S. 259).

Gleichzeitig wurde befohlen, diesen Erlaß in keiner amtlichen Verlautbarung zu erwähnen, sondern seinen Inhalt «den gegenwärtigen sowie den neueintretenden Angehörigen der SS und der Polizei in geeigneter Weise bekanntzugeben» (Anordnung vom 10. 12. 1941, zit. nach Lautmann u. a. 1977, S. 324 f). Gegen die Anwendung der Todesstrafe gab es jedoch Bedenken, wie aus einem Schriftwechsel zwischen Himmler mit Ernst Kaltenbrunner (Chef des Reichssicherheitshauptamtes) aus dem Jahre 1943 hervorgeht. Danach haben der beratende Arzt im Reichssicherheitshauptamt, Dr. Brustmann, und sein Vertreter Professor Dr. Schultz in einem Gutachten offenbar Einwände gegen drei von Himmler verordnete Hinrichtungen wegen Homosexualität erhoben. Himmler wandte sich daraufhin verärgert an Kaltenbrunner mit der Bitte um Abstellung «dieser unmöglichen Verhältnisse» und beschwerte sich, daß auch eine dritte im Brief genannte Person «aus dem Anhänger gegen die Homusexualität zu ihrem Rechtsanwalt geworden (ist)».

Offenbar hatte das Gutachten der Ärzte in Anbetracht des «jugendlichen Alters» der Erschossenen «Erziehungsmaßnahmen» statt Hinrichtung vorgeschlagen und die Einrichtung von Erziehungslagern gefordert – die freilich bereits existierten. Himmler an Kaltenbrunner:

«Ich erkenne absolut an, daß wir im Frieden und damit also nach Beendigung dieses Krieges uns nach Kräften bemühen werden, jeden, der als Verirrter anzusehen ist, dem Versuch der Rettung zu unterwerfen. Ich halte es nicht für vertretbar, während des Krieges, der um Sein oder Nichtsein unseres Volkes geht, derartige weiche Touren zu verfolgen und einen Menschenaufwand um eine Anzahl entgleister Strolche zu betreiben, dessen Arbeit in keinem Verhältnis zum Erfolg steht. Für die Dauer des Krieges ordne ich an, daß es hier nur die strengste Ahndung aller Verbrechen gibt auch auf dem Gebiet der Homusexualität, und nur in den Fällen, in denen es sich wirklich um die Verführung eines eindeutig normalen Jugendlichen handelt, kann Milde herrschen» (Heiber 1970, S. 272).

An Dr. Brustmann ging am selben Tage folgender Text:

«1. Ich bestätige den Empfang Ihres Briefes vom 14. 6. 1943.

2. Ich verbitte es mir in aller Form, von Ihnen bescheinigt zu erhalten, daß Fehlurteile auf dem Gebiet der Homosexualität vom SS-Gericht gesprochen und von mir bestätigt wurden.

3. Eine Belehrung von Ihrer Seite an mich über die Frage der Homosexualität ist abwegig und unnötig.

4. Sie und Professor Dr. Schultz, den ich nicht empfangen werde, haben vergessen, daß Deutschland am Ende des vierten Jahres des Zweiten Weltkrieges steht und um seine Existenz kämpft. Unnachsichtig haben wir gerade jetzt im Kriege alles, was die Schlagkraft der Truppe schädigt, zu entfernen. Im Frieden bin ich sehr gern bereit, in größerem Maße als es im Kriege möglich ist, Erziehungsversuche an anormalen Menschen zu machen, deren Ergebnis, wie Sie selbst wissen, ein höchst zweifelhaftes ist. Der Krieg nimmt Hunderte und Tausende normaler Menschen im jugendlichen Alter hinweg. Wir sind damit aber verpflichtet, vor der Vernichtung anormaler, zwar Verführter, die Truppe aber schädigender Menschen nicht zurückzuscheuen.

5. Das Erziehungslager wird während des Krieges nicht eingeführt.

Heil Hitler! HH»

Als «Erziehungs- oder Bewährungsmaßnahmen» wurden gegen Ende des Krieges Homosexuelle in Strafbataillone an die Front geschickt, um als letztes Aufgebot bei sogenannten Himmelfahrtskommandos eingesetzt zu werden. Eine der bekanntesten Kompanien dieser Art war das SS-Sonderkommando Dirlewanger. Dirlewanger, ein wegen krimineller Vergehen degradierter Offizier, hatte sich Himmler zur Verfügung gestellt, um während des Krieges KZ-Gefangene «auf Frontfreiwilligkeit umzuschulen» (Kogon), wobei in manchen Konzentrationslagern auch politische Häftlinge zwangsweise dieser Kompanie zugewiesen wurden. Für das KZ Buchenwald ist überliefert, daß 1945, kurz vor dem Zusammenbruch, auch homosexuelle KZ-Insassen für den Fronteinsatz vorgesehen waren, «aber der ihnen zugedachte Ehre nicht mehr teilhaftig wurden» (Kogon 1980, S. 342). Wehrmachtsangehörige, die auf Grund homosexueller Vergehen bestraft wurden, konnten jederzeit in eine Strafkompanie überführt und an die Front geschickt werden.

Die Anzahl der homosexuellen Opfer im Nazi-Faschismus

Über die Zahl der homosexuellen Opfer des Faschismus lassen sich keine annähernd genauen Angaben ermitteln. Dafür gibt es verschiedene Gründe, die sich von der speziellen gesellschaftlichen Situation dieser Gruppe der Verfolgten bis hin zur Art der Durchführung der Verfolgung selbst erstrecken. Auch die Beibehaltung des § 175 bis zum Jahre 1969 in seiner faschistischen Fassung spielt hierbei eine Rolle. Erst 1977, zweiunddreißig Jahre nach dem Zusammenbruch des NS-Regimes, erschien eine erste wissenschaftlich fundierte Untersuchung zum Thema *‹Der Rosa Winkel in den nationalsozialistischen Konzentrationslagern›* (Lautmann / Grikschat / Schmidt).

Einen ersten Anhaltspunkt über die Zunahme der Verfolgung gibt eine Statistik der Verurteilungsziffern wieder (Tabelle 1).

Tabelle 1

Statistik der nach § 175 (ab 1935 auch nach §§ 175 a + b) Verurteilten 1933 bis 1943 (1944)

1933	853
1934	948
1935	2106
1936	5320
1937	8271
1938	8562
1939	7614
1940	3773
1941	3735
1942	3963
1943	(2218)[1]
1944	(~ 2000)[2]
	49363

Quelle: Baumann 1968, S. 61 u. «Statistisches Reichsamt». Die Entwicklung der Homosexualität im Deutschen Reich vom Kriegsbeginn bis Mitte 1943. Berlin 1944 (Manuskript des Juristischen Seminars der Universität Hamburg).

1 Nur 1. Halbjahr 1943 angegeben (1109), daher die Zahl verdoppelt.
2 Schätzung auf Grund des Vorjahres.

Tabelle 2

Differenzierung der nach den §§ 175, 175a + b Verurteilten (1937 bis 1942)

	rechtskräftig Verurteilte Insgesamt	Von den Verurteilten waren				
		weibl.	14 bis unter 18	vorbestraft	Ausländ.	Israeliten (Glaubensjuden) bzw. Rassejuden
1937	8271	2	973	2628	113	59
1939	7614	–	689	3043	66	29
1940	3773	1	427	1647	108	11
1941	3735	3	687	1477	169	16
1942	3963			1522		17

Quelle: Vgl. Tabelle 1.

Tabelle 3
Ermittlung - Bearbeitung - Verurteilung (1937 bis 1939)

Jahre	von der Gestapo erfaßt	von der Kripo bearbeitet	verurteilt nach §§ 175, 175 a + b
1937	32360	12760	8271
1938	28882	10638	8562
1939	33496	10456	7614
	94738	33854	24447

Diese Angaben bedürfen jedoch einer erläuternden Interpretation. Zunächst wird deutlich, daß nach der Gleichschaltung des § 175 im Jahre 1935 eine drastische Zunahme der Verurteilungen erfolgte. Schlagartig wuchs die Zahl um mehr als 100 % an und stieg jedes Jahr. Der Höhepunkt wird mit rund 8000 Verurteilten pro Jahr in der Zeit von 1937 bis 1939 erreicht, danach sinkt die Zahl ab Kriegsbeginn um etwa die Hälfte. Die statistischen Angaben bis 1939 sind von J. Baumann übernommen, die ab 1940 entstammen einer maschinenschriftlichen und mit dem Vermerk «Vertraulich!» versehenen Aufstellung des Statistischen Reichsamts über *‹Die Entwicklung der Kriminalität im Deutschen Reich vom Kriegsbeginn bis Mitte 1943›* (Juristisches Seminar der Universität Hamburg). Eine Auflistung der Verurteilungen von Mitte 1943 bis zumindest Ende 1944 war nicht ausfindig zu machen. Ob überhaupt für diesen Zeitraum eine Statistik existiert, muß wegen des beginnenden Zusammenbruchs des «Tausendjährigen Reiches» bezweifelt werden.

Die Angaben ab 1937 bis Mitte 1943 sind in allen uns zugänglichen Statistiken lediglich als Gesamtzahl «Widernatürliche Unzucht (§§ 175, 175 a + b)» ausgeworfen, d. h. eine Differenzierung nach Homosexualität (§ 175 bzw. 175 a) und Sodomie (175 b) ist nicht möglich. (Die Einbeziehung eines § 175 b in den Gesamtparagraphen ist eine nationalsozialistisch-bürgerliche Verbeugung vor dem kirchlich geprägten, aus dem Mittelalter stammenden Sodomiebegriff, unter den alles fiel, was Fortpflanzung der Gattung ausschloß.) Um die Vergleichbarkeit der Angaben zu gewährleisten, sind auch die Jahre 1933 bis 1936 zu einer Gesamtzahl zusammengezogen worden. Die Sodomieanteile an den Gesamtzahlen dieser vier Jahre sanken von 21 % (179 Fälle) im Jahre 1933 auf 5 % (300 Fälle) im Jahre 1936. Der relative Rückgang erklärte sich aus der absoluten Zunahme der Verfolgung der Homosexualität (§§ 175, 175 a). Nach dieser Aufstellung sind in den Jahren 1933 bis 1944 ca. 50 000 Männer wegen Homosexualität verurteilt worden.

Tabelle 2 läßt u. a. eine Differenzierung der Verurteilten nach Alter und Vorstrafen zu. Erstaunlich hoch ist dabei die Zahl der Verurteilten in der Altersgruppe «14 bis unter 18», d. h. der 14- bis 17jährigen. 1937 fast 12 % erreicht sie im Jahre 1941 mehr als 18 % und im Jahre 1942 ist fast jedes vierte Opfer der §§ 175, 175 a + b ein Jugendlicher zwischen dem 14. und 18. Lebensjahr. Obwohl die rigide Anwendung des § 175 auch nach 1945 fortgeführt wird, der Prozentanteil der Jugendlichen dieser Altersgruppe ebenfalls hoch ist (1959 = 18 %, 1964 = 14 %) und damit eine Kontinuität gewahrt bleibt, muß der zunehmende Prozentanteil der Jugendlichen in den Kriegsjahren erstaunen. Dies könnte sich aus dem Umstand erklären, daß gegen Ende des Krieges immer mehr erwachsene Männer in die Wehrmacht eingezogen wurden, hier der Wehrmachtsjustiz unterlagen und die Verurteiltenziffern möglicherweise nicht in die Reichsstatistik einflossen.

Die Spalte «Vorbestraft» (Tabelle 2) zeigt, daß zwischen 30 und 40 % der Verurteilten «rückfällig» geworden sind.

Einen weiteren Hinweis auf den Umfang der Verfolgungen geben die Statistiken, die vom Reichskriminalhauptamt angefertigt wurden. Diese Angaben, die erstmalig von Brigitte Geißler in ihrer Diplomarbeit über die Verfolgung der Homosexuellen im Dritten Reich veröffentlicht wurden (1968), decken die Jahre 1937 bis 1939 ab (Tabelle 3). Wie Spalte 1 zeigt, wurden von der Gestapo die meisten Homosexuellen ermittelt, allein in den Jahren 1937 bis 1939 knapp 100 000. Die Gestapo als politische Polizei des Dritten Reiches stellte das unmittelbare politische Machtinstrument des Nationalsozialismus dar. Durch sie wurden die bevölkerungspolitisch und rassenhygienisch motivierten Razzien gegen Homosexuelle durchgeführt. Organisiert war diese «verbrecherische Organisation» (Hauptkriegsverbrecherprozeß Nürnberg 1946) unterhalb der Gestapo-Zentrale in der Berliner Prinz-Albrecht-Straße durch Gestapo-Leitstellen in allen Ländern des Reichsgebiets und Gestapo-Stellen in vielen Großstädten. Ihr Erfassungssystem breitete sich wie ein Spinnennetz über das gesamte Reichsgebiet aus. Ein Sonderkommando dieser Organisation hatte, wie bereits erwähnt, in Hamburg wie anderen Städten 1936 umfangreiche Razzien in den Lokalen durchgeführt. Es wäre nun wichtig zu wissen, was mit diesen von der Gestapo ermittelten Homosexuellen geschah. Ein Teil dürfte an die Kripo weitergeleitet worden sein und taucht hier als «von der Kripo bearbeitete Fälle» auf und erscheint schließlich als «Verurteilte» in der offiziellen Reichsstatistik. Doch zu fragen bliebe, ob diese Endangaben tatsächlich die wirklichen Verurteilungen wiedergeben, ob nicht auf dem Wege dorthin Gestapo interne Maßnahmen angewendet und die ermittelten Personen außerhalb des Gerichtsweges abgeurteilt wurden.

Unklar ist auch, ob die von der Gestapo ermittelten Personen, ähnlich wie die in den Rosa Listen der Bundesrepublik Deutschland erfaßten Homosexuellen, «lediglich» im Rahmen einer vorbeugenden Verbrechensbekämpfung gespeichert wurden, um sozusagen auf Abruf bereitzustehen.

Ein wie hoher Anteil der Verurteilten oder Erfaßten in die Konzentrationslager verschleppt wurde, wird sich heute wohl kaum mehr feststellen lassen. Lautmann/Grikschat/Schmidt waren Mitte der siebziger Jahre mehrere Wochen im «Archiv des Internationalen Suchdienstes» (Arolsen/Hessen), wo nahezu alle überhaupt noch vorhandenen Unterlagen über die Opfer des Dritten Reiches gesammelt und systematisiert sind. Sie haben versucht, diesen Abschnitt der Homosexuellen-Verfolgung zu rekonstruieren und stellten u. a. fest:

> «Obgleich Hunderte von Aktenordnern und viele Tausende von Einzeldokumenten durchgesehen wurden, bleiben die gewonnenen Daten ziemlich spärlich und lückenhaft ... Zudem sind selbst jene dürren Angaben nur für einen Teil der KZL bzw. nur für einige Perioden ihres Bestehens überliefert, denn viele Akten wurden noch während des Dritten Reichs planmäßig vernichtet» (Lautmann u. a. 1977, S. 326; KZL = KZ).

Als zweite Erkenntnisquelle ist die Erinnerungsliteratur zum Dritten Reich herangezogen worden. Um Durchschnittszahlen zu ermitteln, wurden für die Jahre 1938 bis 1945 «Bestandsmeldungen» aus sieben Konzentrationslagern (soweit möglich im Quartalsabstand) herausgegriffen, «in denen die Zahl der am Stichtag gegenwärtigen Häftlinge und Kategorien gegliedert angegeben sind». Auf der Basis von 40 solchen «Bestandsziffern» war es möglich, einige vorläufige und grobe «Schätzungen anzustellen», wobei festgestellt wurde, daß

> «die Gesamtzahl derer, die wegen Homosexualität im KZL inhaftiert gewesen sind, sich in der Größenordnung von 10 000 bewegt (es können 5000, aber auch an die 15 000 gewesen sein)» (ebd., S. 3)

Die Konzentrationslager waren jedoch nicht die einzigen Tore, hinter denen Homosexuelle inhaftiert wurden. So gab es in den Moorlagern in Ostfriesland unter den dort Inhaftierten eine große Anzahl von Schwulen. Ein ehemaliger Häftling des «Lagers 5» in Neusustrum (C. M.) erinnert sich, daß 1940 ca. 50 % der Häftlinge homosexuell war, eine Zahl, die uns außerordentlich hoch erscheint. Ein anderer Zeuge, er war dort 1936/38 inhaftiert, gab an, daß im selben Lager ca. 20 % schwul waren und auch in anderen, umliegenden Lagern viele Homosexuelle gefangen waren. Dieser Zeuge wurde mit anderen Homosexuellen zusammen von Berlin aus in dieses Lager überführt, wobei auf dem Transport dorthin noch Schwule aus anderen Gebieten dem «Sammeltransport» zugeführt wurden. Im Lager selbst, so der Zeuge, waren Schwule aus allen Städten des Reiches vertreten. Eine besondere Untersuchung dieser Moorlager steht erst am Anfang. Ein weiterer Zeuge gibt an, daß «im Moorlager 5 Neusustrum ein Drittel der Häftlinge zur Gruppe der Homosexuellen gehört (hat)» (Harthauser 1967, S. 26 f). Allgemein bekannt ist, daß auch im nahe gelegenen KZ Börgermoor Homosexuelle inhaftiert waren.

Bei den Moorlagern im Emsland handelte es sich um eine große Kolonie von Straf- und Konzentrationslagern. Neben den Lagern Neusustrum und Börgermoor existierten KZ in Esterwegen (Doppellager), Oberlangen, Walchum, Aschendorfermoor und Neu-Rhede (Brual).

Die Arbeit der Häftlinge bestand in der Kultivierung der großen Moorgebiete. Sie verließen morgens um 6 Uhr in langen Kolonnen die Lager und zogen mit dem Spaten in das zum Teil 10 km entfernte Moor.

> «Jeder Gefangene mußte pro Tag einen 18 Meter langen, 80 cm breiten und 90 cm tiefen Graben schaffen. Knöcheltief standen die Häftlinge im brackigen Wasser und versuchten voranzukommen. Wenn die Aufseher nicht in der Nähe waren, halfen die Stärkeren den Schwächeren. Wer sein Quantum nicht schaffte, mußte mit Schlägen rechnen. Die harte Arbeit im Moor und die brutale Behandlung machten die Menschen physisch und psychisch krank. Diejenigen, die körperliche Arbeit nicht gewohnt waren, wurden von den Bewachern noch zusätzlich mißhandelt» (Arbeitskreis Carl von Ossietzky 1980, S. 5).

Über die Lage der Homosexuellen in diesen Moorlagern ist immer noch so gut wie nichts bekannt (siehe auch die Augenzeugenberichte auf S. 298 f). Es ist zu vermuten, daß – im Vergleich zu anderen Konzentrationslagern – hier der Anteil der Homosexuellen besonders hoch war. Dies würde auch der NS-Ideologie «Erziehung durch Arbeit» entsprechen.

Die Erforschung der Moorlager hat gerade erst begonnen. So bildete sich in Papenburg/Ostfriesland ein «Aktionskomitee für ein Dokumentations- und Informationszentrum Emslager e. V.» (Adresse: Splitting rechts 23, 2990 Papenburg 1). Auch der «Arbeitskreis Carl von Ossietzky (Adresse: c/o B. Kinzner, Hauptkanal links 13, 2990 Papenburg 1) arbeitet an der Erforschung der Lager.

Die Arbeit dieser Gruppen stößt auf zum Teil heftigen Widerstand der örtlichen politischen Parteien und Verbände sowie des konservativen Teils der Bevölkerung. Die Argumente derer, die aus vordergründigen politischen Interessen dazu auffordern: «Laßt doch den alten Kram!» bedienen sich dabei häufig der Behauptung, daß man im nachherein nicht mehr politische und kriminelle Häftlinge auseinanderhalten könne. Diese Denkweise betrifft unmittelbar die Homosexuellen, die im Bewußtsein dieser Teile der Bevölkerung und ihrer Interessenvertreter heute noch als Kriminelle gelten. Der Schatten des Nationalsozialismus liegt heute noch über dem Moor.

Wir rufen daher dazu auf, die Arbeit der beiden oben genannten Gruppen finanziell und durch praktische Hilfe zu unterstützen. (Literatur zu den Moorlagern: Willy Perk, Die Hölle im Moor, Frankfurt a. M. 1970; Hermann Vinke, Carl von Ossietzky, Hamburg 1978; Oriana Sielung/Elke Suhr, Die Geschichte der Emslandlager, Examensarbeit Fachbereich III [Gesellschaftswissenschaften], Universität Oldenburg 1980).

Um allerdings eine fundierte Einschätzung über die Zahl der insgesamt Verfolgten vorzunehmen und gleichzeitig den gesamten Umfang der Homosexuellen-Verfolgung im Dritten Reich rekonstruieren zu können, wäre es notwendig, die Akten der «Reichszentrale zur Bekämpfung der Homosexualität und Abtreibung» auszuwerten. Sie sind erhaltengeblieben und lagern in der DDR. Eine Anfrage bei der Staatlichen Archivverwaltung der DDR mit der Bitte um Freigabe der Akten wurde am 25. 10. 1974 abschlägig beantwortet.

3. Der Rosa Winkel

«Die Häftlinge waren auf Grund ihres Einweisungsdelikts oder ihrer Herkunft mit einem farbigen Winkel markiert. Unterhalb des Winkels war die Häftlingsnummer aufgenäht. Der Winkel war ein auf die Spitze gestelltes Dreieck aus Stoff, ca. 5 cm groß und auf der linken Brustseite der Jacke und des Mantels und an der rechten Außenseite der Hose aufgenäht. Die Farben der Winkel waren:

gelb für Juden	schwarz für Asoziale
rot für Politische	lila (violett) für Bibelforscher
grün für Kriminelle	blau für Emigranten
rosa für Homosexuelle	braun für Zigeuner.

Die rosa Winkel waren jedoch um ca. 2–3 cm größer als die anderen Winkel ausgeführt, denn man sollte uns schon von weitem als Schwule deutlich erkennen» (Heger 1972, S. 33).

Die Kennzeichnung der Homosexuellen durch einen Rosa Winkel wurde nicht in allen KZ vorgenommen, sondern auch andere Farben und Symbole erfüllten die Funktion, den Einweisungsgrund des Häftlings nach außen kenntlich zu machen, z. B. eine gelbe Binde am Oberarm mit der Aufschrift «A» für «Arschficker» oder eine große Aufschrift «175» auf der Kleidung. Der Rosa Winkel war jedoch die häufigste Markierung. Im KZ Sachsenhausen wurde 1941 auf Anordnung eines SS-Lagerführers der Rosa Winkel durch einen doppelt so großen ersetzt.

Der Rosa Winkel hatte also nicht nur die eine Funktion, den Grund des Einweisungsdelikts sichtbar zu machen, sondern dadurch, daß er größer als andere war, kam gleichzeitig auch eine spezifische Stellung der Homosexuellen im Lager zum Ausdruck. Schon von weitem sollten sie, wie Heinz Heger, als einer der wenigen überlebenden Rosa Winkel-Träger, schrieb, als Schwule deutlich zu erkennen sein. Mögen diese Sondermarkierungen auch nicht in allen KZ oder auch nicht zu allen Zeiten innerhalb eines bestimmten Lagers üblich gewesen sein, so gehörten Homosexuelle doch in der sozialen Lagerhierarchie zur untersten Gruppe der Häftlinge. Waren Schwule bereits in der normalen Gesellschaft isoliert und in ein Getto gedrängt, so wiederholte sich dieses soziale Verhältnis von neuem auch in den Hierarchien der Konzentrationslager, wobei die Wirkung dieser Isolierung im KZ fast immer tödliche Folgen hatte. Schwule waren in der Regel weder in die Lagergemeinschaft integriert noch war es ihnen möglich, innerhalb ihrer eigenen Rosa Winkel-Kategorie kollektive Widerstands- und Überlebensstrategien zu entwickeln und entsprechende organisatorische Strukturen zu entfalten und anzuwenden. Während andere Häftlinge sich untereinander unterstützten, Hilfs-, Informations- und Solidaritätssysteme aufbauten, blieb der schwule KZ-Häftling tendenziell vereinzelt. Dem einzelnen Rosa Winkel-Träger blieb sein homosexueller Mithäftling auch unter den Bedingungen des KZ so fern wie dem Besucher einer homosexuellen Bar sein Mitbesucher.

> «Vermochten viele Rote, Grüne, Violette Winkel als *Akteure* einer bestimmten Strategie von Lebenssicherung auftreten – Gruppenbildung, Austausch, Funktionsposten – so glitten die Rosa Winkel ins Abseits, als *Opfer*» (Lautmann u. a. 1977, S. 348).

Diese Tatsache ergab sich konsequent aus den gesellschaftlichen Verhältnissen, unter denen die Masse der Schwulen auch außerhalb der KZ lebte. Bereits der erfahrene Organisator Magnus Hirschfeld hatte beobachtet, daß die Homosexuellen untereinander

> «des Solidaritätsgefühls fast gänzlich ermangeln, ja daß es kaum eine zweite Menschenklasse gibt, die sich in so geringem Grade zur Wahrnehmung gemeinsamer Rechts- und Lebensinteressen zu organisieren verstanden hat».

Als wesentliche Gründe hierfür sah er «bei vielen die namenlose Scham und Angst, ein anderer könnte erfahren, daß sie homosexuell sind, selbst wenn der andere auch homosexuell ist» sowie in der Tatsache, daß «häufig bei homosexuellen Männern und Frauen geradezu eine Antipathie gegen Homosexuelle besteht» (Documents 1975, S. 309). Das soziale Verhalten, was außerhalb des KZ erlernt worden war, wurde selbstverständlich auch innerhalb des KZ beibehalten.

Die «Politischen» zum Beispiel hatten schon traditionell gelernt, ihre Interessen organisiert zu vertreten. Diese Fähigkeit vergrößerte im KZ ihre Lebenschancen. Die Masse der Homosexuellen dagegen hatte auch unter den parlamentarisch-demokratischen Bedingungen der Weimarer Zeit nicht gelernt, ihre Interessen organisiert in größerem Umfang wahrzunehmen und sich gemeinsam zur Wehr zu setzen, weil ihre eigene Homophobie («Der Homosexuellenhaß der Homosexuellen»; Dannecker/Reiche) sie schlichtweg daran hinderte, ihre Unterdrückung als politische Verfolgung zu begreifen. Sie begriffen ihre Lage nicht selten als individuelle Fehlhaltung, Krankheit oder gar Sünde und waren froh, wenn sie in ihren Lokalen unbehelligt blieben. Diese mangelnde Fähigkeit, sich organisiert zur Wehr zu setzen, die für die Masse der Homosexuellen in aller Regel «lediglich» zu Vereinsamung und seelischer Not führt, verringerte im KZ ihre Überlebenschancen entscheidend.

Es ist allgemein bekannt, daß sich in allen KZ Lagerhierarchien herausgebildet haben, die unterhalb der von SS-Mitgliedern gebildeten Lagerleitung und der SS-Wachmannschaften eine Art Häftlingsselbstverwaltung durchführten. Wer hier eine Funktion, sei es als Lagerältester oder als Kapo (aus den Gefangenen rekrutierte Hilfskräfte) auf den Schreibstuben, den Kleiderkammern, den Magazinen, der Post, der Küche, dem Krankenrevier usw. einnehmen konnte, gehörte zur «Häftlingsprominenz». Dann kam ein «Mittelstand», der sich zwar ebenfalls aus Funktionsträgern der Selbstverwaltung zusammensetzte, jedoch weniger Kompetenzen zugewiesen bekam. Unterhalb dieser Schicht befand sich die Masse der Häftlinge. Ohne Funktion in der Hierarchie, besaßen sie auch keine Privilegien. «Muselmänner» nannte man in der KZ-eigenen Sprache jene Häftlinge, die abgemagert, krank und widerstandsunfähig einem langsamen Tod entgegensiechten.

Der Kampf um Funktionen in der Lagerverwaltung war also gleichzeitig ein Überlebenskampf des Häftlings, seine Position innerhalb der Hierarchie konnte – bei allen durch die SS verursachten Unberechenbarkeiten – zu einer Überlebensfrage werden. Für den, der unten stand, war die Gefahr, in die tödlichen Mechanismen des KZ zu geraten, größer, als für den, der zur Prominenz gehörte. Die Zugangsmöglichkeiten zu diesen begehrten Stellen wurden wesentlich bestimmt durch zwei Kategorien: Die Winkelfarbe und die Fähigkeit des einzelnen Häftlings, sich in den mörderischen Verhältnissen des Konzentrationslagers zu behaupten. Die Winkelfarbe war insofern ein wesentliches Moment für den Zugang zu den Funktionen, als sie häufig bereits per se kollektive Qualifikationen für den Überlebenskampf zu erkennen gab. So verfügten die Roten Winkel und in gewisser Hinsicht auch die Grünen über Erfahrungen in organisierter Zusammenarbeit, die sie jetzt gegenüber anderen Winkelgruppen in Vorteil setzte. So schreibt Eugen Kogon, der als «Politischer» jahrelang der schmalen Schicht der Häftlingsprominenz im KZ Buchenwald angehörte:

> «Wollten wir, insgesamt und jeder einzelne, am Leben bleiben, so mußten wir ferner das gleiche Mittel anwenden, das die SS gegen Häftlinge gebrauchte: Teilen und Herrschen» (Kogon 1977, S. 336).

Da ein offener, unmittelbarer und aktiver Kampf gegen die SS im Lager unmöglich war, mußten spezielle Kampfformen entwickelt werden, die als Mittel der Selbstbehauptung einer größtmöglichen Zahl von Häftlingen das Überleben sicherte. Grundlegend für die Entfaltung und die Effektivität dieses Überlebenskampfes gegen die SS waren «zwei wesentliche Voraussetzungen: den Besitz der Macht im Lager und einen gut eingerichteten Nachrichtendienst». Der «Besitz der Macht im Lager» war verbunden mit der Besetzung aller Funktionsstellen innerhalb der Häftlingsverwaltung, wobei «die Besetzung *aller wichtigen Stellungen mit einwandfreien Antifaschisten* immer die vordringlichste Aufgabe (war)». Nicht die fachlichen, sondern die politischen Eigenschaften des Häftlings waren entscheidend, wenn einer dieser Posten neu besetzt wurde. «Die harten Bedingungen eines erbarmungslosen Kampfes ums Dasein, der Gruppenegoismus und das Streben des einzelnen nach Besserstellung und Macht wirkten zusammen in die gleiche Richtung.» Die Organisierung des Überlebens konnte nur in einem Kollektiv zusammenwirkender Kräfte vorgenommen werden, die sich gegenseitig über alles informierten, was durch einen ausgeklügelten Lagernachrichtendienst (der in jedem Konzentrationslager von Anfang an aufgebaut wurde), über die Pläne, Maßnahmen und Handlungen der SS im gesamten Lager in Erfahrung zu bringen war. Alle Meldungen liefen bei einer illegalen Lagerleitung und dem sie umstehenden Kreis zusammen. Während die, die diesen Apparat aufgebaut hatten und durch die Besetzung der Funktionsstellen über die Macht verfügten, ihn funktionsfähig zu halten, «jede Einzelheit der Lagerinterna erfuhren, lebte die Masse der Häftlinge von Parolen, Gerüchten, Geschwätz» (alle Zitate ebd., S. 335).

Aus keiner anderen Gruppe heraus ist jemals der Versuch unternommen worden, die interne Lagerleitung in die Hand zu bekommen, als aus den Reihen der «Politischen» (Roter Winkel) und den «Vorbestraften» (Grüner Winkel).

> «In jedem KL war es das Bestreben der politischen Häftlinge, den Verwaltungsapparat in die Hand zu bekommen oder in der Hand zu behalten, um sich mit allen verfügbaren Mitteln gegen die SS behaupten zu können und nicht nur den harten Kampf um das nackte Dasein zu bestehen, sondern auch, wenn irgendwo möglich, einen Beitrag zur allgemeinen Zersetzung und Überwindung des Systems zu leisten. In mehr als einem Lager haben politische Häftlinge Jahre hindurch eine zähe, todesverachtende Arbeit solcher Art vollbracht» (ebd., S. 327).

Die Grünen waren dabei in fast allen Lagern die Hauptkonkurrenten der Roten und stellten in den Anfangsjahren der Konzentrationslager an vielen Orten die Häftlingsprominenz. Daneben nahmen die Gelben Winkel (Juden) zu jeder Zeit die unterste Stufe ein.

> «Das Prestige der Rosa Winkel war in allen KZL eindeutig negativ. Rote, Grüne und Violette Winkel rangierten in weitem Abstand vor ihnen. Noch die Schwarzen und Braunen Winkel (‹Asoziale und Zigeuner›) genossen wohl ein wenigstens etwas besseres Prestige . . .» (Lautmann u. a. 1977, S. 356).

Nur in ganz wenigen Ausnahmefällen liegen Berichte vor, wonach Träger des Rosa Winkels bis in die Lagerprominenz aufstiegen. So schreibt Christian Meyer in seinem Roman *‹Im Frühwind der Freiheit›* über die Verhältnisse im KZ Neuengamme, daß der Berliner Rechtsanwalt «Teddy» Ahrens (Pseudonym im Roman: Alfred Bingel) die Leitung der Küche innehatte und diese Position auch anderen Rosa Winkel-Häftlingen zugute kam. «Heinz Heger wurde im KZ Sachsenhausen Kapo, nachdem er jahrelang der sexuelle Freund von führenden Lagerprominenten gewesen war. Aus der Durchsicht von Erinnerungsliteratur konnten weitere Homosexuelle in höheren Positionen in Sachsenhausen (ein Häftlingsarzt), Dachau (Kapos und Vorarbeiter), Dora (ein Blockältester) und Auschwitz (ein Kapo) festgestellt werden. Eine systematische Durchsicht der erhaltenen Häftlingskarteien ergab, daß bei 1572 Rosa Winkeln lediglich einmal die Stellung eines Kapos angegeben war» (vgl. ebd., S. 357).

Wenn Rosa Winkel in Funktionen aufstiegen, so blieb dies eine Ausnahmeerscheinung. Im Gegensatz zu den organisierten Winkeln im Lager blieben die Homosexuellen machtlos. «Die machtlosen Homosexuellen verharrten am unteren Ende der lagerinternen Chancenstrukturen, und diese soziale Lage erklärt ihr Sterben» (ebd., S. 359). Um Menschen z. B. von Todestransportlisten, die die SS-Lagerleitung anordnete, zu streichen, um sie in Außenlager zu schmuggeln, wenn ihr Leben im Stammlager gefährdet war, um ihnen medizinische Betreuung zukommen zu lassen, bedurfte es organisierter Tätigkeit von zusammenarbeitenden Individuen und Gruppen. Nur eine kollektive Strategie konnte hier – wie auch in der sonstigen Gesellschaft – Tod verhindern und individuelles Leiden lindern. Ohne Macht verblieben Homosexuelle jedoch in «der niedrigsten Kaste des Lagers» – wie z. B. in Buchenwald – und stellten

> «bei Transporten in Vernichtungslager wie Nordhausen, Natzweiler und Großrosen im Verhältnis zu ihrer Anzahl den höchsten Prozentsatz, da das Lager immer die verständliche Tendenz hatte, weniger wichtige und wertvolle oder als nicht wertvoll angesehene Teile abzuschieben» (Kogon 1977, S. 284).

Aus Sachsenhausen wird sogar berichtet, daß Homosexuelle gezielt auf Vergasungstransport geschickt wurden (Lienau 1949, S. 165).

Vor dem Hintergrund dieser Machtlosigkeit innerhalb der Lagerhierarchien wirkte der Terror der SS. Auffällig viele Berichte erwähnen ihre besondere Brutalität und ihren Sadismus gegenüber Schwulen. Über Dachau berichtet ein Autor: «Die Häftlinge mit dem Rosa Winkel lebten niemals lange, sie wurden von der SS systematisch rasch vernichtet» (Schnabel 1966, S. 53). Und ein anderer, ebenfalls über Dachau: «Im allgemeinen überlebten diese Unglücklichen nicht lange . . .» (zit. nach Lautmann u. a. 1977, S. 349). In Sachsenhausen führte ein politischer Häftling ein Tagebuch:

«Für den Zeitraum von April 1940 bis Juni 1942 weist seine Statistik bei den Homosexuellen insgesamt 395 Tote auf (bei jährlich ansteigender Häufigkeit). Über die Ausgangsgröße dieser Gruppe ist nichts bekannt. Am 30. 4. 1943 bestand sie nur noch aus sechs Männern (ebd., S. 349).

Karl T., dessen Bericht wir im Anhang wiedergeben, war nach eigenen Angaben der letzte Rosa Winkel im KZ Sachsenhausen. Ein anderer politischer Häftling berichtet aus Sachsenhausen:

«Wenn am Abend einige 175er auf der Strecke geblieben waren, dann gab sich die SS damit zufrieden. Erst als im Januar 1943 die Zahl der im Klinker verstorbenen Homosexuellen an einigen Tagen die Zahl von 24 erreicht hatte, wurde man auch in der Kommandantur etwas bedenklich. Es trat eine Pause ein» (Lienau 1949, S. 70).

Mögen diese Schikanen und das von der SS an Homosexuellen häufig praktizierte Programm der Vernichtung durch Arbeit nicht in allen KZ (in denen sich nach dem heutigen Stand der Forschung Rosa Winkel-Träger nachweisen lassen) mit einer solchen Konsequenz wie in Sachsenhausen (Klinkerwerk) durchgeführt worden sein, so stellt diese Todesart doch ein Charakteristikum für das Ende vieler Männer mit dem Rosa Winkel dar.

Die Untersuchung von Lautmann/Grikschat/Schmidt hat ergeben, daß am ehesten die ganz jungen und die älteren Häftlinge mit dem Rosa Winkel vom Tode bedroht waren. Gleichzeitig hing das Überleben natürlich von der Fähigkeit des einzelnen Häftlings ab, sich den Lagerverhältnissen anzupassen. Wer das erste Jahr überlebt hatte, für den war die Chance, auch die folgenden Jahre lebend zu überstehen, deutlich gestiegen. Bei denen, die länger als zwei Jahre im KZ verbrachten, vermochten drei von vier zu überleben.

Ein Vergleich mit anderen Häftlingsgruppen ergab, daß die Todesrate der Homosexuellen rund 60 % betrug und damit etwa um die Hälfte höher war als bei den Politischen (41 % Todesrate) und bei den Bibelforschern (35 %). Zu diesem Ergebnis kam die Arbeitsgruppe Lautmann/Grikschat/Schmidt in ihrer Untersuchung.

Obwohl der SS-Führer Rudolf Höss in seinen Memoiren behauptet, daß viele Homosexuelle Selbstmord begingen, konnte dies in der genannten Untersuchung nicht bestätigt werden. Von 393 ermittelten Angaben über die Todesursache kam Selbstmord lediglich dreimal vor. Damit blieb diese Todesart ebenso unter 1 Prozent wie bei den Politischen und bei den Bibelforschern, die als Vergleichsgruppe herangezogen worden waren.

Es wurde schon darauf hingewiesen, daß nur wenige zusammenhängende Berichte von Homosexuellen vorliegen, die das Inferno der Konzentrationslager überlebten. Auffallend ist, daß fast keiner dieser Berichte Informationen darüber enthält, wie das Verhältnis der Homosexuellen untereinander war. Dies könnte die These bestätigen, daß innerhalb der Rosa Winkel-Gruppe kaum Ansätze zu kooperativem Verhalten vorlagen. Andererseits mochten die Bedingungen in den Konzentrationslagern hierfür maßgebend verantwortlich gewesen sein, denn aus den meisten Berichten geht hervor, daß die Rosa Winkel in besonderen Blocks isoliert wurden. In Sachsenhausen wurde diese geschlossene Unterbringung von der SS als bewußte Isolierung verstanden. Heinz Heger berichtet darüber, daß Homosexuelle mit anderen Häftlingen nicht reden durften,

> «damit wir sie, wie man uns belehrte, nicht zu homosexuellen Handlungen verführen konnten. Dabei ging es gerade in den anderen Blocks, in denen keine Männer mit dem Rosa Winkel einquartiert waren, in punkto Homosexualität wesentlich lebhafter zu als bei uns Homosexuellen» (Heger 1972, S. 37).

Daß in allen Lagern die Homosexualität unter heterosexuellen Häftlingen verbreitet war, geben mehrere Berichte und auch Einzeldarstellungen der Erinnerungsliteratur an. Eugen Kogon allerdings ist einer der wenigen politischen Häftlinge, der diesen Sachverhalt in bezug zu der verachteten Stellung der Homosexuellen im Lager setzt, wenn er schreibt:

> «Bei dieser Gelegenheit muß gesagt werden, daß die homosexuelle Praxis in den Lagern sehr verbreitet war; die Häftlinge taten aber nur jene in Acht und Bann, die von der SS mit dem Rosa Winkel markiert waren» (Kogon 1974).

Die Diskriminierung der Homosexuellen hatte, hier unter den Bedingungen des KZ, verstärkt die Funktion, von den eigenen «Sünden» abzulenken, denn schon der Verdacht genügte,

> «um einen Gefangenen als Homosexuellen zu deklarieren und ihn so der Verunglimpfung, dem allgemeinen Mißtrauen und besonderen Lebensgefahren preiszugeben» (ebd., S. 284).

Ist über die Lage der Männer mit dem Rosa Winkel in den Konzentrationslagern insgesamt immer noch wenig bekannt, so trifft dies in noch viel stärkerem Maße auf lesbische Frauen zu. Auch sie gab es, obwohl sie nicht durch den § 175 kriminalisiert wurden. Auf welche Weise sie in ein KZ gelangen konnten, wird aus einem Bericht deutlich, den Ina Kuckuc (1979, S. 127 f) veröffentlichte. Es ist die Aussage einer Frau der Gruppe L 74 in Berlin, in der sie über das Schicksal ihrer Freundin berichtet:

«Meine Freundin Helene G. aus G. in Schleswig-Holstein war in den Jahren 1943 bis 1945 Luftwaffenhelferin in Oslo. Sie war als Fernschreiberin tätig und stand unter Geheimhaltungsvorschrift. Sie hatte u. a. Fernschreibkontakte mit der Deutschen Botschaft in Stockholm bezüglich Spionage und Agentenverkehr. In der Luftwaffenunterkunft lebte sie in intimer Gemeinschaft mit einer anderen Luftwaffenhelferin zusammen, die das Pech hatte, einem Leutnant der Luftnachrichtentruppe zu gefallen. Als sie die Zudringlichkeiten dieses Vorgesetzten zurückwies, gerieten die beiden Lesben in die Schußlinie des nationalsozialistischen Kriegsrechts. Beide Frauen wurden von der geheimen Feldpolizei verhaftet und getrennt. Helene G. wurde wegen Wehrkraftzersetzung vor ein Kriegsgericht gestellt, aus der Wehrmacht ausgestoßen und in das KZ Bützow in Mecklenburg gebracht. Dort kam sie mit sechs anderen Lesben in einen Extrablock. Das KZ Bützow war ursprünglich ein Kriegsgefangenen-Straflager. Ein Block war mit Frauen belegt. Die Lesben kamen in einen vollständig leeren Block und wurden von männlichen Kapos bewacht. Bei der Einlieferung sagten die SS-Posten zu den Kriegsgefangenen: ‹Die hier sind der letzte Dreck.› Die würden wir nicht mit dem Sofabein ficken. Wenn ihr die ordentlich durchzieht, kriegt ihr jeder eine Flasche Schnaps.› Dazu muß man wissen, daß in der Nazizeit der Intimverkehr zwischen deutschen Frauen und Ausländern strafrechtlich verfolgt wurde. Die SS-Posten hetzten zunächst russische und französische Kriegsgefangene auf die gefangenen Lesben, um sie ‹mal richtig durchzuficken›. Die Lesben wurden – streng von anderen Frauen getrennt – unter SS-Bewachung zur Arbeit geführt und bekamen das übliche KZ-Essen (Wassersuppen ohne Fleisch und Fett mit verfaulten Kohlblättern udgl.).

Zwei Frauen starben dort an Hunger. Meine Freundin überlebte das erste Nachkriegsjahr und starb dann an Lungentuberkulose.»

Ähnlich wie die homosexuellen Männer wurden die Lesben hier in einem extra Block von den Mithäftlingen isoliert. Auch die Beschimpfungen («letzter Dreck») zeigen deutliche Parallelen zur Behandlung der homosexuellen Männer auf. Über eine besondere Kennzeichnung der Lesben wird nichts mitgeteilt.

Einen Rosa Winkel als Häftlingskategorie gab es jedoch im Frauenkonzentrationslager Ravensbrück. In einer Stube, in der die neu ankommenden Häftlinge registriert wurden, hing eine Tafel an der Wand, auf der die verschiedenfarbigen Winkel und ihre Bedeutung erläutert wurden. Darunter befand sich auch ein Rosa Winkel, der hier die Bedeutung «LL» = Lesbische Liebe hatte. Isa Vermehren, die in Ravensbrück inhaftiert war, berichtet in ihrer ‹*Reise durch den letzten Akt*› darüber, daß ein Mädchen von den Aufseherinnen mit dem Wort «El-El» beschimpft und der lesbischen Liebe beschuldigt wurde:

> «Mit Püffen trieben sie sie über den Lagerhof und am nächsten Tag wurde sie im Strafblock eingeliefert. Dieser Strafblock war eine mit Stacheldraht umzäunte Baracke im großen Lager» (Vermehren 1979, S. 50).

In jenem Strafblock waren u. a. junge Frauen inhaftiert, von denen die Autorin mitteilt, daß sie im Lager «diesem Laster» verfallen seien.

> «Kaum eine von ihnen war übrigens Trägerin des Rosa Winkels, also waren sie nicht wegen lesbischer Tendenzen eingeliefert worden, sondern diese hatte sich erst im Lager herausgebildet . . .» (ebd., S. 51).

Die Angaben der Verfasserin sind jedoch recht ungenau und vor allem durch Unkenntnis über Homosexualität geprägt.

Das Schicksal der Männer mit dem Rosa Winkel

Buchenwald

Hohe Sterbeziffern

«Die Zahl der Rosa Winkel überschritt nämlich 1942 und wieder 1943 die Hundertgrenze und stieg Anfang 1945 bis kurz vor 200. Und im Zeitraum zwischen Ende 1939 und Ende 1941, als die Zahl tatsächlich um 30 herum pendelte, gab es 26 Tote, was auf eine ungewöhnlich hohe Sterbeziffer schließen läßt» (Lautmann/Grikschat/Schmidt 1977, S. 350).

Strafkompagnie-Steinbruch

«Die Homosexuellen wurden vielfach in eigenen Blocks und geschlossenen Arbeitskommandos isoliert. Gerade diese Isolierung bot gewissenlosen Kreaturen, die Macht ausüben konnten, die Gelegenheit zu schamloser Erpressung, Mißhandlung und Vergewaltigung. In Buchenwald waren die Homosexuellen bis zum Herbst 1938 auf die politischen Blocks aufgeteilt, wo sie ein ziemlich unbeachtetes Leben führten. Im Oktober 1938 kamen sie geschlossen in die Strafkompanie; sie mußten im Steinbruch arbeiten» (Kogon 1977, S. 284).

Versuchsreihe zur Behebung von Homosexualität

«Im Herbst 1944 erschien im KL Buchenwald kurz der dänische SS-Sturmbannführer Dr. Vaernet, der seinen Sitz in Prag hatte. Mit Genehmigung Himmlers und des Reichsarztes SS und Polizei, SS-Gruppenführer Dr. Grawitz sowie des SS-Oberführers Poppendieck, der für die Versuchsabteilung V, Leipzig, des Reichsführers-SS verantwortlich zeichnete, startete Vaernet eine Versuchsreihe zur *Behebung der Homosexualität.* Durch Einpflanzung synthetisch hergestellter Hormone in die rechte Leistenseite sollte eine Triebumgestaltung erzielt werden. Von den insgesamt 15 Versuchspersonen, um die es sich handelte, einige Kastraten, die mitherangezogen wurden, eingeschlossen, sind zwei verstorben, eine zweifellos an den Folgen der vorgenommenen Operation, da sich eine mächtige Phlegmone bildete; die andere wenige Wochen später infolge allgemeiner Schwäche. Die menschlichen Versuchskaninchen dieser Sonderreihe wurden sonst nicht schlecht behandelt. Irgendein positives Ergebnis wurde allerdings auch nicht erzielt» (Kogon 1977, S. 284 f).

KZ Großrosen/Schlesien

«Im Konzentrationslager Großrosen/Schlesien wurden Homosexuelle einer sogenannten ‹Umerziehung› unterworfen» (Zeugenaussage, in: Harthauser 1967, S. 28).

KZ Hamburg-Fuhlsbüttel

Krankhafte Homophobie?

«Der Fuhlsbütteler Lagerkommandant Rode hatte eine ‹unsagbare Wut› auf Homosexuelle. Sie ‹mußten alle Arbeiten im Laufschritt erledigen – bis zur völligen Erschöpfung›. War gerade keine Arbeit vorhanden, hatten sie ‹Sport› zu treiben» (Timpke 1970, S. 21).

Strafsport

Ein ehemaliger politischer Häftling bezeugt folgendes: «Als ich Kalfaktor im KZ Fuhlsbüttel war und daher vieles als ohnmächtiger

Zeuge miterlebte, wurde eines Tages ein 70jähriger Graf L. eingeliefert. Der 20jährige SS-Mann Bubi Bandmann hatte Dienst, und er machte mit diesem sogenannten Homosexuellen sofort ‹Strafsport› auf dem Korridor; dann ließ er ihm vom Friseur die Haare kurz scheren, gab ihm auch einige Fußtritte und Ohrfeigen und stieß ihn halb angezogen in seine Zelle. Dann setzte er sich, seine Bratkartoffeln zu verzehren, die er von der Margarineration der Häftlinge aufbraten ließ. Dies ist deswegen ein so charakteristisches Beispiel, weil auch die anderen Wachhabenden daraufhin (etwas später) den Grafen in der Zelle ‹behandelten› und sehr erstaunt waren, als einige Tage später darauf der unglückliche Graf höflich in die Hände der Justiz übergeben wurde. Das Weitere weiß ich nicht und nehme an, daß der Häftling überhaupt nicht ‹Homo› war. Der Zweck solcher Bezichtigungen durch die Nazi-Schergen war, die Häftlinge zu demütigen und sie als ‹unmenschlich› hinzustellen, um dann politische Geständnisse von ihnen zu erpressen» (Zeugenaussage, in: Harthauser 1967, S. 28).

KZ Neuengamme

Kenntlichmachen (I)

«Bei der Einlieferung wurden Juden und Homosexuellen sofort die Haare geschoren, so daß sie kenntlich waren. Fast ausnahmslos wurden sie sofort nach ihrer Einlieferung in ihrer Zelle verprügelt» (H. C. Meier: *So war es*, Hamburg 1946, S. 46).

Kenntlichmachen (II)

«(Es) wurden neue Schilder und Winkelzeichen geschaffen. An allen Betten der Homosexuellen wurden Schilder angenagelt, die ihre Veranlagung kennzeichneten. Jeder von ihnen mußte sich die Nummer 175 auf den roten oder grünen Winkel malen lassen, so waren sie als Schädlinge gebrandmarkt. Die Blockältesten wurden angewiesen, auf sie achtzugeben. Einige findige Prominente erbettelten es sich als Vorzug vom Kommandanten, daß ihnen diese öffentliche Schande erspart bliebe, die Mehrheit der Kameraden aber erwies sich als überlegen: die Homosexuellen, indem sie den neuen Orden als eine vorübergehende Laube der Kommandantur quittierten, die Nichtbetroffenen, indem sie den gebrandmarkten Kameraden in unveränderter Freundschaft treu blieben» (aus: H. C. Meier: *Im Frühwind der Freiheit*, Hamburg 1947).

Experimente zur Behebung der Homosexualität

«Wie in Buchenwald wurden auch in Neuengamme Experimente zur Behebung der Homosexualität durch künstliche Drüsen und synthetische Hormone durchgeführt. Diese Menschenversuche wurden von dem dänischen SS-Sturmbannführer Dr. Vaernet vorgenommen» (Kogon 1977, S. 207).

KZ Lichtenburg/Rheinland

«Zeitweilig hatten wir zwei Kompagnien Homosexuelle, darunter sehr viele Nazis. Sie haben auf dem Oberschenkel eine gelbe Binde mit der Bezeichnung A. Das sollte A . . .f . . . heißen. ‹Rassenschänder› gibt es auch. Sie hatten eine rote Binde mit der Bezeichnung R. Homosexuelle werden ständig in der Zelle überwacht; die ganze Nacht über brennt das Licht» (Deutschlandberichte SPD, 1936, S. 1624).

KZ Ravensbrück

«Abkehrprüfungen» der SS – Ein Mörder berichtet

«Der RFSS [Reichsführer SS; Anm. d. Verf.] ließ 1944 in Ravensbrück ‹Abkehrprüfungen› durchführen. Es wurden Homosexuelle, bei denen man nicht völlig von der Gesundung überzeugt war, unauffällig mit Dirnen bei der Arbeit zusammengebracht und beobachtet. Die Dirnen hatten den Auftrag, sich den Homosexuellen unauffällig zu nähern und sie geschlechtlich zu reizen. Die Gebesserten nahmen diese Gelegenheit sofort war, sie brauchten kaum dazu aufgefordert werden. Die Unheilbaren beachteten die Frauen gar nicht. Näherten sich ihnen diese allzu deutlich, so wandten sie sich von Ekel und Abscheu geschüttelt ab. – Nach der Prozedur wurde den zur Entlassung vorgesehenen nochmals Gelegenheit gegeben, mit Gleich-Geschlechtlichen zu verkehren. Fast alle verschmähten diese Möglichkeit und lehnten Annäherungsversuche wirklicher Homosexueller strikt ab. Doch gab es auch Grenzfälle, die beide Gelegenheiten wahrnahmen. Ob man diese als bisexuell bezeichnen kann – mag ich dahingestellt sein lassen. Das ganze Leben und Treiben der Homosexuellen aller Arten, ihre Psyche zu beobachten in Verbindung mit der Haft, war jedenfalls für mich sehr aufschlußreich» (Höss 1979, S. 81 f).

KZ Natzweiler

Ein Zeuge berichtet:

«Ich sah wohl manchen Rosa Winkel. Wie er in den Tod befördert wurde, weiß ich nicht. Ich war nicht dabei. Eines Tages war er verschwunden. Und bei den Drangsalen, die man mir persönlich auferlegte, weiß ich nicht einmal, ob es nur wegen des rosa Winkels war oder nicht doch auch wegen meines ‹akademischen› Gesichts ... oder wegen meines begreiflichen Ungeschicks bei schwerer körperlicher Steinbrucharbeit. Lediglich das kann ich jederzeit unter Eid bezeugen, daß ich gleich bei meiner Einlieferung in Natzweiler wegen meines rosa Winkels von den anderen Häftlingen separiert wurde, um vom SS-Unterscharführer und dem Blockältesten (einem Häftling) gemeinsam in der brutalsten Weise ... mißhandelt zu werden: sie schlugen mir mit Fäusten ins Gesicht und absichtlich auf die Nase, daß ich dreimal zu Boden ging, mich immer wieder aufpflanzen mußte, um aufs neue geschlagen und getreten zu werden ... Ich bin dann ganz betäubt in meine Baracke gewankt, mit Blutergüssen übersät. Auch auf der Arbeit wurden ich und ein zweiter rosa Winkel (er war von Beruf Friseur), der mit mir eingeliefert worden war, von SS und Kapos (Vorarbeitern, Mithäftlingen) fortdauernd geschlagen und getreten, so daß, als wir alle eines Abends nackt vor den Blockältesten treten mußten zur ‹Entlausungsparade›, wir beide abgesondert und gefragt wurden, wer uns so geschlagen habe ... Unsere Körper waren derart blutunterlaufen, daß selbst unser Blockältester (es war mittlerweile ein anderer, als der, der mich empfangen hatte) diese Malträtierungen abstellen wollte, soweit sie von Häftlingen ausgingen. Gegen die Handlungen der SS konnte auch er nichts ausrichten. Wir beiden rosa Winkel kamen dann auf ein anderes Arbeitskommando (der Friseur kam ins Revier als Helfer). Ich bekam einen andern Vorarbeiter. In den ersten Wochen meines Aufenthaltes im KZ meinte ich oft, ich sei das einzige Freiwild, was da herumlief, an dem sich jeder ein Mütchen kühlen konnte. Das wurde erst besser, als ich auf ein Außenkommando bei Metz kam, wo sich alles mehr oder weniger unter den Augen der Öffentlichkeit abspielte. Ich wurde als ‹Schreiber› auf dieses Außenkommando versetzt, das heißt, ich mußte tagsüber arbeiten, nachts dagegen zwischen 12 und 2 Uhr meine schriftlichen Arbeiten auf ‹Wachtposten› machen. Für diese Mehrarbeit durfte ich als einer der ersten mittags, sofern noch Essen übrig war, ‹nachfassen›, welchem Umstand ich wohl sehr wesentlich mein Überleben zu verdanken habe. – Nun verlangen Sie bitte keine Details des weiteren von mir. In den letzten beiden Nächten stiegen alle die Schreckensszenen aus dem KZ wieder in mir auf. Das macht mich ganz krank» (aus: Harthauser 1967, S. 30 f).

KZ Dachau

Markierung

«Im Reichskonzentrationslager Dachau befinden sich zur Zeit folgende Gefangenenabteilungen: 1. Allgemein politische Gefangene, 2. Juden, 3. Emigranten, 4. Jüdische Emigranten, 5. Arbeitszwangsgefangene, 6. Homosexuelle, 7. Vorbeugungshäftlinge und Rassenschänder. In der Abteilung Homosexuelle tragen alle Gefangenen in großen Ziffern die Zahl 175 auf dem Drillichrock» (Deutschlandberichte SPD, 1936, S. 1005 f).

Die VII. Kompagnie

Bericht Dachau April/Mai 1937:

«Zu diesem Zeitpunkt gab es in diesem KZ neun Blocks oder Kompagnien. Je 54 Mann sind eine ‹Stube›. Der Leiter ist ein Gefangener, der die Bezeichnung ‹Stubenältester› führt. Fünf Stuben oder Korporalschaften sind zu einem ‹Block› zusammengefaßt.

Über die VII. Kompagnie wird berichtet: «Sie besteht aus drei Korporalschaften oder Stuben mit politischen Gefangenen, die vierte Stube umfaßt die arischen Emigranten; in der fünften Stube befinden sich die wegen eines Vergehens gegen den § 175 Inhaftierten. Die sogenannten Hundertfünfundsiebziger werden nur zu Kiesarbeiten mit den Juden zusammen verwendet» (ebd., 1937, S. 685). Zu diesem Zeitpunkt erfolgte die Kennzeichnung der «175er» durch «Rote Streifen mit schwarzen Punkten» (ebd., S. 686).

Terror

«(Homosexuelle) wurden in der ersten Zeit von der SS sehr scharf aufs Korn genommen, meistens in blödsinniger Weise verhöhnt oder auch bei jeder Gelegenheit körperlich gezüchtigt» (Burkhard 1967, S. 29).

Ein Pater beschreibt seine Ankunft in Dachau am 12. 9. 1921: Die SS-Leute fragen Mann für Mann aus, warum sie eingewiesen wurden. «Einer kam wegen § 175. Er wurde nach allen Regeln geohrfeigt, mußte laut vor allen sein Delikt erzählen, genau beschreiben, was er gemacht und wie, dann fielen sie von neuem über ihn her und gaben ihm Ohrfeigen und Fußtritte. Man konnte ihnen Wollust und Sadismus vom Gesicht lesen» (S. Hess: *Dachau – eine Welt ohne Gott*, Nürnberg 1946, S. 62, zit. bei Lautmann 1977, S. 333).

«Ansteckungsgefahr». Ein Mörder berichtet

«Schon in Dachau waren die Homosexuellen, obwohl sie gegenüber Sachsenhausen zahlenmäßig nicht ins Gewicht fielen, für das Lager ein Problem geworden. Der Kommandant und der Schutzhaftlagerführer waren der Ansicht, daß man sie am zweckmäßigsten im ganzen Lager auf alle Stuben verteilte. Ich war gegenteiliger Ansicht, da ich sie vom Zuchthaus her gut genug kannte. Es dauerte auch nicht lange, so kamen auch schon laufend Meldungen aus allen Blocks über homosexuellen Verkehr. Die Bestrafungen änderten daran nichts. Die Seuche griff um sich. – Auf meinen Vorschlag wurden nun alle Homosexuellen zusammengelegt. Sie bekamen einen Stubenältesten, der mit ihnen umzugehen verstand. Und sie wurden gesondert von den anderen Häftlingen zur Arbeit eingesetzt. So zogen sie lange Zeit die Straßenwalze. Auch einige Häftlinge anderer Sparten, die auch dem Laster huldigten, wurden zu ihnen verlegt.

Mit einem Schlag war die Seuche erloschen. Wenn auch ab und zu noch dieser widernatürliche Verkehr stattfand, so waren es doch vereinzelte Fälle. In ihrer Unterkunft wurden sie so überwacht, daß es zu keinem Verkehr kommen konnte . . .» (aus: Höss 1979, S. 80).

Die Straßenwalze

«Eine der schwersten Arbeiten, die die Häftlinge in den ersten Jahren im KZ Dachau zu verrichten hatten, bestand im Ziehen einer mannshohen eisernen Walze, womit die von den Häftlingen erbauten Lagerstraßen festgewalzt wurden. Ihr Gewicht betrug ca. 90 Zentner (vgl. Burkhard 1967, S. 37).

Die Wirkung der Versuche zur Heterosexualisierung durch Arbeit, wie sie sich die Mörder einbildeten

(An den hier wiedergegebenen Aufzeichnungen des späteren Kommandanten von Auschwitz ist lediglich interessant, wie dieses abartige SS-Gesindel ihre «Erziehungsmaßnahmen» selbst beurteilte. Einen Einblick in die verschiedenen Erscheinungsformen der Homosexualität gibt der Bericht nicht. «Strichjungen» sind in der Regel nicht schwul. Durch «zu reichlichen Genuß von Frauen» ist noch niemand schwul geworden. Höss ging (wie fast alle Personen, die nichts über Homosexualität wissen) vom äußeren Eindruck aus, den der jeweilige Rosa Winkel Träger hinterließ. Ein männlich wirkender Schwuler (und das ist die Masse) galt als «heilbar», eine «Tunte» als schwul aus «Veranlagung» (Anm. d. Verf.).

«Die Wirkung der schweren Arbeit, durch die sie wieder ‹normal› werden sollten, war, den verschiedenen Arten der Homosexuellen entsprechend, unterschiedlich. Am zweckdienlichsten und wirklich sichtbar wirkte sich die Arbeit bei den ‹Strichjungen› aus. Es waren dies die im Berliner Jargon so bezeichneten männlichen Prostituierten, die sich ihren Lebensunterhalt auf diese Weise leicht verdienen wollten, jeglicher auch noch so leichten Arbeit gingen sie aus dem Wege. Sie waren keinesfalls als homosexuell anzusprechen, es war dies nur ihr Gewerbe. Diese Art wurde nun durch das strenge Lagerleben und die harte Arbeit schnell erzogen. Die meisten arbeiteten fleißig und gaben sich auch sonst alle Mühe, um nicht aufzufallen, damit sie möglichst bald wieder zur Entlassung kämen. Sie vermieden es auch, mit den wirklich so mit dem Laster Behafteten näher zusammenzukommen, sie wollten damit bekunden, daß sie mit den Homosexuellen eigentlich gar nichts zu tun hätten.

Es konnten zahlreiche so Erzogene zur Entlassung kommen, ohne daß sie wieder rückfällig wurden. *Die* Lehre war wirksam genug, zumal es sich meist um junge Burschen handelte. Auch ein Teil der durch Neigung homosexuell Gewordenen – die durch zu reichlichen Genuß von Frauen überdrüssig, die in ihrem Parasitenleben neue Lebensreize suchten – konnten so erzogen und von ihrem Laster abgebracht werden. Nicht aber die aus Neigung schon zu tief dem Laster Verfallenen. Sie waren gleichzusetzen den wirklich Homosexuellen aus Veranlagung, die es aber nur in wenigen Exemplaren gab.

Bei diesen half keine noch so schwere Arbeit, keine noch so strenge Aufsicht. Wo sie nur eine Gelegenheit fanden, lagen sie sich in den Armen. Auch wenn sie körperlich noch so sehr herunter waren, frönten sie ihrem Laster weiter. Sie waren auch leicht herauszukennen. Von einer weichen mädchenhaften Zimperlichkeit und Geziertheit, einer süßlichen Ausdrucksweise und allgemein zu liebenswürdigem Verhalten Gleichgesinnten oder Gleichveranlagten gegenüber, unterschieden sie sich von denen, die dem Laster den Rücken gekehrt hatten, die sich davon freimachen wollten, deren Gesundung man bei genauer Beobachtung von Stufe zu Stufe verfolgen konnte.

Während die zur Abkehr Willigen, die den festen Willen dazu hatten, auch die härteste Arbeit durchstanden, gingen die anderen langsam, je nach Konstitution, physisch zugrunde. Da sie von ihrem Laster nicht lassen konnten oder nicht wollten, wußten sie, daß sie nicht mehr frei würden. Dieser stärkst wirksame psychische Druck bei diesen meist zartbesaiteten Naturen beschleunigte den physischen Verfall. Kam dazu noch etwa der Verlust des ‹Freundes› durch Krankheit oder gar durch Tod, so konnte man den Exitus voraussehen. Viele begingen Selbstmord. Der ‹Freund› bedeutete diesen Naturen in dieser Lage alles. Es kam auch mehrere Male vor, daß zwei Freunde zusammen in den Tod gingen (aus: Höss 1979, S. 84 f).

KZ Sachsenhausen/Oranienburg

Empfangsterror

Am 19. 4. 1940 bei der Aufnahme:

«Ein Mann, der sich, wie aus seinen Akten hervorging, vor zwanzig Jahren einmal gegen den § 175 vergangen, dieses aber jetzt verschwiegen hatte, wurde an Ort und Stelle tatsächlich zu Tode geprügelt» (A. Weiss-Rüthel: *Nacht und Nebel*, München 1946, S. 51).

«Der Zeuge erinnert sich an Einzelheiten. Eines Tages sei ein Bäckermeister aus Köln ins KZ gebracht worden. Er hatte eine Gefängnisstrafe nach § 175 abgebüßt, war aber sofort nach seiner Entlassung von der Gestapo, wie es damals hieß, in ‹Schutzhaft› genommen worden. In Sachsenhausen wurden ihm Arme und Beine gebrochen; er starb» (aus: Harthauser 1967, S. 10).

«Im Sachsenhausenprozeß im Jahre 1964 wurde von einem Zeugen vor Gericht bekundet, der wegen Mordes in mehr als hundert Fällen angeklagte Otto K. aus Bergisch-Gladbach habe einen homosexuellen Häftling so lange mit einem kalten Wasserstrahl auf die Herzgegend gezielt, bis der Mann tot zusammenbrach. Es seien von den SS-Leuten am meisten mißhandelt worden: Juden und Homosexuelle» (ebd., S. 12).

Schwul und Jude

«Einer meiner Mithäftlinge . . . war zudem noch ein Jude. Unter dem Rosa Winkel trug er den gelben, und zwar so, daß beide Winkel einen Davidsstern bildeten. Er hatte doppelt so schwer zu leiden unter den Schikanen der SS und der ‹grünen› Capos, da er nicht nur schwul, sondern auch noch Jude war» (aus: Heger 1972, S. 44).

Isolierung

«Unser Block war nur mit Homosexuellen belegt, und jeder Flügel, bzw. Stube hatte ca. 250 Mann. Schlafen durften wir nur im Nachthemd und mit den Händen außerhalb der Decke, denn: ‹Ihr schwulen Arschlöcher sollt euch nicht selbst begeilen können.›

Dabei waren die Fenster zentimeterdick mit Eis bedeckt. Wer mit der Unterhose im Bett angetroffen wurde oder die Hände unter der Bettdecke hatte – es fanden fast jede Nacht Kontrollen statt –, wurde zur Strafe mit einigen Kübeln Wasser übergossen und eine gute Stunde stehen gelassen. Diese Prozedur überstanden die wenigsten, das mindeste war eine Lungenentzündung, und wer als Schwuler in das Krankenrevier eingeliefert wurde, verließ es fast nie mehr lebend. Denn wir mit dem Rosa Winkel waren im Krankenrevier bevorzugt für medizinische Experimente vorgesehen und es wurden an uns Versuche angestellt, die meist mit dem Tode endeten . . .

Auch durften wir mit Häftlingen aus anderen Blocks und mit einer anderen Winkelfarbe kein Wort reden, damit wir sie nicht, wie man uns sagte, belehrte, nicht zu homosexuellen Handlungen verführen konnten . . . Es war uns auch verboten, an andere Blocks näher als fünf Meter heranzugehen. Wer dabei von der SS erwischt wurde, bekam den ‹Bock› und mindestens 15 bis 20 Stockschläge waren ihm gewiß. Aber auch unser Block durfte von Häftlingen mit einer anderen Winkelfarbe nicht betreten werden» (ebd., S. 36 f).

Appell für Tote

«Bei allen Appellen mußten auch die inzwischen Verstorbenen mitantreten, das heißt, sie wurden beim Appell am Reihenende eines jeden Blocks hingelegt und mitgezählt. Erst nach dem Appell, nach dem ‹Abbuchen› durch den Rapportführer, wurden sie in den Totenkeller gebracht und anschließend verbrannt.

Auch nicht gehfähige Häftlinge mußten bei den Appellen mit antreten. Immer wieder stützten oder schleppten wir einen Kameraden mit, der Stunden vorher von der SS zusammengeschlagen war. Oder wir mußten halberfrorene und hochfiebernde Mithäftlinge herbeitragen, damit wir beim Zählappell vollständig sein konnten. Ein fehlender Mann aus unserem Block hätte uns viele Prügel eingebracht und dadurch wieder neue Tote» (ebd., S. 38).

Produzierter Stumpfsinn

«. . . wir mußten den Schnee vor unserem Blockgelände vormittags von der linken Straßenseite unserer Lagerstraße auf die rechte Seite schaffen. Nachmittags den gleichen Schnee wieder von der rechten Seite auf die linke zurücktragen. Nicht mit Schubkarren und Schaufeln konnten wir unsere Schneearbeit verrichten . . . Wir mußten unseren Mantel verkehrt herum, mit der aufknöpfbaren Seite am Rücken, anziehen, zuknöpfen und in den zusammengerafften Mantelschößen dann den Schnee wegtragen. Einschaufeln aber mußten wir den Schnee mit den Händen, mit den bloßen Händen, da wir ja keine Handschuhe hatten» (ebd., S. 39).

Übungsschießen

«Rosa Winkel-Träger mußten mit Schubkarren Erde und Lehm zu einem Erdhügel aufschichten, der als Kugelfang für eine Schießanlage dienen sollte. Doch schon nach wenigen Tagen kamen Gruppen von SS-Männern zum Schießstand, um ihr Übungsschießen abzuhalten, während wir Häftlinge mit unseren Schubkarren weiter die Erde auf dem Hügel ausleeren mußten. Natürlich wollten wir während des Übungsschießens keine Erde mehr auf den Kugelfanghügel fahren, damit wir nicht getroffen würden, doch mit Prügeln und Androhung der Auspeitschung zwangen uns die Capos und die SS-Männer weiterzuarbeiten.

Nun pfiffen die Kugeln durch die Reihen und viele meiner Leidensgenossen sanken zusammen, manche nur verletzt, aber manche auch zu Tode getroffen. Wir hatten bald herausgefunden, daß die SS-Männer weniger gern auf die Zielscheiben schossen, sondern viel lieber uns Arbeitshäftlinge als Ziel benutzten und direkt auf einzelne Schubkarrenfahrer Jagd machten» (ebd., S. 51 f).

«Aktion Rosa»

«Während meiner Tätigkeit als Häftlings-Arzt im Lager Oranienburg wurden darüber hinaus, um die Korrektur biologischer Minderwertigkeiten zu beschleunigen, sogenannte ‹Aktionen Rosa› durchgeführt, d. h. die Homoeroten wurden in Vernichtungskommandos zusammengefaßt und dreifach verschärfter Lagerdisziplin untergeordnet – das hieß wiederum – noch weniger Essen, noch mehr Arbeit, noch strengere Arbeitsüberwachung mit Postenprämiierung für gute Durchführung ‹Auf der Flucht erschossen›» (aus: Humanitas, Mai 1954).

Krankwerden = Verrecken

«Krankwerden bedeutete für einen Strafkompanie-Häftling, der den rosa Winkel trug, Verrecken, wenn sein siecher Körper jeglicher Resistenz ermangeln sollte. Aufnahme ins Krankenrevier war verboten. ‹Ein deutscher Mann fällt um und stirbt›, hieß es zynisch! – Und sie fielen, und sie starben!

Es war dem Arzt, der einem Sterbenden dieser Menschenklasse ein Herzstützmittel verabreichen wollte, eine solche humanitäre Applikation streng untersagt. Kampfer, Koramin, Cardiazol und ähnliche Medikamente waren für diese ‹Sittenstrolche› zu schade» (ebd., Mai 1954).

Versuchsobjekt Mensch

«Zunächst Ort und Zeit der Handlung meines Berichtes: KZ Oranienburg-Sachsenhausen im Sommer 1944.

Eines Morgens gab es wieder mächtig viel Unruhe, die aus Angst und Ungewißheit vor drohenden Maßnahmen seitens der Krankenhausverwaltung der SS unter den Patienten meiner Hospitalbaracke ausgebrochen war. Der Läufer der Politischen Abteilung hatte gewisse Krankenblätter im Auftrage dieser Kontroll-Institution aus dem Revier angefordert und abgeholt.

Transportgefahr? Abspritzkommando? Was alles konnte es bedeuten!?

Die Fieberkurven kletterten rapide in die Höhe. Lähmendes Entsetzen und nagende Angst erfaßte die Kranken. Nach einigen Tagen löste sich das grausame Rätsel der angeforderten Papiere:

Versuche an Lebenden mit Phosphor waren befohlen, d. h. Bekämpfungsmethoden zur Heilung von Phosphorbrandwunden sollten entwickelt und ausprobiert werden! Geeignete ‹Objekte› sind mit künstlich angelegten Brandwunden zu versehen und nach Weisung zu behandeln! Zu den Versuchen sind per primum heranzuziehen:

a) Juden,
b) Homosexuelle.

Die Versuche laufen spontan an und sind sorgfältig auszuführen und laufend zu überwachen. Die Berichte hat der verantwortliche Lagerarzt der SS der Forschungsabteilung (Medizin) im Reichssicherungshauptamt Berlin persönlich vorzulegen! . . .

Die Durchführung dieser Experimente erfolgte unter Beobachtung aller Kautelen der Hygiene und der Exaktheit.

Über die Begleiterscheinungen solcher kriegsleidenverhütender Versuchsreihen, die durch namenlosen Schmerz, durch Angst, Blut und Tränen zum Ausdruck kamen, muß ich schweigen, denn es ist unmöglich, diesem Elend Worte zu verleihen» (ebd., Juli 1954).

Flucht

Aus der Tongrube gelingt es einem Homosexuellen zu entfliehen. Trotz übersichtlicher Sicherung, genügender Posten und Drahtverhau. Kein Anhaltspunkt, wie die Flucht möglich. Die ausfahrenden Tonzüge wurden durch zwei SS-Männer und den Kommandoführer persönlich kontrolliert. Großes Suchaufgebot, tagelanges Suchen in dem anschließenden Waldgelände, keine Spur. – Nach genau zehn Tagen kommt ein Fernschreiben von der Grenzstelle Warnemünde, daß der Gesuchte soeben von Fischern eingebracht worden sei. Er wird dort abgeholt und muß nun den Fluchtweg zeigen. Wochenlang hatte er sich schon mit seiner Flucht beschäftigt, alle Möglichkeiten durchdacht. Es blieb nur der ausfahrende Materialzug. Er arbeitete fleißig und fiel dadurch auf. So wurde er zum Wagenschmierer und Schienenbeaufsichtigter auserwählt. Beobachtete nun tagelang die Kontrolle der ausfahrenden Züge. Jeder Wagen wurde oben und unten nachgesehen. Die Diesel-Lokomotive wurde überholt, nur sah keiner unter die Maschine, da die Schutzbleche fast bis zu den Schienen herunterreichten. Doch er hatte gesehen, daß das hintere Blech nur lose eingehängt war. – Während nun der Zug zur Kontrolle an der Ausfahrt hielt, kroch er schnell unter die Maschine, klemmte sich zwischen die Räderpaare und fuhr so mit hinaus. Bei der nächsten starken Kurve, bei der der Zug langsamer fuhr, ließ er sich fallen, den Zug über sich hinwegrollen und verschwand im Wald. Die einzuschlagende Nordrichtung war ihm klar. – Da die Flucht bald bemerkt worden war, konnte der Kommandoführer das Lager telefonisch alarmieren. Als erstes wurden in solchen Fällen die Brücken besetzt durch motorisierte Streifen. Als nun der Häftling zum Groß-Schiffahrtsweg Berlin-Stettin kam, sah er die Brücke bereits besetzt. Er verbarg sich in einer hohlen Weide, so daß er den Kanal und die Brücke im Auge hatte. Ich selbst bin mehrere Male an dieser Weide vorbeigefahren. Nachts schwamm er durch den Kanal. Er lief nun, sich abseits von Straßen und Dörfern haltend, immer in Nordrichtung, besorgte sich Zivilkleider in einer Arbeitshütte einer Sandgrube. Lebte von Milch, indem er Kühe auf der Weide molk, und Feldfrüchten. So kam er durch Mecklenburg an die Ostsee. Bei einem Fischerdorf gelang es ihm, ein Segelboot klarzubekommen, und so segelte er los in Richtung Dänemark.

Kurz vor den dänischen Hoheitsgewässern stieß er auf Fischer, die sein Boot kannten. Sie hielten ihn an, und da sie in ihm gleich einen Ausreißer vermuteten, lieferten sie ihn in Warnemünde ab . . .

Wurde ein Geflohener gefunden, so wurde er – wenn möglich in Eickes Gegenwart – im Lager an den angetretenen Häftlingen vorbeigeführt, er hatte ein großes Schild umhängen mit der Aufschrift: «Ich bin wieder da.» Dazu mußte er eine große Trommel schlagen, die ihm umgehängt worden war. Nach der Defilage wurde er mit 25 Stockhieben bestraft und in die Strafkompanie eingewiesen.

Der SS-Mann, der ihn gefunden oder wiederergriffen, wurde in einem Tagesbefehl belobigt und bekam Sonderurlaub. Außenstehende, Polizei oder Zivilisten, bekamen ein Geldgeschenk. Hatte ein SS-Mann durch umsichtiges, aufmerksames Verhalten eine Flucht verhindert, so belohnte dies Eicke besonders durch Urlaub und Beförderung. Eicke wollte unbedingt gewährleistet wissen, daß *alles* getan wurde, um eine Flucht zu verhindern. Und wenn eine gelungen, *nichts unversucht* zu lassen, was zur Wiederergreifung führen könne (Eicke = Lagerkommandant) (aus: Höss 1979, S. 87 f).

Exekutionen

Pfingstmorgen des Jahres 1941

«Es war noch vor Morgengrauen, als die entsetzliche Stimme der Lagerglocke uns alle zu einem Sonderappell zusammenschrie, 15 000 Gefangene aller Nationen und aller Kategorien standen fröstelnd und vor Schreckerwartung fiebernd auf dem weiten Platz, der von hohen Mauern und MG-bewehrten Türmen drohend umstellt war.

In der Mitte des kahlen Runds waren drei Galgen errichtet – die Schlingen hingen schlaff von den eisernen Haken und färbten sich langsam mit dem roten Licht der aufgehenden Sonne . . . ‹Wie in Blut getaucht› erschauerten wir, und blickten traurig hinüber zum Tor, das eben aufgestoßen wurde.

Drei Kameraden – drei Menschen, deren letztes Stündlein geschlagen hatte, wurden im Karrachomarsch von den Henkern zur Richtstätte getrieben. –

Bleich und mit großen, einsamen Augen standen sie nun mitten unter uns und waren allein – so allein, als wäre dieser Ort nicht die arme alte Erde, die uns geboren hatte, sondern ein ausgebrannter, kalter, fremder Stern, auf dem alles Leben längst erloschen war und der verloren und vergessen durch das unbekannte All brauste. –

Drei Kameraden! Drei blühende junge Menschenkinder! Jünglinge, die nichts getan hatten, als was zu tun im Herzen jedes gefangenen Menschen als Wunsch und Sehnsucht schlummert, bis es einmal Tat wird: Flucht in die Freiheit!

Aber es gab keine Freiheit mehr, in die zu flüchten es sich noch verlohnt hätte. Überall war Tod, Gewalt und Haß. Auch jenseits dieser hohen Mauern gab es keine Zuflucht mehr, Deutschland war eine Wüste geworden, aus deren heißem Sand die Flammen des Untergangeges schlugen.

Sie hatten es dennoch unternommen, einen Weg zu suchen, der zuzückführen möchte in eine würdige Welt der Menschenliebe, die sie einmal gekannt hatten.

Sie waren zurückgebracht worden in dreifach geschlungenen Ketten. Sie wurden zum Tode gebracht als Saboteure und Verdunkelungsräuber. ‹Homo›, verhöhnend stand es auf ihren Kitteln geschrieben, die sie zu diesem letzten Gang trugen. Homo – der Mensch. – Gewiß – aber sie waren es nicht für ihre Mörder, sie waren es nun für sich ganz allein. Und das war das große Verbrechen dieser Zeit, ein einzelner Mensch sein zu wollen.

Bevor sie sterben durften, überschüttete man sie mit Hohn und Spott, man begrub sie in Schmerzen und Qualen bei lebendigem Leibe, aber man tötete sie noch nicht.

Mit versalzener Speise wurden sie zum Dursten gebracht und gepeitscht auf dem Bock, und danach band man ihnen eine große Trommel um den Hals, die sie schlagen mußten und dazu schreien: Hurra; Wir sind wieder da! Hurra! Hurra! Hurra!

Zu lebenden Leichnamen erstarrt, verharrten wir lautlos und schrien dennoch unser Mitleid und unsere Qual hinauf in den herrlichen Himmel – Pfingsten, das liebliche Fest, war gekommen!

Das Urteil wurde verlesen und dröhnte monoton in drei Sprachen über uns hin ...

Die Moribundi grüßten zum letzten Male mit großen Augen das Morgenlicht – der sanfte Wind küßte ihre zerzausten Scheitel, und die armen, müden Füße stolperten zur todbringenden Estrade unter dem Galgen herauf und dann ... sausten ihre Körper hinab in die Ewigkeit. – – –

Wie ein Schrei stand das Schweigen über uns und verdunkelte die aufgehende Sonne. Cum tacent, clamant ... nun erst hatte ich begriffen! –

Scharley! Hans! Herbert!

Drei Kameraden! Drei Freunde! Drei von uns! Homo – – –

Ihre Namen stehen für alle Namen aus jener Zeit, die eingeschrieben sind mit dem Herzblut der Erinnerungen in das Bewußtsein der Überlebenden, die weder vergessen können noch vergessen dürfen, bis eine freundliche Morgendämmerung das Licht eines neuen Tages begrüßen wird» (aus: Humanitas, Januar 1955).

«Das Ausschwitz der Homosexuellen»

Die Tongrube des Groß-Klinkerwerks Sachsenhausen

Der Bericht eines Opfers

«Diese Tongrube, die bei uns Häftlingen die Todesgrube hieß, war als Menschenvernichtungsfabrik in allen anderen KZ ebenso bekannt wie gefürchtet und bis zum Jahre 1942 das ‹Auschwitz› für die Homosexuellen. Denn nur Homos wurden zur Arbeit in die Tongrube kommandiert, um dort unter schwersten Arbeitsbedingungen und Martern zu Tode geschunden zu werden.

Tausende und aber Tausende Homosexueller mußten dort ihr gepeinigtes Leben lassen, Opfer einer gesteuerten und gezielten Vernichtungsmaschinerie Hitler-Deutschlands» (aus: Heger 1972, S. 41).

Die Angaben eines Mörders

«In Sachsenhausen waren die Homosexuellen von vornherein in einem besonderen Block untergebracht. Ebenso wurden sie von den anderen

Häftlingen getrennt zur Arbeit eingesetzt. Sie arbeiteten in der Tongrube des Groß-Klinkerwerkes. Es war dies eine schwere Arbeit, und jeder mußte ein bestimmtes Maß leisten. Sie waren allen Witterungseinflüssen ausgesetzt; denn täglich mußten eine bestimmte Anzahl von Tonzügen angefahren werden. Der Brennprozeß durfte nicht durch das Fehlen von Material unterbrochen werden. So mußten sie eben bei jedem Wetter arbeiten, ob Sommer oder Winter» (aus: Höss 1979, S. 80).

L. D. Classen von Neudegg

Es geschah im Juni 1942, daß im Konzentrationslager Sachsenhausen wieder einmal eine jener Sonderaktionen gestartet wurde, die einige hundert Menschen einem Henker auslieferte, der das Töten zur Staatsräson erhoben hatte. Diesmal ging es darum, die Endlösung des «Homosexuellenproblems» herbeizuführen, indem man diese Parias des Lagers zu einem Vernichtungskommando zusammenfaßte und sie mit unvorstellbarer, sadistischer Grausamkeit durch Hunger und Fron langsam zu Tode marterte.

Am Abend des 20. Juni 1942 hieß es plötzlich nach dem Appell:

«Sämtliche Häftlinge mit dem rosa Winkel haben geschlossen angetreten stehen zu bleiben!»

Wir standen auf dem öden, weiten Platz und harrten der Dinge, die da kommen sollten. Es war totenstill, und ein warmer Sommerwind trug von irgendwoher aus den Bezirken der Freiheit (das waren ein paar armselige Fichtenkronen, die jenseits der hohen Mauern aufragten) einen süßen Duft von Harz und Holz herüber – aber wir schmeckten ihn nicht, denn unsere Kehlen waren heiß und trocken vor Angst und Schrecken in diesem Augenblick. Dann ging ein Tor der Wachstube im Kommandoturm auf und ein SS-Offizier und einige seiner Schergen kamen auf uns zu. Der Kapo unserer Gruppe meldete: «Dreihundert Sittenstrolche befehlsgemäß angetreten!» Wir wurden nach Name und Nummer in einer Liste registriert, und danach wurde uns eröffnet, daß laut Befehl der Reichsführung SS unsere Kategorie in einer verschärften Strafkompanie isoliert werden müsse und daß wir am anderen Morgen geschlossen in das Großziegelwerk «Klinker» übergeführt würden. Klinkerwerk! Wir erschauerten – diese Menschenliquidationsfabrik war mehr als gefürchtet, und jeder, der in dieser Hölle auf Erden schon einmal gewesen war, durfte seit jener Zeit seinen Geburtstag zweimal im Jahre begehen.

«Ihr braucht nicht so blöde zu starren, meine geliebten P . . . hopser», meinte der Offizier, «dort lernt ihr das ehrliche Handwerk körperlicher Arbeit kennen und werdet danach rechtschaffen schlafen. Ihr seid ein biologischer Fauxpas des lieben Gottes und müßt erst mal hingebogen werden! Weggetreten – marsch marsch!!»

In dieser Nacht lagen wir auf unseren Strohsäcken und starrten in die Finsternis und fürchteten uns vor dem Morgen.

Ein Sommermorgen voll Licht und Schönheit stieg herauf und war für viele der letzte Lebensmorgen.

In Fünferreihen marschierten wir zum Tor hinaus, flankiert von Scharführern mit Maschinenpistolen. Fünf Kilometer lang war die Straße des Todes – für viele nicht einmal knapp tausend Meter. Sobald wir aus dem Sichtbereich des Lagers waren, kam der Karrachobefehl: «Im Laufschritt, marsch marsch!!» – Und dann begann das Inferno. Mit Gewehrkolben und Ochsenziemern, mit nagelbewehrten Stiefeln wurde auf uns eingeschlagen, getreten, gepeitscht und gehetzt . . .

Aber wir waren erst am Anfang unseres Martyriums angekommen. Mit zwanzig Toten und dem restlichen blutverkrusteten Haufen Mensch zogen wir ein in das Klinkerwerk. O Graus, eine Lagermusik-Kapelle empfing uns am Tore mit flotter Marschmusik. Die Hymne des Hinkenden: Auf der Heide blüht ein kleines Blümelein – und das heißt Erika! – Tatsächlich, eine solche Musik erscholl, und die sie machten, denen standen die Tränen in den Augen. Sie spielten befehlsgemäß, und über uns erdröhnte das Kommando: «Mützen ab!!» Aber das war nur der Vorhof der Hölle, den wir erreicht hatten. Unser Käfig war schon vor Tagen zweckentsprechend abseits der übrigen Baracken erstellt worden. Dorthin trieben sie uns nun per Karracho!

Eine Baracke wie die anderen alle auch – nur diese noch mit einem hohen Bretterzaun isoliert . . .

Über dem Eingang der Isolierungsbaracke der Strafkompanie war, um das Maß der Verhöhnung vollzumachen, ein buntes Schild angebracht worden, darauf geschrieben stand: HERZLICH WILLKOMMEN!

Unermeßlich und unvorstellbar waren die Leiden, die nun für uns begannen. Ich kann mich keines noch so düsteren Vorgangs menschlicher Verwilderung aus dem Buche der Geschichte der Menschheit erinnern, der solche grausamen Spuren von Blut und Tränen hinterlassen hätte, als diese Aktion: Klinker! Innerhalb von zwei Monaten war dieses «Arbeitskommando Strafkompanie» auf ein Drittel seiner Menschen zusammengeschrumpft. Erschlagen! Erschossen! Erhängt! Ertränkt! Verhungert! «Auf der Flucht erschießen!» war ein lohnendes Tagesspiel für die Wachtposten. Pro Kopfschuß gab es für sie fünf Reichsmark und drei Tage Sonderurlaub. Manche brachten es auf mehrere Treffer pro Tag. Dazu waren zwei Schakale in Menschengestalt unter uns, die man Kapo nannte. Sie waren die Handlanger des Todes und amüsierten sich dabei einen prächtigen Wanst und ein fröhliches Gemüt auf Kosten der Sterbenden an.

Brot und Tod, das waren die beiden Pfeiler unseres Daseins. – Wir hatten nichts anderes mehr, woran wir uns hätten halten können. Was darüber hinausging, und was wir einmal das Leben nannten, war weit, weit fort, und nichts als der Geruch von Blut und Verwesung, von Qual und Gemeinheit umgab uns hier.

Als ich selber bei einem Körpergewicht von 39 kg angelangt war, meinte eines morgens ein Posten: «Na, ist's nun soweit – willst du rüber? – Ich schieße tadellos und weh tut's auch nicht – komm! Einen Schritt nur über die Postenkette, und du bist erlöst!» Indem ich von dem Posten fortging, summte ich das Lied der Moorsoldaten vor mich hin, das uns so oft in traurigen Stunden getröstet hatte, und dessen Melodie die Lebenden und die Sterbenden in allen Verließen des Tyrannen mutig und ruhig werden ließ (aus: Humanitas, Jg. 1955).

Das erwähnte Lied der Moorsoldaten ist heute eines der bekanntesten antifaschistischen Lieder. Es entstand in den Moorlagern des Emslandes und ist in verschiedenen Textversionen überliefert. Wir geben hier den Text wieder, den Eugen Kogon in seinem Buch *‹Der SS-Staat›* abdruckte.

Lied der Moorsoldaten

Wohin auch das Auge blicket,
Moor und Heide nur ringsum.
Vogelsang uns nicht erquicket,
Eichen stehen kahl und stumm.

Wir sind die Moorsoldaten
und ziehen mit dem Spaten
ins Moor . . .

Morgens ziehen die Kolonnen
durch das Moor zur Arbeit hin,
graben bei dem Brand der Sonnen,
doch zur Heimat steht der Sinn.

Wir sind die Moorsoldaten
und ziehen mit dem Spaten
ins Moor . . .

Auf und nieder gehn die Posten,
keiner, keiner kann hindurch,
Flucht wird nur das Leben kosten,
Vierfach ist umzäunt die Burg.

Wir sind die Moorsoldaten
und ziehen mit dem Spaten
ins Moor . . .

Doch für uns gibt es kein Klagen
ewig kann's nicht Winter sein.
Einmal werden froh wir sagen:
Heimat, du bist wieder mein!

Dann ziehn die Moorsoldaten
nicht mehr mit dem Spaten
ins Moor . . .

Selbstverstümmelung

«Je fünf bis sechs Häftlinge mußten mit Schaufeln die Loren mit Ton beladen, während andere Gruppen mit der gleichen Häftlingsanzahl die beladenen Loren bergauf schoben. Dazu gab es fast ununterbrochen Schläge der Capos und SS, die mit Stockhieben die Arbeit beschleunigen wollten [die Lagerprominenz bestand zu diesem Zeitpunkt in Sachsenhausen aus ‹Grünen›; Anm. d. Verf.], zugleich aber ihrem sadistischen Trieb freien Lauf ließen. So konnte es nicht ausbleiben, daß sich fast täglich Häftlinge von den Loren Finger und/oder Zehen, oft sogar Hände und Füße abfahren ließen, um von diesem Kommando in der Tongrube wegzukommen. Doch alle diese Selbstverstümmler wurden zwar in das Krankenrevier eingeliefert, aber man sah sie nie wieder gesund und lebend herauskommen. Sie bildeten den nie abreißenden Strom der menschlichen Versuchskaninchen für die ‹ärztliche› Forschung.

Es kam sehr oft vor, daß den Häftlingen, die die vollen Loren bergauf schoben, die Kraft ausging und ihnen die beladene Lore wieder in wildem Tempo bergab davonfuhr. Konnten die Loren nicht rechtzeitig mit Holzprügeln abgebremst werden, so stießen sie mit voller Kraft auf die nach oben folgende Lore. Viele Häftlinge waren schon so abgestumpft und gleichgültig, daß sie nicht einmal rechtzeitig wegsprangen, wenn eine volle Lore ihnen entgegenbrauste. Dann wirbelten oft Menschenleiber durch die Luft und Gliedmaßen wurden zermalmt und zerquetscht und für die übrigen Häftlinge gab es zusätzliche Stockhiebe. So forderte die Tongrube ihre täglichen Opfer an Unfalltoten und an Erschöpfung Zugrundegegangenen. Sie tat ihrem Namen alle Ehre, die Todesgrube vom Klinkerwerk» (aus: Heger, o. J., S. 42 f).

KZ Auschwitz

Todeslisten

Wir veröffentlichen im folgenden einen Auszug aus den fünf erhalten gebliebenen «Zugangslisten» des KZ Auschwitz. Die Angaben verdanken wir Andreas Gros, der im Jahre 1978 die überlieferten Listen auf Häftlinge mit dem Haftgrund «§ 175» durchgesehen hat.

Von diesen fünf Listen enthielt die «Zugangsliste 1» (Häftlingsnummern 8235 bis 11 370) keine Eintragung über den Haftgrund. Von der «Zugangsliste 2» (Häftlingsnummern 11 371 bis 16 204) sind bis zur Nummer 15 617 keine Eintragungen zum Haftgrund gemacht worden. Unter den restlichen 587 befanden sich drei Homosexuelle.

Die «Zugangsliste 3» (Häftlingsnummern 16 205 bis 19 480) enthält 3276 Namen, davon sieben mit dem Haftgrund «§ 175».

Von den 2899 Häftlingen der «Zugangsliste 4» (Häftlingsnummern 19 481 bis 22 379) waren 21 wegen «§ 175» eingeliefert worden.

Unter den 2634 Häftlingen der «Zugangsliste 5» (Häftlingsnummern 22 380 bis 25 013) gab es neun Männer mit dem Rosa Winkel.

Weitere Zugangslisten sind nicht vorhanden.

Von den insgesamt 9396 Häftlingen, über die eine Angabe des Haftgrundes vorhanden ist, waren 40 Schwule. Diese Häftlinge stammten, mit einer Ausnahme, aus den Gebieten Pommern, Schlesien und Ostpreußen.

Der jüngste Häftling war zum Zeitpunkt der Einlieferung 21 Jahre, der älteste 60 Jahre alt. Das Durchschnittsalter betrug 41 Jahre. Es fällt auf, daß ein großer Teil der schwulen Häftlinge Arbeiter waren (dreizehn) oder aus handwerklichen Berufen stammte. Akademische Berufe dagegen waren lediglich dreimal vertreten: Arzt, Dipl.-Ingenieur, Gerichtsassessor.

Die Listen umfassen Eintragungen aus den Monaten Mai bis Dezember 1941.

Mord an Kindern

«Während des Frankfurter Auschwitz-Prozesses wurde bekannt, daß zwölf- bis vierzehnjährige Jugendliche nach Auschwitz eingeliefert worden sind, weil sie auf Bahnhöfen Kohlen geklaut hatten. Die Kinder wurden auf verschiedene Häftlingsbaracken verteilt. Eines Tages hieß es bei der SS, es sei unmoralisch, daß die Jungen in einem Raum mit Männern schliefen. Die Kinder wurden durch Injektionen von der SS ermordet. Die ‹Moral› war gerettet» (aus: Harthauser, S. 32 f).

Überweisende Dienststelle	Datum des Zugangs	Haft.Art.	Häftlings-Nummer	Name, Vorname	Geburts-datum	Geburtsort	Beruf
	● *Zugangsliste 2 (Nr. 11 371–16 204, davon Nr. 11 371–15 617 ohne „Haft.Art.“-Ang.)*						
Kripoleitstelle Breslau	23. Mai 41	V.H./§ 175-D.	15 761	P., Günter	24. 01. 20	Brice	Mühlenarbeiter
Kripoleitstelle Breslau	23. Mai 41	V.H./§ 175-D.	15 762	B., Anton	26. 10. 93	Niederrathen	Arbeiter
Kripoleitstelle Schwerin	23. Mai 41	V.H./§ 175-D.	15 766	K., Friedrich	15. 11. 12	Kamonz-Sachsen	Kaufm. Angest.
	● *Zugangssliste 3 (Nr. 16 205–19 480)*						
Kripoleitstelle Breslau	25. Juli 41	V.H./§ 175-D.	18 747	K., Josef	16. 11. 94	Gr. Priesen	Schneider
Kripostelle Stettin	28. Mai 41	V.H./§ 175-D.	16 642	B., Kurt	09. 12. 10	Stettin	Schauspieler
Kripoleitstelle Breslau	30. Mai 41	V.H./§ 175-D.	16 962	v. M., Rudolf	25. 08. 05	Waldenburg	Gerichtsassistent
Kripoleitstelle Breslau	06. Juni 41	V.H./§ 175-D.	17 116	P., Willi	11. 04. 07	Sagan N/S	Textilarbeiter
Kripostelle Stettin	20. Juni 41	V.H./§ 175-D.	17 260	B., Friedrich	19. 01. 93	Pommeriensdorf	Arbeiter
Kripoleitstelle Königsberg	29. Juni 41	V.H./§ 175-D.	17 441	K., Leo	18. 01. 88	Bischofsburg	Büroangestellter
Kripoleitstelle Breslau	29. Juni 41	V.H./§ 175-D.	17 442	K., Herrmann	28. 09. 91	Tannenberg	Landarbeiter
	● *Zugangsliste 4 (Nr. 19 481–22 379)*						
Kripoleitstelle Breslau	08. Aug. 41	V.H./Homos.	19 943	L., Paul	06. 03. 85	Hirschberg	Landarbeiter
Kripoleitstelle Breslau	22. Aug. 41	V.H./§ 175-D.	20 149	L., Paul	12. 04. 88	Nieder-Buchwald	Metallarbeiter
Kripoleitstelle Breslau	22. Aug. 41	V.H./§ 175-D.	20 150	S., Erwin	16. 02. 18	Breslau	Kaufm. Angest.
Kripostelle Tilsit	22. Aug. 41	V.H./§ 175-D.	20 153	L., Franz	29. 03. 00	Eschergallen	Kaufm. Angest.
Kripoleitstelle Stettin	22. Aug. 41	V.H./§ 175-D.	20 169	D., Emil	27. 01. 83	Kolberg	Landarbeiter
Kripoleitstelle Breslau	29. Aug. 41	V.H./§ 175-D.	20 280	J., Walter	10. 06. 10	Leonschitz	Arbeiter
Kripoleitstelle Breslau	29. Aug. 41	V.H./§ 175-D.	20 281	B., Oskar	28. 08. 93	Alt Lessig	Landwirt
Kripoleitstelle Schwerin	29. Aug. 41	V.H./§ 175-D.	20 285	D., Walter	04. 01. 09	Mördingen	Schlosser
Kripoleitstelle Schwerin	29. Aug. 41	V.H./§ 175-D.	20 286	K., Willi	02. 07. 05	Seestadt	Kaufmann
Kripostelle Stettin	12. Sept. 41	V.H./§ 175-D.	20 696	G., Paul	02. 03. 90	Kl. Kirschbaum	Landarbeiter
Kripostelle Stettin	12. Sept. 41	V.H./§ 175-D.	20 698	P., Hugo	23. 02. 01	Falkenberg	Elektriker

Überweisende Dienststelle	Datum des Zugangs	Haft.Art.	Häftlings-Nummer	Name, Vorname	Geburts-datum	Geburtsort	Beruf
Kripostelle Troppau	12. Sept. 41	V.H./§ 175-D.	20 699	M., Johann	24. 04. 97	Libau	Arbeiter
Kripostelle Essen	19. Sept. 41	V.H./§ 175-D.	21 018	B., Theodor	15. 03. 96	Oefte	Angestellter
Kripoleitstelle Breslau	26. Sept. 41	V.H./§ 175-D.	21 095	M., Johann	08. 12. 88	Krieblowitz	Fleischer
Kripostelle Stettin	03. Okt. 41	V.H./§ 175-D.	21 305	H., Otto	17. 12. 06	Stettin	Arbeiter
Kripostelle Stettin	05. Okt. 41	V.H./§ 175-D.	21 389	R., Franz	27. 08. 02	Demmin	Gärtner
Kripostelle Kattowitz	10. Okt. 41	V.H./§ 175-D.	21 404	S., Emil	16. 07. 13	Hindenburg	Arbeiter
Kripoleitstelle Breslau	10. Okt. 41	V.H./§ 175-D.	21 409	P., Walter	01. 10. 90	Nakel	Med. Arzt
Kripoleitstelle Breslau	10. Okt. 41	V.H./§ 175-D.	21 410	M., Waldemar	11. 04. 15	Neusalz	Bäcker
Kripoleitstelle Königsberg	25. Okt. 41	V.H./§ 175-D.	22 298	Sch., Richard	25. 09. 00	Tillendorf	Bürogehilfe
Kripoleitstelle Breslau	31. Okt. 41	V.H./§ 175-D.	22 375	F., Alfred	02. 09. 81	Briesnitz	Schuhmacher

● *Zugangsliste 5 (Nr. 22 380–25 013)*

Überweisende Dienststelle	Datum des Zugangs	Haft.Art.	Häftlings-Nummer	Name, Vorname	Geburts-datum	Geburtsort	Beruf
Kripoleitstelle Breslau	07. Nov. 41	V.H./§ 175-D.	22 513	P., August	24. 08. 95	Weferlingen	Diener
Kripostelle Kattowitz	25. Nov. 41	V.H./§ 175-D.	23 234	D., Alfred	06. 10. 13	Reutenau	Polizeibeamter
Kripoleitstelle Königsberg	27. Nov. 41	V.H./§ 175-D.	23 518	R., Fritz	07. 07. 07	Moritten	Krankenpfleger
Kripoleitstelle Königsberg	27. Nov. 41	V.H./§ 175-D.	23 520	B., Kurt	20. 12. 13	Königsberg	Kellner
Kripostelle Oppeln	28. Nov. 41	V.H./§ 175-D.	23 600	G., Max	06. 04. 05	Bischtdorf	Kaufmann
Kripoleitstelle Breslau	05. Dez. 41	V.H./§ 175-D.	23 712	Sch., Heinz	18. 04. 09	Königsberg	Kaufmann
Kripoleitstelle Königsberg	06. Dez. 41	V.H./§ 175-D.	23 760	B., Hermann	23. 03. 01	Siegmanten	Dekorateur
Kripostelle Frankfurt/O.	18. Dez. 41	V.H./§ 175-D.	24 808	L., Karl	24. 02. 09	Rostock	Dipl.-Ingenieur
Kripostelle Frankfurt/O.	18. Dez. 41	V.H./§ 175-D.	24 809	J., Erwin	11. 07. 11	Drochow	Elektriker

Moorlager Neusustrum

Harry Pauly, der 1936/37 im «Lager 5» in Neusustrum inhaftiert war, berichtet:

«Nach der Olympiade, das war im August 1936, ging der Transport los. Ich hatte ein Jahr drei Monate wegen § 175 bekommen und saß zunächst im Gefängnis Tegel, nachdem ich vorher im Kolumbia-Haus verhört und später verurteilt worden war. In Tegel kam, nachdem ich so etwa drei Wochen dort war, eines Tages einer der Wächter und sagte: ‹Morgen früh geht es ab ins Moorlager.› Wir sind dann am nächsten Tag mit der ‹Grünen Minna› von Berlin aus losgefahren. Der Wagen war völlig überfüllt. Vor allem ‹175er›, aber auch Kriminelle. Die erste Etappe war Hannover. Dort kamen wir für eine Nacht in das Polizeigefängnis. Am nächsten Tag ging es ab Hannover Hauptbahnhof per Bahn weiter. Dazu wurden wir extra in Ketten gelegt wie die Schwerverbrecher. Die Bewacher riefen über den Bahnsteig: ‹Alles frei machen! Gefangenen-Transport. Es kann geschossen werden!› Das haben wir drei- bis viermal erlebt.

Als wir endlich in Papenburg angekommen waren, nach Tagen, standen Lastzüge am Zug und die SS. Die SS hatte Pistolen, die zogen sie und fingen sofort an zu brüllen: ‹Los! Raus, ihr Säue! Seid ihr noch nicht im Lastwagen! Ihr Schweine! Ihr Arschficker! Euch werden wir jetzt schon den Arsch aufreißen! Ihr werdet was erleben!› Die haben andauernd in die Luft geschossen und mitunter auch ziemlich nah an uns herangeschossen. Du kannst dir vorstellen, wir waren doch Menschen, wir hatten Angst, daß die uns sofort umlegen. Ich bin noch nie im Leben so schnell auf einen Lastwagen gekommen.

Unter den Leuten von der SS gab es einen Kerl, den nannten wir dann später ‹Liesbeth›. Der war jetzt auch schon mit dabei. Liesbeth war eine Tunte, *selber eine Tunte, vergiß das nicht!* Eine Tunte! Lang und schlank gewachsen, jeder Schritt ein Walzer, und immer mit der Pistole hat der rumgeschossen und geschrien: ‹Ihr Säue! Ihr Lumpen! Los, los, los!› Und geschossen hat das Schwein! Die Kugeln flogen uns nur so an der Nase vorbei. Die hat sich besonders pervers aufgeführt. Die hat immer gleich geschlagen, ins Gesicht, mit dem Revolver gedroht und auch immer wieder geschossen mit ihrer kleinen Pistole, dieses Dreckstück. Der war von der SS. Aber da waren noch andere schlimme Typen, z. B. die ‹Mooreule›, das war der Kommandant der SS-Abteilung, genauso ein Miststück. Der hat immer die Kolonne geführt, wenn wir ins Moor gingen zum Arbeiten. Der hat sich auch immer besonders als Schläger hervorgetan. Und dann war da noch ein ‹Sally›, auch SS, der prügelte und schlug die Menschen auch immer ins Gesicht, daß sie ohnmächtig wurden.

Die SS war damals auch im Lager, als Wachpersonal. 1937 hieß es dann plötzlich unter den Gefangenen, daß Hamburger Justizbeamte als Wachpersonal kommen würden, um die SS abzulösen. Jeder von uns erhoffte durch sie eine Besserung. Die Justizbeamten kamen dann auch, etwa fünf Monate vor meiner Entlassung. Aber nichts geschah. Die sind doch von der SS eingewickelt worden, die alten Daddies. Die waren zwar im Lager und haben die Verwaltung übernommen, das Essen ausgegeben, aber sonst hat sich nichts geändert.

Wir waren ja aber auch die meiste Zeit im Moor, und da hatten wir es immer und ausschließlich mit der SS zu tun. Da draußen im Moor war man denen hilflos ausgeliefert. Die ‹Mooreule›, ‹Liesbeth› und ‹Sally›, diese ganze Mistbrut, die hat weiter bestimmt und befohlen. Die haben uns rausgeführt ins Moor, und die waren auch weiterhin die Oberhäupter. Die Justiz war für uns nur ein Aufflackern von Hoffnung – danach eine ganz große Enttäuschung. Die SS hat weiterhin die für uns lebenswichtigen Sachen gemacht: Die Befehle ausgegeben, wer zum Kommandanten muß, die Befehle, wer welche Strafen bekommt und wer in den Strafblock muß. Die Justiz war reine Formsache.

Die Arbeit im Moor war fürchterlich. Ich bin Schauspieler, habe außerhalb der Bühne nur selten einen Spaten in der Hand gehabt. Ich glaube, daß ich eingegangen, richtig kaputtgegangen wäre, wenn mir nicht andere geholfen hätten. Die Nazis haben ja behauptet, daß die Homos durch Arbeit wieder Heteros würden, ‹Besserung durch Arbeit› haben sie gesagt. Ich habe erlebt, wie einer nach der Arbeit tot umgefallen ist. Und das Essen war natürlich auch wenig und schlecht, nur sonntags war es besser. Wir haben fast zwölf Stunden täglich im Moor gearbeitet, lange Gräben gezogen, das Moor entwässert. Ich war in diesen Kuhlen überhaupt nicht zu sehen, so tief waren die. In diesen Löchern stank es nach Schwefel, so daß einem manchmal ganz schlecht wurde. Wenn man das Pensum an Arbeit nicht schaffte, dann konnte man in den Strafblock kommen. Ich sehe die ‹Liesbeth› noch heute vor mir stehen und rumkreischen: ‹Du bist wohl faul!› Ich habe meinen Tabak und alles, was ich irgendwie entbehren konnte, anderen Häftlingen gegeben, damit sie mir helfen. In die Strafkompanie konnte man nämlich auch dann kommen, wenn man die Arbeit nicht schaffte.

Nach der Arbeit mußten wir dann immer antreten. Nach einem besonderen System, so daß die SS gleich sehen konnte, ob noch alle da waren. Und manchmal fehlte einer. Die holländische Grenze war ja nicht weit. Wir mußten dann alle stehen bleiben, und die SS hatten mit Hunden versucht, den Fehlenden wieder einzufangen. Meist haben sie den denn auch wirklich wieder gefunden. Die Bevölkerung, das muß man wissen, arbeitete ja auch mit der SS zusammen. Wenn die wieder jemanden gefangen hatten, dann ist er in Ketten gelegt worden, wurde geschlagen und immer wieder geschlagen. Nicht mal eine Kippe durftest du dem hinwerfen. Wenn du verletzt warst, dann warst du schlimm dran. Die ärztliche Betreuung war schlecht; schlimm war sie. Bloß nicht krank werden, hoffte jeder. Es ist so fürchterlich in diesem Lager gewesen, wenn man krank war.

Wir kamen meistens immer so zwischen 6 und 7 Uhr abends aus dem Moor. Dann gab es Essen und man hatte etwa zwei Stunden Zeit für sich. Da konnte man im Lager rumgehen.

Um 9 Uhr kam dann immer der ‹Pfiff›, dann mußten alle Baracken antreten und ein Typ von der SS, häufig die ‹Liesbeth›, nahm die Meldung des Barackenältesten an. Man mußte immer Meldung machen, als ob Hitler persönlich da wäre: ‹Melde gehorsamst, Baracke sieben mit 115 Strafgefangenen angetreten!› Die Zahlen mußten ja stimmen. Dann mußten wir anschließend in die Baracken zum Schlafen. Meistens kam die ‹Liesbeth› oder ein anderer SS-Typ noch mal durch. Wenn die gegangen waren, dann standen wir meistens noch mal auf, haben miteinander gesprochen.

Da wurden dann auch die Theatervorstellungen geplant. Das gab es tatsächlich. Die SS durfte es zwar nicht wissen, aber sie wußte es und duldete es auch. An Sonntagen haben wir manchmal Kabarett und Theater gespielt. Ein Freund von mir hat die Ansagen und die Überleitungen gemacht. Manche haben gesungen, und ich habe dann auch ein bißchen verrückt getanzt, so nach Phantasie und mit Kostüm.

Da war auch ein schwules Freundespaar, die haben geboxt, einen Boxwettkampf gemacht. Wir haben sogar Eintritt genommen. Jeder hat das gegeben, was er konnte.

Es waren ja viele Schwule im Lager. Aus allen Gegenden Deutschlands. Aus Stuttgart, München, Berlin, Frankfurt, Hannover. Und das Lager 5 war ja nur eines von vielen. In meiner Baracke waren etwa 120 Mann, und ich schätze, daß mindestens dreißig, wenn nicht mehr, schwul waren. Das dürfte auch in den anderen Baracken so gewesen sein. Es gab im Lager etwa zehn Baracken, insgesamt etwa 1200 Mann. Wer wegen welcher Strafe im Lager war, hatte sich innerhalb einer Baracke immer schnell rumgesprochen. Jeder wußte, ob der eine 36 oder 37 Wagen geknackt hatte oder ob er wegen 175 oder wegen einer politischen Sache usw. gefangengehalten wurde. Im Gefängnis wurden die Schwulen ja immer isoliert gehalten; hier war das nicht so. Eine besondere Kennzeichnung, z. B. die sonst üblichen Winkel in den KZ, gab es hier nicht. Wenn man als Schwuler irgendwie aufgefallen ist, dann wurde man immer schlimm beschimpft: ‹Schwule Sau, dich sollte man vergasen›, usw. Das war dann immer mit großen Ängsten verbunden. Überlebst du den Tag noch, oder was passiert? Ich erinnere mich noch besonders an einen schwulen Arzt, einen Chirurgen, den hat die SS immer zusammengeschlagen. Es waren im Lager unter uns Schwulen alle Berufe vertreten, die man sich denken konnte. Vom Künstler bis zum Arbeiter, vom Angestellten bis zum Bankdirektor.

Freundschaften? Die hat es natürlich auch gegeben. Man mußte aber sehr aufpassen. Wenn man erwischt wurde, kam man in den Strafblock und das bedeutete verschärfte Bedingungen. Da sind auch Gefangene wegen § 175 reingekommen, die gar nicht schwul waren, aber im Lager eine Freundschaft mit einem anderen Häftling hatten und der SS aufgefallen waren.

Als ich entlassen wurde, da waren wir etwa fünfzehn Personen am Bahnhof in Papenburg. Wir waren alle schwul und hatten in drei verschiedenen Lagern gesessen . . .»

«Ich überlebte das KZ» Augenzeugen berichten

Obwohl nach unseren Schätzungen heute noch mehr als tausend Männer mit dem Rosa Winkel am Leben sind, war es nur in zweijähriger mühevoller Kleinarbeit möglich, einige wenige von ihnen kennenzulernen und zur Mitarbeit zu bewegen. Daß vier von ihnen lediglich unter Zusicherung von Anonymität bereit waren, über ihre Erlebnisse zu berichten, ist leider immer noch kennzeichnend für die heutige Situation von Homosexuellen.

Die Gesprächssituationen, in denen die folgenden Berichte dann entstanden, führten dem Autor unmittelbar das Unfaßbare, Unaussprechliche des erlebten Grauens vor Augen. Tränen, minutenlanges Schweigen, Ringen um neue Worte, Blicke, die mehr verrieten als Worte. An dieser Stelle sei den Augenzeugen noch einmal gedankt für ihren Mut, über Unsagbares zu reden und sich dabei der Gefahr auszusetzen, alles noch einmal erleben zu müssen, nächtelang wach zu liegen. Einfacher wäre schweigen, verdrängen und vergessen, um weiterleben zu können.

All das ist in den folgenden Berichten nicht enthalten, soll aber auf keinen Fall verschwiegen werden.

Hans G., Jahrgang 1909 KZ-Neuengamme

Nach meiner Schulzeit habe ich kurze Zeit als Botenjunge bei einer Berliner Bank gearbeitet, danach eine Lehre als Schneider begonnen, und 1933 war ich der jüngste Schneidermeister der Stadt. Ich eröffnete einen Betrieb. Nach ein paar Jahren hatte ich bereits zehn Gesellen beschäftigt. 1939 mußten die dann alle nach und nach zur Wehrmacht. Es blieb mir nichts andres übrig, als meinen Betrieb 1940 ruhend zu melden.

Selbstverständlich sollte ich nun auch zur Wehrmacht. Dank meiner guten Beziehungen – ich hatte in den Jahren zuvor für viele wichtige Leute in den Behörden und Ministerien gearbeitet – wurde ich zur Polizei eingezogen. Ich hab dort sehr schnell einen Posten als Sachbearbeiter bei der Erfassungsstelle der Polizei und Wehrmacht bekommen. In all den Jahren hatte ich eine Reihe von homosexuellen Freundschaften in Berlin. Glücklicherweise bin ich trotzdem nie bei der Polizei oder Gestapo aktenkundig geworden. Um nicht aufzufallen, hatte ich mir eine Freundin zugelegt. Trotzdem war es natürlich wahnsinnig gefährlich, sich irgendwie homosexuell zu betätigen, weil die Nazis inzwischen ein Kesseltreiben gegen uns Schwule begonnen hatten. Wenn die Gestapo erst mal einen Schwulen hatte, konnte sie durch ihn wiederum an unzählige andere ran.

Nachdem ich einige Zeit beim Erfassungsamt gearbeitet hatte, wurde ich nach Paris versetzt. 1943 war das. Innerhalb von vier, fünf Wochen mußte ich dort eine Ausbildung zum Rechnungsführer machen und hatte den Rang eines Oberwachtmeisters. In Paris begann mein Unglück. Genau wie in Berlin hatte ich mir wiederum eine Freundin als Tarnung zugelegt. Sie wußte von meinen gleichgeschlechtlichen Neigungen und akzeptierte sie auch. Manchmal ging sie sogar abends mit in einschlägige Lokale, die trotz deutscher Besatzung weiterexistierten.

Als Rechnungsführer unserer Einheit war ich gleichzeitig für die Verpflegung und Unterkunft zuständig. Eines Abends befahl mir ein Major, frische Bettwäsche auf sein Zimmer zu bringen. Heute nehme ich an, daß er über meine gleichgeschlechtliche Veranlagung Bescheid wußte. Damals jedenfalls ging ich nichts Böses ahnend in sein Zimmer. Er kam gleich zur Sache und forderte mich auf, ihn sexuell zu befriedigen. Erschrocken lehnte ich ab. Er brüllte mich fürchterlich an und drohte, dafür zu sorgen, daß es mir in Zukunft schlecht erginge, wenn ich weiterhin hartnäckig bleiben würde. Was sollte ich als kleiner Untergebener schon gegen einen Major tun. Hilflos stand ich da und mußte seine Beleidigungen über mich ergehen lassen. Als er bemerkte, daß ich ihm nicht zu Willen sein würde, warf er mich hinaus.

Einige Tage später wurde ich zu einer Polizeieinheit nach Limoges versetzt. Wahrscheinlich auf Betreiben des Majors. Bereits am ersten Tag dort lernte ich einen netten Leutnant kennen, der sehr vertrauenswürdig aussah. Ich sollte mich täuschen. Er fragte mich ausführlich nach den Gründen meiner Versetzung. Zunächst wollte ich ihm gar nichts von der Sache mit dem Major erzählen. Er ließ jedoch nicht locker, und schließlich schilderte ich ihm, dumm wie ich war, den ganzen Vorgang. Im Vertrauen natürlich. Später erfuhr ich, daß der Leutnant sich mit dem Major in Paris in Verbindung gesetzt hatte, um ihn zu warnen. Jedenfalls wurde ich zwei Tage später verhaftet. Der Major hatte mich wegen versuchter Verführung zur «Unzucht» und wegen Verleumdung angezeigt. Noch am selben Tag brachte man mich ins Wehrmachtsgefängnis Frèsnes bei Paris.

Jeden Vormittag wurde ich aus der Zelle geholt und stundenlang verhört. Immer wieder mußte ich den Vorfall mit dem Major aufs neue schildern. Die vernehmenden Beamten sagten, daß sie mir kein einziges Wort glauben würden, ich sei ein «schwules Schwein» und solle zugeben, daß ich schon oft «unzüchtige» Handlungen an anderen Männern vorgenommen hätte. Ich stritt immer wieder alles energisch ab.

Eine Woche nach meiner Verhaftung kam ein Kommissar aus Berlin, um mich zu verhören. Ich glaube, er hieß Fehling, Kommissar Fehling. Das war ein richtiger Teufel. Eines Abends durfte ich meine Zelle verlassen und mit ihm essen. Es gab Wein und Sekt im Überfluß. Nach ein, zwei Stunden war ich wohl total betrunken.

Ich weiß noch, daß er mir freundschaftlich zuredete und versprach, für meine baldige Entlassung zu sorgen. Außerdem hätte er sehr viel Verständnis für meine gleichgeschlechtlichen Neigungen. Im Grunde sollte seiner Meinung nach niemand wegen solcher Lapalien vor Gericht gestellt werden. Schließlich erzählte ich ihm von meinen homosexuellen Kontakten in Berlin. Insgesamt von drei Fällen.

Als ich am nächsten morgen in meiner Zelle aufwachte, war mir klar, daß ich mich um Kopf und Kragen geredet hatte. Meine Freundin, die mich ab und zu besuchen durfte, versuchte, mir einen guten Anwalt zu besorgen. Ihre Mühe war umsonst. Man gab mir einen Pflichtverteidiger, einen SS-Offizier, den ich zum erstenmal zehn Minuten vor der Verhandlung zu Gesicht bekam. Das empörte mich so sehr, daß ich ihn einfach ablehnte und alleine vor Gericht erschien.

Niemand dort glaubte mir meine Version von der Geschichte mit dem Major. Vielmehr wurde ich als alter Sittenstrolch hingestellt, der schon in Berlin sein Unwesen getrieben und nun auch in Paris gleich versucht hätte, sich an seine Kameraden und sogar an einen Offizier ranzumachen.

Hitler hatte 1941 einen Erlaß herausgegeben, nach dem jeder homosexuelle Angehörige von Polizei und SS mit dem Tode zu bestrafen sei. So wurde ich dann wegen der drei Fälle in Berlin dreimal zum Tode verurteilt.

Warten auf den Tod

Revision war nicht möglich, und ich wurde in eine Todeszelle nach Frènnes zurückgebracht. Als einzige Vergünstigung gestattete man mir, einen Brief an meine Eltern zu schreiben.

Mein Vater war Polier und arbeitete damals zufällig für Heinrich Himmler. Sofort nachdem er von meiner schlimmen Lage erfahren hatte, ging er zu Himmler und reichte ein Gnadengesuch ein. Das bewirkte immerhin, daß meine Erschießung zunächst aufgeschoben wurde. Die Zeit in der Todeszelle war trotzdem grauenhaft. Ich schlief auf einer Holzpritsche in einem völlig dunklen und feuchten Raum. Der einzige Lichtstrahl, der dort hineinfiel, kam durch die Essensluke. Jeden Tag wurden Kameraden aus den Nachbarzellen abgeführt und im Hof erschossen. Die entsetzlichen Schreie der Delinquenten werde ich nie vergessen.

Während dieser schrecklichen Wochen waren die Amerikaner in der Normandie gelandet und drangen nach Paris vor. Als dann das Gefängnis geräumt werden mußte, herrschte noch immer keine Klarheit darüber, ob ich nun erschossen werden sollte oder nicht.

Es wurde ein Gefangenentransport zusammengestellt, und wir fuhren in sechs Tagen nach Hamburg. Es war eine höllische Fahrt. August 1944 bei größter Hitze. Während der ersten vier Tage bekamen wir überhaupt nichts zu trinken. Einmal gab's ein Stück Brot. Wenn wir dann auf einem Bahnhof anhalten mußten, baten wir die Menschen dort, uns etwas Wasser zu geben, weil wir uns wegen der Bewacher nicht aus den Waggons trauten. «Was, ihr Schweine wollt Wasser», hieß es dann, «so was braucht ihr doch nicht.» Am fünften Tag regnete es Gott sei Dank. Wir versuchten das Regenwasser in Mützen und Lumpen aufzufangen, um zumindest die Lippen damit befeuchten zu können.

Am sechsten Tag erreichten wir endlich Hamburg und wurden sofort in ein Marinegefängnis gebracht. Das lag direkt neben dem Altoner Bahnhof. Noch in derselben Nacht wurde dieses Gefängnis von einem Bombenangriff völlig zerstört. Wer von den überlebenden Häftlingen zu fliehen versuchte, wurde sofort erschossen. Trotzdem gelang vielen die Flucht in dieser Nacht. Ich selbst blieb weitgehend unverletzt, war aber zu dumm, um zu fliehen, obwohl ich Gelegenheit genug dazu hatte. Vielmehr suchte ich meine Bewacher und wurde belobigt, weil ich nicht versucht hatte zu entkommen.

Eine Bestätigung meines Todesurteils lag immer noch nicht vor. So wurde ich zunächst in das Konzentrationslager Neuengamme gebracht. Dort angekommen, wurde mir erst mal wieder alles abgenommen, was ich an Habseligkeiten bei mir hatte. Wir mußten duschen, und anschließend wurden uns alle Haare am Körper abrasiert. Das war eine sehr schmerzhafte Angelegenheit, und wir bluteten wie die Schweine.

Der Fraß, den wir dort bekamen, war ständig verdorben. Die meisten Häftlinge litten deshalb unter Dauerdurchfall und waren verschissen von oben bis unten. Die Waschräume waren hoffnungslos überfüllt, wenn wir morgens um sechs Uhr aufstehen mußten. Zur Abschreckung hatten sich die Bewacher ein besonders grausames Spektakel ausgedacht. Jeden Sonntag vor dem Essen mußten alle Häftlinge nach ihren Winkeln in Blöcke geordnet antreten. Vor versammelter Mannschaft wurde dann etwa ein halbes Dutzend Häftlinge aufgehängt. Meistens waren die Opfer Kommunisten. Dieser gräßlichen Prozedur ging die Ansprache eines Bewachers voraus, der die Opfer in einem fort beleidigte, beschimpfte und prügelte.

Angehörige der Wehrmacht, Polizei und SS wurden nicht aufgehängt, sondern erschossen. Ich hatte mich mit einem Franzosen befreundet, der bei der Wehrmacht gewesen war. Eines Tages kurz nach dem Essen wurde er rausgerufen. Kurze Zeit später hörte ich dann Schüsse. Das allerschlimmste für mich kam aber noch. Ich hatte unter anderem die Aufgabe, den Toten die Kleidung auszuziehen. An diesem Tag wurden noch andere Häftlinge erschossen. Als ich am Abend alle entkleiden mußte, war mein Freund auch unter ihnen. Ich glaube, niemals in meinem Leben habe ich so geheult wie an diesem Abend. Ich weiß nicht, wie ein Mensch so etwas überhaupt ertragen kann. Was sollte ich tun? Hätte ich mich geweigert, ihn auszuziehen, wäre ich zweifellos selbst sofort erschossen worden.

Am nächsten Tag mußten ein Mithäftling und ich alle Leichen mit Kalk überschütten und in einen Kellerraum werfen. Alle acht Tage wurden die dann verbrannt.

Zu meinen Aufgaben gehörte es auch, die verschiedenen Winkel an die Häftlingskleidung anzunähen. Ich selbst hatte die Nummer 997 und einen schwarzen Winkel. Das war die Kennzeichnung für Todeskandidaten. Ich trug also keinen Rosa Winkel. Im Lager gab es jedoch viele Häftlinge mit dem Rosa Winkel. Ich würde fast sagen, jeder fünfte, sechste. Die Schwulen waren ganz besonders darauf bedacht, nicht wegen sexueller Kontakte aufzufallen. Bei denen hat sich so gut wie nichts abgespielt. Ganz im Gegensatz zu den übrigen Häftlingen, die vielfach Beziehungen untereinander hatten.

Auf Freundschaft konnte und wollte ich nicht verzichten. Ich war dann auch sehr bald eng mit Günter befreundet, der mit mir in einem Bett schlief. Meistens mußten zwei Häftlinge auf einer Pritsche schlafen, weil das Lager hoffnungslos überfüllt war. Eines Tages versuchte Günter, versteckt im Müllwagen, zu entkommen. Vergeblich hatte ich versucht, ihn davon abzuhalten. Sie schnappten ihn und schlugen ihn halbtot. Warum sie ihn nicht bis heute umgebracht hatten, kann ich mir nicht erklären. Langsam peppelte ich ihn dann wieder hoch. Ab und zu konnte ich ihm eine Sonderration Essen zustecken, die ich als Belohnung für meine Schneiderkünste erhielt.

Die Wachmannschaften hatten sich noch eine andere Schweinerei ausgedacht. Wenn ein Bombenangriff bevorstand, wurden wir Todes kandidaten in das sogenannte Bad, einen Kellerraum mit Wasser, gesperrt. Glücklicherweise hatten wir nie einen Volltreffer gekriegt, sonst wären wir alle dort unten ersoffen.

Als zum Schluß dann die Engländer auf Hamburg vorrückten, wurde das Lager geräumt. Tausende von Häftlingen, hauptsächlich Juden, Polen und Zigeuner, wurden auf die «Kap Arkona» getrieben und einige Meilen vor der Küste versenkt. Nach dem Kriege habe ich noch einige Überlebende kennengelernt, die sich im letzten Augenblick retten konnten, bevor das Schiff in die Luft flog.

Alle übrigen Häftlinge, die wie ich Wehrmachts- oder Polizeiangehörige waren, wurden in einem Bewährungsbataillon zusammengefaßt. Wir sollten alle noch vor dem endgültigen Zusammenbruch einen völlig sinnlosen Tod sterben. Unter scharfer Bewachung brachte man uns zu einer SS-Kaserne am anderen Ende der Stadt. Wir mußten SS-Uniformen anziehen und sollten am nächsten Tag gegen den Feind anrücken. Mein Freund Günter war auch dabei. Als es dann soweit war, versteckten wir uns auf dem Kasernengelände. Glücklicherweise fiel niemandem in dem allgemeinen Durcheinander auf, daß wir beide fehlten. Nachdem dann alle abmarschiert waren, verdrückten wir uns. Am nächsten Tag war der Krieg zu Ende.

Die Angst blieb

Nach dem Krieg wagte ich nicht, einen Antrag auf Wiedergutmachung zu stellen. Wir Schwulen wurden ja weiter strafrechtlich verfolgt. Auf gar keinen Fall wollte ich wieder in einem Gefängnis oder Zuchthaus landen.

Einer meiner früheren Liebhaber in Berlin versuchte mich 1946 zu erpressen. Es war ekelhaft. Er drohte mir, mich wegen Verführung anzuzeigen, wenn ich ihm kein Geld geben würde. Gott sei Dank blieb ich hart. Offensichtlich war ihm das Risiko einer Anzeige dann doch zu groß, und er ließ mich in Ruhe.

Einige Jahre später riet mir ein Bekannter, ich solle heiraten. Dies sei bestimmt der beste Schutz. Leider befolgte ich seinen Rat und mußte viele unglückliche Ehejahre erleben.

Karl T., Jahrgang 1910
KZ-Sachsenhausen, Häftlingsnummer: 104 888

Einleitung

Karl T. ist heute siebzig Jahre alt, verheiratet, hat Kinder und Enkelkinder. Wie zahlreiche Homosexuelle seiner Generation «flüchtete» er nach der Nazi-Zeit in eine Ehe, um ein für allemal den Verfolgungen durch die Strafbehörden – die der Bundesrepublik – zu entgehen.

Bereits vor der Machtergreifung hatte der Student der Philosophie, Kunstgeschichte und Theologie sein erstes und zweites Examen in Theologie abgelegt und mit Auszeichnung bestanden. Aus seinen Zukunftsplänen, Pfarrer zu werden, wurde jedoch nichts. 1937 verurteilte ihn ein Nazi-Gericht wegen homosexueller Handlungen in zwei Fällen zu einer vierjährigen Zuchthausstrafe.

Welchem Zufall er zu verdanken hatte, daß die Gestapo ihn 1941 nach seiner Entlassung nicht sofort abholte, weiß er bis heute nicht. Nach zwei Jahren deprimierender Arbeitssuche gelang es ihm, endlich einen Job als Angestellter in einem kleinen Betrieb zu finden. Dutzende von Absagen lagen hinter ihm. Alle mit so ziemlich dem gleichen Wortlaut: Es ist niemandem zuzumuten, mit einem Schwulen zusammenzuarbeiten ...

Fast ein Jahr lang sah sich Karl T. nun gerettet. Die Hoffnung erwies sich als trügerisch.

Nach dem Attentat auf Hitler, also nach dem 20. Juli 1944, bin ich verhaftet und ins KZ Oranienburg überstellt worden. Zunächst jedoch wurde ich ins Gerichtsgefängnis in Krefeld eingeliefert. Dort fragten die Justizbeamten die Gestapo, wo denn der Haftbefehl sei. Es gab keinen.

Ich will auf das erste Verhör hinweisen. Mir wurde gleich zu Beginn von dem Gestapobeamten gesagt: «Sie sind verhaftet.» Das kam für mich wie ein Blitz aus heiterem Himmel, und ich sagte noch sehr spontan: «Das können Sie doch nicht machen, das ist ja unmöglich. Ich habe mir nichts zu schulden kommen lassen», worauf er unwirsch antwortete: «Das können wir sehr wohl!»

Auf mein Verlangen nach einem Gerichtsverfahren bekam ich zu hören: «Es gibt kein Gerichtsverfahren!» Auf mein Verlangen nach einem Rechtsanwalt ebenso unwirsch: «Den gibt's nicht, und den brauchen Sie nicht. – So was wie Sie läßt man nicht frei herumlaufen», wörtlich. Die Redewendung steckt mir noch bis heute im Ohr.

Der Weg ging dann vom Polizeipräsidium Düsseldorf weiter zu einer ausgebombten Maschinenfabrik. Dort wurde der Sammeltransport zusammengestellt. Er bestand, ich habe es wohl noch recht in Erinnerung, aus 168 Häftlingen.

Als wir in dem Keller dieser ausgebombten Fabrik eingeliefert wurden, hatten nicht alle ein Bett zum Schlafen. Dort stand eine riesige Teertonne, die schon übergelaufen war, als Fäkalienkübel.

Am nächsten Morgen begann der Transport. Rechts und links begleitet von bewaffneter SS zum Hauptbahnhof in Düsseldorf. Wir fuhren dann in drei Nächten und zwei Tagen bis nach Oranienburg, ohne daß wir während dieser Zeit irgend etwas zu essen bekamen.

Es gab bei den Mithäftlingen, die ich gesprochen habe, Übereinstimmung darüber, daß dies alles ein rechtswidriger Akt sei. Ich war beispielsweise zusammen mit einem Krefelder Rechtsanwalt, der die «Unverschämtheit» begangen hatte, einen Juden zu vertreten. Dort war auch der ehemalige SPD-Landtagsabgeordnete Fritz Lewerenz, der sich darüber im klaren war, daß er als führender Sozialdemokrat in diesem Unrechtsstaat der Nazisten eine unerwünschte Person war.

Mir war klar, daß man mich als Homosexuellen unschädlich machen wollte. Man wollte nach diesem Attentat auf Hitler mit allen unliebsamen, oder noch besser, mit allen verdächtigen Personen aufräumen.

Zunächst kam ich in das Nebenlager Oranienburg/Sachsenhausen-Klinkerwerk. Das war ein sehr berüchtigtes Werk. Ursprünglich ein Steinbruch. Nun war es ein Rüstungsbetrieb. Dorthin verlegte man mit Vorliebe die Häftlinge mit dem Rosa Winkel. Als ich dorthin kam, war kein einziger mehr von ihnen am Leben. Die waren wegen der unerträglichen Arbeitsbedingungen und sonstiger Repressalien schon ein Jahr zuvor umgekommen. Ich hatte Seltenheitswert. Bis heute weiß ich nicht, worauf ich es zurückführen soll, daß mir das Hinscheiden in diesem Lager erspart blieb.

Es befanden sich dort vorwiegend arbeitsfähige junge Inhaftierte. Ich war damals 35 Jahre alt. Es wurden Munitionsteile hergestellt, und dieser Betrieb galt als der wichtigste im Konzentrationslager.

Die Arbeitskräfte, die dort angestellt waren, wollte man darum auch leistungsfähig erhalten. Im Gegensatz zu den älteren und schwächeren Kameraden, die in den Hauptlagern zurückgeblieben waren oder von dort zur Vernichtung nach Bergen-Belsen abtransportiert worden waren, wie der schon erwähnte Abgeordnete Fritz Lewerenz, hatten wir ausreichend zu essen. Wir bekamen täglich zusätzlich ein belegtes Brot, damit wir am Leben blieben und zwölf Stunden Arbeit aushalten konnten.

Um uns «bei Laune zu halten», hat man kuriose Dinge eingeführt. Es gab zum Beispiel eine Lagerkapelle. Es gab einen Fußballplatz. Man hat Weihnachten etliche riesige Tannenbäume mit elektrischen Kerzen bestückt in einer Zeit, in der überhaupt kein Lichtstrahl aus einem Fenster herausfallen durfte. Da hat man uns 2600 am Heiligen Abend stundenlang antreten lassen und mit Weihnachtsmusik berieselt. Auf dem Platz, auf dem sonst der Galgen stand. Wir hörten dann stehend die Weihnachtslieder *‹Oh du fröhliche, oh du selige, gnadenbringende Weihnachtszeit›*, *‹Stille Nacht, heilige Nacht›* und all die Lieder, die man von Kindheit an kannte und schätzte.

Dann ging's zurück in die Baracke, und aus Anlaß des Festtages bekamen wir dann am Heiligen Abend und am Weihnachtstag nichts zu essen.

Dafür hatte man sich dann wieder auf der anderen Seite ausgedacht, daß man uns die Möglichkeit eines Bordellbesuches geben müßte.

Es bestand im Hauptlager ein Bordell, eine besondere Baracke, und jede Woche zogen etwa fünfzig, sechzig Häftlinge dorthin. Dazu mußte man sich freiwillig melden. Man wurde ärztlich untersucht, nach einer Woche bekam man dann die Bescheinigung, ob man zugelassen war zu diesem Marsch ins Bordell.

Ich erstaunte, daß ich plötzlich auch dazu aufgerufen wurde, denn ich hatte mich nicht gemeldet. Mir sagte aber ein anderer Mithäftling: «Ich habe dich gemeldet, um dich keiner Gefahr auszusetzen. Du wirst ja hier geführt als Schwuler bei der SS. Wenn du ins Bordell gehst, dann kann dir das helfen.»

Wir zogen unter Maschinenpistolenbewachung in einem längeren Marsch vom Klinkerwerk ins Hauptlager. Die SS verlangte, daß wir schneidige Lieder sangen, denn die Bevölkerung sollte doch den Eindruck gewinnen, daß die Burschen, die man ins Lager gesperrt hatte, sehr kräftige, arbeitsfähige, zufriedene Menschen waren. Und wir mußten laufend Lieder singen, und zwar schmetternd *‹Schwarzbraun ist die Haselnuß, schwarzbraun bist auch du›*, oder das *‹Lied vom Westerwald›*.

Im Bordell angekommen, wurden wir natürlich erst einmal registriert. Das Bordell, auch das wieder eine Kuriosität, war im Gegensatz zu den kargen Baracken mit roten Teppichen ausgelegt. Wir mußten die Schuhe ausziehen, wenn wir über diese Teppiche in die einzelnen Appartements der weiblichen Mithäftlinge gingen.

Ich bin auch in ein solches Appartement gegangen und habe allerdings gleich darauf verzichtet, mit diesem mitleidenden Häftling unter diesen Umständen überhaupt sexuellen Kontakt aufzunehmen. Wir haben uns kurze Zeit unterhalten, dann erscholl auch schon das Kommando: «Fertigmachen, der nächste bitte!»

Und da waren wohl keine zehn Minuten vergangen, dann ging es wieder los mit «sanieren» und «formieren zu einem Zug», aus dem Lager hinaus auf die Landstraße unter Maschinenpistolenbewachung mit schneidigen Gesängen wieder rein ins Lager.

Und als ich dann nachher in der Stube war, sagten meine Mithäftlinge zu mir: «So Alter, jetzt, wo du da warst, bist du ein normaler Mensch.» – Von der Zeit an galt ich als ein normaler Mensch und wurde wegen meines früheren schwulen Verhaltens nicht länger angefeindet.

Kurz vor Beendigung des Krieges ging ein Bombenangriff auf dieses Klinkerwerk nieder. Die SS war gewarnt worden. Sie wurde aufgefordert, das Lager von den Häftlingen zu räumen, weil man es nur auf das Rüstungswerk abgesehen habe. Die SS befolgte die Aufforderung der Alliierten selbstverständlich nicht. Sie räumte das Lager wohl, soweit wie möglich, von ihren eigenen Wachmannschaften. Bis auf die Maschinengewehrposten auf den Wachttürmen sah man keine SS mehr, als es losging. Das Lager wurde durch Leuchtraketen abgesteckt, und jeder von uns, auch ich, rechnete damit, daß wir aus dieser Hölle nicht mehr lebend herauskommen würden.

Von den 2500 Häftlingen waren nach dem Angriff etwa ein Drittel nicht mehr am Leben.

Als dann das Lager restlos zerstört und auch unsere Baracken vernichtet worden waren, wurden wir in das Hauptlager nach Sachsenhausen zurückgebracht. Das war natürlich überfüllt. Es gab nicht für jeden ein Bett. Die Nahrungsmittel waren sehr knapp. Wir bekamen nun auch unsere gewohnte belegte Schnitte nicht mehr und darbten genau wie die anderen.

Als dann der Russe im Anmarsch auf Berlin war und wir schon das Rollen der Geschütze hörten, wurde das KZ geräumt und wir nach Norden, nach Mecklenburg, abgeführt. Zigtausend, ich glaube 25 000, wurden damals in Bewegung gesetzt, damit wir unseren Befreiern nicht in die Hände fielen. Himmler hatte die Anweisung gegeben, daß kein KZ-Insasse lebend «Feindberührung» haben dürfe. Darum haben wir besondere Angst ausgestanden, wenn wir durch die Wälder, abseits der großen Straßen, geführt wurden. Wir wußten teilweise auch durch illegal abgehörte Sender, daß wir den Alliierten nicht lebend in die Hände fallen sollten.

Wir bekamen jeder ein Brot und je drei Häftlinge eine Büchse Fleisch und eine Decke mit auf den Marsch. Sonst hatten wir nichts. Keine Papiere, alle Ausweise wurden zuvor von der Lagerkommandatur vernichtet.

Auf diesem Weg fielen viele Kameraden vor Erschöpfung um, weil sie ausgehungert waren und diesen Marsch nicht mehr durchhielten. Wer nicht mehr weiterkonnte, bekam den Genickschuß. Der Weg von Oranienburg bis kurz vor Schwerin ist mit toten Kameraden umsäumt.

Ich hatte nur den einen Wunsch, den Zusammenbruch dieser unmenschlichen Nazi-Diktatur lebend zu überstehen. Der Marsch dauerte ungefähr zehn Tage. Hunger schlich sich auch bei mir ein, aber der Wille zu überleben war sehr stark. Ich hab das gemacht, was andere auch gemacht hatten. Wenn wir an Scheunen vorbeikamen, bin ich dort auch eingebrochen, und wir haben versucht, etwas Eßbares zu bekommen und wenn wir bloß Körner fanden und unsere Taschen damit füllten.

Das ging etliche Tage so und dann – mit einemmal ganz in der Ferne weiße Lastautos mit dem roten Kreuz. Nicht in deutscher, sondern in französischer Schrift stand darauf *Croix rouge internationale Genève*. Schlagartig hörten die Erschießungen auf. Die SS-Mannschaften wurden hinter die Rot-Kreuz-Wagen gerufen und erhielten wohl die Weisung, künftig keinen Häftling mehr zu erschießen. Ich schließe dies daraus, weil jetzt die Genickschüsse aufhörten.

Wir bekamen mit drei Mann ein Eßpaket zugeteilt. Das reichte für ein paar Tage. Da waren so wunderliche Sachen drin, daß wir es uns kaum vorstellen konnten. Trockengebäck, Büchsenfleisch, Käse, Fischkonserven, Schokolade, alles – nur kein Brot.

Dann rief der SS-Führer unsere Einheit zu sich und sagte etwa folgendes: «Ihr seht, was los ist. Ich habe keinen Befehl, euch freizulassen, aber tut, was ihr wollt!» – Ein jubelnder Aufschrei und wir stürmten davon auf die amerikanischen, sogenannten feindlichen Linien zu. Das waren für uns die Befreier. Die Amerikaner ließen von Osten her niemanden mehr in die Stadt eindringen, aber als sie uns in den zerlumpten Zebrafetzen sahen, ließen sie uns durch und gaben uns zu essen. Wir waren frei.

Der Tag, auf den wir so sehnlichst gehofft hatten, den wir manchmal nicht zu erleben glaubten, war angebrochen. Das Ende der nazistischen Gewaltherrschaft. Wir KZ-Häftlinge schworen uns damals: «Was gewesen ist, darf nie mehr wiederkommen!»

Leider kam es nicht zu einer Diskontinuität, sondern die Geschichte lief in den fünfziger Jahren unter Adenauer kontinuierlich weiter. Nach und nach wurden wieder die Mächte, die in der Wirtschaft, der Justiz, bei den Banken und bei den Militärs das Sagen hatten, in verantwortliche Schlüsselpositionen hineingeholt. Gerade das wollten wir, die wir aus dem KZ kamen, verhindern.

Meine Generation hat die nazistische Vergangenheit bewußt unterdrückt, nicht aufgearbeitet. Nicht die handvoll rassistisch angehauchter Nationalsozialisten sind die Alleinschuldigen, sondern alle diejenigen, die sich um ihrer Interessen willen dieser Unmenschen bedient haben.

Also für uns sogenannte Schwule hatte sich nach 1945 nichts geändert. Wir durften unsere mehr oder weniger homosexuellen oder bisexuellen Neigungen nicht zu erkennen geben, geschweige denn nach ihnen leben, wenn wir nicht ins Getto gedrängt werden wollten. Wir mußten sehr hart gegen uns selbst sein, wenn wir eine bürgerliche Existenz aufbauen wollten. Ich habe mich damals für diesen Weg entschieden.

Es ist uns von Wiedergutmachungsämtern der Bescheid zuteil geworden, daß nur Widerstandskämpfer, also Kommunisten, Gewerkschafter, Sozialdemokraten und rassisch oder religiös Verfolgte mit einer Wiedergutmachung zu rechnen hätten. Nicht aber diejenigen, die sonst verfolgt worden sind.

Ein Gnadengesuch, das ich nach drei Jahren einreichte, wurde mit der Begründung abgelehnt: «Ich sehe keine Veranlassung, dem Gnadengesuch stattzugeben.» Ebenso ist mir direkt nach dem Krieg ein Antrag beim Entschädigungsamt auf Zuteilung eines Fahrrades mit der Begründung abgelehnt worden: «Sie haben doch den Rosa Winkel und nicht den roten (für die politischen Häftlinge) getragen.» Ein Homosexueller galt nach wie vor als gewöhnlicher Krimineller.

Harry Pauly (Pauline Courage), Jahrgang 1914 Strafbataillon

Theaterspielen hat mich schon als kleiner Junge sehr interessiert. Mit fünfzehn, sechszehn Jahren habe ich angefangen, kleine Rollen im «Theater am Nolldendorfplatz» in Berlin zu spielen. Lange Zeit habe ich meiner Mutter davon nichts erzählt, sie immer nur verkohlt und gesagt, ich würde zum Fußballspiel gehen. Eigentlich sollte ich ja eine Friseurlehre machen. Dazu hatte ich aber keine Lust und ich bin fast nie hingegangen. Rausgekommen ist das nicht durch den Friseurmeister, sondern durch eine Tante, Sie hatte meinen Namen auf einem Plakat gesehen und lud meine Mutter zur Premiere des Stückes ein, in dem ich eine kleine Rolle spielte. 1930 war das. Am anderen Tage fragte mich meine Mutter: «Macht denn deine Lehre Fortschritte?» Ich habe natürlich gesagt: «Ja, ja», habe meine Stullen genommen und wollte losziehen. Da hatte sie aber plötzlich einen Programmzettel in der Hand und fragte mich: «Wie lange willst du mich eigentlich noch anlügen?»

So fing das an mit meiner Schauspielerei. Es gab natürlich in Berlin damals viele schwule Schauspieler und Regisseure, darunter auch ziemlich bekannte. Wohlbrück, vor dem man mich immer gewarnt hatte, hat mir tolle Ovationen gemacht damals, hat mich aber nie angerührt. Eigentlich ist mir nur ein übler Typ in Erinnerung geblieben. Das war Hans Deppe, schwul bis auf die Knochen, und der hat tatsächlich auch noch Propagandafilme für Hitler gemacht, z. B. *‹Die Deutsche Frau›* oder später diese ganzen Ganghofer-Verfilmungen. Der hat mich doch damals in seine Garderobe gerufen, zog mir einfach die Hosen runter und hat mir 'nen Kasten Pralinen hingestellt. Das war eigentlich die einzig wirklich schlechte Erfahrung, die ich damals gemacht habe. Es war sonst eine schöne Zeit. Ich habe viel erlebt, worüber ich heute noch lachen muß.

Bevor die Nazis kamen, wurde der § 175 recht liberal gehandhabt. Es gab in Berlin viele Lokale, in denen man sich als Schwuler mit anderen treffen konnte. Ich bin häufig in Lokalen in der Theaterstraße, in der Klosterstraße oder am Alexanderplatz gewesen. Eins war besonders gemütlich, mit Weinlauben und so, da konnte man in den Ecken gemütlich kuscheln, ungestört, bei einem Glas Wein oder einem Kännchen Kaffee. Jemand spielte am Klavier oder auf einer Quetschkommode, es war immer sehr gemütlich. Ich hatte auch einen gleichaltrigen Freund. Niemand guckte, ob man sechzehn oder siebzehn Jahre alt war, man fühlte sich teilweise freier als heute.

Mit den Nazis hat sich das Klima dann beängstigend verschlechtert. Die haben recht schnell in Berlin damit angefangen, die Lokale auszuheben, nachdem sie an die Macht gekommen waren. Ich habe erlebt, daß sie vor allem jüdische Schwule gleich totgeschlagen haben. Ich habe auch erlebt, wie HJ-Führer Schwule mit Genickschuß erledigt oder erstochen haben. So z. B. einen Bekannten von mir, die «Susi». Ihr Onkel war der bekannte jüdische Schauspieler Julius Falkenstein. Wenn die «Susi» ausgegangen ist, dann hat sie sich immer toll angefummelt. Wir haben sehr viel Spaß gehabt. Die hat sich immer ganze Stoffballen umgehängt, die sie dann mit Sicherheitsnadeln zusammengesteckt hat. Wenn die sich irgendwo hingesetzt hat, hat sie immer laut aufgeschrien: «Ach Gott, ach Gott, diese Stecknadeln sind noch mal mein Untergang.» Die «Susi» ist von HJ-Leuten erstochen worden. In Berlin-Charlottenburg.

Nach der Röhm-Affäre ging es dann erst richtig los. In allen Lokalen wurden Razzien gemacht, die Nazis haben immer geschrien, daß sie die «warmem Brüder» ausrotten wollen. Es gab auch Schwule, die sind dann extra in die SA gegangen. Die glaubten, dort könnten sie sich vor Angriffen schützen. In meinem Bekanntenkreis gab es vier oder fünf Volltunten, die ich in SA-Uniform rumlaufen sah. Die haben sich natürlich sehr zusammengerissen. Um nur nicht aufzufallen, haben sie die Komödie mitgespielt. Trotzdem, wenn man sie gehen sah, war jeder Schritt ein Walzer. Daß sie zur SA gegangen sind, hat ihnen nichts genützt. Später sind sie dann irgendwann verschwunden. Es gab auch Schwule in meinem Bekanntenkreis, die geheiratet haben; nicht etwa eine Lesbe, sondern normale Frauen, und das konnte ja gar nicht gutgehen. Was das für ein Elend war, habe ich ja später selbst erlebt. Ich habe 1954 geheiratet und auch einen Sohn bekommen, der jetzt in Amerika lebt.

Auch in Schauspielerkreisen haben die Nazis Razzien gemacht. So haben sie Wilhelm Benndorf verhaftet, den wir immer «Tante Lieschen» genannt haben. Auf einen schwulen Schauspieler, an dessen Namen ich mich nicht mehr erinnern kann, hatten es die Nazis besonders abgesehen. Eines Tages ist er mit dem Fuß auf den *Stürmer* getreten, genau auf die Nase des «Führers», der auf einem Bild zu sehen war. Da kamen Nazi-Kollegen, die behaupteten, er hätte den «Führer» beleidigen wollen, als er auf das Bild getreten sei. Er wurde dann gleich verhaftet.

Für die Homosexuellen ist es dann immer schlimmer geworden. Wir galten wirklich als das letzte vom letzten. Ich erinnere mich da auch noch an einen Berliner Richter, der in die Schwulengeschichte eingegangen ist. Der hieß Sponer und war ein einmaliges Schwein. Wenn der Schwule abzuurteilen hatte, dann fielen die Strafen immer ganz besonders hart aus

Gleich zu Beginn des Krieges bin ich zur Wehrmacht eingezogen worden. Hatte ich bis dahin ziemliches Glück gehabt, so erwischte es mich 1943 nochmals. In Berlin hatten mich zwei Jungen verpfiffen. Sie sind bei einer Razzia aufgeflogen und dann von der Gestapo scharf verhört worden. Sie haben viele Namen preisgegeben. Unter anderen eben auch meinen. Zu der Zeit habe ich an einer Frontbühne Theater gespielt, und nach der Vorstellung wurde ich plötzlich zum Kommandeur bestellt, und mir wurde eröffnet, daß ich verhaftet sei. Wegen § 175. Bis zu meiner Verhandlung saß ich im Gefängnis Berlin-Tegel. In Berlin-Steglitz bin ich anschließend von einem Feldgericht zu drei Jahren Zuchthaus verurteilt worden. Die beiden Jungen, die mich verpfiffen haben, sind dabei als Zeugen vernommen worden. Später sind sie dann von einem Zivilgericht auch verurteilt worden. Gegen mein Urteil habe ich Berufung eingelegt und einen sehr geschickten Verteidiger bekommen. In der Berufungsverhandlung kam dann tatsächlich ein besseres Urteil heraus: Ein Jahr und acht Monate Gefängnis. Abgesessen habe ich aber nur acht Monate. Der Rest wurde mir durch ein Gnadenerlaß unseres Generals geschenkt. Vielleicht hatte es etwas damit zu tun, daß ich Schauspieler war. Gesessen habe ich in Bernau, Thurgau und Germersheim.

Als die acht Monate um waren, haben sie mich zu einem Ersatzbataillon nach Iserlohn geschickt. Meine Akte natürlich auch, und der Bataillonschef hat mich denn gleich in sein Büro gerufen und rumgeschrien: «Sehn Sie sich bloß vor. Wir haben ihre Akte hier und wissen, was Sie für einer sind. Sie sind ein 175er, machen Sie hier ja keine Schweinereien, sonst geht es Ihnen schwer an den Kragen.» Es hat sich natürlich schnell überall rumgesprochen, daß ich ein «warmer Bruder» war und wegen 175 gesessen hatte. Es gehört ja wohl nicht viel Phantasie dazu, um sich auszumalen, was da in der Truppe los war. Ich bin denn auch bald wieder versetzt worden. Nach Frankreich. Aber da ging dasselbe Theater wieder von neuem los: «Da läuft die schwule Sau, das warme Sschwein, der schwule Hengst» usw. Es war unerträglich. Ich bin dann wieder nach Iserlohn gekommen. Von dort bin ich ausgerückt. Die haben mich aber wieder eingefangen und für sechs Wochen in eine Arrestzelle gesperrt. Bald darauf bin ich zum zweitenmal getürmt, weil ich die ewigen Beschimpfungen nicht mehr ausgehalten habe: «Da geht der Warme, der Hinterlader», immerzu dies Krakehle, das konnte doch kein Mensch aushalten. Und ich war ja auch der einzige, von dem sie das wußten, und ich stand wirklich ganz allein da. Mich kotzte das alles an.

Die Flucht war eine riskante Sache. Ich war in Berlin wieder im Theater aufgetreten, hatte mir anschließend Zivilklamotten angezogen und wollte mit dem D-Zug von Potsdam weg. Als ich da im Abteil saß, kam auf einmal eine Militärstreife und machte Kontrolle. Da ich ja das Alter für die Wehrmacht hatte, haben sie sich gleich meinen Ausweis zeigen lassen, und weil die merkten, daß da irgendwas nicht stimmte, haben sie mich mit in ihr Abteil genommen und verhört. Sie haben mir nichts geglaubt und mich wieder nach Berlin zurückgebracht. Auf dem Potsdamer Bahnhof gab es eine gute Gelegenheit abzuhauen, und da bin ich denn auch gleich getürmt durch die Sperre über die Gleise und weg. Ich habe mich dann am Demmeritzsee versteckt gehalten. Verwandte haben mir Geld und Essen hingebracht. Bis die Nazis mich dann doch gekriegt haben – das war ja auch nicht durchzuhalten, das Verstecken. Die Zeit anschließend war fürchterlich. Was soll ich da noch viel erzählen. Die haben mich vor ein Wehrmachtsgericht gestellt und wegen Fahnenflucht verurteilt. Mit Müh und Not gelang es mir. Ein Jahr Gefängnis. Das war am 27. Juni 1943. Aber die Gefängnishaft sollte nicht in einem Wehrmachtsgefängnis, sondern in der berüchtigten «Strafkompagnie Dirlewanger» abgebüßt werden. Die haben gesagt, das wäre noch ein Gnadenakt, diese Heuchler.

Daß ich das Strafbatailon Dirlewanger lebend überstanden habe ist reiner Zufall. Da waren wir doch nichts anderes als Kanonenfutter, das an die Front zu Himmelfahrtsunternehmungen geschickt wurde. Strafbataillon war fast wie Todesstrafe. Die Nazis haben dort alles zusammengeschmissen, was sie verheizen wollten, darunter auch Leute aus den KZ. Die Hauptdevise war: Nur nicht auffallen. Wer irgendwie auffiel, mußte mit schlimmen Strafen rechnen. Die haben die Männer dann einfach mit 25 Stockhieben zusammengeschlagen oder gleich erschossen. Weiter gab's nichts. Ich habe dort schreckliche Szenen erlebt, über die man gar nicht mehr sprechen möchte. Ich erinnere mich, wie wir einmal bei einem Vormarsch plötzlich alle anhalten mußten. Dann wurden drei junge Leute und ein Familienvater, den ich kannte, in eine Kuhle geführt, durften noch eine Zigarette rauchen und wurden dann durch Genickschuß getötet. Ein besonders brutaler Typ ist mir im Gedächtnis geblieben, der hatte eine sehr schöne Stimme, war aber sonst eine Bestie in Menschengestalt. Zehn- bis zwanzigmal hat der auf Wehrlose geschossen, die sich dann bei jedem Schuß gekrümmt haben und nur hoffen konnten, daß ein Schuß sie schnell tötete. Ein Miststück von einem Mensch war das.

In Oberschlesien bin ich kurz vorm Ende verwundet worden. Bauchschuß. Nach vier, fünf verschiedenen Lazaretten hab ich das Ende des Krieges dann im Lazarett in Prag erlebt. Da gab's nur Leben oder Tod. Von 23 Bauchschüssen in unserer Abteilung haben nur sieben überlebt. Einer von ihnen trank Blumenwasser und krepierte elendiglich nach drei Stunden. Ich wollte immer leben, leben, leben. Und das war auch das Wichtigste im ganzen Gesundungsprozeß. Wer da apathisch herumgelegen ist, hatte keine Chance. Das Prager Lazarett war riesengroß. Als die Russen anmarschierten, sind die Deutschen im Galopp geflüchtet, und jeder dachte, jetzt werden wir alle von den Russen massakriert. Mein Nebenmann, der an einem Urinbeutel hing, sagte zu mir: «Wenn der erste Russe kommt, hau ich ihm die Urinpulle auf den Kopf.» Ich hab zu ihm gesagt: «Du bist ja wahnsinnig, die tun uns ganz sicherlich nichts, das ist doch alles bloß Gerede.» Und dann kamen die «Feinde» und waren sehr freundlich zu uns, brachten uns zu essen und ein wenig Tabak für jeden. Das war dann das «Totschießen» nach der Goebbelschen Propaganda. Man kann sich überhaupt nicht vorstellen, wie die Nazis die Bevölkerung und Soldaten verhetzt hatten. Ich wünsche keinem Menschen, daß das noch mal kommt.

Johann-Rudolf Braehler, Jahrgang 1914
Wehrmachtsstraflager Brual-Rhede

In meiner Familie wurde niemals über Sexualität gesprochen. Mein Vater war genauso katholisch wie meine Mutter und viele Jahre Kirchenvorstandsmitglied unserer Pfarrgemeinde. Aufgeklärt wurde ich durch ältere Jungen. Wir hatten in der Berufsschule einen Kaplan, der uns weißmachen wollte, der Bartwuchs würde ausbleiben, wenn wir uns sexuell betätigen würden. Er wurde natürlich nicht ernst genommen. Inzwischen hatten wir schon fast alle einen Bart und die meisten ja auch sexuelle Erfahrungen.

Mit meiner zutiefst religiösen Einstellung kam ich überhaupt nicht zurecht. Meine schwere «Sündenlast» drückte mich ständig nieder. Irgendwie schien mir jedoch, als gäbe es eine Abstufung bei den Todsünden. Von Kameraden wußte ich, daß das Donnerwetter im Beichtstuhl viel größer war, wenn sie was mit einem Mädchen gehabt hatten, als bei mir, wenn ich was mit einem Jungen hatte. Ich litt weiter, kam aber nicht los von meinen «Begierden».

Mir wurde mehr und mehr klar, daß ich einen Kraftakt vollbringen mußte, wenn ich ein rechtschaffener Mensch werden wollte. Nach meiner Lehrzeit arbeitete ich drei Monate in einem Modellwerk. Als der Betrieb verkleinert wurde und ich meine Arbeit verlor, entschloß ich mich, in ein Kloster zu gehen. Als Mitglied einer katholischen Missionsgesellschaft hoffte ich, allen «Anfechtungen» des Teufels zu widerstehen, was mir zu Anfang auch gelang. Überkamen mich nachts «unkeusche» Gedanken, dann stand ich auf, setzte mich in eine Schüssel mit kaltem Wasser und wartete so lange, bis die «Begierde» vorbeiging.

Zwanzig Jahre alt geworden, legte ich die Gelübde der Armut, der Keuschheit und des Gehorsams ab. Der sexuelle Drang wurde jedoch immer stärker. Eines Nachts ging ich in meiner Not zu einem gleichaltrigen Mitbruder in seine Zelle. Der war nicht im mindesten überrascht und forderte mich auf, zu ihm ins Bett zu kommen.

Die Reue danach war wesentlich größer als das Vergnügen. Zwei schwere Todsünden hatte ich auf mich geladen. Gegen das sechste Gebot verstoßen und gegen das Keuschheitsgelübde. In meiner Panik ging ich in selbiger Nacht noch zu einem Mitbruder, um mir Rat zu holen. Der empfahl mir einen sehr alten und schwerhörigen Pater. Ich erhielt also ohne Schwierigkeiten die Absolution und war sehr beruhigt.

In der Folgezeit hatte ich verschiedene Intimfreundschaften mit anderen Brüdern. Trotzdem würde ich nicht sagen, daß unser Kloster ein Sündenbabel war. Ich merkte alsbald, daß ich nicht allein solche Beziehungen unterhielt. Man kann halt sehr schlecht ohne Sexualität auskommen.

Die Lage im Kloster wurde dann doch zunehmend schwieriger für mich. Die Nazis führten die ersten Prozesse gegen die Waldbreitbacher Brüder. Aus unserem Kloster war der Provinzialobere und sein Prokurator verhaftet und nach Köln-Klingelpütz gebracht worden. Ein Onkel von mir, der damals Generaloberer der Alexianer in Köln war, saß ebenfalls. Man hatte sie wegen Devisenvergehen und Homosexualität angeklagt. Das waren jedoch offensichtlich nur Vorwände, und man konnte den dreien nichts anhaben. Trotzdem war es natürlich gefährlich geworden. Jeden Tag konnte die Gestapo ins Kloster kommen. Eine unvorsichtige Bemerkung von einem Mitbruder hätte zur Katastrophe führen können.

Im Mai 1938 verließ ich das Kloster, ohne daß ich mein ursprüngliches Ziel, von den gleichgeschlechtlichen Neigungen loszukommen, erreicht hatte. Nie hatte ich das Bedürfnis, mit einer Frau zu schlafen. Im Gegenteil.

Bei meinen Eltern in Köln hielt ich es danach nicht lange aus. Als entsprungener Klosterbruder war ich dort bekannt und schämte mich deswegen. Ich arbeitete im Büro eines Stahlwerkes in Merseburg. Als mich der Prokurist bei einem Streit einen entsprungenen Klosterbruder und Schwulen schimpfte, hörte ich dort auf und fand eine Stelle in einem Ziegelwerk bei Hanau. Österreich war schon «befreit», Polen überrannt, und ich mußte nun auch damit rechnen, zur Wehrmacht eingezogen zu werden. Mein Chef bemühte sich nicht um eine Freistellung für mich und so kam ich dann zu einem Radfahreraufklärungsschwadron.

Ich blieb bei der Wehrmacht bis September 1943. Nach eineinhalb Jahren wurde ich Gefreiter und Zeichner im Schwadronstrupp. Zwischendurch machte ich eine Prüfung als Rechnungsführer. Nach dem Tode unseres Schwadronsoberwachtmeisters kam ich auf dessen Planstelle. 1941 wurde ich Unteroffizier und erhielt das EK II und das silberne Sturmabzeichen. Mein Fortkommen in der Großdeutschen Wehrmacht schien also gesichert zu sein.

Im Schwadron gab es auch zwei Männer, von denen ich wußte, daß sie homosexuell waren. Sie wußten es auch von mir. Es kam jedoch nie zu sexuellen Kontakten. Erst als 1942 zwei Soldaten zum Schwadron kamen, begann ich mit ihnen eine intime Freundschaft. Meine Leidenszeit fing an.

Während eines Fronturlaubes zu Hause hätte ich Gelegenheit gehabt, mich über die Grenze in Sicherheit bringen zu lassen. Fahnenflucht kam für mich jedoch nie in Frage. Das war für mich etwas Heiliges. Ich konnte mir dummerweise auch überhaupt nicht vorstellen, daß man mich als bewährten Frontkämpfer verfolgen würde, wenn etwas über meine Homosexualität rauskäme. Vielleicht wäre es auch so gewesen, wenn mein alter Schwadronschef nicht gefallen wäre und ein neuer, ein überzeugter Nationalsozialist, ehemaliger Lehrer an der Nationalpolitischen Erziehungsanstalt Bensberg, an seine Stelle getreten wäre.

Als ich dann zur Truppe zurückkam, sollte ich neuer Spieß der Schwadron werden. Es kam jedoch ganz anders. Plötzlich kam das Gerücht auf, ich hätte mich gleichgeschlechtlich mit Kameraden abgegeben. Bruno, der eine Freund, wurde durch Strafexerzieren so mürbe gemacht, daß er alles gestand. Mein anderer Freund wurde zu Hause verhaftet und unter Arrest gestellt. Dann ging alles sehr schnell.

Bruno und ich wurden unter Bewachung ins Gefängnis nach Kassel gebracht.

Zu diesem Zeitpunkt glaubte ich immer noch nicht, daß man mich wegen dieser Lapalien bestrafen würde. Ich nahm mir sofort einen Anwalt, einen alten Justizrat, der mir offenbar in gutem Glauben versicherte, mir als bewährtem Frontkämpfer könne nichts Schlimmes passieren. Darum nutzte ich nicht die Gelegenheit zur Flucht, als wir bei dem Transport nach Berlin in Hannover in einen Bombenangriff gerieten. Als treudumme Schafe suchten wir nach diesem totalen Tohuwabohu unsere Bewacher, und die Reise ging weiter. Wir kamen dann in das Gefängnis nach Lehrte oder Tegel, ich weiß es nicht mehr so genau, und dort saß ich zusammen mit einem belgischen Widerstandskämpfer in einer Zelle.

Der Kasseler Justizrat konnte mir nun nicht mehr helfen, und ich nahm einen neuen Rechtsanwalt, Dr. Werner Brägger. Den sah ich ein einziges Mal. Als es dann zur Gerichtsverhandlung kam, erschien er einfach nicht. Obwohl eine solche Verhandlung auch nach damaligem Recht nicht ohne Verteidiger geführt werden durfte, wurde ich wegen eines Verbrechens nach § 175 und wegen Wehrkraftzersetzung angeklagt. Der Richter erklärte mir, mein Anwalt sei geladen worden, wenn der nicht käme, sei das nicht Sache des Gerichts.

Da meine beiden Freunde einfache Gefreite waren und ich Unteroffizier, warf man mir zudem Ausnutzung meines Dienstverhältnisses und Gewaltanwendung vor. Das Urteil lautete zwei Jahre Zuchthaus für mich und je ein Jahr Gefängnis für meine beiden Freunde. Meine Frontbewährung und meine Ehrenzeichen wurden mit keinem einzigen Wort erwähnt.

Ein neuer Transport wurde zusammengestellt. Ausschließlich verurteilte Soldaten. Ich hatte nicht die leiseste Ahnung, wohin es gehen sollte. Einige Kameraden vermuteten Moorlager und behielten recht. Wir landeten in Lingen im Emsland. Noch am selben Tag ging es weiter ins Nebenlager Brual-Rhede III. Meine Naivität war mir gründlich vergangen. Ich machte mir keine Illusionen mehr. Das einzige, was ich wollte, war überleben.

Als wir in das Lager einmarschierten, standen links und rechts unsere zukünftigen Bewacher Spalier. Bei ihrem Anblick wußte ich genau, was uns erwartete. Zum Teil waren es ganz normale Justizbeamte, aber auch Hilfspolizisten aus der Gegend um das Lager herum. Die schlimmsten Schinder waren jedoch zweifelsohne undefinierbare Beamte in grünlichgrauen Uniformen. Leiter des Reviers war ein brutaler SS-Mann.

Zunächst wurden wir in die Badebaracken getrieben und von Kopf bis Fuß durch andere Gefangene entlaust. Dann wurde der Kopf kahlgeschoren. Als Bekleidung erhielten wir eine Hose, eine Jacke, Holzpantinen und sonst nichts. Alles persönliche Eigentum nahm man uns weg. Es blieb nicht einmal mehr eine Zahnbürste.

Danach wurden wir auf die Baracken verteilt. Unser Barackenältester war ein sadistisch aussehender Typ. Es stellte sich jedoch später heraus, daß dieser Mann mir irgendwie sehr gewogen war. Warum, habe ich eigentlich nie herausgefunden. Meine übrigen Mitgefangenen waren vorwiegend «kriminelle» Soldaten, Fahnenflüchtige und eben Homosexuelle. Juden gab's hier natürlich nicht, weil die ja überhaupt keinen Zugang zur Wehrmacht hatten. Im Gegensatz zu den eigentlichen Konzentrationslagern gab es auch keine Kennzeichnung durch Winkel oder Sterne. Trotzdem wußten die Bewacher genau, weshalb jeder einzelne von uns dort interniert war. Die Lagerältesten wußten das auch.

Im Grunde herrschte in unserem Lager genau der gleiche unmenschliche Terror wie in den KZ, außer daß die Brennöfen fehlten. Morgens mußten wir vorschriftsmäßig in Reih und Glied antreten. Wer da nicht sofort spurte, bekam Prügel. Ein Beamter aus Österreich, der von allen Schuschig genannt wurde, hatte den Knüppel besonders lose sitzen. Dieser Mann, der beim Gehen hinkte, schlug erbarmungslos zu, gleichgültig wohin. Nicht selten wurde ein entsetzlich Malträtierter noch zusätzlich vom Barackenältesten verdroschen, bis er endgültig ein Fall fürs Krankenrevier war.

Homosexuelle Mithäftlinge, die aufs Krankenrevier mußten, kamen nie wieder lebend zurück. Ich weiß bis heute nicht, was man Furchtbares mit ihnen gemacht hat.

Nach und nach erfuhr ich, wer außer mir in unserer Baracke auch noch schwul war. Wir haben es möglichst vermieden, miteinander in Kontakt zu kommen, um bloß nicht aufzufallen. Manchmal haben wir sonntags, wenn wir nicht arbeiten mußten, miteinander gesprochen.

In der ersten Zeit meines Lageraufenthaltes wurde ich zum Torfstechen eingeteilt. Ohne vernünftige Kleidung mußten wir bei Wind und Wetter draußen mit nackten Füßen im kalten Wasser stehen. Viele waren bereits sehr entkräftet, was die Bewacher jedoch nicht im geringsten kümmerte. Das vorgeschriebene Pensum mußte erfüllt werden, also mußten die Gesunden um so mehr arbeiten oder es gab Essensentzug.

Wir bekamen viel zuwenig zu essen. Vielleicht half mir meine langjährige Klosterdisziplin, ich weiß es nicht, jedenfalls überlebte ich, und das war das einzige, was hier noch zählte.

Im Sommer 1944 hatte ich das Glück, aus dieser Torfkolonne herauszukommen. Ich wurde einem Arbeitskommando zugeteilt, das auf einem zum Lager gehörenden Gutshof arbeiten mußte. Der verantwortliche Gutsinspektor dort war ein Schwein, der die Gefangenen häufig mit seiner Reitpeitsche verprügelte. Trotzdem war diese Arbeit immer noch erträglicher als das Torfstechen.

Meine Angehörigen wurden nicht über meinen Lageraufenthalt informiert. Ich durfte lediglich meinem Bruder eine Vollmacht für mein Konto schicken, damit er den Anwalt bezahlen konnte. Das vollständige Abgeschnittensein von der Außenwelt, den Angehörigen, die ja auch alle unter diesem totalen Krieg zu leiden hatten, führte bei vielen Gefangenen zu Verzweiflungstaten. Selbstmord oder Flucht aus dem Lager, das mit einem hohen Maschendraht abgezäunt war. Dieser Zaun war elektrisch geladen. An den Lagerecken standen Bewachungstürme, die Tag und Nacht mit Maschinengewehrposten besetzt waren. Vor dem Zaun gab es einen sogenannten Todesstreifen, den wir nicht betreten durften.

Flucht direkt aus dem Lager war völlig unmöglich, wenn überhaupt, dann nur von einem Außenkommando. Ich weiß nicht, ob es je einem Gefangenen gelang zu fliehen. Ich habe häufig miterleben müssen, was nach einer mißlungenen Flucht Grausames folgte. Die Jagdkommandos hätten bei dem Wiedereinfangen der Flüchtenden sicherlich nicht so viel Erfolg gehabt, wenn sie nicht von den superkatholischen Emsland-Bauern unterstützt worden wären. Diese Leute haben wesentlich mitgeholfen und wahrscheinlich auch Fangprämien oder andere Vergünstigungen erhalten.

Für die Bewacher war es jedesmal ein Fest sadistischen Freudentaumels, wenn sie einen Gefangenen von Hunden gehetzt halbtot ins Lager zurückbrachten. Wir mußten dann alle antreten, um uns das nun folgende grausame Schauspiel zur Abschreckung mitanzusehen. Meist wurden die Halbtoten ganz totgeschlagen und mit dem Kopf nach unten aufgehängt.

Ein mit mir befreundeter Lehrer, Max Stöhr aus Elsaß-Lothringen, den ich vergeblich versucht hatte, von einer Flucht abzuhalten, endete auf die eben geschilderte Weise.

Es gab nicht die geringste Möglichkeit, sich über die Bewacher zu beschweren. An den Chef des Lagers, einen höheren Justizbeamten, der alles duldete, was geschah oder unter Umständen manches auch gar nicht wußte, kam man ohnehin nicht heran. Selbst wenn er mit dem Vorgehen der Wachmannschaften nicht einverstanden gewesen wäre, hätte er wahrscheinlich seinen Mund halten müssen, um sich nicht selbst zu gefährden.

In unmittelbarer Nähe des Lagers befand sich ein Rüstungsbetrieb, in dem ausnahmslos Gefangene arbeiten mußten. Ich versuchte auch, dorthin zu kommen, weil die Lebensbedingungen dort besser schienen als im Lager. Ich kam jedoch lediglich vom Regen in die Traufe. Als Autogenschweißer stand ich Tag für Tag am Schweißbrenner, um unförmige Zinkdinger zusammenzuschweißen, die für die Luftwaffe gebraucht wurden. Niemand im Betrieb kannte deren eigentliche Bestimmung.

Wenn man sein Soll übererfüllt hatte, bekam man einmal in der Woche eine Zigarettenzuteilung. Ich gehörte nach kurzer Einarbeitungszeit auch zu den Gefangenen, die pro Woche fünf Zigaretten extra erhielten. Das war die Höchstprämie. Vier Zigaretten tauschte ich jeweils in Essen um, das ich dann anderen homosexuellen Mitgefangenen geben konnte, die am Ende ihrer Kräfte waren. Ich selber bekam ja inzwischen genug zu essen. Die fünfte Zigarette gab ich an den Barackenältesten ab, um mir dessen Wohlwollen zu erhalten, was ja lebenswichtig war.

Zu homosexuellen Kontakten kam es jedoch nie, obwohl bei einem Transport ein junger Homosexueller aus Düsseldorf ins Lager kam, der mit mir in einem Bett schlief. Wir waren viel zu ausgelaugt und hatten viel zuviel Angst.

Zu diesem Zeitpunkt war mein katholischer Glaube immer noch tief in mir verwurzelt. Ich war der festen Überzeugung, daß das alles die Strafe Gottes sei, die mich wegen meiner schweren Verfehlungen treffen mußte. Wie falsch diese Einstellung war, wurde mir erst viele Jahre später klar.

Gegen Ende des Krieges kursierten dann plötzlich Gerüchte im Lager herum, daß die Amerikaner im Anmarsch seien und wir eventuell wieder Soldaten werden könnten. Zunächst erschien uns das so unwahrscheinlich, daß keiner daran glauben mochte. Es hat sich aber herausgestellt, daß diese Informationen, die wahrscheinlich von wohlmeinenden Bewachern in die Welt gesetzt worden waren, durchaus zutrafen. Das hat dann auch vielen Kameraden das Leben gerettet, weil es sie davon abhielt, einen Fluchtversuch zu wagen.

Kurze Zeit später wurde ich dann auch Soldat. Eine Gruppe von Gefangenen in Kompaniestärke wurde herausgezogen und in Uniformen gesteckt. Was mit den übrigen geschah, weiß ich nicht.

Nun waren wir wieder Soldaten, bekamen Waffen und ein Soldbuch. Kompaniechef war ein SS-Obersturmbannführer, wie ich ausdrücklich bemerken muß, ein vernünftiger Mann. Wir haben nie einen Schuß abgegeben. Wenn der Feind vorrückte, zogen wir uns zurück. Nachdem der Waffenstillstand geschlossen war, ging der Obersturmbannführer an der Kompanie entlang und erklärte, daß wir uns hinter eine bestimmte Linie zurückziehen müßten, um nicht als Gefangene der Alliierten, sondern als Internierte gelten zu können.

Weder das eine noch das andere konnte mich reizen. Bei der ersten Rast nach der Essensausgabe verdünnisierte ich mich mit einigen Männern. Es war auch einer aus Nordenham dabei, einer kleinen Stadt, die ganz in der Nähe sein mußte. Auf unserem Weg dorthin trafen wir auf eine Gruppe von SS- und Wehrmachtsunteroffizieren, die uns nicht glaubten, daß wir im Begriff wären, zu unserer Einheit zurückzukehren. Meine Maschinenpistole hat dann den Ausschlag gegeben und sie ließen uns ziehen. Es ist damals durchaus vorgekommen, daß idiotische Nazi-Soldaten, Leute, die wie wir auf der Flucht waren, erschossen haben.

Um die Ortschaften, die bereits von den Kanadiern besetzt waren, machten wir einen großen Bogen und kamen unbeschadet bis nach Nordenham, wo wir von der Familie eines Kameraden gastlich aufgenommen wurden. Es gab dort genug zu essen, weil die Bevölkerung rechtzeitig die Verpflegungslager der Wehrmacht geplündert hatte. Auch das Tabaklager der Firma Brinkmann war nicht verschont worden.

Wir verbrachten unsere Zeit mit Schlafen und Kartenspielen. Nach ein paar Tagen kam ein Freund des Kameraden, der von nun an im gleichen Bett zwischen mir und ihm schlief. Die beiden waren jede Nacht sexuell sehr miteinander beschäftigt. Ich nahm davon keine Notiz, weil ich den festen Vorsatz hatte, von der Gleichgeschlechtlichkeit loszukommen.

Neuer Anfang, neues Fiasko. Kurze Zeit später wurde ich vom Arbeitsamt dienstverpflichtet und hatte dort die Aufgabe, Berechtigungsscheine für Lebensmittelausgabenstellen zu prüfen. Nachdem ich dort drei Monate gearbeitet hatte, rief mich der Personalchef in sein Büro und teilte mir unumwunden mit, daß ich aus dem Dienst ausscheiden müsse. Man habe mittlerweile meine Strafakten eingesehen. Es sei den Angestellten des Arbeitsamtes nicht zuzumuten, mit einem Homosexuellen zusammenzuarbeiten.

Mein Anwalt setzte in einem langandauernden Rechtsstreit durch, daß die Zuchthausstrafe bei der Wehrmacht in eine Gefängnisstrafe umgewandelt wurde, die nur einer beschränkten Auskunftspflicht unterlag.

Nach meinem Rausschmiß bei der Behörde versuchte ich nun 1946 wieder in meine alte Missionsgesellschaft einzutreten. Nach wie vor war ich überzeugter Katholik und noch immer der Meinung, daß alles die Strafe Gottes sei. Sexuell gesehen war ich zu der Zeit ein absolutes Neutrum. Ich schrieb also an den Superior des Klosters, ein Pater, mit dem ich mich Jahre zuvor immer sehr gut verstanden hatte. Er ermunterte mich, dorthin zu kommen. Als ich jedoch erfuhr, daß der Novizenmeister einer von den Patres war, mit denen ich mich überhaupt nicht verstanden hatte, machte ich meinen Entschluß wieder rückgängig.

Zu Hause drängten mich meine Eltern und Geschwister, nun doch endlich zu heiraten. Bald glaubte ich daran, daß dies tatsächlich eine Lösung sei und heiratete die Schwester eines ehemaligen Postulanten. Kaum war ein Jahr vergangen, als mich der Geschlechtsverkehr mit meiner Frau abstieß. Ich suchte mir wieder Männer und fand auch welche. Erleichtert wurde mir die Situation dadurch, daß meine Frau keine großen sexuellen Ansprüche stellte.

Nach zwei Jahren Ehe hatten wir dennoch bereits zwei Kinder. Zunehmend wurde mir klar, daß ich nicht hätte heiraten dürfen. Die christliche Lehre, an die ich mich immer fest geklammert hatte, besagte jedoch, daß Sexualität nur innerhalb der Ehe – und auch dort nur zum Zwecke der Fortpflanzung – überhaupt möglich sei. Um so mehr litt ich darunter, daß ich meine gleichgeschlechtlichen Neigungen nicht überwunden hatte. Meine Verzweiflung war so groß, daß ich beruflich völlig erfolglos blieb.

Den Gang zum Beichtstuhl und zur Messe gab ich nach und nach auf. Es hatte all die Jahre nichts genützt und nützte auch jetzt nichts.

In den folgenden Jahren wechselte ich häufig den Beruf. Mal als Handelsvertreter, mal als Buchhalter. Schließlich wurde mir die Buchhaltung der Filiale einer Aktiengesellschaft in Stuttgart übertragen. Dort kam ich dann zum erstenmal mit der schwulen Subkultur in Berührung.

In zwei Herrenbars war ich von nun an Dauergast. Das war 1958. Hier sah ich auch zum erstenmal ein Homosexuellen-Magazin. Trotzdem war ich nach wie vor verheiratet, was ja auch eine gute Möglichkeit war, nicht als Schwuler aufzufallen. Eines Tages überredete mich der Pfarrer unserer neuen Gemeinde, für den Pfarrgemeinderat zu kandidieren. Bereits bei der ersten Sitzung wurde ich zum zweiten Vorsitzenden gewählt. Eine neue Kirche sollte gebaut werden und so half ich kräftig mit, obwohl mein Glaube bereits erheblich kleiner geworden war.

Etwa zur Zeit des Zweiten Vatikanischen Konzils fing ich dann an, die Werke progressiver Theologen zu lesen und mich mit Philosophie zu beschäftigen. Meine andersartigen sexuellen Bedürfnisse belasteten mich schon erheblich weniger als jemals zuvor. Ich stellte mit Erstaunen fest, daß sich beim Konzil die Fassung des sechsten Gebotes änderte. Es hieß nicht mehr «Du sollst nicht Unkeuschheit treiben», sondern «Du sollst nicht ehebrechen». Auch das brachte mich zum Nachdenken.

Mir wurde klar, was die Kirche bei vielen homosexuell empfindenden Menschen angerichtet hat und anrichtet, die aus Verzweiflung über ihre verbotene Sexualität in den Freitod gehen oder sonst gezwungen sind, ein unglückliches Leben zu führen, beispielsweise in einer Ehe, so wie ich damals.

Meine Frau wußte die ganze Zeit über nichts von meinem Doppelleben. Obwohl ich durch falsche Lehren der Kirche zu dieser Ehe gekommen war, konnte ich mich zunächst noch nicht dazu entschließen, mich von meiner Frau zu trennen. Durch eine Indiskretion kam ich in die Akten der Kriminalpolizei und wurde in einem späteren Verfahren wegen homosexueller Handlungen zu einer Geldstrafe von 1000 DM verurteilt.

Als meine Frau davon erfuhr, hing der Haussegen natürlich schief. Sie konnte und wollte mein Verhalten nicht akzeptieren, und schließlich trennten wir uns. Ich eröffnete mit einem Kunststofftechniker einen Betrieb in der Eifel. Es fiel ihm bald auf, daß häufig Männer bei mir zu Besuch waren, und er begann, mich deswegen unter Druck zu setzen, damit ich die Firma verlassen sollte. Schließlich tat ich es auch und siedelte in meine Heimatstadt Köln über. In den Jahren 1976 und 1977 wechselte ich zweimal die Wohnung, weil mir dort Mitbewohner wegen meiner Homosexualität Schwierigkeiten machten. Ich wollte endlich meine Ruhe haben und in Frieden leben.

Mittlerweile bin ich aus der katholischen Kirche aus- und der evangelischen Kirche beigetreten. Hier bin ich bisher als Homosexueller akzeptiert worden und arbeite in der Arbeitsgruppe «Homosexuelle und Kirche» mit. Heute habe ich einen Partner, der mich braucht und den ich brauche. Allen Widerständen zum Trotz habe ich mich durchsetzen müssen und das einzige mir gemäße Leben erkämpfen können.

Herrmann R., Jahrgang 1918
KZ Dachau

Bei mir war das so, daß ich erst verhältnismäßig spät zur Wehrmacht gekommen bin. 1943 im Mai. Weil ich damals beim Theater gearbeitet habe, gab es jahrelang die Möglichkeit, mich immer wieder zurückzustellen. Jedes Theater hatte Verbindung zum Wehrkreisoffizier. Wenn einem von uns Gefahr drohte, einberufen zu werden, wußte das in der Regel frühzeitig der Intendant. Wir bekamen dann Rollen in einem anderen Theater. Meistens dauerte es Monate, bis die Behörden rausgekriegt hatten, wo man steckte. Wenn sie dann soweit waren, bekam man halt wieder ein neues Engagement.

Bis 1944 ging das gut. Dann haben sie mich doch noch erwischt. Auf Grund eines Herzfehlers war ich nur bedingt tauglich und bin zum Bürodienst abkommandiert worden. Weil ich gut Tschechisch sprechen konnte und das Schreibmaschinenschreiben beherrschte, kam ich zum Stab der Luftwaffe in Prag. Ich wurde Personalsachbearbeiter und ging auf einen Lehrgang für Geheimsachenverwaltung. Eigentlich hatte ich eine gute Position und konnte nach Dienstschluß mein Privatleben pflegen.

Abends habe ich dann Zivilkleidung angezogen, was eigentlich verboten war, und bin in die Oper gegangen oder zu sonstigen kulturellen Veranstaltungen. Ich hatte auch ein kleines Appartement und bin ausschließlich in tschechischen Kreisen verkehrt. Wie das so ist, wenn's dem Esel zu wohl wird, geht er aufs Eis. Meine homosexuellen Bedürfnisse lebte ich ungeniert aus und lernte damals einen Freund kennen, der in meiner Wohnung mitgewohnt hat. Aber nicht diese Freundschaft, sondern eine Lapalie hat mir schließlich dann den Hals gebrochen.

Auf Grund der Tatsache, daß ich Schauspieler war und ganz gut Kabarett gemacht habe, bin ich fast jedes zweite Wochenende irgendwo in einer Batterie gewesen und hab einen bunten Abend veranstaltet. Danach gab's meistens eine Riesengaudi und viel Alkohol. Bei einer solchen Fete soll ich angeblich in angetrunkenem Zustand einem HJ-Scharführer an die Geschlechtsteile gegriffen haben, ich weiß bis heute nicht, ob es tatsächlich so war, jedenfalls fühlte der sich in seiner Ehre zutiefst gekränkt. Er hat mich angezeigt und gleich einen zweiten «Zeugen» mitgebracht, der dasselbe behauptet hat.

Zu meinem Entsetzen bin ich sofort verhaftet und in eine Einzelzelle gesperrt worden. Beim Verhör sagte ich dem vernehmenden Offizier, einem Herrn Fleischmann, daß das alles doch nur Albereien gewesen seien. Das hat jedoch nichts genutzt. Mein Verteidiger, ein gerissener Gerichtsoffizier, erklärte mir, daß es sich strafmildernd auswirken würde, wenn ich meine Homosexualität zugäbe und die Sache als einen bedauerlichen Ausrutscher erkläre.

Damals hatte ich keine Ahnung von Gesetzen und habe auch nicht kapiert, daß er mich reinlegen wollte.

Nach den Vernehmungen bin ich aus dem Wehrmachtsarrest zunächst zur Gestapo gebracht worden. Dort hat man mich gründlich in die Mangel genommen und mich über meinen Bekanntenkreis auszuforschen versucht. Es kam jedoch nichts dabei heraus. Ich bin dann wieder in das Wehrmachtsgefängnis in der Kapuzinerstraße in Prag zurückgebracht worden und bis zu meiner Verurteilung geblieben.

Bei der Verhandlung waren viele Kameraden, auch Offiziere, anwesend, die alle nur positive Dinge über mich aussagten. Ich war mir ziemlich sicher, daß wegen einer solchen Geringfügigkeit nicht viel passieren konnte. Dann kamen die beiden Zeugen herein und haben behauptet, ich sei ihnen schon häufiger komisch aufgefallen. Danach wurde meine eigene Stellungnahme vorgelesen, in der ich Dummkopf auf Anraten meines Verteidigers meine Homosexualität zugegeben hatte. Die beiden Zeugen wurden, da sie noch nicht erwachsen waren, von der Verhandlung ausgeschlossen, damit sie nicht in ihrem sittlichen Empfinden geschädigt würden.

Das Gericht hat dann sehr schlau Zusammenhänge konstruiert. In meiner Jugend sei ich in einem Internat gewesen, habe dort Abitur gemacht und danach Theologie studiert. Außerdem hätte ich meine Veranlagung zugegeben. Es sei also erwiesen, daß ich die ahnungslosen Burschen hätte verführen wollen. Man müsse mich als gefährlichen Volksschädling ansehen, der gleichzeitig die Wehrkraft zersetze. Da ich keiner nationalsozialistischen Organisation oder der Partei angehöre, hätte ich zweifellos auch kein Volksempfinden. Womit ich überhaupt nicht gerechnet hatte, geschah. Der Richter verdonnerte mich zu drei Jahren Zuchthaus für versuchte «Unzucht» und zehn Jahre für Zersetzung der Wehrkraft.

Ein solches Strafmaß kam mir unglaublich vor. Sogar die beiden Zeugen waren sehr erschrocken und haben sich bei mir entschuldigt. Das hatten sie nun auch wieder nicht gewollt.

Das Urteil wurde mit dem Zusatz versehen: «Die Strafe ist bis zum Endsieg ausgesetzt!» Das geschah damals häufig, weil man im Grunde genommen doch jeden Mann dringend brauchte. Es bedeutete faktisch aber, daß man entweder in ein Straf- oder Himmelfahrtskommando gesteckt wurde oder weiter im Wehrmachtsgefängnis blieb. Ich bin dann in das Gefängnis zurückgebracht und in eine Zelle gesperrt worden, in der 25 Menschen waren. Dort waren die kuriosesten Schicksale beisammen. Jeden Tag wurden Leute erschossen. Immer zwischen neun Uhr vormittags und vier Uhr nachmittags. Sobald die Tür aufgemacht wurde und das Erschießungskommando hereinkam, stand jeder von uns furchtbare Angst aus, es könne ihn treffen. Es wurde dann ein Name aufgerufen, der Betreffende gefesselt und weggeschleppt. Sie endeten alle in der sogenannten Sandgrube.

Um vier Uhr war dann immer großes Aufatmen. Also jetzt mal wieder gerettet bis zum nächsten Tag.

Es gab auch eine andere Tötungsart, die nicht legalisiert war. Häftlinge, die zum Fronteinsatz vorgesehen waren, wurden unter Bewachung von zwei Begleitpersonen zum Strafbataillon gebracht und dann «auf der Flucht» erschossen.

Es gab also mehrere Möglichkeiten. Entweder man kam zum Frontdienst, wurde entweder auf dem Transport dorthin oder spätestens an der Front erschossen, oder man kam in ein Wehrmachtstraflager, bzw. KZ, oder man wurde ganz einfach gleich erschossen.

Die größten Überlebenschancen rechnete ich mir noch im Lager aus. Trotz meines Herzfehlers war ich jedoch für ein Strafbataillon vorgesehen. Es gab im Wehrmachtsgefängnis einen Oberfeldwebel, der über die Weihnachtstage den Anstaltsleiter vertrat. Der war mir irgendwie wohlgesonnen und machte mir ein faires Angebot: «Du weißt, du bist vorgesehen für die Front und hast keine Chance, lebend davonzukommen. Ich werde versuchen, dich hier herauszubekommen. Wenn ich dich irgendwann in den nächsten Tagen abhole, komme ohne Aufhebens mit.»

Kurz vor Neujahr um Mitternacht hat er mich dann aus der Zelle geholt und in sein Büro geführt. Dort hat er mir alles wiedergegeben, was man mir abgeholt hatte, dazu eine Uniform und ein Seitengewehr, damit ich auf der Straße nicht auffallen würde. Dann gingen wir gemeinsam zum Hauptbahnhof in Prag. Dort gab er mir Papiere, die bewiesen, daß ich für einen Transport ins Konzentrationslager Dachau vorgesehen sei. Dort hatte ich immerhin eine Chance zu überleben.

Er hat dann die Spiegel an meiner Uniform entfernt und das Gewehr wieder mitgenommen. So kam ich also in einen Transport nach Dachau. Als einziger Uniformträger. Jeder bekam Marschverpflegung, die für einen Tag ausreichte. Die Fahrt hat dann vier Tage gedauert. Stundenlang haben wir an Bahnhöfen gestanden und warten müssen. Irgendwann, ich glaube in Ingolstadt, wurden dann drei Mitgefangene erschossen, weil sie versucht hatten, Wasser aus einem Hydranten auf dem Bahnhofsgelände in ihre Kanister zu füllen. Als es einen ziemlichen Protest am Bahnhof gab, wurde er einfach geräumt.

Mitten in der Nacht sind wir dann in Dachau angekommen. Wir wurden in einen Block getrieben und mußten drei Tage dort warten, ohne daß irgend etwas passierte. Dann wurden wir urplötzlich rausgerufen und mußten antreten zum Appell. Da hieß es dann: «Tschechen raus, Politische raus, 175er raus.» Ein Kapo grölte dazwischen: «Schwule raus, was heißt hier 175er!» Ich mußte also raustreten mit noch drei anderen. Jetzt ist alles aus, hab ich noch gedacht, aber zu meiner Überraschung wurden wir vier wieder zurück in die Baracke geschickt. Die anderen wurden weggeführt. Ich weiß nicht, was mit denen passiert ist.

Nach zwei, drei Stunden hat man uns in einen Wagen verfrachtet. Vorher bekamen wir KZ-Kleidung und rosa Winkel. Im Wagen saßen bereits viele Häftlinge in derselben Kleidung, alles Ausländer. Franzosen, Holländer und Polen. Einige von denen haben sehr gut Deutsch gesprochen und wußten, wo es hinging, nämlich nach Landsberg. Dort waren verschiedene große und kleinere Nebenlager von Dachau. Eine Reihe von kleinen Lagern gehörte zur Dynamit AG. Dort wurden in unterirdischen Bunkern Granaten fabriziert. Die Lager standen mitten auf dem Feld, waren mit Stacheldrahtzäunen, Wachttürmen und rundherum von einem Kranz Lichtern umgeben. Wir wurden von einem Lager zum anderen transportiert, aber nicht aufgenommen, weil sie hoffnungslos überbelegt waren. Schließlich landeten wir in der Festung Landsberg.

Dort war eigentlich eine eigenständige Haftanstalt. Über die Hälfte aller Leute, die dort zusammengepfercht waren, hatten jedoch KZ-Kleidung an. Wir wurden in die Keller verteilt und am nächsten Tag zum Arbeitseinsatz gebracht. Der Weg führte durch die Stadt. Wie wir da so über das Kopfsteinpflaster gelatscht sind, mit unseren KZ-Uniformen, sind die Leute einfach dagestanden und haben zugeguckt. Vollkommen gleichgültig. Da hat man keinen mitleidigen Blick gesehen. Es ging dann raus zum Flugplatz. Dort mußten wir die Trichter vom letzten Bombenangriff wieder zuschütten. Den ganzen Tag über. Dabei habe ich viele Leute kennengelernt. Plötzlich sind dann einige mit dem gleichen Winkel auf mich zugekommen und haben mich gefragt: «Bist du auch schwul?» Ich bin ganz rot geworden, weil ich mich doch so geschämt habe. Schon lange zuvor hatte ich mir eine Geschichte zurechtgelegt für den Fall, daß mich jemand nach meinem Vorleben befragen würde. Mir ist dann plötzlich ein Licht aufgegangen und klargeworden, daß ich ja einen rosa Winkel trug, an dem mich jeder erkennen konnte. Da war dann auch einer dabei, der dreifach geschlagen war. Franzose, Jude und auch noch schwul.

Kurze Zeit darauf bin ich krank geworden und kam ins Krankenrevier. Dort wird es wahrscheinlich leichter sein, dachte ich mir, aber nichts dergleichen. Es war die schiere Hölle. Alle mußten in einer Reihe antreten und wurden dann aussortiert. Vor mir stand ein Zigeunerjunge mit einem Bauchschuß. Er ist auf einmal umgefallen. Niemand durfte ihm helfen. Er hat noch gelebt, man hat ihn einfach hochgezerrt und in eine Kammer geschmissen, wo er dann elendig verreckt ist.

Ich bin überhaupt nicht untersucht worden, sondern einfach zu einem jungen Mann in eine Zelle gelegt worden. Es gab keinen Arzt, keine Behandlung, gar nichts. Man hat dagelegen und gewartet, entweder bis es besser wurde oder bis man krepiert ist. Der Junge neben mir ist in der zweiten Nacht gestorben. Ich habe noch schnell seine Brotration kassiert, bevor ich seinen Tod gemeldet habe. Völlige Abstumpfung war das. Ich habe mich am nächsten Tag sofort wieder gesund gemeldet.

Wenn's die Bewacher ganz eilig hatten, haben sie einfach die Leute durch Genickschüsse getötet, sonst wurde dort gehängt. Im Hof stand der Galgen. Besonders schlimm war's in den kleineren Lagern rundherum, die von SS-Mannschaften bewacht wurden. Da konnte die geringste Unbotmäßigkeit zum Tode führen.

Was damals häufig vorkam, waren Gerichtsspiele unter den Gefangenen, um sich abzuhärten und für eine noch ausstehende Verhandlung fit zu machen. Wenn Neulinge kamen, die noch keine Verhandlung hatten, saß ein Tribunal, das aus Mithäftlingen bestand, über sie zu Gericht. Dort wurde dann genau das nachgespielt, was sie später erwarten würde. Ein solcher Fall wurde dann mit brutaler Härte durchgespielt, und es ist in einem Fall zu meiner Zeit im Prager Wehrmachtsgefängnis passiert, daß ein zweiundzwanzigjähriger Tscheche sich eine halbe Stunde nach seiner «Verurteilung» zum Tode in seiner Zelle erhängt hat. Trotzdem hat man diese Spiele nicht aufgegeben.

Ich kam noch einige Wochen zum Arbeitseinsatz, bevor die Amerikaner am 26. April 1945 anrückten. Bereits einen Tag zuvor hatte man Detonationen gehört. Wie sich später herausstellte, waren die Detonationen nicht von Bomben, sondern die unterirdischen Bunker der Dynamit AG. Wie üblich hatte man morgens die Häftlinge, die dort arbeiten mußten, hineingejagt und dann den ganzen Bunker samt Insassen in die Luft gesprengt. Das war die SS. Wie ich dann erfahren habe, kamen diese Schweine auch nach Landsberg herein und haben den Anstaltsleiter aufgefordert, alle Gefangenen zu liquidieren. Der Leiter, Generalstaatsanwalt Jansen, ein älterer Herr, hat sich geweigert und die SS aus dem Hause gewiesen. Daß er nicht einfach erschossen wurde, wundert mich heute noch. Am Nachmittag des folgenden Tages erschienen dann die Amerikaner und haben alle Zellen aufgemacht. Abends fanden in den einzelnen Höfen die Befreiungsfeiern statt. Es war ein unbeschreibliches Erlebnis. Holländer und Franzosen haben ihre Nationalhymnen gesungen, Scheiterhaufen errichtet, dann wurden die Lager geplündert, dort lagen Khaki-Uniformen für das Afrikakorps, und dann wurden die alten Klamotten verbrannt. Die Verpflegung ist dann auch sofort besser geworden. Die verschiedenen Nationalitäten fanden sich zu Gruppen zusammen und sind in ihre

Heimat zurückgekehrt. Die Tschechen haben mir das Angebot gemacht, mit ihnen zurückzukehren, weil ich doch Halbtscheche war, also genau gesagt, tschechisch sprechender Deutscher. Mir war das aber nicht gehcuer, weil ich annahm, daß die Tschechen einen ziemlichen Haß auf die Deutschen haben mußten, weil ich doch miterlebt hatte, was die deutsche Bevölkerung und vor allem die Polizei mit Tschechen gemacht hatte.

Zunächst bin ich also in Landsberg geblieben. Nach vierzehn Tagen kam eine amerikanische Militärkommission, die genau überprüft hat, wer von den Anstaltsinsassen weswegen dort eingesperrt war. Vor dieser Kommission hab ich dann eine neue Überraschung erlebt.

Von meiner Akte war nur noch ein einziges Blatt über mich da. Was mir der verhörende amerikanische Offizier dann sagte, habe ich heute noch im Ohr: «Homosexuell, das ist Verbrechen. – Bleibt hier!» Das war ein Schock. Zwei Tage später ließ mich Herr Jansen, der von den Amis als kommissarischer Anstaltsleiter wieder eingesetzt worden war, zu sich rufen. Er hatte das Papier durchgelesen und meinte: «Das reicht ja noch nicht einmal für eine Ordnungsstrafe. War das wirklich alles, was man Ihnen vorzuwerfen hatte?» Ich sagte, selbstverständlich sei dies das einzige gewesen, was man mir in Prag hätte nachweisen können. Jansen versprach mir, die Sache noch einmal vor die Kontrollkommission zu bringen und auf das unvertretbare Strafmaß hinzuweisen. «Eines muß ich Ihnen sagen, also der Offizier, der Sie verhört hat, ich weiß nicht, aus welchem US-Staat er stammt, ist ziemlich scharf auf Homosexuelle.»

Nach ein paar Tagen kam dann die Antwort, daß eine Entlassung vorläufig noch nicht möglich sei. Ich habe dann trotzdem einige Vergünstigungen erhalten und habe die Aufgabe übernommen, die Bibliothek zu entnazifizieren. Kurzfristig war ich noch Mitarbeiter des Anstaltspfarrers und habe die Betreuung der Nazihäftlinge übernommen. Das waren die ehemaligen Bewacher aus Dachau, vom Lagerchef bis hin zum Kapo. Nachdem die alle aufgehängt worden waren, habe ich tagsüber draußen in Landsberg gearbeitet und bin abends zurück in die Anstalt gekommen. Nach einem Jahr bin ich auf Bewährung freigelassen worden. Man hat also nichts an dem Strafmaß geändert, sondern mich nach amerikanischer Rechtshandhabung rausgelassen.

In den fünfziger Jahren habe ich dann versucht, als Schauspieler Fuß zu fassen, was mir auch gelang. Nach ein paar Jahren, als dann die schwulen Lokale wieder aufgemacht haben, habe ich noch viele Leute kennengelernt, aber keinen, der zugegeben hätte, daß er im KZ war. Über so was hat keiner mehr gesprochen. Nie.

Hermann L., Jahrgang 1910
KZ Fuhlsbüttel

Anfang der dreißiger Jahre hatte ich einen Freund, den ich im Zusammenhang mit der Jugendbewegung kennengelernt hatte. Ich liebte Hans, und das war ein Fehler, der mir später zum Verhängnis wurde.

Es hatte mit der Anmietung eines Hauses ganz in der Nähe Hamburgs begonnen. Dort wohnten wir zusammen. Die Eltern von Hans tolerierten das. Besonders mit seiner Mutter hatte ich ein gutes Verhältnis. Daß wir in diesem Haus wohnten, hatte sich schnell herumgesprochen, denn wir bekamen Besuch in hellen Scharen, besonders am Wochenende. Es ging gut – so lange es gutgehen konnte –, etwa zweieinhalb Jahre. Auf der anderen Seite des Hanges, an dem das Haus lag, befand sich eine Jugendherberge, die in ein Hitlerjugendlager umgewandelt worden war.

Die Nazis stöberten viel in der Gegend herum, und natürlich hatten sie Wind davon bekommen, daß das Haus zu einem Sammelpunkt der Pfadfinder geworden war. Ich gab es auf und zog wieder in die Stadt.

Die Freundschaft mit Hans, der seine Lehre mittlerweile abgeschlossen hatte, war zu dieser Zeit belastet. Er hatte, ohne daß ich es wußte, andere Männer mit ins Haus gebracht, wenn ich nicht da war. Lange hatte ich nichts davon gemerkt, und jetzt machte ich Schluß, weil es mir nicht gelang, sein Verhalten zu ändern. Es schien mir auch zu gefährlich, mich Dingen auszuliefern, die ich nicht übersehen konnte.

Meine spätere Verhaftung wurde ausgelöst durch die Verhaftung eines Mannes, der offenbar überhaupt nicht begriffen hatte, daß die Zeiten anders geworden waren. In völlig leichtsinniger und unverantwortlicher Weise hatte er einem Freund, der in Kiel beim Arbeitsdienst war, einiges über seine Liebesbeziehungen und Bekanntschaften geschrieben. Über die Verhältnisse in der Hamburger Homosexuellenszene teilte er z. B. mit, daß es hier mit den Verfolgungen und Razzien gar nicht mehr so schlimm wäre und die Gestapo die Sache in punkto Homosexualität nicht mehr leiten würde, sondern wieder an die gute alte Weimarer Kripo übergeben hätte.

Daß das alles nicht stimmte, hat er – sicher nicht nur wegen des § 175 – mit dem Tode bezahlen müssen. Der Mann war nämlich auch noch Jude.

Der Brief war von der Gestapo abgefangen und geöffnet worden, und der Schreiber wurde sofort festgenommen und verhört. Er nannte Namen, darunter auch den von Hans. Als ich einige Tage später ins Büro ging, stand die Mutter von Hans vor dem Eingang und sagte mir, daß der Junge nicht nach Hause gekommen wäre. Er hätte eine Aufforderung erhalten, sich bei der Polizei zu melden, sei aber nicht wieder zurückgekommen. Am folgenden Tag sei die Gestapo erschienen, hätte die Wohnung durchsucht und nach den Freunden von Hans gefragt. Die Mutter hatte meinen Namen genannt. Auch Hans selbst hatte meinen Namen angegeben, wie ich später erfahren sollte. Er war zunächst auf der Polizeistelle verhört worden, und als nichts rauszukriegen war, ins Konzentrationslager Hamburg-Fuhlsbüttel geschafft worden.

Hier herrschte die SS. Hier wurde geschlagen und gefoltert. Hier herrschte Sonderrecht. Unter dem Einfluß der Gewalt und Schlägen ist Hans weich geworden.

Kurze Zeit später habe ich dann eine Vorladung der Polizei bekommen, wurde verhört und habe alles abgestritten. Man sagte mir dort: «Das überlegen Sie sich man noch. Sie bleiben hier.» Ich wurde dann auch ins KZ Fuhlsbüttel eingeliefert. Als ich dem zuständigen SS-Mann vorgeführt wurde und den Grund meiner Festnahme erfahren hatte, warf er mir erst mal einen Löschpapierhalter ins Gesicht. Ich kam dann in Einzelhaft und wurde alle zwei Tage mit der Grünen Minna nach Hamburg zum Verhör gebracht, zusammen mit anderen «Schutzhäftlingen».

Dort wurden wir von der Kripo verhört. Wir wurden dann alle in einen Saal gesteckt, wo wir warten mußten, bis wir aufgerufen wurden. Das Warten war eine einzige Prozedur, denn es konnte Stunden dauern, ehe man an die Reihe kam. Und diese Zeit mußten wir im Stehen verbringen. Mit dem Gesicht zur Wand. Wenn jemand umgefallen war, kam ein Bewacher und hat ihm einen Eimer Wasser über den Kopf gegossen. Sonst hatten diese Figuren nichts zu tun, als darauf zu warten, daß einer der Gefangenen umkippte, der dann mit Fußtritten und Schlägen wieder bewußt gemacht wurde. Ich mußte diese Prozedur auch einmal über mich ergehen lassen.

Insgesamt bin ich fünf- oder sechsmal verhört worden. Ich habe alles geleugnet, und man hat mir, außer der Tatsache, daß ich andere, die wegen § 175 beschuldigt waren, kannte, nichts Konkretes nachweisen können. Insgesamt wurde ich drei Monate im KZ Fuhlsbüttel festgehalten. Von Oktober bis November 1937. Zunächst bin ich in eine Einzelzelle gesperrt worden, die unmittelbar über dem Eingangstor zum KZ lag, und so konnte ich die Neuankömmlinge sehen, die direkt unter meinem Fenster aus der Grünen Minna ausgeladen wurden. Es waren viele Bekannte darunter. Wenn ich sie auch nicht persönlich kannte, so hatte ich sie doch die Jahre über in Schwulen-Lokalen gesehen.

Eines Tages wurde ich wieder zum Verhör gefahren, und in der Grünen Minna saßen wie üblich eine Reihe anderer «Schutzhäftlinge». Unter ihnen entdeckte ich einen alten Freund aus dem Turnverein St.

Pauli. Wir hatten wiederum gemeinsame Bekannte, und da wir ja nicht miteinander sprechen durften, legte ich in einem unbewachten Augenblick meinen Finger auf die Lippen, um ihm zu verstehen zu geben, daß wir schweigen müssen, um nicht weitere Personen zu gefährden. Er erwiderte das Zeichen. Verschwiegenheit war damals lebenswichtig.

Es ist vorgekommen, daß manche homosexuellen Gefangenen mehr als dreißig Leute reingerissen haben und Angaben machten über Dinge, die schon viele Jahre zurücklagen.

Über diesen Bekannten aus St. Pauli hörte ich später, daß er sich nach einem Verhör in seiner Zelle erhängt hat. Ich vermute, daß dieser Selbstmord etwas damit zu tun hatte, daß ich kurze Zeit später in einen Saal verlegt worden bin, in dem etwa 30 bis 50 Verhaftete eingesperrt waren. Vielleicht befürchtete die SS, daß ich mich auch noch umbringen könnte, bevor ich gestanden hätte, ein «175er» zu sein. Nahe am Selbstmord bin ich tatsächlich gewesen, denn meine seelische Verfassung war unter dem Eindruck der Geschehnisse miserabel.

Man hatte mit niemandem Kontakt. Während ich in einer Einzelzelle lag, immer die Geräusche vom Flur hörte, dieses ewige Schreien der SS-Bewacher, das Türenzuschlagen, tagsüber die Einweisung neuer Gefangener, unter denen ich Freunde und Bekannte sah, keine Verbindung mit zu Hause, keinen Anwalt, hatte ich Angst vor dem, was kommen würde. Nachts lag ich meistens wach und konnte nicht schlafen. Aus dem Keller unter den Fluren hörte ich häufig das Wüten der SS-Schläger, die nachts Leute aus der Zelle holten und verprügelten.

Ich habe später ein Buch gelesen, in dem die Verhältnisse in Kolafu (KZ Fuhlsbüttel) beschrieben wurden. Es ist von Willi Bredel geschrieben worden und heißt *‹Die Prüfung›*.

Es war genauso, wie es in diesem Buch beschrieben wird. Ich habe Glück gehabt, ich bin nicht besonders oft geschlagen worden. Es bewegte sich im Rahmen des üblichen Verhaltens der SS-Schergen. Aber man konnte nie sicher sein, wann diese Hunde ihre Wut an den Häftlingen ausließen. Dieser Terror war Teil eines Unterdrückungssystems, das die Menschen kleinkriegen und restlos entmutigen sollte.

Wie gesagt, wurde ich eines Tages in einen Saal verlegt. Ein SS-Mann war in meine Zelle gekommen, hatte «raustreten» gebrüllt, mich dann in diesen Saal geführt und mir noch einen Fußtritt gegeben, um mich richtig einzuführen. Von diesem Saal hieß es, hier sei der «Abschaum der Menschheit» versammelt. Zuhälter, Berufsverbrecher, Strichjungen, Homosexuelle. Hier blieb ich etwa einen Monat. Das Schlimmste an alldem stellte der tägliche «Sport» dar. Wir wurden dann alle auf den Gefängnishof geführt, mußten uns aufstellen und wurden nach den Anordnungen der SS gedrillt.

«Auf, nieder, auf, nieder», von der einen Wand zur anderen. Wer nicht schnell genug war – und das waren die meisten – der wurde mit Füßen getreten, mit Stockschlägen bearbeitet oder auf andere Weise mißhandelt. Dazu Beschimpfungen jeder Art hauptsächlich durch Ausdrücke aus dem sexuellen Bereich. Nach einigen Sportveranstaltungen dieser Art war ich völlig fertig. Jedesmal wenn ich in den Saal zurückkam, brach ich zusammen. Da kam mir der Gedanke, daß ich mich krankschreiben lassen müßte. Wider Erwarten gelang mir das sogar, und ich wurde vom «Sport» freigestellt.

Doch dadurch zog ich mir den Neid der anderen Gefangenen zu, und nachts haben sie mich mehrmals verprügelt. Ich habe dann um Hilfe geschrien, und die SS kam. Aber das war im Grunde genauso schlimm. Sie zeigten offen ihre Freude, wenn ein Homo verprügelt wurde.

In diesem Saal waren außer mir noch mehrere Homosexuelle eingesperrt, darunter ein SA-Angehöriger, den man in Eckernförde verhaftet hatte. Ich erinnere mich noch besonders an einen Schwulen dort. Er war Chefarzt in einem der größten Hamburger Krankenhäuser gewesen, und ihm hatte die Gestapo auch was angehängt. Er war völlig fertig, psychisch und körperlich gebrochen. Sein Fall war tragisch. Schon bald nach der faschistischen Machtergreifung war er dem Druck der Nazis ausgesetzt gewesen, weil er sich als Inhaber einer wichtigen öffentlichen Position den neuen Machthabern gegenüber nicht als loyal genug erwiesen hatte. Böses ahnend, suchte er sich einen neuen Arbeitsplatz im Ausland und hatte eine Stelle als Dozent an einer Universität in England angeboten bekommen. Der Vertrag war perfekt, die Schiffskarte gekauft, doch wenige Tage vor seiner Abfahrt hat die Gestapo ihn dann verhaftet. Ich weiß nicht, was aus ihm geworden ist.

Überhaupt habe ich Angehörige aller Berufe unter den homosexuellen «Schutzgefangenen» festgestellt. Ärzte, Rechtsanwälte, Lehrer, es waren alle Schichten vertreten. Auffallend schien mir jedoch, daß verhältnismäßig wenig Arbeiter und einfache Angestellte unter den Gefangenen im Saal waren. Ich habe mir häufig Gedanken darüber gemacht, weil ja manchmal die These vertreten wird, daß Homosexuelle besonders im Bürgertum, weniger im Proletariat zu finden seien. Im Grunde vertrete ich die Meinung, daß es Schwule in allen Schichten und Klassen gibt. Jedenfalls ist es meine Erfahrung, denn ich habe auch viele schwule Arbeiter und kleine Angestellte gekannt und kenne sie heute noch.

Daß in diesem Saal verhältnismäßig häufig Angehörige aus den sogenannten höheren Schichten vertreten waren, führe ich auf die Verhaftungspolitik der Nazis zurück. Denn man muß wissen, daß die Nazis wohl dabei waren, nicht nur allen Widerstand gegen ihr Gewaltsystem zu liquidieren, sondern auch die durch Verhaftungen freigewordenen Stellen mit den Angehörigen der NSDAP neu zu besetzen.

Um ihre Ziele zu erreichen, benutzten die Nazis eben auch den § 175, den sie ja für ihre Zwecke noch besonders verschärft hatten. Natürlich wurden jene, die Beziehungen zu den führenden Kreisen der Faschisten hatten, von den Verfolgungen ausgenommen. Es ist ja der Ausspruch Hermann Görings bekannt, der sagte: «Wer Jude ist, bestimme ich.» Und so war das dann auch mit uns Schwulen.

Allgemein bekannt ist, jedenfalls in Schwulenkreisen, die Geschichte jenes berühmten Schauspielers, Herr Gründgens, der mit Göring befreundet war. Er hat das Dritte Reich unbeschadet überstanden. In seiner vor gar nicht langer Zeit herausgegebenen Biographie ist natürlich von Homosexualität bis auf eine einzige Stelle nicht die Rede.

Ich erinnere mich noch an einen besonderen Fall in Kolafu. Eines Tages wurde dort ein Junge, etwa fünfzehn- oder sechzehnjährig, eingeliefert. Er hatte angeblich homosexuelle Beziehungen zu jüngeren gehabt und war nach § 175 angezeigt und ins KZ Börgermoor in Ostfriesland gebracht worden. Dort muß es schrecklich gewesen sein. Jedenfalls hat es der Junge nicht mehr ausgehalten und sich selbst verstümmelt, indem er seine Hand auf die Schienen gelegt hat, auf denen die Karren mit dem gestochenen Torf befördert wurden. Die Hand war in der Mitte abgefahren.

Durch einen glücklichen Umstand wurde sein Fall Gegenstand einer internationalen Untersuchungskommission, die sich auf Drängen demokratischer Kräfte im Ausland mit den Zuständen in den deutschen Konzentrationslagern befaßte. Er war der jüngste in unserem Saal, und eines Tages wurde er unter merkwürdigen Umständen aus dem Saal gerufen. Merkwürdig deshalb, weil die SS uns sonst nur anschrie, wenn sie was von uns wollte. Diesmal waren die «Helden» recht höflich, fast wie normale Menschen.

Als der Junge wieder zurückkam, erzählte er uns von jener Kommission und daß er nicht nur seinen Fall, sondern auch viele andere Fälle von Mißhandlungen mitgeteilt hätte: «Ich habe alles gesagt. Die sollen dran glauben, diese Schweine!»

Es ist ja heute so, daß die, die im KZ gewesen sind, nicht mehr darüber sprechen, was dort alles passiert ist. Auch bei ihren Verwandten und Freunden nicht. Sie wollen nicht mehr daran erinnert werden. Ich kann das verstehen, denn man kann mit diesen furchtbaren Erinnerungen nicht ständig leben. Man muß sie verdrängen.

Anfang 1937 wurde mir der Prozeß gemacht. Mein ehemaliger Freund Hans hatte – wohl unter dem Druck und den Peitschen der SS – gestanden, mit mir in den Jahren, in denen wir zusammengewesen sind, sexuellen Kontakt gehabt zu haben. Ein weiterer Gefangener hatte ausgesagt, daß wir zusammen geschlafen hätten. Und so waren es zwei Fälle, auf die sich die Anklage aufbaute. Die Tatsache, daß ich mich mit Hans nach unserer Trennung noch einmal vertragen hatte und wir nach etwa einjähriger Unterbrechung noch einmal miteinander geschlafen hatten, wurde zu einem dritten Fall konstruiert. So etwas war möglich. Ich wurde zu vierzehn Monaten Gefängnis verurteilt. Zwei von vier Monaten Untersuchungshaft wurden angerechnet. Es waren nur zwei angerechnet worden, weil ich angeblich so hart geleugnet hätte. Dann wurde ich zum Haftantritt von Hamburg nach Berlin-Tegel geschafft. Es wurde von Hamburg aus ein ganzer Güterwaggon mit Gefangenen dorthin transportiert. Als wir auf dem Lehrter Bahnhof in Berlin ankamen, stand da auf dem Bahnsteig eine große Menschenmenge, die uns begaffte. Wir wurden in Handschellen abgeführt und mußten durch dieses Spalier hindurchgehen. Ich zitterte innerlich aus Angst davor, es könne mich jemand erkennen, denn ich hatte in Berlin eine ganze Menge Freunde. Seriöse Leute, die nichts von meiner Homosexualität wußten. Es hat mich dort wohl niemand gesehen.

Die Behandlung in Berlin-Tegel war wesentlich menschlicher als die in Kolafu. Die Vollzugsbehörden waren zu diesem Zeitpunkt offenbar noch nicht völlig nazifiziert. Da haben wir einen Aufseher gehabt, der war ein richtiger Mensch. Von ihm wurde erzählt, daß er einmal zwei Freunde zugewiesen bekam, die beide wegen § 175 verurteilt worden waren. Als er bemerkte, daß die beiden sich liebten, hat er sie einfach in eine gemeinsame Zelle gesperrt, solange er es gegenüber dem anderen Wachpersonal verantworten konnte.

Im Tegeler Gefängnis wurde auch Widerstand gegen den Unrechtsstaat der Nazis geleistet. Hauptsächlich von politischen Gefangenen. Die Politischen waren verschwiegen, sie ließen sich nicht so schnell breitschlagen, einschüchtern und unter Druck setzen wie die homosexuellen Gefangenen. Sie hielten auch vielmehr zusammen, und ich meine gerade durch meine Erfahrung feststellen zu müssen, daß wir Homosexuelle viel von ihnen lernen könnten. Viele aus unseren Kreisen meinen nämlich, daß Homosexualität nichts mit Politik zu tun hätte und schauen dann ganz dumm, wenn sie sich im Gefängnis wiederfinden.

Die Politischen hatten auch eine Untergrundzeitung organisiert und hatten dort allerlei Informationen von draußen zusammengestellt. Auf den ersten Blick schienen diese Meldungen ganz harmlos, doch man mußte sie nach einem leicht zu erkennenden System lesen, dann konnte man über wichtige politische Vorgänge informiert werden und Schlüsse ziehen. Von den Politischen wurden wir Homosexuelle dort in Tegel toleriert.

Während ich dort eingesperrt war, habe ich im Gefängnishof

«Frieda» gesehen. Er war ein bekannter deutscher Tennisspieler und wurde dann auf den Hof geführt, wenn er leer war. Er hat etwa ein Vierteljahr in Tegel gesessen. Er ist dann ins Ausland gegangen, denn hier war er gesellschaftlich erledigt und gebrandmarkt. Später hat er eine berühmte Hollywood-Schauspielerin geheiratet. Wenn prominente Schwule ins Gefängnis kamen, sprach sich das in der Regel schnell herum.

Zu Weihnachten 1938 bin ich entlassen worden, nachdem meine Mutter ein Gnadengesuch eingereicht hatte. Die arme Frau hat viel durchgemacht, aber ich konnte es nicht ändern. Sie hat die ganze Zeit während meiner Haft von der Wohlfahrt gelebt, und als ich gerade einige Tage zu Hause war, kam auch schon ein Beamter der Wohlfahrt und wollte kassieren. Ich sollte die Gelder zurückzahlen, die meine Mutter von der Behörde erhalten hatte. Das war ja nun der reinste Zynismus, denn damals wußten wir überhaupt nicht, wovon wir satt werden sollten, denn ich hatte ja keine Arbeit mehr. Zwar sagte man mir auf dem Arbeitsamt großzügig, daß man mich wieder in die «Volksgemeinschaft» eingliedern wolle, doch dies dauere seine Zeit. So versuchte ich eben, selbst Arbeit zu finden.

In der Nachbarschaft hatte sich natürlich rumgesprochen, daß ich wegen § 175 gesessen hatte. Manche Leute machten einen weiten Bogen um mich und kannten mich nicht mehr. Ich mußte mir ein dickes Fell zulegen und verhielt mich so, als wenn nichts gewesen wäre, so wie ich mich früher auch verhalten habe. Einige meiner homosexuellen Bekannten haben mir weitergeholfen und mich unterstützt.

Bei den Bewerbungen um eine Arbeitsstelle ergab sich die Schwierigkeit, daß ich einen glaubwürdigen Nachweis für die letzten vierzehn Monate erbringen mußte. Hier habe ich erst mal Lehrgeld zahlen müssen, denn ich hatte mich bei einer Firma als Buchhalter beworben und war in die engere Auswahl gekommen. Natürlich fragte mich der Personalchef nach der Lücke im Arbeitsnachweis. Da habe ich ihm, weil er so nett und sympathisch aussah, reinen Wein eingeschenkt. Das hätte ich allerdings nicht tun sollen. Er hat dann gemeint: «Gewiß, ich hab ja Verständnis dafür, ich bin ja tolerant und habe persönlich überhaupt nichts gegen Homosexuelle, aber wir sind eine große Gemeinschaft, und ich weiß nicht, ob es tragbar ist, einen Homosexuellen in unserer Belegschaft zu haben.»

Ich dachte mir im stillen, daß es auch in seiner Belegschaft wer weiß wie viele Homosexuelle gibt, die schon wußten, warum sie ihre Homosexualität peinlichst verborgen hielten. Ich habe ihm dann geantwortet, daß ich in meiner früheren Stellung noch niemals in dieser Beziehung aufgefallen wäre, weil ich meine Privatangelegenheiten immer von meinen Geschäften getrennt habe. Meine Homosexualität sei meine persönliche Sache und hätte doch mit dem Geschäft nichts zu tun.

Der Personalchef ließ sich jedoch nicht weiter auf ein Gespräch ein und meinte, daß ich schriftlich von ihm hören werde. Der Bescheid kam dann auch postwendend: «Leider haben wir uns anders entschieden . . .»

Daraus habe ich jedenfalls gelernt und bin bei der nächsten Vorstellung geschickter vorgegangen. Diese nächste Bewerbung ergab sich durch den Kontakt mit einem Angestellten einer großen Hamburger Brauerei. Dort war eine Stelle in der Buchhaltung frei geworden.

Ich habe sofort meine Unterlagen hingeschickt und wurde postwendend zu einem Gespräch eingeladen. Wegen der Lücke in meinem Arbeitsnachweis hatte ich mir eine passende Lüge ausgedacht:

Ich sei, weil ich mit den Verhältnissen hierzulande unzufrieden gewesen wäre, nach Dänemark gegangen. Freunde hätten mir dort eine Arbeit vermittelt, und vierzehn Monate lang sei es mir nicht gelungen, dort Fuß zu fassen. Zu viele Schwierigkeiten, besonders mit der Sprache . . . und so wäre ich jetzt zurückgekommen.

Ich habe die Stelle gekriegt, obwohl ich den Eindruck hatte, daß mir die Sache nicht so richtig abgenommen wurde. Tatsächlich kam dann auch eines Tages der Personalchef in die Abteilung und rief durch die halb geöffnete Tür: «Kann hier jemand Dänisch lesen?» – Ich meldete mich, aber es gab nichts zu übersetzen.

Erst 1945 nach der Kapitulation Hitler-Deutschlands und nachdem die Engländer in Hamburg eingerückt waren, konnte ich die Maske ein klein wenig fallen lassen.

Die neue Militärregierung hatte Fragebogen im Rahmen ihrer Entnazifizierungspolitik ausgegeben, in denen jeder seine Funktionen im faschistischen Deutschland oder seine Verfolgungen durch die Faschisten angeben mußte.

Ich schrieb, daß ich wegen § 175 verurteilt worden war. Die Fragebogen wurden im Betrieb eingesammelt und über die Geschäftsleitung den Alliierten übergeben. Wahrscheinlich hat die Geschäftsleitung diese Bogen aufmerksam gelesen, allein schon deswegen, um sich mit ihrer Personalpolitik auf die Bedürfnisse der neuen Umstände auszurichten. Man mußte allerdings als Homosexueller weiterhin auf der Hut sein.

Bundesrepublik

Von Rudi Finkler

1. Maßnahmen des Gesetzgebers: Kein entgültiger Bruch mit dem Nationalsozialismus

Den Häschern Himmlers, Hitlers und Goebbels entronnen, wurden die Homosexuellen nun Opfer bundesrepublikanischer Strafverfolgungsbehörden der Adenauer-Ära. Ohne den § 175 in seiner nationalsozialistischen Fassung, ohne ein Heer von Richtern, die sich trotz ihrer Verbrechen heil in die neue Republik herübergerettet hatten, ohne die beiden «christlichen» Konfessionen, die beharrlich auf einer Fortgeltung des Nazi-Unrechts inpunkto Homosexualität beharrten, ohne die zahllosen Politiker, die sich keinen Deut um die Geächteten kümmerten und ohne ein Bundesverfassungsgericht, das dieses Unrecht mit fadenscheinigen Begründungen zum Bestandteil der freiheitlich-demokratischen Grundordnung erklärte, wäre eine erneute Verfolgung, der wiederum Hunderttausende zum Opfer fielen, unmöglich gewesen.

Nicht nur die überlebenden homosexuellen KZ-Opfer blieben Verbrecher, sondern die gesamte entrechtete Minderheit der gleichgeschlechtlich empfindenden Männer blieb, was sie war, «entartet». Die in der Zeit des Faschismus gefällten Urteile wurden nie aus dem Strafregister gestrichen, die Rosa Listen fleißig weitergeführt, und kein einziger homosexueller KZ-Insasse hat bis zum heutigen Tage Wiedergutmachung für das an ihm begangene Unrecht erhalten. Nach bewährter Devise, «wo's ums Gemeinwohl geht, hat der einzelne sein Recht verloren», richten Richter, besorgt um dieses vermeintliche Gemeinwohl, homosexuelle Individuen bis zum heutigen Tage zugrunde.

Reformbestrebungen in den fünfziger Jahren

In der gesamten Diskussion der Nachkriegsjuristen über das Für und Wider der antihomosexuellen Gesetzgebung spiegelte sich ein erschreckendes Ausmaß von Unfähigkeit wider, mit der vorangegangenen faschistischen Tradition zu brechen. Im heftigen Streit um die

Aufgaben eines Sexualstrafrechts und hier insbesondere des § 175 in einer demokratischen Gesellschaft prallten zwei entgegengesetzte Auffassungen aufeinander.

Vorwiegend liberale Juristen und Strafrechtswissenschaftler waren der Meinung, der Staat habe mit strafrechtlichen Mitteln nur dort einzugreifen, wo die «soziale Ordnung» des Zusammenlebens gefährdet sei. Er dürfe sich keinesfalls als Hüter von Sitte, Moral und Anstand aufschwingen und mit Gesetzen in die Intimsphäre des einzelnen Bürgers eingreifen. Auch dann nicht, wenn das Verhalten eines Individuums den Vorstellungen der Mehrheit nicht entspräche. Die vornehmste Aufgabe jeder staatlichen Gesetzgebung sei es, die Würde des Menschen zu schützen. Das Recht auf die freie Entfaltung der Persönlichkeit, wie es im Grundgesetz garantiert sei, habe Vorrang vor den Interessen des Staates. Die soziale Schädlichkeit einvernehmlicher homosexueller Handlungen zwischen erwachsenen Männern sei nicht vorhanden, also bedürfe es auch keiner Strafvorschrift. Dieselbe Argumentation galt auch für den außerehelichen Geschlechtsverkehr.

Diesen Ansichten über den Sinn und Zweck des Sexualstrafrechts, wie überhaupt des gesamten Strafrechts, stand die Auffassung konservativer Vertreter dieses Standes gegenüber. Während liberale Juristen an demokratische Weimarer Traditionen anknüpften, forderten konservative Juristen die Beibehaltung der absoluten Strafwürdigkeit der «widernatürlichen Unzucht zwischen Männern». Als Begründung mußten nationalsozialistische Vorstellungen von der staatszersetzenden Gefährlichkeit, die von den Homosexuellen ausginge, herhalten. Weil Homosexualität im höchsten Grade sittlich und moralisch verwerflich wäre und die Grundlagen des Staates, Ehe und Familie aufs ärgste gefährde, müsse der Staat energisch dagegen einschreiten. Volksgesundheit und Allgemeinwohl – was immer das bedeuten mochte – hatten nach Ansicht dieser Juristen auf jeden Fall Vorrang vor den Interressen des einzelnen.

Solche Auffassungen bestimmten immerhin anderthalb Jahrzehnte lang die Politik der Regierung Adenauer. Alle Forderungen nach Streichung des nationalsozialistischen § 175 verhallten ungehört. Trotz ausführlicher und wohlbegründeter Gegenargumente, stand für den Gesetzgeber anscheinend fest, daß das, was damals Recht war, nun nicht plötzlich Unrecht sein konnte. Eine juristische Arbeitsgemeinschaft der am 14. April 1950 gegründeten «Deutschen Gesellschaft für Sexualforschung» legte dem neuen Gesetzgeber in Bonn am 1. November desselben Jahres eine «Eingabe betreffend die §§ 175 und 175 a StGB» vor. Darin hieß es:

> «§ 175 StGB ist seit Jahrzehnten Gegenstand von Reformarbeiten namhafter Wissenschaftler und Praktiker, Juristen und Medizi-

ner. Die Bestrafung gleichgeschlechtlicher Beziehungen zwischen erwachsenen Männern hat keine kriminalpolitischen Erfolge, vielmehr stärkere Nachteile durch die Ermöglichung anderer Straftaten wie Erpressung und Gewalttätigkeit gebracht. Strafen sind wirkungslos geblieben.

Die Strafbefugnis des Staates versagt gegenüber Handlungen, durch welche kein Rechtsgut anderer verletzt wird. Sogar der Selbstmordversuch ist straflos.

Nach den Erkenntnissen der Psychologie, Psychiatrie und Strafrechtspflege gibt es eine Homosexualität, deren Bestrafung, da einem menschlichen Urtrieb widersprechend, ohne Erfolg bleibt. Vom Staat ist nur diejenige Grenze zu beachten, an der der Schutz Dritter durch Strafvorschriften einzusetzen hat. Daher müssen qualifizierte Fälle, wie Ausnutzung eines Abhängigkeitsverhältnisses, Zwang, Ausnutzung der geschlechtlichen Unerfahrenheit unbescholtener minderjähriger Personen und Gewerbsmäßigkeit, stets mit Strafen geahndet werden.

Der vom bisherigen Wortlaut des § 175 StGB umfaßte Tatbestand ist dagegen als strafrechtlich irrelevant zu streichen. Das bedeutet jedoch keine Legalisierung homosexuellen Verkehrs.

Sitte und Moral, die sich von dem Bereich des Rechts unterscheiden können, fällen ihr eigenes Urteil» (Ackermann 1963, S. 153).

Selbst dieser zurückhaltende Vorschlag verstaubte in den Schubladen Bonner Behörden. Die Gegner des Paragraphen gaben jedoch nicht auf. Ein Jahr nach dieser Eingabe empfahl der 39. Deutsche Juristentag in Nürnberg gleichfalls dem Gesetzgeber, die «einfache Homosexualität zwischen erwachsenen Männern» zukünftig straffrei zu lassen. Zum gleichen Ergebnis kam 1955 der Strafrechtsausschuß der Bundesanwaltskammer.

Die 1954 vom damaligen Justizminister Dehler einberufene Große Strafrechtskommission kam bei der Überarbeitung des Sexualstrafrechts ebenfalls zu dem Ergebnis, daß es keinen Sinn ergebe, Homosexualität zwischen Erwachsenen weiterhin unter Strafe zu stellen. Weil dieser Vorschlag dem Justizministerium nicht paßte, führte es bei der Überarbeitung des Entwurfs der Kommission 1959 den Straftatbestand der sogenannten einfachen Homosexualität beim «amtlichen Entwurf eines Strafgesetzbuches nach den Beschlüssen der großen Strafrechtskommission» (E I-1959) klammheimlich als § 222 wieder ein.

Empört über das Verhalten des Justizministeriums, beschloß die Große Strafrechtskommission bei einer erneuten Überarbeitung des amtlichen Entwurfs mit 13 : 10 Stimmen erneut die Streichung des Straftatbestandes. Im zweiten amtlichen Entwurf des Justizministeriums (E II-1959) tauchte er trotzdem als § 216 wieder auf. Nirgendwo ist ein Hinweis zu finden, daß sich die Kommission ausdrücklich gegen ihn ausgesprochen hatte (Mergen 1966, S. 57).

Der E II-1959 wurde ein Jahr später dem Bundeskabinett als E-1960 vorgelegt und dort verabschiedet. Unangefochten passierte es den Bundesrat und konnte bereits zwei Monate später dem Bundestag zur Beratung übergeben werden. Die dritte Legislaturperiode in Bonn ging jedoch zu Ende, ohne daß es zu einer Beratung gekommen wäre. Zwei Jahre später wurde der E-1960 mit geringfügigen Änderungen als E-1962 dem Bundestag vorgelegt und in erster Lesung behandelt. Jedoch auch in der vierten Legislaturperiode kam es nicht mehr zu einer abschließenden Beratung (Baumann 1968, S. 194).

Der amtliche Entwurf eines neuen Strafgesetzbuches E-1962

Genauso rücksichtslos, wie sich die Bundesregierung über die Interessen der Strafrechtskommission hinweggesetzt hatte, setzte sie sich auch über die berechtigten Lebensinteressen der Homosexuellen hinweg. Der Regierungsentwurf von 1962 hatte in bezug auf die Strafbarkeit der sogenannten einfachen Homosexualität zwischen erwachsenen Männern folgenden Wortlaut:

---

§ 216
Unzucht zwischen Männern
(1) Mit Gefängnis bis zu drei Jahren wird bestraft
1. ein Mann, der mit einem anderen Mann eine beischlafähnliche Handlung vornimmt,
2. ein Mann über einundzwanzig Jahren, der mit einem Mann unter einundzwanzig Jahren Unzucht treibt oder der absichtlich vor einem solchen Mann Unzucht an sich selbst oder mit einem anderen Mann treibt, oder
3. ein Mann über achtzehn Jahren, der einen Mann unter einundzwanzig Jahren dazu bestimmt, daß er mit ihm oder einem anderen Mann oder vor ihm an sich selbst Unzucht treibt.

(2) Bei einem Beteiligten, der zur Zeit der Tat noch nicht einundzwanzig Jahre alt war, kann das Gericht von Strafe absehen.

Auf welcher Ideologie diese kaum verständliche, halsbrecherische juristische Konstruktion basierte, dokumentiert eindrucksvoll die umfangreiche Begründung zu diesem Unzuchts-Paragraphen. Wie der nun folgende Vergleich zeigt, deckten sich Teile dieser Begründung der Regierung Adenauer bis hinein in die feinste Wortwahl mit den Elaboraten von Nazi-Juristen, vor allem von Dr. jur. Rudolf Klare (siehe auch S. 222 f).

Nach Ansicht der Juristen des Justizministeriums sollte der Staat

> «mehr noch als auf irgendeinem anderen Gebiet die sittlichen Grundanschauungen des Volkes berücksichtigen und sich darüber klar sein, daß jeder Fehlgriff geeignet ist, zwischen der allgemeinen Überzeugung und dem Gesetz eine Kluft aufzureißen und das sittliche Empfinden des Volkes zu trüben und zu verwirren.»

Rudolf Klare hatte bereits 1937 dieselbe Erkenntnis:

> «Das Strafrecht muß ... der Reinhaltung der religiösen und sittlichen Anschauungen der Volksgemeinschaft sein Augenmerk zuwenden.»

Die Juristen Adenauers behaupteten, es sei eine

> «unbestreitbare Erkenntnis, daß die Reinheit und die Gesundheit des Geschlechtslebens eine außerordentlich wichtige Voraussetzung für den Bestand des Volkes und die Wahrung der natürlichen Lebensordnung ist ... Die geschlechtliche Beziehung von Mann zu Mann ist nach der weitaus überwiegenden Auffassung der deutschen Bevölkerung als eine verachtenswerte Verirrung anzusehen, die geeignet ist, den Charakter zu zerrütten und das sittliche Gefühl zu stören.»

Etwas präziser und knapper formulierten 1936 die Nazi-Juristen Schäfer, Leopold und Dörffler in ihrer Begründung zur Neufassung des § 175:

> «Der neue Staat, der ein an Zahl und Kraft starkes, sittlich gesundes Volk erstrebt, muß allem widernatürlichen geschlechtlichen Treiben mit Nachdruck begegnen.»

Für den E-1962 mußte schließlich auch noch die historische «Wahrheit» herhalten, die angeblich beweisen würde, daß homosexuelles Verhalten

> «seiner Natur nach die Tendenz in sich trägt, auf Dritte überzugreifen und damit die Anfälligkeit dafür im Volke auszubreiten ... Wo die gleichgeschlechtliche Unzucht um sich gegriffen

und großen Umfang angenommen hat, war die Entartung des Volkes und der Verfall seiner sittlichen Kräfte die Folge.»

Bei der Begründung des Nazi-Gesetzes hieß es 1935:

«Die gleichgeschlechtliche Unzucht zwischen Männern muß besonders scharf bekämpft werden, weil sie erfahrungsgemäß die Neigung zu seuchenartiger Ausbreitung hat ... Im Interesse der sittlichen Gesunderhaltung des Volkes erschien es angezeigt, die geplanten Neuerungen alsbald in Kraft zu setzen.»

Klare hatte dem noch hinzugefügt, «Homosexualität an sich» sei eine «rassische Entartung» und der Homosexuelle ein «Feind der völkischen Gemeinschaft».

Ohne die Angabe der Verfasser bei den hier miteinander verglichenen Zitaten wäre es dem Leser sicherlich kaum möglich gewesen, die bundesrepublikanischen und nationalsozialistischen Formulierungen auseinanderzuhalten. Der «demokratische» Sprachgebrauch der Adenauer-Juristen läßt sich immerhin daran erkennen, daß sie auf den faschistischen Begriff «Rasse» völlig verzichten. Ihre gesamte Argumentationskette fand, wenn auch nicht überall sprachlich, so doch weitgehend inhaltlich ihre Entsprechung in nationalsozialistischem Gedankengut.

Zu der im E-1962 aufgestellten Behauptung, daß die Mehrzahl der Homosexuellen «nicht aus angeborener Neigung handeln, sondern durch Verführung, Gewöhnung oder geschlechtlicher Übersättigung dem Laster verfallen» wären, bemerkte der damalige Leiter des Hamburger «Institutes für Sexualforschung» Professor Hans Giese:

«Als ob mit solchen Unterscheidungen, sofern sie praktikabel wären, irgendwelche realen Aussagen über die Strafwürdigkeit im Einzelfall zulässig sein könnten. Nebenbei gesagt habe ich in 16 Jahren keinen einzigen Fall von Homosexualität durch Übersättigung zu sehen bekommen. Und kann sich jemand an etwas gewöhnen, wohlgemerkt in seinem privatesten Leben, das ihm im Grunde nicht liegt? Dann müßte Homosexualität schon etwas bemerkenswert Attraktives sein; für diese Ansicht fand ich aber keinerlei Anhaltspunkte, erdrückende Beweise nur für das genaue Gegenteil, für Unglück, Trauer, Verzweiflung» (Giese 1967, S. 7 ff).

Als weiteres altbekanntes Argument taucht die sogenannte Unterwanderungstheorie im E-1962 wieder auf.

«Schon unter der Herrschaft des geltenden Rechts ist hier und da das Bestreben homosexueller Gruppen wirksam geworden, durch gegenseitige Hilfestellung in öffentliche Einrichtungen einzudringen und sie durch planmäßiges Nachziehen gleichgeschlechtlicher Mitarbeiter zu beherrschen.»

Mehr noch als die Absurdität dieses unbeweisbaren Vorwurfs verblüfft, daß er ausgerechnet von Männern erhoben wurde, die Mitglieder politischer oder sonstiger Organisationen waren, von denen jedermann wußte, daß man dort in der Tat dazu neigte, seinesgleichen in verantwortliche Schlüsselpositionen zu hiefen. Es war durchaus kein Zufall, daß in den fünfziger Jahren eine Vielzahl von Bundesministern und Staatssekretären Mitglieder derselben Studentenverbindung waren der auch Chef Konrad Adenauer angehörte, obwohl er auf eine entsprechende Anfrage im Parlament einen solchen «Zufall» glaubhaft machen wollte. (Da es sich bei der Studentenverbindung um den mächtigsten katholischen Verband, den CV, Cartell-Verband, handelte, sah sich Theodor Heuss damals zu der Bemerkung veranlaßt, Zufall würde wohl neuerdings mit C geschrieben.)

Daß die von den Männern Adenauers befürchtete «Form der Zersetzung» unbedingt verhindert werden müsse, war für sie unumgänglich, weil eine Duldung dieser «Elemente» zu einer schlimmen Schwächung der Wehrkraft führen würde. Außerdem sei die Bedrohung nicht gering zu schätzen, die durch die «gleichgeschlechtliche Unzucht unter erwachsenen Männern für Verbände und Gruppen ausgehen würde, die in größeren und kleineren Gemeinschaften zusammen leben». Zu denken sei dabei nicht nur an die kasernierte Polizei und die Bundeswehr, sondern auch an Männerwohnheime und Bautrupps.

Eines beinhaltete der E-1962 jedoch ebensowenig wie die national-

Homophilen-Zeitschriften
aus den fünfziger Jahren

sozialistische Gesetzgebung, nämlich die Strafbarkeit der weiblichen Homosexualität. Die «gleichgeschlechtliche Unzucht zwischen Frauen» sei aus «kriminalpolitischen Gründen nicht geboten». Diese Form des Lasters sei eine «Erscheinung mit andersartigen und namentlich weniger einschneidenden Folgen für das Zusammenleben in der menschlichen Gesellschaft». Mit dem gleichen sexistischen Argument war schon 1957 die Verfassungsbeschwerde eines Homosexuellen zurückgewiesen worden, der sich auf den im Grundgesetz garantierten Rechtsanspruch auf die Gleichbehandlung von Männern und Frauen berief, den er durch die einseitige Verfolgung der männlichen Homosexualität verletzt sah. Wir werden in einem späteren Kapitel noch ausführlich auf dieses Urteil eingehen.

Wie rückständig die Regierung Adenauer im internationalen Vergleich Anfang der sechziger Jahre war, zeigt ein kurzer Rechtsvergleich. Nur noch wenige Staaten im christlich-abendländischen Kulturkreis hielten an einer Bestrafung der Homosexualität zwischen Erwachsenen fest. Zu ihnen gehörten außer einigen Bundesstaaten der USA nur noch Großbritannien, Irland, Finnland, Jugoslawien, Österreich (das als einzigstes Land auch die weibliche Homosexualität bestrafte) und die Sowjetunion, die die Strafbarkeit unter Stalin wieder eingeführt hatte. Dänemark, Schweden, die Schweiz, die Niederlande, Polen, Rumänien und die Tschechoslowakei hatten ihre entsprechenden Paragraphen in den vorangegangenen drei Jahrzehnten bereits abgeschafft. In den romanischen Ländern existierten sie ohnehin nicht. Selbst im erzkatholischen Spanien war sogar der gleichgeschlechtliche Kontakt mit Jugendlichen nicht verboten (nach Ackermann 1963, S. 152).

Beachtung verdient das Verhalten der DDR. Bereits 1950 verkündete das oberste Gericht der Deutschen Demokratischen Republik, der § 175 sei «nazistisch» und deshalb in seiner vorhitlerischen Fassung anzuwenden. Gleichzeitig empfahl das Gericht, die nach dem alten Paragraphen möglichen Verfahren wegen «Geringfügigkeit» einzustellen. Ein Jahr vor der ersten Reform in der Bundesrepublik wurde 1968 der Paragraph in der DDR ganz abgeschafft (Wilde 1969, S. 62 ff). Bis heute existiert jedoch der § 151 im Strafgesetzbuch der DDR, der den homosexuellen Kontakt mit Jugendlichen untersagt.

«Moskaus neue Garde» Familien- und bevölkerungspolitische Hintergründe antisexueller CDU/CSU-Politik

Nicht nur homosexuelles Verhalten richtete sich nach Ansicht konservativer Politiker gegen die «Reinheit und Gesundheit des Geschlechtslebens», sondern jedes sexuelle Verhalten, das außerhalb der Ehe stattfand, gefährdete die im E-1962 viel beschworene «natürliche Lebensordnung» und damit die «sittlichen Kräfte» und «den Bestand des Volkes» erheblich. Selbst Sexualität innerhalb der Ehe, die nur der Lust und nicht der Fortpflanzung diente, wurde als «Zügellosigkeit» diffamiert. Die «widernatürliche» außereheliche Unzucht blieb ebenso verboten wie die gleichgeschlechtliche Unzucht, die «lästige oder jugendgefährdende» Prostitution (A. Mergen 1963, S. 161) und die sogenannte Kuppelei. Besonders heftig bekämpften die Fortpflanzungsstrategen Adenauers die Abtreibung (§ 218), die für sie am augenfälligsten den «Bestand des Volkes» in Frage stellte. Hier wurde nämlich nicht wie bei der ganzen verdammten «Unzucht» die Zeugung verhindert, sondern die bereits gezeugte, heranwachsende Leibesfrucht davon abgehalten, den erwünschten gesunden Volksbestand zu bereichern. Interessen der Frau spielten dabei überhaupt keine Rolle.

Die staatliche Unterdrückung von Homosexualität in der CDU/CSU regierten Bundesrepublik der Nachkriegszeit läßt sich nur vor dem Hintergrund einer sexual- und genußfeindlichen Sittlichkeitspolitik begreifen, die eine gezwungenermaßen als «natürlich» definierte Lebensordnung mit «gesunder Familie» propagieren mußte. Der besondere Schutz von Ehe und Familie wurde deshalb auch im Grundgesetz verankert.

Besonders eindrucksvoll kommt diese staatserhaltende Sittlichkeitspolitik bei den beiden langjährigen Familienministern der fünfziger und sechziger Jahre, Franz-Josef Wuermeling (1953–62) und Bruno Heck (1962–68) zum Ausdruck. Für Wuermeling stand über allem das «Sittengesetz als wichtigste Grundlage von Familie, Volk und Staat» (Haensch 1968, S. 79). Schon im ersten Bundestag, als es noch kein Familienministerium gab, hatte er eine «Kampfgruppe für die Familie» gegründet. In ihr sollten Politiker über alle Partei- und Standesgrenzen hinweg zusammenkommen, damit

> «jedes Mitglied des Bundestages sich zutiefst der einzigartigen sittlichen und volklichen [man beachte die dezente Wortwahl; Anm. d. Verf.] Aufgabe und Bedeutung unserer Familien, unserer

Mütter und Väter bewußt wird und damit in eine gemeinsame große Kampffront für unsere Familie eintritt».

1953 erklärte Wuermeling:

«Millionen innerlich gesunder Familien mit rechtschaffen erzogenen Kindern sind als Sicherung gegen die drohende Gefahr der kinderreichen Völker des Ostens mindestens so wichtig wie alle militärischen Sicherungen.»

Wuermelings Erziehungsmotto lautete: «Es geht um Selbstzucht und Verzicht.» Lebensgenuß, dazu gehörte selbstverständlich auch sexueller Genuß, mußte zugunsten «höherer Werte» aufgegeben werden.

«Mit Bürgern, die sich hemmungslos dem Genuß hingeben und keine ethische Gedankenwelt mehr kennen, kann keine staatliche Ordnung ihre Aufgaben erfüllen. Allgemeine Zügellosigkeit wirkt gesellschafts- und staatsauflösend.»

Schließlich forderte der Familienminister alle Mitbürger auf:

«Mobilisieren wir unsere geistigen und vor allem christlichen Kräfte in den Bindungen höherer Erkenntnis, der Selbstzucht und des Opfers.»

Wuermeling, der fast zehn Jahre lang für die Familienpolitik der Bundesrepublik verantwortlich war, glaubte daran,

«daß unser Dasein nur irdische Pilgerfahrt ist, nur Vorbereitung und Vorstufe für das eigentliche Leben, das nicht hier, sondern im Jenseits, bei Gott liegt. Ich weiß, daß Gott uns berufen hat, als seine Werkzeuge die Welt zu gestalten» (Haensch 1968, S. 74 ff).

Bezeichnenderweise gelang es Wuermeling, auf den Gebrauch von Worten wie «sexuell», oder gar «homosexuell» in seinen Ausführungen völlig zu verzichten. Ausdruck einer Politik, die mit Hilfe mächtiger Tabus ihre reaktionären Absichten verschleiert und gleichzeitig die Unterdrückung der betroffenen Minderheiten dauerhaft zementiert.

Der Nachfolger Wuermelings, Bruno Heck, war in seiner Wortwahl schon präziser. Genau wie sein Vorgänger und «hundert Jahre zuvor Kolping», hielt er es für eine unumstößliche Wahrheit, daß «der Wohlstand des Menschengeschlechts . . . nur auf gute Familien gegründet Dauer haben» kann. Leider habe die Qualität der Familien sehr nachgelassen, weil die neuerdings häufig auftretende Paarbildung von jungen Menschen «allerdings sehr häufig mit geschlechtlichen Beziehungen verknüpft» sei. Diese Beobachtung jagte Bruno Heck wohl einen fürchterlichen Schrecken ein: «Eine solche Sexualisierung dieser

Freundschaften mindert die Fähigkeit, sich zu binden.» Frühehen seien darum extrem scheidungsanfällig und erfüllten somit nicht mehr die Anforderungen, die die Familienpolitik des Staates an sie stelle (Familienbericht 1968, nach Haensch 1969, S. 143 ff).

Entsprechend dieser Familienideologie richteten sich sowohl Abtreibung, Homosexualität, außerehelicher Geschlechtsverkehr und Prostitution als auch jegliche «Sexualisierung» gegen den Erhalt des Staates und gaben ihn schutzlos den «kinderreichen Völkern des Ostens» preis. Die auch von anderen reaktionären Politikern der Nachkriegszeit vielbeschworene «Gefahr aus dem Osten» oder Fernen Osten beherrschte die Nachkriegspolitik der CDU/CSU. (Zitat Kiesinger: «Ich sage nur: China, China, China!») Ein weiterer Gesinnungsgenosse Wuermelings, Hecks und Kiesingers, der für seine primitive Hetze gegen Homosexuelle berüchtigte Kölner Amtsgerichtsrat Richard Gatzweiler, witterte schon 1951 die entsetzliche Bedrohung, die seiner Meinung nach von der «Partei der Invertierten» ausginge. Die angeblichen Geheimbünde der Homosexuellen seien «Moskaus neue Garde» (Wilde 1969, S. 83).

Bruno Heck sah seine Aufgabe darin, den Staat mit Hilfe einer bevölkerungsbildenden Familienpolitik vor dieser entsetzlichen Bedrohung zu schützen. Da der Staat jedoch alleine nicht in der Lage sei, «die Erziehungs- und Bildungskraft der Familie mit allen Mitteln zu stärken», forderte er die Unterstützung vor allem und in erster Linie der Kirche, die in ihrer Seelsorge nicht vergessen dürfe, daß «der Mensch nicht als einzelner, nicht als Mann oder Frau für sich allein, auch nicht als Sohn oder Tochter, sondern wesentlich in der Familie existiert» (Haensch 1969, S. 149).

Bruno Heck lenkte in seinem Ressort die Geschicke des Staates bis kurz vor der ersten Reform des § 175, die zweifellos niemals zustande gekommen wäre, wenn sein Gedankengut sich bei den Abgeordneten aller im damaligen Bundestag vertretenen Parteien hätte durchsetzen können.

Wie notwendig es die «Familienpolitik» der CDU/CSU hatte, sich von der «Bevölkerungspolitik» der Nazis abzugrenzen, verdeutlichen Bemerkungen Wuermelings, der sich permanent gezwungen sah, solchen «Verwechslungen» mit aller Schärfe entgegenzutreten:

> «Totalitäre Regime betreiben Bevölkerungspolitik . . . Wir haben dieser totalitären Schau die klare These entgegenzusetzen: Unsere Kinder sind nicht Kinder des Staates, sondern Kinder der Familie!» (Haensch 1969, S. 91).

Da die «gesunde Familie» nach Ansicht des Ministers jedoch die Grundlage des Staates bildete, entpuppte sich alles Gerede letztendlich als Etikettenschwindel.

Reformen des § 175 (1969/1973)

Daß es trotz christlich, sittlich, natürlich, reaktionärer Sexualpolitik und dem aus ihr entsprungenem Entwurf für ein neues Strafrecht (E-1962) doch noch zur ersten Reform des § 175 im Jahre 1969 kam, lag vor allem daran, daß sich durch die Beteiligung der SPD an der Regierungsverantwortung (Große Koalition) ein reformfreudigerer politischer Kurs in der Bundesrepublik abzeichnete. Trotz heftigster Attacken von seiten der katholischen Kirche leitete Justizminister Gustav Heinemann (SPD) 1968 die Reform des Paragraphen ein. Unterstützt wurde er von Parlamentariern aller Fraktionen, hauptsächlich der FDP, von fortschrittlichen Theologen, Wissenschaftlern und Juristen, vom Deutschen Institut für Sexualforschung und von der Humanistischen Union.

Den entscheidenden Anstoß gab der 47. Deutsche Juristentag 1968 in Nürnberg. In ausführlichen Gutachten forderten vor allem die Juristen Prof. Hanack und Dr. Barbara Just-Dahlmann, den § 175 auf den Tatbestand gleichgeschlechtlicher sexueller Handlungen mit Jugendlichen zu reduzieren und die sogenannte einfache Homosexualität künftig straffrei zu lassen. Barbara Just-Dahlmann forderte darüber hinaus den anwesenden Justizminister Heinemann auf, die Reform des § 175 sofort noch vor der Reform des gesamten Strafrechts in die Wege zu leiten.

Kurz darauf legten sechzehn bundesdeutsche Strafrechtsprofessoren dem Gesetzgeber in Bonn einen Alternativentwurf eines neuen Strafgesetzbuches vor (AE-1968). Er sah ebenfalls nur noch die Bestrafung gleichgeschlechtlicher Handlungen mit Jugendlichen vor:

> «In Übereinstimmung mit der nahezu allgemeinen Meinung der Wissenschaft, den Tendenzen des Auslandes und den Stellungnahmen wohl aller medizinischen Gesellschaften, der Kirchen, des Deutschen Juristentages und des Strafrechtsausschusses der Bundesrechtsanwaltskammer sieht auch der AE keine Berechtigung, die sogenannte einfache Homosexualität zwischen Erwachsenen unter Strafe zu stellen. Sie verletzt als solche kein Rechtsgut, das mit den Mitteln des Strafrechts garantiert werden müsse. Vage Befürchtungen von irgendwelchen ‹Fernwirkungen› oder ‹Dammbrüchen› bei Wegfall der Pönalisierung sind unbewiesen und jedenfalls kein Grund, das Leid hinzunehmen, das die Strafbestimmung mit sich bringt.»

Obwohl nur moralische und sittliche, jedoch keine wissenschaftlichen und kriminologischen Gründe für eine Beibehaltung der Bestrafung homosexueller Handlungen mit Jugendlichen vorhanden waren, hielt auch der AE an der Rechtmäßigkeit des «Schutzes der Jugend vor homosexueller Verführung» fest. Immerhin gaben seine Verfasser zu:

> «Besondere Schwierigkeiten entstanden bei der Ausgestaltung des Jugendschutzes, weil hier die notwendigen empirischen Grundlagen für eine zeitgerechte Reform allzu häufig unsicher sind oder fehlen . . . Die Regelungen des AE können wegen dieser Schwierigkeiten zum Teil nur als Übergangslösungen angesehen werden. Sie bedürfen weiterhin einer genauen Kontrolle ihrer Richtigkeit an Hand der Forschungsergebnisse, die in den nächsten Jahren von den einschlägigen Disziplinen zu erwarten sind.»

Die Neuregelung des § 175 vom 25. Juni 1969 nicht vom aufgeklärten Geist des Alternativentwurfs der Strafrechtslehrer beseelt. Homosexuelle Handlungen zwischen Männern über einundzwanzig Jahren wurden zwar nicht mehr unter Strafe gestellt, solche Handlungen zwischen Erwachsenen und unter Einundzwanzigjährigen jedoch weiterhin bestraft. Der Gesetzgeber ging nach wie vor davon aus, daß Homosexualität etwas Unnatürliches und Krankhaftes sei, vor dem die Jugend im Gegensatz zur Heterosexualität auf jeden Fall bis zum 21. Lebensjahr bewahrt werden müsse. Immerhin verzichtete er in der Begründung des neuen Gesetzes auf die absurden, willkürlichen Behauptungen der hohen Staats- und Sozialgefährlichkeit von Homosexualität, wie sie im E-1962 noch zu finden waren. Aufgabe des neuen Paragraphen solle es nicht mehr sein, den Homosexuellen «geschlechtliche Enthaltsamkeit auch insoweit aufzuerlegen, als es sich um freiwillige sexuelle Beziehungen zwischen Erwachsenen handelt». Die im E-1962 enthaltene Forderung, das Sexualstrafrecht habe die Aufgabe, die sittlichen und moralischen Vorstellungen der Mehrheit in der Bevölkerung abzusichern, wurde nicht mehr erhoben. Auch brauche man Homosexuelle in Zukunft nicht mehr vor sich selbst in Schutz(haft) zu nehmen (vgl. Bundestagsdrucksache, Nr. 1552, 6. Wahlperiode, Juni 1969).

Weit weniger sachlich als die Begründungen zum neuen Paragraphen waren die Auseinandersetzungen, die zuvor im «Sonderausschuß» für die Strafrechtsreform stattgefunden hatten. Der Vorsitzende des Ausschusses, Güde (CDU/CSU), erklärte:

> «Es gibt ein paar tiefverwurzelte Anschauungen, die der Gesetzgeber nicht einfach wegmanipulieren kann – Tabus, die sich mit schwächlichen Aussagen nicht aus der Welt schaffen lassen. Das sitzt noch tiefer als das Sittengesetz. Und ich bin auch nicht der Meinung, daß man im Strafrecht alles begründen können muß» (vgl. Niederschriften des Sonderausschusses, 1969).

Eine merkwürdige Auffassung aus dem Munde eines demokratischen Politikers, die unwillkürlich an den Herrschaftsstil in totalitären Systemen erinnert: Wer die Macht hat, hat auch das Recht. Güde hielt es in seinen Aussagen denn auch lieber mit gewissen Vordenkern, wenn er behauptete, es gäbe «sozusagen eine Instinkthaltung der Völker», die gleichgeschlechtliche Unzucht ablehnen würde.

Trotzdem stimmte auch er schließlich der Reform des Paragraphen zu, weil das «unbestreitbare Phänomen der angeborenen gleichgeschlechtlichen Unzucht» nicht unproblematisch für den Gesetzgeber sei, da nicht ohne weiteres von Schuld gesprochen werden könne (Bleibtreu-Ehrenberg 1977, S. 92).

Der neue Justizminister Ehmke (SPD) sah sich gezwungen zu betonen, daß mit der Straffreiheit noch lange keine moralische Billigung des homosexuellen Verhaltens verbunden sei (ebd.). Summa summarum hatte die Entartungstheorie trotz Liberalisierung wieder einmal auf breiter Front den Sieg davongetragen. Dem «gesunden Volksempfinden» wurden somit erneut die berechtigten Interessen der von ihm produzierten Minderheit: Homosexuelle geopfert. Außerdem, welcher Politiker wollte schon Wählerstimmen wegen einer «kleinen Minderheit» von «Kranken» aufs Spiel setzen.

Die Forschungsergebnisse, die nach Ansicht der Verfasser des AE-1968 die Grundlage für eine neue Gesetzgebung zur Strafbarkeit homosexueller Handlungen zwischen Erwachsenen und Jugendlichen bilden sollten, lagen vor, die gesetzgeberische Einsicht blieb jedoch bis heute aus. Immerhin wurde der § 175 vier Jahre später noch einmal abgemildert. Am 23. November 1973 trat der neue Paragraph in Kraft, der bis heute in der Bundesrepublik gültig ist:

> – § 175 Homosexuelle Handlungen – «Ein Mann über achtzehn Jahre, der sexuelle Handlungen an einem Mann unter achtzehn Jahren vornimmt oder von einem Mann unter achtzehn Jahren an sich vornehmen läßt, wird mit Freiheitsstrafen bis zu fünf Jahren oder mit Geldstrafe bestraft.
>
> Das Gericht kann von einer Bestrafung nach dieser Vorschrift absehen, wenn
>
> 1. der Täter zur Zeit der Tat noch nicht einundzwanzig Jahre alt war oder
> 2. bei Berücksichtigung des Verhaltens desjenigen, gegen den sich die Tat richtet, das Unrecht der Tat gering ist.»

Der Begriff «Unzucht» wird in diesem Gesetzestext durch den wertneutralen Begriff «sexuelle Handlung» ersetzt. Aus diesen vagen Formulierungen ist auch zu erkennen, daß der Gesetzgeber sich durchaus im klaren darüber ist, daß das «Unrecht» gering sein kann, wenn es sich beispielsweise um einen eindeutig homosexuellen Jugendlichen handelt.

Die Interpretation dieser Rechtsvorschrift bleibt unverständlicherweise dennoch den Gerichten überlassen. Es hängt einzig vom Informationsstand des jeweiligen Richters über sexualwissenschaftliche Forschungen ab oder gar von seinen sittlichen und moralischen Vorstellungen, ob das «Unrecht» nun groß oder klein ist. Zu schützendes «Rechtsgut» bleibt bis heute «die ungestörte sexuelle Entwicklung des männlichen Jugendlichen», obwohl es nach dem bisherigen Stand der wissenschaftlichen Forschung keine «Verführung» Jugendlicher zur Homosexualität gibt (Dannecker/Reiche 1974, S. 55). Es hat den Anschein, als wolle der heterosexuell strukturierte Staat mit dieser Vorschrift dem homosexuellen männlichen Jugendlichen eine Chance geben, sich dennoch anzupassen und heterosexuell zu verhalten. Die Interessen des Staates haben Vorrang vor den Interessen des Individuums, das durch erzwungene, ihm nicht entsprechenden Verhaltensweisen in tiefstes Elend getrieben wird. Um ein Sondergesetz für Homosexuelle handelt es sich auch insofern, als eine entsprechende Strafvorschrift für Heterosexuelle nicht existiert. Sexuelle Handlungen mit Partnern des anderen Geschlechts sind nur mit Jugendlichen unter sechzehn Jahren strafbar. Verfolgt wird dieses Delikt jedoch nur auf Antrag. Erst der heterosexuelle Kontakt mit Kindern unter vierzehn Jahren ist nach geltendem Strafrecht generell verboten.

2. Rechtsprechung – «Was damals Recht war, kann heute nicht Unrecht sein»

Leider kam es, ebensowenig wie in der Politik, in vielen Bereichen der Rechtsprechung der Nachkriegszeit zu einem entschiedenen Bruch mit nationalsozialistischen Traditionen. Kein Wunder. Nach 1946 wurde kein einziger Nazi-Richter für seine begangenen Untaten in der Bundesrepublik zur Rechenschaft gezogen, «geschweige verurteilt, ja nicht einmal entlassen» (Parnass 1978, S. 535). Zu ihnen zählten auch jene 800 Richter, die im 1959 erschienenen Buch *‹Wir klagen an›* der «Zentralen Stelle zur Aufklärung von NS-Verbrechen» in Ludwigsburg aufgeführt worden sind. Vormals Träger des NS-Staates, zählten sie nunmehr zu den treuen Stützen der neuen Demokratie unter der konservativen Adenauer-Regierung.

Bundesgerichtshof

Nicht alle verurteilten Homosexuellen der fünfziger Jahre mochten sich mit dem Unrecht abfinden, daß auf Grund der nationalsozialistischen Fassung des § 175 an ihnen begangen werden konnte. Beim Bundesgerichtshof angestrengte Revisionen ihrer Urteile wurden jedoch immer wieder abgewiesen.

Am 13. März 1951 wies der 1. Senat des Gerichtshofes die Revision des Angeklagten N. zurück, der vom Landgericht Frankenthal nach § 175 und § 183 (Erregung öffentlichen Ärgernisses) verurteilt worden war. Das von N. angeblich begangene Verbrechen sah folgendermaßen aus: N. hielt sich

> «am Abend des 27. 9. 1949 in N. mit einem unbekannt gebliebenen jungen Manne in angetrunkenem Zustand in der von zahlreichen Gästen besuchten Gaststube des Hotels B. auf, drückte den neben ihm sitzenden Begleiter wiederholt an sich, faßte über der Kleidung dessen Geschlechtsteil an und bewegte ihn. Er ließ sich auch von dem jungen Mann an seinen Geschlechtsteil fassen. Mehrere in der Gaststube anwesende Gäste und das Bedienungspersonal nahmen an dem Treiben des Angekl. und seines Begleiters Anstoß.»

Der Bundesgerichtshof begründete sein Urteil damit, daß gegen die Fortgeltung des Paragraphen in seiner seit 1935 gültigen Fassung keine Bedenken bestünden: Das Gesetz

> «ist in ordnungsgemäßer Form zustande gekommen. Die bei Kriegsende geltenden Rechtsvorschriften sind mehrfach daraufhin überprüft worden, ob sich ihre Weitergeltung mit der Änderung der politischen Verhältnisse in Deutschland verträgt.»

Die Neufassung des § 175 sei dabei nicht berücksichtigt worden. Auch bei einer wiederholten Überprüfung der Rechtsvorschriften sei der Paragraph «übersehen worden» (Juristenzeitung, 1951, S. 561).

Die Behauptung, der Paragraph sei «ordnungsgemäß» zustande gekommen, was angesichts der Tatsache, daß Hitler schon zweieinhalb Jahre zuvor die Macht ergriffen hatte, wie blanker Hohn klingt, wurde noch ergänzt durch die Falschbehauptung, auch bei einer wiederholten Überprüfung der Rechtsvorschriften sei der Paragraph einfach «übersehen» worden. In Wirklichkeit hatte die Alliierte Militärregierung sofort nach Kriegsende in ihren «Allgemeinen Anweisungen für Richter» (Nr. 1 bis 8b) ausdrücklich untersagt, von Strafverschärfungen, die nach dem 1. Januar 1933 eingeführt worden waren, Gebrauch zu machen. Damit war es zunächst für kurze Zeit deutschen Gerichten unmöglich, Homosexuelle nach der Nazi-Fassung des § 175 zu verurteilen. Diese Anweisung wurde hinfällig, nachdem mit dem Gesetz Nr. 11 des Alliierten Kontrollrates vom 30. Januar 1946 genau festgelegt worden war, welche Strafgesetze auf Grund ihres nationalsozialistischen Unrechtsgehalts in Zukunft ungültig sein sollten. § 175 zählte nicht dazu. Im Sommer 1946 erarbeitete der Alliierte Kontrollrat jedoch eine Neufassung des Strafgesetzbuches. Danach sollte nunmehr § 175 in seiner vorhitlerischen Fassung angewendet werden (vgl. Magistrat Berlin, Rechtsabt. Jur. Prüfungsausschuß Pr A 587/Z/46 vom 24. 9. 1946). Bis zur Gründung der Bundesrepublik trat der Neuentwurf jedoch nicht mehr in Kraft. Ungültig blieben also nur die Nazi-Gesetze, die bei der ersten Überprüfung der Rechtsvorschriften als typisch nationalsozialistisch gewertet worden waren.

Am 22. Juni 1951 stellte der 2. Senat des Bundesgerichtshofes fest, daß § 175 weder gegen den Gleichheitsgrundsatz, Artikel 3 Abs. 2, des Grundgesetzes noch gegen Artikel 2 Abs. 2 GG, Recht auf die freie Entfaltung der Persönlichkeit, verstoße.

> «Damit, daß die Rechtsordnung von einem strafrechtlichen Verbot der gleichgeschlechtlichen Unzucht der Frau absieht, verleiht sie dieser kein Recht, auf das sich der Mann mit dem Hinweis auf die von der Verfassung gewährleistete Gleichberechtigung der Geschlechter berufen könne.»

Grund hierfür sei der «naturgegebene Unterschied der Geschlechter» und eine durchaus gerechtfertigte verschiedene kriminalpolitische Bewertung beider Arten gleichgeschlechtlicher Unzucht». Zu dem im Grundgesetz verankerten Recht auf die freie Entfaltung der Persönlichkeit meinte das Gericht: «Die Unzucht unter Männern verstößt gegen das Sittengesetz ...» (*Neue Juristische Wochenzeitung*, 1951, S. 810). Also auch hier Staatsräson vor Individualrecht.

In einem weiteren Urteil des 2. Senates vom 13. Juli 1951 stellte das Gericht fest, eine «unzüchtige Handlung» im Sinne des § 175 sei nur eine Handlung von «einer gewissen Stärke und Dauer», gleichgültig, ob es nun zu einem Samenerguß käme oder nicht. Damit wurde die Revision eines Angeklagten zurückgewiesen, der vom Landgericht in Göttingen wegen «unzüchtiger Handlungen» mit Jugendlichen verurteilt worden war.

Hartnäckig versuchten Homosexuelle, die auf Grund des Paragraphen in seiner nationalsozialistischen Form verurteilt worden waren, auch weiterhin, beim Bundesgerichtshof Recht zu finden. Ebenso hartnäckig und gegen demokratisches Bewußtsein in diesem Bereich anscheinend immun, wurden sie von den Richtern dieses Gerichtshofes immer wieder abgewiesen.

Bundesverfassungsgerichtsurteile (1957/1973)

Am 14. Oktober 1953 verurteilte das Landgericht Hamburg den homosexuellen Koch Günther R. wegen «schwerer Unzucht» zu einem Jahr Gefängnis. Als seine Revision am 5. Februar 1954 vom Bundesgerichtshof als unbegründet abgelehnt wurde, sah sich der streitbare Koch gezwungen, Verfassungsbeschwerde gegen seine Verurteilung einzulegen, weil der § 175 seiner Meinung nach nicht mit dem Grundgesetz der Bundesrepublik Deutschland vereinbar war. Er sollte sich täuschen.

Bereits ein Jahr zuvor hatte das Landgericht Hamburg am 2. Februar den Kaufmann Oskar K. wegen «eines fortgesetzten Vergehens der Unzucht mit Männern» zu einer Haftstrafe von einem Jahr und acht Monaten verurteilt. Seine Revision beim Bundesgerichtshof wurde bereits am 20. Juni 1952 als unbegründet zurückgewiesen. Der mutige Kaufmann ließ sich nicht einschüchtern und legte einen Monat später ebenfalls Verfassungsbeschwerde ein.

Beide begründeten ihre Beschwerde mit den gleichen Argumenten, die schon ein paar Jahre vorher vom Bundesgerichtshof verworfen worden waren. Der Paragraph müsse Unrecht sein, weil er typisch nationalsozialistisches Gedankengut enthalte, außerdem würden Frauen in dieser Hinsicht anders behandelt als Männer. Vor allem verhindere er jedoch die freie Entfaltung der Persönlichkeit des gleichgeschlechtlich empfindenden Menschen und verstoße damit ebenfalls gegen das Grundgesetz.

Die Beschwerden der beiden Homosexuellen wurden vom Bundesverfassungsgericht zusammengefaßt.

Der Kaufmann Oskar K. erlebte die Verkündung des Urteils am 10. Mai 1957 nicht mehr. Er war bereits ein Jahr zuvor in Hamburg verstorben. «Im Namen des Volkes» wurde die Verfassungsbeschwerde zurückgewiesen.

In einer achtzigseitigen Begründung berief sich das höchste Gericht der Bundesrepublik zunächst auf Moses und das Alte Testament. Wäre bereits Adam, statt sich von Eva verführen zu lassen, wegen fortgesetzter gleichgeschlechtlicher Unzucht aus dem Paradies gejagt worden, hätte sich das Gericht zweifellos auch darauf berufen. Im Mittelalter, fuhr das Gericht fort, habe man die Homosexuellen mit dem Feuertode bestraft, und das preußische Landrecht habe dergleichen «unnatürliche Sünden» noch mit Zuchthaus und Verbannung geahndet. In der neueren Zeit habe sich zwar eine gewisse Liberalisierung der diesbezüglichen Strafvorschriften breitgemacht. Alle Versuche, den Paragraphen in der Weimarer Republik abzuschaffen, seien jedoch gescheitert. Die erhebliche Strafverschärfung durch die Nationalsozialisten habe zu einer geänderten Rechtsprechung des Reichsgerichts geführt und sei heute immer noch Wille des Gesetzgebers.

Immerhin gestand das Bundesverfassungsgericht dem klagenden Koch zu, seine Beschwerde sei zulässig gewesen. Seine Argumentation, es handle sich um einen typisch nationalsozialistischen Paragraphen, sei jedoch falsch. Die Tatsache, daß der Paragraph nach dem Ermächtigungsgesetz verschärft worden sei, reiche als Begründung nicht aus. § 175 gehöre vielmehr zu den nationalsozialistischen Rechtsvorschriften, die «formell ordnungsgemäß erlassen» und «seither jahrelang unangefochten bestanden hätten». Dies sei bereits in dem Urteil des Bundesverfassungsgerichts vom 13. Dezember 1953 festgestellt worden. Da der Paragraph immer noch, nicht zuletzt qua «soziologischer Geltungskraft», was immer das sein mochte, dem Willen des Gesetzgebers entspräche, sei es auch dessen Sache, die Strafvorschrift gegebenenfalls zu beseitigen.

Die Behauptungen des Gerichts, der § 175 sei «formell ordnungsgemäß» zustande gekommen und habe «unangefochten» weiterbestanden, entsprachen, wie wir bereits sehen konnten, exakt der Argumentation des Bundesgerichtshofs. Schließlich gab das Bundesverfassungsgericht doch noch zu, daß das Ermächtigungsgesetz von 1933 hinsichtlich seiner «verfassungsrechtlichen Wirksamkeit schwerster Bedenken» unterliege. Mögliches Unrecht weiter fortbestehen zu lassen sei jedoch immer noch besser, als ein völliges «Rechtschaos» in der Bundesrepublik zu schaffen. Dies habe das Gericht bereits in einem Urteil vom 19. Februar 1957 festgestellt. Das Bundesverfassungsgericht tat somit nichts anderes, als die Verantwortung für dieses heiße Eisen mit formalistischen und teilweise falschen Behauptungen an den Gesetzgeber in Bonn abzuschieben.

Hinsichtlich der von dem beschwerdeführenden Koch geforderten Entscheidung über die Vereinbarkeit des § 175 mit Artikel 3 des Grundgesetzes («Niemand darf wegen seines Geschlechts benachteiligt oder bevorzugt werden») kam das Gericht ebenfalls zum gleichen Ergebnis wie zuvor der Bundesgerichtshof:

> «Für das Gebiet der Homosexualität rechtfertigen biologische Verschiedenheiten eine unterschiedliche Behandlung der Geschlechter.... Schon die körperliche Bildung der Geschlechtsorgane weist für den Mann auf eine mehr fordernde, für die Frau auf eine mehr hinnehmende und zur Hingabe bereite Funktion hin.»

Dieser sexistischen Argumentation fügte das Gericht noch hinzu: Während «bei der Frau körperliche Begierde (Sexualität) und zärtliche Empfindungsfähigkeit (Erotik) fast immer miteinander verschmolzen» seien, fände man gerade beim homosexuellen Mann beide

> «Komponenten vielfach getrennt. So gelingt der lesbisch veranlagten Frau das Durchhalten sexueller Abstinenz leichter, während der homosexuelle Mann dazu neigt, einem hemmungslosen Sexualbedürfnis zu verfallen.»

Zu diesen unbeweisbaren Vermutungen des Gerichts gesellte sich die Falschbehauptung, es gäbe im Gegensatz zur männlichen Homosexualität keine jugendlichen Lesben.

Außerdem beweise allein schon die Tatsache, daß der Verfassungsgeber beim Gleichheitsgrundsatz homosexuelle Handlungen überhaupt nicht berücksichtigt habe, daß dieser ein «natürliche(s) Gefühl für die Verschiedenheit männlicher und weiblicher Homosexualität» gehabt hätte. Mit dieser Naturargumentation hatte das Bundesverfassungsgericht keineswegs bewiesen, daß Homosexualität unnatürlich ist, sondern einmal mehr, daß nicht die Natur selbst bestimmt, was «natürlich» ist, sondern derjenige, der die Macht dazu hat.

Auch die Beschwerde des Günther R., der § 175 verstoße gegen Artikel 2 des Grundgesetzes («Recht auf die freie Entfaltung der Persönlichkeit») wurde vom Bundesverfassungsgericht zurückgewiesen.

Dieses Recht sei durch die verfassungsmäßige Ordnung begrenzt, die eine im Grenzbereich liegende Handlung eher bestrafen würde,

«wenn feststeht, daß die soziale Gemeinschaft die Handlung eindeutig als im Widerspruch zu dem Sittengesetz stehend betrachtet, das sie allgemein als für sich verbindlich anerkennt ... Unsittliche Gesetze gehören nie zur verfassungsgemäßen Ordnung ... Gleichgeschlechtliche Betätigung verstößt eindeutig gegen das Sittengesetz.»

Die Frage, wer letztendlich in einer Gesellschaft die Macht hat, zu bestimmen, was «sittlich» und was «unsittlich» ist, blieb nicht unbeantwortet. Das Bundesverfassungsgericht räumte zwar ein, daß hier gewisse Schwierigkeiten bestünden und daß das «persönliche sittliche Gefühl des Richters» ebensowenig wie «die Auffassung einzelner Volksteile» ausreichen würden, um den Sittengehalt festzustellen, entscheidend sei jedoch,

«daß die öffentlichen Religionsgemeinschaften, insbesondere die beiden großen christlichen Konfessionen, aus deren Lehren große Teile des Volkes die Maßstäbe für ihr sittliches Verhalten entnehmen, die gleichgeschlechtliche Unzucht als unsittlich verurteilen.»

Die kirchliche Lehre bildet somit das Sittengesetz, das Strafgesetz, also bildet nach der Logik des Bundesverfassungsgerichts, in diesem 1957 verkündigten und bisher nicht revidierten Urteil, die Lehre der Kirche die Grundlage für das Strafrecht. Das höchste Gericht berief sich nicht mehr auf das «natürliche Gefühl» des Verfassungsgebers, sondern die «christlichen» Lehren der Kirche. Nicht Vernunft und Einsicht, schon gar nicht Ergebnisse wissenschaftlicher Forschungen sollten über das Schicksal der Homosexuellen entscheiden, sondern kirchliche Auffassungen von «Sünde» und einer «göttlichen Schöpfungsordnung», die mit Vorstellungen Wuermelings und der Verfasser des E-1962 von einer «natürlichen Lebensordnung» vollkommen identisch waren.

Man kann sich des Eindrucks kaum erwehren, daß das Bundesverfassungsgericht nicht die geringsten Zweifel an der Gültigkeit göttlicher, sittlicher, natürlicher und staatlicher Ordnung hegte. Was in diesem Kalkül störte, war allein der Mensch selbst, der in seiner individuellen Vielfalt nicht in diese Ordnung hineinpassen wollte.

Wo Argumente versagen, wird häufig das noch nie bewiesene, aber ständig unterstellte «Schutzbedürfnis der Jugend» als Grund für die Bestrafung irgendwelcher, angeblich sozialschädigender Handlungen ins Feld geführt. Nicht allein homosexuelles Verhalten zwischen Jugendlichen und Erwachsenen, schon «eine stärkere Verbreitung der Homosexualität unter Erwachsenen, die eine wahrscheinliche Folge ihrer Straflosigkeit sein würde», müßte «die Gefahr auch für die Jugend erhöhen», stellte das Gericht schließlich fest.

Eine besonders traurige Rolle bei diesem Urteil des Bundesverfassungsgerichts spielten die Gutachter, die die «wissenschaftlichen» Grundlagen für all die Halb- und Unwahrheiten lieferten, die in seiner Begründung enthalten sind.

In einer mündlichen Anhörung, die in indirekter Rede zu Protokoll genommen wurde, äußerten sich die Gutachter dazu, ob es «im Triebleben beim Manne und bei der Frau wesentliche Unterschiede» gäbe, welche «soziale Gefährdung» gleichgeschlechtlichen Verhaltens von beiden Geschlechtern ausgingen und ob die «Gefahr zur Verführung insbesondere Jugendlicher» bei Männern und Frauen verschieden seien.

Gutachter Prof. Kretschmer, Direktor der Universitätsklinik Tübingen, sah die «Anlockung und Verführung» Jugendlicher als erwiesen an. Dabei könne es «leicht zu Fehlprägungen mit dauernder Fixierung zur Homosexualität» kommen. Immerhin konnte der Professor weder grundsätzliche Unterschiede zwischen männlicher und weiblicher Homosexualität bei Erwachsenen noch deren Sozialschädlichkeit feststellen. Außerdem solle sich niemand darüber aufregen, daß Homosexuelle sich nicht fortpflanzen würden, weil nach ärztlich-biologischem Standpunkt sogar ein großes Interesse daran bestünde, daß sexuell ernsthaft Abwegige sich nicht fortpflanzten.

Auch der Leiter des Hamburger Instituts für Sexualforschung, Dr. Hans Giese, unterstützte ihn in seiner Argumentation, homosexuelles Verhalten zwischen erwachsenen Männern sei nicht sozialschädlich, solange es sich in einer Dauerbeziehung und innerhalb der eigenen vier Wände abspielen würde. Homosexualität könne jedoch leicht zur «Perversion» werden, primär sei sie jedoch eine «Verfehlung». Anders als Kretschmer sah Giese große Unterschiede zwischen männlicher und weiblicher Homosexualität. Der homosexuelle Mann neige im Gegensatz zur lesbischen Frau auf Grund seines «Antriebsüberschusses» zum «Verfall an die Sinnlichkeit» und zur «Promiskuität». Er sei darum auch kaum in der Lage, Dauerbeziehungen einzugehen, was lesbischen Frauen hingegen viel leichter fiele. Eine Gefährdung besonderer Art sei die «Verführung» von Jugendlichen. Sie könne «unerwünschte Reifungskrisen» auslösen und müsse kriminalpolitisch mit allen Mitteln verhindert werden.

Inzwischen weiß man längst, daß es eine Verführung zur Homosexualität nicht geben kann, weil die Anlagen zu hetero- oder homosexuellem Verhalten schon lange vor der in unserem Kulturkreis üblichen Pubertät festgelegt sind. Kommt es bei einem überwiegend heterosexuell veranlagten Jugendlichen dennoch zu homosexuellen Kontakten, so hat das keineswegs irgendeinen Einfluß auf die spätere

Triebrichtung im Sexualverhalten des Jugendlichen. Sie sind im Gegenteil als durchaus wünschenswerte Erfahrung anzusehen, die ihn in den Möglichkeiten seiner sexuellen Erlebniswelt bereichern können. Außerdem führt nicht die sexuelle Handlung an sich, sondern erst die Verfolgung durch die Behörden, peinliche Verhöre, einschüchternde Reaktionen der Umwelt und die Erzeugung eines schlechten Gewissens zu tatsächlichen Schäden bei den Betroffenen. Reifungskrisen, wie sie Giese witterte, entstehen bestenfalls durch die Diskrepanz zwischen eigener positiver Erfahrung und der aufgebauschten homophoben Reaktion der Umwelt auf sein Verhalten.

Giese führte weiter aus, eine der Päderastie* entsprechende homosexuelle Handlung bei Lesbierinnen sei ihm nie begegnet. Was er nie untersucht hatte, konnte ihm auch nicht begegnen.

Der Sachverständige Prof. Hallermann, Direktor des Instituts für gerichtliche und soziale Medizin der Universität Kiel, erhärtete die unwissenschaftlichen Behauptungen Gieses. Er lieferte dem Gericht das Argument, bei homosexuellen Männern käme reine Geschlechtsgier (Sexualität) vorwiegend ohne zärtliche Empfindungsfähigkeit (Erotik) vor. Bei Lesbierinnen seien diese beiden Komponenten immer gleichzeitig vorhanden. Außerdem sei Homosexualität nichts anderes als eine steckengebliebene «Kümmerform» der heterosexuellen Entwicklung. Diese Freudianische Deutung der Homosexualität setzt natürlich voraus, daß es ein quasi heterosexuelles Naturgesetz gibt. Eine unverständliche Argumentation angesichts der kulturvergleichenden Untersuchungen Margret Meads in den zwanziger Jahren und denen von Ford/Beach Mitte der fünfziger Jahre, die herausfanden, daß nur etwa ein Drittel aller menschlichen Kulturen eine Ächtung homosexuellen Verhaltens kennt.

Wenn nur der heterosexuelle Mensch natürlich und vollwertig wäre, müßte man in der Tat alle anderen Formen von Sexualität als unnatürliche Krankheits- und Mangelerscheinungen deuten, oder gar als Verbrechen.

Ein weiterer Gutachter, der Hamburger Soziologie-Professor Schelsky, behauptete vor Gericht, «Beweise» für die Sozialschädlichkeit des gleichgeschlechtlichen Verhaltens von Männern und Frauen gleichermaßen zu besitzen. Gerüchteweise sei ihm bekannt geworden, daß lesbische Abteilungsleiterinnen ihre Stellung zur Verführung von Untergebenen zu lesbischen Freundschaftsverhältnissen ausgenutzt hätten. Daß sich ein solcher «Sachverständiger» wie Schelsky überhaupt erdreisten konnte, «Gerüchte» als Beweise auszugeben – dazu noch in einem für Millionen Bürger des Landes wichtigen Verfahren – offenbarte noch einmal deutlich das unerhörte Ausmaß an Nachlässig-

* Knabenliebe.

keit, Geringschätzung und Verachtung, das Homosexuellen widerfährt.

Die Leiterin des Landesjugendamtes und der Fürsorgeerziehungsbehörde für Westfalen und Lippe, Dr. Ellen Scheuner, wurde vom Bundesverfassungsgericht ebenfalls für kompetent genug gehalten, ein Sachverständigen-Gutachten vorzutragen. Selbstredend sah sie eine besonders große Gefahr für die Jugend, wenn sich homosexuelles Verhalten in der Öffentlichkeit abspielen würde. Auf Grund ihrer hohen Promiskuität und ihrer Neigung, Jugendliche zu verführen, gefährdeten die Homosexuellen die «Volksgesundheit», die «Sauberkeit des öffentlichen Lebens» und die Familie.

Schließlich kam auch noch der Leiter der Kriminalpolizei in Köln, Kriminalrat Wensky, zu Wort und konnte zur «Wahrheitsfindung» beitragen. Homosexuelles Verhalten bei Männern sei etwas ganz anderes als bei Frauen. In der polizeilichen Praxis seien noch nie Fälle von Verführung weiblicher Jugendlicher durch Lesben vorgekommen. Kunststück, wenn ein solcher Tatbestand im Gesetz überhaupt nicht vorkam. Wensky schloß aus dieser Tatsache messerscharf, folglich gäbe es keine jugendlichen Lesbierinnen. Zu seiner aus schlichter Unkenntnis entsprungenen Behauptung fügte er noch die bösartige Feststellung hinzu, Homosexuelle seien außerordentlich hemmungslos und neigten zu masochistischen und sadistischen Aktivitäten, wie die strafrechtliche Praxis ergeben habe.

Das einem Biologismuswahn entsprungene sexistische Argument des Gerichts, aus der unterschiedlichen Form männlicher und weiblicher Geschlechtsteile ergäbe sich für den Mann «eine mehr drängende» und für die Frau eine «zur Hingabe bereite» Funktion ihrer sexuellen Haltung, stammte vom «sachverständigen» Psychologieprofessor Kroh aus Berlin. Die Lust- und Sexualfeindlichkeit Krohs gipfelte in der Behauptung, Homosexuelle verfolgten grundsätzlich nur «selbstische Zwecke», die ausschließlich dem hemmungslosen Genuß dienten.

Wie wir schon vielfach in diesem Buch sehen konnten, ermöglichte auch hier pure Unwissenheit, die das Tabu Homosexualität ermöglicht hatte, jedem «Sachverständigen» und Richter, die Verfolgung von Homosexuellen mit den absurdesten und diffamierendsten Behauptungen zu rechtfertigen. Homosexuelle blieben weiterhin, diesmal nicht bevölkerungspolitische, sondern familienpolitische Blindgänger. Staatsfeinde. Die Tatsache, daß gleichgeschlechtliche Beziehungen genau wie andersgeschlechtliche Beziehungen neben Sexualität mit Vertrauen, Zärtlichkeit und Liebe zu tun haben, paßten und passen auch heute immer noch nicht in das Bild, das sich die Gesellschaft vom Wesen des Homosexuellen macht. Ausdruck dafür ist auch der Begriff Homosexualität selbst, der suggeriert, es ginge nur um Sexualität. In den Augen eines Normalbürgers ist ein Homosexueller in erster Linie homosexuell. Erst danach groß oder klein, alt oder jung, Handwerker oder Arzt, Maler oder Dirigent. Niemand käme hingegen auf die Idee, in einem Heterosexuellen in erster Linie einen Heterosexuellen zu sehen, bevor er sich etwa für sein Aussehen, seine Herkunft, Fähigkeiten oder charakterlichen Eigenschaften interessiert. Der Begriff heterosexuell wird nie zur Kennzeichnung aller «Normalen» benutzt, sondern lediglich dann, wenn die Heterosexualität eines Menschen aus irgendeinem medizinischen, biologischen oder sonstigen Grund zeitweilig von Interesse ist. Leider können wir in diesem Buch nicht auf den Gebrauch von Begriffen wie homosexuell oder schwul verzichten, weil unsere liebesarme Gesellschaft keine anderen Begriffe für gleichgeschlechtliches Verhalten kennt.

Die seit 1973 gültige Fassung reduziert den § 175 bekanntlich auf die Strafbarkeit homosexueller Handlungen mit Jugendlichen unter achtzehn Jahren. Mit diesem Sondergesetz beharrt der Gesetzgeber weiterhin darauf, männliche Jugendliche vor homosexueller «Verführung» zu schützen. Der Nachweis für die Berechtigung dieses vielbeschworenen Schutzes wurde bis heute jedoch noch nicht erbracht. Kein Wunder also, daß das Bundesverfassungsgericht auch nach der zweiten Reform des Paragraphen noch einmal angerufen wurde, um die Vereinbarkeit des heute bestehenden Paragraphen mit dem Grundgesetz zu klären.

Ursache dieser Verfassungsbeschwerde war ein schwebendes Verfahren in Eutin. Ein erwachsener Homosexueller stand dort vor Gericht, weil er mit einem seinerzeit sechzehnjährigen Oberschüler «Unzucht» getrieben hätte. Diesmal fiel es dem Bundesverfassungsgericht nicht schwer, die «Verfassungsmäßigkeit der Strafandrohung gleichgeschlechtlicher Unzucht» erneut zu bestätigen (NJW, 1973, Nr. 49). In der Begründung hieß es, das Gericht habe schon 1957 «die qualitative Unvergleichbarkeit der männlichen und der weiblichen Homosexualität gerade im Hinblick auf die Gefährdung Jugendlicher» festgestellt. So dienen weiterhin die hanebüchenen Schlüsse, die u. a. der Gutachter Kriminalrat Wensky 1957 aus nicht vorhandenen Beobachtungen gezogen hatte, der «Wahrheitsfindung». «Rechtserhebliche Tatsachen», die zu «einer anderen verfassungsrechtlichen Beurteilung Anlaß geben könnten», seien nicht vorhanden.

Weitere Sonderrechtsprechung

Die Rechtsprechung der Oberlandes- und Oberverwaltungsgerichte in der Bundesrepublik unterschied sich nach dem Krieg kaum von den Urteilen des Bundesgerichtshofs und des Bundesverfassungsgerichts. Schon 1947 kam das Oberlandesgericht in Hamburg zu dem Ergebnis, daß «Unzuchttreiben» eine «länger andauernde, auf die Befriedigung der Wollust gerichtete schamverletzende Einwirkung» auf einen anderen männlichen Körper bedeute. Das Oberlandesgericht Düsseldorf erblickte 1953 ein durch den § 175 in seiner nationalsozialistischen Fassung zu schützendes «Rechtsgut» im «allgemeinen Wohl des Deutschen Volkes», und «seiner sittlichen und gesundheitlichen Kraft». Der Frankfurter Strafsenat sah den Zweck des Gesetzes sogar im Schutz des Betroffenen vor sich selbst, «in der eigenen Sittlichkeit des Täters» (JZ, 1953, S. 563–65). Ein besonders sexistisches Urteil fällte das Oberlandesgericht Stuttgart am 21. 6. 1963. Als «Unzucht im Sinne des § 175» seien schon zwischen Männern ausgetauschte Umarmungen und Zungenküsse anzusehen. Zungenküsse zwischen einem Mann und einer Frau seien selbst wenn diese nicht einverstanden sei – nicht «unzüchtig» (Wilde 1969, S. 62). Selbst nach der ersten und zweiten Reform des § 175 kam es weiter zu Sonderurteilen gegen Homosexuelle. Das Oberverwaltungsgericht Münster kam in zweiter Instanz am 15. März 1976 zu dem Schluß, das Verbot, mit dem die Stadtverwaltung in Aachen einen Informationstisch der dortigen schwulen Emanzipationsgruppe verhindert hatte, sei rechtens gewesen. Revision wurde nicht zugelassen. Der Einspruch dagegen schließlich vom Bundesverwaltungsgericht zurückgewiesen, obwohl das Verwaltungsgericht Aachen der Schwulengruppe in erster Instanz Recht gegeben hatte. Begründet wurde das «Info-Tisch-Verbot» mit dem Jugendschutz. Niemand habe das Recht, so das Oberverwaltungsgericht in Münster, «seinen Mitbürgern Angelegenheiten seines Intimbereiches aufzudrängen.» Außerdem könnten «von der Norm abweichende Verhaltensweisen und Meinungsäußerungen ... Jugendliche in der ungestörten Entwicklung ihrer Sexualsphäre» gefährden.

Auch die Stadt Ingolstadt wollte im Sommer 1980 nicht einsehen, warum die schwule Emanzipationsgruppe «Fliederlich» einen Informationsstand in der Fußgängerzone aufstellen können sollte. Kurzerhand untersagte der Rechtsdirektor der Stadt, Gassner, am 29. August 1980 ein solch ungehöriges Treiben. Informationsstände seien zwar «Ausfluß des Rechts der freien Meinungsäußerung», das jedoch in diesem Falle nicht gegeben sei, weil «die Allgemeinheit Homosexualität als unsittlich» ablehne. Die Stadt Ingolstadt habe das «Sittlichkeitsempfinden der Bevölkerung» zu wahren und zu schützen. Außerdem sei zu berücksichtigen, daß «die Fußgängerzone von vielen Kindern und Jugendlichen frequentiert» werde, die von «derartigen unmittelbaren Konfrontationen» zu schützen seien (siehe Anhang S. 491). Wie schon unzählige Male zuvor mußte einmal mehr der «Jugendschutz» als wirkungsvolle Bastion schwulenfeindlicher Gesinnung herhalten.

Die gesamte immer noch bestehende Sonderrechtsprechung gegen Homosexuelle gründet sich nach wie vor auf das Urteil des Bundesverfassungsgerichts von 1957, in dem Homosexuelle als Staatsfeinde und gierige Sexmonster denunziert werden. Solange sich die Gesetzgebung in einer demokratischen Republik auf die «sittlichen Empfindungen der Mehrheit des Volkes», die ihr zugrunde liegenden «christlichen» Vorstellungen von der «göttlichen Schöpfungsordnung» und auf eine «natürliche Lebensordnung» berufen darf, wird es kein Ende der Homosexuellen-Verfolgung geben können.

3. Ausmaß und Praxis der Verfolgung in der Bundesrepublik

Verfolgung durch Behörden

Vor dem Hintergrund der bereits geschilderten staatlichen Gesetzgebung und Rechtsprechung war es keineswegs verwunderlich, daß der Druck, dem die Homosexuellen in der Bundesrepublik bis 1969 durch die Strafverfolgungsbehörden ausgesetzt waren, erheblich stärker war, als in der Zeit vor dem Nationalsozialismus. Einen guten Einblick in das Ausmaß der Verfolgung auf Grund der nationalsozialistischen Fassung des § 175 durch den nunmehr demokratischen Staat liefert die Kriminalstatistik der Nachkriegszeit.

Von 1953 bis einschließlich 1965 wurden insgesamt 98 700 «Täter» nach § 175 ermittelt, davon 69 678 Erwachsene, 27 967 Jugendliche und Heranwachsende zwischen 14 und 21 Jahren und sogar 1055 Kinder unter vierzehn Jahren, die natürlich nicht bestraft werden konnten. Im Durchschnitt wurden also jährlich 7592 «Täter» ermittelt. Nach 1965 nahm die Intensität der Verfolgung durch die Behörden ab.

Von den fast hunderttausend sogenannten Tätern wurden 37 668 Homosexuelle rechtskräftig verurteilt, davon 7873 Jugendliche unter 21 Jahren. Im Durchschnitt also 2897 Personen jährlich. Das entsprach der Verfolgungsintensität durch die Nazis Mitte der dreißiger Jahre (1935 waren es 2106). Zum Vergleich noch einmal die Zahlen aus Kaiserzeit und Weimarer Republik. 1899 wurden 491 Homosexuelle verurteilt, 1900 waren es 535 und 1901 genau 621. 1920 wurden 197 Personen, 1921 noch 425 und 1931 schon 665 wegen § 175 RStGB verurteilt. Im Vergleich zu den Zahlen aus der Weimarer Zeit hatte sich die Verfolgungsintensität durch die Behörden der Bundesrepublik also mindestens verfünffacht.

Bei den Verurteilungsziffern in der Bundesrepublik fällt der hohe Anteil an Jugendlichen auf. Im Durchschnitt jährlich immerhin 16 %. Es trat somit das genaue Gegenteil dessen ein, was vom Gesetzgeber und den Gerichten immer behauptet wurde, der § 175 sei zum Schutze Minderjähriger unerläßlich. Erst durch den Paragraphen wurde Tausenden von Jugendlichen erheblicher Schaden zugefügt. Sie galten nunmehr als Kriminelle, was neben der unter Umständen abgesessenen Haft eine beträchtliche Hypothek für ihr späteres Leben darstellte. Geht man davon aus, das allein schon die polizeilich festgestellte

Täterschaft und die damit verbundenen entwürdigenden Verhöre, peinlichen Befragungen durch Richter und Staatsanwälte und der Druck seitens der homophoben Umwelt bei Jugendlichen und sogar bei Kindern gravierende Schäden zur Folge hatte, so ist das Ausmaß der Verfolgung bei ihnen erheblich. Bei den «Tätern» lag der Anteil der Jugendlichen bei 28,5 %, das entspricht einem jährlichen Durchschnitt von 2151 Personen und bei Kindern unter vierzehn Jahren bei 1,1 %, also immerhin jährlich 81 «Fälle» (alle Zahlen aus Baumann 1968).

Der Medizinstudent Hans Z. wurde im Sommer 1956 in Hamburg «wegen Unzucht gemäß § 175 StGB in fünfzehn Fällen, davon in acht Fällen fortgesetzt handelnd» zu insgesamt zwei Jahren Gefängnis verurteilt. Damit war der Student einer von 2774 Homosexuellen, die in diesem Jahr unter der Regierung Adenauer verurteilt wurden.

Obwohl sämtliche Partner des Angeklagten bereits vorher homosexuelle Beziehungen hatten, behauptete das Gericht in seiner Urteilsbegründung, der Student habe die anderen «tiefer in ihr Laster hineingetrieben». Strafverschärfend komme hinzu, daß der Angeklagte seine Schuld nicht einsehen wolle. Bei ihm wären die Argumente homosexueller Gruppen und Druckschriften, es handle sich bei dieser Perversion um eine naturgegebene und unabwendbare Sache, offensichtlich auf fruchtbaren Boden gefallen. Milde von seiten des Gerichts sei nun wirklich völlig fehl am Platze.

Mit diesem Urteil war die Zukunft des Studenten besiegelt: sechzehn Monate Haft, den Rest zur Bewährung. Übernahme der Gerichtskosten, Entfernung von der Universität.

Hans Z. wurde Hafenarbeiter. Noch einmal schien sich sein Schicksal zu wenden. 1960 wurde er auf Grund seiner besonderen Begabung von der «Staatlichen Hochschule für Bildende Künste Hamburg» aufgenommen. Kurz vor Ende seines Studiums Festnahme wegen des Verdachts eines Verbrechens nach § 175. Erneute Verurteilung im April 1964: Fünf Monate, die zur Bewährung ausgesetzt wurden. Bewährungsauflage: Hans Z. durfte keinen Menschen mehr ansprechen, der noch nicht 21 Jahre alt war. Das Oberlandesgericht der Hansestadt wies die Beschwerde des Angeklagten, der in der Auflage mit Recht eine Mißachtung der Menschenwürde sah, zurück.

Auf Grund der erneuten Verurteilung wurde das Stipendium des Kunststudenten gestrichen. Hans Z. arbeitete wieder im Hafen. Als er sich beim Verkehrsamt um eine Lizenz als Taxifahrer bemühte, wurde er von einem Beamten darauf aufmerksam gemacht, daß er auf Grund seiner beiden Verurteilungen wegen § 175 nicht mit einer Zulassung rechnen könne. Hans Z. wurde beim Verlassen des Amtsgebäudes von einem LKW überrollt und starb sofort (vgl. H. E. Müller 1966, S. 111 ff).

Der Autor des Buches *‹Plädoyer für die Abschaffung des § 175›*, dem dieses Homosexuellenschicksal entnommen ist, H. E. Müller, hob besonders den erheblichen Kostenaufwand hervor, der dem Staat und der Gesellschaft durch diese unnötige Verfolgung entstünde. Außerdem würden so Tausende von «wertvollen Existenzen» jährlich zugrunde gerichtet. In der Tat läßt sich das Ausmaß des Gesamtschadens, der sowohl dem Staat als auch den Betroffenen durch Verurteilungen, Erpressungen, schwere geistige und körperliche Schäden und Tausende von Selbstmorden entstand, nur erahnen. Die Saarbrücker Lokalbesitzerin Margret Bardot, eine couragierte Frau, die schon 1961 eine Gaststätte für Homosexuelle eröffnet hatte und vor allem in der Anfangszeit unter erheblichen Repressalien seitens einer intoleranten Umwelt zu leiden hatte, berichtete, daß sie seit dieser Zeit insgesamt 51 Selbstmorde von Homosexuellen erlebt habe. Die meisten davon in den sechziger Jahren. Eine erschreckende Zahl, wenn man bedenkt, daß es mindestens 100 Städte von der Größe Saarbrückens in der Bundesrepublik gibt.

Männer, die den Rosa Winkel getragen und überlebt hatten, wurden erneut zu Zuchthaus- oder Gefängnisstrafen verurteilt. Hans G. (siehe Augenzeugenbericht, S. 301 f) wurde nach dem Krieg ein halbes Dutzend mal wegen «gleichgeschlechtlicher Unzucht» verurteilt und verbrachte weitere fünf Jahre in bundesrepublikanischen Gefängnissen und Zuchthäusern. Johann-Rudolf Braehler kam mit einer einmaligen Geldstrafe Mitte der fünfziger Jahre davon. Harry Pauly wurde 1961 in Itzehoe nach § 175 zu zwei Jahren Gefängnis verurteilt. Den größten Teil seiner Strafe hatte er bereits in Untersuchungshaft abgesessen. Herrmann R. kam ebenfalls mit einer Geldstrafe davon. Gemeinsam war allen Verfahren, daß sich die Gerichte in ihren Urteilsbegründungen auf Verurteilungen der Angeklagten während der Nazi-Zeit beriefen und sie als Wiederholungstäter bestraften.

Weder überlebende homosexuelle Opfer des Faschismus noch Opfer der bundesrepublikanischen Verfolgungsbehörden – ob Erwachsene, Jugendliche oder sogar Kinder –, alle verfolgt nach der nationalsozialistischen Fassung des § 175, wurden jemals für das an ihnen begangene Unrecht entschädigt.

> «Der 25jährige Korrektor M. soll als Mann mit einem anderen Mann unter 21 Jahren Unzucht getrieben haben, indem er in seiner Wohnung zusammen mit dem 19jährigen Zeugen T. in einem Bett schlief und mit ihm gegenseitig onanierte.»

So lautete die Anklage in einem Hamburger Prozeß, den die Gerichtsreporterin Peggy Parnass 1972 in ihrer *Konkret*-Kolumne «Liebe ist doch kein Schmuddelkram» beschrieb. Dem hohen Gericht war die schwierige Aufgabe zugefallen zu klären, wer denn nun wen am 19. Mai desselben Jahres zur Unzucht mißbraucht hätte. Der Neunzehnjährige entpuppte sich schließlich als Erpresser, was das Gericht denn auch zu großer Milde gegen den angeklagten Korrektor veranlaßte. «Egal wie das Urteil ausfällt», schrieb Peggy Parnass empört,

> «welche Strafe, wegen seiner Intimst-Lapalien vor Gericht gezerrt zu werden. Doch wenn man schon vor Gericht landet, was für eine Schande, nicht einfach sagen zu können: Jawohl, ich bin homosexuell. Und meine Möglichkeiten, einen passenden Partner zu finden, sind noch geringer als Ihre, Herr Vorsitzender. Das einzige, was mir peinlich ist, ist, vor lauter Einsamkeit einem so miesen Jungen aufgesessen zu sein» (Parnass: *‹Prozesse›*, Zweitausendeins, 1978, S. 246 ff).

Dieser Prozeß fand noch vor der zweiten Reform des § 175 statt. Von dem tiefen menschlichen Verständnis für die schwierige Situation der Männer, die man wegen ihrer gleichgeschlechtlichen Empfindungen diskriminierte, wie sie in der Kolumne von Peggy Parnass zum Ausdruck kam, war auch nach dieser Reform wenig zu spüren. Zwei Beispiele dafür: Der Fachhochschullehrer für Sozialarbeit und Sozialpädagogik Professor B. soll homosexuelle Handlungen an Jugendlichen unter achtzehn Jahren vorgenommen haben, lautete die Anklage in einem Prozeß, der 1976 stattfand. In drei Fällen habe der Pädagoge fünfzehn- und sechzehnjährigen Jugendlichen aus einer Fußballmannschaft, die er nebenberuflich betreute, Küsse – man ahnt die Tragweite des «Verbrechens» – auf den Mund gegeben. Der Professor wurde zu einer Haftstrafe, ersatzweise 5000 DM Geldstrafe, verurteilt. Seine Revision beim Bundesgerichtshof hatte Erfolg. Das Landgericht in Bielefeld fand schließlich heraus, daß nach einer Zahlung von 4500 DM an die Caritas, das öffentliche Interesse an einer weiteren Strafverfolgung des Hochschullehrers erloschen sei (*Neue Westfälische Rundschau,* 29. 5. 76).

Soviel Glück war dem Arbeiter Kurt K. nicht beschert. Ihm wurden 1980 mindestens 191 homosexuelle Handlungen mit Minderjährigen vorgeworfen. Das Landgericht Karlsruhe verurteilte ihn zu insgesamt sieben Jahren Haft. Das Gericht sah keinerlei Grund zur Milde, weil er als Rückfalltäter aus rechtsfeindlicher Gesinnung heraus seine Untaten begangen hätte. Der Angeklagte hatte «keinen Hehl daraus gemacht, daß er gewaltfreie Liebes-Beziehungen zwischen über vierzehnjährigen für nichts strafwürdiges» hielt (Pressemitteilung des Rechtsanwalts Matthies, Karlsruhe, 10. 10. 1980).

Die Kriminalstatistik zeigt, daß seit 1969 immer noch Hunderte von Homosexuellen jährlich in der Bundesrepublik auf Grund § 175 StGB verurteilt wurden. 1970 beispielsweise 340 und 1971 insgesamt 372, davon 37 Jugendliche unter einundzwanzig Jahren. Ende der siebziger Jahre ging die Zahl der Verurteilungen noch etwas zurück. 1976 waren es 200, ein Jahr später 191, 1978 noch 177 und 1979 «nur» noch 148. (In einem Zeitraum von vier Jahren also 716 Verurteilte.) Damit entspricht die heutige strafrechtliche Verfolgung von Homosexuellen zahlenmäßig etwa der Zeit nach dem Ersten Weltkrieg (1917 bis 1920 insgesamt 570).

Die im Urteil des Bundesverfassungsgerichts von 1957 und im amtlichen Entwurf der Bundesregierung für ein neues Strafrecht (E-1962) aufgestellte Behauptung, es käme zu gefährlichen «Dammbrüchen» und einer verheerenden Ausbreitung des gleichgeschlechtlichen Lasters, wenn man homosexuelles Verhalten zwischen Erwachsenen nicht mehr bestrafen würde, hat sich als das erwiesen, was sie war: Eine abenteuerliche Mutmaßung, Ergebnis einer weitverbreiteten, wahnhaften irrationalen Angst vor Homosexualität, die unter dem Deckmantel angeblich gesicherter wissenschaftlicher Erkenntnisse auch heute noch den Ausschlag für die strafrechtliche Sonderbehandlung der Homosexuellen gibt. Ein Jugendlicher, der nicht homosexuell veranlagt ist, wird es auch nicht durch «Verführung» werden, obwohl es das «gesunde Volksempfinden» unbedingt so sehen will.

Da jeder Staat zur Verfolgung unliebsamer Minderheiten einen gut funktionierenden Erfassungs- und Registrationsapparat benötigt, wurde in der Nachkriegszeit die Arbeit der nationalsozialistischen «Reichszentrale zur Bekämpfung der Homosexualität und der Abtreibung» lückenlos fortgesetzt.

«Wenn auch der § 175 StGB möglicherweise abgeschafft wird», schrieb kurz vor der ersten Reform des Paragraphen 1969 ein Mannheimer Staatsanwalt in *Kriminalistik, Zeitschrift für die gesamte Kriminalistische Wissenschaft und Praxis,* «so wäre doch zu erwägen, ob nicht im Interesse der Allgemeinheit, insbesondere der männlichen Jugendlichen, eine gewisse Registrierung und Überwachung des betreffenden Personenkreises beibehalten werden sollte.»

Bis zu diesem Zeitpunkt waren in allen örtlichen und überregionalen Karteien der Behörden weit über hunderttausend Homosexuelle erfaßt. Laut *Spiegel* in den sechziger Jahren allein in München 3000 und in Berlin 4500 Männer. Um die betroffenen Homosexuellen vor weiterer Benachteiligung zu schützen, hätten nach der ersten Reform eigentlich alle Karteien vernichtet werden müssen. Statt dessen sammelten Polizeibeamte weiterhin fleißig neue Daten.

Hinter Einwegspiegeln versteckt, hockten Hamburger Polizisten in den siebziger Jahren (lediglich zehn derartige Einrichtungen sollen es nach Angaben der Polizei gewesen sein) in den öffentlichen Toiletten der Hansestadt, um Homosexuelle zu überwachen. Bei dieser «Peep-Show» (*stern*) seien zwischen 1973 und 1975 Homosexuelle bei ihren «ekelerregenden Belästigungen» (Polizeisprecher Kelling) beobachtet worden. Gegen 1200 Personen habe man wegen Erregung öffentlichen

Ärgernisses Hausverbote aussprechen müssen. An eine breite Öffentlichkeit gelangte dieser Skandal erst, nachdem Mitglieder von Hamburger Schwulengruppen Anfang Juli 1980 mehrere Einwegspiegel in Pissoires zerschlagen hatten.

Das darf doch wohl nicht wahr sein:

Polizisten beobachteten Homosexuelle heimlich auf öffentlichen WCs!

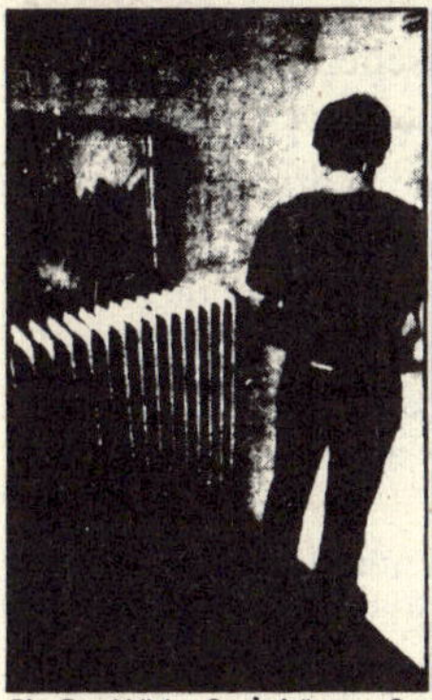

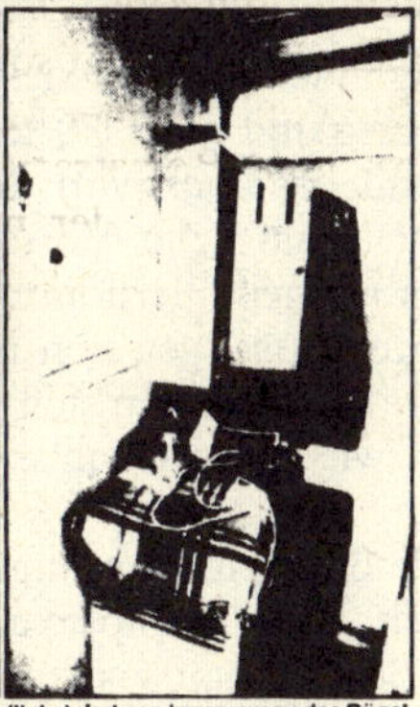

Die „Durchblicker-Szenerie" von außen (links) und von innen; wozu das Bügeleisen in der „Spannerbude" dient, ist ungeklärt. Fotos: Hirschbiegel

Von Holger Wolf

Hamburg – Rausgekommen ist alles, weil ein mißtrauischer Hamburger den Glasspiegel in der öffentlichen Bedürfnisanstalt am Spielbudenplatz einschlug. Dahinter spähte ein hanseatischer Kripo-Beamter nach verdächtigen Handlungen in der U-Bahnhof-Toilette. Im Visier der Ordnungshüter: Homosexuelle!

Seit zehn Jahren haben Kriminalpolizisten Hamburger Bürgern beim Pinkeln zugeguckt durch den Toilettenspiegel. Sobald ein Homosexueller „einschlägige Handlungen" unternahm (so der Chef der Davidwache), wurden seine Personalien aufgenommen und er bekam „Hausverbot".

Wurde ein homosexueller Mitbürger ein zweites Mal dabei beobachtet, wie er Hand anlegte, mußte er mit einer Geldstrafe rechnen: 100 bis 200 Mark.

Hintergrund des staatlichen „Spannertums": der alte Paragraph 175, der noch vor Jahren Homosexualität unter Strafe stellte. Übrig blieben nach Abschaffung des entsprechenden Artikels die staatlichen Voyeure hinter den Spiegeln – auf insgesamt zehn Hamburger Toiletten wurde männlichen Notdurflern auf die Finger und woandershin geschaut.

Die reuige Innenbehörde gestern dazu: „Die noch vorhandenen Einweg-Spiegel sind Relikte aus einer Zeit, in der schärfere Strafanordnungen galten. Sie werden sofort entfernt."

Einige Hamburger schritten zur Sofortmaßnahme: Sie zerstörten die übrigen neun Toilettenspiegel.

(*Hamburger Morgenpost*, 4. 7. 1980)

Bereits 1979 gab es im Bonner Parlament Anfragen der Bundestagsabgeordneten Schäfer (FDP) und Würtz (SPD), ob in der Bundesrepublik noch immer sogenannte Rosa Listen geführt würden. Die Antwort der Bundesregierung lautete, es gäbe weder beim Bundeskriminalamt noch beim Bundesverfassungsschutz solche Dateien. Beim heutigen Stand der Computertechnik ist es in der Tat durchaus überflüssig, eigens Karteien für Homosexuelle anzulegen. Alle gewünschten Daten können auch so per Rosa-Code oder Rosa-Kennwort blitzartig abgefragt werden. Reiner Etikettenschwindel also.

Ebenso «falsch» wie die Bundesregierung antwortete 1978 der Innenminister des Landes Nordrhein-Westfalen auf eine entsprechende Anfrage der SPD-Landtagsabgeordneten Maria Jammes: Eine «Sammlung» über abweichendes Sexualverhalten beim Landesverfassungsschutz würde nicht existieren. Der Datenschutzbeauftragte des Landes fand jedoch heraus, daß die alten Rosa Listen aus der Zeit vor 1969 noch keineswegs vernichtet worden waren, und zwar angeblich auf Grund des «Umfangs des zu überprüfenden Aktenbestandes» (Föster, WDR, 4. 6. 1980).

Da selbst die Polizei nicht bestreitet, daß sie weiterhin völlig legal Daten über Homosexuelle sammelt, sei es durch Einwegspiegel, Lokalüberprüfungen, nächtliche Parkrazzien, im Zuge von Ermittlungen im Zusammenhang mit Straftaten oder angeblich jugendgefährdenden Schriften und Informationstischen von Emanzipationsgruppen, steht fest, daß auch weiterhin Rosa Listen geführt werden.

Ähnlich wie in nationalsozialistischen Konzentrationslagern stehen homosexuelle Gefängnisinsassen auch heute noch an unterster Stelle der Häftlingshierarchie.

Obwohl gerade in Gefängnissen homosexuelles Verhalten unter heterosexuellen Häftlingen gang und gäbe ist, werden Homosexuelle von ihren Mitgefangenen und oft auch von den dort arbeitenden Beamten diskriminiert. Gesellschaftliche Vorurteile werden – wie sollte es auch anders sein – unbesehen übernommen. «Schwule Arschficker und Säue» werden gedemütigt, getreten und nicht selten aufs ärgste körperlich mißhandelt. In solchen in sich geschlossenen Systemen haben die Opfer so gut wie keine Chance, sich erfolgreich zur Wehr zu setzen.

Eine besondere Schikane ließ sich im vergangenen Jahr die Justizvollzugsanstalt Werl einfallen. Dem homosexuellen Häftling Karl-Heinz Barwasser wurde der Bezug homosexueller Zeitschriften generell verweigert. Es handelte sich um Magazine wie *Him, Don* und *Du & Ich,* die weder jugendgefährdend noch pornographisch sind und an allen Kiosken frei gehandelt werden. Im Gegensatz zum Gefangenen Barwasser wurde heterosexuellen Häftlingen in derselben Haftanstalt bis heute noch nicht einmal der Bezug von Heften mit hartem pornographischem Inhalt verboten, die nicht öffentlich verkauft werden dürfen.

Der Anstaltsleiter Dr. Neu begründete seine Schikane am 3. März 1980 damit, daß Magazine wie *Du & Ich* die Ordnung einer Gemeinschaft, «in der Männer lange Jahre ohne sexuelle Kontakte leben müssen», stören und «darüber hinaus die Sicherheit der Anstalt erheblich» gefährden würden. *Du & Ich* gehöre zu den Zeitschriften, «in denen Männer unbekleidet» seien. Welche Ordnung der Anstaltsleiter eigentlich meinte, ob die christliche, sittliche, natürliche heterosexuelle oder seine eigene, blieb offen. Die staatliche Ordnung konnte er nicht gemeint haben, da homosexuelle Handlungen zwischen Erwachsenen schon längst nicht mehr strafbar sind. Verblüffend auch die Bemerkung, daß Männer in der Anstalt jahrelang ohne sexuelle Kontakte leben müßten.

Der Gefangene Karl-Heinz Barwasser kämpfte weiter um sein Recht, daß ihm im November 1980 vom Landgericht Arnsberg schließlich auch zugebilligt wurde. Veröffentlichungen, Proteste und Dienstaufsichtsbeschwerden beim Justizvollzugsamt Hamm und der Justizministerin von Nordrhein-Westfalen, Inge Donnepp (SPD), waren ohne den geringsten Erfolg geblieben, obwohl eine Anweisung des Justizministeriums an alle Leitungen von Haftanstalten vom 24. 12. 1976 existierte, die ausdrücklich den Bezug von Homo-Zeitschriften zubilligte:

> «Der Wortlaut des § 68 StVollzG läßt ein generelles Bezugsverbot für Zeitungen und Zeitschriften, abgesehen von solchen, deren Verbreitung mit Strafe oder Geldbuße bedroht ist, nicht mehr zu, sondern gestattet nur noch die Vorenthaltung einzelner Ausgaben oder Teile von Zeitungen und Zeitschriften, wenn sie das Ziel des Vollzugs oder die Sicherheit oder Ordnung der Anstalt erheblich gefährden würden. Auf Grund dieser gesetzlichen Regelung ist ab 1. 1. 1977 das in der Dienstbesprechung mit den Leitern der Justizvollzugsanstalten am 19. 5. 1971 ausgesprochene generelle Bezugsverbot für Homophilen-Zeitschriften hinfällig geworden» (vgl. Barwasser 1981).

Ein Querschnitt durch die heutige Verfolgung von Homosexuellen durch Staat und Behörden wäre unvollständig, würde man die ungezählten Opfer von Berufsverboten außer acht lassen. Wer als Homosexueller im Staatsdienst nicht gegen bestehende Gesetze verstößt, hat trotzdem noch lange keine Gewähr dafür, in Ruhe gelassen zu werden. Das altbekannte Vorurteil, Homosexuelle neigten zur Cliquenbildung und versuchten, «durch gegenseitige Hilfestellung in öffentliche Einrichtungen einzudringen und sie durch planmäßiges Nachziehen gleichgeschlechtlicher Mitarbeiter zu beherrschen» (E-1962), hatte viel früher schon Himmler und Hitler zu schärfsten Maßnahmen gegen Homosexuelle zur Reinerhaltung des Staatsapparates, vor allem Polizei, SS und Wehrmacht, veranlaßt.

Dasselbe Gedankengut bestimmt anscheinend immer noch das rücksichtslose Vorgehen staatlicher Stellen gegen Homosexuelle in den eigenen Reihen. Berufsverbote für Homosexuelle werden selten in der Öffentlichkeit bekannt, weil die meisten Betroffenen aus Angst vor ihrer Umwelt und berechtigter Sorge um ihren weiteren Berufsweg die tatsächlichen Gründe für ihre Nichteinstellungen oder Entlassungen verschweigen.

Großes Aufsehen erregte 1974 der ‹Fall› des saarländischen Regierungsrates Otto Jaenisch. Obwohl er keineswegs gegen den geltenden § 175 verstoßen hatte, wurde ihm die Zulassung zum Rechtsanwalt mit der Begründung verweigert, er sei «in homosexuelle Beziehungen verstrickt» und «möglicherweise öffentlich oder geheim Erpressungen ausgesetzt» (*Spiegel* 30/1974). Solche Mutmaßungen genügten, die berufliche Existenz des Justitiars zu ruinieren. Jaenisch quittierte schließlich ‹freiwillig› seinen Dienst im Kultusministerium des CDU-regierten Saarlandes.

Zur gleichen Zeit verlor der Berliner Lehramtsanwärter Reinhard Koepp ebenfalls seine Arbeit. Der Wilmersdorfer Volksbildungsstadtrat Gero Luckow hatte erfahren, «daß Herr Koepp homosexuell veranlagt» sei. Er biete deshalb «keine Gewähr dafür, daß er die ihm anvertrauten Schüler nicht zu einem späteren sexuellen Fehlverhalten verleiten» würde. Schüler und Kollegen, selbst Eltern protestierten heftig, wenngleich vergeblich gegen diesen behördlichen Willkürakt. Einer der Schüler des Geschaßten meinte dazu:

> «Der Koepp hat aus seiner Homosexualität nie einen Hehl gemacht. Aber er hat auch niemals versucht, mit einem Schüler etwas anzufangen. Der Stadtrat spinnt doch» (*Stern* 44/1974).

Die eleganteste Möglichkeit besteht jedoch nach wie vor darin, Homosexuelle von vornherein nicht ins Beamtenverhältnis zu übernehmen. Traut man sich nicht, dies offen mit der Homosexualität des Betroffenen zu begründen, finden sich meist Mittel und Wege, den Anwärter auf andere Art loszuwerden. So wurde der heute vierzigjährige Lehrer Klaus M. aus Saarbrücken zum Alkoholiker, nachdem er nach achtjährigem Dienst in verschiedenen Grundschulen des Bundeslandes wiederholt durch die zweite Lehrerprüfung fiel. Die Möglichkeit, die Zweite Lehrerprüfung überhaupt mehrmals wiederholen zu dürfen, hatte er sich gerichtlich erstritten. In einem vertraulichen Gespräch mit dem für ihn zuständigen Schulrat war Klaus M. 1977 nach eigenen Angaben auf die eigentliche Ursache für sein Dilemma aufmerksam gemacht worden: Seine homophilen Neigungen wären der Behörde bekannt. Man hätte ihn des öfteren in entsprechenden Lokalen der Stadt gesehen.

Seit zwei Jahren kämpft der Bundeswehrhauptmann Michael Lindner darum, als Offizier die gleichen Berufschancen zu haben wie seine Kollegen. Der Hauptmann, dem wie allen offen homosexuellen Offizieren die Fähigkeit zur Führung von Untergebenen abgesprochen wird (Bundesverwaltungsgerichtsurteil, Oktober 1979), soll nun frühzeitig pensioniert werden. Zur «Klärung seiner dienstrechtlichen Situation» wurde er bereits mehrmals in der psychiatrischen Abteilung eines Bundeswehrkrankenhauses untersucht. Dort hatte man ihm im Februar 1980 trotz BVG-Urteil ausdrücklich bescheinigt, daß seine «Verwendungsfähigkeit» bei der Truppe in keinster Weise durch seine Homosexualität eingeschränkt sei. Als das positive Ergebnis des Gutachtens bei seinen Vorgesetzten jedoch keinerlei Wirkung zeigte, kämpfte Lindner mit zahllosen Eingaben und Beschwerden an seine Vorgesetzten und das Bundesverteidigungsministerium, Veröffentlichungen und mit Unterstützung von Bundestagsabgeordneten für seine Gleichberechtigung. Solche Hartnäckigkeit führte im Februar 1981 zu einer erneuten Überprüfung seiner Verwendungsfähigkeit in der Bundeswehrpsychiatrie. Das Ergebnis war niederschmetternd: Der Hauptmann sei ein krankhafter «Psychopath» und leide unter einer nicht mehr korrigierbaren «depressiven Neurose». Darum sei er weder «leistungsfähig» noch «anpassungsfähig» und schon gar nicht «gemeinschaftsfähig».

Verzichtet

Kiel – Der schleswig-holsteinische SPD-Landtagsabgeordnete Hans-Jürgen Wolter (40) will auf sein Mandat verzichten. Gegen ihn läuft ein Ermittlungsverfahren, weil er sich an drei männlichen Jugendlichen vergangen haben soll (*Bremer Morgenpost*, 17. 2. 1981).

Gesellschaftliche Diskriminierung

Solange die staatliche Gesetzgebung Homosexuelle zu kriminellen Elementen degradiert, bleiben sowohl privater als auch politischer Erpressung Tür und Tor geöffnet. Das trübe «Handwerk von Spitzeln, Denunzianten und Erpressern» funktioniert um so besser, je härter Homosexuelle von staatlichen und gesellschaftlichen Sanktionen betroffen sind.

Einem sechzigjährigen vermögenden Naturwissenschaftler wurde im Sommer 1965 eine Anklageschrift wegen fortgesetzter Unzucht mit einem anderen Mann zugestellt. Nicht an ihn privat adressiert, sondern an die Firma, in der er seit Jahren arbeitete. Da er verreist war, wurde das Schreiben von einem Angestellten der Firma geöffnet. Für sein Schweigen verlangte er ein zinsloses Darlehen von 50 000 Mark von dem Wissenschaftler. Ansonsten werde er die Firmenleitung davon in Kenntnis setzen. Aus dem Darlehen über 50 000 Mark wurde im Laufe der Zeit ein Darlehen von 200 000 Mark «und die Villa des Angestellten . . . gedeiht und wächst mit den steigenden Baupreisen auf der Kreditbasis von § 175 StGB» (Müller 1966, S. 117).

Karl-Heinz Janßen schrieb 1964 in der *Zeit*:

«Dieser Gruppe, den Homosexuellen, macht unsere Gesellschaft das Leben zur Qual. Strafbestimmungen, geboren aus dem Geist verflossener Jahrhunderte, aber schon bei ihrer Niederschrift nicht mehr unbestritten, begünstigen noch heute das trübe Handwerk von Spitzeln, Denunzianten und Erpressern» (Wilde 1969, S. 85).

Mit welchen Problemen und Schwierigkeiten Homosexuelle vor der ersten Reform des Paragraphen zu kämpfen hatten, zeigen die folgenden Auszüge aus der Homosexuellen-Zeitschrift *Humanitas*, 1954:

Sie fragen – Wir antworten

Auf folgende Anfragen antworten wir in der Märzausgabe der Humanitas:

Nr. 2 A. K. aus B.:
Während des Dritten Reiches bin ich wegen meiner gleichgeschlechtlichen Veranlagung zwangsweise in eine Heil-Anstalt eingeliefert worden. Dort hat man mich sterilisiert. Später wurde ich entlassen. An meiner Gefühlsneigung hat sich nichts geändert. Durch den Anstaltsaufenthalt und den vorgenommenen Eingriff bin ich heute menschlich und beruflich sehr gehemmt. Kann ich einen Schadensersatzanspruch geltend machen?

Nr. 2 A. K. aus B. Antwort:
Ihre Frage rührt an schwierige Rechtsprobleme. Wir können Ihren Fall nicht näher prüfen, ohne ihn genauer zu kennen. Daß so tiefe Eingriffe in Körper und Seele des Menschen schwere gesundheitliche Gefahren mit sich bringen und gewöhnlich nichts Wesentliches an der sexuellen Triebartung ändern, ist wohl allen erfahrenen Fachärzten bekannt. Durch Gesetzvorschrift der Alliierten wurde diese Art von Zwangseingriffen seit 1945 mit gutem Grund strikt verboten. Auch in anderen Ländern sind sie im allgemeinen verboten, nur in wenigen Ländern ist z. B. die Entmannung (Kastration) mit Zustimmung der Betroffenen noch zulässig. Dasselbe gilt meistens für die Sterilisierung (Unfruchtbarmachung), wo sie zulässig ist. Wir nehmen an, daß Sie nicht eine Sterilisierung, sondern eine Entmannung meinen. Bitte, machen Sie uns genauere Angaben. H. Li.

Nr. 4 K. W. aus H.:
Ich bin in ein Strafverfahren wegen Vergehen nach § 175 verwickelt worden. Die mir vorgehaltenen gleichgeschlechtlichen Handlungen sind Mutmaßungen, die auf Indizien gestützt werden, die ich nicht begangen und entschieden bestritten habe. Ich bin aber homosexuell veranlagt und habe in entsprechenden Kreisen gesellschaftlich verkehrt. Nun stehe ich vor einer großen Gewissensfrage. Soll ich meine homoerotische Veranlagung vor Gericht zugeben? Mache ich mich dadurch nicht gerade verdächtig, die mir zu Last gelegten Handlungen doch begangen zu haben?

Nr. 4 K. W. aus H. Antwort:
Nach dem Grundsatz der freien Beweiswürdigung kann das Gericht, wenn Sie Ihre gleichgeschlechtliche Anlage als solche zugeben, dieses Moment allerdings als Beweis gegen Sie mitverwerten. Nach den in anderen Strafverfahren gemäß §§ 175 ff StGB gemachten Erfahrungen pflegt dies in der Regel auch tatsächlich zu geschehen, selbst dann, wenn der Angeklagte die ihm vorgeworfenen Handlungen entschieden bestreitet und bis dahin unbestraft ist. Andererseits wird meistens das Ableugnen nicht nur der zur Anklage stehenden Handlungen, sondern auch der Veranlagung bei der Verurteilung als strafschärfend gewertet. Solange die einschlägigen Strafverfolgungen andauern, gibt es aus Ihrem Gewissenskonflikt keinen Ausweg, zu dem man raten könnte. Wir kennen einen Fall, in dem ein Angeklagter den Tatbestand der «Verführung» eines jungen Mannes auf dringendes Anraten seines Verteidigers wahrheitswidrig nur deshalb zugab, damit ihm die Aussicht auf eine spätere Begnadigung erhalten blieb. H. Li.

Nr. 5 H. H. aus N.:
Im Herbst 1953 wurden in München vier Lokale, in denen angeblich homosexuelle Männer verkehren, von der Polizei umstellt und die Personalien aller Gäste notiert. Es muß angenommen werden, daß vollständig unbescholtene Bürger daraufhin in die geheime Kartei der Verdachtsfälle eingereiht werden, die von der Polizei in Bayern noch immer in allen Städten geführt wird. Ist die Führung solcher Geheimakten mit dem Grundgesetz zu vereinbaren? Wie verhält man sich persönlich in einem derartigen Fall? Ist man berechtigt, die Angabe seiner Personalien zu verweigern, wenn anzunehmen ist, daß sie für Geheimakten verwendet werden sollen?

Nr. 5 H. H. aus N. Antwort:
Ob die Führung der Geheimkarteien durch die Polizei, in denen homosexuell ausgerichtete oder als solche verdächtigte Männer verzeichnet werden, mit dem Grundgesetz vereinbar ist, dürfte

bisher noch nicht gerichtlich entschieden worden sein. Die Eintragung eines Namens in eine solche Kartei dürfte wohl immer auch dritten Personen (Polizeiangehörigen!) bekanntgegeben werden ... Die Polizei kann sich für alle diese Maßnahmen jedoch auf «Wahrnehmung berechtigter Interessen» (§ 193 StGB) berufen, solange solche Interessen wirklich anzuerkennen sind. Besondere Maßnahmen dieser Art gegen männliche homosexuelle Mitbürger sind demnach jedenfalls aber dann nicht mehr zulässig, wenn die Verfassungswidrigkeit der einschlägigen Ausnahmestrafgesetze gerichtlich festgestellt sein wird. Denn dann ist eindeutig geklärt, daß eine «Wahrnehmung berechtigter Interessen» insoweit nicht vorhanden ist. Bis dahin besteht gegen diese Praxis allerdings schwerlich ein wirksamer Rechtsschutz, weshalb wir nicht ohne weiteres dazu raten können, in den von Ihnen geschilderten Situationen die Angabe der Personalien zu verweigern. H. Li.

Nr. 6 H. H. aus N.:
Ein junger Mann wurde wegen des Verdachtes einer gleichgeschlechtlichen Handlung für eine Nacht polizeilich festgenommen und dem Untersuchungsrichter vorgeführt. Da er deswegen seinen Nachtdienst versäumen mußte, wurde auf Bitten des Festgenommenen sein Arbeitgeber, die Stadtverwaltung, von der Polizei telefonisch unterrichtet. Bei dieser Gelegenheit teilte die Polizei dem Arbeitgeber den Grund der Festnahme mit, so daß der Betreffende am nächsten Morgen fristlos entlassen wurde. Eine Gerichtsverhandlung erfolgte erst wesentlich später. Ein Einspruch beim Arbeitsgericht wegen vorzeitiger Entlassung wurde von diesem abgelehnt. Ist die Polizei berechtigt, dem Arbeitgeber auch im Verdachtsfall Mitteilung über gleichgeschlechtliche Veranlagung bzw. Handlungen zu machen?

Nr. 6 H. H. aus N. Antwort:
Wir weisen darauf hin, daß auf jeden Fall privaten Arbeitgebern von der Polizei keinerlei solche dienstlichen Auskünfte über die Festnahme einer Person und ihre Gründe gegeben werden dürfen, obwohl dies gelegentlich vorgekommen ist. Es handelt sich dann zumindest um eine strafbare Beleidigung, auch wenn die Angaben zutreffen sollten, die auch Schadenersatzpflichten begründen kann.
B. F.

Nr. 7 (X 205):
Können Deutsche wegen gleichgeschlechtlicher Handlungen, die im Ausland begangen wurden (z. B. Frankreich, Schweiz) bestraft werden?

Nr. 7 (X 205) Antwort:
In Frankreich ist der gleichgeschlechtliche Verkehr (abgesehen von Sonderfällen und Handlungen mit Kindern unter 13 Jahren) nicht strafbar. In der Schweiz nicht bei Personen über 16 Jahren, in gewissen Fällen über 20 Jahren. Der Leser fragt nun: machen sich Deutsche strafbar, wenn sie im Auslande Handlungen begehen, die dort nicht, wohl aber in Deutschland strafbar sind? Die Frage ist nach der heutigen Rechtsprechung zu bejahen: «Das deutsche Strafrecht gilt für die Tat eines deutschen Staatsangehörigen, einerlei, ob er sie im Inland oder im Ausland begeht» (§ 3 [1] StGB in der NS-Fassung vom 6. Mai 1940). Nur wenn die Tat «nach dem gesunden Empfinden des deutschen Volkes» (auch diese NS-Fassung gilt heute noch) wegen der «besonderen Verhältnisse am Tatort kein strafwürdiges Unrecht ist», gilt das deutsche Strafrecht nicht (§ 3 [2] StGB). Jedoch kann (§ StPO 153 n. F.) die Staatsanwaltschaft von der Verfolgung einer Tat absehen, die ein Deutscher im Auslande begangen hat. In dem kürzlich bekannt gewordenen Baden-Badener Fall hat jedoch die Staatsanwaltschaft von ihrem ermessensmäßigen Strafvollzugsrecht Gebrauch gemacht, und das Gericht verhängte eine schwere Strafe. Darauf hinzuweisen ist, daß in den humaneren Staaten, trotz Duldung gleichgeschlechtlicher Beziehungen, öffentlich begangene Unsittlichkeiten strafbar geblieben sind und ebenso wie die gewerbliche Unzucht scharf überwacht werden.

Dr. jur. D.

Nr. 8 F. V. aus E.
Nachdem eine Reihe von führenden Professoren des Rechts und der Medizin, Staatsanwälten und Gerichten immer wieder öffentlich klargestellt haben, daß die fortdauernde Verfolgung der männlichen sexuellen Minderheit in einem Rechtsstaat ein unverantwortlich schweres Unrecht darstellt, bin ich tief betroffen, schon wieder Zeitungsmeldungen über eine solche Verurteilung zu lesen. Ein Wiesbadener Gericht hat danach kürzlich mehrere Männer verurteilt mit der Begründung, hier könne die Gleichberechtigung von Männern und Frauen nicht angewendet werden, weil die Geschlechter «in erotischer Hinsicht verschieden» seien! Ich frage: Woher weiß dieser Richter das? Können Sie sagen, ob der betreffende Richter eine medizinische und psychologische Ausbildung hat, um sein eigener Sachverständiger zu sein? Sind solche Urteile ohne solche Sachkenntnis überhaupt rechtmäßig und haltbar? Und wo bleibt hier das im Grundgesetz «verankerte» gleiche Recht für alle Menschen? Gilt das Grundgesetz nicht für das Wiesbadener Gericht genausogut wie etwa für das Hattinger Gericht? Gerade der Wiesbadener Prozeß zeigte wieder einmal, wie Strichjungen und

Erpresser mit Hilfe der §§ 175, 175 a anständige Bürger in den Selbstmord treiben und ganze Familien unglücklich machen dürfen. Wie lange noch . . .?

Nr. 10 B. v. R. aus B.
Vor längerer Zeit habe ich mit einem Herrn aus einer westdeutschen Stadt in Briefwechsel gestanden. Der Betreffende ist nun in einem Strafverfahren nach § 175 verwickelt. Eine Durchsuchung seiner Wohnung brachte auch meine an ihn gerichteten Briefe zum Vorschein, die einen ganz allgemeinen Inhalt haben. Trotzdem wurde ich von der Kriminalpolizei vorgeladen und sowohl über den Bekannten als auch über meine eigene Person eingehend befragt. Die Fragen waren oft sehr privater Natur und für mich geradezu verletzend, der ich weder homosexuell veranlagt noch je mit dem Gesetz in Konflikt gekommen bin. Kann man sich gegen ein solches Verhör verwahren? Und muß damit gerechnet werden, daß man in die sogenannte Homo-Kartei der Polizei eingetragen wird, die ja heute wieder geführt wird und bekanntlich den Nationalsozialisten zu willkürlichen Massenverhaftungen gedient hat?

Antwort an B. v. R. aus B. (Nr. 10)
Ihre Frage können wir endgültig nur beantworten, wenn Sie uns genauere Angaben machen. Allgemein ist zu dem Fall zu sagen, daß die Polizei sich für berechtigt hält, immer noch in derselben Weise gegen homophile Männer vorzugehen wie in der Zeit vor der Geltung des Grundgesetzes, da die Entscheidung seitens des höchsten Gerichtes hierüber noch aussteht. Es ist deshalb im Augenblick für Sie sehr schwierig, sich einer Vernehmung als Zeuge über Ihren Bekannten zu entziehen.

Nr. 13 L. O. aus K.:
In meinem Hause wird seit längerem hinter meinem Rücken über mich gesprochen, was mir dann heimlich zugetragen wird. Es ekelt mich an, mich damit zu beschäftigen, wenn nicht plötzlich dieser Tage ein derart offenkundiger Fall eingetreten wäre, der mich geradezu zwang, etwas gegen dieses Gerede zu unternehmen. Man hat mir in Gegenwart Dritter meine Veranlagung vorgeworfen. Ich habe daraufhin den Betreffenden wegen Beleidigung und falscher Anschuldigung verklagt und bin damit wider Erwarten durchgedrungen.

Halten Sie mein Verhalten für verfehlt oder würden Sie es sogar noch als vorbildlich hinstellen? Schließlich war es ja in Wirklichkeit keine «falsche» Anschuldigung. Der § 175 und die Ächtung der Gesellschaft zwingen ja aus Selbsterhaltungsgründen zu dieser Notlüge.

Nr. 15 K. R. aus Ö.:
Ob Sie mich verstehen, weiß ich nicht. Aber ich habe lange darüber nachgedacht und bin zu der Überzeugung gelangt, daß sich an meiner Veranlagung nichts mehr ändern läßt. Nur meine Umgebung läßt sich nicht überzeugen, und die Gesetze unseres Staates lassen sich nicht von heute auf morgen ändern. Ich möchte daher auswandern.

Was raten Sie mir dazu? Kann man mir das verübeln? Können Sie mir Länder nennen, deren Gesetze für Homophile günstig liegen und die auch Einwanderer aufnehmen?

Nr. 16 R. K. aus A.:
Glauben Sie mir: Ich habe Furchtbares hinter mir. Alles davon kann ich dem Papier nicht anvertrauen. Ich bringe es einfach nicht fertig. Vor wenigen Wochen erst kehrte ich aus einer psychiatrischen Behandlung zurück, in die man mich genommen hatte, nachdem man mich gerade noch von dem zweiten Selbstmordversuch hat abhalten können. Ich war wochenlang völlig apathisch. Bis mir Ihre Zeitschrift in die Hände fiel: das war das, was ich schon lange suchte. Ihre Artikel geben mir Kraft, reißen mich aus meiner Apathie und verleihen mir neuen Lebensmut, den ich bis dato nie gekannt habe. Billigen werden Sie es wohl nie, aber können Sie wenigstens verstehen, daß es Situationen gibt, wo man an sein eigenes Leben Hand anlegt? Bin ich nach alldem noch wert, ein Glied der menschlichen Gesellschaft zu sein?

Trotz Reform des § 175, sozial-liberaler Koalition, Studentenbewegung, reformfreudiger Politik und wesentlich offenerer Diskussionen in fast allen gesellschaftsrelevanten Bereichen, änderte sich für die Homosexuellen sehr wenig. Die gesellschaftliche Ächtung blieb und mit ihr die vielfältigsten Diskriminierungen.

Homosexuellen erpreßt

Täter bekam siebeneinhalb Jahre Gefängnis

«Es ist eine der größten Peinlichkeiten meiner Laufbahn. Ich bedaure, daß man darüber nicht schweigen kann, aber dafür sind die Konsequenzen zu groß.» Mit diesen Worten leitete Strafverteidiger Conrad Paetz gestern einen Beweisantrag zur Verteidigung seines Mandanten, des wegen Raubüberfall und Erpressung angeklagten griechischen Staatsangehörigen Paraskevas D. (27) ein. Um die Glaubwürdigkeit des Hauptbelastungszeugen Franz P. (62) zu erschüttern, teilte der Jurist dem Gericht, der XII. Strafkammer, mit, daß der Anwalt des 62jährigen ihm in zwei Telefonaten angeboten hatte, «daß die Zeugenaussage von P. für den Angeklagten günstiger ausfallen könne, wenn ein erheblicher Betrag vergleichsweise bezahlt würde». Er habe, so Paetz weiter, die Anwaltskammer bereits auf diesen Beweisantrag hingewiesen. Die Standesorganisation der Anwälte werde wohl eine Untersuchung wegen des Verdachts der Anstiftung zur Falschaussage einleiten.

Diesen Verdacht entkräftete der 62jährige P., der als Zuschauer in der Verhandlung saß. Er wurde als Zeuge aufgerufen und schilderte noch einmal das Vorgeschehen: Seit 1974 hatte er mit dem Angeklagten ein homosexuelles Verhältnis. In den letzten Jahren sei er aber von D. um mehrere tausend Mark erpreßt worden. D. hatte nämlich damit gedroht, der nichtsahnenden Familie von P. Kenntnis über dessen homosexuelle Veranlagung zukommen zu lassen. P. erstattete schließlich Anzeige, und ein Zivilgericht sprach ihm 18 000 Mark zu, die der Angeklagte zurückzahlen sollte. Das hat er aber bis heute nicht getan.

P. hatte mit seinem Anwalt nur darüber gesprochen, daß er, wenn er einen Teil des Geldes als Anzahlung bekäme, seine Anzeige zurücknehme und nicht mehr auf Bestrafung drängen würde. Mit diesem Verhandlungsangebot beauftragte er seinen Anwalt. «An der Aussage hätte ich nichts geändert», sagte P. im Zeugenstand, «sie beruht doch auf der Wahrheit.» Conrad Paetz' Beweisantrag wurde abgelehnt und sein Mandant Paraskevas D. wegen Erpressung und seiner Beteiligung an einem Überfall auf ein griechisches Spezialitäten-Restaurant (die *RP* berichtete) zu siebeneinhalb Jahren Gefängnis verurteilt. *rog.*

(*Rheinische Post*, 2. 7. 1981)

Nach dem Krieg blieb Pressehetze gegen Homosexuelle weiterhin an der Tagesordnung: «Kennedys Mörder waren krankhafte Homosexuelle», schrieb die Volksillustrierte *Quick* 1967.

«Fünf abartige Männer und eine kalte Frau stehen hinter dem Komplott des Jahrhunderts. Weil Lee Oswald bei seiner Frau keine sexuelle Erfüllung fand, suchte er Kontakte zu homosexuellen Kreisen ... Im Homosexuellen-Treffpunkt ‹Wandas Bar› besprach Shaw mit Oswald dessen Rolle im Komplott ...»

Quick wußte außerdem noch, daß es in dieser verruchten Bar in New Orleans Peitschen und Ketten gegeben hätte, die mit Blut beschmiert gewesen wären und als besondere Attraktion ein Paar Schuhe, die einem chinesischen Henker gehört hätten (Wilde 1969, S. 80 f).

Primitivste Hetze dieser Art betrieb auch der «Volkswartbund», eine der reaktionärsten Wächter-Vereinigungen der Nachkriegszeit, die sich berufen fühlte, das Volk vor der drohenden «Gefahr aus dem Osten» zu bewahren. Der bereits erwähnte Vordenker des Bundes, Amtsgerichtsrat Gatzweiler («Die Homosexuellen: Moskaus neue Garde») veröffentlichte 1961 eine Broschüre mit dem Titel: *‹Homosexualität und Strafrechtsreform›* (vgl. Homosexualität und Strafrecht, Klare 1937). Darin fordert Gatzweiler, wer die Jugend lieben würde, müsse auch die gleichgeschlechtliche Unzucht unter Erwachsenen bekämpfen, «denn sie bleibt nicht zwischen den vier Wänden». Sein gesunder Instinkt habe ihm zu der Erkenntnis verholfen, daß die Homosexuellen die neuen Hilfstruppen Moskaus im Westen seien. Würden solche Subjekte hierzulande enttarnt, flüchteten sie sofort in die Ostzone, die aus diesem Grunde Homosexualität zwischen Erwachsenen nicht mehr bestrafen würde.

Auch das Gerücht, Moskau bilde Strichjungen aus, um westliche Politiker auszuspionieren, hatte sich hartnäckig im paranoiden Gehirn des Amtsgerichtsrates festgesetzt. Nachdem er allen bislang bekannten Vorurteilen und bösartigen Verleumdungen noch seine Ostzonen-Variante hinzugefügt hatte, kam er schließlich zu dem Ergebnis, für die Homosexuellen sei «zu prüfen, ob sie bereit zur Abstinenz oder zu einem Leben in Isolierung» seien. Wilde schrieb empört: «Hier wird deutlich, daß der Geist Himmlers noch immer lebendig ist!» (Wilde 1969, S. 84).

Weder die erste Reform des Paragraphen noch die zweite (1973) konnten verhindern, daß weiterhin öffentlich gegen Homosexuelle gehetzt werden durfte. Eine anscheinend nicht zu bewältigende Vergangenheit wird besonders in den Elaboraten der protestantischen Psychotherapeutin und Mitherausgeberin des rechtskonservativen *Rheinischen Merkur,* Christa Meves, immer wieder heraufbeschworen. Anläßlich des bundesweiten Homosexuellentreffens «Homolulu» im Juni 1979 in Frankfurt verkündigte Deutschlands führende Homophobe am 3. 8. 1979 in ihrem Blatt:

«Wie grell, wie hochgepeitscht künstlich wirkte die Fröhlichkeit der angeblich glücklich liebenden Männer und vor allem: Wie entsetzlich elend sahen die ins Bild gerückten aus – wie krank!»

Unwidersprochen durfte sie behaupten, es gäbe ein absolutes Schöpfungsgebot, gegen das die Homosexuellen verstoßen würden. Sie gefährdeten die «gesunde Substanz aller». Dies bedeute «Verfall und Untergang des so handelnden Volkes». Man müsse sich generell darum bemühen,

«daß es in der jungen Generation mehr gerade Erwachsene gibt. Das wäre sonst ähnlicher Nonsens, als wenn man um die Jahrhundertwende den Versuch gemacht hätte, das Buckligsein zum Ideal zu erheben, statt die Ursache, die Rachitis, im Kindesalter durch vorbeugende Vitamingaben zu bekämpfen.»

Gleich der amerikanischen Schauspielerin Anita Bryant in den USA führt Christa Meves hierzulande seit Jahren einen ideologischen Kreuzzug gegen Homosexuelle. Ihre Bücher zur Kindererziehung, die von Schwulenfeindlichkeit durchzogen sind, erreichten inzwischen Millionenauflagen.

Springers auflagenstärkstes Blatt *Bild* treibt, aufbauend auf Vorurteilen und Sensationsgier, Hetze gegen Homosexuelle. 1973 begann Bild mit der Artikelserie «Die Verbrechen der lesbischen Frauen – Ab heute jeden Tag in der Bild». Den Lesern wurde dabei suggeriert, überall, wo es lesbische Beziehungen gäbe, müßte zwangsläufig Männerblut fließen. Vom 11. bis 23. August 1973 berichtete das Blatt täglich über eine Mordserie in den USA: («Die homosexuellen Lustmörder brachten 30 Jungen um!» – «Die Orgien der homosexuellen Massenmörder»). Gleich zwei Sonderkorrespondenten wurden nach Houston/Texas geschickt, um vor Ort über die abartigen und perversen Mörder zu berichten. Die Artikel erweckten den Eindruck, als lebten mitten unter uns, getarnt als Normale, lauter schwule Mörder-Monster.

So einfach ist das für *Bild.* Auch noch 1981.

Als eine weitere Folge gesellschaftlicher Unterdrückung und öffentlicher Hetze werden ständig brutalste Gewaltverbrechen an Homosexuellen verübt. Überfälle auf Schwule in Parks oder Klappen (Pissoirs), Raub und Mord sind immer noch alltäglich.

«Den jüngsten von insgesamt neun Morden an Homosexuellen während der vergangenen zwei Jahre in München auf dem Gewissen zu haben, verdächtigt die Polizei einen 26jährigen Bauschlosser. Der Mann soll der letzte Besucher in der Wohnung des 59jährigen Münchners gewesen sein, der am vergangenen Mittwoch in seiner Badewanne mit schweren Schlagverletzungen am Kopf tot aufgefunden worden war» (*Main-Post,* 8. 5. 1981).

BLONDE DEUTSCHE JUNGS ALS SEX-SKLAVEN NACH USA VERKAUFT

Von DAVID BURK

„Ich kauf' dir 'nen Big Mac", lockte der freundliche Mann in einer Frankfurter Imbißstube den blonden Oberschüler (11). Drei Wochen später war der Oberschüler in einem Landhaus bei Los Angeles als Sex-Sklave bei einem homosexuellen Fabrikbesitzer.

Etwa 50 Jungen werden jedes Jahr in Deutschland gekidnappt und in die USA verkauft. Alles über das Schicksal der Kinder auf Seite 4.

„Sex-Sklaven": Sie werden irre oder umgebracht

Fortsetzung von S. 1

Ein Mitarbeiter des amerikanischen Bundeskriminalamts FBI enthüllte jetzt Einzelheiten: „Eine internationale Bande sucht sich die Opfer aus: hübsche Jungen zwischen 10 und 14, meist aus gutem Hause. Sie werden angesprochen, zu einer Cola oder zum Essen eingeladen. Dann werden sie an einsame Plätze oder zu den Männern nach Hause gelockt, mit Psycho-Drogen betäubt, willenlos gemacht.

Erst kürzlich wurden 13 solcher Jungen in einer ausgemusterten Baracke der US-Armee bei Frankfurt gesammelt. Mit falschen Pässen wurde die Gruppe im Flugzeug als „Fußballmannschaft" auf die Bahamas gebracht und von da aus illegal in die USA.

In den USA werden die Jungen sofort verteilt. „In Homosexuellen-Kreisen ist der Besitz eines deutschen Sex-Sklaven schon fast ein Statussymbol", erzählt Detektiv Sergeant Lloyd Martin von der Los Angeles-Polizei.

Perverse Sex-Praktiken

Und: „Das Schicksal der Jungen ist unvorstellbar grausam. Die perversesten Sexualpraktiken werden an ihnen ausprobiert, viele landen in Sexclubs. Ihren freien Willen erlangen sie nie wieder, weil sie ständig unter Drogen sind. Spätestens mit 20 Jahren sind die Jungen dann total am Ende. Sie sterben, werden irre — oder sie werden von konkurrierenden Banden umgebracht."

Sogar ein Senator und zwei Kongreßabgeordnete sollen in den Skandal mit den deutschen Sex-Sklaven verwickelt sein.

Inzwischen nahm die US-Polizei mehrere Männer fest

(*Bild*, 24. 7. 1981)

Sex-Skandal bei Marine: 1. Entlassung

Die Homosexuellen-Orgie an Bord der Queen-Jacht „Britannia" kam jetzt vor ein Marinegericht: Ein Besatzungsmitglied wurde sofort unehrenhaft entlassen, die anderen neun erfahren die Strafe später.

(*Bild*, 28. 3. 1981)

Entlassen – der „Herzbube" der Rheinarmee

● Homosexuellen-Skandal in der britischen Rheinarmee. Er flog durch Liebesbriefe auf, die im Kasernen-Spind gelandet waren. 1000 Mark Strafe für zwei Soldaten, ein Hauptgefreiter (22) unehrenhaft entlassen! Er war in der Freizeit Discjockey im Lokal „Herzbube" in Münster.

(*Bild*, 30. 3. 1981)

Drei Tage später stand in derselben Zeitung:

> «Den zehnten Mord an einem Homosexuellen . . . hat die Polizei in München entdeckt. Nach Angaben der Beamten wurde jetzt der 23jährige Betriebsleiter einer Schwabinger Gaststätte mit zahlreichen Messerstichen ermordet und nackt in seiner Wohnung aufgefunden (*Main-Post*, 11. 5. 1981).

Die ungeheure Brutalität, mit der die meisten Verbrechen an Homosexuellen begangen werden, zeugt von der Tiefe des Hasses und der Verachtung, die der «normale» Täter dabei empfindet. Ein 45jähriger homosexueller Koch aus Wien wurde am 31. März 1981 durch insgesamt 48 Messerstiche getötet. Nicht ohne Zynismus meldete wenige Tage später eine Zeitung, der Koch habe Strichjungen in seine Wohnung mitgenommen,

> «aber nachher pflegte der Koch die jungen Männer zu enttäuschen: Er gab höchstens einen Zwanziger aus. Vielleicht wurde ihm diese Gewohnheit auch bei seinem letzten Besucher (und vermutlichen Mörder) zum Verhängnis» (*Kurier*, 7. 4. 1981).

Auch Neo-Nazis morden wieder. Trotz Potsdamer Abkommen, nach dem es nie wieder Nazis oder deren Nachfolgeorganisationen auf deutschem Boden hätte geben dürfen. Schießwütige Faschisten-Kampfgruppen dürfen ungestört «Wehrsport» betreiben. Bewaffnet mit Panzern, Maschinengewehren, Granaten und Pistolen üben sie in Wäldern, während eine weitgehend uninteressierte Öffentlichkeit und schlafende Behörden kaum Notiz davon nehmen.

Bereits Ende der sechziger Jahre begannen die Neo-Nazis in der Bundesrepublik mit dem Aufbau von NSDAP-Nachfolgeorganisationen. Seitdem überfielen sie Banken und Bundeswehrdepots und planten Bombenanschläge auf Gewerkschaftseinrichtungen und Gedenkstätten der Opfer des Nationalsozialismus (*Die Tat*, 15. 5. 1981). Die sogenannte Hansa-Bande gründete 1977 die inzwischen verbotene Aktionsfront Nationaler Sozialisten (ANS) unter ihrem inzwischen verurteilten neuen Führer Michael Kühnen. Am 28. Mai 1981 ermordeten drei Mitglieder der Hansa-Bande den als homosexuell geltenden 26jährigen Rechtsextremisten Johannes Bügner, um «ein Exempel zu statuieren und ihre eigenen Reihen von sogenannten Verrätern, Abartigen und Perversen» zu säubern (*Hamburger Abendblatt*, 30. 5. 1981).

In diversen Druckschriften hetzten die Neo-Faschisten schon seit längerem gegen Homosexuelle. Am 19. Juli 1978 verteilten Jung-Nazis in Kiel eine sogenannte Jugendzeitung, in der die Frage aufgeworfen wurde:

> «Kann und darf die Masse diese Leute überhaupt tolerieren? Wenn einen jetzt schon das Unnormale auf der Straße anspricht

Foto: Kautz

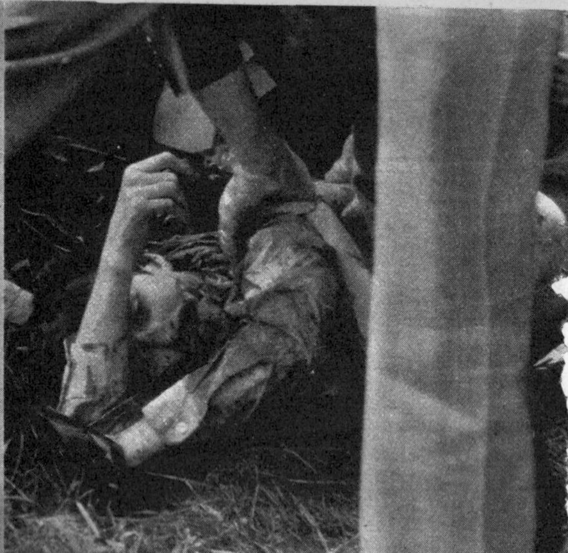

21 Stiche, Kehle durchgeschnitten: Mordopfer Johannes Bügner

»Gegen Homosexuelle schärfstens vorgehen«

Neonazis

»Der röchelt ja noch«

Bei Hamburg wurde ein Rechtsradikaler von Gesinnungsgenossen umgebracht, die ihre Organisation »säubern« sollten

Packte aus: Michael Frühauf

Als Neonazis bekannt: Olaf und Thorsten König

Die vier Männer in der Altbauwohnung im Hause Große Brunnenstraße 77 in Hamburg-Altona lauschten am vorigen Donnerstag gespannt, als der Maurer Friedhelm Enk einen „Informationsbrief" verlas: Enk, so hieß es da, habe den Auftrag, die nun schon längere Zeit am Boden liegende „Aktionsfront Nationaler Sozialisten" (ANS) in der Hansestadt wieder aufzubauen. Dabei müsse vor allem „gegen Homosexuelle, Perverse und Verräter" schärfstens vorgegangen werden.

»Auf Gewalt vorbereitet«

(*Stern*, 4. 6. 1981)

(und Homos sind entwicklungsgemäß ‹Ausschuß›, da es auch bei hartnäckigsten Versuchen keinen gleichgeschlechtlichen Nachwuchs geben kann), kommt es eines Tages noch so weit, daß Mörder und andere abartig veranlagte Menschen auf der Straße um Toleranz bitten . . . Sexuell Normale vereinigt euch!»

Es kommt nicht von ungefähr, daß sich jugendliche Neo-Nazis in derart rassistischer Weise äußern. Tausende von nimmermüden Alt-Nazis werben noch immer für die barbarischen Ideale ihrer Jugend.

Deutlich zu spüren bekam dies Detlef Stoffel, Mitglied der Bielefelder Schwulengruppe (Mitautor des Films *‹Rosa Winkel? – Das ist doch schon lange vorbei . . .›*, 1975/76) in einem an ihn gerichteten Drohbrief:

«Wenn ich Ihren Namen lese, dann bekommt mich ein gewisser Ulk, der mit diesem Namen verbunden ist; denn in meiner norddeutschen Heimat betitelt man Leute, die nicht ‹alle Tassen› im Schrank haben – eben so ein Stoffel!

Nun Sie sind natürlich persönlich zwar ein Stoffel, aber doch in gewisser Hinsicht ein Zeitgenosse, der sich als moderner Mensch bezeichnet u. die Homosexualität als durchaus vertretbar hält!! –

Eine Frage an Sie: haben Sie schon einmal im Krankenhaus Abt. ‹Geschlecht› Bekanntschaft gemacht? Wohl kaum. Ich hingegen war lange Jahre als Helfer eines Lazaretts tätig u. zwar zu einer Zeit, da wurden diese Fälle nicht nur mit aller Brutalität behandelt, wenn es sein mußte, wurde derjenige immun gemacht. Die *Schreie,* die mir heute noch in den Ohren klingen nehme ich mit ins Grab!! –

Annormalitäten führen zum Verbrechen. Diese Charaktere dieser Unmenschen, die bis zum Sadismus führen, sind im täglichen Leben unbrauchbar u. wurden im 3. Reich erschossen! Ja, sogar der Verkehr mit Tieren brachte Erzeugnisse zu Tage – die ich Ihnen gar nicht zu schildern wage. Ich habe Einblick bekommen, wie es aussieht!! Ich wünsche Ihnen nicht, falls Sie annormal veranlagt sind, in operative Behandlung zu geraten; – Ihnen würde dieser Dreck, in dem man bekanntlich den Penis hineinsteckt schlecht – sehr schlecht bekommen!! Alles, aber auch alles, was das männliche Gebilde zu bieten hat – kann entfernt werden. – Ich habe sie sterben gesehen! – Nicht durch die Kugel allein, sondern im Bett!

Leute, die in Ihrem Sinne denken, sollte man in den Steinbruch jagen u. arbeiten lassen bis sie anderen Sinnes werden, oder aber bestenfalls den Allerwertesten versohlen und eine Kaltwassertherapie verordnen!! –

Rechtsradikaler gestand Mordtat

Jungen Hamburger mit 14 Messerstichen getötet

Lübeck/Hamburg (dpa). **Ein am Freitag bei Hamburg ermordet aufgefundener junger Mann ist von einem Rechtsradikalen getötet worden. Wie die Staatsanwaltschaft Lübeck gestern mitteilte, habe der zur rechtsradikalen „Aktionsfront Nationaler Sozialisten" (ANS) zählende 28jährige Enk gestanden, den als homosexuell geltenden 25jährigen Hamburger Bügner mit Messerstichen getötet zu haben. Der Mann begründete nach Angaben von Oberstaatsanwalt Kleiner die Tat damit, er habe einen Auftrag ausgeführt, gegen „Homosexuelle, Perverse und Verräter scharf vorzugehen". Das Opfer wird ebenfalls dieser rechtsradikalen Gruppierung zugerechnet, die seit einigen Jahren vor allem im Hamburger Raum aktiv ist.**

Die insgesamt 14 Messerstiche in Brust und Rücken aufweisende Leiche war in der Feldmark von Barsbüttel-Stemwarde (Kreis Stormarn) in unmittelbarer Nähe der Hamburger Stadtgrenze von einem Mofa-Fahrer gefunden worden.

In Zusammenhang mit der Bluttat hat die Hamburger Polizei inzwischen fünf Personen im Alter von 19 bis 29 Jahren festgenommen, die alle der „Aktionsfront Nationaler Sozialisten" zugerechnet werden. Zwei von ihnen sollen bei der Tat Enks zugegen gewesen sein

(*Tagesspiegel*, 31. 5. 1981)

Jede Natur rächt sich, dies sieht man an alten Homosexuellen. Ein Vetter von mir war Oberstaatsanwalt in Bielefeld – er hätte solch arme Irren verurteilen müssen. Menschen dererlei abartiger Gesinnung sind auch im täglichen Leben unbrauchbar – ohne jeglicher Verantwortung bewußt u. obendrein verleumderisch und falsch! Gott bewahre uns vor dieser Ausbreitung dieser Kaste von Unmenschen, sei es weiblich oder männlichen Geschlechts!

Nur diejenigen müssen auf solch ordinäre Einfälle kommen, ihren Penis in irgend einem Mastdarm zu versenken, dem wohlmöglich ein krankhaftes Leiden anhaftet, die faul sind oder zur täglichen Arbeit unlustig sind.

Obendrein Ihre Dreistigkeit Ihre Auffassung noch in einer Rundfunkzeitung mitteilen zu lassen, grenzt an eine bodenlose Frechheit. Denn jedermann kann lesen, besonders aber Jugendliche sprechen Sie hiermit an. Wäre ich heute noch in der Uniform, die Millionen trugen – ich würde nicht zögern meinen Karabiner an die Wange zu nehmen, und diese Leute durch ein paar Patronen durch den Hut zu knallen, einen Schrecken einzujagen. So gesehen, Herr Stoffel, bitte ich Sie, nachdenken zu wollen, was dem Lanzer *übrig* blieb für all den Opfermut, Schmerz u. Tod für die heutige Generation!

Auch eine KZ-Haft wäre noch zu milde für Kreaturen, die wider der Vernunft des Anstandes und des Gewissens sind! – –

Hier nämlich beginnt der Irrsinn bis hin zum Wahn; den Neurologen lange verfolgen und die Kreaturen gehören *bestenfalls* eben in eine Anstalt à la Bethel.

Dieses zu Ihrem Kapitel auch dann, wenn Sie Mitglied eines ominösen Vereins sind. Geschmacklos ist's auf alle Fälle, Intim-

sphären so breit in die Öffentlichkeit zu tragen, wenn Sie absolut Ihre Gesundheit zu Markte tragen wollen. Meinetwegen!! sterben Sie wie Jene, die ich bereits nannte; meinetwegen altern Sie mit verkrüppelten Beinen als Folge annormaler Veranlagung! aber lassen Sie doch um Gottes Willen die Öffentlichkeit in Ruhe. Blamieren Sie sich auf Ihre Weise, daß es nur so kracht, hoffentlich genügt diese Abfuhr für alle Zeiten.
Heinrich Finhold
ein Soldat!» (Dieser ungekürzte und unkorrigierte Brief wurde den Materialien zum Film: ‹*Rosa Winkel* ...› entnommen.)

Faschistische Traditionen setzen sich auch im medizinischen Bereich fort. Ebenso wie sich seinerzeit der Nazi-Mediziner Dr. Boeters damit zufriedengab, wenn den Homosexuellen die Hoden entfernt wurden, geben sich Psychochirurgen heute damit zufrieden, kleinere Teile des Gehirns bei solchen «Deviationen» (Abweichungen) zu entfernen. Durch Verbrennen eines etwa erbsengroßen Teilchens im Gehirn mittels einer Sonde kann nach ihrer Ansicht der Sexualtrieb herabgesetzt oder sogar ganz ausgeschaltet werden: «Dies bedingt, daß homosexuelle Verhaltensweisen kontrolliert und den Forderungen der Gesellschaft angepaßt werden können.»

Dieses Zitat stammt keineswegs aus einem medizinischen Lehrbuch der Nazi-Zeit, sondern findet sich auf Seite 158 des Forschungsberichtes der Universität des Saarlandes aus dem Jahre 1978. In der Universitätsklinik Homburg/Saar wurden bis zu diesem Zeitpunkt jahrelang Gehirnoperationen an Homosexuellen durchgeführt. Beteiligte Forscher sind Prof. Horn, Prof. Schneider und der Operateur Prof. Diekmann, der seine Tätigkeit mittlerweile nach Göttingen verlegt hat. Nach Angaben von Medizinern der Uni-Klinik nicht zuletzt deshalb, weil er sich dem zunehmendem Druck seiner Kollegen ausgesetzt sah.

Professor Schneider begründete in einem Interview des Südwestfunks die Berechtigung stereotaktischer Operationen (Stereotaxie ist eine der neueren hirnchirurgischen Behandlungsmethoden) bei Homosexuellen:

> «Menschliche Sexualität besteht – um es einfach zu formulieren – aus einem somatischen Anteil, das heißt aus der sogenannten Triebstärke. Dieser Aspekt ist vielleicht auch mit einer wie es sie auch beim Tier gibt vergleichbar, und es gibt im Hirn des Menschen bestimmte Regionen, die diesen Anteil steuern. Welche Ausgestaltung diese Sexualität dann erhält, das heißt, welche sexuelle Struktur sich entwickelt, ist nun eine ganz andere Frage ... Der erste Anteil dieser so formulierten Sexualität kann durchaus nun beeinflußt werden durch eine Ausschaltung im

> Hirn. Der zweite, höchst menschliche Anteil des sexuellen Verhaltens wird dabei nicht berührt. Weder positiv noch negativ.»

Solche durch nichts bewiesenen «Theorien» über die menschliche Sexualität sind Grundlagen für Gehirnoperationen, die für die Betroffenen von lebenseinschneidender Bedeutung sind. Viele Opfer solcher Anpassungschirurgen waren nach psychochirurgischen Eingriffen so geschädigt, daß sie kaum noch sprechen konnten, völlig apathisch wurden oder sich buchstäblich zu Tode fraßen.

Medizinische Grundlage für diese Menschenversuche waren Operationen, die man zuvor bei Tieren durchgeführt hatte. Der Abschlußbericht der amtlichen Kommission der Bundesregierung zu diesem Thema stellte 1979 fest:

> «Alle auf diesem Gebiet tätigen Forscher weisen darauf hin, daß tierexperimentelle Beobachtungen zum Sexualverhalten nicht auf menschliche Verhaltensweisen zu übertragen sind.»

Trotzdem konnte sich die Bundesregierung nicht dazu entschließen, solche Operationstechniken zu verbieten (was inzwischen in den meisten Ländern der Erde der Fall ist).

Wie viele Homosexuelle, die durchaus «freiwillig» in solche Operationen einwilligten, weil sie mit ihren Schuldgefühlen und dem Druck ihrer Umwelt nicht fertig wurden, bisher bereits von Psychochirurgen ihrer Liebesfähigkeit beraubt worden sind, läßt sich kaum abschätzen. Der Leiter der Abteilung für Sexualwissenschaft am Klinikum der Universität Frankfurt, Volkmar Sigusch, befürchtet sehr zu Recht, daß solche Operationstechniken dem politischen Mißbrauch Tür und Tor öffnen. «Prinzipiell sind diese Techniken gegen Menschen gerichtet, die gesellschaftliche oder staatliche Normen verletzen – oder an ihnen zerbrechen.»

Christliche Sexualmoral als Ursache von Verfolgung und Krankheit

Wie kaum eine zweite Institution prägt die Kirche, trotz zunehmender Kirchenaustritte, nach wie vor mitentscheidend das politische Bewußtsein der Bürger.

Nach Untersuchungen der Sexualwissenschaftler Hans Giese und Gunther Schmidt aus den sechziger und siebziger Jahren sind katholische Christen hierzulande noch weit homosexuellenfeindlicher eingestellt als ihre evangelischen Glaubensbrüder und Schwestern. Mit der Häufigkeit des Kirchgangs und der Beteiligung am kirchlichen Leben steigt auch die Homophobie. Einsicht und Vernunft treten zugunsten religiöser und mystischer Glaubenserlebnisse und Heilserwartungen, die sich auf das Jenseits richten, in den Hintergrund. Das Diesseits spielt eine untergeordnete und bisweilen eher bedrohliche Rolle. Von katholischen Moraltheologen und der Priesterschaft bis hinauf zum Heiligen Vater aufbereitetes Bibelwissen wird zu «Gottes guter Schöpfungsordnung» erklärt und muß fortan von den Gläubigen um ihres eigenen Seelenheils willen verinnerlicht werden. Dies zeigt vor allem die Dogmenpolitik des Vatikans. Für jeden Gläubigen ist es schwerste «Sünde», nicht zu glauben, daß die «Heilige Jungfrau Maria» ohne Geschlechtsverkehr mit einem Mann zu ihrem Sohn kam und daß sie später, ohne wie alle anderen Sterblichen zu verwesen, «mit Leib und Seele» in den Himmel aufgefahren ist.

Es wäre überflüssig, sich mit christlichen Anschauungen auseinanderzusetzen, wenn sie nicht laut Bundesverfassungsgericht das dem «gesunden Volksempfinden» entsprechende «Sittengesetz» und damit das Strafgesetz bilden würden.

Was bei der katholischen Kirche auffällt, ist der schroffe Gegensatz zwischen ihren farbenprächtigen Prozessionen, üppigen Kirchengewändern, monumentalen Bauten, kostbaren sakralen Gefäßen, pompösen päpstlichen Kopfbedeckungen und ihrer äußerst lustfeindlichen antisexuellen Propaganda. Während mit allem Prunk und Geprange lustbetont weltliche Macht und Herrschaft demonstriert wird, wird jegliche Lust am eigenen oder anderen Körper eines Menschen energisch verteufelt. Sexualität hat ihren Platz ausschließlich in der ehelichen Gemeinschaft und selbst dort bekanntermaßen nur zum Zwecke der Fortpflanzung. So will es ihre «göttliche Schöpfungsabsicht».

Nach einer Erklärung Papst Paul VI. von 1976 sind alle außerehelichen sexuellen Beziehungen «stets eine Sünde». Auch vorehelicher Geschlechtsverkehr sei unzulässig, «selbst in Fällen, in denen die feste Absicht zur Heirat besteht». Selbstbefriedigung eine «in ihrem Wesen schwer verdorbene Handlung», weil «die absichtliche Anwendung des sexuellen Vermögens außerhalb normaler ehelicher Beziehungen der Zweckbestimmung dieses Vermögens widerspricht». Homosexuelle Handlungen «in ihrem Wesen verdorben und können nicht gebilligt werden». Dennoch müsse unterschieden werden zwischen Homosexuellen, «deren Neigungen von einer falschen Erziehung, von einem Mangel an normaler sexueller Entwicklung, von Gewohnheit, schlechtem Beispiel oder anderen ähnlichen Ursachen herrührt und vorübergehend oder zumindest nicht unheilbar ist» und den anderen Verdorbenen, «die wegen eines angeborenen Instinkts oder einer als unheilbar befundenen Veranlagung so sind». Die unheilbar Verdorbenen solle

Papst griff in Wahlkampf ein

„Abtreibungsgesetz in Italien verletzt Menschenrechte"

Von unserem Korrespondenten Horst Schlitter

ROM, 10. Mai. Schärfer als je zuvor hat Papst Johannes Paul II. am Sonntagmittag vor dem traditionellen „Angelus"-Gebet auf dem Petersplatz in den italienischen Wahlkampf eingegriffen. Von der Loggia der Peterskirche aus, die dem Papst sonst nur Weihnachten, Ostern und an wenigen hohen Feiertagen als Kanzel dient, nannte er das italienische Gesetz zur Regelung des Schwangerschaftsabbruchs „eine Verletzung der Menschenrechte und des Gebots, nicht zu töten". Starke Gruppen des katholisch-konservativen „Movimento per la vita", das die Bürger aufruft, beim Volksentscheid am kommenden Sonntag, 17. Mai, die geltende gesetzliche Regelung durch ihre Stimme außer Kraft zu setzen, klatschten dem Wojtyla-Papst wiederholt Beifall. Handzettel des „Movimento" forderten als Entscheidung der Wähler: „Ja zum Leben, nein zum Sozialismus."

Johannes Paul II. orientierte seine Ansprache an dem vom Evangelisten Johannes wiedergegebene Gleichnis des „Guten Hirten" (Joh. 10,10 u. 11): „Ein Dieb kommt nur, daß er stehle, würge und umbringe. Ich bin gekommen, daß sie das Leben... haben sollen." Dabei ließ er keinen Zweifel daran, welche politische Gruppierung Italiens er mit den „Dieben" des Evangeliums gleichsetzt. Aufgabe der Kirche sei es, so der Papst wörtlich, das von Jesus gepriesene Leben zu verteidigen gegen die Abtreibung und gegen den Tod. Das Gesetz der Republik Italiens sei nichts weiter als eine Attacke auf den Menschen in seiner kleinsten, schwächsten und ungeschütztesten Erscheinungsform. So gesehen, werde der Kampf gegen die Abtreibung zur „causa santa", zur heiligen Sache. Das vertraute „Gepriesen seiest du Maria" wurde zu einem Gebet für alle Mütter in der Welt und das in ihrem Schoß keimende Leben umgedeutet.

(*Frankfurter Rundschau*, 11. 5. 1981)

man jedoch seelsorgerisch verständnisvoll behandeln, empfahl schließlich der Heilige Vater.

Wer könne schon wegen einer unheilbaren Krankheit verdammt sein. Nicht die unglückliche Veranlagung als solche, sondern erst die «verdorbene Handlung» führten zur ewigen Verdammnis (*Neue Westfälische Rundschau*, 16. 1. 1976).

Eine solche Argumentation führt zu ungeheuren psychischen Schäden bei den betroffenen Homosexuellen, die von Kindesbeinen an solcher Propaganda hoffnungslos ausgeliefert sind. Lebenslange Neurosen, Schizophrenie und ungezählte Selbstmorde sind auch heute noch, nachdem Inquisition und Scheiterhaufen verschwunden sind, «die gnadenlosen Folgen des Christentums» (Deschner).

Nicht anders als Paul VI. hält es sein Nachfolger Johannes Paul II. Der 264. Statthalter Christi auf Erden sprach auf der Bischofssynode Oktober 1980 in Rom sogar vom «Ehebruch mit der eigenen Frau». Allein schon der «begehrenswerte Blick» aufs eigene Weib sei des Teufels. In besonders hohem Maße verwerflich seien jedoch Verhütungsmittel und vor allem Abtreibung.

Als einer der weniger begabten Seelenstrategen aus der katholischen Kirche schrieb der Pater Werenfried van Straaten im Juni desselben Jahres in einer Broschüre des «Freundeskreises Maria Goretti»: «Wer dem Gemetzel im Mutterschoß entgeht, wird später wehrlos den geistigen Mördern der Sexualerziehung preisgegeben» (van Straaten, 9. 6. 1980). Wohin solche Hetze gegen die freie Selbstbestimmung des einzelnen Menschen führt, erleben Mediziner und Therapeuten ständig bei erkrankten Opfern dieser antisexuellen Unterdrückungsmoral. Krankheit und Tod als Preis für eine Eintrittskarte ins himmlische Jenseits.

Daß die katholische Kirche sich keineswegs damit abfinden mag, daß ihre weltliche Macht kleiner werden sollte, verdeutlicht ein Beschluß der italienischen Bischofskonferenz vom vergangenen Jahr: «Das staatliche Gesetz darf dem göttlichen nicht widersprechen» (*Spiegel,* 17. 11. 1980).

Genau wie die katholische Schwesterkirche beruft sich die evangelische Kirche auf Moses und Paulus, wenn es darum geht, die moralische und sittliche Verwerflichkeit homosexueller Handlungen zu begründen.

In der *‹Denkschrift zu Fragen der Sexualethik›*, die 1971 von der evangelischen Kirche in Deutschland, EKD, herausgegeben wurde, heißt es bei den «Theologischen Erwägungen zur Sexualität»: «Jesu Verkündigung des göttlichen Heilswillens versteht das geschlechtliche Leben als allein in der Ehe erfüllt und diese als ausschließliche Einehe.» Obwohl homosexuelles Verhalten nicht den «göttlichen Heilswillen» erfüllt, soll «die weitverbreitete unreflektierte Verurteilung . . . als widernatürliches schuldhaftes Verhalten . . . nicht beibehalten werden».

Welches Verhalten im einzelnen nun widernatürlich, aber nicht schuldhaft sein soll, wird genauestens beschrieben. Trotz des Hinweises auf weitverbreitete, unreflektierte Vorurteile folgt nichts anderes als eine Sammlung von Vorurteilen und Verleumdungen, wie wir sie schon alle in der Nachkriegsdiskussion um den § 175 gefunden haben. Nach Ansicht der EKD gibt es Jugendliche, die «zu homosexuellen Praktiken verführt werden», und zwar aus «entwicklungsbedingter Unsicherheit vor dem anderen Geschlecht». Dieses Übel könne jedoch Gott sei Dank durch Beratung und Therapie überwunden werden. Weil diese «Fehlform» häufig auch ihre Ursachen in frühester Kindheit habe, könne der Kranke durch eine psychotherapeutische Behandlung «zu Empfindungen für das andere Geschlecht gelangen».

Gelegentlich sei bei Homosexuellen «die Hinwendung zum anderen Geschlecht gehemmt durch angeborene oder erworbene hirnorganische Schäden». Solche Störungen spielten manchmal «beim Altersabbau eine Rolle». Auch hier weiß die EKD zur Freude der Psychochirurgen Rat: «In diesen Fällen ist eine betreuende Führung, unter

Umständen eine medikamentöse oder operative Behandlung mit dem Ziel möglich, die drängende homosexuelle Triebhaftigkeit zu mildern.»

Neben diesen Gruppen gäbe es schließlich noch die sogenannten «Neigungshomosexuellen». Die Aussicht, solch unheilbar Kranke «durch Behandlung zu einer heterosexuellen Beziehungsfähigkeit zu verhelfen, seien jedoch äußerst gering».

In den 1980 von der «Vereinigten Evangelisch-Lutherischen Kirche Deutschlands», VELKD, herausgegebenen *‹Gedanken und Maßstäbe zum Dienst von Homophilen in der Kirche›* wird den Gläubigen empfohlen, den «Homophilen» als Nächsten zu akzeptieren. Gesellschaftliche Repression solle «gegebenenfalls beseitigt werden» und durch «geeignete Beratung dem Homophilen Hilfen zur Selbstannahme zur Versachlichung der Probleme und zur Bearbeitung seiner Lebensgestaltung geboten werden». Aber:

Für den kranken Homosexuellen werde ein «Defizit» bestehen bleiben. Einen Ausweg ohne das «Annehmen des Leidens» werde es nicht geben. Es handle sich schließlich «um einen besonders augenfälligen Bruch der von Gott gewollten Gemeinschaft in der Schöpfung». Demzufolge könnten homosexuelle Pfarrer ihren Beruf nicht ausüben, «weil von dem, ‹was› der Mitarbeiter lebt . . . nicht eine dem Leitbild der Ehe entgegengesetzte Signalwirkung ausgehen» dürfe. Wenn der Mitarbeiter jedoch bereit sei, darauf zu verzichten, seine Neigungen auszuleben, und zu vertreten, könne er weiter im Dienst bleiben. Wer sich versteckt, erhält eine Chance.

Auf ein solches unanständiges Ansinnen, daß von einem homosexuellen kirchlichen Mitarbeiter nichts anderes erwartet, als ein Leben in Lüge, Heimlichtuerei und Selbstverleugnung zu leben, mochte sich der homosexuelle Pfarrer Klaus Brinker aus Hannover nicht einlassen. Die Quittung dafür, daß er nicht einsehen wollte, krank zu sein, bekam er 1981 in Form eines Kündigungsschreibens vom Landeskirchenamt Hannover (S. 489). Er habe trotz gegenteiliger

Hannover: Pastor liebte einen Mann– Kirche feuerte ihn

(*Hamburger Morgenpost,* 24. 3. 1981)

Anweisung offen über seine Homosexualität gesprochen. Außerdem habe er die Auflage, auf seine Partnerschaft mit einem anderen Mann zu verzichten, nicht akzeptiert.

Bereits ein Jahr zuvor war der homosexuelle Diakon Horst Kirchmeier aus dem kirchlichen Dienst in der evangelischen Gemeinde Bargteheide bei Hamburg entfernt worden. Zahlreiche homosexuelle Mitarbeiter beider großen Konfessionen wurden im Laufe der Jahre mit Berufsverboten belegt. Die allerwenigsten davon wurden jemals in der Öffentlichkeit bekannt. Fast immer hielten eigene Schuldgefühle und Angst vor Diskriminierung durch ihre Mitchristen die Betroffenen davon ab, sich öffentlich zur Wehr zu setzen.

Die ultrakonservative «Konferenz der Bekennenden Gemeinschaften in der evangelischen Kirche Deutschlands» stellte in einer Stellungnahme Anfang April 1981 zur «biblischen Seelsorge an Homosexuellen» fest, die Ursache der Homosexuellen-Problematik liege nicht in der gesellschaftlichen Diskriminierung, sondern einzig und allein in einem «gestörten Gottesverhältnis». Homosexualität sei «die Perversion, die Verkehrung des Natürlichen in das Unnatürliche, eine Umkehrung von Gottes guter Schöpfungsabsicht».

4. Das Verhältnis der Parteien zur Homosexualität

SPD

Auf dem SPD-Parteitag im Juni 1980 in Essen wurden zwei Anträge zur Streichung des § 175 eingebracht. Sie wurden in der Sache nicht abgestimmt, sondern als «Material an die Bundestagsfraktion» verwiesen. In einem Schreiben vom Juni 1980 äußert sich der «Arbeitskreis Rechtswesen» der SPD-Fraktion zur «unverzüglichen und ersatzlosen Streichung» des § 175.

> «Hierzu besteht nach unserer Ansicht keinerlei Notwendigkeit, da durch die Neufassung des § 175 im Zusammenhang mit dem 4. Strafrechtsänderungsgesetzes jegliche strafrechtliche Sonderbehandlung Homosexueller . . . beseitigt worden ist . . . Der bestehende § 175 schützt einzig und allein die ungestörte sexuelle Entwicklung der Jugendlichen.»

Komplizierter Rede simpler Sinn: Die angeblich ungestörte sexuelle Entwicklung der (männlichen) Jugendlichen rangiert im Wert-Katalog höher als die rechtliche Gleichstellung Homosexueller mit Heterosexuellen.

Auch der damalige rechtspolitische Sprecher der SPD, Dr. Emmerlich, nahm im November 1980 zum § 175 Stellung:

> «Die jetzige Forderung nach ersatzloser Streichung des § 175 würde die Straffreiheit der Homosexualität zwischen Erwachsenen und Jugendlichen zur Folge haben. Der Arbeitskreis Recht der SPD-Fraktion ist übereingekommen, darüber zu beraten. Bei diesen Beratungen werden wir den Erkenntnisstand, der Anfang 1970 im Strafrechtssonderausschuß zur derzeitigen Fassung des § 175 geführt hat, nicht außer acht lassen können. Wir werden der Behauptung nachgehen, ob es erwiesen ist, daß bei Vierzehn- bis Achtzehnjährigen auf Grund homosexueller Kontakte Homosexualität weder begründet noch ausgelöst, noch verfestigt werden kann. Wir werden auch zu prüfen haben, ob die zweifellos vorhandene Diskriminierung der Homosexuellen auch auf dem geltenden § 175 beruht oder mitberuht.
>
> Sie werden Verständnis dafür haben, daß wir uns angesichts der Tatsache, daß der geltende § 175 erst Anfang der siebziger Jahre nach sehr gründlichen Beratungen beschlossen worden ist, nicht ohne sehr sorgfältige Prüfung der Gesamtproblematik, zu einer Entscheidung im Schnellverfahren verstehen können.»

Wer zwischen den Zeilen liest, wird feststellen, daß es sich die SPD nicht leichtmachen wird. Zu hoffen ist nur, daß bei der «gründlichen Beratung» und der «sorgfältigen Prüfung» nicht allzu viele Berater der Kirchen vertreten sein werden.

Als sich der Chef der Liberalen, Genscher, während der Koalitionsverhandlungen nach der Wahl im Oktober 1980 für eine Streichung des § 175 aussprach, konterte der selbstbewußte Kanzler Schmidt: «Da müssen Sie sich einen anderen Koalitionspartner suchen.» Einige Spitzenpolitiker der SPD wie ihr Vorsitzender Willy Brandt und Bundesgeschäftsführer Peter Glotz haben sich bisher dennoch für eine Streichung des Paragraphen ausgesprochen.

CDU/CSU

In weit stärkerem Maße als die SPD orientiert sich die CDU/CSU am «sittlichen Empfinden der Mehrheit des Volkes». Positive oder zumindest neutrale Äußerungen zur Homosexualität liegen aus CSU-Kreisen nicht vor. An der Parteienbefragung zur Homosexualität in Bonn (Juli 1980) nahm die CSU nicht teil. Auch in Bayern selbst blieb die Partei solchen Veranstaltungen bewußt fern. In Würzburg begründete Dr. Wolfgang Bötsch (CSU, MdB) dies «aus grundsätzlichen Erwägungen zu einem so kleinen Spektrum der allgemeinen politischen Tagesfragen keine eigene Podiumsdiskussion zu beschicken». In einem internen CSU-Informationsbrief aus dem Hause Zimmermann nimmt diese Partei unter der Überschrift «Für Homosexuelle, Kommunisten und Gewaltverbrecher – das wahre Gesicht der FDP» u. a. zur Wahlaussage der Liberalen Stellung, den § 175 ersatzlos zu streichen. Die FDP, so heißt es dort, habe zwei Gesichter:

> «Das eine, vertreten u. a. durch Ertl und Lambsdorf, redet häufig von Marktwirtschaft, Freiheit und Mittelstand ... das andere Gesicht heißt Anti-Kirchenpapier, Sorge für ungehinderte Entfaltung von Perversitäten [gemeint ist die Abschaffung des § 175; Anm. d. Verf.], Abbau des Schutzes vor Gewaltverbrechen, Hilfe für Kommunisten ... Schürung von Unruhen ... Aufhetzung der Kinder gegen die Eltern ...»

Diese Aufzählung zeigt, wo die Homosexualität bei dem Wählerpotential der CSU angesiedelt ist.

Auch Strauß äußerte sich zur Homosexualität. Auf einer Veranstaltung in Frankfurt ordnete er sie als «Böses» ein, das die traditionellen «Werte» auflöse:

> «Das Böse ist die anarchistische Auflösung von Werten und

Ordnungen: wäre etwa staatliche Unterstützung aller Formen des Zusammenlebens einschließlich der homosexuellen Verbindungen, völlige Abtreibungsfreiheit ...» (*FAZ*, 1. 9. 1980).

Auch von Toleranz sprach Strauß, nämlich daß «die Toleranz Intoleranz gegen das Böse erfordert».

Es ist zu erwarten, daß von dieser Partei keinerlei Initiativen zur rechtlichen Gleichstellung der Homosexuellen mit den Heterosexuellen ausgehen werden.

Ein wenig differenzierter, wenn auch keineswegs erfreulich, stellt sich die Lage in der CDU dar. Helmut Kohl äußerte sich, daß «er nicht daran (denkt), die früheren Bestimmungen des Strafgesetzbuches nach einem Wahlsieg wieder einzuführen». Aber keineswegs denkt die CDU daran, die rechtliche Gleichstellung durch Streichung des § 175 vorzunehmen. Als Reaktion auf den Bundesparteitag der FDP im Dezember 1980 warnte der rechtspolitische Sprecher der CDU/CSU-Fraktion, Benno Erhard, die Liberalen davor,

> «ihren Gedanken einer Streichung des Strafgesetzbuchparagraphen 175 weiter zu verfolgen. Ein derartiger Schritt wäre nicht nur unvernünftig, sondern abwegig. Im Strafrecht könne auf den Schutz Minderjähriger im Interesse ihrer ungestörten sexuellen Entwicklung nicht verzichtet werden.»

Erhard betonte ausdrücklich: «Gerade die FDP sollte wissen, daß Liberalität und Toleranz wertbezogen und nicht schrankenlos sind» (*FAZ*, 10. 12. 1980).

Trotzdem gibt es in der Jungen Union (JU) vereinzelte Kräfte, die mit den Homosexuellen ins Gespräch kommen wollen, so z. B. in Bonn, Berlin und Hamburg. So gab die JU Bonn anläßlich der Beethoven-Veranstaltung ein Flugblatt heraus, worin die Bereitschaft betont wurde, sich «über die Probleme der jeweiligen Minderheit» zu informieren:

> «In diesem Sinn begrüßen wir Ihre Veranstaltung nicht nur als Forum, in dem Sie sich über die Programme der Parteien unterrichten können, sondern auch als Forum, das uns über Ihre spezifischen Anliegen informieren kann.»

In Hamburg wurde im September 1980 auf einer Landesdelegiertenversammlung der JU ein Antrag auf Streichung des § 175 bereits in einer Abstimmung darüber, ob der Antrag behandelt werden soll, mit ca. Zwei-Drittel-Stimmenmehrheit abgelehnt. Auch ein Antrag auf Distanzierung von den Äußerungen aus dem Hause Zimmermann wurde auf diesem Wege abgeschmettert.

Zu bemerken ist immerhin, daß CDU-Abgeordnete in einzelnen

Städten an sogenannten «Parteien-Befragungen» durch die Schwulen-Bewegung teilgenommen haben. Aber auch das Gegenteil ist der Fall. In Osnabrück weigerte sich die örtliche CDU, an einer Veranstaltung teilzunehmen, zu der auch Vertreter der «Homosexuellen Aktion Osnabrück» eingeladen waren.

Leserbrief aus der *Frankfurter Rundschau* am 18. 8. 1981:

CDA- und NS-Frauenbild

Die Thesen der CDA über Frau und Familie (Leitsätze der CDU-Sozialausschüsse, CDA, die in der Ausgabe vom 4. 8. abgedruckt worden sind) müssen bei jedem, der sich irgendwann einmal mit der Ideologie und den Verhältnissen im Dritten Reich beschäftigt hat, Assoziationen mit der NS-Frauenpropaganda hervorrufen. Ich greife hier nur einige m. E. eklatante Beispiele im Vergleich heraus:

Zunächst bringen die CDA die moderne Emanzipationsbewegung, die durch «Mütterfeindlichkeit, Lieblosigkeit und Ichsucht» geprägt ist, in Verruf, um schließlich die «Gleichberechtigung als Verwirklichung von mehr Weiblichkeit», als ein «Element der Befreiung der Gesellschaft» alternativ anzubieten. Ähnlich dazu Alfred Rosenberg im *‹Mythos des 20. Jahrhunderts›*: «Die Forderung der heutigen Frauenemanzipation wurde im Namen eines schrankenlosen Individualismus erhoben . . .» und G. Palm *‹Kultur und Erziehung der Frau im organischen Lebenszusammenhang›* 1936: «Die Nationalsozialistinnen ringen um eine innere Befreiung der Frau, sie ist die wahre Freiheit.» Mit ähnlichen Parolen wurden unter dem Nationalsozialismus jegliche Emanzipationsbestrebungen in ihr Gegenteil verkehrt.

Die CDA weiter: Da die «Arbeit der Mutter Dienst an der Gesellschaft» ist, führt sie «zur Selbstverwirklichung der Frau». Ähnlich sah der NS in der Mutterschaft die Bedeutung der Frau für die Gemeinschaft, wodurch sie dem Mann scheinbar gleichwertig gegenübergestellt wurde: «Die Eigenart jedes Volkes beruht also wesentlich auf Mutterwerk und Frauenwerk» (K. Beyer: *‹Die Ebenbürtigkeit der Frau im nationalsozialistischen Deutschland, Vortrag›*, 1932).

Der neue von Frau und Familie bestimmte «Wertekatalog» der CDA hebt hervor: «Hüten, Verzicht, Vorsorge, Mütterlichkeit». Dazu Hitler (*‹Reden an die Deutsche Frau›*, 1934): «In die eine [die Welt der Familie; Anm. d. Verf.] gehört die Kraft des Gemüts, die Kraft der Seele . . . Was der Mann einsetzt an Heldentum auf dem

Schlachtfeld, setzt die Frau ein in ewig geduldiger Hingabe, in ewig geduldigem Leiden und Ertragen.»

CDA zum Geschlechtsunterschied: «Der Mensch ist als Mann und Frau geschaffen. Christlicher Glaube und naturwissenschaftliche Erkenntnis führen zu dem gleichen Ergebnis der besonderen Eigenart der Geschlechter. Den biologischen Unterschieden entsprechen unterschiedliche Verhaltensweisen.» Dazu A. Rosenberg (zit. nach Hagemeyer 1942): «Die Natur hat beiden Geschlechtern eine Teilung der Arbeit auf dieser Erde zugedacht.»

CDA: «Frau und Mann bringen je eigenes in das Leben ein» und: «Das Kind sucht die Mutter als Mutter ... Das Kind braucht zumindest in den ersten Lebensjahren die Mutter ganz.» Dazu die NS-Propaganda: «Die leibliche Mutter will nichts anderes als diesem jungen neuen Leben dienen» (G. Diehl: *‹Die deutsche Frau und der NS›*, 1933) und: «... die weibliche Seele ruht still, empfänglich, aufgeschlossen und läßt die Dinge in sich hineinbewegen und begreift ihr Wesen unbewußt und anspruchsvoll» (Psalm, a. a. O.).

Nach so gearteten Wesensbestimmungen kann es nur konsequent erscheinen, daß die Frau dem öffentlichen Leben fernbleibt, daß sie insbesondere der «Aggressivität» und «Gefühlskälte» von Politik und Berufswelt den Rücken kehrt und sie diese Bereiche der Vorherrschaft des «geistig aktiven» Mannes überläßt.

Die CDA zur Ehe: «Die Familie ist auf dauerhafte Paarbindung angewiesen. Ihre Regelform ist die Ehe, die auf Kinder angelegt ist.» Dazu die NS-Propaganda: «Die Ehe ist die Keimzelle des Volkes» (G. Ursadel: *‹Deutschlands Erwachen›*, 1934) und: «Der Sinn der Ehe ist das Kind» (L. Gottschewski: *‹Männerbund und Frauenfrage. Die Frau im Neuen Staat›*, 1934) und: «Sie wird Mutter und damit Vollmensch auf dem Weg zur Selbstverleugnung, nicht auf dem der Selbstbehauptung» (Diehl, a. a. O.).

Diese wenigen, relativ wahllos ausgesuchten Zitatstellen sollen verdeutlichen: Die CDU-Sozialausschüsse laufen Gefahr, sich einer Auffassung von Frau und Familie und vor allem von deren Stellung in der Gesellschaft anzunähern, die ehemals Bestandteil einer Ideologie war, die sich ebenfalls frauenfreundlich darstellte und vorgab, die «fortschrittlichste Erneuerungslehre wahrhaft echten Frauentums» zu sein und die Frauenfrage zu lösen, die es aber verstand, die Frau mit gefühlsbetonten Argumenten in den faschistischen Staat einzugliedern und sie somit ihrer Selbstbestimmung zu berauben.

Sibylle Nagler, Düsseldorf

FDP

Als einzige der im Bundestag vertretenen Parteien hat sich bislang die FDP in ihrem Parteiprogramm 1980 ausdrücklich für eine Streichung des § 175 ausgesprochen. Ebenso für den Abbau aller sonstigen noch bestehenden Diskriminierung und für die sofortige Entschädigung von homosexuellen Opfern des Nationalsozialismus.

In ihrem Parteiprogramm heißt es:

«Die noch bestehenden Diskriminierungen müssen abgebaut werden, um Homosexuelle rechtlich und gesellschaftlich gleichzustellen. Daher ist der Paragraph zu streichen.»

Daß dieser Passus im Programm mehrheitlich von den Delegierten des FDP-Parteitages getragen wurde, heißt jedoch noch lange nicht, daß konservative Exponenten dieser Partei wie der aus Bayern stammende Bundesminister Ertl, die Bundestagsabgeordnete Hildegard Hamm-Brücher oder der saarländische Wirtschaftsminister Werner Klumpp mit der rechtlichen Gleichbehandlung von Homosexuellen einverstanden wären.

Bei den Koalitionsverhandlungen mit der SPD konnte sich die Partei nicht gegen Bundeskanzler Schmidt durchsetzen. Dennoch verabschiedete die FDP auf ihrem Parteitag im Dezember 1980 einen Beschluß, in dem die Bundestagsfraktion der FDP aufgefordert wurde,

«Initiativen zu ergreifen, damit auch jene Verfolgten des NS-Regimes, die bis heute keine Wiedergutmachung erhalten – insbesondere die Homosexuellen, die Kommunisten und die Roma und Sinti – eine Entschädigung ... erhalten. Dabei sollen auch die Opfer medizinischer Experimente in NS-KZ verstärkt berücksichtigt werden.»

Außerdem solle die Fraktion «unverzüglich den Versuch ... unternehmen, einen Gruppenantrag zur Aufhebung des § 175 StGB einzubringen».

Die Grünen

Als einzig relevante Partei, die nicht im Bundestag vertreten ist, setzten sich bisher die Grünen für die Rechte von Homosexuellen ein. In ihrem auf dem Bundesparteitag in Saarbrücken (April 1980) beschlossenen Programm heißt es:

«Vorurteile und Diskriminierungen, wie sie heute noch in vielen

Gesetzen und Ausführungsbestimmungen von Behörden und Verwaltungen existieren, basieren einerseits auf Unkenntnis und andererseits auf bewußter Unterdrückung sogenannter Randgruppen.»

Daraus ergibt sich für die Grünen:

«Auf Grund der Erkenntnisse der modernen Sexualwissenschaft sind wir jedoch ebenso wie eine wachsende Anzahl aufgeschlossener Menschen der Auffassung, daß Homosexualität und Heterosexualität gleichwertige Ausdrucksformen menschlicher Sexualität sind. Eine strafrechtliche Sonderbehandlung lehnen wir daher grundsätzlich ab.»

Demzufolge fordern die Grünen die ersatzlose Streichung des § 175, völlige Rehabilitierung der homosexuellen KZ-Opfer und Schaffung eines Anti-Diskriminierungsgesetzes, daß neben Frauen und vielen anderen Unterdrückten, Homosexuellen in allen gesellschaftlichen Bereichen Schutz vor Übergriffen und eine angemessene Berichterstattung über ihre Schwierigkeiten in den Medien garantieren soll, wie dies bereits in den Niederlanden der Fall ist.

6. Stand der wissenschaftlichen Forschung heute

Sigmund Freud, der Begründer der Psychoanalyse, war auf Grund seiner umfangreichen Forschungen bereits zu dem Schluß gekommen, daß der Mensch als solcher «polymorph-pervers», also zu allen nur denkbaren Varianten sexuellen Verhaltens fähig sei. Der amerikanische Sexualforscher Kinsey fand heraus, daß fast die Hälfte aller Männer in den USA irgendwann in ihrem Leben homosexuelle Erfahrungen gemacht hätten und der Prozentsatz der «ausschließlich» Homosexuellen bei etwa 4 % der Bevölkerung liegt. Durch die sogenannten Bisexuellen erhöht sich der Anteil der Männer, die sich öfters homosexuell verhalten. Bei ihren kulturvergleichenden Untersuchungen fanden die Professoren Ford und Beach schon in den fünfziger Jahren heraus, daß Homosexualität in allen menschlichen Kulturen vorkommt, jedoch nur in etwa einem Drittel aller Kulturen staatlicherseits verfolgt wird.

In einem gemeinsamen Appell vom 1. November 1980 forderten die beiden großen sexualwissenschaftlichen Gesellschaften der Bundesrepublik, die «Gesellschaft zur Förderung sozialwissenschaftlicher Sexualforschung» (GFSS) und die «Deutsche Gesellschaft für Sexualforschung» (DGSF), die Abgeordneten des Deutschen Bundestages auf, alle strafrechtlichen Sonderbehandlungen von Homosexuellen zu beseitigen (vgl. Anhang S. 498).

In einem weiteren Aufruf der Deutschen Gesellschaft für Sexualforschung zur Entkriminalisierung der Homosexualität wiesen die Wissenschaftler im Januar 1981 darauf hin, daß Homosexualität nichts «Minderes, Kriminelles, Infektiöses» sei.

> «Anthropologisch betrachtet, verweist der Begriff ‹Homosexualität› zuallererst auf einen menschlichen Sachverhalt: Darauf, daß dieses Erleben und Verhalten zur Ausstattung der Gattung Mensch gehört, also nicht nur den manifest homosexuellen, sondern allen Menschen eigen ist.»

Zu dem gleichen Sachverhalt schrieb der Bremer Soziologe Professor Rüdiger Lautmann in einer Stellungnahme im September 1980:

> «Genetisch verfügt der Mensch über eine Disposition zu zahlreichen Sexualvarianten; in der (frühen) Sozialisation werden dann die Voraussetzungen dafür geschaffen, was sich später in der

Pubertät als Wunsch nach Sexualpartner/inne/n von bestimmter Art manifestiert. Sogar die für eine Definition als hetero- oder homosexuell grundlegende Einordnung in die Rolle als Frau oder Mann, also das soziale Geschlecht, ist nicht durch das physische Geschlecht determiniert und wird dem Kinde vermittelt. Illusionär ist insbesondere die Annahme, die sexuelle Motivation entwickle sich sozusagen von selbst in stiller Harmonie. Tatsächlich verlaufen diese Prozesse weder konfliktfrei noch ohne Konfrontation mit den Varianten menschlicher Sexualität.

Jugendliche, etwa in dem Alter zwischen vierzehn und siebzehn, zu ‹verführen›, so daß sie daraus eine dauerhafte Prägung ihrer Sexualorientierung erfahren könnten, ist unmöglich, denn in diesem Alter sind die Weichen schon lange gestellt. Zur Lust kann niemand verführt werden.»

7. Schwulenbewegung in der Bundesrepublik

Ein kleiner Einblick in die Homosexuellen-Bewegung der fünfziger und sechziger Jahre zeigt, wie schwierig, beinahe unmöglich, es für die wenigen Überlebenden aus der von den Nazis liquidierten Weimarer Bürgerrechtsbewegung war, einen Neuanfang zu finden. Als einzigste uns bekannte Zeitschrift der zwanziger Jahre wurde der *Eigene* (Adolf Brand) von Karl Meier als *Der Kreis* bis 1967 in der Schweiz weitergeführt. In dieser Zeitschrift schrieb Kurt Hiller 1951:

> «Die ‹Bewegung›, sich dem Nazi-Schutt mühsam-langsam sich die Existenz entringend, sollte vor allem mit größter Vorsicht immer und überall prüfen, wen sie als Sprecher an ihre Spitze stellt. In einer der wichtigsten Großstädte stand längere Zeit an der Spitze ein Mann, der Selbstvergewaltigung fortschrittlicher Einsicht, stärkere Rücksichtnahme auf den Klerikalismus ... empfahl.»

Wer mit diesem «Sprecher» gemeint war, mußte unklar bleiben, um den Betroffenen vor den Strafverfolgungsbehörden zu bewahren.

Hiller wetterte unermüdlich gegen Klerus, Volkswartbund und die rechte «Kulturreaktion». Die einzige Möglichkeit für die Bewegung, aus diesem Schlamassel rauszukommen, sei es, «die gelegentlich an Infamie grenzenden Dummheiten» öffentlich zu widerlegen (Hohmann 1979, S. 303).

Auf Grund der verschärften Strafbestimmungen aus der Nazi-Zeit konnte bis 1969 jedoch weder an offen auftretende homosexuelle Organisationen und Gruppen noch an frei verkäufliche Zeitschriften gedacht werden. Alles mußte sich unbemerkt von der Öffentlichkeit im geheimen abspielen. Die wenigen Betroffenen, die sich trotz alldem nicht restlos hatten einschüchtern lassen, gründeten Vereinigungen, die jedoch stark in ihrer Bewegungsfreiheit eingeschränkt waren.

Eine unter der Tarnbezeichnung «Gesellschaft für Menschenrechte» (GfM) gegründete Homosexuellen-Organisation gab ab 1953 monatlich die Zeitschrift *Humanitas* heraus. Die Gesellschaft kämpfte nach eigenem Selbstverständnis für die

> «menschlichen Grundrechte überall da, wo sie angegriffen oder bewußt mißachtet erscheinen. Sie befaßt sich natürlich auch mit Problemen, die ein heißes Eisen sind» (*Humanitas,* Nr. 9, 1954).

Gemeint war selbstverständlich Homosexualität.

Neben *Kreis* und *Humanitas* gab es kurze Zeit Mitte der fünfziger Jahre den *Ring,* der dreisprachig abgefaßt war (englisch, französisch, deutsch). In seiner Juni-Ausgabe 1955 konnte man erfahren, wer hinter dieser Zeitschrift steckte:

> «Unsere Freunde und Mitarbeiter setzen sich aus den verschiedensten sozialen Schichten zusammen und gehören wohl auch den mannigfältigsten Ideologien und politischen Richtungen an. Wir respektieren jeden Standpunkt, wenn er ehrlich ist und aus dem Herzen kommt. Für unsere Belange fordern wir Toleranz und müssen es anderen Ansichten gegenüber erst recht sein.»

Der Herausgeber des *Ring,* Gerhard Prescha, wurde mehrmals verhaftet und ins Gefängnis gesteckt. Für ihn blieb keine andere Möglichkeit, als die Zeitschrift nach wenigen Jahren endgültig einzustellen. Nach seiner Entlassung sah er sich einem riesigen Schuldenberg gegenüber, den er in den folgenden Jahren unter erheblichen Entbehrungen nur mühsam abtragen konnte.

Kurt Hiller versuchte schließlich 1962 noch einmal, das Wissenschaftlich-Humanitäre Komitee wieder zu gründen. Am 14. September schrieb er an einen Freund: «Wir haben jetzt rund 20 Zusagen von rund 100 Befragten . . . Insgesamt dürften es, tippe ich, zwei Dutzend Jas werden, maximal 30.» Kurze Zeit später fand tatsächlich die Gründungsversammlung statt. Da das neue WHK jedoch viel zu wenig qualifizierte und engagierte Mitarbeiter gewinnen konnte und zudem sein Hauptziel durch die Reform des Paragraphen bereits erreicht war, schlug Hiller schließlich 1970 vor, das Komitee endgültig aus dem Vereinsregister streichen zu lassen (Hiller 1980).

Nach der ersten Reform des § 175 gab es eine Reihe von homosexuellen Publikationen höchst unterschiedlichen Niveaus. Magazine und Zeitungen wie *Him, Don, Du & Ich* und *Gay Journal* waren und sind an allen Kiosken frei erhältlich. Daneben entstand Mitte der siebziger Jahre in Berlin der «Verlag Rosa Winkel», der vor allem schwule Belletristik vertreibt. Neben einer wahren Flut von schwulen Autoren, die nie über einen Insiderkreis hinaus bekannt wurden, konnten einige wenige Autoren in die breite Öffentlichkeit hineinwirken und zum Abbau von Vorurteilen beitragen. Felix Rexhausen veröffentlichte bereits 1966 eine bitterböse Satire auf die Zustände in der Adenauerzeit mit dem Titel *‹Lavendelschwert›*, Hubert Fichte 1965 *‹Das Waisenhaus›* und 1974 *‹Versuche über die Pubertät›*, Hans Eppendorfer 1977 *‹Der Ledermann spricht mit Hubert Fichte›* und 1981 *‹Der Barmbecker Kuß›*, und der frühere Chefredakteur von *Du & Ich,* Alexander Ziegler, den vielbeachteten und von Wolfgang Petersen verfilmten Roman *‹Die Konsequenz›* (1978).

Als der Film im Ersten Deutschen Fernsehen gesendet wurde, schalteten sich die Fernsehgewaltigen beim Bayrischen Rundfunk, empört über soviel Schweinkram, kurzerhand aus dem Programm.

Das gleiche taten sie bereits 1973, als Rosa von Praunheims Film *‹Nicht der Homosexuelle ist pervers, sondern die Situation, in der er lebt›* im Fernsehen ausgestrahlt wurde. Der Film zeigte für viele Zuschauer schockierend auf, unter welchen entwürdigenden Bedingungen Homosexuelle in der bundesrepublikanischen Gesellschaft zu leben gezwungen sind. Einen Ausweg aus ihrer Isolation könne es nur geben, wenn sich Homosexuelle zusammenschließen, Selbstbewußtsein entwickeln und für ihre Rechte kämpfen würden.

Unter dem Motto: «Raus aus den Klappen, rein in die Straßen», das man aus der amerikanischen Schwulenbewegung übernommen hatte, entstanden bereits 1971 überall in der Bundesrepublik Emanzipationsgruppen, nachdem der Praunheim-Film in den Kinos aufgeführt worden war. Nennenswerten Einfluß auf den Abbau gesellschaftlicher Diskriminierung von Homosexuellen konnten sie jedoch ebensowenig gewinnen wie die Emanzipationsbewegung der Weimarer Zeit, wenn man vom Wissenschaftlich-Humanitären Komitee einmal absieht.

> «Auf den ersten Blick könnte man meinen, die Ziele einer Homosexuellenorganisation seien grosso modo klar – gesellschaftliche Diskriminierung abzubauen ... Wenn es dennoch heftige und teilweise erbitterte Auseinandersetzungen über die Organisationsziele gibt, sowohl zwischen den Vereinigungen als auch innerhalb ihrer, dann spricht das für den politischen Charakter der Zielfrage» (Runze 1977, S. 499 f).

In der Tat ist die schwule Bewegung der siebziger Jahre von erbitterten Kämpfen zwischen den verschiedenen Richtungen gekennzeichnet, die bislang eine bundesweite Zusammenarbeit unmöglich machten. Der gesellschaftliche Druck und das dumpfe Gefühl eigener Ohnmacht halten die Schwulen nach wie vor meist davon ab, die Ursachen ihrer Unterdrückung zu erforschen und sich, gemeinsam gegen die herrschende Normalität zur Wehr zu setzen. Statt dessen erblicken sie den «Hauptfeind» oft im anderen Homosexuellen, der entweder zu angepaßt, zu radikal, zu liberal oder zu tuntisch ist und deshalb angeblich einer Emanzipation aller Schwulen im Wege steht.

Im wesentlichen lassen sich zwei Richtungen der homosexuellen Emanzipationsbewegung unterscheiden. Eine Richtung geht davon aus, daß Homosexuelle sich grundsätzlich in ihrem Wesen in nichts von Heterosexuellen unterscheiden und ausschließlich die Erfahrung von Unterdrückung gemeinsam haben. Da es sich dabei um eine politische Unterdrückung handelt, ergibt sich zwangsläufig eine Gruppenstrategie, für die der politische Aufklärungskampf, der Kampf

Parteien auf dem Prüfstand. Veranstaltung in Bonn am 12. Juli 1980 (Foto: Jürgen Christ)

(Foto: Dieter Bachnick)

gegen Bevormundung durch Staat und «gesundes Volksempfinden» im Vordergrund steht.

«Ob nun mit oder ohne Massenmobilisation versucht wird, soziale Veränderungen zu erstreiten – es bedarf dazu stets der Organisationen, zumindest wesentlicher Strukturmerkmale davon. Quälende Zustände in der Gesellschaft allein führen noch nicht zu einer kollektiven Aktion. Erforderlich ist zumindest noch eine Instanz, die Situationen interpretiert, Rechtfertigungen zum Tätigwerden formuliert und Maßnahmen initiiert (Runze 1977, S. 498 f).

Die zweite Hauptrichtung der neuen Schwulenbewegung hält solche Organisationen und Instanzen, die sich mit den Ursachen der Diskriminierung auseinandersetzen weitgehend für überflüssig. Unter der Devise: Wir sind, wie wir sind, fordern sie die Homosexuellen zum «Wärmerleben» auf. Unabhängig, wie sie meinen, von der Gesamtgesellschaft soll eine schwule Gegenkultur geschaffen werden, die vom alternativen Café, alternativen schwulen Körnerladen bis hin zur schwulen Wohngemeinschaft auf dem Land reicht. Auf dem Weg in eine neue Innerlichkeit, die man nicht für Resignation, sondern für eine Überlebensstrategie hält, hat man eine neue schwule Identität entdeckt. Schwule Kreativität, Empfindsamkeit und Phantasie, die in der bürgerlichen Gesellschaft und bei den stärker «angepaßten», politisch arbeitenden Homosexuellen nicht mehr zu finden seien, sollen die neue schwule Idylle kennzeichnen. Die Flucht in ein solches «alternatives Getto» entspringt dem durchaus verständlichen und berechtigten Wunsch nach dem «endlich in Ruhe gelassen werden» und sich geborgen fühlen können, ohne ständig als unnormal abqualifiziert zu werden. Dabei wird jedoch völlig übersehen, daß eine eindeutig definierte, bis ins kleinste durchorganisierte Macht das Monopol einer heterosexuell strukturierten Gesellschaft auf die «natürliche Lebensordnung» aufrechterhält. Erst wenn der Gesellschaft die Basis für die Propagierung ihrer natürlichen Lebensordnung» entzogen wird, kann es eine Gleichberechtigung von Homosexuellen geben. Die Flucht in die Innerlichkeit nutzt da wenig.

Die «Wärmerleben»-Ideologie verschiedener Schwulengruppen ist gekennzeichnet von einem Denken, daß jegliche Form von homosexueller Organisation, in der zwangsläufig gewisse Machtstrukturen entstehen müssen, per se als schwulenfeindlich ansieht. Politisch kämpfende Schwule werden als Verräter an der eigenen Sache diffamiert und heftig, bisweilen sogar gewalttätig bekämpft.

Diese unangenehme Erfahrung konnten am 12. Juli 1980 die Veranstalter von «Parteien auf dem Prüfstand – Lesben und Schwule befragen Politiker» in der Bonner Beethovenhalle machen. Bereits nach einer Stunde mußte die Veranstaltung, bei der Vertreter aller Parteien (mit Ausnahme der CSU, die keinen Vertreter entsandt hatte) vor der Bundestagswahl noch einmal eingehend ihre Positionen zur Diskriminierung von Homosexuellen darlegen sollten, abgebrochen werden. Nach einem anhaltenden Dauerkonzert mit Trillerpfeifen stürmten aufgebrachte extreme Verteidiger der «Wärmerleben»-Ideologie das Podium und vertrieben die Vertreter der Parteien und der «Allgemeinen Homosexuellen Arbeitsgemeinschaft», AHA, West-Berlin, die die Veranstaltung organisiert hatte.

Solch undemokratische Verhaltensweisen zeigen einmal mehr, daß die Opfer staatlicher und gesellschaftlicher Unterdrückung keineswegs zwangsläufig vor der Anwendung der gleichen Mittel zurückschrecken, die ihre Unterdrücker gegen sie anwenden. Die Begründung für ihr gewalttätiges Vorgehen in der Beethovenhalle: «Wir lassen uns solche Politscheiße nicht aufzwingen» ist um keinen Deut besser als die Argumentation der Gerichte, wenn es zum Beispiel darum geht, Informationsstände von Homosexuellen-Gruppen zu verbieten. Dort heißt es dann analog dazu: «Niemand hat das Recht, seine Mitmenschen mit Dingen zu konfrontieren, die in den Intimbereich gehören.»

Seit der Reform des Paragraphen gibt es jedoch immer wieder Schwulengruppen- und Organisationen, die einen politischen Kampf gegen ihre Unterdrückung führen. Bereits 1970 entstand in Wiesbaden die «Interessenvereinigung Deutscher Homophiler e. V.», die sich die Aufgabe gestellt hatte, «kulturelle und sozialrechtliche Interessenvertretung» der Homosexuellen zu sein. Mit Vorträgen, Diskussionsveranstaltungen, Eingaben an Parteien, Bundestag, Bundesregierung und die Menschenrechtskommission der Vereinten Nationen entwickelten sie einen heftigen Kampf gegen Diskriminierung. «Integration auf sachlichem Weg . . . Nicht Toleranz, sondern Anerkennung und völlige Gleichberechtigung» waren dabei ihre Hauptforderungen (IHD-Mitteilungen, August 1970).

Nach einer Aufführung des Praunheim-Films in Berlin wurde 1971 die «Homosexuelle Aktion Westberlin», HAW, gegründet. In ihrer Grundsatzerklärung hieß es:

> «Die Diskriminierung des Sexualverhaltens der Homosexuellen erzeugt unter den Homosexuellen eine Art von Zusammengehörigkeitsgefühl. Eine Umwandlung dieser Scheinsolidarität in Solidarität wäre Voraussetzung für die Emanzipation der Homosexuellen:
>
> Die gesellschaftliche Diskriminierung der Homosexualität hat ihren Grund darin, daß sie einen permanenten Angriff auf die bürgerliche Sexualmoral darstellt. Wir sehen in der Unterdrückung von Homosexualität nur einen speziellen Fall der allgemeinen Unterdrückung der Sexualität, die der Sicherung der politischen und ökonomischen Macht dient.
>
> (Es) ergeben sich damit folgende Arbeitsbereiche: Die vereinzelten, individualisierten Homosexuellen zu organisieren, ihnen ein Problembewußtsein für ihre Situation zu vermitteln, ihre Kritik an den bestehenden Verhältnissen zu verstärken und zu koordinieren, sie im Konflikt mit der Gesellschaft zu unterstützen. Das setzt voraus, daß auf breiter Basis in die Öffentlichkeit gewirkt wird . . .»

Gay Pride Week, Berlin, Juni 1981 (Foto: Dieter Bachnick)

Gay Pride Week, Hamburg, Juni 1980 (Foto: Wolfgang Selitsch)

Auch in Hamburg macht sich seit einigen Jahren eine stärkere Zusammenarbeit zwischen den verschiedenen Emanzipationsgruppen bemerkbar. Als gemeinsames Gremium fungiert der «Hamburger Lesben- und Schwulenverband», HLSV, der 1980 und 1981 eine schwule Befreiungswoche «Gay-pride-week» (in Erinnerung an die Schwulenrevolte, die 1969 in New York ausbrach) organisiert hat. Mit Demonstrationen, gezielter Öffentlichkeitsarbeit und Zusammenarbeit mit politischen Parteien und Institutionen will der Verband gesellschaftliches Bewußtsein verändern und politische Lösungen herbeiführen helfen.

In Berlin hat sich inzwischen in Zusammenarbeit mit der Juristengruppe der AHA ein bundesweiter Finanzfond gebildet, die «Homosexuelle Selbsthilfe e. V.» (HS). Vereinszweck ist es:

> «... homosexuelle Menschen und Gruppen in sozialer, wirtschaftlicher und rechtlicher Hinsicht zu unterstützen. Im Rahmen dieser Zielsetzung soll der Verein soziale Einrichtungen schaffen und unterhalten ...»

Im November vergangenen Jahres gründete sich in Hamburg die bundesweite Gruppe «Recht auf sich selbst», RAUSS, die sich zum Ziel gesetzt hat, Kampagnen und Initiativen zu unterstützen, die eine Aufhebung sexueller Unterdrückung bewirken sollen. Ihr gehören neben Wissenschaftlern und Journalisten Mitglieder aller Parteien, schwuler Parteienorganisationen (schwule Jungdemokraten, Schwudos, oder schwule Jungsozialisten, Schwusos) und unterschiedlichster Schwulengruppen an. Als erstes Projekt wurde eine Kampagne zur Streichung des § 175 in Angriff genommen.

Neben den zahlreichen Beratungsstellen der inzwischen über hundert Schwulengruppen in der Bundesrepublik, zum Beispiel «Rosa Telefon» oder das neue «Beratungs- und Kommunikationszentrum für Homosexuelle» in Berlin, gibt es schon seit dreieinhalb Jahren das «Institut für Lebens- und Sexualberatung» in Düsseldorf.

Unter der Nummer (0211) 35 45 91 riefen seit 1978 ca. viertausend Homosexuelle an, die sich hilfesuchend an den Leiter des Instituts, Rolf Gindorf, und seine Mitarbeiter wandten. Dieses Institut der «Gesellschaft für sozialwissenschaftliche Sexualforschung» weist zwei Besonderheiten auf, die für die Betroffenen von großer Wichtigkeit sind. Zum einen ist es die einzige Einrichtung, die ganztägig und hauptamtlich besetzt ist, zum anderen wissen die Hilfesuchenden von vornherein, daß ihre Berater – genauso wie sie selbst – homosexuell sind. Dadurch wird die Zusammenarbeit enger und Lösungsmöglichkeiten glaubwürdiger. Selbsterfahrungs- und Trainingsgruppen ergänzen die Beratung.

Solche Einrichtungen haben die wichtige Funktion, verunsicherten

Homosexuellen dabei zu helfen, ein neues Selbstbewußtsein zu entwickeln, das nicht mehr so ohne weiteres von den Vorstellungen der «Mehrheit des Volkes» zerstört werden kann. Überwindung der aufgezwungenen Denk- und Verhaltensmuster und der daraus entstandenen Opfer- und Märtyrerhaltung sind elementare Voraussetzungen für eine homosexuelle Emanzipation.

7. Keine Entschädigung für die überlebenden homosexuellen KZ-Opfer

Aus berechtigter Angst vor erneuter Strafverfolgung durch die Behörden der Bundesrepublik, wagte nach dem Krieg kaum ein überlebender Häftling mit dem Rosa Winkel einen Antrag auf «Wiedergutmachung» zu stellen. Wer dennoch bei der Überzeugung blieb, ihm sei aus typisch nationalsozialistischen rassehygienischen oder bevölkerungspolitischen Gründen («Ausmerzung Entarteter») Unrecht geschehen, wurde von Wiedergutmachungsämtern eines «besseren» belehrt.

Obwohl der § 175 aus rassepolitischen Gründen von den Nazis verschärft wurde, hält die Bundesregierung auch heute noch daran fest, daß den Überlebenden, deren Zahl sich inzwischen erheblich reduziert haben dürfte, keine Entschädigung zusteht. Auf eine Anfrage des Saarbrücker SPD-Bundestagsabgeordneten Hajo Hoffmann antwortete die Bundesregierung am 17. Oktober 1979:

1. Nach § 1 des Bundesentschädigungsgesetzes ist Opfer der nationalsozialistischen Verfolgung, wer aus Gründen politischer Gegnerschaft gegen den Nationalsozialismus oder aus Gründen der Rasse, des Glaubens oder der Weltanschauung durch nationalsozialistische Gewaltmaßnahmen verfolgt worden ist. Dies trifft auf Personen, die wegen Homosexualität in nationalsozialistische Konzentrationslager verschleppt wurden, nicht zu, es sei denn, daß bei ihnen die spezifischen Eigenschaften als Verfolgter i. S. des § 1 BEG vorliegen (z. B. Schädigung aus Gründen politischer Gegnerschaft gegen den Nationalsozialismus oder aus Gründen der Rasse, des Glaubens oder der Weltanschauung).
2. Personen, die wegen Homosexualität über eine Haftstrafe hinaus in nationalsozialistische Konzentrationslager verschleppt wurden oder sonstigen Schädigungen ausgesetzt waren, erhalten Leistungen nach dem Allgemeinen Kriegsfolgengesetz (AKG).

Die Behauptung der Bundesregierung, Homosexuelle erhielten nach dem AKG unter Umständen noch Leistungen, kommt einer absichtlichen Irreführung ziemlich nahe. Ansprüche nach diesem Gesetz vom

1. Januar 1958 konnten nur bis zum 31. Dezember 1959 angemeldet werden. Da es sich dabei um eine Ausschlußfrist handelte, kommt eine eventuelle Leistung nach diesem Gesetz nicht in Frage. Die einzige Möglichkeit für einen überlebenden homosexuellen KZ-Häftling, nach den Ausnahmeregelungen dieses Gesetzes unter Umständen ein paar Mark «Wiedergutmachung» zu erhalten, besteht darin, den Ausfall von Beitragszahlungen in der gesetzlichen Altersversorgung infolge seiner KZ-Haft noch geltend machen zu können.

In dieser Antwort kommt nichts anderes als Geringschätzung durch die Regierung eines Staates zum Ausdruck, der nach wie vor an Sondergesetzen gegen Homosexuelle festhält.

> «Die Antwort der Bundesregierung zeigt, daß in unserer Gesellschaft ein Problembewußtsein und ein Unrechtsbewußtsein dieser Gruppe gegenüber noch nicht besteht ... Eine demokratische Gesellschaft ist nur so demokratisch, wie sie mit ihren Minderheiten umgeht» (Hajo Hoffmann, MdB, in *Panorama,* 23. Dezember 1980).

Mit der notwendigen völligen Rehabilitierung aller homosexuellen KZ-Opfer und der gesamten entrechteten Minderheit (individuelle und kollektive Wiedergutmachung) hat die Antwort der Bundesregierung nicht das geringste zu tun. Wäre die Gesellschaft heute bereit, endgültig mit dem Nationalsozialismus zu brechen, müßten alle Betroffenen, die bis 1969 nach der faschistischen Fassung des § 175 verfolgt wurden, für dieses Unrecht entschädigt werden. Die gesellschaftliche Emanzipation der Homosexuellen ist kein biologisches, medizinisches oder psychotherapeutisches Problem, sondern einzig ein Problem der Demokratie.

Anhang

Der Anhang enthält Zeitungsartikel, Reden, Gesetzesbegründungen, Gerichtsurteile, Gutachten und Statistiken aus den Jahren 1897 bis 1981.

Nach Magnus Hirschfelds Petition zur Abschaffung des § 175 aus dem Jahre 1897 folgt eine Zusammenstellung von Texten, denen ein soziobiologisches und sozialdarwinistisches Verständnis von gesellschaftlichen Erscheinungen gemeinsam ist (Dok. Nr. 2–7). Die Diskussion um die «Unfruchtbarmachung» von Menschen mit «schlechter Erbmasse» «zum Schutz der öffentlichen Sicherheit» war schon in der Weimarer Republik voll entwickelt (Dok. Nr. 2) und hatte bereits eine lange Tradition, als die Nationalsozialisten die Macht ergriffen und ihr bevölkerungspolitisches Programm unter rassehygienischen Gesichtspunkten in die Tat umsetzten (Dok. Nr. 3). Hatte der NS-Rassentheoretiker Klare (Dok. Nr. 4, 5) die Ausmerzung der Homosexualität damit begründet, «daß ein Staat dem Niedergang geweiht ist, wenn er nicht dem Umsichgreifen homosexuellen Verkehrs die entscheidenden Grundmaßregeln entgegensetzt» (a.a.O., S. 12) und hatte H. Himmler betont, daß «alle Dinge, die sich auf dem geschlechtlichen Sektor bewegen . . . keine Privatangelegenheit sind», sondern «das Leben und das Sterben des Volkes, die Weltmacht (bedeuten)» (Dok. Nr. 6), so argumentierte der Regierungsentwurf für ein Strafgesetzbuch aus dem Jahre 1962 im Hinblick auf die Beibehaltung des § 175 sozialhygienisch und hob hervor, «daß die Reinheit und Gesundheit des Geschlechtslebens eine außerordentlich wichtige Voraussetzung für den Bestand des Volkes und die Bewahrung der natürlichen Lebensordnung ist» (Dok. Nr. 7).

Eine Kontinuität der Rechtsprechung vom Dritten Reich in die Bundesrepublik drückt sich in Entscheidungen höchster Gerichte nach 1948 aus (Dok. Nr. 8–10), in denen es u. a. heißt, die Verschärfung des § 175 im Jahre 1935 sei «ordnungsgemäß zustande gekommen» (Dok. Nr. 8) und enthalte kein nationalsozialistisches Gedankengut (Dok. Nr. 9).

Eine weitere Dokumentengruppe (Nr. 11–15) enthält antihomosexuelle Aussagen und Entscheidungen der Kirchen und christlichen Verbände.

Mit sexualwissenschaftlichen und juristischen Stellungnahmen zur Sexualität und zum bestehenden § 175 (Dok. Nr. 17–21) sowie mehreren Statistiken über die Anwendung des Paragraphen endet die Dokumentation.

Nr. 1

Petition

von Dr. Magnus Hirschfeld (1897)

«In Anbetracht, daß bereits im Jahre 1869 sowohl die österreichische wie die deutsche oberste Sanitätsbehörde, welcher Männer wie Langenbeck und Virchow angehörten, ihr eingefordertes Gutachten dahin abgaben, daß die Strafandrohungen des gleichgeschlechtlichen Verkehrs aufzugeben seien, mit der Begründung, die in Rede stehenden Handlungen unterschieden sich nicht von anderen, bisher nirgends mit Strafe bedrohten Handlungen, die am eigenen Körper oder von Frauen untereinander oder zwischen Männern und Frauen vorgenommen würden.

In Erwägung, daß die Aufhebung ähnlicher Strafbestimmungen in Frankreich, Italien, Holland und zahlreichen anderen Ländern durchaus keine entsittlichenden oder sonst ungünstigen Folgen gezeigt hat.

Im Hinblick darauf, daß die wissenschaftliche Forschung, die sich namentlich auf deutschem, englischem und französischem Sprachgebiet innerhalb der letzten zwanzig Jahre sehr eingehend mit der Frage der Homosexualität (sinnlichen Liebe zu Personen desselben Geschlechts) beschäftigte, ausnahmslos das bestätigt hat, was bereits die ersten Gelehrten, welche dem Gegenstande ihre Aufmerksamkeit zuwandten, aussprachen, daß es sich bei dieser örtlich und zeitlich so allgemein ausgebreiteten Erscheinung ihrem Wesen nach um den Ausfluß einer tief innerlichen konstitutionellen Anlage handeln müsse.

Unter Betonung, daß es gegenwärtig als nahezu erwiesen anzusehen ist, daß die Ursachen dieser auf den ersten Blick so rätselhaften Erscheinung in Entwicklungsverhältnissen zu belegen sind, welche mit der bisexuellen (zwittrigen) Uranlage des Menschen zusammenhängen, woraus folgt, daß niemandem eine sittliche Schuld an einer solchen Gefühlsanlage beizumessen ist.

Mit Rücksicht darauf, daß diese gleichgeschlechtliche Anlage meist in ebenso hohem, oft in noch höherem Maß zur Betätigung drängt, als die normale.

In Anbetracht, daß nach den Angaben sämtlicher Sachverständigen der coitus analis und oralis im konträrsexuellen Verkehr verhältnismäßig selten, jedenfalls nicht verbreiteter ist als im normalgeschlechtlichen.

In Erwägung, daß unter denjenigen, die von derartigen Gefühlen erfüllt waren, erwiesenermaßen nicht nur im klassischen Altertum, sondern bis in unsere Zeiten Männer und Frauen von höchster geistiger Bedeutung gewesen sind.

In Hinblick darauf, daß das bestehende Gesetz noch keinen Konträrsexuellen von seinem Triebe befreit, wohl aber sehr viel brave nützliche Menschen, die von der Natur mehr als genug benachteiligt sind, ungerecht in Schande, Verzweiflung, ja Irrsinn und Tod gejagt hat, selbst wenn nur ein Tag Gefängnis – im Deutschen Reiche das niedrigste Strafmaß für diese Handlung – festgesetzt oder selbst wenn nur eine Voruntersuchung eingeleitet wurde.

Unter Berücksichtigung, daß diese Bestimmungen einem ausgedehnten Erpressertum (der Chantage) und einer höchst verwerflichen männlichen Prostitution größten Vorschub geleistet haben, erklären untenstehende Männer, deren Namen für den Ernst und die Lauterkeit ihrer Absichten bürgen, beseelt von dem Streben nach Wahrheit, Gerechtigkeit und Menschlichkeit, die jetzige Fassung des § 175 d. RStGB für unvereinbar mit der fortgeschrittenen Erkenntnis und fordern daher die Gesetzgebung auf, diesen Paragraphen möglichst bald dahin abzuändern, daß, wie in den obengenannten Ländern, sexuelle Akte zwischen Personen desselben Geschlechts ebenso wie solche zwischen Personen verschiedenen Geschlechts (homosexuelle wie heterosexuelle) nur dann zu bestrafen sind,

wenn sie unter Anwendung von Gewalt, wenn sie an Personen unter sechzehn Jahren oder wenn sie in einer ‹öffentliches Ärgernis› erregenden Weise (d. h. verstoßend gegen den § 183 des RStGB) vollzogen werden.»

(Diese Petition kam bereits 1897, im Gründungsjahr des «Wissenschaftlich-Humanitären Komitees», heraus und wurde bis 1930 von über 6000 Personen unterschrieben. Die folgende Liste ist nur ein kleiner Auszug):

Juristen

Prof. Ph. Allfeld-Erlangen, Strafrecht; Prof. Max Alsberg-Berlin, Strafverteidiger; Prof. Gerhard Anschütz-Tübingen-Heidelberg-Berlin, Staats- und Kirchenrecht; Prof. Konrad Cosack-Berlin-Gießen-Freiburg-Bonn-München, deutsches und bürgerliches Recht; Prof. Konrad Engländer: Prof. Kleinfelder-Kiel, Strafrecht; Prof. Paul Laband-Königsberg-Straßburg, Rechtsgeschichte und Deutsches Privatrecht; Prof. Franz von Liszt-Gießen-Marburg-Halle-Berlin, Strafrecht; Prof. Gustav Radbruch-Heidelberg-Kiel, Reichsjustizminister (entwarf das neue Strafgesetzbuch, das 1930 im Rechtsausschuß des Deutschen Reichstags die Streichung des § 175 vorsah); Prof. Eberhard Schmidt-Breslau-Kiel, Strafrecht und preußische Rechtsgeschichte; Prof. Walther Schücking-Breslau-Marburg-Berlin-Kiel, Deutsche Rechtsgeschichte, Staats- und Völkerrecht; Prof. Hugo Sinsheimer-Frankfurt-Amsterdam, Arbeitsrecht; Prof. Richard Thoma-Hamburg-Tübingen-Heidelberg-Bonn, Staatsrecht; Prof. Heinrich Waentig-Greifswald-Münster-Halle-Tokio, Wirtschaftsrecht.

Ärzte

Prof. Gustav Aschaffenburg-Köln, Psychiatrie; Prof. Gustav v. Bergmann-Marburg-Frankfurt-Berlin-München, Internist; Dr. Iwan Bloch-Berlin, Begründer der modernen Sexualwissenschaft; Prof. Albert Eulenburg-Greifswald-Berlin, Arzneimittellehre; Prof. Paul Flechsig-Leipzig, Psychiater und Neurologe; Prof. Robert-Eugen Gaupp-Tübingen, Psychiater; Sanitätsrat Dr. Magnus Hirschfeld-Berlin, Begründer des «Institutes für Sexualwissenschaft» in Berlin und Autor grundlegender Werke über die Homosexualität; Prof. Wilhelm His-Berlin, Kliniker; Prof. Karl Jaspers-Heidelberg-Basel, Psychiater und Philosoph; Prof. Wilhelm Kolle-Frankfurt, Hygieniker; Prof. Richard Freiherr v. Krafft-Ebing-Wien, weltbekannt durch sein Buch *‹Psychopathia sexualis›*; Prof. Albert Neißer, Entdecker des Gonococcus und Lepra-Bazillus, Begründer der Deutschen Gesellschaft zur Bekämpfung der Geschlechtskrankheiten; Prof. Max Nonne-Hamburg, Leiter der Universitäts-Nervenklinik; Prof. Max Rubner-Marburg-Berlin, Physiologe; Dr. Freiherr v. Schrenck-Notzing, Arzt und Parapsychologe; Prof. Eugen Steinach-Prag-Wien, Physiologe; Prof. Paul Gerson Unna-Hamburg, Dermatologe.

Schriftsteller, Gelehrte, Künstler, Philosophen

Dr. h. c. Georg Graf Arco, Forscher (drahtlose Technik); Ferdinand Avenarius, Herausgeber des *Kunstwart*; Hermann Bahr, Dramatiker, Regisseur; Hans Baluschek, Maler; Ernst Barlach, Bildhauer, Dramatiker; Otto Julius Bierbaum, Schriftsteller; Rudolf G. Binding, Schriftsteller; Leo Blech, Generalmusikdirektor; Wilhelm Bölsche, Schriftsteller und Vorkämpfer der Abstammungslehre; Dr. Ing. h. c. Robert Bosch, Industrieller; Dr. Martin Buber, Philosoph; Maria v. Bunsen, Schriftstellerin; Theodor Däubler, Schriftsteller; Richard Dehmel, Schriftsteller; Rudolf v. Delius, Philosoph; Dr. h. c. Eugen Diederichs, Verleger; Dr. Alfred Döblin, Arzt und Schriftsteller; Prof. Hans Driesch, Philosoph; Kasimir Edschmid (Eduard Schmidt), Schriftsteller; Prof. Albert Einstein, Physiker, Nobelpreisträger; Herbert Eulenberg, Dichter; S. Fischer, Verleger; Otto Flake, Schriftsteller; Bruno Frank, Schriftsteller; Leonhard Frank, Schriftsteller; Gustav Frenssen, Schriftsteller; Alexander Freiherr v. Gleichen-Roßwurm, Schriftsteller; George Grosz, Maler und Zeichner; Prof. Cornelius Gurlitt, Kunsthistoriker; Prof. Louis Gurlitt, Pädagoge; Max Halbe, Dramatiker; Walter Hammer, Schriftsteller; Maximillan Harden (Witkowski), Schriftsteller, Herausgeber der *Zukunft*; Ernst Hardt, Schriftsteller; Julius Hart, Schriftsteller; Otto Erich Hartleben, Schriftsteller; Gustav Hartung, Regisseur; Walter Hasenclever, Schriftsteller; Gerhart Hauptmann, Dramatiker, Nobelpreisträger; Thomas Theodor Heine, Maler und Zeichner (*Simplizissimus*); Hermann Hesse, Schriftsteller und Nobelpreisträger; Dr. Kurt Hiller, Schriftsteller; Georg Hirschfeld, Schriftsteller; Arthur Holitscher, Schriftsteller; Prof. Engelbert Humperdinck, Komponist; Herbert Ihering, Kritiker; Siegfried Jakobsohn, Herausgeber der *Weltbühne*; Prof. Karl Jaspers (siehe Mediziner); Leopold Jessner, Intendant; Hans Johst, Dramatiker; Georg Kaiser, Dramatiker; Hermann Kaulbach, Maler; Bernhard Kellermann, Schriftsteller; Dr. Alfred Kerr, Kritiker; Eugen Klöpfer, Schauspieler; Prof. Georg Kolbe, Bildhauer; Prof. Käthe Kollwitz, Malerin; Fritz Kortner, Schauspieler und Regisseur; Werner Krauss, Schauspieler; Leo Lania, Schriftsteller; Walter Leistikow, Maler; Prof. Theodor Lessing, Philosoph; Max Liebermann, Maler; Detlev v. Liliencron, Dichter; John Henry Mackay, Dichter; Heinrich Mann, Schriftsteller; Thomas Mann, Schriftsteller, Nobelpreisträger; Karl-Heinz Martin, Regisseur; Julius Meiner-Graefe, Kunsthistoriker; Gustav Meyrink, Schriftsteller; Prof. Paul Natorp, Philosoph und Pädagoge; Prof. Leonhard Nelson, Philosoph; Prof. Franz Oppenheimer, Soziologe; Dr. Max Osborn, Schriftsteller; Prof. Paul Östreich, Pädagoge; Prof. Wilhelm Ostwald, Chemiker, Physiker, Philosoph; Prof. Alois Riehl, Philosoph; Rainer Maria Rilke, Dichter; Ernst Rowohlt, Verleger; Prof. Max Scheler, Philosoph; Arthur Schnitzler, Dichter, Dramatiker; Wilhelm v. Scholz, Schriftsteller; Prof. Franz Schreker, Komponist; Hans Siemsen, Schriftsteller; Prof. Max Slevogt, Maler; Albert Steinrück, Schauspieler; Franz v. Stuck, Maler; Dr. Frank Thiess, Schriftsteller; Wilhelm Uhde, Schriftsteller; Prof. Johannes Verweyen, Philosoph; Heinrich Vogeler, Maler; Richard Voss, Schriftsteller; Prof. Otto Warburg, Botaniker; Jakob Wassermann, Schriftsteller; Felix Weingartner, Komponist und Dirigent; Adolf v. Wilbrandt, Direktor des Burgtheaters; Ernst v. Wildenbruch, Dichter; Bruno Wille, Schriftsteller; Kurt Wolff, Verleger; Theodor Wolff, Chefredakteur *Berliner Tageblatt*; Ernst v. Wolzogen, Schriftsteller; Dr. Otto Zarek, Schriftsteller; Prof. Heinrich Zille, Maler.

Politiker

August Bebel, SPD; Bernhard Dernburg, Reichsminister; Konrad Haenisch, Staatsminister; Dr. Wilhelm Hausenstein, Schriftsteller und Botschafter; Dr. Rudolf Hilferding, Reichsminister; Paul Hirsch, Ministerpräsident; Dr. Karl Kautsky, marxistischer Theoretiker; Harry Graf Kessler, Pazifist; Paul Löbe,

Reichstagspräsident; Hermann Müller, Reichskanzler; Otto Nuschke, Chefredakteur; Prof. Ludwig Quidde, Pazifist; Dr. Walther Rathenau, Reichsminister; Dr. Kurt Rosenfeld, SPD; Wilhelm Sollmann, Reichsminister; Friedrich Stampfer, Chefredakteur *Vorwärts*; Dr. Hans Wehberg.

Nr. 2

Die Unfruchtbarmachung

Von Staatsanwalt Dr. Hoegner, M.d.R. (SPD)

Die sozialdemokratischen Mitglieder des Strafrechtsausschusses des Reichstages haben folgenden Antrag gestellt:

«Ein für die öffentliche Sicherheit gefährlicher Gewohnheitsverbrecher kann *mit seiner Zustimmung* unfruchtbar gemacht werden, wenn nach fachärztlichem Gutachten zu befürchten ist, daß seine schlechten Erbanlagen bei der Nachkommenschaft wieder auftreten werden.»

Die *Unfruchtbarmachung* (Sterilisation), die nicht mit Kastration verwechselt werden darf, ist heute bei Männern eine verhältnismäßig einfache Operation. Bei ihnen genügt eine Durchschneidung der Samenleiter, während bei Frauen in der Regel eine Öffnung der Bauchdecke erforderlich ist. Gesundheitliche Nachteile sind regelmäßig nicht zu befürchten. Geschlechtsverkehr bleibt möglich, lediglich die Fortpflanzungsfähigkeit erlischt. Ob nach geltendem Rechte der Arzt, der eine solche Operation ohne Vorliegen medizinischer, also im Gesundheitszustande des Patienten gegebener Gründe vornimmt, nicht bestraft werden muß, ist bestritten. Im neuen Strafgesetzbuch jedenfalls wird die Unfruchtbarmachung irgendwie zugelassen werden müssen. Nach Auffassung der sozialdemokratischen Mitglieder des Strafrechtsausschusses ist vor allem die *Unfruchtbarmachung* der für die Allgemeinheit gefährlichen *Gewohnheitsverbrecher* eine Notwendigkeit. Die *Gründe* für eine solche Maßnahme liegen auf der Hand.

Im allgemeinen werden heute zwei *Hauptursachen* für das Entstehen des Gewohnheitsverbrechertums unterschieden: eine *gesellschaftliche* und eine *individuelle*. Die *gesellschaftliche Ursache* liegt in schlechten sozialen Verhältnissen, in einer ungünstigen Umwelt des Täters. Die engen Zusammenhänge zwischen schlechter sozialer Lage und Verbrechertum sind heute unbestritten. In einer sozial günstig geschichteten Bevölkerung wie auf *Island* gehören schwere Verbrechen zu den allergrößten Seltenheiten. Auch bei den Bauern *Dalmatiens* z. B. ist der Diebstahl so wenig bekannt, daß es für eine Beleidigung des Nachbarn gilt, bei Nacht die Türen abzuschließen. In den letzten Jahrzehnten hat nun die Vererbungswissenschaft ermittelt, daß auch die individuelle *Veranlagung* des Täters, z. B. eine schlechte Erbmasse, die er von seinen Vorfahren überkommen hat, von erheblichem Einfluß auf die Straffälligkeit sein kann. Gewöhnlich handelt es sich um erbliche Belastungen, die sich in einer Schwächung der Willens- oder Geisteskräfte äußern. In vielen Fällen kann man hier sogar von einer geminderten Zurechnungsfähigkeit sprechen. Daneben tritt oft eine ungewöhnliche Hemmungslosigkeit des *Trieblebens*, z. B. bei Sittlichkeitsverbrechern, auf. Worin diese schlechten Erbanlagen wurzeln, ist noch umstritten. Vielfach werden Keimschädigungen durch Alkoholismus oder Syphilis der Vorfahren dafür verantwortlich gemacht. Sie äußern ungünstige Wirkungen bei den Nachkommen und führen bei ihnen eine verstärkte Disposition zur Begehung von Verbrechen herbei. So ist die alte Weisheit bestätigt, daß sich die Sünden der Väter bis ins fünfte Glied rächen. Besonders bösartig liegt der häufige Fall, daß schlechte soziale Verhältnisse mit schlechten Erbanlagen zusammen treffen. Selbstverständlich *müssen* aber schlechte Erbanlagen nicht zum Verbrechen führen, sie können nur seine Entstehung erleichtern.

Die Zusammenhänge zwischen schlechter Erbmasse und Verbrechertum sind durch eine Reihe von Statistiken belegt. So wurde vor einigen Jahren über die Abkunft von 791 *Fürsorgezöglingen* festgestellt, daß sich unter ihren Eltern 511 Trinker, 60 Vorbestrafte, 154 Prostituierte, 50 Zuhälter und 38 Arbeitshäusler befanden. In einer Statistik, die im Jahre 1926 der damalige Privatdozent für Hygiene an der Technischen Hochschule Dresden, *Dr. Fetscher,* veröffentlichte, stammten von einer im Jahre 1740 verstorbenen Trinkerin im Zeitpunkt der statistischen Erhebungen 834 Nachkommen ab. Über 709 von ihnen konnten amtliche Einkünfte eingeholt werden. Unter diesen befanden sich 181 Dirnen, 142 Bettler und Landstreicher, 76 Schwerverbrecher, darunter 7 Mörder. Ein amerikanischer Verbrecher wurde in 75 Jahren Ahne von 1200 Nachkommen, unter denen 310 Gewohnheitsbettler, 50 Dirnen, 60 Diebe, 7 Mörder und 130 sonstige Verbrecher waren. Von einer im Jahre 1827 verstorbenen Bordellwirtin stammten 800 Personen ab, von denen 700 wenigstens einmal im Leben Gefängnisstrafen verbüßten, 342 dem Trunk, 127 gewerbsmäßiger Unzucht ergeben waren und 37 zum Tode verurteilt wurden. Daneben tritt oft eine ungewöhnliche Hemmungslosigkeit des *Trieblebens,* z. B. bei Sittlichkeitsverbrechern, auf. Worin diese schlechten Erbanlagen wurzeln, ist noch umstritten. Vielfach werden Keimschädigungen durch Alkoholismus oder Syphilis der Vorfahren dafür verantwortlich gemacht. Sie äußern ungünstige Wirkungen bei den Nachkommen und führen bei ihnen eine verstärkte Disposition zur Begehung von Verbrechen herbei. So ist die alte Weisheit bestätigt, daß sich die Sünden der Väter bis ins fünfte Glied rächen. Besonders bösartig liegt der häufige Fall, daß schlechte soziale Verhältnisse mit schlechten Erbanlagen zusammen treffen.

An diesen erschreckenden Zahlen kann man unmöglich vorübergehen, wenn man das Berufsverbrechertum von der Wurzel aus bekämpfen will. Das Ausland ist uns in der Auswertung der neuen Erkenntnisse der Vererbungswissenschaft bereits vorangegangen. In den *Vereinigten Staaten,* in *Dänemark* und in einzelnen Kantonen der *Schweiz* ist die Unfruchtbarmachung zielbewußt in den Dienst der Eugenik gestellt worden. So wurden in Amerika nach einer vom Vertreter des Reichsgesundheitsamts im Strafrechtsausschuß mitgeteilten Statistik bis 1. 1. 1930 im ganzen 10 833 Sterilisationen vorgenommen. Auch in Deutschland tritt die früher sehr zurückhaltende Ärzteschaft neuerdings immer stärker für Sterilisation in geeigneten Fällen ein.

Wertvolle Vorarbeit ist auch bei uns geleistet. In verschiedenen deutschen Ländern hat man *kriminalbiologische Forschungsstellen* errichtet, deren Ergebnisse zum Teil noch nicht wissenschaftlich ausgewertet sind, aber ganz deutlich den Zusammenhang zwischen schlechten Erbanlagen und Kriminalität aus der Familiengeschichte der Gefangenen offenbaren. Das Eingreifen des Gesetzgebers ist um so notwendiger, als Gewohnheitsverbrecher infolge ihres ungezügelten verantwortungslosen Trieblebens gewöhnlich eine zahlreiche Nachkommenschaft hinterlassen. Die Gesellschaft wird also in immer steigendem Maße von Trägern schlechter Erbanlagen durchsetzt. Daß sie das auf die Dauer nicht ertragen kann, ist eine Selbstverständlichkeit. Man kann heute schon von einem Notstand der Gesellschaft sprechen.

Trotzdem wird man mit Rücksicht auf den Grundsatz der persönlichen Freiheit mit äußerster *Vorsicht* zu Werke gehen müssen. Das ist aber im sozialdemokratischen Antrag geschehen. *Wir wollen die Unfruchtbarmachung als Schonungsmaßnahme* des Strafgesetzes *unter drei Voraussetzungen* zulassen: einmal muß es sich um einen für die öffentliche *Sicherheit gefährlichen Gewohnheitsverbrecher handeln;* sodann kann der Verbrecher nicht *zwangsweise unfruchtbar gemacht werden, die Operation bedarf vielmehr seiner Einwilligung; schließlich ist noch ein fachärztliches Gutachten darüber erforderlich, ob mit einer gewissen Wahrscheinlichkeit das Auftreten schlechter Erbanlagen bei den Nachkommen zu erwarten ist. Die Reichsregierung wünscht darüber hinaus auch einen Hinweis auf die Möglichkeit der Unfruchtbarmachung von Personen,* deren Unterbringung in *einer Heil- oder Pflegeanstalt, einer Trinkerheilanstalt,* einer *Entziehungsanstalt* oder einem Arbeitshaus angeordnet worden ist. *Gegen eine solche Ausdehnung bestehen Bedenken, besonders* wenn die Einwilligung eines *Entmündigten zur Operation durch die Zustimmung des Vormundes oder Pflegers ersetzt werden soll.*

(aus: *Deutsche Volkszeitung,* 1. 3. 1931)

Nr. 3

«Rasseförderung durch Chirurgie
Wie in Hitlerdeutschland entmannt wird – Ein amtliches Dokument»

Uns liegt das amtsärztliche Kommuniqué, das der Fachspezialist der preußischen Justizverwaltung für die praktische Handhabung des Sterilisationsgesetzes in Deutschland, der ärztliche *Leiter des Staatlichen Krankenhauses beim Untersuchungsgefängnis Berlin-Moabit,* abgefaßt und in den Umlauf bei den lokalen Gerichtsstellen gegeben hat, anscheinend um die Bedenken zu zerstreuen, die weiteste Fach- und Laienkreise hinsichtlich der Moral und praktischen Wirkung des Gesetzes hegen und die sich in wilder Gerüchtebildung über die barbarische Sache äußern. Der Fachmann verteidigt hier seine Amtsprozeduren, über deren Vollzug im einzelnen es falsche Vorstellungen in Deutschland (Röntgenbestrahlung und ähnliches) in Hülle und Fülle geben mag. Es heißt in dem Dokument:

«Die Auswirkungen des Gesetzes vom 26. November 1933 gegen gefährliche Gewohnheitsverbrecher sind für viele Volksgenossen absolut unübersichtlich. In den Tageszeitungen liest man allenthalten mal von diesem oder jenem Amtsgericht, daß Entmannung eines Sexualverbrechers ausgesprochen wurde. Neben der Gefängnis- oder Zuchthausstrafe wurde noch auf Entmannung von dem Gericht erkannt als Maßregel der Sicherung und Besserung solcher Gewohnheitsverbrecher. Die Entmannung ist demnach keine Strafe, sondern eine

Sicherheitsmaßregel für unsere Volk und unsere Jugend, die diesen Sexualverbrechern verfallen könnte.

Im staatlichen Krankenhaus beim Untersuchungsgefängnis Berlin, dem der größte Teil dieser Entmannungen zur Ausführung zufällt, wurden seit Bestehen des Gesetzes 111 Kastrationen durchgeführt.

Zur Vorbereitung der Kastration befinden sich für den kommenden Monat *wiederum zehn Sträflinge,* die bereits der genauen Voruntersuchung unterzogen wurden. Eine *fotografische Aufnahme* hält das äußerliche Zustandsbild eines jeden Verbrechers fest. Blut sowie Blutsenkungsgeschwindigkeit werden genauestens analysiert. Die Stimme wird in ihrer Klangfarbe und Klanghöhe festgehalten, über die Psyche und Intelligenz des einzelnen zur Kastration vorgesehenen Kranken verschaffen wir uns ein eingehendes Urteil.

Nach dieser umfassenden Vorbereitung erfolgt in *örtlicher Betäubung die Operation, die in der Amputation beider Hoden besteht. Die Operation nimmt bei vollentwickelter Technik etwa acht Minuten Zeit in Anspruch.*

Die bis jetzt in unserem Krankenhaus durchgeführten Operationen erfolgten *ohne jeden tödlichen Unfall,* obwohl es sich um Kranke zwischen dem 20. und 65. Lebensjahr handelt. Die meisten Personen liefert der Oberlandesgerichtsbezirk Berlin, dann folgt Kiel, Zelle und Stettin. Es fällt auf, daß gerade die Wasserkante und ihr Hinterland reichlich von Sexualverbrechern durchsetzt ist. Gemäß der Verordnung des Herrn preußischen Justizministers vom 3. Januar 1934 hat die Entmannung der Verurteilten aus den Oberlandesgerichtsbezirken im Staatlichen Krankenhaus beim Untersuchungsgefängnis Berlin-Moabit zu erfolgen. Die Operation ist von den Fachchirurgen dieser Krankenanstalt grundsätzlich während der Strafhaft durchzuführen.

Über die *Folgen der Kastration* sei bei aller Zurückhaltung und Vorsicht wegen der Kürze der Beobachtungszeit nur gesagt, daß in der ersten Phase, die die Beobachtung durch den Chirurgen umfaßt, und die sich heute bereits auf mehrere Monate beläuft, keinerlei körperliche oder seelische Störungen bei den Kranken aufgetreten sind und die Sexualspannungen der Kranken durchwegs bis zur völligen Neutralisierung durch die Operation beeinflußt wurde. Es ist selbstverständlich, daß genaueste histologische Untersuchungen der beiden entfernten Hoden durchgeführt werden.

Zweifelsohne ist die Kastration die *billigste Methode der Sicherung* und gleichzeitig auch eine *Ausschaltung schlechten Erbgutes im Sinne der Rassenhygiene.*

Medizinalrat Dr. Schlegel, Leiter des Staatlichen Krankenhauses beim Untersuchungsgefängnis Berlin Moabit.›»

Es ist nicht leicht, dieses barbarische Schriftstück ohne Gefühle des Ekels und der Entrüstung zur Kenntnis zu nehmen. Mit einer Überhastung, die in der Kriecherei des «Geistes» vor den braunen Barbaren ihr Motiv besitzt, hat sich die medizinische Fachwelt eines Gedankens praktisch bemächtigt, der bis zur Machtergreifung durch Hitler und seiner Schulmeisterei der deutschen Nation durch seine weltanschaulichen Kannegießereien als stärkst umstritten galt: der «Sicherung» der Gesellschaft durch gewaltsame Korrektur der Natur. Man hat Angst vor den Wirkungen der Sterilisationen, über die man noch gar nichts weiß, einfach weil die verdächtige Eile, mit der das Gesetz erlassen und seine Durchführung in Angriff genommen wurde, wissenschaftliche Beobachtungen über hinreichend lange Zeiträume hinweg gar nicht zuließ. Diese Beklemmungen und Gewissensbisse des Spezialisten kommen auch zwischen den Zeilen in dem vorliegenden Dokument ganz deutlich zum Ausdruck. Man stürzt sich sogar in die Unkosten komplizierter Experimente, etwa mit dem Fonografen, um überhaupt einmal später etwas über die Wirkung der eigenen Barbarei aussagen zu können! Einstweilen gibt man durch die Blume zu, daß man überaus leichtsinnig handelt und den Zweck, die Sicherung der Gesellschaft vor dem Rechtsbrecher, vielleicht deshalb gar nicht erreicht, sondern eher das Gegenteil bewirkt, weil man nicht wissen kann, welche körperlichen und insbesondere seelischen Wirkungen diese staatsprophylaktische Chirurgie bei den «Kranken» oder «Verbrechern» (in dem Kommuniqué werden sie einmal so und einmal so angesprochen) zur Folge hat. Man könnte sich vorstellen, daß *ein so behandelter Mensch erst recht auf den Gedanken kommen könnte, sich an der Gesellschaft zu rächen* – und dann nicht nur durch Kindermißbrauch.

Schauerlich ist das *pseudo-ethische Pathos* der Begründung der Angelegenheit, die der Fachmann, die Ausdrücke in Hitlers ‹*Mein Kampf*› nachbetend, gibt. Mit genau demselben Recht, mit dem hier das Chirurgenmesser gezückt wird, könnte der mittelalterliche Schinder wieder auferstehen und dem rückfälligen Dieb wie einst die Hände abhacken. Die «billigste» Sicherung der Gesellschaft ist das sicher; niemand bestreitet das. Fragt sich nur, ob sie auch die vernünftigste ist!

An der Rasse, obschon es sich um eine Sache handelt, deren Begriffsbestimmung sogar für die Wissenschaft noch recht problematisch ist, bastelt man hier herum, als gälte es dem Herumlaborieren an einer Apparatur, in der Schmieröl gebraucht wird oder ein Zahnrädchen wieder zum Schnurren gebracht werden muß. Die grob-materialistische Weltbetrachtung, die schon den Wilhelminismus auszeichnete und letzten Endes ganze Ursache der politischen Tragödie Deutschlands ist, feiert in diesem Gesetz fröhliche Auferstehung. Wie die Rasse verbessert werden soll, wenn wirklich unter 70 Millionen Deutschen jährlich an dreihundert oder auch dreitausend dieser abscheulichen Operationen vollzogen werden, ist das Geheimnis jener Amateure der Volksveredelung. Das Ungetüm des neudeutschen «Überstaats», der Golem Nationalmonarchie – hier stehen sie vor uns.»

(aus: *Deutsche Freiheit*, 30. Dezember 1934)

Nr. 4

Über die «Lösung der Homosexuellenfrage»

von Rudolf Klare

Mit der Ablehnung der bisherigen Ergebnisse der medizinischen Wissenschaften zur Frage der Homosexualität wird keineswegs die Möglichkeit einer *weiteren Forschungstätigkeit* auf diesem für Volk, Staat und Rasse so ungeheuer bedeutsamen Gebiete überhaupt ausgeschlossen. Es kann nur vom heutigen Gesetzgeber nicht verlangt werden, daß er Erkenntnisse, die einer analysierenden Wissenschaft des Liberalismus entsprungen sind, und die keineswegs das Merkmal eindeutiger, unumstößlicher, wissenschaftlicher Wahrheit tragen, seinen Entscheidungen zugrunde legt.

Gelingt den Medizinern und Psychiatern biologisch der Beweis, den die

Rechtswissenschaft an Hand einer vergleichenden Betrachtung der entsprechenden Strafgesetze nur mittelbar zu führen imstande ist, daß eine *Rassenvermischung* die Ausdehnung homosexueller Betätigung zwangsläufig begünstigt, so bestätigen sie ihrerseits einmal die Berechtigung von Strafgesetzen gegen die Homosexuellen und liefern andererseits unter Umständen neue Unterlagen für eine wirkungsvollere Bekämpfung der Invertierten.

Sind sie ferner imstande nachzuweisen, daß die Homosexualität oder eine gewisse Disposition dazu erblich ist, so eröffnen sie der *rassehygienischen Gesetzgebung* neue Möglichkeiten, um zugleich dem schärfsten Gegner dieser Maßnahmen, der die Homosexuellen fast zwei Jahrtausende als Ketzer verfolgt hat, die Begründetheit ihres Widerstandes gegen die Rassehygiene auch in diesem Punkte abzusprechen ...

Keinem Gesetzgeber wird es in den Sinn kommen, jemanden zu bestrafen, der an einer Schar munterer, froher und gesunder Jungens und Mädels seine Freude hat, der die Schönheit erwachsener Männer oder Frauen empfindet, oder der sich unter ihnen vielleicht Modelle für künstlerisches Schaffen sucht. Doch um Freude oder Kunstgenuß zu haben, braucht man sich nicht in einer Art zu organisieren, wie es die Homosexuellen taten. Es sind dann Homosexuellenmaskenbälle und aller möglicher anderer Rummel unnötig, fehlt Demonstration und Petitionen die innere Berechtigung und erübrigen sich auch alle bewegten Debatten im Parlament und Kampfparolen gegen Gesetze, die Reinheit und Sauberkeit wollen.

Wie schon kurz erwähnt wurde, kann es im Interesse einer wirkungsvollen Begegnung der gleichgeschlechtlichen Verbrechen dem Strafgesetzgeber nicht allein überlassen werden, den einzigen Widersacher der Homosexuellen zu bilden. Nicht weil er davor zurückschreckte oder sein Vorgehen für nicht begründet hielte, sondern weil er seine Maßnahmen, von der Wirkung der Strafandrohung abgesehen, weniger gegen die vielgestaltigen Ursachen dieser Handlungen als vielmehr gegen die vollendete oder versuchte Tat richten kann.

In Erkenntnis dieser Lage kommt hier der *Erziehung* im weitesten Sinne eine Aufgabe zu, die bedeutungsvoll und schwierig zugleich ist. Kein Zeitpunkt ist für die deutschen Erzieher aber geeigneter dazu als die Gegenwart. In einer Zeit der völkischen Neuwerdung, der grundlegenden Umgestaltung des völkischen Lebens muß es gelingen, auch die homosexuelle «Frage» zu lösen, muß es möglich sein, die gleichgeschlechtlichen Verbrechen auf einen für die Gemeinschaft nicht mehr gefährlichen Umfang zurückzudrängen. *Die restlose Säuberung aller Erziehungsgemeinschaften, heißen sie nun Heer, Wehr- oder Jugendverband, Schule usw. von Invertierten ist erste Bedingung.*

Es wird dabei keineswegs die Schwierigkeit verkannt, einen Homosexuellen zu erkennen, der noch nicht straffällig geworden ist. Doch es ist völlig undenkbar, daß ein homosexueller Lehrer zum Beispiel wegen gleichgeschlechtlicher Betätigung, wenn er sie auch nicht einmal an seinen Schülern beganngen hat, nur strafversetzt wird. Ein solcher «Erzieher» ist bedingungslos aus dem Bereich seines möglichen Wirkungskreises zu entfernen; denn wer bürgt dafür, daß er sich nicht auch noch an seinen Schülern vergeht? Auch ein Homosexueller, der nicht als Führer einer Erziehungsgemeinschaft angehört, hat hier keinen Platz. Er bildet die Keimzelle für das weitere Umsichgreifen gleichgeschlechtlicher Akte in dieser Gemeinschaft und stellt damit zugleich den ersten Ansatz zum Verfall dar.

Nur erbarmungslose Härte kann hier Sauberkeit erzielen!

An harten, aber gerechten Gesetzen ist noch kein Volk zugrunde gegangen, wohl aber an einer falsch angewandten Milde. Alles verstehen, heißt noch lange nicht alles verzeihen, und am allerwenigsten hier.

Taucht aber nicht schon wieder die *Gefahr* des straffreien, *«besonders leichten Falles»* auf? Gibt er nicht einen Anreiz dafür, derartige Handlungen doch einmal zu versuchen, um sich vielleicht auf diesen Präzedenzfall berufen zu können? Ist aber dann selbst bei Freisprechung des Minderjährigen nicht vielleicht der Grund zu weiterer gleichgeschlechtlicher Tätigkeit gelegt, die er unter der Voraussetzung strenger Strafmaßnahmen nie begonnen hätte? Muß nicht in einer Zeit, da alle Kräfte des Volkes bis auf das äußerste angespannt sind, da alles Mühen dahin geht, das Artfremde abzustreifen, da alle Bestrebungen nur ein Ziel haben, die Verwirklichung der völkischen Gemeinschaft, auch nur der geringste Versuch eines Gegenstoßes um so schwerer gewertet und um so drakonischer gesühnt werden?

Was bedeutet ein invertiertes Heer, was eine invertierte Jugend? Wir wollen nicht vergessen, daß es noch nicht fünf Jahre her sind, daß Homosexuelle an maßgebenden Stellen saßen, daß die Homosexuellen Gebiete des öffentlichen Lebens beherrschten, ein Nichtinvertierter zu gewissen maßgebenden Verlegerkreisen zum Beispiel überhaupt keine Fühlung bekam. Wir wollen nicht vergessen, daß gegen die überwältigende intensive Propaganda der Homosexuellenorganisationen, deren Ideen und Schlagworte zum großen Teil heute noch fortwirken, daß gegen die Hunderttausende von Hirschfelds Propagandaschriften im gleichen Umfange noch kein Buchstabe geschrieben wurde, noch *kein positiver Gegenschlag* getan ist. Die Organisationen sind aufgelöst, die Schriften verboten, doch auf Schritt und Tritt begegnet der Spezialist in sogenannten eingeweihten Kreisen den Gedanken Hirschfelds, v. Krafft-Ebings oder ihrer Zirkel. Wir wollen aber auch nicht vergessen, daß viele Völker mit uns das Bewußtsein tragen, in dem Homosexuellen einen Feind zu bekämpfen, der infolge seiner festen Bindungen untereinander nur mit den allerschärfsten Mitteln niederzuringen ist.

(aus: Klare 1935, S. 117–119)

Nr. 5

Zur «Frage der Bestrafung lesbischen Verkehrs»

von Rudolf Klare

Die Frage der *Bestrafung lesbischen Verkehrs* ist äußerst umstritten. Die einen behaupten, daß in diesen Fällen noch viel weniger als beim gleichgeschlechtlichen Verkehr zwischen Männern jemandes Recht verletzt werde. Die andere Richtung stellt sich auf den Standpunkt, daß aus einer gewissen Ritterlichkeit der Frau gegenüber lesbische Akte mit dem Schleier der Verschwiegenheit bedeckt werden müßten. Das Moment der Rechtsverletzung im Sinne einer liberalen Rechtsanschauung scheidet von vornherein als Kriterium aus, wie schon weiter oben gezeigt wurde. Die zweite Ansicht ist zu abwegig, als daß eine nähere Auseinandersetzung mit ihr zu positiven Ergebnissen führen könnte. Es wird nur die Frage gestellt, ob tribadische Frauen überhaupt der Achtung wert sind, die jeder anderen Frau gebührt.

Auch der Einwand, es sei unmöglich, derartige Verbrechen vor einem Gericht zu verhandeln, das mit Männern besetzt sei, kann nicht gehört werden. Auf jeden Fall ist ein deutsches Richterkollegium weit darüber erhaben, aus solchen Prozessen eine Sensation zu machen. Es wird nur darauf verwiesen, daß *Sittlichkeitsprozesse,* in denen eine Frau die Angeklagte war, schon Jahrzehnte mit bestem Erfolg von männlichen Richtern verhandelt worden sind.

Im Mittelpunkt *nationalsozialistischer Rechtspolitik* steht die Volksgesamtheit. Alles, was dem Volke nützt, ist Recht, was ihm schadet Unrecht. «Das Recht hat ... nicht die Aufgabe, Formalwerte zu schützen ... sondern der Schutz muß sich auf die Substanzwerte erstrecken.» Solche Substanzwerte sind nach Frank der Staat, die *Rasse,* der Boden, die Arbeit, die *Ehre,* die kulturell-geistigen Werte und die *Wehrkraft.*

Diese Rechtsauffassung fordert ihrem Wesen nach eine Bestrafung des gleichgeschlechtlichen Verkehrs überhaupt.

Mit dem Schutz des Staates als der rechtlich organisierten Volksgemeinschaft ist zwangsläufig der *Schutz der Volksgemeinschaft* in ihrem natürlichen Bestande verknüpft. Es gehört zu den wichtigsten Aufgaben des Staates, neben der Reinhaltung der Blutsgemeinschaft um eine planvolle Weiterentwicklung der wertvollen rassischen Bestandteile besorgt zu sein. Daneben muß noch der Schutz vor den vielen Gefahren für Volksbestand und Volksgesundheit treten; «es kann die Sorge des Staates sich jedoch nicht in Maßnahmen für das körperliche Wohl der Volksgemeinschaft erschöpfen. Das Strafrecht muß vielmehr auch der Reinhaltung der religiösen und sittlichen Anschauuungen der Volksgemeinschaft sein Augenmerk zuwenden.» Die moralische Kraft eines Volkes und der Wille zur Selbstbehauptung müssen in ihrer ganzen Reinheit und Ausschließlichkeit erhalten bleiben, um all denen, die sie zu schwächen oder zu zerstören suchen, mit ebenso großer Entschiedenheit gegenüberzutreten.

Die Ehe und die eheliche Mutterschaft als Grundzellen des Staates und Treuhänder deutschen Erbgutes und das Verlöbnis als eine weitere Stütze des Staates müssen unantastbar sein; ihnen gehört uneingeschränkter Schutz.

Der Einwand, daß in den Fällen des lesbischen Verkehrs Nichtverheirateter und Nichtverlobter diese Merkmale unzutreffend sind, kann nicht überzeugen.

Das Strafrecht ist in erster Linie ein Kampfrecht. Sein Feind ist jeder, der Bestand, Kraft und Frieden des Volkes bedroht. Es gilt nicht nur den einzelnen Störer der völkischen Lebensordnung zu vernichten, sondern den «Träger des asozialen Prinzips überhaupt». Die *Strafe* soll keine Reaktion auf ein begangenes Unrecht, sondern *«eine dauernde Selbstreinigungsapparatur des Volkskörpers»* sein. Im Vordergrund steht die Sicherungsfunktion des Strafrechts. Damit ist der Auffassung, die in der Strafe eine durch «Strafsanktion verstärkte Mißbilligung» des Staates von Rechtsbrüchen sieht, die Berechtigung abgesprochen. Dreifach ist der Zweck des Strafrechts. Einmal soll es alle friedensstörenden Kräfte vernichten, zum andern ein schuldhaftes Unrecht sühnen und zum dritten eine psychische Stütze der Kampfbereitschaft des gesunden Volkskerns sein.

Es besteht kein Zweifel darüber, daß *gleichgeschlechtliche Betätigung kein der deutschen Frau eigener Wesenszug* ist. Sie wird von jedem vielmehr als unsittlich verachtet. Der Fortentwicklung der rassischen Wertbestandteile steht die Tribadie artgemäß entgegen, und sie kann nicht für sich in Anspruch nehmen, Hüterin deutschen Erbgutes zu sein.

Es ist demnach nicht einzusehen, warum weiblicher homosexueller Verkehr straffrei bleiben soll.

Für gewisse Einzelfälle mag das nationalsozialistische Strafrecht in dieser Beziehung manche Härte enthalten; doch es gilt immer die Gemeinschaft, ohne die der einzelne nichts ist, und nicht das Individuum.

Gegen die Bestrafung weiblicher gleichgeschlechtlicher Betätigung werden gegenwärtig in Deutschland Bedenken erhoben, die nicht unbeachtet bleiben können, zumal sie von Männern geäußert werden, die Tag für Tag im Kampf gegen das Heer der Invertierten stehen und deren lautere Gesinnung über jeden Zweifel erhaben ist.

Unter dem Gesichtspunkt des Ringens um die Erhaltung der blutsmäßigen Werte in unserem Volke erkennen sie die Bestrafung der weiblichen Homosexualität grundsätzlich an. Den Grund für die Nichtbestrafung sehen sie einmal darin, daß die Voraussetzungen für das Tätigwerden der weiblichen Homosexuellen gegenwärtig noch andere sind als beim invertierten Mann. Zum anderen kann von einer unmittelbar politischen Gefahr in weit geringerem Maße die Rede sein als bei den männlichen Homosexuellen.

Sie gehen von der Tatsache aus, daß die *Heiratsaussichten* der Frau seit dem Weltkriege erheblich gemindert sind und damit einem Teil die *Möglichkeit zur Ausübung des normalen Geschlechtsverkehrs* so gut wie genommen ist. Dazu kommt noch als erschwerendes Moment, daß dem außerehelichen Geschlechtsverkehr der Frau weit größere Schwierigkeiten entgegenstehen als dem Mann. *Der Verlust von 2 Millionen Männern im Weltkrieg, die Tatsache, daß das Heer der männlichen Homosexuellen sich auf rund 3 Millionen beläuft, und durch Zölibat und Impotenz (impotentia coeundi) nochmals rund 2 Millionen ausfallen,* läßt die weibliche gleichgeschlechtliche Betätigung in einem anderen Lichte erscheinen. Abgesehen von 5 bis 10 v. H. veranlagten Tribaden hat die Praxis erwiesen, daß Frauen, die gleichgeschlechtlichem Verkehr frönten, sofort davon abließen, als ihnen durch Heirat die Möglichkeit zu normalem Geschlechtsverkehr gegeben wurde.

Der Tatsache eines gewissen Mangels an Männern tritt ergänzend die Erscheinung zur Seite, daß die weibliche Homosexualität, wie sie gegenwärtig zu sehen ist, *kein politisches Problem* darstellt, wie es bei der männlichen der Fall ist. Das ist aber das entscheidende und überzeugende Argument für die Ansicht der Praktiker. Die Auffassung der männlichen Invertierten von der Frau ist die gleiche wie die der katholischen Kirche. Sie sehen im Weib nur die Verkörperung des Schlechten, erkennen es als gemeinschaftsbildenden Faktor nicht an. Diese vom weltanschaulichen wie vom bevölkerungspolitischen Standpunkt aus untragbare Auffassung, die in ihrer letzten Auswirkung zu einem «Männerstaate», zu einer «männlichen» Kultur führt, findet im weiblichen Homosexuellen kein entsprechendes Gegenstück. Weder sehen sie im Mann einen zu bekämpfenden Tyrannen, noch streben sie einen *Weiberstaat* oder eine *«weibliche» Kultur* an. In der Vorkriegszeit und vor allem in der Zeit der Weimarer Republik tauchten ähnliche Gedanken auf; man sprach auch hier von einem Amazonenstaat, von einer weiblichen Kultur. Diese Gedanken haben sich indessen nie in dem Maße auszubreiten vermocht wie die entsprechenden

Forderungen der homosexuellen Männer. Sie blieben auf den Kreis der höchstens 10 v. H. Veranlagten beschränkt, hatten nie den großen Einfluß wie die Ideen eines Blüher. Bei der weit überwiegenden Zahl der weiblichen Homosexuellen ist die gleichgeschlechtliche Betätigung lediglich auf die Befriedigung des Geschlechtstriebes gerichtet.

Von seiten der Praktiker wird weiterhin argumentiert, aus rechts- wie aus kriminalpolitischen Gesichtspunkten heraus *unter den dargelegten Umständen* gegenwärtig von einer Verfolgung der weiblichen Homosexuellen abzusehen. Die Einführung einer Bestrafung müsse auf einen künftigen Zeitpunkt verschoben werden, sie sei erst dann anzusetzen, wenn die angeführten Gründe eine Nichtverfolgung nicht mehr rechtfertigten, wenn das Problem der weiblichen Homosexualität die gleiche politische Grundlinie habe wie die männliche.

Als ein nicht unbeachtlicher Faktor kommt noch hinzu, daß die kriminalpolizeiliche Verfolgung der weiblichen Homosexuellen auf weit größere Schwierigkeiten stößt als die der Männer. Damit ist aber die große Wahrscheinlichkeit gegeben, daß eine solche Strafvorschrift nur auf dem Papier steht, praktisch bedeutungslos wird.

So sehr diese Argumente überzeugen und ihnen beizutreten ist, darf nie verkannt werden, daß weiblicher gleichgeschlechtlicher Verkehr nach wie vor als strafwürdig anerkannt werden muß. *Nur die besonderen gegenwärtigen Verhältnisse lassen unter Würdigung der Vorbringen der Praktiker eine Nichtverfolgung der weiblichen Homosexualität für gegeben erscheinen. Diese Überlegungen sind auch der Grund, warum die gegenwärtige Strafrechtsreform von einer strafrechtlichen Verfolgung der Lesbierinnen Abstand nimmt und das kommende Strafgesetzbuch eine Bestimmung gegen weiblichen gleichgeschlechtlichen Verkehr nicht enthalten wird.*

(aus: ebd., S. 121–123)

Nr. 6

Bevölkerungspolitische Rede Himmlers vor SS-Gruppenführern über die «Frage der Homosexualität» und ein «natürliches Verhältnis der Geschlechter zueinander» vom 18. 2. 1937 (leicht gekürzt)

(Die statistischen Angaben müssen mit größter Vorsicht behandelt werden)

Als wir die Macht im Jahre 1933 übernahmen, fanden wir auch die homosexuellen Vereine vor. Die eingetragenen Mitglieder betrugen zwei Millionen; die vorsichtigen Schätzungen der bearbeitenden Beamten gehen auf zwei bis vier Millionen Homosexueller in Deutschland. Ich persönlich greife diese Zahl nicht so hoch, weil ich nicht glaube, daß alle, die in diesen Vereinen waren, wirklich persönlich homosexuell waren. Anderenteils bin ich natürlich überzeugt, daß nicht alle Homosexuellen in den Vereinen eingetragen waren. Ich schätze zwischen ein bis zwei Millionen. Eine Million ist aber wirklich das Minimum, das wir annehmen müssen, das ist die allergeringste und mildeste Schätzung, die auf diesem Gebiet zulässig ist . . .

Ich will Ihnen über diese Frage der Homosexualität ein paar Gedanken entwickeln. Es gibt unter den Homosexuellen Leute, die stehen auf dem Standpunkt: was ich mache, geht niemanden etwas an, das ist meine Privatangelegenheit. Alle Dinge, die sich auf dem geschlechtlichen Sektor bewegen, sind jedoch keine Privatangelegenheit eines einzelnen, sondern sie bedeuten das Leben und das Sterben des Volkes, bedeuten die Weltmacht und die Verschweizerung. Das Volk, das sehr viel Kinder hat, hat die Anwartschaft auf die Weltmacht und Weltbeherrschung. Ein gutrassiges Volk, das sehr wenig Kinder hat, besitzt den sicheren Schein für das Grab, für die Bedeutungslosigkeit in 50 und 100 Jahren, für das Begräbnis in zweihundert und fünfhundert Jahren.

Dieses Volk kann aber außer dieser Zahl – ich habe eben nur das Zahlenmäßige genommen – als Staat noch an etwas anderem kaputtgehen. Wir sind ein Männerstaat, und bei allen Fehlern, die dieser Männerstaat hat, müssen wir eisern daran festhalten. Denn die Einrichtung des Männerstaates ist die bessere.

Es gab in der Geschichte auch Frauenstaaten. Sie haben das Wort Mutterrecht sicher schon gehört. Es gab Amazonenreiche nicht nur in der Fabel, sondern Tatsache. Es gab vor allem bei den Friesen – überhaupt bei den Seevölkern – mutterrechtliche Einrichtungen, deren Spuren und Erscheinung wir bis in unsere Zeit verfolgen können. Es ist gar kein Zufall, daß Holland sich sehr gern von einer Königin regieren läßt, daß in Holland die Geburt einer Tochter, der Königin, mehr begrüßt wird, als die Geburt eines Sohnes. Das ist keine Besonderheit, sondern schlägt in uralte Instinkte der Seevölker ein.

Seit Jahrhunderten, seit Jahrtausenden sind die germanischen Völker und insbesondere das deutsche Volk männerstaatlich regiert worden. Dieser Männerstaat ist aber jetzt durch Homosexualität im Begriff, sich selbst kaputtzumachen. Den Hauptfehler auf dem staatlichen Gebiet sehe ich in folgendem: Der Staat, die Volksorganisation, das Heer und was Sie sonst an staatlichen Einrichtungen nehmen, alle besetzen ihre Stellen, abgesehen von menschlichen Unzulänglichkeiten, nach Leistungen. Selbst eine manchmal so lebensfremde Besetzung von Beamtenstellen nach dem «Einser» im juristischen Examen ist immerhin noch eine Auswahl nach Leistung. Es wird in diesem Fall nach Leistung ausgewählt, weil zuerst der Einser, dann der Brucheinser und schließlich der Zweier genommen wird usw.

An den Stellen des Staates und der Wirtschaft, an denen Frauen verwendet werden, wird kein ehrlicher Mann behaupten können, daß die Besetzung rein nach Leistung vor sich geht. Denn seien Sie ehrlich – es sind nur Männer hier, folglich kann man das sehr ruhig sagen –: in dem Augenblick, wo Sie eine Stenotypistin auszusuchen haben und Sie haben zwei Kandidatinnen vor sich, eine furchtbar häßliche mit 50 Jahren, die 300 Silben schreibt, geradezu ein Genie auf diesem Gebiet, und eine andere gutrassige und nette mit 20 Jahren, die bloß 150 Silben schreibt, werden Sie – ich müßte Sie alle insgesamt völlig verkennen – wahrscheinlich mit ernstester Miene und mit tausend moralischen Begründungen, weil die andere alt ist und deswegen leichter krank werden könnte und was weiß ich, die junge hübsche Kandidatin mit 20 Jahren nehmen, die weniger Silben schreibt.

Gut, da kann man lachen, das ist harmlos und hat gar nichts zu besagen, denn wenn sie hübsch ist, wird sie bald heiraten, und außerdem ist die Dienststelle einer Stenotypistin ja nicht maßgebend für den Staat, sie hat ja nun nicht wieder andere auszusuchen.

In dem Augenblick aber, wo dieses Prinzip, nicht rein nach Leistung auszusuchen, sondern – ich möchte es jetzt mit allem Ernst sagen – ein erotisches Prinzip, ein mann-weibliches, ein geschlechtliches Prinzip im Männerstaat von Mann zu Mann einkehrt, beginnt die Zerstörung des Staates. Ich nehme ein Beispiel aus dem Leben. Ich möchte ausdrücklich betonen, daß ich sage, aus dem Leben. Ich möchte bei diesem Fall hier einflechten, ich glaube kaum, daß irgendwelche Stelle der heutigen bewohnten Erde so viel Erfahrungen auf dem Gebiet der Homosexualität, Abtreibung usw. gesammelt hat, wie wir in Deutschland als Geheime Staatspolizei. Ich glaube, daß wir wirklich als die erfahrensten Leute auf dem Gebiet sprechen können.

Herr Ministerialrat X ist homosexuell und sucht unter den Assessoren, die er für seine Dienststelle in seinem Hause als Regierungsrat braucht, nun nicht nach einem Leistungsprinzip aus. Er wird nicht den besten Juristen aussuchen, er wird auch nicht sagen, Assessor X ist zwar nicht der beste Jurist, er hat aber sonst eine gute Note, ist in der Praxis gewesen und, was wesentlich ins Gewicht fällt, der Mann sieht rassisch gut aus und ist weltanschaulich in Ordnung. Nein, er nimmt sich nicht einen gut qualifizierten und gut aussehenden Assessor, sondern er sucht sich den heraus, der ebenfalls homosexuell ist. Die Leute kennen sich ja über Saalesweite am Blick. Wenn Sie bei einem Tanzvergnügen 500 Männer haben, so haben diese innerhalb einer Stunde untereinander heraus, wer die gleiche Veranlagung hat. Wie das geschieht, können wir normalen Leute uns gar nicht vorstellen.

Der Herr Ministerialrat sucht also den Assessor heraus, die die schlechteste Note hat und der außerdem weltanschaulich nicht in Ordnung ist. Er fragt nicht nach seiner Leistung, sondern schlägt ihn dem Herrn Ministerialdirektor zur Einstellung vor. Er lobt ihn und begründet seinen Vorschlag eingehend. Dieser Assessor kommt nun dort hinein; denn dem Ministerialdirektor wird es niemals in den Sinn kommen, nach näheren Einzelheiten zu fragen und die Einstellung näher zu untersuchen, weil er von vornherein als alter Beamter annimmt, daß der Ministerialrat nach Leistung vorschlägt. Ein normaler Mann kommt eben nicht auf den Gedanken, daß dieser Assessor auf Grund seiner gleichen geschlechtlichen Veranlagung vorgeschlagen worden ist.

Bei diesen beiden bleibt es nicht stehen, denn der Assessor, der jetzt Regierungsrat ist, wird nach dem gleichen Prinzip vorgehen. Wenn Sie an irgendeiner Stelle einen so veranlagten Mann im Männerstaat haben, der etwas zu sagen hat, können Sie mit Sicherheit drei, vier, acht, zehn und noch mehr gleich veranlagte Menschen finden; denn einer zieht den anderen nach, und wehe, wenn da ein oder zwei Normale unter diesen Leuten sind, sie werden in Grund und Boden verdammt, sie können machen, was sie wollen, sie werden kaputtgemacht ... Im Rahmen der SS möchte ich ganz klar folgendes darlegen. Ich betone ausdrücklich, daß ich genau weiß, was ich sage. Dies ist selbstverständlich nicht für Führerbesprechungen bestimmt, sondern das können Sie in einzelnen Unterhaltungen gesprächsweise dem einen oder anderen erzählen:

Wir haben in der SS heute immer noch pro Monat einen Fall von Homosexualität. In der gesamten SS werden im Jahr ungefähr acht bis zehn Fälle vorkommen. Ich habe mich nun zu folgendem entschlossen: Diese Leute werden selbstverständlich in jedem Fall öffentlich degradiert und ausgestoßen und werden dem Gericht übergeben. Nach Abbüßung der vom Gericht festgesetzten Strafe werden sie auf meine Anordnung in ein Konzentrationslager gebracht und werden im Konzentrationslager auf der Flucht erschossen. Das wird jeweils dem Truppenteil, dem der Betreffende angehört hat, von mir durch Befehl bekanntgegeben. Dadurch hoffe ich, daß ich diese Art von Menschen aus der SS auch bis zum letzten herausbekomme, um wenigstens das gute Blut, das wir in der Schutzstaffel haben, und diese werdende Gesundung blutlicher Art, die wir für Deutschland groß ziehen, frei zu halten.

Damit ist aber die Frage für das gesamte Deutschland noch nicht gelöst. Man darf sich nämlich nicht über folgendes täuschen. Wenn ich den Homosexuellen vor Gericht ziehe und ihn einsperren lasse, dann ist der Fall ja nicht erledigt, sondern der Homosexuelle kommt aus dem Gefängnis genauso homosexuell heraus, wie er hineingekommen ist. Damit ist also die gesamte Frage nicht bereinigt. Es ist bereinigt, daß dieses Laster diffamiert worden ist, im Gegensatz zu den Jahren vor der Machtübernahme. Vor dem Kriege, während des Krieges und nach dem Kriege hatten wir zwar die Paragraphen, in Wirklichkeit geschah aber nichts. Ich mache Ihnen das am besten durch ein Beispiel klar: Wir haben in den ersten sechs Wochen unserer Tätigkeit auf diesem Gebiet im Jahre 1934 mehr Fälle dem Gericht zugeführt, als das gesamte Polizeipräsidium in Berlin in 25 Jahren. Niemand soll kommen und sagen, das ist nur durch Röhm groß geworden. Der war natürlich ein großer Schaden; geblüht hat die Sache jedoch schon vor dem Krieg, während des Krieges und erst recht nach dem Kriege.

Nun sehen Sie, man kann staatlich, polizeilich durch Maßnahmen alles mögliche regeln. Man kann die an und für sich im Verhältnis zu dieser Frage völlig harmlose Dirnenfrage organisieren, das läßt sich durch bestimmte Maßnahmen in eine für ein Kulturvolk tragbare Organisation bringen. Wir werden auf dem Gebiet großzügig bis dorthinaus sein; denn man kann nicht einesteils verhindern wollen, daß die ganze Jugend zur Homosexualität abwandert und andererseits jeden Ausweg sperren. Das ist Wahnsinn. Schließlich bringt jede Möglichkeit, mit Mädchen in Großstädten zusammenzukommen – auch wenn es für Geld ist –, die ich zusperre, ein großes Kontigent auf die andere Seite.

Wir dürfen bei allen diesen Betrachtungen nicht vergessen, Deutschland ist leider zu zwei Dritteln ein städtisches Volk geworden. Das Dorf kennt diese Probleme nicht. Das Dorf hat seine natürliche und gesunde Regelung all dieser Fragen. Da geht eben trotz Pfarrer und trotz christlicher Moral, trotz eines jahrtausendelangen Religionsuntersichts der Bursche zum Dirndl zum Kammerfensterln. Die Frage ist damit in Ordnung. Es gibt ein paar uneheliche Kinder, es regen sich ein paar im Dorfe auf und der Pferrer ist froh, daß er wieder ein Thema für die Kanzel hat. Die Burschen machen es genauso wie früher und – täuschen Sie sich nicht – wie es auch in unserer Vorzeit war. Die ganze Theorie, die man sich zurechtgebaut hat, daß das germanische Mädchen, wenn es Pech hat, erst mit 26 und 30 Jahren geheiratet zu werden, bis dahin als Nonne gelebt hat, ist ein Märchen. Streng waren dagegen die Blutgesetze, daß kein Bursche und kein Mädchen sich mit einem minderwertigen Blut abgeben durften. Das war sogar unbarmherzig streng. Weiterhin war streng: die eheliche Treue. Wenn die von der Frau gebrochen wurde, stand Todesstrafe darauf. Da bestand nämlich die Gefahr, daß fremdes Blut hineinkam.

Das war alles natürlich, die Ordnung damals war sauber und anständig und ging mit den Naturgesetzen und nicht wie heute unsere Ordnung gegen die Naturgesetze.

Wie gesagt, diese Fragen, die auf diesem Sektor liegen, lassen sich irgendwie einmal in Ordnung bringen. Je mehr wir Frühehen ermöglichen, daß unsere Männer also mit 25 Jahren heiraten können, desto mehr nimmt das andere ab, das regelt sich dann von selbst.

Nicht läßt sich dagegen die Frage der Homosexualität in Ordnung bringen. Ich kann selbstverständlich – eine Frage, die wir oft hin und her erwogen haben – alle Strichjungen in Deutschland einsperren und in Lager bringen. Das ist ohne weiteres möglich. Ich lege mir lediglich die Frage vor: wenn ich 20 000 Strichjungen der Großstädte einsperre, werde ich von diesen vielleicht drei- bis viertausend, die jung genug sind (17 bis 18 Jahre) durch Zucht, Ordnung, Sport und Arbeit, so wie es in einer ganzen Anzahl von Fällen geglückt ist, auf einen normalen Weg zurückbringen. In dem Augenblick aber, wo die Strichjungen nicht da sind – ich sperre ja nicht die Homosexuellen ein –, besteht dann die Gefahr, daß die Millionen Homosexuellen sich neue Opfer suchen. Das ist also ein sehr zweischneidiges Schwert.

Wir werden alle die Jungen mit 17 bis 18 Jahren, soweit sie nicht schon restlos verdorben sind, einziehen und in Lager bringen. Wir werden versuchen, diese Jungen wieder vernünftig zu machen, was uns, wie ich eben sagte, bei einer ganzen Anzahl von Fällen bereits geglückt ist.

Alles das löst aber die gesamte Frage nicht. Ich sehe überhaupt eine Lösung nur in folgendem: wir dürfen die Qualitäten des Männerstaates und die Vorzüge des Männerbundes nicht zu Fehlern ausarten lassen. Wir haben insgesamt meines Erachtens eine viel zu starke Vermännlichung unseres ganzen Lebens, die so weit geht, daß wir unmögliche Dinge militarisieren, daß wir – das Wort darf ich hier ganz offen aussprechen – nichts können in der Perfektion, als Menschen antreten, ausrichten und Tornister packen zu lassen. Ich empfinde es als eine Katastrophe, wenn ich Mädel und Frauen sehe – vor allem Mädel –, die mit einem wunderbar gepackten Tornister durch die Gegend ziehen. Da kann einem schlecht werden. Ich sehe es als Katastrophe an, wenn Frauenorganisationen, Frauengemeinschaften, Frauenbünde sich auf einem Gebiet betätigen, das jeden weiblichen Reiz, jede weibliche Würde und Anmut zerstört. Ich sehe es als Katastrophe an, wenn – ich spreche insgesamt, denn das geht eigentlich uns direkt nicht an – wir Narren von Männern die Frauen zu einem logischen Denkinstrument machen wollen, sie in allem schulen, was überhaupt nur möglich ist, wenn wir die Frauen so vermännlichen, daß mit der Zeit der Geschlechtsunterschied, die Polarität verschwindet. Dann ist der Weg zur Homosexualität nicht weit.

Ich sehe es als Katastrophe an, wenn so, wie es in den vergangenen Jahren war, z. B. die Tätigkeit des Studentenbundes – um ein Beispiel aus der Bewegung herauszugreifen – darin bestand, wunderbar Tornister zu packen und zu exerzieren. Dazu brauche ich doch keinen Studentenbund.

Ich sprach kürzlich mit dem neuen Studentenbundführer und sagte ihm: «Mein lieber Scheel, wenn Sie sich einmal dabei erwischen lassen, daß sie mit Ihren Kameraden exerzieren, dann haben Sie mich absolut zum Feind. In Studentenhäusern hat man geistig zu arbeiten und geistig zu führen und die Gesellschaft in Ordnung zu bringen.»

Ich sah einmal eine Studentenzeitung – es war, glaube ich, die Zeitung des sächsischen Studentenbundes –; auf dem Titelblatt dieser Zeitung für die geistige Arbeit des jungen Akademikers waren acht Männer abgebildet, die in zwei

Gliedern angetreten waren, während der geistige Führer die Richtung nachprüfte. Das ist an sich die Arbeit des Unteroffiziers, des Feldwebels, des Kompaniechefs oder auch des Bataillonschefs, wenn er gerade den Tick hat, immer die Richtung nachzusehen. Das ist jedoch auf gar keinen Fall die Tätigkeit einer geistigen Institution. Wenn wir vom Ausland gesagt bekommen, «Ihr könnt wirklich nichts anderes als militärisch sein», dann ist das zum Teil nicht einmal so unrichtig.

Es wird nun die Frage aufgeworfen, die SS sagt, sie sei ein Orden. Die Partei sagt auch, sie sei ein Orden. Das schließt sich gegenseitig gar nicht aus. Wir sind, ganz klar ausgesprochen, ein nationalsozialistischer Orden – und nun kommt die rassische Bestimmung – nordisch bestimmter Männer und eine beschworene Gemeinschaft ihrer Sippen. Wir sind erstens ein soldatischer Orden, nicht *der*, sondern *ein* nationalsozialistischer soldatischer Orden, zuchtmäßig, blutsmäßig gebunden an das nordische Blut, eine Sippengemeinschaft, wenn Sie es wollen. Früher hätte man gesagt, eine Adelsgenossenschaft. Diesen Ausdruck nehme ich jedoch absichtlich nicht. Ich will aber damit sagen, unsere Aufgabe geht ins Menschenzüchterische, während die Aufgabe des politischen Ordens in das politisch Führungsmäßige geht.

In dem Augenblick, in dem ich mir darüber klar bin, daß die Partei ein politischer Orden ist, muß sie mehr und mehr zum geistigen Inhalt kommen und mehr und mehr von soldatischen Formen wie gepackte Tornister, Antreten usw. abkommen. Das geht bis in einzelne Feinheiten hinein.

Ich habe mit Pg. Ley viel über diese Dinge gesprochen, der ein großes Verständnis dafür hat. Ich habe ihn z. B. nach dem wirklich schönen Appell der Politischen Leiter in Nürnberg gefragt: «Warum geben Sie ein Kommando? Ich würde es nicht tun.» Es waren 100 000 Politische Leiter auf dem Platz. Es müßten schon sehr gut exerzierte Soldaten sein, wenn das Kommando: Stillgestanden! Die Fahnen hoch! Senkt die Fahnen bei 100 000 klappen sollte.

«Warum sprechen Sie nicht in der Rede: und nun nehmen wir die Fahnen hoch und senken die Fahnen!» Es ist genau dasselbe, aber es ist keine übermännlich soldatische, militärische Form. Warum muß bei solchen Dingen kommandiert werden? Das sind nur ein paar Gedanken zu diesem Fragenkomplex.

Ich komme wieder zurück. Ich sagte, wir vermännlichen das gesamte Leben zu stark. Wir vermännlichen auch unsere Jugend zu stark. Ich will ein paar Beispiele anführen, die Sie wahrscheinlich aus eigener Erfahrung und auch sonst aus der Erfahrung mit anderen Kindern beliebig vergrößern können.

Ich sehe es als Katastrophe für ein Volk an, wenn Jungen ihrer Mutter sagen: «Du, wenn wir in der HJ marschieren, dann schau, daß du nicht an uns vorbeigehst. Ich würde dich ja grüßen, aber die anderen lachen darüber, ich gelte dann als Muttersöhnchen und Schwächling.» Ich sehe es als Katastrophe für ein Volk an, wenn ein Junge sich seiner Schwester und seiner Mutter schämt oder dazu angeleitet wird, sich der Frauen zu schämen, in diesem Fall der Frauen, die ihm am nächstenstehen, der Mutter und der werdenden Frau, der Schwester. Wenn ein Junge, der in ein Mädchen verliebt ist, über das Maß des Normalen verspottet, als nicht voll angesehen und als Weichling bezeichnet wird, und wenn man ihm sagt, ein Kerl gibt sich nicht mit Mädchen ab. Der macht das nicht. Es gibt nur Jungenfreundschaften. Die Männer bestimmen in der Welt – so ist die nächste Ebene die Homosexualität. Das sind die Gedanken von Herrn Blüher, die besagen dann: «Überhaupt, die größere Form der Liebe besteht nicht zwischen Mann und Weib, da gibt es Kinder, das ist etwas Animalisches. Die größere Form ist die sublimierte Liebe zwischen Mann und Mann. Nur daraus sind die größeren Sachen in der Weltgeschichte entstanden.» Aber das ist eben die unerhörte Verlogenheit dieser Leute, die Alexander den Großen, Bismarck für sich in Anspruch nehmen. Es gibt keinen Großen, den die Homosexuellen nicht für sich beanspruchen: Caesar, Sulla usw. Ich glaube, Don Juan wird noch nicht beansprucht, aber sonst so ziemlich alle. Das wird nun den jungen Menschen, die an sich schon in einer ungeheuer vermännlichten Bewegung sind und durch die Männerlager keine Gelegenheit haben, mit Mädchen zusammenzukommen, mundgerecht serviert. Meines Erachtens brauchen wir uns gar nicht zu wundern, daß wir diesen Weg der Homosexualität gegangen sind.

Ich sehe eine grundlegende Änderung nur in folgendem:

1. Wir haben – das ist etwas, was für uns in der SS besonders vordringlich ist – den SS-Mann und den Jungen, soweit wir darauf Einfluß haben, absolut wieder zum ritterlichen Mann, zum jungen Kavalier zu erziehen. Das ist zunächst die einzige Möglichkeit, wobei wir selbstverständlich ganz klar den Strich ziehen, daß wir nicht zu angelsächsischen und amerikanischen Verhältnissen kommen. Ich sagte einmal einer Engländerin, die zum Ausdruck brachte, sie fände es furchtbar, daß die Männer die Frauen zuerst grüßen: «Bei Ihnen balzen wohl die Hennen um den Gockel! Das scheint bei Ihnen anders zu sein als sonst?» – Eine Folge der überbevorrechteten Frau ist in Amerika, daß sich kein Mensch mehr ein Mädchen anzusehen getraut, da er sonst vor das Ehegericht kommt und regreßpflichtig gemacht wird. Die Homosexualität ist in Amerika eine absolute Schutzmaßnahme der Männer, weil sie in eine solche Sklaverei der Frauen gekommen sind. Die Frau kann sich dort benehmen wie eine Axt; sie hackt einfach drauflos. Sie wird nie zurechtgewiesen; das beste Beispiel einer Weibertyrannei!

Es besteht bei uns allerdings nicht die Gefahr, daß die Ritterlichkeit des Mannes von der anderen Seite übertrieben und ausgenutzt wird, da die Frauen in Deutschland durch Gewohnheit und Erziehung an sich nicht dazu neigen. Auf jeden Fall müssen wir unsere Jungen immer wieder zu ritterlichen Menschen erziehen, zu Menschen, die für die Frau eintreten.

Ich habe neulich zu einem HJ-Führer gesagt: «Ihr seid sonst so unchristlich, aber die Einstellung zur Frau ist das reinste Christentum, das überhaupt möglich ist.» – Vor 150 Jahren hat man an einer katholischen Universität eine Doktorarbeit gemacht mit dem Titel *‹Hat das Weib eine Seele?›*. Auch daraus geht schon die ganze Tendenz des Christentums hervor, die auf die absolute Vernichtung der Frau gerichtet ist und darauf, die Unterwertigkeit der Frau herauszustellen. Der gesamte Inhalt der Priesterschaft und des gesamten Christentums ist meiner festesten Überzeugung nach ein erotischer Männerbund zur Aufrichtung und Aufrechterhaltung dieses 2000jährigen Bolschewismus. Das begründe ich, weil ich die Geschichte des Christentums in Rom sehr genau kenne. Ich habe die Überzeugung, daß die römischen Kaiser, die die ersten Christen ausrotteten, genau dasselbe getan haben, was wir mit den Kommunisten tun. Diese Christen waren damals die übelste Hefe, die die Großstadt aufgenommen hatte, das übelste Judenvolk, die übelsten Bolschewiken, die es gab.

Der Bolschwismus von damals hatte nun die Kraft, auf dem Kadaver des sterbenden Roms groß zu werden. Die Priesterschaft dieser christlichen Kirche, die später in unendlichen Kämpfen die arianische Kirche unterjocht hat, geht schon seit dem 4. bis 5. Jahrhundert daran, die Ehelosigkeit des Priesters zu verlangen. Sie stützt sich dabei auf Paulus und die allerersten Apostel, die das Weib als etwas Sündiges hinstellten und die Ehe lediglich als einen legalen Ausweg aus der Hurerei – so steht das in der Bibel – gestatten oder empfehlen und die Zeugung von Kindern nur als notwendiges Übel hinstellen. Diese Priesterschaft geht in jenen Jahrhunderten konsequent diesen Weg, bis im Jahre 1139 die Ehelosigkeit des Priesters durchgeführt wird.

Ich habe weiter die Überzeugung, daß lediglich für die wenigen, die sich nicht dieser Homosexualität fügen wollten, insbesondere für die Landpfarrer, die meiner Schätzung nach zu einem überwiegenden Teil – über 50 % – nicht homosexuell sind, während ich bei den Klöstern annehme, daß die Homosexualität 90, 95, 100% beträgt, der Ausweg geschaffen ist, sich in der Ohrenbeichte die notwendigen Frauen und Weiber zu verschaffen.

Wenn heute die Prozesse, die die Homosexualität bei den Priestern betreffen, wieder angingen, und wenn wir die Priester so behandeln würden, wie jeden Staatsbürger in Deutschland, dann möchte ich die nächsten drei bis vier Jahre die Garantie für 200 und mehr Prozesse übernehmen. Die Prozesse durchzuführen, scheitert nicht daran, daß es an Fällen fehlt, sondern daran, daß wir einfach nicht so viele Beamte und so viele Richter haben, die wir darauf ansetzen müßten. Es wird aber in vier Jahren ein sehr schlüssiger Beweis erbracht sein – hoffe ich –, daß die Kirchenorganisation in ihrer Führerschaft, ihrem Priestertum, zum überwiegenden Teil ein homosexueller erotischer Männerbund ist, der auf dieser Grundlage seit nunmehr 1800 Jahren die Menschheit terrorisiert, ihr die größten Blutopfer abverlangt, sadistisch pervers in seinen Äußerungen der Vergangenheit war. Ich brauche nur an die Hexen- und Ketzerprozesse zu erinnern.

Die Einstellung der Minderbewertung der Frau ist eine typisch christliche Einstellung, und wir haben auch als Nationalsozialisten bis in unsere heutige Zeit – mancher sogar als taktfester Heide – ohne es zu wissen, dieses Gedankengut mit übernommen. Ich kenne auch heute noch sehr viele Parteigenossen, die eine besondere Festigkeit in der Weltanschauung und eine besondere Männlichkeit durch ein möglichst rüpelhaftes und verheerendes Benehmen gegenüber Frauen beweisen zu müssen glauben.

Ich kenne weiter eine gewisse Tendenz in unseren Reihen, Frauen möglichst von allen Veranstaltungen und Festen auszuschließen. Dieselben Leute beklagen sich aber dann darüber, daß die Frauen da oder dort an der Kirche hängen, oder nicht absolut hundertprozentig für den Nationalsozialismus gewonnen sind. Die brauchen sich jedoch nicht zu beschweren, wenn sie die Frauen als Menschen zweiter Klasse behandeln und von allen unserem Innenleben fernhalten. Es braucht sich dann niemand zu wundern, wenn sie für dieses Innenleben noch nicht völlig gewonnen sind. Wir gerade müssen uns darüber klar sein, daß die Bewegung, die Weltanschauung dann Bestand hat, wenn sie von der Frau getragen wird, denn Männer erfassen alle Dinge mit dem Verstand, während die Frau alle Dinge mit dem Gefühl erfaßt. Die größeren Blutopfer in den Hexen- und Ketzerprozessen hat die deutsche Frau gebracht und nicht der Mann. Die Pfaffen wußten genau, warum sie 5000 bis 6000 Frauen verbrannten, eben weil sie gefühlsmäßig an dem alten Wissen und der alten Lehre festhielten und sich gefühlsmäßig mit dem Instinkt nicht davon abbringen ließen, während der Mann sich schon logisch gedankenmäßig umgestellt hatte: Es hat ja keinen Sinn. Wir gehen politisch unter, ich füge mich, ich lasse mich taufen.

Ich komme zurück zu unserer Frage. Ich sehe in der gesamten Bewegung eine zu starke Vermännlichung und in dieser übertriebenen Vermännlichung das Saatbeet für die Homosexualität.

Ich bitte Sie nun, soweit Sie dazu Gelegenheit haben, über diese Gedanken im einzelnen zu sprechen – jdoch nicht vor dem gesamten Führerkorps –, sondern sich mit diesem oder jenem darüber zu unterhalten. – Sorgen Sie bitte dafür, daß unsere Männer – so wie es ja von mir angebahnt ist – bei der Sommersonnenwendfeier mit den Mädeln zum Tanz zusammenkommen. Ich halte es absolut für richtig, wenn wir die jungen Bewerber im Winter dann und wann ein Tanzvergnügen machen lassen, wo wir nun nicht irgendwie schlechte Mädchen einladen, sondern die besten, und wo wir dem SS-Mann Gelegenheit geben, mit den Mädels zu tanzen und fröhlich und lustig zu sein. Ich halte das besonders aus dem einen Grund für wichtig, daß nie einer auf einen falschen Weg in Richtung der Homosexualität kommt. Das wäre ein negativer Grund. Ich halte es aber auch aus einem positiven Grunde für wichtig: Wir brauchen uns nicht zu wundern, wenn dieser oder jener SS-Mann völlig falsch und ein rassisch nicht wertvolles Mädchen heiratet, wenn wir den Männern nicht die Möglichkeit geben, wertvolle, gutrassige Mädchen kennenzulernen.

Bei der Jugend sehe ich die Notwendigkeit, unbedingt dafür zu sorgen, daß der Junge mit 16 bis 17 Jahren in Form einer Tanzstunde, gemeinsamen Abenden oder sonst irgendwie mit den Mädeln zusammenkommt. Das Alter von 15 bis 16 Jahren – das ist eine Erfahrungstatsache – ist das Alter, in dem der Junge auf der Kippe steht. Hat er eine Tanzstunden-Flamme oder eine Jugendliebe zu irgendeinem Mädel, ist er gewonnen, ist er weggezogen von der gefährlichen Ebene. Dabei brauchen wir nun wirklich in Deutschland nicht besorgt zu sein – das ist eine ernste Frage, über die man früher nur mit Lachen, Witzen oder Zoten gesprochen hat, das hat aber Gott sei Dank aufgehört –, daß wir den Jungen mit dem Mädel zu früh zusammenbringen und zum Geschlechtsverkehr anhalten. Nein, bei unserem Klima, bei unserer Rasse und bei unserem Volk ist es an sich so, daß der sechzehnjährige Junge das als seine reinste, sauberste und idealste Liebe ansieht und daß für ihn in dem Augenblick, in dem er in ein Mädel verschossen ist – ich muß das auch wieder deutlich sagen –, ein gemeinsames Onanieren mit Kameraden, eine gemeinsame Männerfreundschaft oder Jungenfreundschaft dieser sexuellen Art gar nicht mehr in Frage kommt, weil er sich vor dem Mädel im allgemeinen schämt. Er ist ja menschlich gebunden.

In dem Augenblick ist also die Gefahr vorbei. Wir müssen nun dazu die Gelegenheit geben, wir müssen den ganzen Tenor, den wir heute in der Jugend und den wir vielleicht auch in der SS haben, herausbringen, daß ein Mann, der mit einem Mädchen geht, und ein Mann, der gegen seine Mutter anständig ist, und ein Junge, der gegen seine Schwester Kavalier ist, verspottet wird. Das ist das Saatbeet der Homosexualität.

Ich habe mich für verpflichtet gehalten, über diese Fragen vor Ihnen, meine Gruppenführer, einmal zu sprechen. Diese Angelegenheit ist tödlich ernst und ist nicht mit Traktätchen und nicht mit Moraltheorien zu lösen. Damit allein, daß man sagt: Gott, ist unser Volk so schlecht? Das ist ja furchtbar, daß es so sittlich verkommen ist . . . löst man diese Frage nicht. Wenn wir diese Frage mit ja beantworten, dann muß ich sagen, warum strengen wir uns überhaupt noch in einem Punkt an. Oder wir beantworten die Frage mit nein, dann müssen wir zugeben, daß etwas in unserem Volk völlig falsch gesteuert worden ist auf diesem Gebiet . . .

Meine Herren! Das Verrückteste, was der Verstand sich ausdenken kann, bringt ein irregeleiteter Sexus zustande. Zu sagen, wir wären tierisch, ist eine Beleidigung des Tieres; denn das Tier macht solche Dinge nicht. Also, diese Frage des richtig geleiteten Sexus ist die Lebensfrage jedes Volkes.

(aus: Heinrich Himmler, Geheimreden 1933–1945 und andere Ansprachen, Hg. von B. F. Smith u. a., Frankfurt a. M. 1974, S. 93–104 [leicht gekürzt]

Nr. 7

Auszüge aus dem Regierungsentwurf eines Strafgesetzbuches, E-1962:

§ 216

Unzucht zwischen Männern

(1) Mit Gefängnis bis zu drei Jahren wird bestraft

1. ein Mann, der mit einem anderen Mann eine beischlafähnliche Handlung vornimmt,
2. ein Mann über einundzwanzig Jahre, der mit einem Mann unter einundzwanzig Jahren Unzucht treibt oder der absichtlich vor einem solchen Mann Unzucht an sich selbst oder mit einem anderen Mann treibt, oder
3. ein Mann über achtzehn Jahre, der einen Mann unter einundzwanzig Jahren dazu bestimmt, daß er mit ihm oder einem anderen Mann oder vor ihm an sich selbst Unzucht treibt.

(2) Bei einem Beteiligten, der zur Zeit der Tat noch nicht einundzwanzig Jahre alt war, kann das Gericht von Strafe absehen.

§ 217

Schwere Unzucht zwischen Männern

(1) Mit Gefängnis nicht unter sechs Monaten wird bestraft

1. ein Mann, der unter Ausnutzung einer durch ein Dienst-, Arbeits- oder Unterordnungsverhältnis begründeten Abhängigkeit einen Mann dazu bestimmt, daß er mit ihm oder einem anderen Mann Unzucht treibt,
2. ein Mann über einundzwanzig Jahren, der einen Mann unter einundzwanzig Jahren dazu verführt, mit ihm oder einem anderen Mann Unzucht zu treiben, oder
3. ein Mann, der gewerbsmäßig mit einem anderen Mann Unzucht treibt oder sich dazu anbietet.

(2) Der Versuch ist strafbar.

§ 216

Unzucht zwischen Männern

Der Gedanke, die Strafvorschrift des § 175 StGB insoweit zu beseitigen, als sie die gleichgeschlechtliche Unzucht zwischen erwachsenen Männern mit Strafe bedroht, hat seit mehreren Jahrzehnten in steigendem Umfang Anhänger gefunden. Dabei wird nicht nur von den unmittelbar interessierten Kreisen mit besonderem Nachdruck für die Aufhebung des Tatbestandes geworben; auch von seiten der juristischen und vor allem der medizinischen Wissenschaft werden ernst zu nehmende Gründe gegen das geltende Recht angeführt. Im einzelnen wird vorgebracht, daß das Strafgesetz die der gleichgeschlechtlichen Betätigung verfallenen Männer schlechthin überfordere; bei der Neigung von Mann zu Mann handle es sich um einen Trieb, dessen Beherrschung dem von ihm Betroffenen häufig unmöglich sei. Eine Strafdrohung sei daher von vornherein zum Mißerfolg verurteilt. Sie bewirke, daß eine erhebliche Zahl sonst gesetzestreuer Männer sich ihr ganzes Leben hindurch infolge einer unverschuldeten Veranlagung oder einer durch Fehltritte im jugendlichen Alter erworbenen Neigung der ständigen Gefahr einer Bestrafung und damit der Vernichtung ihrer bürgerlichen Existenz ausgesetzt sähen. Die Erfahrung habe auch gezeigt, daß der Vollzug von Strafen oder anderen strafgerichtlichen Maßnahmen in aller Regel ungeeignet sei, den Verurteilten zur Beherrschung seines Triebes zu erziehen oder ihn auch nur daran zu gewöhnen. Überdies leiste das Bestehen eines allgemeinen Tatbestandes gegen gleichgeschlechtliche Unzucht der unerwünschten Bildung festgefügter homosexueller Gruppen innerhalb und außerhalb des öffentlichen Lebens Vorschub; denn wegen des gemeinsamen Schicksals der ständigen Bedrohung durch staatliche Verfolgungsmaßnahmen seien die in Frage kommenden Männer dazu gedrängt, sich zusammenzuschließen und sich gegenseitig zu helfen, um durch organisierte Abwehr dem staatlichen Zugriff zu entgehen. Der wichtigste Grund schließlich, der die besondere Schädlichkeit eines allgemeinen Tatbestandes deutlich mache, sei in der Tatsache zu finden, daß die Betroffenen dauernd der Gefahr der Erpressung durch Mitwisser ihrer Neigungen ausgesetzt seien und daß dadurch ein gefährliches Erpressertum geradezu gezüchtet werde. Dem kriminalpolitischen Bedürfnis könne durch Beschränkung des Strafschutzes auf die gleichgeschlechtliche Unzucht mit Männern unter 21 Jahren und auf gewisse besondere Formen der Tatbegehung, etwa durch Nötigung, durch Ausnutzung eines Abhängigkeitsverhältnises oder durch gewerbsmäßiges Handeln, ausreichend Rechnung getragen werden.

Als unterstützende Begründung für die Ablehnung eines allgemeinen Tatbestandes wird außerdem angeführt, daß es nicht Aufgabe des Staates sei, gegen Handlungen strafrechtlich einzuschreiten, die zwischen erwachsenen Männern ohne Gefährdung oder Belästigung der Allgemeinheit und in einem auf freier Entschließung beruhenden Einverständnis begangen würden. Auch wenn solche Handlungen sittlich anstößig seien, habe der Staat keine Befugnis, sich einzumischen, weil durch das Verhalten der Beteiligten kein schutzwürdiges Rechtsgut verletzt werde. Darüber hinaus wirke der Straftatbestand in hohem Maße ungerecht, weil nur ein verschwindend kleiner Teil der mit Strafe bedrohten Handlungen zur Kenntnis der Behörden und zur strafgerichtlichen Verfolgung gelange. Damit sei es in einem kaum erträglichen Maße dem Zufall überlassen, ob ein Täter den mit einer Verurteilung verbundenen und in der Regel schwerwiegenden Folgen unterworfen werde oder nicht.

Daß die vorstehend gegen das geltende Recht vorgebrachten Gründe Gewicht haben, muß eingeräumt werden. Insbesondere ist zuzugeben, daß die ständige Gefahr einer Bestrafung für Männer, die schon auf Grund ihrer Veranlagung mit dem gleichgeschlechtlichen Trieb behaftet sind und dessen starkem Drängen nachgeben, eine Härte ist. Zu bedenken ist aber, daß an Verfehlungen gegen § 175 StGB überwiegend Personen beteiligt sind, die nicht aus angeborener Neigung handeln, sondern durch Verführung, Gewöhnung oder geschlechtliche Übersättigung dem Laster verfallen sind oder die sich aus reiner Gewinnsucht dem gleichgeschlechtlichen Verkehr dienstbar machen. Gegenüber diesem Personenkreis ist die allgemeine Abschreckungswirkung der Strafandrohung nicht ohne weiteres als gering zu veranschlagen, weil sie mindestens während der Zeit, in der sich die erworbene gleichgeschlechtliche Neigung oder der gewinnsüchtige Hang erst entwickelt, wirksame Hemmungsvorstellungen zu erzeugen vermag. Außerdem ist nach den Erfahrungen der gerichtlichen und der medizinischen Praxis weder der anlagemäßig bedingte noch der erworbene und durch längere Übung gefestigte gleichgeschlechtliche Trieb regelmäßig so stark, daß dem Betroffenen seine Beherrschung nicht zugemutet werden könnte. Nach den bisherigen Forschungsergebnissen der Wissenschaft und nach der in der Rechtsprechung vorherrschenden Meinung muß angenommen werden, daß der weitaus überwiegende Teil der nach den §§ 175 oder 175 a StGB straffällig gewordenen Männer bei zumutbarer Anspannung der seelischen Kräfte in der Lage wäre, ein gesetzmäßiges Leben zu führen. Für die äußersten Fälle darf darauf hingewiesen werden, daß das Vorhandensein der abartigen Neigung als biologische Voraussetzung in Frage kommt, die im Einzelfall die Schuldfähigkeit nach § 25 erheblich vermindern kann.

Bis zu einem gewissen Grade trifft auch die Auffassung zu, daß weder der Vollzug einer Freiheitsstrafe noch die Anwendung anderer strafgerichtlicher Maßnahmen besonders geeignete Mittel sind, um gleichgeschlechtlicher Unzucht durch *Besserung* der Bestraften entgegenzuwirken. Das gilt mindestens für solche Täter, die von Natur aus gleichgeschlechtlich veranlagt sind oder deren erworbene Neigung durch längere Gewöhnung festgelegt ist. Fälle dieser Art werden, was ihre Zukunftsaussichten betrifft, in der medizinischen Forschung überwiegend als ungünstig beurteilt. Dieser Prognose unterliegen wohl mehr oder weniger alle Methoden, die bisher zur individuellen Behandlung der betroffenen Männer sowohl im medizinischen wie auch im sozialen Bereich angewendet worden sind. Sogar der freiwilligen psychotherapeutischen Behandlung, die wegen ihrer im allgemeinen recht günstigen Vorbedingungen am ehesten Aussichten haben könnte, wird von der Mehrzahl der im Bundesgebiet bestehenden medizinischen Gesellschaften insoweit keine große Erfolgschance eingeräumt. Muß man danach die bessernde Wirkung von Strafen und strafgerichtlichen Maßnahmen gegenüber Männern mit eingewurzelter gleichgeschlechtlicher Neigung als gering ansehen, so wird dadurch doch nur ein Strafzweck betroffen. Für die Frage, ob Strafe zur Bewährung der Rechtsordnung erforderlich ist oder zur Abschreckung Dritter, die erst in Gefahr sind, sich gleichgeschlechtlicher Betätigung zuzuwenden, ist dieser Gesichtspunkt ohne Bedeutung.

Nicht von der Hand zu weisen ist ferner der Hinweis auf die Gefahr der Bildung homosexueller Gruppen. Gerade in den Großstädten ist zu beobachten, daß Männer, die dem gleichgeschlechtlichen Verkehr ergeben sind, sich zusammenschließen, durch eigene Zeitschriften und gesellige Veranstaltungen eine rege Propaganda entfalten sowie durch gegenseitige Hilfeleistung ihr Fortkommen im öffentlichen Leben fördern und die Tätigkeit der Strafverfolgungsbehörden erschweren. Fraglich ist aber, ob diese Entwicklung durch das Vorhandensein eines allgemeinen Tatbestandes gegen gleichgeschlechtliche Unzucht wirklich gefördert wird. Wenn überhaupt ein solcher Zusammenhang zwischen der Geltung der Strafvorschrift und der Reaktion der Betroffenen besteht, kann er jedenfalls nicht sehr erheblich sein; denn die geschlechtliche Beziehung von Mann zu Mann ist nach der weitaus überwiegenden Auffassung der deutschen Bevölkerung als eine verachtenswerte Verirrung anzusehen, die geeignet ist, den Charakter zu zerrütten und das sittliche Gefühl zu zerstören. Auch wenn deshalb der § 175 StGB aufgehoben wird, soweit er sich auf den Verkehr zwischen erwachsenen Männern bezieht, bleibt die gesellschaftliche Ächtung gleichgeschlechtlicher Handlungen bestehen. Diese wird dann das Bestreben der betroffenen Männer, sich zusammenzuschließen, nicht wesentlich weniger fördern, als es im geltenden Recht die Strafdrohung bewirkt. Ob nicht die Beseitigung des allgemeinen Tatbestandes sogar die Gefahr der Bildung homosexueller Gruppen aus anderen Gründen vergrößert, wird im Zusammenhang mit den Nachteilen, welche die erstrebte Neuregelung voraussichtlich mit sich bringen wird, noch näher zu erörtern sein.

Unbestreitbar ist schließlich die Tatsache, daß Handlungen, die unter den § 175 StGB fallen, in besonderem Maße zu gefährlichen Erpressungen Anlaß geben. Diese werden freilich, auch wenn man die Vorschrift aufhebt, so lange nicht aufhören, als das Bekanntwerden solcher Handlungen die Beteiligten der Gefahr einer gesellschaftlichen Ächtung aussetzt. Das ist durch Erfahrungen in ausländischen Staaten, die den allgemeinen Tatbestand der gleichgeschlechtlichen Unzucht beseitigt haben, überzeugend bewiesen.

Von geringerer Bedeutung für die Entschließung des Gesetzgebers sind die beiden rechtlichen Argumente, die gegen die Regelung des geltenden Rechts vorgebracht werden. Der Standpunkt, daß eine Strafdrohung nur da berechtigt sei, wo der Schutz eines bestimmten Rechtsgutes in Frage stehe, ist weder in der strafrechtlichen Dogmatik allgemein anerkannt noch ist er bisher für die Gesetzgebung auf dem Gebiet des Strafrechts ausschließliche Richtschnur gewesen. Zwar dienen die strafrechtlichen Normen weitaus überwiegend dem Rechtsgüterschutz; das schließt aber nicht aus, bestimmte Fälle ethisch besonders verwerflichen und nach der allgemeinen Überzeugung schändlichen Verhaltens auch dann mit Strafe zu bedrohen, wenn durch die einzelne Tat kein unmittelbar bestimmbares Rechtsgut verletzt wird. Das muß vor allem gelten, wenn solches Verhalten seiner Natur nach die Tendenz in sich trägt, auf Dritte überzugreifen und damit die Anfälligkeit dafür im Volke auszubreiten. Selbst wenn man also den im Schrifttum keineswegs unbestrittenen Standpunkt teilen wollte, daß durch das Verbot gleichgeschlechtlicher Unzucht zwischen erwachsenen Männern kein bestimmtes Rechtsgut geschützt werde, wäre das kein Hindernis, an der Strafbarkeit solcher Unzucht festzuhalten. Die Tatsache schließlich, daß die Strafvorschrift deshalb ungleichmäßig wirkt, weil die große Mehrzahl der einschlägigen Taten unentdeckt und unverfolgt bleibt, ist zwar nicht zu bestreiten, aber bei einer verhältnismäßig erheblichen Zahl anderer Tatbestände, etwa der Abtreibung, auch zu verzeichnen. Diesem Gesichtspunkt kann eine erhebliche Bedeutung nicht beigemessen werden.

Die vorstehenden Ausführungen haben gezeigt, daß die Bedenken gegen eine Vorschrift, die gleichgeschlechtliche Unzucht zwischen erwachsenen Männern allgemein mit Strafe bedroht, zwar bis zu einem gewissen Grade abgeschwächt, aber keineswegs ausgeräumt werden können. Es fragt sich deshalb, ob der Verzicht auf die Vorschrift nicht vielleicht andere schwerere Nachteile mit sich bringt, die den Gesetzgeber dazu zwingen, trotz der Härten, zu denen die Anwendung des § 175 StGB führt, und trotz seiner beschränkten Durchführbarkeit an der bisherigen Regelung festzuhalten. Dabei geht der Entwurf in Übereinstimmung mit der weitaus überwiegenden Ansicht der Bevölkerung, den bisherigen Ergebnissen der wissenschaftlichen Forschung und den Erfahrungen der gerichtlichen Praxis davon aus, daß die wiederholte Betätigung des gleichgeschlechtlichen Triebes ihre Ursache entweder in einer abartigen Persönlichkeitsstruktur oder in einer durch Gewöhnung erworbenen geschlechtlichen Fehlhaltung hat. Die von interessierten Kreisen in den letzten Jahrzehnten wiederholt aufgestellte Behauptung, daß es sich bei dem gleichgeschlechtlichen Verkehr um einen natürlichen und deshalb nicht anstößigen Trieb handle, für den das gleiche Recht in Anspruch zu nehmen sei wie für die Beziehungen zwischen Mann und Frau, und daß sogar die Neigung des Mannes zum Mann oder zum Jüngling der Ausdruck einer besonders hohen und edlen Kultur sei, kann nur als Zweckbehauptung zurückgewiesen werden. Wollte man den ihr zugrunde liegenden Gesichtspunkt anerkennen, so müßte die Gesellschaft jede Spielart menschlichen Wesens, sei sie auch noch so abartig, als naturgewollt hinnehmen und achten. Daß dies nicht zutreffen kann, lehrt schon die geschichtliche Erfahrung. Wo die gleichgeschlechtliche Unzucht um sich gegriffen und großen Umfang angenommen hat, war die Entartung des Volkes und der Verfall seiner sittlichen Kräfte die Folge.

Legt man diese Einstellung zur Frage gleichgeschlechtlicher Betätigung zugrunde, so kann die Aufhebung des allgemeinen Verbots namentlich zu folgenden Nachteilen führen: Die werbende Tätigkeit homosexueller Gruppen im öffentlichen Leben würde wesentlich erleichtert. Da die Unzucht zwischen erwachsenen Männern als solche nicht mehr strafbar wäre, könnte sich auch ihre Propagierung durch Wort, Schrift oder Bild sehr viel mehr in die Öffentlichkeit wagen, als das heute der Fall ist. Die Strafbestimmungen über unzüchtige Schriften und über die Erregung öffentlichen Ärgernisses würden dagegen nur einen unvollkommenen Schutz bieten. Da homosexuelle Zusammenschlüsse, wie oben bereits dargelegt, schon unter der Herrschaft des § 175 StGB entstanden sind und heute durchweg als festgefügte und gut organisierte Gruppen bestehen, muß damit gerechnet werden, daß sie ihre Tätigkeit auch nach Aufhebung dieses Tatbestandes fortsetzen; denn nach Beseitigung der Strafbarkeit wäre ihre nächste Aufgabe, sich für die gesellschaftliche Anerkennung gleichgeschlechtlicher Handlungen einzusetzen. Daß sie dabei alle Möglichkeiten ausschöpfen würden, die ihnen das neue Strafgesetz bietet, unterliegt keinem Zweifel. Daß sie außerdem die Tatsache der Gesetzesänderung in ihrem Sinne deuten und zu der Behauptung ausbeuten würden, das Gesetz habe den gleichgeschlechtlichen Verkehr zwischen erwachsenen Männern als berechtigt anerkannt, ist wahrscheinlich. Hand in Hand mit der verstärkten Werbung würde wohl auch ein vermehrtes Hervortreten gleichgeschlechtlicher Neigungen in der Öffentlichkeit gehen; denn da der Verkehr als solcher nicht mehr mit Strafe bedroht wäre, würde sich ein Homosexueller, der seine Neigung offen erkennen läßt, nicht mehr der Gefahr einer Strafverfolgung aussetzen. Vor allem stände auch für die Homosexuellen nichts im Wege, ihre nähere Umgebung durch Zusammenleben in eheähnlichen Verhältnissen zu belästigen; solange sie dadurch kein öffentliches Ärgernis erregten, gäbe es zum strafrechtlichen Einschreiten keine Handhabe. Dieses aller Voraussicht nach zu erwartende stärkere Hervortreten homosexueller Werbung und Betätigung in der Öffentlichkeit würde vor allem jüngere Menschen in den Bann dieser Bewegung ziehen. Gerade dieser Gefahr gegenüber bildet ein allgemeines Verbot gleichgeschlechtlicher Betätigung eine wirksame Schranke; denn sie ist in vielen Fällen geeignet, Männer, die keine gleichgeschlechtliche Anlage oder noch keine erworbene Neigung haben, von dem Anschluß an diese Bewegung abzuhalten. Nicht zuverlässig zu beurteilen, aber höchstwahrscheinlich auch nachteilig wären die Folgen, die bei einer Aufhebung des Verbots für das öffentliche Leben eintreten würden. Schon unter der Herrschaft des geltenden Rechts ist hier und da das Bestreben homosexueller Gruppen wirksam geworden, durch gegenseitige Hilfestellung in öffentliche Einrichtungen einzudringen und sie durch planmäßiges Nachziehen gleichgeschlechtlich veranlagter Mitarbeiter zu beherrschen. Diese Form der Zersetzung würde bei einem Wegfall des § 175 StGB wesentlich erleichtert, weil dann die zu dem Zweck getroffenen Maßnahmen, Gruppen von Männern mit gleichgeschlechtlichen Neigungen innerhalb des öffentlichen Dienstes oder anderer öffentlicher Einrichtungen zu bilden, die daran Beteiligten nicht mehr ohne weiteres dem Verdacht strafbaren Verhaltens aussetzen würden. Sollte aber solche Tätigkeit in größerem Umfang um sich greifen, wäre das für die Allgemeinheit eine schwere Gefahr; denn wenn die gleichgeschlechtliche Neigung in gewissen öffentlichen Einrichtungen zum positiven Auslegeprinzip würde, wäre damit eine Verfälschung des öffentlichen Lebens mit kaum absehbaren Folgen verbunden. Nicht geringzuschätzen ist schließlich die Bedrohung, die von einer Freigabe gleichgeschlechtlicher Unzucht unter erwachsenen Männern für Verbände und Gruppen ausgehen würde, die in größeren oder kleineren Gemeinschaften zusammen leben. Zu denken ist dabei nicht nur an die kasernierten Einheiten der Polizei und an die Bundeswehr, sondern auch an Wohngemeinschaften von Männern, die zur Ausführung größerer Arbeitsvorhaben, zu gemeinsamen Reisen oder zu anderen längere Zeit in Anspruch nehmenden Zwecken geschaffen werden. Daß gerade in diesen Gemeinschaften die Bildung homosexueller Gruppen verderbliche Wirkungen hat, bedarf keiner besonderen Darlegung.

Eine Abwägung der widerstreitenden Gründe und Gegengründe führt zu dem Ergebnis, daß ein Tatbestand, der gleichgeschlechtliche Handlungen auch unter erwachsenen Männern mit Strafe bedroht, aufrechterhalten werden muß. Ausgeprägter als in anderen Bereichen hat die Rechtsordnung gegenüber der männlichen Homosexualität die Aufgabe, durch die sittenbildende Kraft des Strafgesetzes einen Damm gegen die Ausbreitung eines lasterhaften Treibens zu errichten, das, wenn es um sich griffe, eine schwere Gefahr für eine gesunde und natürliche Lebensordnung im Volke bedeuten würde. Allerdings ist diese dem Entwurf zugrunde liegende Auffassung lebhaft umstritten. Das haben auch die Beratungen, die zur Vorbereitung des Entwurfs stattgefunden haben, deutlich gezeigt. Bei der Entscheidung des Gesetzgebers, die in großem Umfang auch weltanschauliche und allgemeine politische Gesichtspunkte zu berücksichtigen hat, wird es sich vor allem darum handeln, ob sich der Standpunkt des Entwurfs durchsetzt oder ob es verantwortet werden kann, daß sich das Strafgesetz unter Verzicht auf einen allgemeinen Tatbestand der gleichgeschlechtlichen Unzucht zwischen erwachsenen Männern auf den Jugendschutz beschränkt und darüber hinaus nur die Unzucht zwischen Männern erfaßt, die in einem Verband oder einer Gruppe zusammen leben.

Abschließend darf noch vermekrt werden, daß das von interessierten Kreisen in den letzten Jahren ständig vorgebrachte Bedenken, die Strafvorschriften gegen die männliche gleichgeschlechtliche Unzucht seien mit dem Gleichheitsgrundsatz des Artikels 3 Abs. 2 und 3 GG unvereinbar, für die gesetzgeberische Entscheidung ohne jede Bedeutung ist. Der biologische Geschlechtsunterschied zwischen Mann und Frau prägt, wie das Bundesverfassungsgericht überzeugend dargelegt hat, den Sachverhalt hier so entscheidend, daß etwa vergleichbare Elemente daneben vollkommen zurücktreten. Die gleichgeschlechtliche Unzucht zwischen Frauen ist eine Erscheinung mit andersartigen und namentlich weniger einschneidenden Folgen für das Zusammenleben in der menschlichen Gesellschaft. Ihre Bekämpfung mit Mitteln des Strafrechts ist aus kriminalpolitischen Gründen nicht geboten.

Zur Fassung der Vorschriften im einzelnen, die an die Stelle des § 175 StGB treten sollen, ist folgendes zu bemerken:

Absatz 1 Nr. 1 droht dem Mann Strafe an, der mit einem anderen Mann eine beischlafsähnliche Handlung vornimmt. Mit dieser Einschränkung gegenüber dem geltenden Recht, das jede Form des «Unzuchttreibens» genügen läßt, stellt der Entwurf für den Verkehr zwischen erwachsenen Männern die Rechtslage wieder her, die von der Rechtsprechung vor der Neufassung des § 175 StGB durch das Gesetz vom 28. Juni 1935 (Reichsgesetzbl. I, S. 839) erarbeitet worden ist. Nach § 175 StGB a. F. war die «widernatürliche Unzucht» zwischen Personen männlichen Geschlechts mit Strafe bedroht. Aus dem Bestreben nach sinnvoller Beschränkung und aus Gründen der Tradition hat das Reichsgericht dieses Merkmal nur als erfüllt angesehen, wenn es zu einer «beischlafsähnlichen Handlung» zwischen den Beteiligten gekommen ist. Die Entwürfe von 1913 und 1927 haben diese Rechtsprechung durch Einführung des gesetzlichen Merkmals der beischlafsähnlichen Handlung ausdrücklich anerkannt. Erst der nationalsozialistische Gesetzgeber hat es für notwendig befunden, die enge Auslegung des Gesetzes durch die jetzt geltende Fassung des § 175 StGB unmöglich zu machen und jede Form unzüchtiger Betätigung zwischen Männern einzubeziehen. Eine so weite Ausdehnung des Tatbestandes ist namentlich deshalb bedenklich, weil dadurch die große Mehrzahl der Männer mit eingewurzelter gleichgeschlechtlicher Neigung überfordert würde. Für die Bewährung der Rechtsordnung genügt es, wenn die gesetzliche Mißbilligung der gleichgeschlechtlichen Unzucht dadurch zum Ausdruck kommt, daß nur deren besonders anstößige Formen einer Strafdrohung unterworfen werden. Die unmittelbare Nachahmung des natürlichen Beischlafs gibt der gleichgeschlechtlichen Handlung ein besonderes Gewicht und läßt sie als so verwerflich erscheinen, daß mindestens durch sie die Strafbarkeit begründet werden kann. Der Entwurf stellt deshalb auf die Vornahme einer «beischlafsähnlichen Handlung» zwischen den beteiligten Männern ab. Was darunter zu verstehen ist, hat die höchstrichterliche Rechtsprechung vor 1933 in langjähriger Arbeit geklärt. Auf ihr beruht die Fassung der Nummer 1 des Absatzes 1, die insoweit mit den genannten Entwürfen übereinstimmt, daß die wechselseitige Onanie unter Männern das Merkmal der beischlafsähnlichen Handlung im allgemeinen nicht erfüllt. Das entspricht der ständigen Rechtsprechung des Reichsgerichts, die erst in der Zeit des Nationalsozialismus, unmittelbar vor der Änderung des § 175 StGB, aus Gründen aufgegeben worden ist, die nicht zuletzt politisch bedingt waren. Im übrigen trifft die Strafe beide an dem unzüchtigen Vorgang beteiligten Männer, auch wenn nur der eine handelt und der andere dessen Tätigkeit lediglich duldet. Insoweit bedeuten die Worte «mit einem anderen Mann ... vornimmt» dasselbe wie die Worte «miteinander ... vollziehen» in § 192 Abs. 2 Satz 2.

Während gegen die Beschränkung des Tatbestandes auf beischlafsähnliche Handlungen keine Bedenken bestehen, soweit es sich um den Verkehr zwischen erwachsenen Männern handelt, kann Entsprechendes für gleichgeschlechtliche Unzucht mit oder gegenüber Männern unter 21 Jahren nicht gelten. In diesem Bereich treten die Erfordernisse des Jugendschutzes in den Vordergrund. Hier ist vor allem die Tatsache zu berücksichtigen, daß jede gleichgeschlechtliche Unzucht für junge, in ihrem Geschlechtsleben noch ungefestigte Menschen die Gefahr in sich birgt, daß der Trieb auf die gleichgeschlechtliche Betätigung abgelenkt und festgelegt wird. Würde hier die Strafdrohung erst wirksam, wenn eine beischlafsähnliche Handlung vorgenommen oder wenn das Opfer zur Unzucht verführt wird (§ 217 Abs. 1 Nr. 2), so könnte nicht verhindert werden, daß zahlreiche junge Männer auf dem Wege über widernatürliche, wenn auch nicht in höchstem Maße verwerfliche, Handlungen, etwa der gleichzeitigen oder der wechselseitigen Onanie, dem Laster des gleichgeschlechtlichen Verkehrs verfielen. Hier eine wirksame Schranke zu errichten ist eine unabweisbare Notwendigkeit, die überwiegend auch von denen anerkannt wird, die einen allgemeinen, für den Verkehr zwischen Männern jeden Alters geltenden Tatbestand ablehnen. Diesem Zweck dienen die Nummern 2 und 3 des Absatzes 1. Sie sind in enger Anlehnung an die §§ 210 und 212 aufgebaut.

Absatz 1 Nr. 2 droht dem Mann über 21 Jahren Strafe an, der mit einem Mann unter 21 Jahren Unzucht treibt oder der absichtlich vor einem solchen Mann Unzucht an sich selbst oder mit einem anderen Mann treibt. Die hier bezeichneten verschiedenen Formen der Unzucht sind dem § 210 Abs. 1 und dem § 212 Abs. 1, auf deren Begründung verwiesen wird, unmittelbar vergleichbar. Ein wesentlicher Unterschied gegenüber der letzteren Vorschrift besteht lediglich insofern, als das Schutzalter bei unzüchtigen Handlungen «vor» dem anderen Mann nicht anders bestimmt wird als bei entsprechenden Handlungen mit ihm. Diese Gleichstellung ist geboten, weil nach allen bisherigen Erfahrungen auch die Unzucht vor einem geschlechtlich noch nicht ausgereiften jungen Mann dazu führen kann, daß eine gleichgeschlechtliche Neigung geweckt oder gefestigt wird. Eine Herabsetzung der Schutzgrenze etwa auf 18 Jahre, wie sie bei der Unzucht vor Schutzbefohlenen vorgesehen ist, würde den hier bestehenden Gefahren nicht in ausreichendem Maße entgegenwirken. Daß im übrigen – anders als in § 212 Abs. 1 – die verschiedenen Formen der Unzucht vor dem anderen ausdrücklich bezeichnet werden, hängt damit zusammen, daß aus dem Anwendungsbereich des Tatbestandes alle Fälle heterosexueller Unzucht ausgeschieden werden müssen. Die Strafdrohung ist auf Täter über 21 Jahre beschränkt. Da homosexuelle Verfehlungen meist durch einverständliches und tätiges Zusammenwirken von zwei Partnern begangen werden, wäre es mißlich, die jeweils durch den Tatbestand geschützte Person grundsätzlich zugleich für ihren Beitrag zu dem unzüchtigen Geschehen strafrechtlich verantwortlich zu machen. Das wäre vor allem dann bedenklich, wenn der minderjährige Täter in

Wahrheit nur das Opfer einer Verführung geworden ist. Der Entwurf beruht deshalb auf der Vorstellung, daß Männer unter 21 Jahren, die ihre Tat weder in der erschwerten Form der Nummer 1 begehen noch im Sinne der Nummer 3 durch Einwirkung auf den Partner den Anstoß zur Tat geben, von der Strafdrohung ausgenommen werden sollen. Das ist vor allem deshalb vertretbar, weil es sich in diesem Bereich überwiegend um leichte Taten und um wenig antriebsstarke Täter handelt und darauf vertraut werden kann, daß bei jüngeren Männern auch außerstrafrechtliche Maßnahmen eingesetzt werden können.

Absatz 1 Nr. 3 sieht Strafe für den Mann über 18 Jahre vor, der einen Mann unter 21 Jahren dazu bestimmt, daß er mit ihm oder einem anderen Mann oder vor ihm an sich selbst Unzucht treibt. Dieser Tatbestand hat sein Gegenstück in § 210 Abs. 2 und § 212 Abs. 2. Jedoch ist hier – abweichend von § 210 Abs. 2 – stets erforderlich, daß der Betroffene die geschlechtliche Bedeutung des Verhaltens versteht, zu dem er bestimmt wird. Auf die zum Schutze der Kinder unerläßliche Erweiterung des Tatbestandes ist hier bewußt verzichtet worden, weil für sie kein kriminalpolitisches Bedürfnis besteht. Außerdem ist der Tatbestand im Gegensatz zu der Nummer 2 schon auf Täter anwendbar, die das 18. Lebensjahr vollendet haben. Diese Erweiterung ist bedeutsam. Die Erfahrungen der gerichtlichen Praxis und der medizinischen Forschung haben gezeigt, daß es in der Altersgruppe der 18- bis 21jährigen Männer gibt, die infolge ihrer Veranlagung oder einer durch Gewöhnung erworbenen Neigung mit einem fest eingewurzelten gleichgeschlechtlichen Trieb behaftet sind, der sie dazu drängt, ständig ebenso junge Männer zu verführen und damit in ihren Bannkreis zu ziehen. Infolge ihres noch verhältnismäßig jugendlichen Alters gehen sie dabei oft recht hemmungslos und ohne Rücksicht auf die schweren Gefahren für die Betroffenen vor. Diese Täter durch Erweiterung des Tatbestandes der Verführung zur gleichgeschlechtlichen Unzucht (§ 217 Abs. 1 Nr. 2) zu erfassen und sie damit einer qualifizierten Strafe zu unterwerfen ist nicht ratsam. Ebenso wie im geltenden Recht dürfte ihre Bestrafung aus der Grundstrafdrohung für die Unzucht zwischen Männern genügen. Darüber hinaus ist zu bedenken, daß die Männer, die im Einzelfall jeweils durch Einwirkung auf den Willen des Partners den Anstoß zur gleichgeschlechtlichen Unzucht geben, überhaupt gefährlicher sind als diejenigen, die sich lediglich auf einen ihnen angesonnenen Verkehr einlassen. In diesem Bereich läßt es sich kaum verantworten, auf die Strafbarkeit ganz zu verzichten. Der Entwurf droht deshalb auch den 18- bis 21jährigen für den Fall Strafe an, daß sie einen anderen noch nicht 21jährigen Mann zur gleichgeschlechtlichen Unzucht bestimmen. Wegen der Auslegung des Begriffs «bestimmen» wird auf die Begründung zu § 210 Abs. 2 verwiesen.

Die Nummern 2 und 3 des Absatzes 1 setzen einheitlich voraus, daß entweder der Täter oder der von ihm mißbrauchte Mann «Unzucht treibt». Dazu bedarf es unzüchtiger Handlungen von einer gewissen Stärke und Dauer. Soweit die Tatbestände Unzucht treiben mit einem anderen erfordern, muß dessen Körper *durch Berührung* als Mittel zur Erregung oder Befriedigung der Geschlechtslust benutzt werden. Diese Beschränkung wird allerdings dadurch weitgehend wieder ausgeglichen, daß auch unzüchtige Handlungen vor dem anderen in die Tatbestände einbezogen sind. Was den Inhalt gleichgeschlechtlicher Betätigung gegenüber Männern unter 21 Jahren betrifft, gewährt danach die vorgeschlagene Fassung der beiden Nummern im wesentlichen denselben Strafschutz, den die Rechtsprechung auf der Grundlage des § 175 StGB herausgearbeitet hat. Einerseits sind flüchtige unzüchtige Handlungen aus dem Anwendungsbereich gänzlich ausgeschieden; andererseits werden aber die vor der geschützten Person begangenen gleichgeschlechtlichen Handlungen weitgehend getroffen. In diesem Bereich tritt gegenüber dem geltenden Recht sogar eine gewisse Erweiterung ein, weil es auf den bisher erforderlichen intellektuellen Kontakt zwischen dem Täter und seinem Opfer nicht mehr ankommt (vgl. zu dem Vorstehenden die Ausführungen zum Sprachgebrauch in der Vorbemerkung zu diesem Untertitel unter 2. und 4.). Es ist erwogen worden, aus den Tatbeständen der Nummern 2 und 3 die Fälle auszuscheiden, daß der Täter oder sein Opfer jeweils vor dem anderen Unzucht an sich selbst treibt, um dadurch die ins einzelne gehende Beschreibung der verschiedenen Unzuchtsformen überflüssig zu machen. Durch eine solche Beschränkung würde aber aus dem Anwendungsbereich die außerordentlich wichtige gleichzeitige Onanie ausgeschieden, deren kriminalpolitische Bedeutung nicht unterschätzt werden darf. Gerade durch sie kommen zahlreiche junge Männer erstmalig mit der Homosexualität in Berührung und geraten dann zunehmend unter ihren Einfluß. Im Interesse eines wirksamen Jugendschutzes läßt es sich deshalb nicht verantworten, die Tatbestände auf die schwereren Unzuchtsformen zu beschränken.

Die *Nummern 1 bis 3 des Absatzes 1* überschneiden sich mehrfach. Das ist im Interesse des Zieles, eine dem kriminalpolitischen Bedürfnis entsprechende Gesamtlösung zu ereichen, nicht vermeidbar. Es kann der Rechtsprechung überlassen bleiben zu klären, welche Begehungsformen im Falle des rechtlichen Zusammentreffens jeweils den Vorrang haben und die anderen verdrängen.

Als *Strafe* für die einfache Unzucht zwischen Männern wird Gefängnis bis zu drei Jahren angedroht. Das ist gegenüber § 175 StGB hinsichtlich des Mindestmaßes eine Verschärfung und hinsichtlich des Höchstmaßes eine Milderung. Die Notwendigkeit der Mindeststrafe von einem Monat (§ 46 Abs. 1) folgt aus der Überlegung, daß der Tatbestand gegenüber dem geltenden Recht wesentlich eingeschränkt worden ist und jetzt wohl keinen Sachverhalt mehr erfaßt, in dem der Täter im Sinne des § 48 mit geringer Schuld gehandelt hat. Neben der Gefängnisstrafe kann deshalb als weitere Freiheitsstrafe Strafhaft nicht vorgesehen werden. Auf der anderen Seite braucht das Höchstmaß der Gefängnisstrafe nicht fünf Jahre zu betragen, weil bei einfacher Unzucht zwischen Männern kein kriminalpolitisches Bedürfnis für Freiheitsstrafen von mehr als drei Jahren besteht.

Absatz 2 räumt dem Gericht die Befugnis ein, bei Beteiligten unter 21 Jahren von Strafe abzusehen. Diese Möglichkeit, die nur insoweit praktische Bedeutung hat, als sich der noch nicht 21jährige nach dem persönlichen Anwendungsbereich der Tatbestände überhaupt als Täter oder Teilnehmer strafbar machen kann, entspricht im wesentlichen dem § 175 Abs. 2 StGB. Dessen Beschränkung auf besonders leichte Fälle ist jedoch aufgegeben worden, weil es bei jungen Tätern ganz allgemein sinnvoll sein kann, auf eine Bestrafung zu verzichten. Das trifft vor allem zu, wenn sie das Opfer einer Verführung geworden sind oder wenn ein besonderer Vertrauensbeweis als geeignetes Mittel erscheint, sie zur Umkehr zu bewegen.

§ 217

Schwere Unzucht zwischen Männern

Die Tatbestände der schweren Unzucht zwischen Männern sind eng an § 175 a StGB angelehnt. Sie stellen bestimmte erschwerte Formen der männlichen gleichgeschlechtlichen Unzucht unter erhöhte Strafe. Es handelt sich dabei um die Begehung unter Ausnutzung einer durch ein Dienst-, Arbeits- oder Unterordnungsverhältnis begründeten Abhängigkeit, um die Verführung eines Mannes unter 21 Jahren und um die gewerbsmäßige Begehung. Der in § 175 a Nr. 1 StGB außerdem genannte Fall der Nötigung mit Gewalt oder durch Drohung mit gegenwärtiger Gefahr für Leib oder Leben braucht nicht einbezogen zu werden, weil er bereits durch § 206 (Nötigung zur Unzucht) mit ausreichender Strafe bedroht ist. Die Notwendigkeit, in den genannten Fällen mit strengerer Strafe einzuschreiten, wird fast allgemein anerkannt und auch von denen eingeräumt, welche die gleichgeschlechtliche Unzucht an sich nicht für strafwürdig halten. Deshalb ist die Vorschrift hier auch nicht auf beischlafsähnliche Handlungen beschränkt, sondern, wie sich aus der Verwendung des Begriffs «Unzuchttreiben» ergibt, auf alle Formen gleichgeschlechtlicher Unzucht ausgedehnt. (Näheres zu diesem Sprachgebrauch ist in der Vorbemerkung zu diesem Untertitel unter 2. dargelegt.)

Von den einzelnen Tatbeständen des *Absatzes 1* unterscheidet sich die *Nummer 1* vom geltenden Recht nur unwesentlich. Soweit nicht mehr davon gesprochen wird, daß der Täter den anderen «bestimmt, sich von ihm zur Unzucht mißbrauchen zu lassen», liegt darin keine sachliche Änderung, denn wer seinen Körper einem anderen in einer Weise darbietet, daß dessen Verhalten als «Unzuchttreiben» anzusehen ist, treibt selbst auch Unzucht mit dem anderen ohne Rücksicht darauf, ob er handelnd tätig wird oder lediglich die Handlungen des anderen duldet. Der Hinweis auf den «Mißbrauch zur Unzucht» ist danach überflüssig; er ist aber auch irreführend, weil er die hier gebotene Beschränkung auf unzüchtige Handlungen von gewisser Stärke und Dauer nicht enthält (vgl. dazu die Ausführungen zum Sprachgebrauch in der Vorbemerkung zu diesem Untertitel unter 5.). Eine Erweiterung des geltenden Rechts bringt die Nummer 1 allerdings insofern, als sie es genügen läßt, daß der Verletzte dazu bestimmt wird, nicht mit dem Täter, sondern mit einem anderen Mann Unzucht zu treiben. Gedacht ist dabei namentlich an Fälle, in denen ein dienstlich oder beruflich Abhängiger zu einer homosexuellen Gruppe stößt, der auch sein Vorgesetzter angehört, und von diesem zur gleichgeschlechtlichen Unzucht mit anderen Gruppenangehörigen veranlaßt wird. Solches Verhalten des Vorgesetzten ist nicht minder strafwürdig als die Herbeiführung eigener Unzucht mit dem Verletzten. – Auch die *Nummern 2 und 3* lehnen sich eng an das geltende Recht an (§ 175 a Nr. 3, 4 StGB). Sie sind ihm gegenüber lediglich unter denselben Gesichtspunkten geändert worden, die bereits zu der Nummer 1 dargelegt sind.

Als *Strafe* für die schwere Unzucht zwischen Männern sieht der Entwurf Gefängnis von sechs Monaten bis zu zehn Jahren vor. Die in § 175 a StGB für den Regelfall angedrohte Zuchthausstrafe ist beseitigt worden, weil solche Taten nicht zur Hochkriminalität gehören und nach den Ergebnissen der Kriminalstatistik von 1950 bis 1957 nur zu einem geringen Bruchteil mit Zuchthaus bestraft worden sind. Auf der anderen Seite ist jedoch die Mindeststrafe von drei Monaten auf sechs Monate Gefängnis erhöht worden. Das hängt vor allem damit zusammen, daß der Anwendungsbereich des Tatbestandes gegenüber dem geltenden Recht dadurch wesentlich eingeschränkt wird, daß er nur noch Taten erfaßt, in denen es zu körperlicher Berührung kommt (vgl. dazu die Ausführungen zum Sprachgebrauch in der Vorbemerkung zu diesem Untertitel unter 4.). Die meist milder liegenden Fälle, in denen der Körper des Betroffenen in anderer Weise in den unzüchtigen Vorgang einbezogen wird, scheiden künftig aus und können nur nach anderen Vorschriften, etwa nach § 212 oder § 216 Abs. 1 und 3, geahndet werden.

Nr. 8

Urteile des Bundesgerichtshofes zur Weitergeltung des § 175 (1951/52):

StGB § 175

1. § 175 StGB ist in der Fassung des G v. 28. 6. 35 geltendes Recht.
2. Unzucht bedeutet in § 175 StGB dasselbe wie unzüchtige Handlung. Doch kann die Grenze zwischen unsittlichen und nur unanständigen Handlungen unter erwachsenen Männern anders zu ziehen sein, als wenn Handlungen von Erwachsenen mit Kindern oder Jugendlichen zu beurteilen sind. BGH, Urteil v. 13. 3. 1951 – 1 StR 1/51 (LG Frankenthal).

Nach den Feststellungen des angefochtenen Urteils hielt sich der Angekl. am Abend des 27. 9. 49 in N. mit einem unbekannt gebliebenen jungen Manne in angetrunkenem Zustand in der von zahlreichen Gästen besuchten Gaststube des Hotels B. auf, drückte den neben ihm sitzenden Begleiter wiederholt an sich, faßte über der Kleidung dessen Geschlechtsteil an und bewegte ihn. Er ließ sich auch von dem jungen Mann an seinen Geschlechtsteil fassen. Mehrere in der Gaststube anwesende Gäste und das Bedienungspersonal nahmen an dem Treiben des Angekl. und seines Begleiters Anstoß. Auf Grund dieses Sachverhalts ist der Angekl. wegen Vergehens gegen § 175 StGB in Tateinheit mit Erregung öffentlichen Ärgernisses (§ 183 StGB) verurteilt worden. Seine Revision hatte keinen Erfolg. Aus den Gründen:

Gegen die Fortgeltung des § 175 StGB i. d. F. des G zur Änderung des StGB vom 28. 6. 35 (RGBl. I, S. 839) bestehen keine Bedenken. Das G v. 28. 6. 35, durch das § 175 StGB seine neue Fassung erhielt, ist in ordnungsmäßiger Form zustande gekommen. Die bei Kriegsende in Deutschland geltenden Rechtsvorschriften sind mehrfach daraufhin überprüft worden, ob sich ihre Weitergeltung mit der Änderung der politischen Verhältnisse in Deutschland verträgt. Zahlreiche Vorschriften, auch solche strafrechtlichen Inhalts, von denen angenommen wurde, daß sie auf nationalsozialistischer Auffassung beruhten oder der Durchsetzung nationalsozialistischer Ziele weiter dienen könnten, wurden förmlich aufgehoben. Die Neufassung des § 175 StGB ist dabei nicht berührt worden. Schon das spricht für seine Weitergeltung. Daß er bei der wiederholten Überprüfung des überkommenen Rechtsbestandes übersehen worden sei, ist bei der Bedeutung der Vorschrift nicht anzunehmen. Gegen diese Ansicht wird zwar geltend gemacht, daß die Gestaltung der Verhältnisse unter der nationalsozialistischen Herrschaft mit ihren Männerverbänden der Anlaß gewesen sei, den früheren Tatbestand zu erweitern, und daß andererseits die damaligen Machthaber die neue Fassung des § 175 StGB auch als Vorwand benutzten, gegen mißliebige Organisationen oder Einzelpersonen vorzugehen. Keine dieser Erwägungen erlaubt aber den Schluß, daß die Abgrenzung des Kreises der strafbaren gleichgeschlechtlichen Handlungen in der neuen Fassung gegenüber der früheren eine Verwirklichung nationalsozialistischer Ziele oder Gedanken bilde. Dabei ist auch zu berücksichtigen, daß § 175 II StGB, der ein nicht wegzudenkendes Teilstück der neuen Fassung ist, gegenüber der alten Fassung eine wichtige Milderung enthält, da er es dem Richter ermöglicht, bei jugendlichen Verirrungen unter Umständen von Strafe abzusehen. Gegen die Geltung des § 175 StGB können auch nicht die verschiedenen Gründe angeführt werden, mit denen seit Jahrzehnten die Auffassung vertreten wird, daß die gleichgeschlechtliche Betätigung unter Männern überhaupt kein strafwürdiges Unrecht sei. Die Entscheidung hierüber kann nur vom Gesetzgeber, nicht aber von der Rechtsprechung getroffen werden. Die Weitergeltung des § 175 StGB n. F. ist darum auch in der Rechtsprechung nach 1945 allgemein bejaht worden, wenn auch zum Teil mit der Einschränkung, daß er enger ausgelegt wurde, als es in der Rechtsprechung des Reichsgerichts geschah (vgl. OLG Hamm, HESt 1, 294; OLG Braunschweig, HESt 1, 50; OLG Celle, DRZ 47, 134; OGHSt 1, 126; OLG Frankfurt, MDR 49, 186; OLG Hamburg[1], MDR 48, 186 u. 50, 301; a. A.: OLG Halle, NJ 49, 143).

Diese Rechtsprechung verstand unter «Unzuchttreiben» dasselbe, was in § 174 StGB mit «Mißbrauch zur Unzucht» und in § 176 StGB mit «Vornahme unzüchtiger Handlungen» bezeichnet wird, und hielt darum jede Handlung für ausreichend, die auf Erregung oder Befriedigung der eigenen oder fremden Geschlechtslust gerichtet und geeignet war, das allgemeine Scham- und Sittlichkeitsgefühl in geschlechtlicher Beziehung zu verletzen, wenn der Täter dabei den Köprer des anderen als Mittel benutzte, Wollust zu erregen oder zu befriedigen (RGSt 70, 224). Gegenüber dieser Deutung ist im Schrifttum die Ansicht vertreten worden, § 175 StGB n. F. sei in derselben Weise auszulegen, wie § 175 StGB a. F. in der Rechtsprechung vor 1933 verstanden worden sei, Unzuchttreiben setze also die Vornahme beischlafsähnlicher Handlungen voraus (Kohlrausch-Lange, StGB, 39/40. Aufl., Erl. III zu § 175). Diese Ansicht entfernt sich jedoch zu weit von der Tatsache, daß das Gesetz geändert worden ist, und vom Wortsinn der neuen Fassung. Sie würde dazu führen, daß man demselben Wort («Unzucht») in so verwandten Vorschriften, wie es die §§ 174, 175 und 175 a StGB sind, einen ganz verschiedenen Sinn beilegt, und für den Fall, daß man den Begriff in den §§ 175 und 175 a StGB in derselben Weise anwenden wollte, dem § 175 a StGB einen großen Teil seiner kriminalpolitisch unentbehrlichen Wirkung nehmen. Die Rechtsprechung ist darum mit gutem Grunde diesen Weg nicht gegangen. Sie hat dafür den Versuch unternommen, aus den Worten «Unzucht treiben» zu folgern, daß im Gegensatz zu der bloßen Vornahme einer unzüchtigen Handlung eine zeitlich länger andauernde, nicht nur einmalige, auf die Befriedigung der Wollust ausgehende Einwirkung auf einen anderen männlichen Körper gemeint sei (OLG Hamburg[1], MDR 48, 186). Auch diese Ansicht ist jedenfalls insoweit abzulehnen, als sie nur eine auf die *Befriedigung* der Wollust abzielende Tätigkeit als strafbar gelten läßt. Es ist

1 Zuerst SJZ 47, 555 mit zustimmender Anm. von Leß.

nicht einzusehen, weshalb im Rahmen der unter § 175 StGB fallenden unzüchtigen Handlungen nur solche in Betracht kommen sollen, die auf die Befriedigung des Geschlechtstriebes gerichtet sind, während unter «Unzucht» in § 174 StGB nach einhelliger Meinung auch Handlungen verstanden werden, die nur auf Erregung der Geschlechtslust gerichtet sind. Allerdings kann sich, was nicht immer genügend beachtet wird, bei der Unterordnung tatsächlicher Vorgänge unter den Begriff der Unzucht im Rahmen des § 175 StGB gegenüber dem Rahmen des § 174 StGB und dem des § 176 StGB ein Unterschied dadurch ergeben, daß § 175 StGB von der Unzucht eines Mannes mit einem anderen Manne handelt. Es ist nicht ausgeschlossen, daß eine Handlung, wenn sie gegenüber einem Kinde oder einem minderjährigen Abhängigen vorgenommen wird, als das allgemeine Scham- und Sittlichkeitsgefühl in geschlechtlicher Beziehung verletzend und mithin als unzüchtig anzusehen ist, während sie unter erwachsenen Männern zwar als derb und unanständig, aber noch nicht als unsittlich empfunden wird.

Ob das Merkmal des «Unzuchttreibens» in § 175 StGB noch weiter einzuengen ist, als sich aus dem Vorstehenden ergibt, braucht mit Rücksicht auf die vom LG getroffenen Feststellungen hier nicht entschieden zu werden. Denn danach ist nicht etwa nur ein einziger, überraschender Griff des Angekl. nach dem Körper des anderen Mannes erwiesen, es kam vielmehr zwischen ihm und seinem Partner zu einer Reihe von wechselseitigen Berührungen des Geschlechtsteile – wenn auch über der Kleidung –, die unzüchtigen Handlungen, des Angeklagten dauerten also eine gewisse Zeit hindurch und seinem Verhalten entsprach hier sogar ein einverständliches und gleichgerichtetes Verhalten des Partners. Wenn auch Einschränkungen des Begriffs «Unzuchttreiben» im § 175 StGB in der Richtung erwogen worden sind, daß zur Vollendung des Tatbestandes des § 175 die Verwirklichung des einen oder anderen oder aller dieser im vorliegenden Falle gegebenen Merkmale hinzukommen müsse, so sind doch weitere Einengungen des Begriffs keinesfalls zu rechtfertigen. Sie würden sich zu weit vom Wortlaut des § 175 StGB entfernen und auf den Zusammenhang nicht mehr die gebotene Rücksicht nehmen, der zwischen § 175 StGB und den verwandten Vorschriften der §§ 174, 175 a und 176 StGB besteht. Nach dem hier festgestellten Sachverhalt ist hiernach die Verurteilung des Angekl. wegen Unzucht mit einem Manne gerechtfertigt.

(*Juristenzeitung,* Nr. 17, 1951)

StGB §§ 175, 175 a, GG Art. 2, Art. 3 Abs. 2

a) Die §§ 175, 175 a StGB sind noch heute gültiges Recht.

b) Die Straflosigkeit der sog. lesbischen Liebe ist kein Verstoß gegen den Gleichheitsgrundsatz des Art. 3 Abs. 2 GG (BGH, Urt. v. 22. 6. 1951 – 2 StR 185/51 [LG Kiel])

Aus den Gründen: Zu Unrecht bezweifelt die Rev. die Rechtsbeständigkeit der §§ 175, 175 a StGB im Hinblick auf Art. 3 Abs. 2 GG.

Damit, daß die Rechtsordnung von einem strafrechtlichen Verbot der gleichgeschlechtlichen Unzucht der Frau absieht, verleiht sie dieser kein Recht, auf das sich der Mann mit dem Hinweis auf die von der Verfassung gewährleistete Gleichberechtigung der Geschlechter berufen könnte. Ebensowenig verstößt die verschiedene strafrechtliche Behandlung der gleichgeschlechtlichen Unzucht von Mann und Frau gegen den Gleichheitsgrundsatz des Art. 3 Abs. 1

GG. Denn er verbietet nur Gleiches ungleich, nicht aber, Verschiedenes seiner Eigenart entsprechend zu behandeln. Daß der Gesetzgeber die homosexuelle Betätigung von Männern unter Strafe stellt, dagegen die von Frauen straffrei läßt, hat seinen Grund in dem naturgegebenen Unterschied der Geschlechter und einer durchaus gerechtfertigten verschiedenen kriminalpolitischen Bewertung beider Arten gleichgeschlechtlicher Unzucht.

Im übrigen ändert Art. 3 Abs. 2 GG das bisher geltende Recht nicht ab. Vielmehr gilt es nach Art. 117 weiter, bis der Gesetzgeber es dem Grundsatz der Gleichberechtigung der Geschlechter entsprechend abgeändert haben wird. Es kann daher kein Zweifel darüber bestehen, daß die Bestimmungen der §§ 175, 175 a StGB heute noch gültiges Recht sind.

Fehl geht schließlich auch die Ansicht der Rev., nach Art 2 Abs. 2 GG dürfe die gleichgeschlechtliche Unzucht nicht mehr als rechtswidrig angesprochen werden. Die Unzucht unter Männern verstößt gegen das Sittengesetz und wird deshalb keineswegs durch das Recht auf freie Entfaltung der Persönlichkeit gerechtfertigt.

(*NJW*, 1951, 810)

StGB § 175

«Unzucht treibt» i. S. des § 175 StGB, wer mit einem anderen Manne «unzüchtige Handlungen» i. S. des § 176 StGB von einer gewissen Stärke und Dauer vornimmt. Wann dies der Fall ist, ist im wesentlichen Tatfrage. Ein Griff nach dem Geschlechtsteil oder dessen kurzes Berühren oder Anfassen allein reicht hierzu nicht aus. Es genügt aber die wechselseitige Befriedigung, auch ein zweckgerichtetes Reiben an den Geschlechtsteilen, selbst wenn es nicht zum Samenerguß kommt (BGH, Urteil v. 13. 7. 1951 – 2 StR 275/51 [LG Göttingen]).

Aus den Gründen: Nach § 175 StGB wird ein Mann bestraft, der mit einem anderen Mann Unzucht treibt oder sich von ihm zur Unzucht mißbrauchen läßt. Das Merkmal «Unzucht» bedeutet, worüber kaum Zweifel herrscht, «unzüchtige Handlung». Die Anwendung des § 175 StGB setzt also zunächst voraus, daß die Handlungen des Angekl. gegenüber den drei Jugendlichen das allgemeine Scham- und Sittlichkeitsgefühl in geschlechtlicher Beziehung verletzen und der Erregung oder der Befriedigung der Wollust – der eigenen oder der fremden – gedient haben. Daß dies in den angeführten Fällen der Fall ist, bedarf keiner weiteren Erörterung. Der Angekl. hat die unzüchtigen Handlungen auch mit den Jugendlichen vorgenommen, nämlich ihre Körper als Mittel zur Erregung der eigenen Wollust benutzt (RGSt 70, 224; Urt. des BGH v. 13. 3. 51 – 1 StR 1/51[1]).

Fraglich ist jedoch, ob der Angekl. mit den Jugendlichen Unzucht getrieben hat. Das RG verstand unter «Unzuchttreiben» dasselbe, was § 176 StGB mit den Worten «Vornahme unzüchtiger Handlungen» bezeichnet. Danach sollte es zur Annahme des Unzuchttreibens genügen, daß der Täter mit seiner auf die Erregung oder Befriedigung der eigenen oder der fremden Geschlechtslust gerichteten Handlung das allgemeine Scham- und Sittlichkeitsgefühl in geschlechtlicher Beziehung verletzt und hierbei den Körper des anderen Mannes als Mittel zur Erregung oder Befriedigung der Wollust benutzt (RGSt 70, 224).

1 Abgedruckt oben S. 561 (562 links).

Von dieser Auslegung des § 175 StGB wandte sich die Rechtsprechung nach Kriegsende ab. Zunächst vertrat das Hans. OLG Hamburg im Urteil vom 22. 1. 47 die Auffassung, Unzuchttreiben bedeute eine *zeitlich länger andauernde,* auf die Befriedigung der Wollust gerichtete schamverletzende Einwirkung auf einen anderen männlichen Körper (SJZ 47, 553). Dieser Begriffsbestimmung schlossen sich an: LG Konstanz, DRZ 48, 315; OLG Oldenburg, NdsRpfl. 48, 159; OLG Tübingen, MDR 49, 186 – HESt 2, 267; OGHSt 1, 126, 131 und OLG Hamm, JMBl. NRW 50, 131. Im Schrifttum fand die neue Rechtsprechung allgemein Billigung (Leß, SJZ 47, 555; Labin, MDR 48, 60; Bohne, SJZ 50, 923; Leipz. Komm., 6./7. Aufl., Anm. 2; Mühlmann-Bommel, Anm. 3; Schönke, 5. Aufl., Anm. III; Schwarz, 14. Aufl., Anm. 1). Heute sind Rechtsprechung und Schrifttum, soweit sie die Frage besonders erörtern, ausnahmslos der Auffassung, daß Unzuchttreiben i. S. des § 175 StGB im Gegensatz zu der Vornahme einer unzüchtigen Handlung eine zeitlich länger andauernde schamverletzende Betätigung voraussetzt. Noch eine weitere Einschränkung macht das Erläuterungswerk Kohlrausch-Lange, das § 175 StGB nur auf beischlafähnliche Handlungen anwenden will (39. und 40. Aufl., Anm. III); in dieselbe Richtung weist die Auffassung, die unter «Unzuchttreiben» eine geschlechtliche Betätigung eines Mannes mit einem Partner versteht, die einer geschlechtlichen Beziehung zwischen Mann und Frau ähnlich ist. Dieser einengenden Auslegung vermag der Senat angesichts der Neufassung des § 175 StGB durch das G v. 28. 6. 35 nicht zu folgen. Es stimmt auch nicht mit dem OLG Hamburg darin überein, daß der Täter auf *Befriedigung* der Wollust ausgehen müsse, sondern hält es für genügend, daß er die eigene oder die fremde Geschlechtslust *erregen* will (RGSt 28, 77; BGH, Urt. v. 28. 11. 50 – 2 StR 57/50 –; Urt. v. 13. 3. 51 – 1 StR 1/51[1]). Ob der Täter den Körper des anderen Mannes nur durch Berührung oder auch in sonstiger Weise als Mittel für seine Sinnenlust benutzen kann, kann dahingestellt bleiben, weil der vorliegende Fall zur Entscheidung dieser Frage keinen Anlaß gibt.[2] Im übrigen schließt sich der Senat jedoch der herrschenden Meinung an.

Der Ausdruck «Treiben» bedeutet nach dem Sprachgebrauch des Lebens eine Betätigung von einer gewissen Anspannung und Dauer. Dies zeigen z. B. die Redewendungen Sport treiben, Unfug treiben, Ehebruch treiben, Handel treiben. Würdigt man den Zusammenhang des § 175 StGB mit anderen Vorschriften des Strafrechts, so führt dies zu keinem anderen Ergebnis. In Betracht kommt § 176 StGB. Er bedroht den mit Strafe, der *mit Gewalt* an einer Frauensperson (Z. 1) oder *mit Personen unter vierzehn Jahren* (Z. 3) unzüchtige Handlungen vornimmt. Die unzüchtige Handlung als solche ist also noch nicht tatbestandsmäßig. Hinzukommen muß vielmehr ein Umstand, der die unzüchtige Handlung besonders gefährlich und verwerflich macht. Das ist in Z. 1 die Gewaltanwendung, in Z. 3 das jugendliche Alter des Opfers. Dem entspricht es, daß § 175 StGB ebenfalls nicht die Vornahme einer unzüchtigen Handlung unter Strafe stellt, sondern das Unzuchttreiben. Das kann, wenn man dem Wortlaut des § 175 StGB nicht Zwang antun will, im Hinblick auf den Aufbau des verwandten Tatbestandes des § 176 StGB nur so zu verstehen sein, daß auch § 175 StGB nicht schon die unzüchtige Handlung als solche als tatbestandsmä-

1 Abgedruckt oben S. 561 (562).
2 Vgl. hierzu Lange oben S. 564 rechts.

ßig bezeichnet, sondern ebenfalls einen weiteren Umstand – das «Treiben» – hierzu voraussetzt. Das zwingt zu der Annahme, daß das Gesetz Unzuchttreiben nicht mit der Vornahme unzüchtiger Handlungen gleichstellt, sondern eine Art der Betätigung verlangt, die die unzüchtige Handlung auch hier besonders verwerflich macht.

Die Auslegung des § 175 StGB nach seinem Wortsinn und dem erkennbaren Zweck des Gesetzes ergibt somit, daß Unzucht nur der treibt, der unzüchtige Handlungen von einer gewissen Stärke und Dauer vornimmt. Wie lange und in welchem Maße der Täter handeln muß, damit § 175 StGB Anwendung finden kann, läßt sich nicht ein für allemal sagen. Das ist im wesentlichen eine Frage, die der Tatrichter entscheiden muß. Ihm fällt dabei die Aufgabe zu, das strafbare von dem nicht strafbaren Unrecht abzugrenzen. Nach dem Willen des Gesetzes liegt die Grenze dort, wo die unzüchtige Handlung, wie ausgeführt, eine gewisse Stärke und Dauer und damit Gefährlichkeit erreicht. Das ist jedenfalls nicht der Fall, wenn sie nur das Werk eines Augenblicks ist, wie z. B. der Griff nach dem Geschlechtsteil oder dessen kurzes Berühren oder Anfassen. Andererseits genügt die gegenseitige Befriedigung, auch schon ein zweckgerichtetes Reiben an dem Geschlechtsteil des anderen Mannes, selbst wenn es nicht zum Samenerguß kommt. Allerdings ist es nicht erforderlich, daß der «andere Mann» i. S. des § 175 StGB mit der Vornahme der unzüchtigen Handlungen an seinem Körper durch den Täter einverstanden ist. Das liegt nicht in dem Begriffe des Treibens. Wer mit einem anderen «sein Spiel treibt», handelt gegen dessen Willen. Wollte man nur im Falle des Einverständnisses des «anderen Mannes» ein Unzuchttreiben annehmen, so würden besonders verwerfliche unzüchtige Handlungen straflos bleiben, die unzweifelhaft schon nach § 175 StGB a. F. strafbar waren, z. B. Saugen an dem Geschlechtsteil eines Schlafenden, RGSt 20, 225.

Mit dieser Auslegung befindet sich der Senat in Übereinstimmung mit der allgemeinen Rechtsentwicklung. Schon im Jahre 1906 konnte Mittermaier nach dem damaligen Rechtszustande im Hinblick auf die Entwürfe zu neuen Strafgesetzbüchern in den einzelnen europäischen Ländern die Feststellung treffen, daß eine stete Verengerung des Tatbestandes der männlichen Unzucht zu bemerken sei (VDB IV, 157). Das RG wandte gleichfalls in ständiger Rechtsprechung § 175 StGB a. F. nur auf beischlafähnliche Handlungen an. Dem entsprachen die Entwürfe 1913, 1925, 1927, nach denen auch nur die Vornahme beischlafähnlicher Handlungen mit Strafe bedroht sein sollte. Der 21. Ausschuß des Reichstags strich im Jahre 1930 sogar in erster Lesung den § 296 der Regierungsvorlage von 1927, der die Vornahme beischlafähnlicher Handlungen unter Männern unter Strafe stellte, und behielt nur die Strafbarkeit der schweren Unzucht unter Männern (Mißbrauch eines Abhängigkeitsverhältnisses, gewerbsmäßige Unzucht, Verführung) bei, ebenso der Antrag Dr. Dr. Kahl – Nr. 395 der Drucksachen. Während auch in den meisten europäischen Ländern im Laufe der letzten Jahrzehnte die Strafbarkeit gleichgeschlechtlicher Handlungen als solcher überhaupt entfiel, eine Bestrafung vielmehr nur unter besonders erschwerenden Umständen (Gewaltanwendung, Verführung, Ausnutzung eines Abhängigkeitsverhältnisses) noch eintrat (vgl. die Übersicht bei Schönke, 5. Aufl., Anm. VIII zu § 175 StGB), nahm in Deutschland das G v. 28. 6. 35 eine Erweiterung des Tatbestandes auf unzüchtige Handlungen jeder Art vor. Die neue Fassung des § 175 StGB erlaubt jedoch in anderer Hinsicht, wie dargelegt, eine Begrenzung seiner Anwendung auf erhebliche Auswüchse gleichgeschlechtlicher Verfehlungen. Indem der Senat § 175 StGB n. F. in diesem Sinne auslegt, fügt sich die deutsche Rechtsprechung wieder in den Rahmen der europäischen Rechtsentwicklung ein.

Dieses Ergebnis führt in rechtspolitischer Hinsicht nicht zu unangemessenen Folgen. Es steht insbesondere der wirksamen Bekämpfung nach dem Gesetz strafwürdigen Unrechts nicht entgegen. Soweit die nicht tatbestandsmäßige unzüchtige Handlung gegenüber einem Erwachsenen begangen ist, kann sie nach § 185 StGB ausreichende Ahndung erfahren. Gegenüber einem Jugendlichen wird sie regelmäßig als versuchte Verführung nach § 175 a Z. 3 StGB strafbar sein. Kinder unter vierzehn Jahren schützt § 176 Z. 3 StGB ausreichend.

Die Urteile des 1. Senats v. 13. 3. 51 (BGHSt 1, 80) und des 4. Senats v. 12. 4. 51 (BGHSt 1, 107) stehen dieser Entscheidung nicht entgegen, weil sie die hier entschiedene Frage ausdrücklich dahingestellt sein lassen.

23. StGB § 175

Der Art. 2 GG über das Grundrecht der freien Entfaltung der Persönlichkeit beeinträchtigt weder die Geltung noch die Auslegung des § 175 i. d. F. v. 28. 6. 1935 (BGH, Urt. v. 6. 5. 1952 – 1 StR 768/51 [LG Traunstein]).

Aus den Gründen: Die Geltung des § 175 StGB i. d. F. v. 28. 6. 1935 steht nach st. Rspr. (BGHSt. 1, 80) fest. Die Versuche, die Vorschrift, entgegen ihrem Wortlaut, ganz besonders stark einzuengen und womöglich auf widernatürliche, beischlafsähnliche Handlungen einzuschränken, finden im Gesetz keine Stütze. Der Senat vermag auch nicht zu erkennen, inwiefern das Grundrecht auf freie Entfaltung der Persönlichkeit innerhalb des Sittengesetzes (Art. 2 GG) die Geltung des § 175 StGB beeinträchtigen oder seinen Inhalt einengen könnte, wie die Rev. meint. Es ist Sache des Gesetzgebers, darüber zu befinden, ob die jetzige Gesetzesfassung («Ein Mann, der mit einem anderen Manne Unzucht treibt») gerecht und rechtspolitisch genügend abgewogen ist, ob sie insbesondere, wie oft behauptet wird, die Grenze der strafbaren gleichgeschlechtlichen Betätigung zwischen Erwachsenen zu weit ausdehnt. Die Gerichte sind an sie gebunden.

Daß der Angekl. mit W. Unzucht getrieben hat, ist nach den Urteilsfeststellungen nicht zweifelhaft. «Unzucht» bedeutet im § 175 StGB grundsätzlich dasselbe wie sonst im Strafrecht «unzüchtige Handlung». Unzüchtig ist jede Handlung, die auf Erregung oder Befriedigung der eigenen oder fremder Geschlechtslust gerichtet und geeignet ist, das allgemeine Scham- und Sittlichkeitsgefühl in geschlechtlicher Beziehung zu verletzen, wobei die Beurteilung durch einen unverbildeten, natürlich empfindenden Menschen entscheidet, der die Handlung in ihrem äußeren Hergang und ihrer inneren Bedeutung kennt (BGHSt. 1, 80, 82 = MDR 51, 437; 293). Geringfügigere unanständige Handlungen und kurze, handgreifliche Zudringlichkeiten zwischen erwachsenen Männern, die ihrer Art nach noch nicht unzüchtig sind, fallen nicht unter die Vorschrift (RGSt. 67, 110). Der BGH hat außerdem bereits ausgesprochen, diese Grenze zwischen der bloßen Zudringlichkeit und der schon unzüchtigen Handlung, im einzelnen eine Tatfrage könne bei Handlungen zwischen erwachsenen Männern enger zu ziehen sein als bei Handlungen zwischen Erwachsenen und den besonders schutzbedürftigen Kindern und Jugendlichen (BGHSt. 1,

80, 293). Zum Tatbestand des § 175 StGB gehört endlich, daß die unzüchtige Handlung auf die Benutzung des fremden männlichen Körpers als Mittel zur Erregung oder Befriedigung der Geschlechtslust abzielt (BGHSt. 1, 295).

(*NJW*, 1952, S. 796)

Nr. 9

Auszüge aus dem Urteil des Bundesverfassungsgerichts vom 10. Mai 1957:

I.

Den ersten Einwand gegen die Geltung der §§ 175, 175 a StGB entnimmt der Beschwerdeführer dem nationalsozialistischen Ursprung dieser Bestimmungen. Er macht geltend, das Gesetz zur Änderung des Strafgesetzbuchs vom 28. Juni 1935 sei unwirksam, weil es auf der Grundlage des Gesetzes zur Behebung der Not von Volk und Reich vom 24. März 1933 (RGBl. I, 141), des sogenannten Ermächtigungsgesetzes, von der nationalsozialistischen Reichsregierung ohne die Mitwirkung der gesetzgebenden Körperschaften erlassen worden sei; ein unter so eklatantem Verstoß gegen demokratische Grundsätze erlassenes Strafgesetz könne in einem demokratischen Staatswesen keinen Bestand haben. Die Verschärfung der Strafbestimmungen gegen die Homosexualität durch das erwähnte Gesetz sei auch sachlich nicht gerechtfertigt gewesen und nur als Ausfluß der nationalsozialistischen Rassenlehre verständlich; die neuen Bestimmungen enthielten in so hohem Maße nationalsozialistisches Gedankengut, daß sie in einer freien Demokratie nicht mehr angewandt werden dürften.

Dieser Einwand ist unbegründet.

1. Das Bundesverfassungsgericht hat bereits wiederholt Gesetze und Verordnungen, die auf Grund des Ermächtigungsgesetzes von der nationalsozialistischen Reichsregierung erlassen worden waren, angewendet und dadurch zu erkennen gegeben, daß es sie nicht schon aus diesem Grunde für nichtig hält; so z. B. die Verordnung zur einheitlichen Regelung der Gerichtsverfassung vom 20. März 1935 (BVerfGE 2, 307) und die Reichsärzteordnung vom 13. Dezember 1935 (BVerfGE 4, 74 [86]). In dem Urteil vom 17. Dezember 1953 hat das Bundesverfassungsgericht ausgesprochen, die Beseitigung nationalsozialistischer Rechtsvorschriften, die formell ordnungsgemäß erlassen und von den Mitgliedern der Rechtsgemeinschaft hingenommen worden seien und seither jahrelang unangefochten bestanden hätten, müßte aus Gründen der Rechtssicherheit dem Gesetzgeber vorbehalten bleiben (BVerfGE 3, 58 [119]). In seinem Beschluß vom 19. Februar 1957 – 1 BvR 357/52 – hat das Gericht an dieser Rechtsprechung festgehalten und ausgeführt, es habe

> «nicht übersehen, daß im «Dritten Reich» die Grundlage der Regierungsgesetzgebung, das sogenannte Ermächtigungsgesetz, von der damaligen Rechtslage aus beurteilt, hinsichtlich seiner verfassungsrechtlichen Wirksamkeit schwersten Bedenken unterliegt. Es hat auch nicht übersehen, daß unter der nationalsozialistischen Gewaltherrschaft Gesetze mit einem sol-

chen Maße von Ungerechtigkeit und Gemeinschädlichkeit erlassen worden sind, daß ihnen jede Geltung als Recht abgesprochen werden muß (vgl. Radbruch, Rechtsphilosophie, 4. Aufl. S. 336). Trotzdem können nicht alle Gesetze, die von der nationalsozialistischen Regierung erlassen worden sind, ohne Prüfung ihres Inhalts und der Frage, ob sie von den Betroffenen noch als geltendes Recht angesehen werden, als rechtswirksam behandelt werden. Eine solche Annahme würde übersehen, daß auch eine ungerechte und von geläuterter Auffassung aus abzulehnende Gesetzgebung durch das auch ihr innerwohnende Ordnungselement Geltung gewinnen kann; sie schafft wenigstens Rechtssicherheit und ist deshalb, wenn sie sich innerhalb gewisser äußerster Grenzen hält, einem völligen Rechtschaos innerhalb der Rechtsunterworfenen gegenüber das geringere Übel. In diesem Sinne hat das Bundesverfassungsgericht angenommen, hat die nationalsozialistische Gesetzgebung, soweit sie nicht offenbares Unrecht gesetzt hat und daher jeder Wirkung entbehrt, zwar nicht als ihrem Ursprung nach legitime Rechtsordnung, wohl aber kraft ‹soziologischer Geltungskraft› zu beachten ist und nicht etwa als nur tatsächliche Behinderung der Geltung des wirklichen Rechts beiseite geschoben und nachträglich ungeschehen gemacht werden kann.»

Der Zweite Senat des Bundesverfassungsgerichts ist in seinem Urteil vom 26. März 1957 – 2 BvG 1/55 (Konkordatsurteil) zum gleichen Ergebnis gekommen.

2. Es muß also bei Gesetzen und Verordnungen, die auf der Grundlage des Ermächtigungsgesetzes erlassen worden sind, geprüft werden, ob sie nicht ihres Inhalts wegen unanwendbar geworden sind.

a) Nach dem Zusammenbruch der nationalsozialistischen Herrschaft standen die Besatzungsmächte, die zunächst die ausschließliche Staatsgewalt ausübten, vor der Frage, wie das von dem nationalsozialistischen Regime gesetzte Recht zu behandeln sei. Da der Nationalsozialismus während der 12 Jahre seiner Herrschaft in nahezu alle Rechtsgebiete in großem Umfang eingegriffen und das früher geltende Recht umgestaltet, geändert oder durch neues Recht ersetzt hatte, war diese Frage von großer Bedeutung. Bei dem neuen Recht handelte es sich schon zum großen Teil um Normen, die unmittelbar der Schaffung, der Festigung und dem Ausbau des nationalsozialistischen Staates dienen sollten. Ein Teil des neuen Rechts brachte aber auch Reformen zum Abschluß, die während der Geltung der Weimarer Reichsverfassung geplant waren, aber nicht mehr hatten verwirklicht werden können. Endlich waren, vor allem während des Krieges, zahlreiche Vorschriften vorwiegend technischer Natur zur Behebung von Notständen und insbesondere zur Durchführung der Zwangswirtschaft erlassen worden.

Trotz ihrer Ablehnung des Nationalsozialismus haben die Besatzungsmächte aus praktischen Erwägungen die von der nationalsozialistischen Regierung erlassenen Gesetze und Verordnungen grundsätzlich weiter gelten lassen und lediglich die ihrem Inhalt nach spezifisch nationalsozialistischen Teile beseitigt, außerdem durch besondere Richtlinien eine von nationalsozialistischen Tendenzen freie Anwendung des fortgeltenden Rechts sichergestellt. Für den Bereich der westlichen Besatzungsmächte wurde dies durch das Militärregierungsgesetz Nr. 1 eingeleitet, das eine Anzahl einzeln aufgeführter «nationalsozialistischer Grundgesetze» mit sämtlichen Ergänzungs- und Ausführungsbestimmungen aufhob, die Anwendung deutschen

Rechts untersagte, sofern sie den Gleichheitsgrundsatz zugunsten der NSDAP oder ihrer Anhänger oder durch Diskriminierungen auf Grund von Rasse, Staatsangehörigkeit, Glauben oder politischer Überzeugung verletzen würde, die Auslegung oder Anwendung deutschen Rechts nach nationalsozialistischen Lehren verbot und für das Recht, «das nach dem 30. Januar 1933 in Kraft trat und in Kraft bleiben darf», eine Auslegung und Anwendung «entsprechend dem klaren Sinn des Wortlautes» vorschrieb. Von demselben Standpunkt ging die von der Militärregierung erlassene Allgemeine Anweisung für Richter Nr. 1 (AAR 1) aus, wenn sie in Nr. 8 b unbeschadet des ausdrücklichen Verbotes, grausame oder übermäßig hohe Strafen zu verhängenden Richtern untersagte, von Strafverschärfungen, die seit dem 30. Januar 1933 neu eingeführt worden waren, Gebrauch zu machen, es sei denn, daß dies durch die kriminelle Vergangenheit des Angeklagten oder die Häufigkeit der Straftat berechtigt sei.

Der Kontrollrat folgte denselben Grundsätzen. So hob er in KRG Nr. 1 eine Reihe von Gesetzen politischer Natur oder Ausnahmegesetzen samt Durchführungsbestimmungen auf; in den KRG Nr. 11 und 55 ergänzte er diese Liste durch Aufhebung zahlreicher strafrechtlicher Bestimmungen, darunter auch solcher, die durch das Gesetz vom 28. Juni 1935 eingeführt worden waren. Auch er sah aber von einer generellen Aufhebung des nationalsozialistischen Rechts ab; ging also von dem grundsätzlichen Fortbestand dieses Rechts aus und verbot lediglich eine diskrimierende Anwendung in ähnlicher Weise wie das MRG Nr. 1 (KRG Nr. 1 Art. II).

Das Ergebnis war, daß die politischen und staatsrechtlichen «Grundgesetze» des nationalsozialistischen Staates förmlich außer Kraft gesetzt wurden, während der größte Teil der übrigen vom nationalsozialistischen Gesetzgeber erlassenen Normen in Kraft blieb. Die §§ 175 f StGB sind von den Besatzungsmächten – abgesehen von der vorübergehenden Einschränkung der den deutschen Richtern eingeräumten Strafbefugnis durch Nr. 8 b AAR 1 – weder aufgehoben noch abgeändert worden.

b) Wenn die Besatzungsmächte Rechtsvorschriften aus der nationalsozialistischen Zeit nicht aufgehoben haben, bedeutete das im allgemeinen nur, daß sie von den deutschen Gerichten und Behörden weiter angewandt werden durften; damit sollte nicht ausgeschlossen sein, daß diese ihrerseits zu der Auffassung kamen, gewisse Vorschriften seien so stark von nationalsozialistischem Geist geprägt, daß sie mit dem Rechtssystem eines demokratischen Staates unvereinbar und daher nicht mehr anzuwenden seien. Die deutschen Gerichte haben ein Prüfungsrecht in dieser Richtung in zahlreichen Fällen in Anspruch genommen. Je mehr freilich neue deutsche Gesetzgeber tätig wurden und nationalsozialistisches Recht im Wege der ordentlichen Gesetzgebung durch neues Recht abgelöst wurde, um so weniger neigten die Gerichte noch dazu, das von diesen neuen Gesetzgebern unverändert gelassene Recht aus dem deutschen Rechtssystem auszuscheiden (vgl. Wengler, Die Nichtanwendung nationalsozialistischen Rechts im Lichte der Rechtsvergleichung und der allgemeinen Rechtslehre, JR 1949, S. 67; Staat und Recht in den Anschauungen des 20. Jahrhunderts, Hessische Hochschulwochen, 1954, S. 70 ff).

Die §§ 175, 175 a StGB sind von keinem deutschen Gesetzgeber in den westlichen Besatzungszonen aufgehoben oder geändert worden. Die Gerichte haben nach anfänglichem Schwanken diese Bestimmungen einhellig angewandt und dafür die Billigung der neu errichteten obersten Gerichte gefunden (OGHStr 1, 126 für § 175 a; BGHStr 1, 80 für § 175 und dann fortlaufend: BGHStr 1, 107; 1, 293; 323; Lindenmaier-Möhring, § 175 Nr. 5 = NJW 1950, 810; NJW 1952, 796). Auch in der Literatur ist der Weitergeltung dieser Vorschriften nur vereinzelt widersprochen worden; zweifelnd vor allem Lange-Kohlrausch 39./40. Aufl. (1950), wo im Ergebnis aber die Fortgeltung bejaht und nur für die Auslegung des § 175 n. F. StGB die Rückkehr zu der Beschränkung auf beischlafähnliche Handlungen gefordert wird (vgl. auch Lange, JZ 1951, S. 562 ff in der Besprechung von BGHStr 1, 80).

Es ist also festzuhalten: von 1945 bis zum Zusammentritt des Bundestages herrschte in den westlichen Besatzungszonen so gut wie einhellig die Meinung, die §§ 175 und 175 a StGB seien nicht in dem Maße «nationalsozialistisch geprägtes Recht», daß ihnen in einem freiheitlich-demokratischen Staate die Geltung versagt werden müsse.

c) Das Grundgesetz hat in Art. 123 Abs. 1 bestimmt, daß Recht aus der Zeit vor dem Zusammentritt des Bundestages fortgilt, soweit es dem Grundgesetz nicht widerspricht.

Dieser Artikel unterscheidet nicht, aus welcher Quelle und aus welcher Zeit das Recht stammt, dessen Fortgeltung in Frage steht; vor allem enthält er keine besondere Bestimmung über die Fortgeltung des Gesetzes- und Verordnungsrechtes aus der Zeit der nationalsozialistischen Herrschaft. Das Fehlen einer besonderen Regelung läßt sich auf dem Hintergrund der oben geschilderten Einstellung der Besatzungsbehörden und der Praxis der deutschen Gerichte und Behörden in der Zeit bis zur Schaffung des Grundgesetzes nur dahin deuten, daß diese Praxis gebilligt wurde und grundsätzlich die Gesetze und Verordnungen aus der nationalsozialistischen Zeit fortgelten sollten.

Mit dieser Auslegung des Art. 123 GG stimmt es überein, wenn in den weiter folgenden Übergangsbestimmungen nirgends zwischen Reichsrecht aus der Zeit vor der «Machtübernahme» durch den Nationalsozialismus und Reichsrecht aus der Zeit nach dem 30. Januar 1933 unterschieden wird, obwohl der Inhalt dieser Bestimmungen, z. B. des Art. 125 Abs. 2 GG, zu einer solchen Unterscheidung Anlaß hätte geben müssen, wenn sie beabsichtigt gewesen wäre.

d) Da, wie oben dargelegt, die §§ 175, 175 a StGB in der Fassung des Gesetzes vom 28. Juni 1935 beim Zusammentritt des Bundestages sowohl formell wie materiell in Geltung standen, wären sie gemäß Art. 123 Abs. 1 GG mit diesem Zeitpunkt nur dann außer Kraft getreten, wenn sie mit dem Grundgesetz unvereinbar waren. Das wäre sowohl dann der Fall, wenn diese Vorschriften einzelnen Bestimmungen des Grundgesetzes, wie auch, wenn sie – geschriebenen oder ungeschriebenen – allgemeinen Verfassungsgrundsätzen der freiheitlichen Demokratie widersprächen. Ob das zutrifft, wird unten zu untersuchen sein. Dagegen bedarf es jetzt nicht mehr, wie der Beschwerdeführer meint, einer gesonderten Untersuchung darüber, ob die §§ 175, 175 a StGB richtiger Ansicht nach als nationalsozialistisch geprägtes Recht schon beim Zusammenbruch der nationalsozialistischen Herrschaft außer Kraft getreten sind, ob also mit anderen Worten die oben geschilderte, die Weitergeltung dieser Bestimmungen annehmende Lehre und Praxis «richtig» war. Sie könnte nur dann falsch gewesen sein, wenn die Bestimmungen mit den Grundsätzen eines freiheitlich-demokratischen Staates unvereinbar gewesen wären. Wären sie das, so könnten sie auch mit dem Grundgesetz nicht vereinbar sein, das die Verfassung eines freiheitlich-demokratischen Staatswesens ist. Die Prüfung der Bestimmungen auf ihre Vereinbarkeit mit dem Grundgesetz aber wird durch Art. 123 Abs. 1 GG ermöglicht; für die Anwendbarkeit dieser Bestimmung genügt es, daß, wie gezeigt, die §§ 175, 175 a StGB beim Zusammentritt des Bundestages formell noch gegolten haben und von den Gerichten angewendet worden sind.

II.

Die Vereinbarkeit der §§ 175, 175 a Nr. 3 StGB mit dem Grundgesetz bestreitet der Beschwerdeführer in erster Linie unter Hinweis auf Art. 3 GG. Er macht geltend, diese Vorschriften verletzten den Gleichheitsgrundsatz vor allem in seiner besonderen Ausgestaltung hinsichtlich der Gleichberechtigung der Geschlechter, sie seien aber auch mit dem allgemeinen Gedanken der Rechtsgleichheit unvereinbar.

Der in Art. 3 Abs. 2 und 3 GG ausgesprochene Grundsatz der Gleichberechtigung von Männern und Frauen werde durch die §§ 175, 175 a StGB verletzt, weil zwar gleichgeschlechtliche Beziehungen zwischen Männern bestraft werden, nicht aber auch solche zwischen Frauen. § 175 a Nr. 3 StGB sei außerdem mit dem speziellen Gleichheitssatz deshalb unvereinbar, weil das Schutzalter für jugendliche Männer gegen Verführung zu gleichgeschlechtlicher Unzucht auf 21 Jahre festgesetzt sei, während das Schutzalter für Mädchen gegen Verführung zum Beischlaf nach § 182 StGB nur 16 Jahre betrage.

Es fehle ferner schlechthin jeder zureichende sachliche Grund dafür, gleichgeschlechtliche Beziehungen zu bestrafen, falls nicht besondere Erschwerungsgründe hinzutreten, denn durch gleichgeschlechtliche Beziehungen als solche werde ein öffentliches Interesse nicht verletzt. Die Bestrafung der männlichen Homosexualität sei also willkürlich und verstoße dadurch auch gegen den allgemeinen Gleichheitssatz des Art. 3 Abs. 1 GG.

(A) Das Grundgesetz statuiert in Artikel 3 Absatz 2 die Gleichberechtigung der Geschlechter positiv:

«Männer und Frauen sind gleichberechtigt»

und wiederholt dieselbe Regel im Rahmen der Differenzierungsverbote des Absatzes 3 in negativer Wendung:

«Niemand darf wegen seines Geschlechts benachteiligt oder bevorzugt werden.»

Durch diese Bestimmungen, wie durch die sonstigen Wertentscheidungen des Grundgesetzes, wird auch der Gesetzgeber gebunden, der Raum seiner Gestaltungsfreiheit begrenzt.

Die Verfassungsbeschwerde müßte also Erfolg haben, wenn Art. 3 Abs. 2 und 3 GG überhaupt auf die vom Beschwerdeführer genannten Tatbestände anwendbar wäre. Das ist aber nicht der Fall.

1. Die Ansicht des Beschwerdeführers, die Festsetzung des Schutzalters in § 175 a Nr. 3 StGB verstoße gegen den Grundsatz der Gleichberechtigung der Geschlechter, ist unbegründet. § 175 a Nr. 3 StGB behandelt ein gleichgeschlechtliches, § 182 StGB ein heterosexuelles Delikt. Die beiden Straftatbestände sind also – auch abgesehen von dem Geschlecht des Geschützten –

wesensverschieden und daher im Sinne des Art. 3 Abs. 2 und 3 GG nicht vergleichbar.

2. Die Strafvorschriften gegen die männlichc Homosexualität verstoßen aber auch in ihrer Gesamtheit nicht gegen Art. 3 Abs. 2 und 3 GG.

a) Die Anwendbarkeit des speziellen Gleichheitssatzes auf den vorliegenden Fall wird nicht dadurch ausgeschlossen, daß die Handlungen, die zur Verurteilung des Beschwerdeführers R. Anlaß gegeben haben, in die Zeit vor dem 1. April 1953 fallen, also in einen Zeitraum, in dem nach Art. 117 Abs. 1 GG dem Art. 3 Abs. 2 GG entgegenstehendes Recht noch in Kraft war. Zwar nimmt man allgemein zutreffend an, daß diese Übergangsvorschrift, die sich ihrem Wortlaut nach nur auf Art. 3 Abs. 2 GG bezieht, sinngemäß auch für die Parallelbestimmung in Absatz 3 gilt. Hier kommt es aber auf die in Art. 117 GG gesetzte Frist nicht an, weil das Strafurteil gegen den Beschwerdeführer erst am 14. Oktober 1953, also nach Ablauf der Übergangsfrist, ergangen ist und § 2 Abs. 2 StGB (in der am 1. Oktober 1953 in Kraft getretenen Neufassung durch das Dritte Strafrechtsänderungsgesetz vom 4. August 1953 – BGBl. I, S. 735) die Anwendung einer zwischen der Tat und ihrer Aburteilung eingetretenen Milderung des Strafgesetzes zugunsten des Angeklagten zwingend vorschreibt. Diese Vorschrift würde auch den vorliegenden Fall umfassen, wenn das spätere Gesetz – hier das Grundgesetz – zur Straflosigkeit der früher unter Strafe gestellten Handlungen führen würde.

b) Eine Prüfung ergibt jedoch, daß der Grundsatz der Gleichberechtigung von Mann und Frau für die gesetzgeberische Behandlung der männlichen und der weiblichen Homosexualität keinen Maßstab abgibt.

Bereits in der Entscheidung des Bundesverfassungsgerichts vom 18. Dezember 1953 (BVerfGE 3, 225) ist darauf hingewiesen, daß – unbeschadet des Grundsatzes der Gleichberechtigung – im Bereich des damals zur Erörterung stehenden Familienrechts «im Hinblick auf die objektiven biologischen oder funktionalen (arbeitsteiligen) Unterschiede nach der Natur des jeweiligen Lebensverhältnisses auch eine besondere rechtliche Regelung erlaubt oder sogar notwendig ist (z. B. alle Bestimmungen zum Schutze der Frau als Mutter, Differenzierungen der Art der Leistung für die Familiengemeinschaft)» (a.a.O., 242). Der gleiche Gedanke trägt die Entscheidung vom 25. Mai 1956 (BVerfGE 5, 9 [12]), in der es sich um die Vereinbarkeit von Arbeitszeitbeschränkungen zugunsten der Frau mit Art. 3 Abs. 2 und 3 GG handelte. Die Vereinbarkeit ist hier bejaht worden, weil die angegriffene Norm eine Regelung trifft, «die der biologischen Besonderheit der Frau im Rahmen ihres Arbeitsverhältnisses schützend Rechnung trägt».

Auch für das Gebiet der Homosexualität rechtfertigen biologische Verschiedenheiten eine unterschiedliche Behandlung der Geschlechter. Die Verwendung des Ausdrucks «wegen seines Geschlechts» in Art. 3 Abs. 3 GG scheint allerdings darauf hinzudeuten, daß gerade solche Unterscheidungen untersagt sind. Mit dieser Auslegung wird man dem Sinn dieser Bestimmung jedoch nicht gerecht: Wie der ganze Grundrechtsteil des Grundgesetzes hat auch Art. 3 GG den Menschen als sozialbezogene Persönlichkeit im Auge; daher gilt das Verbot der Differenzierung nach dem Vergleichspaar Mann–Frau nur dann, wenn der zu ordnende soziale Lebensstandard essentiell vergleichbar ist, d. h. wenn er, vom Geschlecht der Betroffenen abgesehen, weitere wesentliche Elemente umfaßt, die ihrerseits gleich sind. Es müssen also den für Mann und Frau zu vergleichenden Tatbeständen wesentliche Elemente gemeinsam sein, die verglichen werden können – wie z. B. im Arbeitsrecht oder im Wahlrecht. Diese Voraussetzung für die Anwendung von Art. 3 Abs. 3 GG fehlt nicht nur, wenn gemeinsame Elemente überhaupt nicht vorhanden sind, sie ist auch dann nicht gegeben, wenn der biologische Geschlechtsunterschied den Lebenssachverhalt so entscheidend prägt, daß etwa vergleichbare Elemente daneben vollkommen zurücktreten. Auch dann sind für eine natürliche Auffassung vergleichbare Tatbestände nicht mehr gegeben, so daß die verschiedene Behandlung von Mann und Frau mit den in Art. 3 Abs. 3 GG gebrauchten Begriffen «Benachteiligen» und «Bevorzugen» nicht mehr sinnvoll zu erfassen ist – sie passen nicht mehr.

Die Unanwendbarkeit des Art. 3 Abs. 3 GG – und dasselbe gilt für Abs. 2 dieses Artikels – aus diesen Gründen ist evident, wenn der zu ordnende Lebenstatbestand überhaupt nur in *einem* Geschlecht verwirklicht werden kann. Zum Beispiel kann der Mann, da nur die Frau Mutter wird, durch Bestimmungen zum Schutz der Mutter niemals im Rechtssinn bevorzugt oder benachteiligt werden. Deshalb spielt die Gleichberechtigung keine Rolle im gesamten Gebiet des Mutterschutzes.

Ebenso schließen die oben entwickelten Gründe die Anwendung der Abs. 2 und 3 des Art. 3 GG im Bereich des Sexualstrafrechts aus, für dessen Tatbestände der Geschlechtstrieb des Menschen das konstituierende Element ist. Ohne weiteres ergibt sich ihre Unanwendbarkeit auf Strafbestimmungen, die dadurch notwendig werden, daß die zwischen den Geschlechtern bestehende Spannung typische soziale Gefahren mit sich bringt. Diese Spannung beruht gerade auf der natürlichen Verschiedenheit der beiden Geschlechter, so daß der Geschlechtsunterschied für diese Gruppe von Strafbestimmungen der notwendige Ausgangspunkt ist. Hier wird der Straftatbestand wesentlich dadurch bestimmt, daß der Mann als männliches Geschlechtswesen, die Frau als weibliches Geschlechtswesen in Erscheinung tritt und aus der besonderen biologischen Eigenart der beiden Geschlechter sich typische besondere Gefahrensituationen ergeben. Es kann daher keine Rede davon sein, daß es Art. 3 Abs. 2 und 3 GG verletzen würde, wenn beispielsweise die Strafdrohungen der §§ 177 (Notzucht) oder 181a (Zuhälterei) sich einseitig gegen das männliche Geschlecht richten.

Bei der gleichgeschlechtlichen Liebe handelt es sich nun nicht um das Spannungsverhältnis zwischen den Geschlechtern, da die beteiligten Personen nicht zu dem anderen, sondern zu dem eigenen Geschlecht in Beziehung treten. Daraus folgt aber keineswegs, daß männliche und weibliche Homosexualität vergleichbare Tatbestände im Sinne von Art. 3 Abs. 2 und 3 GG bilden. Gemeinsam ist hier zwar der formale Oberbegriff der «gleichgeschlechtlichen» oder «widernatürlichen» Unzucht, nicht aber sind es die entscheidenden Elemente des Tatbestandes. Mann und Frau können als verschiedene Geschlechtswesen auch die gleichgeschlechtliche Unzucht nur in den ihrem Geschlecht möglichen und eigenen Formen ausüben. Diese besondere Geschlechtsprägung der gleichgeschlechtlichen Unzucht tritt wie in der Verschiedenartigkeit der körperlichen Begehungsformen so auch in dem verschiedenartigen psychischen Verhalten bei diesen Vorgängen zutage und bestimmt von diesen biologischen Verschiedenheiten her deutlich das gesamte Sozialbild dieser Form sexueller Betätigung.

Die Beweisaufnahme hat dies zur vollen Überzeugung des Gerichts erklärt. Sie hat zunächst ergeben, daß die Verbreitung der weiblichen Homosexualität hinter der der männlichen erheblich zurückbleibt. Allerdings sind die deutschen Sachverständigen mangels statistischer Unterlagen insoweit auf Vermutungen angewiesen, ihr Urteil über das Ausmaß der Verbreitung ist daher nicht einheitlich, zumal die ungleiche strafrechtliche Behandlung von schwer durchschaubarer Bedeutung für Häufigkeit und Bekanntwerden der einzelnen Fälle ist. Besonders aufschlußreich ist daher das Gutachten des Sachverständigen Grassberger über die Verhältnisse in Österreich, wo die Homosexualität bei beiden Geschlechtern in gleicher Weise bestraft wird. Seinem Gutachten liegt Material für 6098 Fälle männlicher und 142 Fälle weiblicher Homosexualität aus den Jahren 1922 bis 1936 und für 3550 Fälle männlicher und 114 Fälle weiblicher Homosexualität aus den Jahren 1946 bis 1953 zugrunde. Dieses Material zeigt, daß in Österreich die Zahl der wegen lesbischer Liebe verurteilten Frauen weniger als 4 % der wegen gleichgeschlechtlicher Unzucht verurteilten Männer erreicht und daß damit der Anteil von Frauen an den Verurteilungen wegen gleichgeschlechtlicher Unzucht nur rund ein Siebentel ihrer Beteiligung an der gesamten Kriminalität beträgt. Dabei betont der Sachverständige ausdrücklich, daß dieser zahlenmäßige Unterschied nicht auf einer bei den Frauen höheren Dunkelziffer beruht, die etwa aus einer unterschiedlichen Verfolgungsintensivität zu erklären wäre.

Gewiß kann es für die Vergleichbarkeit männlicher und weiblicher Homosexualität als Straftatbestand nicht entscheidend auf die Häufigkeit solcher Fälle ankommen. Trotzdem hat die Verschiedenheit der Quantität ihre Bedeutung, denn sie ist ein wichtiges Symptom auch für eine qualitative Verschiedenheit; sie legt den Gedanken nahe, daß beide Tatbestände als soziale Phänomene ihrem Wesen nach verschieden sind. Das wird durch die Sachverständigengutachten bestätigt.

Wie der Sachverständige Giese dargelegt hat, müssen bei der Sexualität zwei Aspekte unterschieden werden: ein generativ-vegetativer, d. h. ein Aspekt auf das unbewußte Funktionieren des Körpers im Zusammenhang mit der Geschlechtlichkeit, und ein davon geprägter sozialer Aspekt. Schon die körperliche Bildung der Geschlechtsorgane weist für den Mann auf eine mehr drängende und fordernde, für die Frau auf eine mehr hinnehmende und zur Hingabe bereite Funktion hin. Dieser Unterschied der physiologischen Funktion läßt sich aus dem Zusammenhang des geschlechtlichen Seins nicht ausgliedern, er ist mit konstituierend für Mann und Frau als Geschlechtswesen (Kroh). Der entscheidende Unterschied zwischen Mann und Frau – der alle übrigen Unterschiede im Keim in sich schließt – ist aber unter dem generativ-vegetativen Aspekt die Tatsache, daß sich das Vatersein an den kurzen Zeugungsvorgang nicht über weitere generativ-vegetative Leistungen, sondern nur durch zeitlich davon getrennte soziale Leistungen anschließt, während die sozialen Leistungen des Mutterseins mit dem Vorgang des Empfangens über die generativ-vegetativen Leistungen der Schwangerschaft, der Geburt und des Stillens, also durch einen lang dauernden natürlichen Prozeß, unmittelbar verknüpft sind. Anders als der Mann wird die Frau unwillkürlich schon durch ihren Körper daran erinnert, daß das Sexualleben mit Lasten verbunden ist. Damit mag es zusammenhängen, daß bei der Frau körperliche Begierde (Sexualität) und zärtliche Empfindungsfähigkeit (Erotik) fast immer miteinander verschmolzen sind, während beim Manne, und zwar gerade beim Homosexuellen, beide Komponenten vielfach getrennt bleiben (Wiethold-Hallermann). Die Gefahr einer Akzentverschiebung zu Lasten der Bereitschaft, Verantwortung zu übernehmen, und zugunsten des bloßen Lustgewinnes ist daher eine besondere Gefahr der männlichen Sexualität. Die kulturelle Aufgabe, Lustgewinn und Bereitschaft zur Verantwortung zu verbinden, wird von «dem männlichen Sexualverhalten extrem häufiger . . . verfehlt» als von dem weiblichen (Giese).

Diese Verschiedenheit des Geschlechtslebens machen sich bei der Gleichgeschlechtlichkeit womöglich noch stärker geltend als bei heterosexuellen Beziehungen, da der auf Mutterschaft angelegte Organismus der Frau unwillkürlich den Weg weist, auch dann in einem übertragenen sozialen Sinne fraulich-mütterlich zu wirken, wenn sie biologisch nicht Mutter ist, während eine entsprechende Kompensation beim Manne fehlt. So gelingt der lesbisch veranlagten Frau das Durchhalten sexueller Abstinenz leichter, während der homosexuelle Mann dazu neigt, einem hemmungslosen Sexualbedürfnis zu verfallen (Giese; ähnlich Grassberger und Scheuner).

Für die Verschiedenheit männlicher und weiblicher Homosexualität spielt es ferner eine Rolle, daß die Anfälligkeit gegen Verführung der zum gleichgeschlechtlichen Verkehr Aufgeforderten in der Pubertät je nach dem Geschlecht verschieden ist. Alle Sachverständigen stimmen darin überein, daß es in der Pubertät eine Phase der Zielunsicherheit des Geschlechtstriebes gibt und daß die in dieser Periode empfangenen Eindrücke von entscheidender Bedeutung für die Prägung der Persönlichkeit des Heranwachsenden sein können. Eine homosexuelle Verführung in dieser Altersstufe ist besonders geeignet, zu Fehlprägungen des sexuellen Empfindens zu führen, wobei offen bleiben kann, ob diese Gefahr nur da besteht, wo die Veranlagung des Verführten ihre Verwirklichung begünstigt. Die Gefahr solcher Fehlprägung ist aber bei Mädchen weit geringer als bei männlichen Jugendlichen. Diese allgemeine Erfahrung wird von den Sachverständigen zum Teil darauf zurückgeführt, daß das Mädchen weit mehr als der Knabe durch ein natürliches Gefühl für sexuelle Ordnung bewahrt werde, zum Teil darauf, daß die Mädchen altersmäßig früher auf heterosexuelle Beziehungen fixiert seien (Scheuner, Wiethold-Hallermann).

Weiterhin lehrt die Erfahrung, daß die Lesbierin nicht in dem gleichen Maße ausschließlich gleichgeschlechtlich eingestellt ist wie der homosexuelle Mann, so daß für die Lesbierin der «Umschlag zum anderen Geschlecht» (Scheuner) leichter möglich ist (ebenso Grassberger, Wenzky, Kroh).

Die geschilderten Unterschiede des Natürlichen werden auch im sozialen Aspekt sichtbar.

So kann der bei beiden Geschlechtern vorhandene Trieb zu einem «Überbau», einem «Zuhause» (Giese) zwar auch bei homosexuellen Männern zu Dauerbeziehungen führen, jedoch gelingen sie selten. Männliche Homosexuelle streben häufig zu einer homosexuellen Gruppe, lehnen aber familienhafte Bindungen meist ab und neigen zu ständigem Partnerwechsel. Lesbische Verhältnisse hingegen tendieren allgemein zur Dauerhaftigkeit (Scheuner, Wenzky, Giese). Zieht man dazu die größere geschlechtliche Aggressivität des Mannes in Betracht, so macht schon das evident, daß die Gefahr der Verbreitung der Homosexualität beim Manne weit größer ist als bei der Frau.

Außerordentlich verstärkt wird dieser Unterschied durch den Unterschied in der begehrten Alterslage des Partners (Grassberger). Jugendliche Lesbierinnen fehlen; Fälle von Verführung weiblicher Jugendlicher durch Lesbierinnen oder gar der Knabenschändung analoge Tendenzen sind unbekannt (Wenzky, Wiethold-Hallermann, Giese). Dieses soziale Erscheinungsbild der weiblichen Homosexualität wird nicht beeinflußt durch Einzelfälle, wie sie die Sachverständigen Kretschmer und Schelsky erwähnt haben, dieser nur unter Hinweis auf ihm gegenüber gelegentlich gemachte Mitteilungen. In der Regel richtet sich das Begehren der aktiven Lesbierin nicht auf die jugendliche, sondern auf die geschlechtlich erfahrene Frau. Die Mehrzahl der zum gleichgeschlechtlichen Verkehr aufgeforderten Frauen befindet sich im Alter von 18 bis 37 Jahren. Bei den Frauen besteht daher ein weitgehender Gleichklang im Alter der Beteiligten (Grassberger). Demgegenüber liebt der typisch homosexuelle Mann den Jüngling und neigt dazu, ihn zu verführen (Wiethold-Hallermann); er sucht den 20- bis 27jährigen «jünglinghaften» gleichwohl bereits reifen Mann (Giese). Daneben gibt es die Gruppe der Päderasten, die die Altersspanne von 12 bis 17 Jahren «bis zum Bartwuchs» begehrt (Giese, auch Scheuner und Kroh).

Ein weiterer Unterschied im sozialen Erscheinungsbild männlicher und weiblicher Homosexualität ist es, daß das Strichjungenwesen eine spezifische Erscheinung der männlichen Homosexualität darstellt. Keinem der Sachverständigen war eine nurlesbische Prostitution überhaupt bekannt; nach den Angaben des Sachverständigen Wenzky gibt es z. B. in Köln 230 bis 340 Strichjungen, aber keine eigentliche lesbische Prostitution, nur etwa 4 der 350 bis 380 weiblichen Prostituierten verkehren auch mit Lesbierinnen. Unter 170 Fällen weiblicher Homosexualität, die der Sachverständige Grassberger untersucht hat, spielten materielle Erwägungen nur in einem einzigen Falle eine Rolle.

Sodann tritt die männliceh Homosexualität unvergleichlich viel stärker als die weibliche in der Öffentlichkeit in Erscheinung, was wesentlich durch das größere weibliche Schamgefühl und die größere Zurückhaltung der Frau in Geschlechtsfragen bedingt sein dürfte. Anbahnung, Schließung und Fortführung lesbischer Verhältnisse bleiben privater (Kretschmer, Giese, Schelsky, Scheuner).

Die Verschiedenheit des Sozialbildes zeigt sich schließlich darin, daß angesichts des auch bei der Lesbierin vorhandenen Überwiegens zärtlicher Empfindungen über das rein Geschlechtliche zwischen einer lesbischen Beziehung und einer zärtlichen Frauenfreundschaft kaum eine Grenze zu ziehen ist. Infolgedessen wären Frauen, wenn weibliche Homosexualität unter Strafe gestellt würde, der Gefahr der Erpressung in weit höherem Maße ausgesetzt als Männer (Schelsky, Wiethold-Hallermann).

Während die übrigen Sachverständigen übereinstimmend männliche und weibliche Sexualität, durch die Verschiedenheit von Mann und Frau als Geschlechtswesen bedingt, als etwas Verschiedenes ansehen, vertritt der Sachverständige Kretschmer eine etwas andere Auffassung. Zwar hat auch er nicht in Abrede gestellt, daß Unterschiede zwischen der männlichen und weiblichen Sexualität vorhanden sind – er hat das als selbstverständlich bezeichnet und hinzugefügt, es sei «ja wohl auch kaum anders zu erwarten, als daß diese Nuancen in der männlichen und weiblichen Sexualität irgendwie auch in dem Verhältnis zwischen Homosexuellen zum Ausdruck kommen». In seinen weiteren Ausführungen hat er jedoch den Akzent auf die Merkmale gelegt, «die im öffentlichen Interesse liegen», d. h., er hat sich die Frage gestellt, ob hinsichtlich der sozialen Gefährdung der Gefahr der «Bedrohung von Personen und

Rechtsgütern» die weibliche und die männliche Homosexualität durchgreifende Unterschiede aufweisen. Von dieser besonderen Fragestellung aus hat das Bestehen «wirklich grundsätzlicher Unterschiede» zwischen der Homosexualität beider Geschlechter verneint; hinsichtlich der Sozialgefährlichkeit (Gefährdung Jugendlicher, öffentliche Ärgerniserregung namentlich durch Propaganda, Prositution) sind nach seiner Ansicht die Unterschiede mehr quantativ als eigentlich grundsätzlicher Art. Sie erklären sich seiner Ansicht nach nur teilweise aus der sexuellen Eigenart von Mann und Frau, die ja auch innerhalb des Geschlechts vielfältige Varianten zeige, weitgehend dagegen aus der verschiedenen «öffentlichen Belichtung», die u. a. gerade durch die verschiedene forensische Behandlung herbeigeführt werde. Das Gutachten des Sachverständigen Kretschmer weicht also von denen der anderen Sachverständigen nicht darin ab, daß er Verschiedenheiten zwischen der männlichen und weiblichen Homosexualität verneint, sondern darin, daß er diese Verschiedenheiten anders erklärt und ihre Bedeutung unter dem Gesichtspunkt der sozialen Gefährlichkeit anders bewertet. Diese Ausführungen, die im Ergebnis die Straflosigkeit der Homosexualität zwischen Erwachsenen, aber einen besonderen Schutz auch des jungen Mädchens gegen homosexuelle Verführung, vielleicht auch die Bestrafung des bloßen «Verleitens» über das «Verführen» im Sinne des § 175 a Nr. 3 StGB hinaus wünschenswert erscheinen lassen könnten, mögen de lege ferenda Bedeutung haben, sie können aber für die verfassungsrechtliche Prüfung des geltenden Rechts am Maßstab des Art. 3 GG nicht maßgebend sein. Entscheidend ist, ob es sich von den biologischen Verschiedenheiten her bei der männlichen und der weiblichen Homosexualität um verschiedene Tatbestände handelt. Hiervon ist das Gericht auf Grund des Gesamtergebnisses der Beweisaufnahme überzeugt. Daher kann der Verfassungssatz von der Gleichberechtigung der Geschlechter hier keine Anwendung finden.

Diese Feststellung wird noch dadurch bestätigt, daß in dem Kampf um die Gleichberechtigung der Geschlechter von einer Gleichbehandlung männlicher und weiblicher Homosexualität niemals die Rede war.

Gewiß bediente man sich bei den Bemühungen, die Bestrafung der männlichen Homosexualität zu beseitigen, auch des Arguments, eine nur gegen die männliche Homosexualität gerichtete Strafbestimmung sei gerade wegen dieser Einseitigkeit ungerecht. Doch wurde aus diesem Argument nicht schlechthin die Forderung nach Gleichbehandlung der Geschlechter abgeleitet, vielmehr wurde auf die ungleiche Behandlung der Geschlechter nur hingewiesen, um die Strafbarkeit der Homosexualität überhaupt zu bekämpfen. In der sich über mehr als ein halbes Jahrhundert erstreckenden öffentlichen und wissenschaftlichen allgemeinen Diskussion um die Gleichberechtigung von Mann und Frau ist, soweit erkennbar, niemals eine Gleichbehandlung der Geschlechter im Sexualstrafrecht gefordert worden.

Auch bei der Schaffung der Absätze 2 und 3 des Art. 3 GG wurde nicht daran gedacht, daß diese Bestimmung in das geltende Sexualstrafrecht zugunsten einer formalen Gleichstellung der Geschlechter eingreifen könne. Allerdings kann der Gesetzesgeschichte für die Auslegung der einzelnen Bestimmungen des Grundgesetzes ausschlaggebende Bedeutung in der Regel nicht zukommen. Doch spiegelt sich in der Tatsache, daß der Verfassungsgeber eine solche Folge gar nicht erwogen hat, das natürliche Gefühl für die Verschiedenheit männlicher und weiblicher Homosexualität.

Eine weitere Bestätigung dieser Auffassung ist es schließlich, daß auch der Bundestag es unterlassen hat, in dem 3. Strafrechtsänderungsgesetz vom 4. August 1953 die §§ 175 f StGB zu ändern, obwohl dieses Gesetz nicht nur das Strafgesetzbuch von überholten, insbesondere von nationalsozialistischen Bestimmungen säubern, sondern es auch dem nach Ablauf der Übergangsfrist des Art. 117 Abs. 1 GG unbeschränkt in Geltung getretenen Grundsatz der Gleichberechtigung der Geschlechter anpassen sollte. Wenn der Gesetzgeber bei diesem Anlaß auf die §§ 175 f StGB nicht zurückkam, so offenbar deswegen, weil er an ihrer Vereinbarkeit mit Art. 3 GG nicht ernstlich zweifelte.

Nach alldem ist das Differenzierungsverbot des Art. 32 Abs. 2 und 3 GG im Rahmen der Strafbestimmungen gegen gleichgeschlechtliche Unzucht nicht anwendbar, weil die Eigenart der Frau als weibliches Geschlechtswesen und die Eigenart des Mannes als männliches Geschlechtswesen den Tatbestand so wesentlich und so entscheidend verschieden prägen, daß das vergleichbare Element, die anomale Wendung des Triebes auf das eigene Geschlecht, zurücktritt und lesbische Liebe und männliche Homosexualität im Rechtssinne als nicht vergleichbare Tatbestände erscheinen.

(B) Kann das Vergleichspaar männliche und weibliche Homosexualität nicht unter Art. 3 Abs. 2, 3 GG subsumiert werden, so entfällt damit auch die Anwendbarkeit von Art. 3 Abs. 1; denn auch Art. 3 Abs. 1 GG setzt den Vergleich im wesentlichen gleicher Tatbestände voraus, woran es, wie dargelegt, hier fehlt.

Das weitere Vorbringen des Beschwerdeführers, die Bestrafung der einfachen männlichen Homosexualität sei willkürlich, weil daran kein öffentliches Interesse bestehe, macht einen unberechtigten Eingriff staatlicher Gewalt in die persönliche Freiheit geltend. Dieser Einwand ist unter dem Gesichtspunkt von Art. 2 GG zu prüfen.

III.

Hierzu trägt der Beschwerdeführer vor, die Bestrafung der einfachen Homosexualität (§ 175 StGB) verletze das in Art. 2 Abs. 1 GG jedem gewährleistete Recht auf freie Entfaltung der Persönlichkeit. Dieses Recht umfasse auch die freie geschlechtliche Betätigung des Individuums. Es bedeute eine gewaltsame Einengung der Existenz gleichgeschlechtlich empfindender Menschen – deren Eigenheit in den meisten Fällen angeboren sei –, wenn man ihnen nicht die Möglichkeit gebe, diese Empfindungen in die Tat umzusetzen. Insbesondere bestehe keinerlei Bedürfnis und kein öffentliches Interesse daran, die freiwillige Ausübung homosexuellen Verkehrs unter Erwachsenen unter Strafe zu stellen.

1. Zu dem Bereich der in Art. 2 Abs. 1 GG als Grundrecht gewährleisteten freien Entfaltung der Persönlichkeit gehört auch das Gebiet des Geschlechtlichen. Dieses Grundrecht ist aber durch die verfassungsmäßige Ordnung begrenzt. Hierunter ist, wie das Bundesverfassungsgericht in seinem Urteil vom 16. Januar 1957 (1 BvR 253/56, abgedr. u. a. JZ 1957, 167 ff)[1] dargelegt hat, die allgemeine Rechtsordnung zu verstehen, die aber, um eine verfassungsmäßige Rechtsordnung zu sein, den materiellen und formellen Normen der Verfassung voll entsprechen muß. Von dieser rechtlichen Grundlage aus ist der Vortrag des

1 S. oben Nr. 7.

Beschwerdeführers dahin zu verstehen, daß § 175 StGB gegen Art. 2 Abs. 1 GG verstoße, der – in Verbindung mit Art. 1 Abs. 1 GG – den engsten Bereich der menschlichen Freiheit schütze, weil hier durch eine Strafvorschrift das Recht auf Achtung der Intimsphäre des Menschen verletzt werde. Wäre diese Rüge berechtigt, so würde § 175 StGB in der Tat verfassungswidrig sein.

a) Sicherlich gibt es, wie in dem Urteil vom 16. Januar 1957 ausgeführt, einen «letzten, unantastbaren Bereich menschlicher Freiheit ... der der Einwirkung der gesamten öffentlichen Gewalt entzogen», in den einzudringen also dem Gesetzgeber schlechthin verwehrt ist. Dieser Bereich wird aber verlassen, wenn Handlungen des Menschen in den Bereich eines andern einwirken, ohne daß besondere Umstände, wie etwa familienrechtliche Beziehungen, diese Gemeinschaftlichkeit des Handelns als noch in den engsten Intimbereich fallend erscheinen lassen. Grundsätzlich gibt schon die Berührung mit der Persönlichkeitssphäre eines andern Menschen einer Handlung den Bezug auf das Soziale, der sie dem Recht zugänglich macht. Doch können auch Vorgänge, die sich in «Kommunikation» mit andern vollziehen, aus dem Gesichtspunkte der Art. 2 Abs. 1 und Art. 1 Abs. 1 GG dem Zugriff des Gesetzgebers entzogen sein; die Zulässigkeit eines Eingriffs hängt dann davon ab, ob der «Sozialbezug» der Handlung intensiv genug ist. Zu besonderer Zurückhaltung ist der Gesetzgeber verpflichtet, wenn es sich um einen Eingriff durch ein Strafgesetz handelt, also um die schärfste Sanktion, über die die staatliche Gemeinschaft verfügt. Für diese Entscheidung des Gesetzgebers kann es nun von großer Bedeutung sein, ob die in Frage stehende Handlung gegen das Sittengesetz verstößt. Denn es liegt auf der Hand, daß bei einer in dem Grenzbezirk zwischen privatem und sozialem Bereich liegenden Handlung das Bedürfnis nach Bestrafung eher bejaht werden wird, wenn feststeht, daß die soziale Gemeinschaft die Handlung *eindeutig* als im Widerspruch zu dem Sittengesetz stehend betrachtet, das sie allgemein als für sich verbindlich anerkennt. Eine Sanktion der Gemeinschaft wird dann im allgemeinen das Rechtsgefühl nicht verletzen, ja häufig von ihm geradezu gefordert werden. Die Verfassung erkennt das selber an, indem sie in Art. 2 Abs. 1 GG das Sittengesetz auch als eine *rechtliche* Schranke des Rechts auf freie Entfaltung der Persönlichkeit setzt. Für die Gesetzgebung in ihrem Verhältnis zur verfassungsmäßigen Ordnung bedeutet das zweierlei: einerseits darf sie selbst dem Sittengesetz nicht widersprechen – «unsittliche» Gesetze gehören nie zur verfassungmäßigen Ordnung! – und andererseits kann das Sittengesetz ihr selbst zum Richtmaß dienen, insofern es einen sonst unzulässigen oder doch in seiner Zulässigkeit zweifelhaften Eingriff des Gesetzgebers in die menschliche Freiheit legitimieren kann. So wirkt das Sittengesetz, das formal eine selbständige Schranke gegenüber dem einzelnen bei der freien Entfaltung seiner Persönlichkeit bildet, auf die verfassungsmäßige Ordnung ein, soweit diese den Gesetzgeber beschränkt, wenn er seinerseits in die freie Entfaltung der Persönlichkeit eingreifen will.

b) Gleichgeschlechtliche Betätigung verstößt eindeutig gegen das Sittengesetz. Auch auf dem Gebiet des geschlechtlichen Lebens fordert die Gesellschaft von ihren Mitgliedern die Einhaltung bestimmter Regeln; Verstöße hiergegen werden als unsittlich empfunden und mißbilligt. Allerdings bestehen Schwierigkeiten, die Geltung eines Sittengesetzes festzustellen. Das persönliche sittliche Gefühl des Richters kann hierfür nicht maßgebend sein; ebensowenig kann die Auffassung einzelner Volksteile ausreichen. Von größerem Gewicht ist, daß die öffentlichen Religionsgesellschaften, insbesondere die beiden großen christlichen Konfessionen, aus deren Lehren große Teile des Volkes die Maßstäbe für ihr sittliches Verhalten entnehmen, die gleichgeschlechtliche Unzucht als unsittlich verurteilen. Der Beschwerdeführer hält zwar die Verurteilung der Homosexualität durch die Lehren der christlichen Theologie für unbeachtlich: sie ist aus alttestamentlichen Vorschriften der jüdischen Religion übernommen, die nach der Rückkehr aus der babylonischen Gefangenschaft aus bevölkerungspolitischen Erwägungen als zeitbedingte Notmaßnahme entstanden seien. Ob diese Deutung den geschichtlichen Vorgängen gerecht wird, mag dahinstehen: Nicht darauf kommt es an, auf Grund welcher geschichtlichen Erfahrungen ein sittliches Werturteil sich gebildet hat, sondern nur darauf, ob es allgemein anerkannt wird und als Sittengesetz gilt.

Ein Anhalt dafür, daß die Homosexualität als unsittlich angesehen wird, ergibt sich daraus, daß die Gesetzgebung in Deutschland sich zur Rechtfertigung der Bestrafung der gleichgeschlechtlichen Unzucht stets auf die sittlichen Anschauungen des Volkes berufen hat. Schon die Motive zu dem Entwurf eines Strafgesetzbuches für den Norddeutschen Bund von 1869 führen aus:

«Der § 173 hält die auf Sodomie und Päderastie im Preußischen Strafgesetzbuche angedrohte Strafe aufrecht. Denn selbst, wenn man den Wegfall dieser Strafbestimmungen vom Standpunkte der Medizin, wie durch manche der, gewissen Theorien des Strafrechts entnommenen Gründe rechtfertigen könnte; das Rechtsbewußtsein im Volke beurtheilt diese Handlungen nicht blos als Laster, sondern als Verbrechen, und der Gesetzgeber wird billig Bedenken tragen müssen, diesen Rechtsanschauungen entgegen Handlungen für straffrei zu erklären, die in der öffentlichen Meinung als strafwürdige gelten. Die Beurtheilung solcher Personen, welche in dieser Weise gegen das Naturgesetz gesündigt, dem bürgerlichen Strafgesetze zu entziehen und dem Moralgesetze anheim zu geben, würde als ein gesetzgeberischer Mißgriff getadelt werden.»

An dieser sittlichen Wertung hat sich in der Folgezeit nichts geändert. So sagt die Begründung zu § 325 des Entwurfs von 1919:

«Der Forderung, die Unzucht zwischen Männern an sich straflos zu lassen, gibt der Entwurf ebenso wie die früheren Entwürfe nicht nach. Verfehlungen dieser Art erscheinen dem gesunden Empfinden des Volkes verwerflich und strafwürdig ...»

In ähnlicher Weise begründen der amtliche Entwurf eines allgemeinen Deutschen Strafgesetzbuches von 1925 und der am 14. Mai 1927 dem Reichstag vorgelegte Entwurf (RT III/1924 Drucks. Nr. 3390) die Beibehaltung einer dem § 175 a. F. StGB entsprechenden Strafvorschrift wie folgt:

«... Der Gesetzgeber muß sich die Frage vorlegen, ob der § 173 nicht trotz der Härten, zu denen seine Anwendung führen kann, und trotz seiner beschränkten praktischen Durchführbarkeit eine Schranke bedeutet, die man nicht ohne Schaden für die Gesundheit und Reinheit unseres Volkslebens hinwegziehen darf. Dabei ist davon auszugehen, daß der deutschen Auffassung die geschlechtliche Beziehung von Mann zu Mann als eine Verirrung erscheint, die geeignet ist, den Charakter zu zerrütten und das sittliche Gefühl zu zerstören. Greift diese Verirrung weiter um sich, so führt sie zur Entartung des Volkes und zum Verfall seiner Kraft ...»

Diese Umstände rechtfertigen die Feststellung, daß auch heute noch das sittliche Empfinden die Homosexualität verurteilt. Einzelne gegenteilige Äußerungen, vorwiegend aus interessierten Kreisen, kommen demgegenüber nicht in Betracht, jedenfalls haben sie eine Änderung des allgemeinen sittlichen Urteils nicht durchsetzen können.

Hiergegen wendet der Beschwerdeführer ein: Ein Sittengesetz könne nur anerkannt werden, wenn es dem abendländischen Kulturkeis gemeinsam sei; die Verurteilung der einfachen Homosexualität sei dies aber nicht mehr, nachdem in einer Reihe von Staaten des westeuropäischen Kulturkreises ihre Strafbarkeit beseitigt worden sei. – Dem Beschwerdeführer kann zugegeben werden, daß eine Änderung der sittlichen Anschauungen möglich ist: so könnten neue Forschungsergebnisse der medizinischen Wissenschaft dazu führen, die Homosexualität als unausweichliche körperlich-seelische Abartigkeit zu verstehen, der gegenüber eine sittliche Verurteilung ihren Sinn verlieren würde. Die Tatsache allein, daß eine Reihe von Staaten auf eine Strafverfolgung verzichtet haben, rechtfertigt noch nicht die Annahme einer Änderung des sittlichen Urteils in diesen Staaten, denn eine solche Gesetzesänderung kann ebensogut aus einer veränderten Auffassung von der Zweckmäßigkeit der Bestrafung der Homosexualität entsprungen sein. Keinesfalls kann dei Beseitigung der Strafbarkeit in einigen Staaten zu der Annahme führen, daß auch in Deutschland die Homosexualität nicht mehr sittlich mißbilligt werde.

Wenn unter diesen Umständen – eindeutiger Sittenverstoß, Herkömmlichkeit der Bestrafung im deutschen Rechtsgebiet – der Gesetzgeber sich nicht dazu entschließen konnte, die Strafbestimmung des § 175 n. F. StGB zu beseitigen oder enger zu fassen, so kann das Bundesverfassungsgericht dieser Entscheidung nicht entgegentreten. Das gilt gerade auch hinsichtlich der von dem Beschwerdeführer besonders bekämpften Bestrafung gleichgeschlechtlicher Beziehungen zwischen erwachsenen Männern. Für die Bestrafung solcher Beziehungen läßt sich immerhin anführen, daß das Bedürfnis nach einem Schutz gegen homosexuelle Verführung nicht schlechthin mit der Altersgrenze von 21 Jahren endet und daß eine stärkere Verbreitung der Homosexualität unter Erwachsenen, die eine wahrscheinliche Folge ihrer Straflosigkeit sein würde, die Gefahr auch für die Jugend erhöhen müßte; namentlich könnte die Straflosigkeit der Beziehungen zwischen erwachsenen Männern auch zu einer weniger strengen Beurteilung solcher Beziehungen zwischen Erwachsenen und Jugendlichen führen. Daher kann, auch soweit es sich um die Beziehungen zwischen erwachsenen Männern handelt, nicht festgestellt werden, daß jedes öffentliche Interesse an einer Aufrechterhaltung der Strafbestimmung fehle, der Gesetzgeber also die ihm gezogenen Grenzen überschritten habe.

2. Eine Überschreitung der dem Gesetzgeber durch Art. 2 Abs. 2 GG gezogenen Grenzen erblickt der Beschwerdeführer vor allem auch in der Einbeziehung unzüchtiger Handlungen jeglicher Art, insbesondere der gegenseitigen Onanie, in die Strafbarkeit durch die Neufassung des § 175 StGB. Diese Ausdehnung des einfachen Tatbestandes hat er vorzugsweise im Auge, wenn er die Bestimmung ihres nationalsozialistischen Inhalts wegen bekämpft.

Es ist nicht Sache des Bundesverfassungsgerichts, darüber zu entscheiden, ob der Wortlaut der Neufassung, die von der früheren Fassung sich sprachlich nur wenig unterscheidet, zu der weiten Auslegung des Straftatbestandes zwingt, die ihm das Reichsgericht und diesem folgend die höheren Gerichte im Gebiet der Bundesrepublik, insbesondere der Bundesgerichtshof, gegeben haben. Auch wenn man diese Auslegung zugrunde legt, ergeben sich entscheidende verfassungsrechtliche Bedenken gegen diese Strafbestimmung nicht.

Die Homosexualität bietet die Besonderheit, daß für eine Abgrenzung schwerer Fälle von Fällen untergeordneter Bedeutung eindeutige äußere Merkmale sich nicht darbieten. Wenn die preußische Gesetzgebung und Rechtsprechung seit dem Ausgang des 18. Jahrhunderts die Strafbarkeit auf beischlafähnliche Handlungen, also auf besonders derbe Begehungsformen beschränkt und onanistische Handlungen ausgenommen haben, so ist diese Abgrenzung nicht überzeugend. Die Rechtsprechung des Reichsgerichts bis 1935 vermochte die Abgrenzungsschwierigkeiten ebenfalls nicht zu lösen, da auch ihr eine klare Umgrenzung des Begriffs der beischlafähnlichen Handlungen nicht gelang. In der Rechtslehre wurde dieser Mangel einer klaren Bestimmung des Tatbestandes vielfach gerügt, zumal die von der Rechtsprechung entwickelte Beschränkung zu erheblichen Beweisschwierigkeiten führte. Die Reformentwürfe haben daraus die Folgerung gezogen, für die qualifizierten Fälle von der Beschränkung auf beischlafähnliche Handlungen abzusehen und jedes «Unzuchttreiben» oder «zur Unzucht mißbrauchen lassen», also alle Begehungsformen, unter Strafe zu stellen. Unter diesen Umständen kann es nicht als ein Verstoß gegen rechtsstaatliche Grundsätze bezeichnet werden, wenn das Gesetz vom 28. Juni 1935 die Abgrenzung auf beischlafähnliche Handlungen auch für die einfache Homosexualität aufgab, zumal, wie das Beispiel des Beschwerdeführers zeigt, die verschiedenen Begehungsformen sich vermischen können und für das sittliche Empfinden zwischen ihnen kaum ein Unterschied bestehe.

§ 175 StGB bleibt also noch im Bereich der verfassungsmäßigen Ordnung und begrenzt daher das Recht zur freien Entfaltung der Persönlichkeit.

3. Zu § 175 a StGB hat der Beschwerdeführer darauf hingewiesen, daß zwar nicht die Pönalisierung der einzelnen Tatbestände, jedoch der dem Strafrichter zur Verfügung gestellte Strafrahmen nationalsozialistisches Gepräge trage, indem er übermäßig schwere Stafen androhe.

Aus den allgemeinen Prinzipien des Grundgesetzes, insbesondere dem Rechtsstaatsprinzip, folgt für das Strafrecht, daß die angedrohte Strafe in einem gerechten Verhältnis zur Schwere der Tat und zu dem Verschulden des Täters stehen muß (so zutreffend auch Bayer. VerfGH, Urteil vom 28. Juli 1950, VerwRspr. 1951, S. 145 [150]); sie darf nach Art und Maß der unter Strafe gestellten Handlung nicht schlechthin unangemessen oder gar grausam sein (BVerfGE 1, 332 [348]). Ein hiergegen verstoßendes Strafgesetz könnte nicht Bestandteil der verfassungsmäßigen Ordnung sein.

Der Einwand des Beschwerdeführers ist aber nicht begründet. Gegenüber den Entwürfen zu einem Allgemeinen Deutschen Strafgesetzbuch ist der Rahmen des § 175 a StGB in doppelter Richtung erweitert: einerseits bedeutet die Einführung von Zuchthaus als Regelstrafe ebenso wie die Bemessung der Höchststrafe auf 10 Jahre Zuchthaus eine Verschärfung; andererseits ist die bei mildernden Umständen zulässige Mindeststrafe, für die in den Entwürfen 6 Monate Gefängnis vorgesehen waren, auf 3 Monate Gefängnis herabgesetzt worden. Dieser Strafrahmen ist so weit, daß er den Richter nicht zur Verhängung übermäßig hoher oder unangemessener Strafen zwingt, sondern ihm die Möglichkeit bietet, bei der Strafzumessung im Einzelfall eine angemessene Strafe auszusprechen. Damit genügt dieser Strafrahmen rechtsstaatlichen

Grundsätzen. Daß im vorliegenden Fall bei der Strafzumessung diesen Grundsätzen nicht Rechnung getragen worden sei, ist nicht geltend gemacht, auch nicht erkennbar.

IV.

Der Beschwerdeführer hatte sich anfänglich noch darauf berufen, daß die §§ 175 f StGB mit allgemeinen Regeln des Völkerrechts unvereinbar seien und daher gegen Art. 25 GG verstießen; solche allgemeinen Regeln des Völkerrechts hat er in den Bestimmungen der am 4. November 1950 in Rom unterzeichneten Konvention zum Schutze der Menschenrechte und Grundfreiheiten sehen wollen. Demgegenüber hat das Bundesverfassungsgericht bereits früher (BVerfGE 4, 110 [111 f]) darauf hingewiesen, daß Art. 25 GG weder Grundrechte noch diesen nach § 90 Abs. 1 BVerfGG gleichgestellte Rechte enthält, eine Verfassungsbeschwerde daher auf eine Verletzung von Art. 25 GG nicht gestützt werden kann. Im Hinblick hierauf hat der Beschwerdeführer diesen Einwand in der mündlichen Verhandlung fallenlassen. Die Frage, ob die §§ 175 f StGB mit den Vorschriften dieser Konvention vereinbar sind, muß jedoch unabhängig von einer Rüge des Beschwerdeführers von Amts wegen geprüft werden, denn die genannte Konvention ist nach Ratifikation auf Grund Gesetzes vom 7. August 1952 (BGBl. II, S. 685, 953) am 3. September 1953 für die Bundesrepublik in Kraft getreten (Bekanntmachung vom 15. Dezember 1953 [BGBl. 1954 II, S. 14]), und der Beschwerdeführer R. ist erst am 14. Oktober 1953, also nach Inkrafttreten dieser Konvention, verurteilt worden. Wären die §§ 175 f StGB durch die Bestimmungen der Menschenrechtskonvention außer Kraft gesetzt worden, so wäre der Beschwerdeführer auf Grund eines nicht mehr geltenden Strafgesetzes verurteilt worden und seine Verfassungsbeschwerde müßte dann Erfolg haben.

Im vorliegenden Fall bedarf es keiner Entscheidung darüber, welche allgemein-rechtliche Bedeutung der Menschenrechtskonvention im deutschen Rechtssystem zukommt. Denn keinesfalls wird die Geltung der §§ 175, 175 a StGB von ihr berührt.

a) In Betracht kommen könnte Art. 8 Abs. 1 der Konvention:

«Jedermann hat Anspruch auf Achtung seines Privat- und Familienlebens, seiner Wohnung und seines Briefverkehrs.»

In dieses Recht darf aber nach Abs. 2 dieses Artikels eingegriffen werden, sofern der Eingriff gesetzlich vorgesehen ist und eine Maßnahme darstellt, die «in einer demokratischen Gesellschaft ... zur Verhinderung von strafbaren Handlungen, zum Schutz der Gesundheit und der Moral oder zum Schutz der Rechte und Freiheiten anderer notwendig ist». Ein Strafgesetz, das den Grundsätzen eines demokratischen Rechtsstaates entspricht, wird durch diesen Vorbehalt jedenfalls gedeckt. Die §§ 175 f StGB werden, wie dargelegt, diesen Anforderungen gerecht.

b) Ebensowenig kommt Art. 2 Abs. 1 der Konvention in Frage, auf den der Beschwerdeführer hingewiesen hatte:

«(1) Das Recht jedes Menschen auf das Leben wird gesetzlich geschützt ...»

Wie sich aus dem zweiten Satz dieses Absatzes und aus dem folgenden Absatz des Art. 2 ergibt, wo die Fälle im einzelnen aufgezählt werden, in denen eine «absichtliche Tötung» zulässig ist, soll diese Bestimmung nur das menschliche Leben als solches schützen; sie entspricht daher etwa dem

Grundrecht auf Leben des Art. 2 Abs. 2 Satz 1 GG. Eine weitergehende Bedeutung im Sinne einer Gewährleistung der Entfaltung der Persönlichkeit kommt ihr nicht zu.

c) Art. 13 und 14 der Konvention, auf die der Beschwerdeführer sich weiter berufen hatte, enthalten nur Verfahrensvorschriften; das materielle Recht betreffen sie nicht.

Auch unter diesen Gesichtspunkten ist die Verfassungsbeschwerde des Beschwerdeführers R. unbegründet.

Nr. 10

Urteil des Bundesverfassungsgerichts vom 2. Oktober 1973

Bundesverfassungsgericht

1. GG Art. 2 Abs. 1, 3 Abs. 1 u. 2; StGB § 175 Abs. 1 Nr. 1 *(Verfassungsmäßigkeit der Strafbedrohung gleichgeschlechtlicher Unzucht)*

Die Strafbarkeit homosexueller Handlungen von Männern über 18 Jahre mit Männern unter 18 Jahren ist mit dem Grundgesetz vereinbar.

BVerfG, Urt. v. 2. 10. 1973 – 1 BvL 7/72

(Ergangen auf Vorlegungsbeschl. des AG Eutin, NJW 72, 504)

Aus den Gründen: A. I. Durch Art. 1 Nr. 52 des 1. StrRG v. 25. 6. 1969 (BGBl. I, S. 645, 653) hat § 175 StGB folgende Fassung erhalten:

§ 175

(1) Mit Freiheitsstrafe bis zu fünf Jahren wird bestraft

1. ein Mann über achtzehn Jahre, der mit einem anderen Mann unter einundzwanzig Jahren Unzucht treibt oder sich von ihm zur Unzucht mißbrauchen läßt,
2. ein Mann, der einen anderen Mann unter Mißbrauch einer durch ein Dienst-, Arbeits- oder Unterordnungsverhältnis begründeten Abhängigkeit bestimmt, mit ihm Unzucht zu treiben oder sich von ihm zur Unzucht mißbrauchen zu lassen,
3. ein Mann, der gewerbsmäßig mit Männern Unzucht treibt oder von Männern sich zur Unzucht mißbrauchen läßt oder sich dazu anbietet.

(2) In den Fällen des Absatzes 1 Nr. 2 ist der Versuch strafbar.

(3) Bei einem Beteiligten, der zur Zeit der Tat noch nicht einundzwanzig Jahre alt war, kann das Gericht von Strafe absehen.

Die Diskussion über die Bestimmung, und zwar im wesentlichen über das Schutzalter, ist inzwischen weitergegangen. Nach dem vom Deutschen Bundestag am 7. 6. 1973 beschlossenen 4. StrRG soll das Schutzalter in § 175 Abs. 1 StGB auf 18 Jahre herabgesetzt werden (vgl. BT-Drucks. 7/514 in Verb. mit BT-Drucks. 7/80 sowie StenBer. BT, 7. Wahlp., 39. Sitzung, S. 2107 ff.). Gegen diesen Beschluß hat der Bundesrat den Vermittlungsausschuß angerufen. Seine Bedenken richten sich jedoch nicht gegen die Neufassung des § 175 Abs. 1 StGB (vgl. BR-Drucks. 441/73 [Beschluß] S. 8).

II. Bei dem AG – JugSchöffG – in Eutin schwebt ein Strafverfahren gegen einen Angeklagten, dem vorgeworfen wird, er habe – damals 39 Jahre alt und viermal einschlägig vorbestraft – am 12. 9. 1971 mit einem seinerzeit 16 Jahre alten Oberschüler Unzucht getrieben.

In der Hauptverhandlung hat das JugSchöffG beschlossen, das Verfahren auszusetzen und die Akten gemäß Art. 100 Abs. 1 GG dem BVerfG zur Entscheidung darüber vorzulegen, ob § 175 Abs. 1 Nr. 1 StGB mit dem Grundgesetz vereinbar sei (wird ausgeführt).

B. Die Vorlagefrage ist dahin einzuschränken, daß die Verfassungsmäßigkeit des § 175 Abs. 1 Nr. 1 StGB nur insoweit zu prüfen ist, als diese Vorschrift homosexuelle Handlungen von Männern über 18 Jahre mit Männern unter 18 Jahren mit Strafe bedroht. Zwar kann bei der Entscheidung über die Frage, ob eine Vorschrift des Strafrechts mit dem Grundgesetz vereinbar ist, der Umfang der Prüfung nicht beliebig eingeschränkt werden. Voraussetzung einer Beschränkung ist vielmehr, daß die zu prüfende Vorschrift oder die als Prüfungsmaßstab dienende Vorschrift nach ihrem Wortlaut und Sinngehalt zwischen verschiedenen Tatbeständen (beispielsweise zwischen verschiedenen Personenkreisen) unterscheidet (BVerfGE 17, 155, 163 = NJW 64, 539). Auch bei einer an sich einheitlichen Strafnorm ist jedoch eine Begrenzung der Vorlagefrage auf den allein entscheidungserheblichen Teil möglich, wenn sich die Beschränkung nach eindeutigen Abgrenzungsmerkmalen erreichen läßt (vgl. hierzu auch BVerfGE 7, 129, 138 = NJW 57, 1757; BVerfGE 13, 21, 26 = NJW 61, 1667; BVerfGE 13, 31, 36 = NJW 61, 374; BVerfGE 15, 328, 330 = NJW 63, 1001; BVerfGE 19, 177, 180 = NJW 66, 340). Das ist hier der Fall. Durch die doppelte Altersgrenze für die Beteiligten an homosexuellen Handlungen zwischen Männern in § 175 Abs. 1 Nr. 1 StGB können mehrere Personengruppen unterschieden werden. Sind beide Partner mindestens 21 Jahre oder noch nicht 18 Jahre alt, so ist keiner strafbar. Ist ein Beteiligter mindestens 18 Jahre alt, der andere aber jünger, so ist nur der erste strafbar. Sind beide mindestens 18 Jahre, aber noch nicht 21 Jahre alt, so ist jeder strafbar (vgl. Dreher, Strafgesetzbuch, 33. Aufl., Anm. 2 zu § 175). Damit ist es möglich, den Straftatbestand des § 175 Abs. 1 Nr. 1 StGB in voneinander unabhängige Teilinhalte zu zerlegen. Im übrigen zeigt auch die rechtspolitische Diskussion, daß innerhalb der Tätergruppe des Abs. 1 Nr. 1 in der Sicht der Psychologie, der Sexualwissenschaft und der Pädagogik Unterschiede bestehen, die zu einer verschiedenen rechtlichen Beurteilung führen können (vgl. hierzu den Schriftl. Bericht des Sonderausschusses für die Strafrechtsreform, BT-Drucks. VI/3521, S. 29 f.). Eine etwaige Verfassungswidrigkeit eines solchen Teiltatbestandes bedingt nicht die Verfassungswidrigkeit der ganzen Vorschrift. Die Entscheidung im Ausgangsverfahren hängt von der zur Prüfung gestellten Norm nur insoweit ab, als sie sich auf homosexuelle Handlungen von Männern über 18 Jahre mit Männern unter 18 Jahren bezieht.

C. In diesem Umfange ist § 175 Abs. 1 Nr. 1 StGB mit dem Grundgesetz vereinbar. Die gegenteilige Auffassung des vorliegenden JugSchöffG ist offensichtlich unbegründet. Daher kann nach § 24 BVerfGG entschieden werden, ohne daß es einer abschließenden Klärung bedarf, ob die Vorlage zulässig ist (BVerfGE 30, 103, 105 = NJW 71, 795 mit Nachw.).

§ 175 Abs. 1 Nr. 1 StGB enthält in seiner jetzigen Fassung einen qualifizierten Straftatbestand, der dem Schutz der männlichen Jugendlichen vor Schädigungen ihrer Entwicklung durch sexuelle Verführung dient. Soweit in der Vorlage zur Begründung der Verfassungswidrigkeit des § 175 Abs. 1 Nr. 1 StGB als Vergleichssachverhalt die weibliche Homosexualität (Fehlen einer entsprechenden Strafbestimmung) herangezogen wird, hat das BVerfG schon in seinem Urteil v. 10. 5. 1957 (BVerfGE 6, 389, 427 = NJW 57, 865) die qualitative Unvergleichbarkeit der männlichen und der weiblichen Homosexualität gerade auch im Hinblick auf die Gefährdung Jugendlicher festgestellt. Das gleiche gilt, soweit auf das heterosexuelle Delikt des § 182 StGB verwiesen wird (a.a.O., S. 421). Weder hat das vorlegende Gericht sich mit den Ausführungen des BVerfG in jener Entscheidung auseinandergesetzt noch sind sonst rechtserhebliche neue Tatsachen ersichtlich, die zu einer anderen verfassungsrechtlichen Beurteilung Anlaß geben könnten. Die Einschränkung der Strafbarkeit der männlichen Homosexualität durch das 1. StrRG hat das Verhältnis der behaupteten Vergleichstatbestände zueinander nicht geändert. Wenn das Jug-SchöffG in diesem Zusammenhang auf die für Männer und Frauen nunmehr gleichermaßen geltende Straffreiheit gleichgeschlechtlicher Handlungen unter Erwachsenen abhebt, so übersieht es, daß § 175 Abs. 1 Nr. 1 StGB einen qualifizierten, dem Jugendschutz dienenden Tatbestand enthält.

Offensichtlich unbegründet sind auch die verfassungsrechtlichen Bedenken des vorlegenden Gerichts gegen den Strafrahmen des § 175 Abs. 1 Nr. 1 StGB. Die Vorschrift sieht eine Höchststrafe von 5 Jahren Freiheitsstrafe vor. Das Mindestmaß der Freiheitsstrafe beträgt gemäß § 18 Abs. 2 StGB einen Tag. Nach § 14 StGB muß ferner in der Regel statt einer Freiheitsstrafe unter 6 Monaten eine Geldstrafe verhängt werden. Schließlich kann bei einem Beteiligten, der zur Zeit der Tat noch nicht 21 Jahre alt war, von Strafe abgesehen werden (§ 175 Abs. 3 StGB). Dieser weite Strafrahmen gibt den Gerichten die Möglichkeit, eine der besonderen Gestaltung des Sachverhalts angemessene Strafe zu finden. Daß bei Rückfall in Anwendung des § 17 Abs. 1 StGB unter den dort festgelegten Voraussetzungen die Mindeststrafe Freiheitsstrafe von 6 Monaten ist, ist verfassungsrechtlich unbedenklich.

Nr. 11

«Stenografischer Bericht über eine Predigt, die der Dompfarrer Kraus am 31. Januar 1937 im Hohen Dom zu Eichstätt gehalten hat»

(Auszug). Aus: Deutschland-Berichte der Sozialdemokratischen Partei Deutschlands, Jahrgang 1937, S. 417 f.

Als 2. Fall einer unwahren Presseberichterstattung verlas ich den Bericht über den sogenannten katholischen Theologiestudenten Hans Schülle. Der *Eichstätter Anzeiger* vom 11. 1. 1937 brachte einen Pressebericht des DNB, in dem es hieß: «Vor dem Schöffengericht in Offenburg hatte sich der 19jährige Theologiestudent H. Schülle wegen schwerer Sittlichkeitsverbrechen zu verantworten. Schülle war Führer sämtlicher katholischer Jugendverbände für Baden und studierte Theologie, um Priester zu werden . . . Bemerkenswert ist, daß Schülle auch nach Aufdeckung seines Treibens mit Genehmigung kirchlicher Stellen sein Studium fortsetzen durfte . . .»

Das erzbischöfliche Ordinariat Freiburg hat denn auch an das Reichspresseamt in Berlin sehr deutlich geschrieben: «Wir müssen es als eine gemeine Verleumdung bezeichnen, daß Schülle nach Aufdeckung seines Treibens mit Genehmigung kirchlicher Stellen sein Studium fortsetzen konnte», und weiterhin: «Wenn man bei Schülle, der in der 7. Klasse des Gymnasiums war, von einem Theologiestudenten redet und sogar behauptet, daß er auf kirchliche Kosten Theologie studierte (in der 7. Klasse des Gymnasiums), so liegt hier nach unserer Überzeugung nicht Unkenntnis, sondern bewußte Irreführung zu Ungunsten der katholischen Kirche vor. Es studieren hier am Gymnasium solche, die später Priester, und andere, die Mediziner, Juristen, Sprachlehrer und Offiziere werden wollen.» Ist etwa das Gymnasium eine Universität von Theologiestudenten und Medizinstudenten oder eine Kriegsakademie für Fahnenjunker? Kein Zweifel: wenn ein Student der 7. Klasse sich irgendwo als Medizinstudent ausgibt, würde er wegen Betrugs verurteilt. Ebensowenig kann und darf sich ein Student der 7. Klasse als Theologiestudent ausgeben, als einer, der Theologie studiert, ohne in den Verdacht eines Betrügers zu kommen . . .

Der *Eichstätter Anzeiger* hat vielmehr nach dem Vorbild anderer Zeitungen, statt ehrlich einzugestehen, daß er einer falschen Nachricht zum Opfer gefallen ist, den alten Trick verwandt, nunmehr Dinge zu behaupten, die ich nicht angezweifelt, zu denen ich mich gar nicht geäußert habe. Er schreibt in der Nummer vom 22. 1. 1937: «Es ist absolut wahr, daß Schülle vor Gericht ausgesagt hat, er sei persönlich vom Bischof als Diözesanjugendscharführer eingesetzt worden. Der Herr Erzbischof habe ihn persönlich zur besonderen Schärfe im Kampf gegen die Staatsjugend angeeifert.»

Ich habe mich in meiner Erwiderung mit keinem Wort darüber geäußert. Jetzt aber sage ich auf Grund einer Mitteilung des erzbischöflichen Ordinariats, die ich heute mittag erhielt: Der Herr Erzbischof hat von Schülle zum erstenmal gehört bei seiner Abführung in die Schutzhaft. Er schreibt: «Es ist absolut wahr, daß Schülle vom Erzbischof während seiner Schutzhaft in Kislau persönlich besucht worden ist.» Ich habe mich mit keinem Wort darüber geäußert. Jetzt aber sage ich auf Grund meiner Information: Der Herr Erzbischof hat einen inhaftierten Geistlichen in Kislau besucht und bei dieser Gelegenheit ein paar Minuten mit Schülle gesprochen.

Er schreibt: «Herr Kaplan Dettinger habe zu einem Zeitpunkt, als die Verfehlungen Schülles bereits bekannt waren, ihm auf die Frage, ob er das Studium zum Priestertum fortsetzen könne, erwidert: Er solle es unter allen Umständen fortsetzen. Man müsse sich fragen, ob Kaplan Dettinger aus eigener Verantwortung eine derart schwerwiegende Entscheidung getroffen hat, oder ob er sich vorher der Zustimmung seiner kirchlichen Obrigkeit versichert hat.»

Ich habe mich über diese Sache mit keinem Wort geäußert. Jetzt aber sage ich: Wie mir das erzbischöfliche Ordinariat mitteilt, hat Kaplan Dettinger unter Eid ausgesagt, daß er den Satz niemals gesprochen, vielmehr bei der einzigen Gelegenheit, wo er mit Schülle zu sprechen kam, ihm und auch später der Mutter auf das allerentschiedenste erklärt habe, daß es für ihn mit Priesterwerden ein für allemal aus sei . . .

Was wir deutsche Katholiken aber um unserer Ehre willen verlangen müssen, ist dies:

1. Daß wir uns wehren können, die Wahrheit feststellen und diese Wahrheit sagen und schreiben dürfen. Dieses selbstverständliche Recht ist uns aber im Falle Schülle vorenthalten worden. Nachdem Verleumdung auf Verleumdung in das ganze deutsche Vaterland hinausgeschrien worden ist, wird jetzt, wie mir das erzbischöfliche Ordinariat Freiburg mitteilt, im Reichspropagandaministerium mit einem Vertreter des Berliner Ordinariats über eine Richtigstellung des Falles in der Presse verhandelt. Den katholischen Kirchenblättern ist es aber verboten worden, von sich aus nur die geringste Berichtigung zu bringen. Ja, die Münchner katholische Kirchenzeitung, welche die Berichtigung schon aufgenommen hatte, wurde beschlagnahmt und nur unter der Bedingung freigegeben, daß die betreffende Stelle herausgerissen würde. Und so wurde unter polizeilicher Aufsicht aus 50 000 Kirchenzeitungen jeweils ein Blatt herausgerissen mit der Androhung, wenn auch nur ein Exemplar mit der Berichtigung hinausgeht, muß die Kirchenzeitung einen zehn Seiten langen Prozeßbericht über den Fall Schülle bringen . . .

2. Was wir als Katholiken, und ich setze hinzu, als ehrliebende Deutsche, verlangen müssen, ist dies: Wenn Vergehen, besonders sittlicher Art, begangen worden sind, dann muß jeden in gleicher Weise die Strafe treffen, ganz gleich, welcher Gemeinschaft oder Organisation er angehört, und weiter, wenn schon solche bedauerliche Fälle in die Öffentlichkeit gezerrt werden, dann müssen alle Fälle der breiten Öffentlichkeit unterbreitet werden, ganz gleich, welcher Gemeinschaft oder Organisation der Missetäter angehört.

Das Oridinariat Freiburg mußte leider in einem Bericht an das Reichspresseamt feststellen: «Daß bei der Registrierung schlimmer Vorkommnisse unter den Katholiken und Angehörigen anderer Weltanschauungskreise mit zweierlei Maß in unserer heutigen Presse gemessen wird, dafür liefert der Fall Schülle wieder einen neuen Beleg.» Dieselben Feststellungen hat der Kardinalstaatssekretär Pacelli gemacht, als er gelegentlich der Koblenzer Prozesse am 30. 5. 1936 unter Nr. 1944/36 an die Reichsregierung schrieb: «Nun ist es dem Hl. Stuhl zuverlässig bekannt, daß in zahlreichen Fällen, wo gleiche oder ähnliche Vergehen in anderen, der den Staat tragenden Partei und ihren Organisationen angehörenden Kreisen vorgekommen sind, falls überhaupt Ahndung eintrat, mit allen Mitteln der Öffentlichkeit die Zugehörigkeit zu den genannten Gemeinschaften vorenthalten wurde. Darüber hinaus ist es sogar vorgekommen, daß die Anzeigen solcher Vergehen durch in ihrem Gewissen beunruhigte Katholiken zu einer Maßregelung der letzteren führte, statt zu einer gerichtlichen Bestrafung der Schuldigen.»

Nr. 12

Auszüge aus der «Denkschrift zu Fragen der Sexualethik» Evangelische Kirche in Deutschland, EKD (1971):

I. Theologische Erwägungen zur Sexualität

1. Die christliche Kirche lebt von dem Auftrag, das Evangelium zu verkündigen. Sie ruft alle Menschen auf, die in Jesus Christus angebotene Versöhnung anzunehmen. Solche Versöhnung bedeutet, daß dem Menschen von Gott zugesagt wird, im Glauben seine Bestimmung zum zeitlichen und ewigen Leben zu erfüllen. Die Verkündigung der Kirche für diese Welt richtet sich auf die Gestaltung menschlichen Miteinanderlebens. Die gottgewollte Ordnung vollzieht sich darin, daß die Gemeinschaft, die Gott dem Menschen in Christus gewährt, sich im Leben und Zusammenleben auswirkt.

2. Weil es ihr um die Erfüllung der menschlichen Bestimmung geht, richtet die Kirche ihr Wort nicht nur an die Christen, sondern an alle Menschen. Die «christliche» Ordnung des Lebens wird zugleich als die «schöpfungsgemäße» verkündigt, nicht in dem Sinne, daß die natürliche menschliche Gemeinschaft sakral überhöht würde, sondern so, daß sie gerade zur sinnvollen Erfüllung gebracht wird. Die christliche Verkündigung appelliert an die Einsicht der Menschen und will der Verwirklichung ihrer Gemeinschaft vorbehaltlos dienen.

3. Weil es der kirchlichen Verkündigung auch um die Gestaltung des menschlichen Miteinanders geht, spricht sie über das Verhältnis der Geschlechter zueinander. Auch hier geht sie von Gottes Angebot aus, in dem menschliches Leben erschlossen ist, und bringt dieses als das schöpfungsgemäße bzw. das zu einer schöpfungsgemäßen «natürlichen» Bestimmung Zurückgebrachte heilsam zur Geltung. Wenn Jesus in seiner Verkündigung die Ehe als unauflösliche Lebensgemeinschaft in persönlicher Treue und Hingabe lehrt (Matth. 5,3 f. und 19,1 ff.), so zeigt er, wie Mann und Frau im Glauben an Gottes Versöhnung ihre Ehe zu führen gerufen und ermutigt sind. Zugleich aber macht er darauf aufmerksam, daß diese Weise, das Leben von Mann und Frau zu führen, die ursprünglich von Gott in der Schöpfung gewährte darstellt, und er verweist auf die Schöpfungsberichte der Bibel (1. Mose 1 u. 2).

4. In den Schöpfungsberichten werden Mann und Frau in ihrer gegenseitigen Angewiesenheit aufeinander als vom Willen des Schöpfers einander zugeordnete Menschen verstanden. Mann und Frau finden ihre Erfüllung erst im wechselseitigen Gegenüber. Diese Ergänzung von Mann und Frau zur Ganzheit eines Gegenübers wird als Ziel des göttlichen Schöpferwillens bezeugt.

Die Überlieferung des Alten Testamentes über Ehe und geschlechtliches Leben zeigt, daß die in den Schöpfungsberichten ausgesprochene Einsicht nicht allgemein gegeben war, sondern erst im Laufe der Geschichte stufenweise erreicht worden ist. Die Erfahrung der Treue Gottes zu seinem Volk führte auch dazu, daß das Verhältnis von Mann und Frau als ein Bund der Liebe und Treue verstanden wurde.

5. Die Schöpfungsberichte geben so das Motiv an, von dem aus das Verhältnis der Geschlechter gestaltet worden ist. Entsprechend den jeweiligen sozialen

und kulturellen Verhältnissen ist in der konkreten Gestaltung des sexuellen Lebens eine große Mannigfaltigkeit der Lebensformen zu beobachten. Dennoch hat der Glaube an die in Gottes Bund eröffnete Liebe und Treue bestimmte und für alle Gestaltungen menschlichen Zusammenlebens maßgebende Weisungen gegeben.

Gegenüber den damals überall in Israels Umwelt herrschenden sexuell bestimmten Fruchtbarkeitsreligionen wurde das Verhältnis von Mann und Frau entdämonisiert und entdivinisiert. Dadurch hatte auch der Unterschied zwischen Mann und Frau keine religiöse Bedeutung mehr (Gal. 3,26).

6. Die Auflösung der religiösen Bedeutung des Geschlechtsunterschiedes und die darin gründende elementare Gleichwertigkeit von Mann und Frau bedeutet freilich nicht ein Gleichgültigmachen und Nivellieren der Prägung von Mann und Frau überhaupt. Sie besagt vielmehr, daß Mann und Frau in grundsätzlicher Gleichberechtigung ihre geschlechtliche Eigenart füreinander einsetzen und in freier Zuwendung einander schenken sollen.

Wenn die Kirche der Einsicht in das von Gott eröffnete und gewollte Verhältnis der Geschlechter auch heute geltend macht, so verkündigt sie deshalb weder eine scheinbar zeitlose «natürliche» Ordnung, noch ein sakrales Gesetz. Sie verkündigt vielmehr das geschichtliche Angebot Gottes, das menschliches Miteinanderleben ermöglicht und so auch menschliche Bedürfnisse, z. B. menschliche Angewiesenheit auf Gemeinschaft erfüllt. Wenn Zuwendung und Treue Gottes vom Menschen angenommen werden und sich in menschlichem Gemeinschaftswillen und Gemeinschaftstreue auswirken, dann wird sich daraus auch eine Ordnung des Lebens der Geschlechter ergeben.

8. Jesu Verkündigung des göttlichen Heilswillens versteht das geschlechtliche Leben als allein in der Ehe erfüllt und diese als ausschließliche Einehe (Matth. 19, vgl. 1. Mose 2,23).

9. Solche Verkündigung wird nur richtig verstanden, wenn gesehen wird, daß es dabei nicht um ein alles menschliche Vermögen und Bedürfen übersteigendes bzw. ihm widerstreitendes Gesetz geht, an dessen Unerfüllbarkeit menschliches Leben zerbrechen müßte, sondern gerade umgekehrt um das Angebot erfüllten und menschlichen Lebens. Dies kann freilich nur im Glauben verstanden und verwirklicht werden, d. h. in der Bereitschaft, aller menschlichen Selbstbehauptung und Selbstrechtfertigung abzusagen und die göttliche Treue anzunehmen, die sich im menschlichen Leben auswirkt.

10. Die Kirche hat auf ihrem Weg durch die Geschichte in ihrer Sexualethik nicht immer den Leben und Freude ermöglichenden Charakter des Evangeliums betont. Sie ist nicht allenthalben der Gefahr entgangen, im Kampf mit heidnischem Verständnis der Sexualität das Ethos des Glaubens und der Treue mehr gesetzlich als unter dem Liebesangebot auszudrücken. Unter dem Einfluß eines dualistischen Menschenverständnisses hat man vielfach das geschlechtliche Leben dämonisiert und das eheliche Leben gesetzlich geordnet. Der Geschlechtsverkehr wurde nur dadurch legitimiert, daß er der Erzeugung von Nachkommenschaft diente.

11. Das neuzeitliche, nicht ohne die Wirkung der biblischen Verkündigung entstandene Verständnis des Menschen als leib-seelischer Ganzheit hat den Blick für das biblische Zeugnis über Mann und Frau neu geschärft und die Einsicht in die geschöpfliche Eigenart des geschlechtlichen Lebens zurückgegeben. So zeigen heute theologisches Menschenverständnis und anthropologische

Erkenntnisse von Medizin, Psychologie und anderen Wissenschaften, daß der Geschlechtsverkehr nur dort Erfüllung menschlichen Seins eröffnet, wo er in das personale Leben eingegliedert ist und zur persönlichen Hingabe wird.

12. Der unheilvolle Gegensatz zwischen einer gesetzlichen Sexualmoral im Sinne bestimmter kirchlicher Überlieferungen einerseits und einer von der persönlichen Beziehung losgelösten Sexualität mit allen ihren zerstörerischen Konsequenzen andererseits kann nicht überwunden werden, wenn die Kirche lediglich ihre traditionelle Ordnung mit Hilfe der öffentlichen Gesetzgebung zu stabilisieren versuchen würde. Er kann nur überwunden werden, wenn die Kirche die Botschaft von der freien Gnade Gottes, die dem Menschen zur Gestaltung seines Lebens hilft, in der Verkündigung und im Leben ihrer Glieder bezeugt. Die Kirche hat dabei sowohl die gesellschaftlichen Bedingungen heutigen menschlichen Lebens als auch die medizinischen und psychologischen Einsichten in die Bedingungen geschlechtlichen Lebens und deren Rückwirkungen auf die Menschen zu beachten. Diese Berücksichtigung hilft dazu, die Grundeinsicht in die dem Menschen von Gott zugedachte Gestaltung der Beziehung von Mann und Frau auch für die Gegenwart wirksam zu machen.

13. Die christliche Überzeugung, daß diese Gestaltung menschlichen Miteinanderlebens nur im Glauben und in der Hingabe an Gottes Verheißung geschehen kann, schließt die Erfahrung ein, daß sie aus menschlicher Schwäche und Eigenmächtigkeit immer wieder nicht erreicht wird. In diesem Falle bleibt die Kirche ihrem Auftrag treu, wenn sie das Evangelium verkündigt, das demjenigen die Vergebung der Sünden zuspricht, der sie begehrt, und ihm zugleich Freiheit und Mut zu einem neuen Anfang der Gestaltung seines Lebens schenkt.

XII. Homosexualität

65. Homosexualität unterscheidet sich von heterosexueller Partnerschaft grundsätzlich dadurch, daß sie auf einen gleichgeschlechtlichen Partner zielt. Individuell gestört ist entweder das Verhältnis zur eigenen Geschlechtsrolle oder das zum anderen Geschlecht. Sie tritt bei Männern und bei Frauen auf.

Die Fähigkeit, sich liebend auf einen Partner zu beziehen, kann voll entwickelt sein. In vielen Formen der Homosexualität wird daher eine personale Beziehung beabsichtigt, bisher aber auf die Dauer kaum erreicht.

66. Es lassen sich verschiedene Gruppen, die zu einer Sexualbetätigung mit dem gleichen Geschlecht neigen, unterscheiden:

a) Einige Menschen empfinden annähernd gleich starke Zuneigung zu Partnern des gleichen und des anderen Geschlechts. Sie sind von ihren Empfindungen her als bisexuell zu bezeichnen. Sie können nebeneinander heterosexuelle (gegengeschlechtliche) und homosexuelle (gleichgeschlechtliche) Beziehungen haben.
b) Eine Anzahl Jugendlicher wird in einer bestimmten Phase der Entwicklung vorübergehend zu homosexuellen Praktiken verführt oder gelangt zu solchem Verhalten aus entwicklungsbedingter Unsicherheit vor dem anderen Geschlecht. Dadurch wird die Grundrichtung ihres sexuellen Verhaltens und Erlebens nicht endgültig festgelegt. In sehr vielen Fällen wird dieses Stadium von selbst überwunden, in anderen können Beratung und Therapie helfen, die Scheu vor der heterosexuellen Bindung zu überwinden.
c) Häufig ist eine Fehlentwicklung der Sexualität im frühen Kindesalter Ur-

sache für Homosexualität. Diese Homosexuellen können durch psychotherapeutische Behandlung zu Empfindungen für das andere Geschlecht gelangen, wenn es gelingt, die erworbenen seelischen Störungen zu beheben.

d) Bei anderen Homosexuellen ist die Hinwendung zum anderen Geschlecht gehemmt durch angeborene oder erworbene hirnorganische Schäden. Solche Störung spielt auch beim Altersabbau eine Rolle. In diesen Fällen ist eine betreuende Führung, u. U. eine medikamentöse oder operative Behandlung mit dem Ziel möglich, die drängende homosexuelle Triebhaftigkeit zu mildern.

e) Bei einer anderen, wissenschaftlich noch nicht klar abzugrenzenden Gruppe scheint ein bisher unbekannter, möglicherweise konstitutioneller Faktor eine entscheidende Rolle zu spielen. Die Aussicht, einem solchen sogenannten «Neigungshomosexuellen» durch Behandlung zu einer heterosexuellen Beziehungsfähigkeit zu verhelfen, ist gering.

f) Eine Minderheit unter den homosexuellen jungen Männern betreibt homosexuelle Prostitution zum Gelderwerb. Diese sind in ihrem Erleben entweder auf das weibliche Geschlecht ausgerichtet oder haben eine indifferente Gefühlseinstellung und sind in der Mehrzahl bindungsunfähig. Einige von ihnen führen auch ein auf Partner des anderen Geschlechts ausgerichtetes Sexualleben.

67. Die weitverbreitete unreflektierte Verurteilung der Homosexualität als widernatürliches schuldhaftes Verhalten darf nicht beibehalten werden. Die christliche Verkündigung sieht den Sinn der menschlichen Sexualität in der dauerhaften Beziehung eines Mannes und einer Frau. Diese Personalisierung wird bei vielen Formen der Homosexualität verfehlt, so daß keine dauerhafte Partnerbeziehung, sondern häufiger Partnerwechsel entsteht.

68. Die evangelische Kirche versteht die Homosexualität als sexuelle Fehlform und lehnt ihre Idealisierung ab. Das ist aber eine andere Beurteilung als die frühere moralisch verurteilende, die die Bestrafung als einzige Reaktionsmöglichkeit kannte. Das Wissen um die Personalisierung der Sexualität eröffnet heute neue Möglichkeiten der seelsorgerlichen und therapeutischen Hilfe für diese Menschen.

Kinder und Jugendliche müssen vor Verführung, Werbung und Propaganda für Homosexualität geschützt werden.

Nr. 13

Auszüge aus einer «Erklärung zu einigen Fragen der Sexualität» Röm. Kath. Kongregation für die Glaubenslehre, Rom (1975):

Zur Situation

1. Die menschliche Person wird nach Ansicht der heutigen Wissenschaft so tief durch die Sexualität beeinflußt, daß diese zu den Faktoren gezählt werden muß, die das Leben eines jeden Menschen maßgeblich prägen. Aus dem Geschlecht

nämlich ergeben sich die besonderen Merkmale, die die menschliche Person im biologischen, psychologischen und geistigen Bereich als Mann und Frau bestimmen. Diese haben somit einen sehr großen Einfluß auf ihren Reifungsprozeß und ihre Einordnung in die Gesellschaft. Deshalb sind auch die Fragen menschlicher Geschlechtlichkeit heute ein Thema, das häufig und offen in Büchern, Zeitschriften, Zeitungen und anderen sozialen Kommunikationsmitteln behandelt wird.

Indessen greift zunehmend ein Sittenverfall um sich, dessen ernstes Kennzeichen die maßlose Verherrlichung des Geschlechtlichen ist. Er ist mit Hilfe der sozialen Kommunikationsmittel und einer gewissen Unterhaltungsindustrie bereits so weit fortgeschritten, daß er in den Bereich der Erziehung eindringen konnte und die allgemeine Mentalität vergiftet hat.

Wenn selbst unter diesen Umständen Erzieher, Lehrer der Pädagogik und der Moral dazu beitragen konnten, daß die Werte, die Mann und Frau je zu eigen sind, besser verstanden und in das Leben integriert wurden, haben andere Meinungen und Verhaltensweisen verbreitet, die den wahren sittlichen Forderungen an den Menschen widersprechen. Ja, sie sind sogar so weit gegangen, einen freizügigen Hedonismus zu begünstigen.

Die Folge davon ist, daß auch unter Christen sittliche Lehren, Normen und Lebensweisen, die bisher treu beobachtet wurden, innerhalb einiger Jahre stark erschüttert worden sind. Viele fragen sich heute im Wirrwarr so vieler, weitverbreiteter Meinungen, welche der von der Kirche empfangenen Lehre entgegenstehen, was sie eigentlich noch für wahr halten müssen.

Menschenwürde und göttliches Gesetz

3. Die Menschen unserer Zeit sind immer mehr davon überzeugt, daß die Würde und die Berufung der menschlichen Person es erfordern, daß sie im Licht der Vernunft die Werte entdecken, die in ihre Natur gelegt sind, diese unablässig weiterentfalten und im Hinblick auf einen immer größeren Fortschritt in ihrem Leben verwirklichen.

Der Mensch aber kann in den Fragen der Moral bei der Beurteilung der Grundwerte nicht einfach nach seinem persönlichen Belieben verfahren: «Im Inneren seines Gewissens entdeckt der Mensch ein Gesetz, das er sich nicht selbst gibt, sondern dem er gehorchen muß . . . Denn der Mensch hat ein Gesetz, das von Gott seinem Herzen eingeschrieben ist, dem zu gehorchen eben seine Würde ist und gemäß dem er gerichtet werden wird.» Ferner hat Gott uns Christen durch seine Offenbarung den Heilsplan zu erkennen gegeben und uns Christus, den Erlöser und Heiland, in seiner Lehre und seinem Beispiel als die höchste und unveränderliche Lebensnorm hingestellt: «Ich bin das Licht der Welt. Wer mir nachfolgt, wird nicht in der Finsternis gehen, sondern er wird das Licht des Lebens haben.»

Es kann deshalb keine wahre Stärkung der Würde des Menschen geben, wenn nicht die grundgelegte Ordnung seiner Natur gewahrt wird. Gewiß haben sich in der Geschichte der Zivilisation viele konkrete Umstände und Bedürfnisse des menschlichen Lebens geändert und werden sich noch weiter ändern; doch jeder Wandel in den Sitten und jede Lebensweise muß sich innerhalb der Grenzen halten, die durch die unveränderlichen Prinzipien gesetzt sind, welche in den konstitutiven Elementen und den wesentlichen Beziehungen der menschlichen Person gründen; diese Elemente und Beziehungen übersteigen die veränderlichen geschichtlichen Umstände.

Diese Grundprinzipien, die die Vernunft erkennen kann, sind enthalten im «ewigen, objektiven und universalen göttlichen Gesetz, durch das Gott nach dem Ratschluß seiner Weisheit und Liebe die ganze Welt und die Wege der Menschengemeinschaft ordnet, leitet und regiert. Gott macht den Menschen seines Gesetzes teilhaftig, so daß der Mensch unter der sanften Führung der göttlichen Vorsehung die unveränderliche Wahrheit mehr und mehr zu erkennen vermag.» Dieses göttliche Gesetz ist für unsere Erkenntnis zugänglich.

Seelsorge und Homosexualität

8. Im Gegensatz zur beständigen Lehre des kirchlichen Lehramtes und des sittlichen Empfindens des christlichen Volkes haben heute einige unter Berufung auf Beobachtungen psychologischer Natur damit begonnen, homosexuelle Beziehungen mit Nachsicht zu beurteilen, ja sie sogar völlig zu entschuldigen.

Sie unterscheiden – was übrigens nicht ohne Begründung zu geschehen scheint – zwischen Homosexuellen, deren Neigung sich von einer falschen Erziehung, von mangelnder sexueller Reife, von angenommener Gewohnheit, von schlechten Beispielen oder anderen ähnlichen Ursachen herleitet und eine Übergangserscheinung darstellt oder wenigstens nicht unheilbar ist, und Homosexuellen, die durch eine Art angeborenen Trieb oder durch eine pathologische Veranlagung, die als unheilbar betrachtet wird, für immer solche sind.

Was nun die letzteren Personen betrifft, kommen einige zu dem Schluß, daß ihre Neigung derart natürlich ist, daß sie für sie als Rechtfertigungsgrund für ihre homosexuellen Beziehungen in einer eheähnlichen aufrichtigen Lebens- und Liebesgemeinschaft angesehen werden muß, falls sie sich nicht imstande fühlen, ein Leben in Einsamkeit zu ertragen.

Sicher muß man sich bei der seelsorgerlichen Betreuung dieser homosexuellen Menschen mit Verständnis annehmen und sie in der Hoffnung bestärken, ihre persönlichen Schwierigkeiten und ihre soziale Absonderung zu überwinden. Ihre Schuldhaftigkeit wird mit Klugheit beurteilt werden. Es kann aber keine pastorale Methode angewandt werden, die diese Personen moralisch deswegen rechtfertigen würde, weil ihre Handlungen als mit ihrer persönlichen Verfassung übereinstimmend erachtet würden. Nach der objektiven sittlichen Ordnung sind homosexuelle Beziehungen Handlungen, die ihrer wesentlichen und erläßlichen Zuordnung beraubt sind. Sie werden in der Heiligen Schrift als schwere Verirrungen verurteilt und im letzten als die traurige Folge einer Verleugnung Gottes dargestellt. Dieses Urteil der Heiligen Schrift erlaubt zwar nicht den Schluß, daß alle, die an dieser Anomalie leiden, persönlich dafür verantwortlich sind, bezeugt aber, daß die homosexuellen Handlungen in sich nicht in Ordnung sind und keinesfalls in irgendeiner Weise gutgeheißen werden können.

Nr. 14

Antisexuelle Propaganda des «Freundeskreises Maria Goretti e. V.»:

Eltern wehrt Euch! Der Staat greift nach Euren Kindern

Trotz schlimmster Erfahrungen, die man mit der sozialistisch-neuheidnischen Sexual-«Erziehung» gemacht hat – der Widerstand von Eltern und Erziehern tritt in vielen Protesten, Leserbriefen und Flugblattaktionen immer deutlicher zutage –, wird in Bayern die *Zwangs-Schul-Sexual-«Erziehung»* nicht abgeschafft. Die Aufklärungsmanie, die heute die gesamte zivilisierte Welt überzieht wie einst der Hexenwahn, hindert die verantwortlichen Menschen, klar zu denken und die erschreckenden Früchte der «Geschlechtserziehung» zu erkennen.

In einem Land, das seit 20 Jahren die heidnisch-sozialistische Sexual-«Erziehung» durchführt, in *Schweden,* wurden kürzlich folgende Zahlen amtlich herausgegeben:

Die Zahl der wegen *Vergewaltigung* Verurteilten, mit einem zunehmend steigenden Anteil Jugendlicher, stieg von 1950 bis 1972 um *400 %*. Die Zahl der *Schwangerschaften bei Mädchen unter 14 Jahren* vermehrte sich zwischen 1956 und 1972 um *900 %*.

Im Jahr 1973 *bekamen 681 Schülerinnen von 14 bis 16 Jahren ein Kind;* daneben stieg aber die Zahl der *Abtreibungen,* so bei Mädchen unter *15 Jahren,* von 1968 bis 1974 um *200 %*.

Die Zahl der aufgeklärten *Homosexualitätsdelikte an Jugendlichen unter 15 Jahren verdoppelte* sich von 1973 bis 1974.

Wie sehr das von den Kindern in der Schule «Gelernte» anschließend ausprobiert wird, zeigt der erschreckende Anstieg der *Geschlechtskrankheit* Gonorrhöe (Tripper): bei Kindern unter 14 Jahren zwischen 1950 und 1972 um *900 %*.

In den deutschen Ländern bestätigen sich diese Erfahrungen: Bei uns in *Bayern,* wo offenbar CSU-Leute gegen die Zielsetzung ihrer eigenen Partei und gegen die Staatsverfassung die Geschäfte der Marxisten besorgen, stieg nach Einführung der Schul-Sexual-«Erziehung» in einem Jahr, nämlich von 1972 auf 1973, die Zahl der *Schwangerschaften bei Mädchen* zwischen 13 und 15 Jahren um 23 %. (Spätere Zahlen wurden nicht mehr bekannt.)

Wie es bei den Elternversammlungen nicht selten zugeht, zeigen verschiedene Berichte überrumpelter Eltern, die gegen die dialektische Argumentationsweise linksgerichteter Lehrer nicht aufkommen: «Die Eltern, die an sich gegen die Schul-Sexual-Erziehung waren, hatten nun nicht mehr den Mut, gegen die ‹wissenschaftlich› untermauerten Ausführungen des redegewandten Lehrers etwas zu sagen und wagten nicht mehr, sich gegen die – letztlich pornographischen – Arbeitsblätter auszusprechen . . .» (Brief einer Mutter an eine Lehrkraft in Unterfranken.)

Wenn Eltern eine «Hilfe» der Schule auf diesem Gebiet für ihre Kinder befürworten, geschieht das meistens aus Unwissenheit. Allseitig unterrichtete Eltern werden in den wenigsten Fällen der sexuellen Bedarfsweckung, als die sich die «Sexualerziehung» immer wieder erweist, zustimmen. Die Verletzung des *Elternrechts,* die in der Zwangs-Schul-Sexual-Erziehung gegeben ist, kommt letztlich einer *lautlosen Enteignung* der Eltern gleich.

Eltern wehrt Euch – der Staat greift nach Euren Kindern!

Jede «Sexualerziehung», die nicht Hinführung zu Keuschheit und Schamhaftigkeit, Selbstbeherrschung und Verzichtbereitschaft ist, ist sexuelle Bedarfsweckung, ist Verführung zur Sünde, ist Mord an der Seele Ihres Kindes!

Fordern Sie Informationsmaterial an bei:
Freundeskreis Maria Goretti e. V., Planegger Straße 22 b, 8000 München 60

Nr. 15

Landeskirchenamt der ev.-luth. Landeskirche Hannover, Kündigungsschreiben an Pastor Klaus Brinker (19. März 1981):

Sehr geehrter Herr Pastor Brinker!

Wir bedauern, Ihnen mitteilen zu müssen, daß wir Sie hierdurch auf Grund von Artikel 2 § 4 des Kirchengesetzes zur Ergänzung des Pfarrergesetzes (Ergänzungsgesetz) aus dem Dienstverhältnis als Hilfspfarrer mit Ablauf des 30. Juni 1981 entlassen.

Wir begründen diese Entscheidung wie folgt:

Anläßlich Ihrer Bewerbung um die 1. Pfarrstelle der ev.-luth. Matthäus-Kirchengemeinde in Hannover, mit deren Versehung Sie als Hilfspfarrer beauftragt gewesen waren, wurde dem Kirchenvorstand im April 1979 bekannt, daß Sie als Homophiler eine feste homosexuelle Bindung mit einem Partner haben und daß Sie beabsichtigen, diese Partnerschaft auch als Gemeindepfarrer mit dem Anspruch auf öffentliche Anerkennung zu leben. Anzeichen für eine solche Lebensführung hatten sich während der Zeit Ihrer Ausbildung in der Landeskirche nicht ergeben.

Nachdem der Kirchenvorstand Sie nicht gewählt hatte, haben wir uns veranlaßt gesehen, Ihnen unter Aufhebung des Versehungsauftrages einen anderen Auftrag zu erteilen. Uns lag daran, ohne Zeitdruck prüfen zu können, ob Ihre Absicht, eine nach Ihrer Meinung Ihrer Veranlagung entsprechende Lebensgemeinschaft mit dem Anspruch auf öffentliche Anerkennung zu praktizieren, Ihren Dienst als Pastor ausschließt. Auf unsere Verfügung vom 28. Mai 1979 und den Einspruchsbescheid vom 11. Juni 1979 nehmen wir Bezug.

Im Zusammenhang mit den genannten Maßnahmen haben wir Sie mehrfach gebeten, sich öffentlicher Äußerungen zu enthalten, um die Erörterung der Sachfragen nicht zu belasten. Sie selbst haben sich entgegen unserem Rat vor einer größeren Öffentlichkeit auf dem Kirchentag 1979 in Nürnberg zur Frage des Dienstes praktizierender Homophiler geäußert und haben auch bei anderen Gelegenheiten öffentlich Stellung genommen. In Ihrer schriftlichen Stellungnahme uns gegenüber vom 13. August 1980 und in Ihren uns bekannt gewordenen öffentlichen Äußerungen haben Sie deutlich erklärt oder erkennen lassen, daß Sie als Homophiler im kirchlichen Dienst bleiben möchten, ohne aber Auflagen hinsichtlich Ihrer Partnerschaft ausgesetzt sein zu wollen. Bei der abschließenden Anhörung im Landeskirchenamt am 26. Februar 1981 haben Sie diese Ihre Einstellung bestätigt.

Auf unsere Veranlassung sind die durch Ihr Verhalten aufgeworfenen Fragen auch innerhalb der Evangelischen Kirche in Deutschland und insbesondere der Vereinigten Evangelisch-Lutherischen Kirche Deutschlands erörtert worden. Dies hat zu der Vorläufigen Stellungnahme des Theologischen Ausschusses der VELKD vom 12. September 1979 und zu der Orientierungshilfe «Gedanken und Maßstäbe zum Dienst von Homophilen in der Kirche» vom 9. Januar 1980 (beides veröffentlicht als «Texte aus der VELKD 11/1980») geführt.

Bei der Prüfung des Sachverhaltes sind wir nach eingehenden Überlegungen und nach Fühlungnahme mit den anderen kirchenleitenden Organen der Landeskirche sowie nach Anhörung des Landessuperintendenten, des Superintendenten und des Pfarrerausschusses zu der Auffassung gekommen, daß die von Ihnen vertretene Lebensführung für den pfarramtlichen Dienst nicht tragbar ist. Ihre wiederholt bestätigte Absicht, an dieser Lebensführung mit dem Anspruch auf Anerkennung festzuhalten, läßt sich nicht mit den Anforderungen vereinbaren, die an den im Dienst der Verkündigung Stehenden, insbesondere an die Pfarrer auch nach dem Pfarrergesetz (§§ 43, 58 Abs. 2 und 60), hinsichtlich ihrer Lebensführung zu stellen sind.

Die öffentliche Verkündigung ist berührt, wenn ein kirchlicher Mitarbeiter, insbesondere ein Pfarrer, eine homosexuelle Partnerschaft mit seinem Leben in der Kirche und vor der Öffentlichkeit als der Ehe in gewisser Weise entsprechend darstellt und damit ein Beispiel gibt, das für andere eine orientierende Wirkung haben kann. Das Lebenszeugnis des Mitarbeiters darf, wenn es die Verkündigung nicht unklar machen soll, nicht zu der der Kirche aufgetragenen Botschaft in offenkundigem und dauerndem Widerspruch stehen. Den Aussagen der Bibel über die als von Gott gewollt erkannte Gemeinschaft von Mann und Frau, die auf Nachkommenschaft angelegt ist, widerspricht aber eine öffentlich mit dem Anspruch auf Anerkennung gelebte eheähnlich ausgeprägte homophile Partnerschaft. Diese Feststellung zwingt zu der Folgerung, daß in Verkündigung und Lebenszeugnis kirchlicher Mitarbeiter alles, was als Ermutigung zur Hinwendung zur Homosexualität verstanden werden kann, vermieden werden muß. Andererseits ist die Kirche gehalten, sich öffentlich dafür einzusetzen, daß Menschen, die mit einer homophilen Prägung leben, nicht verurteilt werden. Sie bietet ihnen auch ausdrücklich ihren Dienst an.

Über diese Fragen sind mit Ihnen wiederholt Gespräche, auch solche seelsorgerlicher Art, geführt worden. Sie hatten auch im Rahmen des Ihnen erteilten Auftrages Gelegenheit, sich mit anderen Pastoren und Mitarbeitern unserer Landeskirche auszutauschen und Ihren Standpunkt zu überprüfen.

Solange Sie gewillt sind, an der Verwirklichung Ihrer Vorstellung von einer als Pfarrer mit dem Anspruch auf öffentliche Anerkennung gelebten homosexuellen Partnerschaft festzuhalten, sehen wir uns nicht in der Lage, Sie in das Dienstverhältnis als Pfarrer zu berufen und damit auf Lebenszeit anzustellen. Deshalb werden Sie aus dem Dienstverhältnis als Hilfspfarrer aus wichtigem Grunde im Sinne von Artikel 2 § 4 Absatz 1 des Ergänzungsgesetzes entlassen.

Wir bedauern, daß die vielen Bemühungen und Gespräche zu keiner Verständigung geführt haben und wir keine Möglichkeit zu einer anderen Entscheidung sehen konnten. Wir erklären uns bereit, Ihnen nach Ihrem Ausscheiden aus dem Dienst bei dem Übergang in eine andere berufliche Tätigkeit behilflich zu sein.

Gegen diesen Bescheid können Sie innerhalb eines Monats nach Zustellung beim Landeskirchenamt, Rote Reihe 6, 3000 Hannover 1, schriftlich Einspruch einlegen (§ 51 der Rechtshofordnung).

Mit freundlichem Gruß

Unterschrift

Nr. 16

Info-Tisch-Verbot für Homosexuellengruppen in Ingolstadt (1980):

Die Stadt Ingolstadt erläßt folgenden

Bescheid:

I. Die Sondernutzungserlaubnis für einen Informationsstand in der Ingolstädter Fußgängerzone zu Fragen der Homosexualität wird abgelehnt.

II. Der Antragsteller trägt die Kosten des Verfahrens.

III. Für diesen Bescheid wird eine Gebühr in Höhe von 50,– DM festgesetzt. Die Auslagen betragen 4,– DM.

Gründe:

I. Mit Schreiben vom 8. 7. 1980 hat Herr Bernd Offermann, Rieterstraße 10, 8500 Nürnberg 90, im Namen der Nürnberger Homosexuellengruppe Fliederlich einen Informationsstand zu Fragen der Homosexualität in der Ingolstädter Fußgängerzone am 26. 7. 1980 beantragt.

Daraufhin hat die Stadt Ingolstadt der Gruppe Fliederlich mit Schreiben vom 22. 7. 1980 mitgeteilt, daß ein Informationsstand zu Fragen der Homosexualität nicht genehmigungsfähig ist.

Mit Schreiben vom 1. 8. 1980 hat sich die Gruppe Fliederlich erneut an die Stadt Ingolstadt gewandt und erneut einen Informationsstand für den 13. September 1980 mit derselben Thematik beantragt.

II. 1. Die Zuständigkeit der Stadt Ingolstadt zum Erlaß dieses Bescheides beruht auf Art. 18 Abs. 1 i. V. m. Art. 58 Abs. 2c des Bayer. Straßen- und Wegegesetzes – BayStrWG – vom 2. 7. 1974 (GVBl. S. 333) sowie der Sondernutzungssatzung der Stadt Ingolstadt vom 31. 5. 1977 (Amtl. Mitteilungen Nr. 23 vom 18. 6. 1977).

2. Bei der Aufstellung eines Informationsstandes handelt es sich um eine öffentlich-rechtliche Sondernutzung, die gem. § 2 der Sondernutzungssatzung erlaubnisbedürftig ist. Die Voraussetzungen zur Erteilung einer Sondernutzungserlaubnis sind hier jedoch nicht erfüllt.

a) Das Aufstellen von Informationsständen ist ein Ausfluß des Rechtes der freien Meinungsäußerung (Art. 5 Abs. 1 GG). Deshalb werden Informationsstände auch grundsätzlich genehmigt. Eine Versagung der Sondernutzungserlaubnis für Informationsstände erfolgt nur im Rahmen der verfassungsmäßig zugelassenen Einschränkung des Art. 5 Abs. 2 GG. Dazu zählen insbesondere das Überschreiten der Grenzen des Straf- bzw. Ordnungswidrigkeitenrechtes, die Gefährdung der öffentlichen Sicherheit und Ordnung sowie die Jugendschutzbestimmungen.

b) Bei der Aufstellung eines Informationsstandes zu Fragen der Homosexualität ist in der stark frequentierten Fußgängerzone mit erheblichen Menschenansammlungen um diesen Stand zu rechnen. Nach Art. 23 Abs. 1 des Bayer. Landesstraf- und Verordnungsgesetzes – LstVG – vom 7. 11. 1974 (GVBl. S. 753) in der z. Z. gültigen Fassung sind die Gemeinden berechtigt, zur Verhütung von Gefahren für Gesundheit, Sittlichkeit usw. Anordnungen für den Einzelfall zu erlassen. Auf Grund der Tatsache, daß die Allgemeinheit Homosexualität als unsittlich ablehnt, ist die Stadt Ingolstadt im Interesse der Allgemeinheit verpflichtet, das Sittlichkeitsempfinden der Bevölkerung durch eine Versagung des Informationsstandes zu wahren.

Außerdem besteht die konkrete Gefahr, daß sich sittlich verletzt fühlende Personen zu spontanen Maßnahmen wie Beschimpfungen, Beleidigungen oder Tätlichkeiten hinreißen lassen.

Weiter ist zu berücksichtigen, daß die Fußgängerzone von vielen Kindern und Jugendlichen frequentiert wird, die vor derartigen, unmittelbaren Konfrontationen zu schützen sind.

Durch die Änderung des § 175 des Strafgesetzbuches – StGB – sind homosexuelle Handlungen zwischen Volljährigen nicht mehr unter Strafe gestellt. Dieser § 175 StGB untersagt jedoch auch weiterhin die homosexuelle Betätigung mit Minderjährigen. Aus dieser Bestimmung zum Schutz der Jugend folgt, daß Veranstaltungen über homosexuelle Fragen auf öffentlichen Plätzen (wie hier in der Fußgängerzone) nicht genehmigungsfähig sind, da sich eine Vielzahl Minderjähriger in diesem Bereich aufhalten.

Es ist allein Aufgabe der Eltern zu bestimmen, wann und in welcher Art ihre Kinder über diese dem sexuellen Intimbereich angehörenden Probleme aufgeklärt werden.

Da auch durch Auflagen oder sonstige Maßnahmen diese Gefahren nicht vermindert werden können, ist in diesem besonderen Fall die Genehmigung zu versagen.

c) Bei der Entscheidung über den Antrag der Gruppe Fliederlich wurde von der Stadt Ingolstadt auch das Interesse dieser Gruppe berücksichtigt, über Fragen der Homosexualität objektiv zu informieren. Diese Information kann jedoch auf Grund der vorstehend genannten Begründung nicht auf öffentlichen Straßen und Plätzen durchgeführt werden.

III. Die Kostenentscheidung beruht auf den §§ 1, 2, 3 und 4 der Satzung über die Erhebung von Verwaltungskosten für Amtshandlungen im eigenen Wirkungskreis der Stadt Ingolstadt (Kostensatzung) vom 10. 1. 1977 – Amtl. Mitteilungen Nr. 2 vom 22. 1. 1977.

Die Höhe der Gebühren bemißt sich nach § 2 Abs. 1 Satz 4 der Kostensatzung.

Hinweis:
Wir bitten Sie, die Gebühr in Höhe von 54,– DM innerhalb von 2 Wochen nach Zustellung dieses Bescheides unter Angabe Ihrer Pk.Nr. 63655094001 an die Stadtkasse Ingolstadt zu überweisen.

Nr. 17

«Thesen zur Sexualität» Gesellschaft zur Förderung sozialwissenschaftlicher Sexualforschung, GFSS (1975):

1. Beim Menschen ermöglicht die Sexualität – anders als bei den meisten Tieren – nicht nur die Fortpflanzung, sondern vor allem auch zwischenmenschliche, partnerschaftliche Beziehungen sowie das Gewähren und Empfangen von Lust.

2. Bei unserer Geburt ist die Sexualität noch nicht auf eine bestimmte Form oder Richtung festgelegt, und wir sind ursprünglich alle fähig, sexuelle Lust sowohl allein als auch mit anderen zu erleben, ohne daß deren Geschlecht dabei grundsätzlich von Bedeutung wäre.

3. Entgegen früheren Anschauungen, die man aber auch heute noch oft hört, hat die moderne Sexualwissenschaft keine bestimmte «Veranlagung» feststellen können, die einen Menschen allein auf Grund angeborener körperlicher, biologischer Merkmale zu einer bestimmten Form oder Richtung der Sexualität zwingen würde.

4. Das Sexualverhalten des Menschen – das heißt Inhalt und Richtung seiner sexuellen Bedürfnisse sowie deren Verwirklichung – wird auf der allen Menschen gemeinsamen biologisch-physiologischen Grundlage weitgehend durch Umwelteinflüsse geprägt und durch Erziehung vermittelt. Vom Augenblick der Geburt an «lernen» wir, was wir zu tun oder zu lassen haben – und zwar nicht nur durch uns bewußte Vorschriften von Elternhaus und Schule, sondern auch durch uns unbewußt bleibende Erwartungen und Leitbilder unserer gesamten Umgebung. – Ähnlich verhält es sich auch in anderen, nichtsexuellen Bereichen: zum Generaldirektor, Professor oder Hilfsarbeiter etwa werden wir nicht auf Grund einer bestimmten «Veranlagung» geboren, sondern wir entwickeln unsere Neigungen und Fähigkeiten – kurz: unsere Persönlichkeit – unter dem Einfluß sehr vieler Lebensumstände und Erfahrungen.

5. Während wir von *Natur* aus gefühlsmäßige und sexuelle Beziehungen zu anderen Menschen unabhängig von deren Geschlecht eingehen können, hat unsere *Kultur* eine strenge Unterscheidung solcher Beziehungen eingeführt: je nachdem ob sie zwischen Menschen verschiedenen oder des gleichen Geschlechts stattfinden. Die ersteren werden «heterosexuell» genannt, die letzteren «homosexuell». Bei uns gelten den meisten Menschen nur die heterosexuellen Beziehungen als «normal», die homosexuellen dagegen als «unnatürlich» oder sogar krank, bis vor einigen Jahren dazu noch als kriminell. In Wirklichkeit aber sind beide Formen der Sexualität gleich natürliche Möglichkeiten; beide kommen auch bei den meisten anderen Völkern bzw. Kulturen nebeneinander vor, ohne daß verlangt würde, daß sich die Menschen etwa auf die eine oder andere Art oder Richtung ausschließlich festlegen müßten.

6. Für den einzelnen Menschen wie auch für die ganze Gesellschaft ist es von Vorteil, wenn jeder Mensch ohne Furcht vor Strafen oder anderen Nachteilen sein Sexualleben partnerschaftlich frei gestalten kann. Dabei sollte er diejenigen Partner und Sexualpraktiken wählen können, die sowohl seinen eigenen Bedürfnissen als auch denen seines Partners entsprechen. Heterosexuelle Partner sollten sich zusätzlich noch der Verantwortung bewußt sein,

wenn sie sich durch Verzicht auf Verhütungsmaßnahmen zur Zeugung eines Kindes entschließen.

7. Es ist in der Geschichte oft versucht worden, die vielfältigen sexuellen Bedürfnisse und Ausdrucksmöglichkeiten einzuengen, zu unterdrücken, zu diffamieren oder ganz zu verbieten. Wer dies tut, handelt entweder unter dem Einfluß von Vorurteilen und oft uneingestandenen – Angst- oder Neidgefühlen, oder er verspricht sich dadurch Macht über andere Menschen, daß er sie wegen ihrer angeblich «unsittlichen» oder «unnatürlichen» Wünsche mit Angst- und Schuldgefühlen erfüllt.

8. Wenn in diesem Zusammenhang gern der Ausdruck «Verführung» gebraucht wird, so ist dies meist unberechtigt und zeugt von einem Verkennen der eigentlichen Zusammenhänge. «Verführen» heißt sinnvollerweise, einem anderen, meist schwächeren Menschen ohne oder sogar gegen dessen Einverständnis etwas aufdrängen, was ihm nicht nur bislang unbekannt war, sondern was ihm oder anderen Schaden zufügt. In der Sexualität ist dies aber nur unter Gewaltanwendung möglich. Wenn dagegen jemand einen anderen zu etwas hinführt, das ihm oder anderen nicht nur keinen Schaden zufügt, sondern vielmehr Lust und Zärtlichkeit erleben läßt, dann ist das Wort «verführen» verfehlt. Es sei denn, man würde auch sagen wollen, daß etwa die Lehrer die Kinder zum Rechnen, Schreiben und Denken «verführen».

9. Die sexuellen Normen unserer Gesellschaft, also die Vorstellungen über «richtiges» und «falsches» Geschlechtsverhalten, gehen auf alte Anschauungen der jüdisch-christlichen Tradition zurück. Diese waren ausgesprochen sexualfeindlich und erlaubten geschlechtliche Beziehungen, wenn überhaupt, nur zum Zweck des Kinderkriegens. Weil aber die Menschen nicht so enthaltsam und frei von «Sünde» leben konnten, bekamen sie dann Schuldgefühle und Minderwertigkeitskomplexe. Unter der Last ihrer Schuld- und Schamgefühle, bedrückt von einem schlechten Gewissen, waren und sind Menschen leichter zu beherrschen und zu manipulieren. Davon haben Staaten und Religionen Gebrauch gemacht. Die christlichen Kirchen haben erst zögernd begonnen, ihr belastetes Verhältnis zur Sexualität neu zu überdenken.

10. Wenn einzelne Menschen oder Gruppen als Minderheiten diskriminiert und Vorurteilen ausgesetzt werden, dann leiden sie unter dieser Mißachtung ihrer Persönlichkeit. Sie reagieren dann oft ihrerseits mit Haß oder Aggressionen gegen sich selbst und andere. Darum haben Sexualität und Sexualmoral eine lebenswichtige Bedeutung für das Zusammenleben der Menschen und für die politische Gestaltung einer Gesellschaft.

In der Gesellschaft zur Förderung sozialwissenschaftlicher Sexualforschung haben sich Angehörige verschiedener wissenschaftlichen Disziplinen und Berufe organisiert. Die von der GFSS vertretenen Thesen zur Sexualität entsprechen den Ergebnissen der modernen Sexualwissenschaft des In- und Auslandes.

Kostenlose Informationen: GFSS, Postfach 120 507, 4000 Düsseldorf

Nr. 18

Rechtspolitisches Gutachten zu § 175 von Prof. Rüdiger Lautmann (1980):

An einige Abgeordnete des neunten Deutschen Bundestages (30. September 1980)
Anlaß und Qualifikation für diese Stellungnahme ergeben sich aus den folgenden Gesichtspunkten. Als Hochschullehrer in den Studiengängen Juristenausbildung und Sozialwissenschaft an der Universität Bremen hatte ich in den letzten Jahren meinen Arbeitsschwerpunkt auf den Gebieten des Strafrechts und der sozialen Probleme. Meine Forschungsinteressen beziehen sich derzeit zum einen auf das Verhältnis von Frauen und Recht, zum anderen auf die soziale Kontrolle der Sexualität. Zu diesem Thema gibt es hier mehrere empirische Forschungsprojekte, und es liegt eine Reihe von Veröffentlichungen vor. Mit der sozialen Situation der homosexuellen Männer und Frauen befaßte ich mich sowohl als Betroffener wie auch deswegen, weil dieses Thema im Schnittpunkt der genannten Erkenntnisinteressen liegt. Einige Aufmerksamkeit habe ich dabei der Geschichte und den sozialen Konsequenzen der Bestrafung männlicher Homosexualität gewidmet (vgl. verschiedene Abschnitte in meinen Büchern. Seminar: Gesellschaft und Homosexualität, Suhrkamp, Frankfurt 1977, S. 47–61; Der Zwang zur Ordnung. Zur gesellschaftlichen Kontrolle der Sexualitäten, erscheint 1982).

Während kritische, in der gegenwärtigen Sozialwissenschaft gut etablierte Stimmen stets daran festgehalten haben, die Abschwächungen des § 175 StGB in den Jahren 1969 und 1973 hätten den homosexuellen Männern wenig gebracht und seien eigentlich ein Beispiel für «repressive Toleranz», veranschlage ich den gesellschaftspolitischen Wert jener Strafrechtsreformen durchaus hoch. Die Lebensbedingungen für homosexuelle Männer haben sich seitdem in mancher Hinsicht positiv gewandelt. Dies ist eines der raren Beispiele für eine Reform, die nichts kostete, ja sogar den Aufwand der öffentlichen Hand, nämlich für den Kontrollapparat, senkte. Die Zahl förmlicher Strafverfahren ist auf ein Minimum gesunken, auch andere öffentlich-rechtliche Sanktionen gegen Homosexuelle haben nachgelassen, die negativen Vorurteile in der Bevölkerung wurden geringer und das Selbstbewußtsein der Homosexuellen als Bürger dieses Staates wurde allmählich gestärkt. Der wissenschaftlich umstrittenen Frage, ob staatliche Gesetze die Einstellungen der Bevölkerung beeinflussen können, bin ich mit einer repräsentativen Umfrage nachgegangen (Projekt mit Unterstützung der Deutschen Forschungsgemeinschaft: Entstigmatisierung durch Gesetzgebung, gemeinsam mit Prof. Dr. H. Wienold, Universität Münster). Im Vergleich der Änderungen des § 175 StGB und der neuen Vorschriften über die nichtehelichen Kinder fanden wir: staatliche Aktivitäten zugunsten von stigmatisierten Bevölkerungsteilen können Meinungen und Verhalten der jeweiligen Mehrheitsbevölkerung in günstiger Richtung beeinflussen.

Gleichwohl ist die gesellschaftliche Benachteiligung der homosexuellen Frauen und Männer, die historisch zu den schärfsten Unterdrückungssituationen gehört, nicht zu Ende. In der fortbestehenden Fassung des § 175 StGB bleibt die männliche Homosexualität strafrechtlich exponiert, weil eine Gleichstellung mit der übrigen Sexualität nicht stattgefunden hat. Dadurch kann die soziale Stigmatisierung der Homosexualität weiterhin bei der differentiellen Kriminalisierung anknüpfen und sich darauf stützen. Mittelbar treffen die Konsequenzen einer solchen Strafvorschrift auch die nicht ausdrücklich genannten homosexuellen Frauen, weil der soziale Gehalt einer Kategorie wie «Homosexualität» sich nach wie vor generell an der Situation der Männer orientiert. Zudem war die Strafrechtsgeschichte zur Homosexualität stets außerordentlichen Schwankungen ausgesetzt. Vom Ignorieren des Sachverhalts bis zur systematischen Ausrottung der Betroffenen hat es, auch in jüngster Zeit, alle Formen staatlicher Reaktion gegeben. Wir sind sicherlich nicht am Ende dieser Dynamik angelangt. Nur ein wissenschaftlich nicht begründbarer und politisch wohl auch gefährlicher Optimismus könnte behaupten, daß sich nicht wiederholen könnte, was an Radikalisierung der Verfolgung zwischen der Weimarer Republik und dem Dritten Reich geschehen ist. Die historisch weiterwirkende Aufgabe einer liberalen Phase der Kriminalpolitik könnte es sein, ein rechtliches Niveau zu schaffen, von dem aus Rückfälle zu Krisenzeiten weniger wahrscheinlich werden.

Auch wenn ich für diese Stellungnahme keine besondere strafjuristische Kompetenz beanspruche, muß ich feststellen, daß in dem Schreiben von Dr. Gerd Wehling (vom Arbeitskreis Rechtswesen der sozialdemokratischen Bundestagsfraktion, abgedruckt in *Gay Journal,* Nr. 44 vom August 1980, S. 18) zwei schwerwiegende Fehler enthalten sind. Zum einen heißt es dort, daß durch die Neufassung des § 175 im Zusammenhang mit dem 4. Strafrechtsänderungsgesetz jegliche strafrechtliche Sonderbehandlung Homosexueller und damit auch der Grundstein gesellschaftlicher Diskriminierung beseitigt worden ist. Solange Homosexualität, und sei es auch nur die mit einem Manne unter 18 Jahren, als Straftatbestand genannt und hinsichtlich der Altersgrenze oder des Strafrahmens gegenüber heterosexuellen Handlungen mit Jugendlichen verschieden geahndet wird, ist eine «strafrechtliche Sonderbehandlung» offensichtlich gegeben. Des weiteren bleibt damit auch ein «Grundstein gesellschaftlicher Diskriminierung» bestehen. Denn die Strafdrohung bewirkt – auch ohne hohe Durchsetzungsraten – eine generelle Beschränkung der Lebenschancen von Homosexuellen, denn ihr Verhalten bleibt strafnahe. Auch unter der reduzierten Fassung des § 175 ergeben sich vielfältige Beschränkungen, etwa hinsichtlich ihrer Selbstorganisation, hinsichtlich ihres Platzes im Alltagsbewußtsein, wie es durch die Medien der Massenkommunikation und die Lehrinhalte der Erziehungsinstanzen vermittelt wird. Beispielsweise in dem Urteil des Oberverwaltungsgerichts Münster (AZ. IX A 177/76) wird an die eingeschränkte Fassung des § 175 angeknüpft, um das Verbot eines Informationsstandes einer Homosexuellengruppe in einer innerstädtischen Fußgängerzone zu begründen. Menschen unter 18 Jahren sollen von Diskussionen über eine Verhaltensweise ausgeschaltet bleiben, die gerade in der Experimentalphase sexueller Entwicklung aktuell ist. In dieser Altersphase geht es ja längst nicht mehr um die Prägung einer bestimmten Sexualorientierung, sondern um die Selbstentdeckung und die Manifestation bereits geschaffener Motivationsrichtung. Der junge Mensch, an der Schwelle der vollen juristischen Geschäftsfähigkeit und des Wahlrechts, wird von Behörden selbst jetzt in seiner Informationsaufnahme und Auseinandersetzung gegängelt. Die denkbare Hilfsargumentation, man handle hier auch «im mutmaßlichen Willen der Jugendlichen», würde diesen ein weiteres Mal die Meinung der Älteren aufzwingen. Dies ergibt sich aus der erwähnten Repräsentativumfrage (die dort befragten 16- bis 17jährigen lehnten zu zwei Dritteln das Statement über Homosexuelle ab: «Was diese Leute machen, ist abartig; ich wüßte nicht, was ich mit ihnen zu tun haben könnte», wohingegen es von den 35- bis 65jährigen nur noch jeder Fünfte ablehnte). Ein Schutz vor schlichter – keineswegs also: sexueller – Begegnung ist Wunsch nicht der Menschen von unter 18, sondern der Älteren.

Noch eine weitere Stelle in dem Brief von Dr. Wehling muß als bestenfalls oberflächlich, eigentlich aber auf falschen juristischen und sozialisationstheoretischen Prämissen beruhend bezeichnet werden. Er nennt hier das Rechtsgut der ungestörten sexuellen Entwicklung von Jugendlichen ein wesentliches und unverzichtbares Schutzgut des StGB. Ein fehlender Rechtsschutz der männlichen Jugendlichen bei Streichung des § 175 StGB würde zu einer Lücke im Gesetz führen. Hier ist übersehen, daß diese «Lücke» durch die §§ 174 und 176 StGB mehr als ausgefüllt wird. Weil diese Vorschriften als abstraktes (und nicht konkretes) Gefährdungsdelikt ausgebildet sind und der Begriff «sexuelle Handlung» beinahe alles Erdenkliche zu bestrafen gestattet, kann eine Lücke im Rechtsschutz nicht entstehen, insofern hier Frauen und Männer gleich behandelt werden.

Wie gefährlich ist eigentlich die Neugier der Jungen und Mädchen, und was könnte hier «der ungestörten Entwicklung ihrer Sexualsphäre» (dies eine höchstrichterliche Formulierung) drohen? Einer solchen Fragestellung liegt offenbar die Annahme zugrunde, beim Menschen bilde sich naturgegeben eine normal-heterosexuelle Orientierung heraus, sofern man ihm nur eine «harmonische», von «schädlichen Einflüssen» freie Umwelt gewährleiste. Solche Konzeptionen sind ebenso geläufig wie vorwissenschaftlich. Genetisch verfügt der Mensch über eine Disposition zu zahlreichen Sexualvarianten; in der (frühen) Sozialisation werden dann die Voraussetzungen dafür geschaffen, was sich später in der Pubertät als Wunsch nach Sexualpartner/inne/n von bestimmter Art manifestiert. Sogar die – für eine Definition als hetero- oder homosexuell grundlegende «Einordnung in die Rolle als Frau oder Mann», also das soziale Geschlecht, ist nicht durch das physische Geschlecht determiniert und wird dem Kinde vermittelt. Illusionär ist insbesondere die Annahme, die sexuelle Motivation entwickle sich sozusagen von selber in stiller Harmonie. Tatsächlich verlaufen diese Prozesse weder konfliktfrei noch ohne Konfrontation mit den Varianten menschlicher Sexualität.

Jugendliche, etwa in dem Alter zwischen 14 und 17, zu «verführen», so daß sie daraus eine dauerhafte Prägung ihrer Sexualorientierung erfahren könnten, ist unmöglich, denn in diesem Alter sind die Weichen schon lange gestellt. Zur Lust kann niemand verführt werden. «Verführung» mit der im straf- und ordnungsrechtlichen Jugendschutz immer wieder hantiert wird, gibt es nur in den folgenden Bedeutungen:

- sich selber für bestimmte Partner attraktiv machen;
- anderen Menschen Gelegenheit geben, eine Haupt- oder Nebenrichtung ihrer sexuellen Motivation auszuleben.

Unter den Gesichtspunkten einer Gleichbehandlung von homo- und heterosexuellen Varianten sowie einer Gleichbehandlung von Männern mit Frauen müßte der § 175 StGB wohl ersatzlos gestrichen werden. Wie empirische, historische und kulturvergleichende Untersuchungen eindeutig ergeben haben, ist die Feindschaft und Verfolgung gegenüber der Homosexualität insbesondere mit konservativen und faschistischen Syndromen verbunden. Eine Politik, welche das Sonderstrafrecht gegen die männliche Homosexualität beendet, demonstriert daher nicht nur ein Verständnis gegenüber den Randgruppen unserer Gesellschaft, sie würde darüber hinaus auch in nicht zu übersehender Weise liberale und sozial-verantwortliche Programme symbolisieren.

Nr. 19

Gemeinsamer Appell der Deutschen Gesellschaft für Sexualforschung (DGS) und der Gesellschaft zur Förderung sozialwissenschaftlicher Sexualforschung (GFSS) zur Beendigung der strafrechtlichen Sonderbehandlung der männlichen Homosexualität, November 1980:

an
- die Abgeordneten zum Deutschen Bundestag
- die Vorsitzenden der vier Parteien
- die Vorsitzenden der drei Fraktionen
- den Bundesminister der Justiz
- den Bundesminister für Familie, Jugend und Gesundheit
- den Bundesminister des Inneren
- den Bundeskanzler
- den Bundesrat

tlx 1126/rg/wo-be 1. 11. 1980

Gemeinsamer Appell

der Deutschen Sexualwissenschaftlichen Gesellschaften

zur Beendigung der strafrechtlichen Sonderbehandlung der männlichen homosexualität

durch ersatzlose Streichung des Paragraphen 175 StGB

Auch nach der in zwei Stufen (1969, 1973) eingeleiteten teilweisen Entkriminalisierung der männlichen Homosexualität sind nicht unbedeutende Teile homosexuellen Verhaltens bis heute von Strafe bedroht. Homosexuelle Männer werden noch immer im Strafrecht gesondert behandelt: anders als heterosexuelle Männer, anders auch als heterosexuelle und homosexuelle Frauen. Diese Sonderbehandlung drückt sich dreifach aus:
- in unterschiedlichen Altersgrenzen
- in unterschiedlichen Strafrahmen
- in der Aufführung von Homosexualität als besonders strafrechtliche Kategorie.

Zur Begründung für diese Sonderbehandlung werden heute vor allem konventionell-moralische Anschauungen und Bedürfnisse des Jugendschutzes genannt.

Dazu stellen die Deutschen Sexualwissenschaftlichen Gesellschaften übereinstimmend fest:

1. die grundlegende Sexualorientierung eines Menschen entwickelt sich lange *vor* dem Erreichen der gegenwärtigen Schutzaltersgrenze von 18 Jahren, eine sogenannte «Verführung» zu einer dauerhaft homosexuellen Verhaltensprägung auf Grund nicht gewollter, den eigenen Bedürfnissen zuwiderlaufenden sexuellen Erlebnissen ist erwiesenermaßen nicht möglich.

2. Ein strafrechtlich verankerter Schutz vor der Verletzung der sexuellen Selbstbestimmung und damit vor einer Störung der sexuellen Entwicklung ist auch nach einer Streichung des § 175 StGB gewährleistet (§§ 174, 176 StGB).

3. Ein darüber hinausgehendes *besonderes,* staatlich abzusicherndes Schutzinteresse männlicher Jugendlicher gegen die Entfaltung einer homoemotionaler Sexualstruktur kann wissenschaftlich nicht festgestellt werden.

4. Der strafrechtlichen Sonderbehandlung der männlichen Homosexualität liegen sexualwissenschaftlich nicht begründbare Werthaltungen zugrunde. Nach dem gesicherten Erkenntnisstand der Sexualforschung muß Homosexualität als eine der Heterosexualität analoge und gleichrangige Ausdrucksmöglichkeit der menschlichen Sexualität angesehen werden.

5. Die strafrechtliche Sonderbehandlung der Homosexualität ist vielfach Grundstein und Legitimation gesellschaftlicher, d. h. sozialer und psychischer Diskriminierung und Selbstdiskriminierung eines erheblichen Anteils der Bevölkerung. Diese erzeugt noch immer großes persönliches Leid und teils schwere Benachteiligungen in den verschiedensten Lebensbereichen. Wenn homosexuelles Empfinden und Verhalten strafnahe bleibt, bewirkt dies eine generelle *Beschränkung der Lebenschancen:* hinsichtlich
- der Entwicklung einer stabilen Persönlichkeit
- der verantwortlichen Gestaltung von partnerschaftlichen Beziehungen
- der Rolle im Alltagsbewußtsein
- der Teilhabe am demokratischen Prozeß der Gestaltung des gesellschaftlichen Lebens.

6. Zudem bedroht die bestehende strafrechtliche Sonderbehandlung die verfassungsmäßig gebotene Legitimität der Strafjustiz, weil sie den Staat als Vollstrecker einer bestimmten Moral und als Arm partikularer Verfolgungsinteressen erscheinen läßt.

Bereits vor 51 Jahren beschloß der Strafrechtsausschuß des Reichstags die Abschaffung des § 175 StGB. Lediglich auf Grund der bekannten politischen Entwicklung, des Heraufkommens des Nationalsozialismus, konnte dieser Beschluß dann nicht mehr im Plenum behandelt werden.

Heute appellieren die unterzeichnenden Deutschen Sexualwissenschaftlichen Gesellschaften einmütig und mit größtem Nachdruck an die politisch Verantwortlichen, nunmehr endlich die strafrechtliche Sonderbehandlung der männlichen Homosexualität zu beenden und den 110 Jahre alten § 175 StGB ersatzlos zu streichen. Dies wäre ein überfälliger Akt zur Liberalisierung des Rechts und zur Humanisierung des Lebens.

Nr. 20

Aufrufe zur ersatzlosen Streichung des § 175 (1981):

Aufruf des Aktionskomitees zur Streichung des § 175 StGB

Auf der Basis des damaligen Wissensstandes über Sexualität hatte sich der Rechtsausschuß des Weimarer Reichstages 1929 mehrheitlich entschlossen, den § 175 zu streichen. Die Nationalsozialisten dagegen verschärften nach ihrer Machtergreifung den § 175 und benutzten ihn als Instrument der Menschenvernichtung. Die Bundesrepublik Deutschland hat den Gehalt des Paragraphen bis 1969 unverändert und danach nur teilweise liberalisiert beibehalten. Sie hat damit die bessere Weimarer Tradition nicht fortgesetzt.

Wir Homosexuellen protestieren dagegen, daß unsere Lebensformen immer noch zur Verfügungsmasse von Koalitionsverhandlungen gemacht werden und stellen dagegen sowohl das Grundgesetz, besonders die Artikel 2 und 3, als auch den Auftrag an die nationalen Parlamente, durch Rechtsangleichung in Europa einen weiteren Schritt zur Verwirklichung der Menschenrecht und zur Verbesserung der Lebensbedingungen zu tun.

Wir fordern die ersatzlose Streichung des § 175 StGB,

- *weil Homosexualität nach allen wissenschaftlichen Erkenntnissen unschädlich ist;*
- *weil das Recht jedes Menschen auf Entfaltung seiner Sexualität und freie Wahl seines Sexualpartners strafrechtlich nicht eingeschränkt werden darf;*
- *weil es keine diskriminierenden Sondergesetze geben darf, die zum Zweck der Menschenvernichtung verschärft werden können.*

Als Homosexuelle haben wir begriffen, daß das Recht auf den eigenen Körper, das wir fordern, für andere Unterdrückte heißen kann, über die eigene Fruchtbarkeit selbst zu bestimmen oder genug Brot und Arbeit zu haben.

Ihr Eintreten für unsere Forderung stärkt auch Ihre Rechte. Man muß nicht schwarz sein, um für die Rechte der Farbigen einzutreten. Man muß nicht Jude sein, um den Antisemitismus zu bekämpfen.

Rainer Albrecht, Dieter Backnick, Rüdiger Becker, Gerhard Beier-Herzog, Claus Brandt, Egmont Fassbinder, Rudi Finkler, Hans-Peter Föhrding, Michael Föster, Rolf Gindorf, Dieter Jarzombek, Holger Kalthoff, Prof. Dr. Helmut Kentler, Prof. Dr. Dr. Rüdiger Lautmann, Ulrich Lenz, Christian Lindemann, Michael Lindner, Corny Littmann, Dr. Wolfgang Müller, Hans-Peter Reichelt, Stefan Reiß, Barbara Retzlaff, Andreas Salmen, Rainer Schädlich, Rainer Schilling, Wolfgang Selitsch, Olaf Stüben, Hans-Georg Stümke, Gerd Talis, Dietrich Treber, Guido Vael, Gerhard Wiegand, Rainer Wulff, Helmut Zander, Eberhard Zastrau, Michael Zgonjanin, Hilmar Zschach

Aufruf zur Entkriminalisierung der Homsexualität
(Deutsche Gesellschaft für Sexualforschung)

1. Das Strafgesetzbuch der Bundesrepublik Deutschland enthält nach wie vor einen § 175. Trotz der Modifikationen von 1969 und 1973 wird homosexuelles Verhalten weiterhin einer Sonderbehandlung unterzogen und im Vergleich mit heterosexuellem Verhalten speziell kriminalisiert, wobei die Schutzaltersgrenze

18 Jahre beträgt. Wir halten diese strafrechtliche Sonderbehandlung nicht für vertretbar und ersuchen den Gesetzgeber, den § 175 StGB ersatzlos zu streichen.

2. Wir melden uns jetzt zu Wort, weil die Hoffnung nicht ganz unbegründet ist, mit der strafrechtlichen Verfolgung homosexueller Menschen allein wegen ihres homosexuellen Verhaltens könnte endlich Schluß gemacht werden. Die Freie Demokratische Partei hat sich dieses Ziel vor der letzten Wahl zum Deutschen Bundestag gesetzt. Angesichts dieser Situation unterdrücken einige von uns das Gefühl der Peinlichkeit, am Ende des 20. Jahrhunderts für die Entpönalisierung einer allgemein-menschlichen Fähigkeit eintreten zu müssen, die als solche harmlos ist. Einige von uns stellen aus demselben Grund das Bedenken zurück, eine Teilreform könnte dazu beitragen, ein weit darüber hinaus reformbedürftiges Sexualstrafrecht zu verfestigen.

3. Von den vielen Aufrufen und Eingaben zur Problematik des Homosexuellen-Paragraphen erinnern wir an die Petition des «Wissenschaftlich-Humanitären Komitees», die der Sexualwissenschaftler Magnus Hirschfeld verfaßt hat. Sie ist von 1897 an den gesetzgebenden Körperschaften vorgelegt worden und hat wesentlich zu der Entscheidung des Strafrechtsausschusses des Reichstages von 1929 beigetragen, die sogenannte einfache Homosexualität straffrei zu lassen. Diese Petition hatten auch viele Personen der Zeitgeschichte unterschrieben. Zum Beispiel: August Bebel, Karl Kautsky, Paul Löbe, Hermann Müller, Walther Rathenau; Robert Bosch, Martin Buber, Alfred Döblin, Albert Einstein, Gerhart Hauptmann, Hermann Hesse, Karl Jaspers, Alfred Kerr, Käthe Kollwitz, Max Liebermann, Heinrich Mann, Thomas Mann, Rainer Maria Rilke, Heinrich Zille, Stefan Zweig; Franz v. Liszt, Wolfgang Mittermaier, Gustav Radbruch; Gustav v. Bergmann, Albert Neißer, Rudolph Virchow.

4. Zu erinnern haben wir an die Verbrechen, die unter der NS-Diktatur homosexuellen Menschen angetan worden sind. Kaum einer will wahrhaben, daß Tausende von Häftlingen mit dem «Rosa Winkel» in den Konzentrationslagern gequält und vernichtet worden sind. Das bittere Wort, nach dem für die Homosexuellen das «Dritte Reich» noch nicht vorbei sei, läßt uns nicht unberührt. Tatsächlich werden homosexuelle Menschen nach wie vor in vielfältiger Weise beleidigt, erniedrigt, geängstigt, entwürdigt und schikaniert.

5. Für uns ist Homosexualität nichts Minderes, Kriminelles, Infektiöses, das verpönt und verfolgt gehört. Für uns ist Homosexualität nichts, dessen man sich zu schämen hätte. Anthropologisch betrachtet, verweist der Begriff «Homosexualität» zuallererst auf einen menschlichen Sachverhalt: darauf, daß dieses Erleben und Verhalten zur Ausstattung der Gattung Mensch gehört, also nicht nur den manifest homosexuellen, sondern allen Menschen eigen ist.

Frankfurt am Main, im Januar 1981

Der Vorstand der Deutschen Gesellschaft für Sexualforschung: Prof. Dr. med. Volkmar Sigusch, Erster Vorsitzender / Prof. Dr. med. Eberhard Schorsch, Zweiter Vorsitzender / Dr. phil. Günter Amendt, Beisitzer / Dipl.-Päd. Karin Albrecht-Désirat, Beisitzerin

Nr. 21

Statistiken zum § 175 (1882–1979)

Tabelle 1: Vergehen gegen § 175 StGB. In den Jahren 1882–1933 (1. Teil)

Jahr	Rechtskräftig Abgeurteilte insgesamt	Davon						
		Freigesprochen Verf.-Einstellung Absehen von Strafe	Verurteilte					
			Insgesamt	Darunter				
				weibl.	Jugendliche		Vorbestraft	Ausländer
					insges.	weibl.		
1882	390	60	329	6	75	2	65	6
1883	341	72	269	2	55	1	44	5
1884	436	91	345	2	85	–	56	3
1885	480	89	391	–	90	–	90	6
1886	438	65	373	3	64	1	80	10
1887	489	71	418	1	106	1	94	4
1888	441	88	353	3	103	1	93	5
1889	451	84	367	2	100	–	88	13
1890	496	84	412	1	113	–	125	1
1891	542	95	446	1	140	1	113	9
1892	567	107	459	2	113	–	129	8
1893	629	105	524	2	116	–	147	11
1894	669	134	532	3	154	1	156	14
1895	605	120	484	3	127	3	152	13
1896	672	134	536	–	112	–	172	12
1897	679	116	563	1	153	1	187	11
1898	645	111	533	–	120	–	173	18
1899	639	147	491	2	103	1	179	18
1900	655	120	535	3	115	–	184	19
1901	750	129	621	2	140	1	198	19
1902	364 * 393 757	144	613	1	150	–	230	15
1903	332 389 721	120	600	–	157	–	204	13
1904	348 376 724	152	570	3	135	1	220	25
1905	379 381 760	155	605	1	148	–	224	25
1906	351 382 733	110	623	1	153	–	223	22
1907	404 367 771	159	612	1	132	–	240	22
1908	282 399 796	136	658	1	157	–	232	39
1909	510 346 856	177	677	–	148	–	281	24
1910	560 331 891	158	732	–	162	–	278	36
1911	526 542 868	160	708	–	160	–	259	27

* Die erste Zahl sind die Fälle der «widernatürlichen Unzucht» zwischen Männern. Die zweite Zahl sind die Fälle der «widernatürlichen Unzucht» zwischen Mensch und Tier.

(aus: Klare 1935, s. S. 144–145)

Tabelle 1: Vergehen gegen § 175 StGB. In den Jahren 1882–1933 (2. Teil)

Jahr	Rechtskräftig Abgeurteilte insgesamt		Davon						
			Freigesprochen Verf.-Einstellung Absehen von Strafe	Verurteilte					
				Insgesamt	Darunter				
					weibl.	Jugendliche		Vorbestraft	Ausländer
						insges.	weibl.		
1912	603 322	925	164	761	2	158	–	302	51
1913	512 341	853	155	698	–	158	–	282	33
1914	490 263	753	122	631	–	136	–	235	27
1915	233 120	353	59	294	4	99	–	102	21
1916	278 120	398	79	318	–	121	–	103	20
1917	131 70	201	35	166	2	71	–	48	13
1918	157 3	160	41	118	–	56	–	35	7
1919	110 10	120	27	89	–	30	–	29	5
1920	237 39	276	76	197	1	52	–	44	7
1921	485 86	571	144	425	2	84	1	73	12
1922	588 7	595	95	499	–	86	–	102	10
1923	503 3	534	88	445	2	75	2	97	8
1924	850 12	862	165	696	2	103	–	178	10
1925	1226 111	1337	225	1107	1	117	–	292	11
1926	1226 135	1261	218	1040	1	143	–	285	16
1927	911 118	1029	172	848	2	109	–	281	13
1928	731 202	933	159	804	–	119	–	270	12
1929	786 223	1009	191	837	2	130	–	324	9
1930	732 221	953	170	804	1	117	–	275	9
1931	618 193	811	168	665	–	89	–	255	10
1932	721 204	925	150	801	1	114	–	292	8
1933	778 213	991	157	853	2	104	–	319	12

Tabelle 2: Die Zahl der im Bereich der Polizeipräsidien Chemnitz, Dresden, Hamburg, Leipzig und München zur Anzeige gebrachten Fälle der «widernatürlichen Unzucht» *

	1932	1933	1934	1935	1936
Chemnitz	–	19	23	47	144
Dresden	–	70	59	128	120
Hamburg	103	370	659	359	1095
Leipzig	–	108	296	301	351
München	–	115	134	145	186

Die Zunahme der Anzeigen wegen Zuwiderhandlung gegen die §§ 175, 175 a, 175 b und 176 Ziff. 3 StGB, ist fast ausschließlich auf die erhöhte Tätigkeit der deutschen Kriminalpolizei im Kampf gegen die Homosexuellen zurückzuführen.

Tabelle 3: Die Vergehen Jugendlicher gegen § 175 StGB in den Jahren 1887–1933

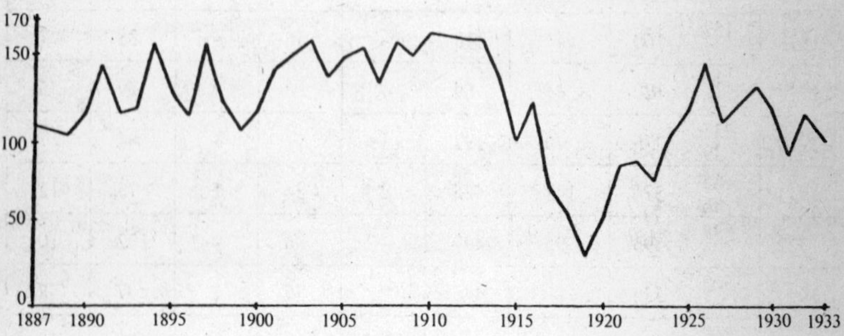

Tabelle 4: Vergehen gegen § 175 StGB in den Jahren 1887–1933

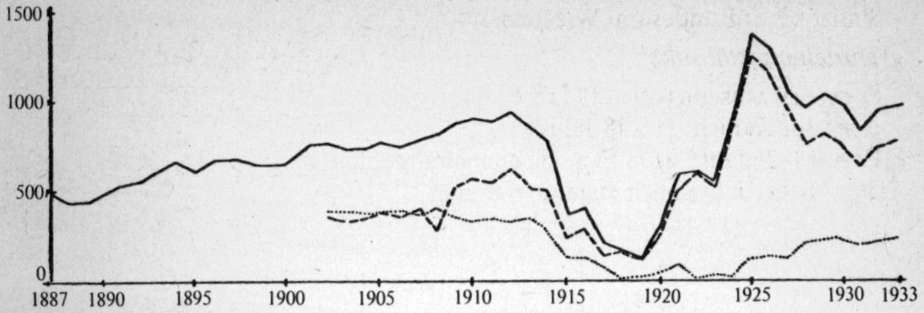

——— Vergehen gegen § 175 StGB insgesamt
- - - - - - Widernatürliche Unzucht zwischen Personen männlichen Geschlechts
. . . . . . Widernatürliche Unzucht zwischen Menschen und Tieren (Bestialität)

* Diese statistischen Angaben verdanke ich Mitteilung der betr. Kriminalpolizeistellen. (Tabelle 2–4 aus: Klare, a.a.O., S. 146)

Tabelle 5: Vergehen nach § 175, 175 a + b 1933–1939

		Abgeurteilte	*Verurteilte*	
1933	§ 175 H (omosex.)	778	674	853 Gesamtzahl
	Sodomie	213	179	
1934	§ 175 H	872	766	948 Gesamtzahl
	Sodomie	219	182	
1935	§ 175 H	2070	1839	
	§ 175 a (qualif.)	51	48	2106 Gesamtzahl
	§ 175 b (Sodomie)	264	219	
1936	§ 175 H	4518	4088	
	§ 175 a	1038	972	5320 Gesamtzahl
	§ 175 b	300	260	
1937	§ 175 H, § 175 a, § 175 b	–	8271 (nur Gesamtzahl)	
1938	§ 175 H, § 175 a, § 175 b	9479	8562	
1939	§ 175 H, § 175 a, § 175 b	8274	7614	

(aus: Baumann 1968, S. 61)

Tabelle 6: Vergehen nach § 175, 175 a + b 1950–1965

Kriminalstatistik von rechtskräftig Abgeurteilten
– Statistisches Bundesamt Wiesbaden –
«Verurteilungsstatistik»

E = Erwachsene (über 21 Jahre)
J = Jugendliche (14–18 Jahre)
HE = 18–21 Jahre nach Erwachsenenstrafrecht
HJ = 18–21 Jahre nach Jugendstrafrecht

		Rechtskräftig *Abgeurteilte*		Rechtskräftig *Verurteilte*	
175, 175 a	1950	2220 E		1732 E	
	1920	+ 226 J	= 2446	+ 188 J	= 1920
	1951	2336 E		1897 E	
	2167	+ 299 J	= 2635	+ 270 J	= 2167

	Rechtskräftig *Abgeurteilte* 175	Rechtskräftig *Abgeurteilte* 175 a	Rechtskräftig *Verurteilte* 175	Rechtskräftig *Verurteilte* 175 a
1952	1733 E	843 E	1417 E	725 E
2476	+ 346 J	+ 42 J	+ 298 J	+ 36 J
	= 2079	= 885	= 1715	= 761
	zus.: = 2964		zus.: = 2476	
1953	1563 E	855 E	1278 E	739 E
2388	+ 418 J	+ 33 J	+ 342 J	+ 29 J
	= 1981	= 888	= 1620	= 768
	zus.: = 2869		zus.: = 2388	
1954	1843 E	1042 E	1421 E	858 E
2564	+ 311 J	+ 34 J	+ 256 J	+ 29 J
	= 2154	= 1076	= 1677	= 887
1955	1552 E	1063 E	1281 E	928 E
2612	+ 403 J	+ 57 J	+ 347 J	+ 56 J
	= 1955	= 1120	= 1628	= 984
1956	1706 E	1110 E	1435 E	955 E
2774	+ 394 J	+ 37 J	+ 351 J	+ 33 J
	= 2100	= 1147	= 1786	= 988
1957	1859 E	1266 E	1583 E	1087 E
3124	+ 435 J	+ 70 J	+ 396 J	+ 58 J
	= 2294	= 1336	= 1979	= 1145

	Rechtskräftig *Abgeurteilte*		Rechtskräftig *Verurteilte*	
1958	1988 E	1183 E	1720 E	1008 E
3182	+ 442 J	+ 66 J	+ 390 J	+ 64 J
	= 2430	= 1249	= 2110	= 1072
1959	1828 E	1165 E	1554 E	987 E
3530	+ 169 HE	+ 33 HE	+ 109 HE	+ 22 HE
	+ 315 HJ	+ 62 HJ	+ 294 HJ	+ 59 HJ
	+ 498 J	+ 71 J	+ 438 J	+ 67 J
	= 2810	= 1331	= 2395	= 1135

(Änderung der Kr. Stat., keine Unterteilung)

	2613 E	2182 E
	+ 192 HE	+ 138 HE
3143	+ 334 HJ	+ 316 HJ
	+ 555 J	+ 507 J
	= 3694	= 3143
1961	2549 E	2188 E
	+ 156 HE	+ 106 HE
3005	+ 295 HJ	+ 279 HJ
	+ 496 J	+ 432 J
	= 3496	= 3005
1962	2732 E	2268 E
	+ 178 HE	+ 120 HE
3098	+ 304 HJ	+ 292 HJ
	+ 472 J	+ 418 J
	= 3686	= 3098
1963	2616 E	2112 E
	+ 150 HE	+ 88 HE
2803	+ 246 HJ	+ 236 HJ
	+ 427 J	+ 367 J
	= 3439	= 2803
1964	2611 E	2145 E
	+ 147 HE	+ 92 HE
2907	+ 251 HJ	+ 241 HJ
	+ 489 J	+ 429 J
	= 3498	= 2907

1965	2408 E	1957 E
	+ 131 HE	+ 78 HE
2538	+ 179 HJ	+ 170 HJ
	+ 386 J	+ 333 J
	= 3104	= 2538

(aus: Baumann, a.a.O., S. 64 f)

Tabelle 7: Vergehen nach § 175 (1976–1979)

	Abgeurteilte				Verurteilte		
Jahr	insgesamt	über 21 J.	18–21 J.	14–18 J.	insgesamt	über 21 J.	unter 21 J.
1976	246	238	8	–	148	145	3
1977	261	257	3	1	177	175	2
1978	277	269	8	–	191	188	3
1979	299	287	9	3	200	194	6

(aus: Kriminalstatistik der Bundesrepublik Deutschland)

Tabelle 8: Polizeistatistik (Bundesrepublik)

Jahr	Gemeldete Fälle	Aufgeklärte Fälle	Täter	Erwachsene	Heranw.	Jugendliche	Kinder
1953	7100	6710	6903	5648	–	1255	–
1954	6526	6163	7198	5165	965	1007	61
1955	7533	6923	7973	5599	1029	1250	95
1956	7628	7265	7752	5438	964	1260	90
1957	7487	6940	7849	5423	984	1330	112
1958	8101	7720	8348	5850	1098	1306	94
1959	8737	8274	8753	5836	1277	1519	121
1960	7826	7435	7693	5264	1079	1270	80
1961	7445	7035	7784	5253	1155	1296	80
1962	7402	7036	7415	5111	999	1210	95
1963	7218	6905	7205	5111	887	1158	49
1964	7452	7014	7281	5197	829	1159	96
1965	6587	6388	6546	4783	746	935	82
1966	6500	6231	6611	4833	723	982	73

(aus: Baumann a.a.O., S. 66)

Literaturverzeichnis

ACKERMANN, H. (1963), Zur Frage der Strafwürdigkeit des homosexuellen Verhaltens des Mannes, in: Bauer, F. (Hg.), Sexualität und Verbrechen, Frankfurt

AHRENS, H. u. a. (1975), Die Homosexualität in uns, in: Tuntenstreit, Theoriediskussion der Homosexuellen Aktion Westberlin, Berlin

BAUMANN, J. (1968), Paragraph 175, Berlin–Neuwied

BARWASSER, K. H. (1981), Schwulenhaß im Knast, Bielefeld

BERNAL, J. D. (1978), Sozialgeschichte der Wissenschaften, 4. Bd., Reinbek

BESSER, K. (1929), Magnus Hirschfeld und das WHK, in: Mitteilungen des Wissenschaftlich-Humanitären Komitees, Berlin

BLEIBTREU-EHRENBERG, G. (1977), Antihomosexuelle Strafgesetze, in: Lautmann, R. (Hg.), Seminar: Gesellschaft und Homosexualität, Frankfurt

BLEIBTREU-EHRENBERG, G. (1978), Tabu Homosexualität, Geschichte eines Vorurteils, Frankfurt

BLEUEL, H. P. (1979), Das saubere Reich, Bern/München

BLOCH, C. (1970), Die SA und die Krise des NS-Regimes 1934, Frankfurt

Braunbuch über Reichtstagsbrand und Hitlerterror, Basel 1933

BUCHHEIM, H. (1967), Die SS – das Herrschaftsinstrument, in: Anatomie des SS-Staates, Bd. 1, München

BULLOCK, A. (1964), Hitler, 2 Bde., Frankfurt

Bundesdrucksache, Protokoll der 130. Sitzung, 16. 1. 1969, V. Wahlperiode, Bonn

BURKHARD, H. (1967), Tanz mal, Jude, Nürnberg

CLASSEN VON NEUDEGG, L. D. (1954), Berichte aus dem KZ Sachsenhausen-Oranienburg, in: Humantas, Monatszeitschrift für Menschlichkeit und Kultur, Hamburg

DANNECKER, M./REICHE, R. (1974), Der gewöhnliche Homosexuelle, Frankfurt

DANNECKER, M. (1978), Der Homosexuelle und die Homosexualität, Frankfurt

Deutschlandberichte der Sozialdemokratischen Partei Deutschlands (Sopade) 1934–1940, Frankfurt 1980

DIEHLS, R. (1950), Lucifer ante Portas, Stuttgart

Documents of the Homosexual Rights Movement in Germany, 1836–1927, New York 1975

DOMARUS, M. (1965), Hitler-Reden und Proklamationen 1932–1945, 4 Bde., München

DREHER/TÖNDLE (1981), Strafgesetzbuch (Beck'sche Kurzkommentare), München

EBERMEYER, E. (1967), Glanz und Gloria im S, in: Stemmle, R. (Hg.), Skandale, München

EHRENBERG, G. (1979), Deutschlands Hoffnung, München

EISSLER, W. U. (1980), Arbeiterparteien und Homosexuellenfrage. Zur Sexualpolitik von SPD und KPD in der Weimarer Republik, Berlin

ENGELMANN, B. (1970), Krupp, Legenden und Wirklichkeit, Frankfurt

ENGELS, F. (1973), Der Ursprung der Familie, des Privateigentum und des Staats, in: Marx/Engels-Werke, Bd. 21, Berlin-Ost

FEST, J. (1973), Hitler, Eine Biographie, Frankfurt/Berlin/Wien

FORD, C. S./BEACH, F. A. (1968), Formen der Sexualität. Das Sexualverhalten bei Mensch und Tier, Reinbek

Gegenentwurf zu den Strafbestimmungen des Amtlichen Entwurfs eines Allgemeinen Deutschen Strafgesetzbuchs über geschlechtliche und mit dem Geschlechtsleben im Zusammenhang stehende Handlungen nebst Begründungen, herausgegeben vom Kartell für Reform des Sexualstrafrechts, Berlin 1927
GEISSLER, B. (1968), Die Homosexuellen-Gesetzgebung als Instrument zur Ausübung politischer Macht mit besonderer Berücksichtigung des NS-Regimes, Hausarbeit zur Erlangung des Magistergrades (M. A.) der Philosophischen Fakultät der Georg-August-Universität Göttingen, vervielf. Manuskript
GATZWEILER, R. (1951), Das Dritte Geschlecht, Köln
GIESE, H. (1967), Homosexualität oder Politik mit dem § 175, Reinbek
GOLLNER, G. (1974), Homosexualität. Ideologiekritik und Entmythologisierung einer Gesetzgebung, Berlin
HAENSCH, D. (1969), Repressive Familienpolitik. Sexualunterdrückung als Mittel der Politik, Reinbek
HARTHAUSER, W. (1967), Der Massenmord an Homosexuellen im Dritten Reich, in: W. S. Schlegel (Hg.). Das große Tabu. Zeugnisse und Dokumente zum Problem der Homosexualität, München
HEGER, H. (1972), Die Männer mit dem Rosa Winkel. Der Bericht eines Homosexuellen über seine KZ-Haft von 1939–1945, Hamburg
HEIBER, H. (1966), Die Republik von Weimar, München
HEINERSDORF, H. (1932), Akten zum Fall Röhm, in: Mitteilungen des Wissenschaftlich-Humanitären Komitees, Nr. 32, Berlin
HEMLEBEN, J. (1980), Charles Darwin in Selbstzeugnissen und Bilddokumenten, Reinbek
HEINSOHN, G., KNIEPER, R. (1976), Theorie des Familienrechts. Geschlechtsrollenaufhebung, Kindesvernachlässigung, Geburtenrückgang, Frankfurt
HEINSOHN, G., KNIEPER, R., STEIGER, O. (1979), Menschenproduktion. Allgemeine Bevölkerungslehre der Neuzeit, Frankfurt
HILLER, K. (1908), Das Recht über sich selbst, in: J. S. Hohmann, Der unterdrückte Sexus, Historische Texte und Kommentare zur Homosexualität, Lollar 1977
ders. (1922), § 175 – Die Schmach des Jahrhunderts, in: J. S. Hohmann, Der unterdrückte Sexus. Lollar 1977
ders. (1932), Antwort an . . ., in: Mitteilungen des Wissenschaftlich-Humanitären Komitees, Nr. 32, Berlin
ders. (1950), Köpfe und Tröpfe, Profile aus einem Viertel-Jahrhundert, Hamburg/Stuttgart
ders. (1969), Leben gegen die Zeit, Erinnerungen, Bd. 1, Reinbek
ders. (1973), Leben gegen die Zeit, Erinnerungen, Bd. 2, Reinbek
ders. (1980), K. H. an K. H., 81 Briefe von Kurt Hiller an einen Freund, herausgegeben von Martin Klaußner und Klaus Hübotter zum 95. Geburtstag von Kurt Hiller am 17. August 1980, Fürth
HIRSCHFELD, M. (1914), Die Homosexualität des Mannes und des Weibes, in: Bloch, I. (Hg.), Handbuch der gesamten Sexualwissenschaft in Einzeldarstellungen, Bd. 3, Berlin
ders. (1927), Homosexualität, in: Schidrowitz, Leo (Hg.), Sittengeschichte des Lasters, Wien–Leipzig
ders. (1927), Gesetze der Liebe, in: Documents of the Homosexual Rights Movement in Germany, 1836–1927, New York 1975
HITLER, A. (1941), Mein Kampf. Zwei Bände in einem Band, München

HOCKERTS, H. G. (1971), Die Sittlichkeitsprozesse gegen katholische Ordensangehörige und Priester 1936–1937, Mainz
HÖSS, R. (1963), Kommandant in Auschwitz, Autobiographische Aufzeichnungen, herausgegeben von Martin Broszat, München
HOFER, W. (Hg.) (1977), Der Nationalsozialismus. Dokumente 1933–1945, Frankfurt
HOFFMANN, G., MARWITZ, R., RUNZE, D. (1975), Wie können Tunten Sozialisten sein?, in: Tuntenstreit, Theoriediskussion der Homosexuellen Aktion Westberlin, Berlin
HOHMANN, J. S. (1977), Der unterdrückte Sexus. Historische Texte und Kommentare zur Homosexualität, Lollar
ders. (1979), Der heimliche Sexus. Homosexuelle Belletristik in Deutschland von 1900 bis heute, Frankfurt
JÄGER, H. (1963), Strafrechtspolitik und Wissenschaft, in: Bauer, A. F. u. a. (Hg.), Sexualität und Verbrechen, Frankfurt
JENSCH, N. (1944), Untersuchungen an entmannten Sittlichkeitsverbrechern, Leipzig
JULIUSBERGER, O. (1929), Dem scheidenden Vorsitzenden Magnus Hirschfeld, in: Mitteilungen des Wissenschaftlich-Humanitären Komitees, Berlin
KARASEK, H. (1980), Der Brandstifter. Lehr- und Wanderjahre des Maurergesellen Marinus van der Lubbe, der 1933 auszog, den Reichstag anzuzünden, Berlin
KINSEY, A. (1964), Das sexuelle Verhalten des Mannes, Frankfurt
KLARE, R. (1935), Homosexualität und Strafrecht, Hamburg
KLOTZ, H. (1932), Die Röhmaffäre (Eigenverlag), Berlin
KOGON, E. (1974), Der SS-Staat. Das System der deutschen Konzentrationslager, München
KUCKUC, I. (1979), Der Kampf gegen Unterdrückung, München
KÜHNL, R. (1975), Der deutsche Faschismus in Quellen und Dokumenten, Köln
LANGHOFF, W. (1975), Die Moorsoldaten, Berlin, Weimar
LAUTMANN R./GRIKSCHAT, W./SCHMIDT, E. (1977), Der rosa Winkel in den nationalsozialistischen Konzentrationslagern, in: Lautmann, R., Seminar: Gesellschaft und Homosexualität, Frankfurt
LAUTMANN, R. (1980), «Hauptdevise: bloß nicht anecken». Das Leben homosexueller Männer unter dem Nationalsozialismus, in: Beck, J. u. a. (Hg.), Terror und Hoffnung in Deutschland 1933–1945. Leben im Faschismus, Reinbek
LINAU, H. (1949), Zwölf Jahre Nacht, Flensburg
LINSERT, R. (1929), § 297 – «Unzucht zwischen Männern», Berlin
MANCHESTER, W. (1968), Krupp. 12 Generationen, München
MASTERS, W. H./JOHNSON, V. E. (1979), Homosexualität, Berlin, Frankfurt, Wien
MEIER, H. C. (1948), Im Frühwind der Freiheit, Hamburg
MERGEN, A. (1966), Einspruch gegen die generelle Kriminalisierung der Homosexualität, in: Brocher, T. (Hg.), Plädoyer für die Abschaffung des § 175, Frankfurt
MITSCHERLICH, A./MIELKE, F. (Hg.) (1960), Medizin ohne Menschlichkeit. Dokumente des Nürnberger Ärzteprozesses, Frankfurt
MÜLLER, H. E. (1966), Die Strafbestimmung des § 175 StGB als Ursache für

Tragik und Verbrechen, in: Brocher, T. (Hg.), Plädoyer für die Abschaffung des § 175, Frankfurt
NEUHÄUSLER, J. (1946), Kreuz und Hakenkreuz. Der Kampf des Nationalsozialismus gegen die katholische Kirche und der kirchliche Widerstand, München
NIEKISCH, E. (1953), Das Reich der midesen Dämonen, Hamburg
PACHARZINA, K., ALBRECHT-DESIRAT, K. (1977), Die Last der Ärzte. Homosexualität als klinisches Bild von den Anfängen bis heute, in: J. S. Hohmann (Hg.), Der unterdrückte Sexus, Lollar
PFÜRTNER, S. H. (1972), Kirche und Sexualität, Reinbek
POMORIN, J., JUNGE, R. (1978), Die Neonazis, Dortmund
REICH, W. (1971), Die sexuelle Revolution, Frankfurt
ders. (1975), Der Einbruch der sexuellen Zwangsmoral, Frankfurt
RÖHM, E. (1934), Die Geschichte eines Hochverräters, München
ROHRWASSER, M. (1975), Saubere Mädel, Starke Genossen – Proletarische Massenliteratur, Frankfurt
SCHÄFER, L., LEHMANN, R., DÖRFFLER, F. (1935), Die Novellen zum Strafrecht und Strafverfahren von 1935, Berlin
SCHLEGEL, W. S. (1967), Das große Tabu. Zeugnisse und Dokumente zum Problem der Homosexualität, München
SCHNABEL, R. (1966), Die Frommen in der Hölle, Frankfurt
SCHÖNKE, A. (1944), Strafgesetzbuch für das Deutsche Reich, Berlin
SMITH, B. F./PETERSEN, A. (Hg.) (1974), Heinrich Himmler, Geheimreden 1933–1945 und andere Ansprachen, Frankfurt
Statistisches Reichsamt (1944), Die Entwicklung der Kriminalität im Deutschen Reich vom Kriegsbeginn bis Mitte 1943 (maschinenschriftl. Manuskript im Juristischen Seminar der Universität Hamburg)
STRASSER, O. (1948), «Hitler und ich», Konstanz
TRESCHKOW, H. v. (1922), Von Fürsten und anderen Sterblichen, Erinnerungen eines Kriminalkommissars, Berlin
TUCHMANN, B. (1969), Der stolze Turm. Ein Porträt der Welt vor dem Ersten Weltkrieg 1890–1914, Zürich
ULRICHS, K. H. (1964), Vindex. Social-Juristische Studien über mannmännliche Geschlechtsliebe, in: J. S. Hohmann (Hg.), Der unterdrückte Sexus, Lollar 1977
Ursachen und Folgen des deutschen Zusammenbruchs von 1918 und 1945 bis zur staatlichen Neuordnung Deutschlands in der Gegenwart, Bd. X (Hg. von H. Michaelis und E. Schraepler), Berlin 1958 ff.
VERMEHREN, I. (1979), Reise durch den letzten Akt. Ravensbrück, Buchenwald, Dachau: Eine Frau berichtet, Reinbek
WILDE, H. (1969), Das Schicksal der Verfemten. Die Verfolgung der Homosexuellen im Dritten Reich und ihre Stellung in der heutigen Gesellschaft, Tübingen
WINKLER, H. A. (1972), Mittelstand, Demokratie und Nationalsozialismus. Die politische Entwicklung von Handwerk und Kleinhandel in der Weimarer Republik, Köln
WISMAR, E. (1977), Perversion und Verfolgung unter dem deutschen Faschismus, in: Lautmann, R., Seminar: Gesellschaft und Homosexualität, Frankfurt
Wissenschaftlich-Humanitäres Komitee (1924), Tätigkeit und Zweck, Berlin
ZYLMANN, P. (1938), Bericht (Institut zur Erforschung des Nationalsozialismus, Hamburg)